WIRTSCHAFTSLEHRE

FÜR HOTELLERIE UND GASTRONOMIE

Herausgeber:
Marco Voll

Autoren:
Harald Dettmer
Lydia Schulz
Marco Voll
Sandra Warden

17., aktualisierte Auflage

HANDWERK UND TECHNIK · HAMBURG

Geleit

Die Ausbildung in jedem der sechs gastgewerblichen Ausbildungsberufe bietet jungen Menschen auch in wirtschaftlich schwierigen Zeiten die beste Basis für einen vielseitigen wie zukunftsorientierten Arbeitsplatz vor oder hinter den Kulissen von Hotellerie und Gastronomie. Rund 26.000 neue Ausbildungsverhältnisse 2016 belegen sowohl die große Ausbildungsbereitschaft der gastgewerblichen Betriebe als auch die Wertschätzung, der sich diese vielseitige und abwechslungsreiche Branche bei den Auszubildenden noch immer erfreut.

Das Nutzen der Chancen setzt aber ein breit gefächertes und fundiertes Wissen und Können voraus. Volks- und betriebswirtschaftliche Kenntnisse, die Berücksichtigung rechtlicher Rahmenbedingungen, zielgerichtetes Nutzen von Marketinginstrumenten und EDV gewinnen für die qualifizierten Mitarbeiter und in besonderem Maße für eine erfolgreiche Selbstständigkeit zunehmend an Bedeutung. Wird hierfür ein solides Fundament in der Ausbildung gelegt, steht einer Karriere in Hotellerie und Gastronomie nichts mehr im Wege.

Die vorliegende Wirtschaftslehre für Hotellerie und Gastronomie stellt sich diesen Anforderungen und präsentiert in anschaulicher und verständlicher Weise die relevanten Inhalte. Durch Aufgaben zu den einzelnen Themengebieten wird ein Erarbeiten des Ausbildungsstoffes ermöglicht, durch ein umfassendes Sachwortregister und Genauigkeit erweist sich das Lehrbuch auch als kompetenter Begleiter im weiteren Berufsleben.

Ich wünsche den Lesern/Leserinnen, dass sie mit Unterstützung dieses Lehrbuches für zukünftige wirtschaftliche, finanzielle und rechtliche Herausforderungen gut gerüstet sind, sodass die Betriebe der Hotellerie und Gastronomie als „Zugmaschinen der Konjunktur" wirken.

Ernst Fischer

bis 2016 Präsident
des Deutschen Hotel- und Gaststättenverbandes e.V. (DEHOGA)

ISBN 978-3-582-04961-2

Verlag Handwerk und Technik GmbH,
Lademannbogen 135, 22339 Hamburg; Postfach 63 05 00, 22331 Hamburg – 2017
E-Mail: info@handwerk-technik.de – Internet: www.handwerk-technik.de

Satz und Layout: Satzpunkt Ewert GmbH, 95444 Bayreuth
Druck: Himmer GmbH, 86167 Augsburg

Grundsätzliches zur Benutzung dieses Buches

Zielgruppe

Das vorliegende Lehr- und Arbeitsbuch wendet sich an die Lernenden im Gastgewerbe mit den Berufszielen:

- Fachkraft im Gastgewerbe
- Hotelfachmann/Hotelfachfrau
- Restaurantfachmann/Restaurantfachfrau
- Fachmann/Fachfrau für Systemgastronomie
- Koch/Köchin
- Hotelkaufmann/Hotelkauffrau

Wesentliche Lerninhalte

Das Buch führt in die grundlegenden Probleme der Wirtschaftslehre in Hotellerie und Gastronomie ein, wobei es Theorie und Praxis sinnvoll miteinander verbindet und so den Lernenden sowohl im Unterricht als auch im Betrieb begleiten kann.

Das an praktischen Situationen orientierte Werk entspricht einerseits dem aktuellen Stand von Wirtschaft und Gesetzgebung, andererseits berücksichtigt es den Rahmenlehrplan für die Ausbildung im Gastgewerbe sowie die **aktuellen AKA-Prüfungsanforderungen**, was sich in der Struktur der Lerninhalte widerspiegelt. Um die Lernenden optisch und inhaltlich zu führen, finden sich in der Marginalie sowohl fremdsprachliche Begriffe als auch Hinweise auf Paragrafen. Das am Ende des Buches befindliche **Fachvokabular** (Deutsch–Englisch, Englisch–Deutsch) erleichtert den Lernenden und Lehrenden das Arbeiten mit englischen Fachbegriffen, was im Rahmen der zunehmenden Globalisierung von großer Bedeutung ist. Das selbstständige Erarbeiten wirtschaftsbezogener Aspekte des Gastgewerbes wird hierdurch weiter erleichtert. Tragende Begriffe und Aussagen sind halbfett gedruckt.

Form

Vor der Darstellung des Lehrstoffes steht ein Inhaltsverzeichnis, das eine erste Auskunft über den Buchinhalt ermöglicht. Durch das an den Schluss gestellte ausführliche Sachregister wird das Lernmittel gleichzeitig zu einem Nachschlagewerk.

Sachdarstellung

Jedem Kapitel ist eine überwiegend praxisorientierte Situation vorangestellt, wodurch der handlungsorientierte Einstieg erleichtert und die Leserinnen und Leser an die zu vermittelnden Lerninhalte herangeführt werden. Der wesentliche Lernstoff wird durch Tabellen, Übersichten, Lernraster usw. herausgestellt, um dadurch die Übersicht für die Lernenden zu erleichtern.
Die Marginalspalte beinhaltet

- Verweise auf Gesetze/Verordnungen (Paragrafen)
- tragende Begriffe und wichtige Hinweise

§§ 15–20 BGB
berufliche
Mobilität

- englische Übersetzungen (mit kleiner britischer Flagge gekennzeichnet)
- Hinweise auf Fachrechenaufgaben durch ein Raster mit Taschenrechner
- Verweise auf

  - Situationsauflösungen

  - Beispielauflösungen

  - Kapitel (lernfeldübergreifende Inhalte)
    oder

  - anzuwendende Methoden

Abschlussprüfung:
final examination

S

B

Kap.
2.1.2

M 10

Außerdem sind Situationen, Beispiele, Handlungsvorschläge (Praxis) und Aufgaben durch farbige Schrift in der Marginalspalte besonders gekennzeichnet.

Lernerfolgssicherung

An jeden größeren Lernabschnitt schließen sich Aufgaben an, die Gelegenheit geben, Lerninhalte zu festigen bzw. erlerntes Wissen anzuwenden. Dabei wiederholen die Aufgaben in der Regel die getroffenen Aussagen, aber sie ergänzen sie auch und sollen einen vertieften wirtschaftlichen und gastgewerblichen Bezug herstellen. Die Aufgaben können über die gegebenen Situationen hinaus Gegenstand einer problemorientierten Unterrichtseröffnung sein und so dem Erarbeiten der Lernbereiche dienen.

In die Kapitel sind praxisorientierte Handlungsvorschläge integriert, die für die Auszubildenden den Bezug zum beruflichen Alltag darstellen.

Die Methodenseiten und der Anhang liefern Tipps und Hinweise zum Bearbeiten der Aufgaben und leisten damit einen wesentlichen Beitrag zur Handlungsorientierung im Unterricht.

Eine wertvolle Hilfe ist dabei das ausführliche Sachwortverzeichnis.

Literatur

Die am Ende des Buches angegebenen Hinweise auf Quellen und weiterführende Literatur sollen es den Lernenden ermöglichen, ihre Kenntnisse zu den einzelnen Lernbereichen zu vertiefen und sich ggf. auf Referate usw. vorzubereiten. Den Benutzern des Buches wünschen wir eine erfolgreiche Arbeit; für Anregungen und konstruktive Kritik sind wir stets aufgeschlossen.

Der Herausgeber

Inhaltsverzeichnis

Einleitung

Ausgangsfragen zur Wirtschaft

Wirtschaft ist ein abstrakter Begriff, verbunden mit unhandlichen Fachwörtern und vielen Zahlen. Dabei sind Sie, liebe Leser, schon längst ein Teil dessen, was sich Wirtschaft nennt!

Wer nun wie Sie im Gastgewerbe arbeitet, hat täglich mit vielen wirtschaftlichen Vorgängen zu tun, etwa wenn Sie:
▶ Gästen Speisen und Getränke verkaufen oder ein Zimmer vermieten,
▶ Waren für den Betrieb einkaufen,
▶ Gastgeber einer Veranstaltung beraten,
▶ Personal betreuen, Löhne und Gehälter bearbeiten usw.

Daher wird von Ihnen zunehmend erwartet, dass Sie wirtschaftlich denken und handeln. Sie werden mit Fragen konfrontiert werden, z. B.
▶ warum eine Cola in der Kneipe um die Ecke weniger als im Hotel kostet,
▶ wie Sie mehr Gäste gewinnen können,
▶ warum der Küchenmeister sich so anstellt, nur weil ein paar Becher Sahne schlecht geworden sind, wo diese doch nicht viel kosten,
▶ wieso andere mehr als Sie verdienen, selbst wenn Sie die Ausbildung beendet haben. Ist das gerecht? Und was wird, wenn Sie von dem Geld nicht leben können?

Im ersten Kapitel erfahren Sie, dass wir alle wirtschaftlich handeln – ohne uns ständig Gedanken darüber zu machen. Mit diesem Bewusstsein können Sie sich selbst solche Begriffe erschließen, zu denen Sie bislang keinen Bezug hatten und die fremd wirkten.

Schritt für Schritt werden Sie das „System Wirtschaft" verstehen. Mit diesem Grundwissen fällt es Ihnen leichter, sich den Inhalt des vorliegenden Buches zu erschließen und das erworbene Wissen richtig anzuwenden.

Das Buch konfrontiert Sie zudem mit wirtschaftlichen und rechtlichen Problemsituationen aus Ihrem Alltag und der Arbeit im Gastgewerbe. Indem Sie diese Problemstellungen bearbeiten, lernen Sie das „System Wirtschaft" aus unterschiedlichen Perspektiven kennen. Dies ist zum einen die Vogelperspektive der volkswirtschaftlichen Betrachtungsweise, zum anderen die Froschperspektive der betriebswirtschaftlichen Sicht, die Ihnen aufzeigt, welche Bedeutung Wirtschaft insbesondere für die Arbeit im Gastgewerbe und für Ihr Privatleben hat.

Die Wirtschaft ist kein in sich geschlossenes System – viele andere Bereiche des täglichen Lebens haben ebenfalls damit zu tun. Eine erste Übersicht gibt das folgende Schaubild:

1 Gastgewerbe in Wirtschaft und Gesellschaft

1.1 Ausbildung und Wirtschaft

Florian und Caroline haben vor einigen Wochen Ihre Ausbildung als Hotelfachmann/-frau im Hotel „Zur Burg" begonnen. In der Teilzeit-Pause blättert Florian im Pausenraum durch einige Zeitungen, Caroline surft im Internet. Dabei fallen ihnen folgende Schlagzeilen auf:

Inflations-gefahr wächst — Alltag wird teurer!	Arbeitskräftemangel im Gastgewerbe — erste Einschränkungen für Betriebe	Zinsen niedrig wie noch nie — aber was wird aus meinem Ersparten?	Wirtschaft läuft rund – aber wie lange hält der Boom?

Was könnten diese Schlagzeilen für Caroline und Florian bedeuten?

1.1.1 Auszubildende und Wirtschaft

Florians erstes selbstverdientes Geld! Aber schnell ist dieses Geld auch schon ausgegeben. Endlich ein neues Handy, die alte Jeans war auch nicht mehr schön – und von irgendwas muss man ja auch noch leben. Fix sind ein paar Wünsche erfüllt – und vom Geld ist kaum noch was übrig. Warum läuft das immer wieder so?

neuer iPod

Urlaub im Süden

Luxusauto

Gehaltserhöhung

viele Freunde

Wir alle geben Geld aus, um uns kleine oder große Wünsche zu erfüllen. Im Wirtschaftsjargon werden Wünsche Bedürfnisse genannt: Wir spüren, dass uns etwas fehlt, und möchten den Mangel beseitigen. **Bedürfnisse** sind unbegrenzt und können ganz unterschiedlich sein:

Materielle Bedürfnisse lassen sich mit Gütern befriedigen, etwa durch den Kauf einer neuen Jeans, ein **immaterielles Bedürfnis,** wie jenes nach Erholung, z. B. per Kurzreise.

Bedürfnisse: needs/requirement

Bedürfnisarten

Kap. 4.1

In Kapitel 9.4.2 (S. 278) finden Sie Informationen zum Führen eines Haushaltsbuches. Ordnen Sie Ihre Ausgaben einmal danach, welcher Bedürfniserfüllung diese dienen. Unterteilen Sie Ihre Bedürfnisse auch danach, ob diese ihrem Lebensstandard angemessen sind, oder ob es sich doch um „Luxusbedürfnisse" handelt.

Ökonomisches Prinzip

Kap. 4.2

Verschuldung

Kap. 3.2

Insolvenz

Kap. 9.4.2

Wirtschaftlich interessant werden Bedürfnisse erst dann, wenn wir auch das Geld (Kaufkraft) haben, um diese Wünsche zu erfüllen. Kommt zu den Bedürfnissen die **Kaufkraft** hinzu, heißt das **Bedarf** und führt zu einer **Nachfrage** auf dem **Markt**. Unsere Wünsche sind unbegrenzt, unsere finanziellen Mittel sind dagegen begrenzt. Aus diesem Grund müssen wir mit unserem Geld wirtschaftlich umgehen. Tun wir das nicht, können wir unseren Lebensstandard nicht halten, und es droht Verschuldung.

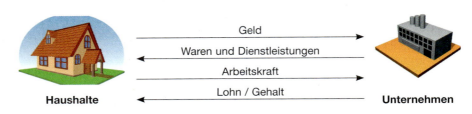

Haushalte — Geld → Unternehmen
Haushalte ← Waren und Dienstleistungen — Unternehmen
Haushalte — Arbeitskraft → Unternehmen
Haushalte ← Lohn / Gehalt — Unternehmen

Situation

Kaufkraft (Wert): buying/purchasing power

Bedarf: need/requirement

Nachfrage: demand

Florians älterer Bruder meint: „Ich habe in meiner Ausbildung damals nur die Hälfte verdient – stell dich also nicht so an." Florian kontert: „Damals war auch alles nur halb so teuer!" Was könnte Ihrer Meinung nach zu dieser Entwicklung geführt haben? Was bedeutet die Entwicklung für Ihren Alltag?

Entwicklung von Lohn und Preis

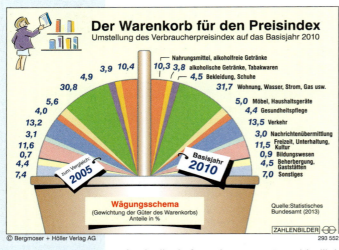

Der Warenkorb für den Preisindex
Umstellung des Verbraucherpreisindex auf das Basisjahr 2010

Nahrungsmittel, alkoholfreie Getränke 10,3
alkoholische Getränke, Tabakwaren 3,8
Bekleidung, Schuhe 4,5
Wohnung, Wasser, Strom, Gas usw. 31,7
Möbel, Haushaltsgeräte 5,0
Gesundheitspflege 4,4
Verkehr 13,5
Nachrichtenübermittlung 3,0
Freizeit, Unterhaltung, Kultur 11,5
Bildungswesen 0,9
Beherbergung, Gaststätten 4,5
Sonstiges 7,0

zum Vergleich: 2005 / Basisjahr 2010

Wägungsschema
(Gewichtung der Güter des Warenkorbs)
Anteile in %

Quelle: Statistisches Bundesamt (2013)

ZAHLENBILDER 293 552

© Bergmoser + Höller Verlag AG

Um Bedürfnisse zu erfüllen, ist **Kaufkraft** notwendig, also Geld. Mit der Zeit verändert sich aber die Kaufkraft des Geldes und somit sein Wert. Um die Kaufkraft des Geldes über die Zeit vergleichen zu können, wird untersucht, wie viel es kostet, bestimmte Waren und Dienstleitungen zu erwerben. Aus der Vielfalt der inländischen Waren- und Dienstleitungen wird eine Auswahl getroffen, der sogenannte repräsentative **Warenkorb**.

Die Durchschnittswerte für diese Ausgaben werden so gewählt, dass unterschiedlichste Einkommensverhältnisse berücksichtigt werden. Alle fünf Jahre wird die Zusammensetzung des Warenkorbes aktualisiert – zuletzt 2013 für das Basisjahr 2010.

Auch die Aufwendungen unterschiedlicher Haushalte für die Leistungen des Gastgewerbes werden dabei berücksichtigt. Die Durchschnittspreise der Waren und Dienstleistungen im Warenkorb spiegeln das **Preisniveau** wider.

Setzt man nun die Ausgabensummen für den Warenkorb aus den beiden letzten Jahren zueinander ins Verhältnis, erhält man den **Preisindex**. Hieraus lässt sich ermitteln, wie sich die Kaufkraft des Geldes entwickelt hat. Der Preisindex 2017 berechnet sich demnach so:

Preisniveau: price level

$$\left(\frac{\text{Ausgaben 2017}}{\text{Ausgaben 2016}} \times 100 \right)$$

Nominallohn: money wage

Reallohn: real wage

Neben der Kaufkraft des Geldes ist auch entscheidend, wie viel Geld wir zur Verfügung haben. Mehr Geld erhalten Arbeitnehmer meist durch Lohnsteigerungen (Nominallohn). Zwar profitieren alle Lohn- und Gehaltsempfänger von einer Lohnsteigerung, aber nur solange, wie die Preissteigerung die Lohnsteigerung nicht wieder aufzehrt. Ziehen wir vom Bruttolohn den Kaufkraftverlust durch Geldentwertung ab, so erhalten wir den **Reallohn**:

$$\text{Reallohn} = \frac{\text{Nominallohn (Lohn ohne Berücksichtigung der Kaufkraft)}}{\text{Preisindex}} \times 100$$

Besonders die Gewerkschaften interessiert der Reallohn, da eine Lohnerhöhung um z.B. 4% dem Arbeitnehmer keinen höheren Lebensstandard ermöglicht, wenn gleichzeitig die Preise um 4% steigen. Hier würde lediglich der Inflationsverlust ausgeglichen. Volkswirtschaftlich spricht man in diesem Zusammenhang von der **Lohn-Preis-Spirale**:

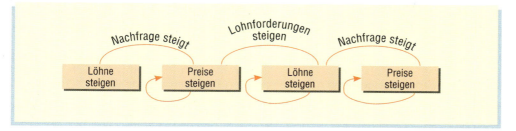

Lohn: wage

Preis: price

Situation

Inflation: inflation

Deflation: deflation

Armut

Kap. 3.1.1

Caroline erhält ihre erste Lohnabrechnung und kommt ins Grübeln: „Viel ist es ja nicht, was man in der Ausbildung so verdient – wie viel verdienen andere Berufstätige eigentlich so? Gelte ich mit meinem geringen Verdienst im Vergleich zum Durchschnittsverdiener als arm?"

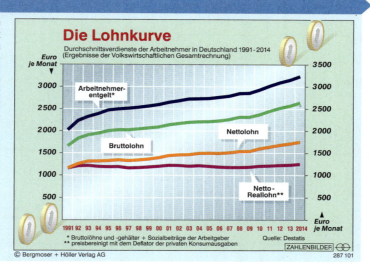

In einer Volkswirtschaft werden Güter und Dienstleistungen angeboten und mit Geld bezahlt. Solange das Verhältnis von Gütern und Geld gleich ist, bleibt der Wert des Geldes gleich.

Steigt die Geldmenge im Verhältnis zur Menge der Güter und Dienstleistungen jedoch in einer Volkswirtschaft stark an, so ist zu viel Geld im Umlauf, welches folglich an Wert verliert. Das Preisniveau steigt, alles wird teurer. Dieses Phänomen wird **Inflation** genannt. Die Menschen sind geneigt, eher heute als morgen zu kaufen, da morgen alles noch teurer sein könnte. Wer sein Geld anlegen will, tut dies in wertbeständigen Sachwerten wie Gold.

Übersteigt die Menge der produzierten Güter die Geldmenge in der Wirtschaft, so spricht man von **Deflation**. Der Wert des Geldes steigt, da es im Verhältnis weniger davon gibt. Doch was für den Einzelnen zunächst positiv klingt, ist für die Wirtschaft nachteilig. Viele Verbraucher schieben Anschaffungen auf, da man sich ja morgen vielleicht noch mehr für sein Geld leisten könnte. Anstatt in Sachwerte erfolgt eine Flucht in Geldwerte, das Geld wird gespart – und es wird noch weniger konsumiert.

1.1.2 Ausbildungsbetrieb und Wirtschaft

Situation

Caroline muss mal wieder eine Warenlieferung einräumen – und heute ist das eine ganze Menge: Getränke, Servietten, Frischblumen, die gereinigte Tischwäsche. Es sind doch eine ganze Menge anderer Betriebe, mit denen ihr Ausbildungsbetrieb zu tun hat.
Auf den Lieferscheinen, die Caroline quittiert, ist auch angegeben, was die Waren kosten: Ganz schön viel Geld! Bleibt da eigentlich noch was über? So viel kosten Speisen und Getränke bei uns ja auch nicht. Wofür also der ganze Aufwand?
Was macht Carolines Ausbildungsbetrieb eigentlich mit all den Waren – wirtschaftlich betrachtet?

Gastgewerbe: hotel and restaurant industry

Die zahlreichen Betriebe des Gastgewerbes bieten überwiegend Dienstleistungen an, mit denen Gäste Ihre unterschiedlichen Bedürfnisse erfüllen können. Hotels bieten Übernachtungsgelegenheiten, in Restaurants werden Speisen und Getränke serviert, Kneipen und Clubs sind mit ihrer Atmosphäre Orte, an denen man sich trifft und hoffentlich Spaß hat. Dabei arbeitet das Gastgewerbe mit vielen anderen Betrieben zusammen:

In einem Land sind viele verschiedene Unternehmen wirtschaftlich tätig. Betrachtet man ein Land aus der Sicht der Wirtschaft, spricht man von einer Volkswirtschaft. Wie oben bereits erwähnt, besteht der „Output" eines gastgewerblichen Produktionsprozesses vornehmlich aus Dienstleistungen, die im Gegensatz zu Sachgütern immaterieller Natur sind. Untersucht man die Herstellung und den Verkauf „gastgewerblicher Produkte", so erschließt sich die Arbeitsteilung in einer Volkswirtschaft. Dieser Prozess erfasst drei Wirtschaftsbereiche.

Wirtschaftsbereiche (Wirtschaftssektoren)		
Urerzeugung = Primärer Sektor	**Weiterverarbeitung = Sekundärer Sektor**	**Dienstleistungen = Tertiärer Sektor**
▶ Land- und Forstwirtschaft ▶ Fischerei ▶ Bergbau ▶ Öl- und Gasgewinnung	▶ Grundstoffindustrie ▶ Investitionsgüterindustrie ▶ Konsumgüterindustrie ▶ Handwerk	▶ Groß- und Einzelhandelsbetriebe ▶ Kreditinstitute ▶ Versicherungsbetriebe ▶ Gastgewerbliche Betriebe ▶ Sonstige, z.B. Anwaltskanzleien, Arztpraxen

Auch innerhalb eines gastgewerblichen Betriebes herrscht Arbeitsteilung. So werden z.B. in einem Hotel Mitarbeiter verschiedene Aufgaben in den Bereichen Küche, Restaurant, Etage, Verwaltung usw. erledigen.
Geld sowie Güter und Dienstleistungen werden im Rahmen der Arbeitsteilung zwischen einzelnen Unternehmen der o.g. Bereiche ausgetauscht:

Geld →

← Waren und Dienstleistungen

Unternehmen 1   **Unternehmen 2**

Steuern:
Kap. 8.2

Produktions-faktoren:
Kap. 4.3

Kennzahlen:
Wirtschaftlichkeit
Rentabilität
Produktivität

Beispiel

> Ein Küchenchef kauft Lebensmittel, um daraus Speisen herzustellen, die dann verkauft werden. Beträgt der Wareneinsatz für ein Gericht z. B. 4,00 € und wird es für 14,00 € verkauft, so ist ein Mehrwert entstanden.

Bleibt nach Abzug aller Kosten und der **Mehrwertsteuer** noch Geld über, dann hat der Betrieb einen Gewinn erwirtschaftet. Dieser Prozess wird **Wertschöpfung** genannt: So werden z. B. in der Landwirtschaft Lebensmittel erzeugt, um sie gewinnbringend an einen Händler zu verkaufen. Dieser wiederum verkauft seine Waren an einen Gastronomen, der sie zu Speisen verarbeitet.

Innerhalb des Wertschöpfungsprozesses werden neben den Waren selbst noch Personal, Energie, Küchengeräte usw. gebraucht. Die einzelnen Teile eines Produktionsprozesses werden **Produktionsfaktoren** genannt. Alle Stufen der Produktion verursachen Kosten. Um diese Kosten kontrollieren zu können, muss der Unternehmer verschiedene Kennzahlen im Blick behalten. Gerade personalintensive Branchen wie das Gastgewerbe haben darauf zu achten, dass das Personal produktiv arbeitet.

Beispiel

> Ein Koch produzierte bislang allein 100 Essen in der Mittagsschicht. Durch eine effektivere Gestaltung seines Arbeitsplatzes schafft er nun 120 Essen in derselben Zeit – die Arbeitsproduktivität wurde gesteigert.

Aufgrund des Bevölkerungsrückgangs in den kommenden Jahrzehnten werden immer mehr junge Leute die Leistung in der Wirtschaft erbringen müssen. Auch aus diesem Grund ist es wichtig, dass junge Menschen eine fundierte Ausbildung bekommen und sich weiter bilden.

Beispiel

> „Spargelzeit – eigentlich eine tolle Zeit, wenn nur das Schälen nicht wäre!", meint Linus zu seinem Küchenchef. Der hat aber ganz andere Sorgen: „Wenn es nur das wäre – ich muss jeden Tag aufs Neue zusehen, wo ich den Spargel zum besten Preis bekomme, damit die Kalkulation stimmt." Linus wundert sich: „Spargel ist doch Spargel – wie kann es da so große Preisschwankungen geben?"

Beobachtet man den Preis für Güter und Dienstleistungen über längere Zeit, stellt man fest, dass sich die Preise verändern. So kostet etwa Spargel während der Hochsaison im Mai (wenn es viel Spargel gibt) 3,00 € pro Kilo. Küchenchefs, die ihren Gästen schon im März oder Februar (wenn dieser „Mangelware" ist) Spargelgenuss bieten wollen, zahlen auch schon einmal 10,00 € pro Kilo. In dieser Zeit muss Spargel oft sogar importiert werden.

Sind viele Köche an der letzten Kiste Spargel interessiert, so kann der Verkäufer den Preis in die Höhe treiben. Wendet sich dagegen der einzige mögliche Käufer bei einem großen Angebot ab, wird der Preis fallen.

Es wird deutlich, dass der Preis eines Gutes auch mit der angebotenen Menge zusammenhängt. Ob wir nun Spargel kaufen oder nicht, wenn es welchen gibt, hängt ganz entscheidend vom Preis ab:

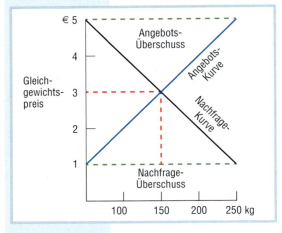

Spargel-preis in € / kg	angebotene Menge in kg	nachgefragte Menge in kg	Umsatz in € (Preis x Verkaufsmenge)
1	50	250	50
2	100	200	200
3	150	150	450
4	200	100	400
5	250	50	250

Bei einem geringen Preis sind kaum Händler zum Verkauf bereit. Erst mit steigendem Preis lässt sich für sie Gewinn erzielen. Drehen sie zu sehr an der Preisschraube, riskieren sie, den Spargel nicht zu verkaufen, so dass dieser verderben würde. Umgekehrt sind Verbraucher bereit, zu einem niedrigen Preis mehr Spargel zu kaufen.

Der Preis, zu dem sich für alle angebotenen Waren auch Käufer finden, wird **Gleichgewichtspreis** genannt. Die Händler finden für alle angebotenen Güter Käufer, der Markt ist geräumt und versorgt.

Dieses Bild ist aber der Idealfall, den es so praktisch nur bei Aktien- oder Internetbörsen gibt. Beim alltäglichen Einkauf fällt es schwer, den Gleichgewichtspreis zu finden:
▶ Um den besten Preis zu finden, benötigen Verbraucher immer den aktuellen Überblick über alle Preise. Moderne Smartphones bieten heute zumindest die Möglichkeit, schnell über das Internet Vergleichspreise zu finden.
▶ Ein Preisvergleich ist nur zwischen identischen Gütern sinnvoll. Beim Spargel dürfen nur Angebote derselben Handelsklassen verglichen werden.
▶ Eine rationale Kaufentscheidung muss frei von Vorlieben (z. B. Kauf immer beim gleichen Händler aus Gewohnheit) und unbeeinflusst von Werbung sein.

1.1.3   Banken und Wirtschaft

Situation

Florian zahlt einen Teil seiner Ausbildungsvergütung in einen Bausparvertrag ein. Sein Kollege Linus meint: „Lohnt sich das denn? Was kannst du dir denn davon noch kaufen, wenn du an das Geld wieder ran kommst? Denk doch mal an die Inflation. Und meinst du wirklich, der Euro bleibt immer so viel Wert wie jetzt?"
Zusätzlich bekommt Florian von seiner Bank ein Angebot: Da er regelmäßig Geld verdient, darf er sein Konto auch mal überziehen. Woher nimmt seine Bank eigentlich das Geld, das sie ihm leihen will, und die Zinsen, die sein Bausparvertrag bringen muss?

Bank:
bank

Aufgaben des Geldes

Kap. 8.1.1

Zinsen:
interests

Geld diente seit seiner Erfindung zunächst dazu, mit Waren und Dienstleistungen einfacher handeln zu können. Zur Vereinfachung dieses Handels kamen die Banken ins Spiel: Wer sein Geld bei einer Bank anlegt, kann im Moment nicht konsumieren, sich dafür aber in Zukunft größere Anschaffungen leisten (**Zwecksparen**).

Durch die Inflation kann Geld in der Zukunft weniger wert sein. Beträgt die Inflationsrate 2 %, liegen die Zinsen aber nur bei 1 %, so verliert das angelegte Geld an Wert. Eine gute Geldanlage muss also auch gute Zinsen bieten. Je höhere Zinsen eine Anlageform bietet, desto größer ist zumeist allerdings auch das damit verbundene Risiko, Geld zu verlieren.

Banken gewähren auf eingezahltes Geld, ganz gleich ob von Privatpersonen oder von Unternehmen Sparzinsen (z. B. 1 %). Mit diesem Geld vergeben Banken nun Kredite (z. B. zu 2 %) – an diesem Zinsunterschied verdienen die Banken. Denn letztlich sind Banken Unternehmen, die danach streben, Gewinne sowie einen Mehrwert zu erwirtschaften.

| Haushalte | | Banken | | Unternehmen |

Spareinlagen →
← Zinsen

← Spareinlagen
Zinsen →

Wird Geld nicht mehr direkt zwischen zwei Handelspartnern getauscht, sondern bei einer Bank eingezahlt, so hat das einen erstaunlichen Effekt: Das Geld vermehrt sich und virtuelles Geld entsteht: Werden 1.000 Euro in Münzen auf ein Konto eingezahlt, so erhält der Sparer dafür eine Gutschrift auf seinem Konto. Während also schon 1.000 Euro im Tresor der Bank liegen, kommen noch mal 1.000 Euro auf dem Konto hinzu: Die Geldmenge hat sich verdoppelt. Mit dem gutgeschriebenen Geld auf dem Konto kann nun so gehandelt werden, als wären es Münzen – das Geld ist virtuell geworden.

Dieses Spiel mit dem Geld hat sich seit seiner Erfindung stark weiterentwickelt – und das hat Folgen für uns alle: Anstelle von Münzen wurden Geldscheine zum Tausch eingeführt. Entsprach der Materialwert der Münzen früher noch dem aufgeprägten Geldwert, so stellen Geldscheine nur noch den Anspruch auf Geld dar, während der Gegenwert dazu im Tresor der Bank liegt. Wenn nun nicht mehr das Geld an sich verliehen wird, sondern nur noch der Anspruch darauf, dann kann jeder Euro auch mehrfach verliehen werden. Die Bank muss nur die **Mindestreserve** halten (in Deutschland 2 %). Durch das mehrfach verliehene Geld verdienen die Banken nun an den Zinsen für gleich mehrere Kredite. Aus 100 Euro können in Deutschland bei der Mindestreserve von 2 % so theoretisch bis zu 5.000 Euro werden, real sind es ca. 400 Euro.

Je nach Höhe des Zinssatzes bei einer Bank ist es nun für den Bürger eher lohnend zu sparen oder einen Kredit aufzunehmen, um zu konsumieren. So kann sich die Geldmenge in einer Volkswirtschaft verändern – und das wiederum kann zu Inflation oder Deflation führen.

Zinsen:
interests

Die Zinshöhe bei den Banken ist abhängig von der Höhe des Leitzinses. Der **Leitzins** entspricht einer Art Leihgebühr, wenn die Banken sich ihrerseits bei der Zentralbank Geld leihen müssen. Über den Leitzins versucht man, Wirtschaft und Geldmenge zu steuern.

Leitzins:
prime rate

In Deutschland ist die Zentralbank die **Deutsche Bundesbank,** auf EU-Ebene die **Europäische Zentralbank** (EZB). Letztere legt den Leitzins für das Gebiet der Europäischen Union (EU) fest und ist hauptverantwortlich für die **Stabilität des Geldwertes**. Dabei hat sie folgende Möglichkeiten, Maßnahmen zu ergreifen:
▶ den Geldumlauf zu regeln, um Preisniveau und Geldwert stabil zu halten
▶ die Wirtschaft mit Krediten zu versorgen
▶ den Zahlungsverkehr mit dem In- und Ausland abzuwickeln.

Europäische Zentralbank (EZB):
European Central Bank

Läuft es in der Wirtschaft gut, ist schnell zu viel Geld im Umlauf und es droht Inflation. Nun erhöht die Zentralbank den Leitzins, Kredite werden teurer und so weniger nachgefragt. Folglich wird weniger konsumiert, aber es ist auch weniger Geld im Umlauf. Läuft die Wirtschaft dagegen schlecht, halten die Haushalte ihr Geld zurück. Es wird zu wenig konsumiert, und es droht Deflation. Nun senkt die Zentralbank den Leitzins, Kredite werden erschwinglich, es wird mehr konsumiert und die Wirtschaft kommt wieder in Fahrt.

Die Deutsche Bundesbank ist in ihrer Arbeit nicht an Weisungen der Bundesregierung gebunden. In Zusammenarbeit mit den anderen europäischen Nationalbanken soll das europäische Währungsinstitut (**EWI**) die Konvergenz sowie die Preisstabilität in den EU-Staaten fördern. Darüber hinaus bildet die EZB gemeinsam mit allen nationalen Zentralbanken der EU das Europäische System der Zentralbanken (**EZSB**). Ziele des EZSB sind die Gewährleistung von Preisniveaustabilität und die Unterstützung der allgemeinen Wirtschaftspolitik innerhalb der EU.

Wirtschaftskreislauf:
business/economic
cycle

1.1.4 Wirtschaftskreislauf

Aus den Beziehungen von Haushalten, Unternehmen, Staat und Banken ergibt sich folgender „Wirtschaftskreislauf":

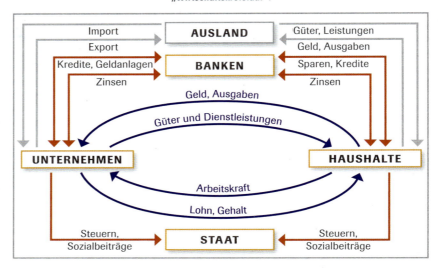

In einer arbeitsteiligen Wirtschaft findet ein ständiger Austausch von Gütern und Dienstleistungen gegen Geld statt. Fasst man die vielen Teilnehmer im Spiel der Wirtschaft zu Sektoren zusammen (Haushalte, Unternehmen ...), lassen sich die Tauschvorgänge zwischen ihnen einfacher darstellen. Jedem Güterstrom, der von einem Sektor zu einem anderen fließt, entspricht ein entgegengesetzter Geldstrom. Um diese Vorgänge zu veranschaulichen, bediente sich François Quesnay 1758 erstmals eines Kreislaufsystems – in Anlehnung an den menschlichen Blutkreislauf.

Wird die **Kreislaufbetrachtung** erweitert, so ergibt sich ein wirklichkeitsnäheres Bild: Einerseits geben die Haushalte nicht alles Geld für Konsumausgaben aus, sondern sparen einen Teil des Geldes. Andererseits werden die erzeugten Güter nicht vollständig verbraucht, sondern teils zum Ausbau des Produktionsapparates verwendet, was Investition genannt wird.

Das Sammeln der Spareinlagen und die Vergabe von Geldern für Investitionen besorgt das Bankensystem. Die Investitionen der Unternehmen führen dazu, dass die Produktionsmöglichkeiten anwachsen, mehr Güter produziert werden und damit die gesamte Wirtschaft wächst. Entspricht die Menge der Spareinlagen (= Geld, das aus dem Wirtschaftskreislauf entzogen wird) der Menge der Investitionen (= Geld, das in den Wirtschaftskreislauf eingebracht wird), so ändert sich auch die Nachfrage nicht, und die Preise bleiben stabil. Die Volkswirtschaft befindet sich im Gleichgewicht.

François Quesnay
* 04.06.1694
† 16.12.1774

Durch seine Ausgaben und Einnahmen ist auch der staatliche Sektor (Bund, Länder, Gemeinden, Sozialversicherungen) Teil des Wirtschaftskreislaufs: Der Staat übernimmt Umverteilungsprozesse und leistet **Transferzahlungen** (Renten, Kindergeld usw.) an die Haushalte. Auch einige Bereiche der Privatwirtschaft kommen nicht ohne staatliche Unterstützung aus. Um Gewinne erwirtschaften zu können oder überhaupt ein Auskommen zu haben, werden z. B. viele landwirtschaftliche Betriebe durch **Subventionen** unterstützt.

Der Staat stellt auch öffentliche Güter (Ausbildung, Recht und Sicherheit, Umweltschutz,...) bereit, die der privatwirtschaftliche Unternehmenssektor nicht oder nicht im gesellschaftlich wünschenswerten Umfang anbieten würde oder nicht gewinnbringend erwirtschaften könnte.

In der Betrachtung des Wirtschaftsprozesses können schließlich noch die Austauschbeziehungen mit dem Ausland berücksichtigt werden (s. u.).

Praxis

> Recherchieren Sie Argumente für und gegen staatliche Subventionen. Diskutieren Sie, ob Subventionen für die Betriebe der Gastronomie sinnvoll wären.

1.1.5 Staat und Wirtschaft

Situation

Caroline ärgert sich beim Tanken auf dem Weg zur Arbeit: Fast die gleichen Preise an allen Tankstellen und überall teuer. Kann der Staat nicht was dagegen tun? Stattdessen muss sie an der Zapfsäule noch lesen: *„Im Preis für 1l Kraftstoff sind 65 Cent Mineralölsteuer enthalten."* Carolines Freund ist auch nicht gut auf das Thema Wirtschaft zu sprechen: Sein Ausbildender, ein Autoteile-Zulieferbetrieb, kann noch nicht sagen, ob David übernommen wird. Das hänge mit der schlechten Auftragslage in den USA zusammen, sagt Davids Chef. Einerseits hält sich der Staat zurück, andererseits kassiert er mit ab – wie passt das zusammen?

Idealbild und Realität in der Marktwirtschaft

Das System der sozialen Marktwirtschaft in Deutschland baut darauf auf, dass sich der Staat möglichst aus dem Wirtschaftsgeschehen heraushält. Der Staat gibt für das Spiel des Geldes lediglich die Spielregeln vor, regulieren soll sich das System möglichst von selbst: Das Zusammenspiel von Angebot und Nachfrage soll letztlich zu fairen Preisen führen.

Als Verbraucher versuchen wir, bestimmte Güter zu einem möglichst günstigen Preis zu kaufen. Die Unternehmen wiederum werden versuchen, ihre Waren zu einem Preis zu verkaufen, der nicht nur ihre Kosten deckt, sondern ihnen möglichst einen hohen Gewinn bringt (**Gewinnmaximierung**). In einer Marktwirtschaft werden Angebot und Nachfrage im Idealfall durch den Preis gesteuert. Würden zu wenige Waren angeboten, könnten nicht alle Verbraucher versorgt werden. Bei zu hohen Preisen blieben Unternehmer evtl. auf ihren Waren sitzen.

Nun suchen aber alle Mitspieler in der Wirtschaft zunächst den eigenen Vorteil, was auch grundsätzlich dem Bekenntnis des Staates zum Leistungsprinzip entspricht. Der Staat muss dafür Sorge tragen, dass aus Vorteilen des einen nicht unzumutbare Nachteile für andere Menschen entstehen (soziale Seite).

Um ihren eigenen Vorteil durchzusetzen, haben allerdings manche Akteure in der Wirtschaft mehr Möglichkeiten als andere: Gibt es für ein Produkt etwa gleich viele, die es anbieten und nachfragen, so kann sich ein Preis durch Angebot und Nachfrage einpendeln. Ein solcher Markt heißt **Polypol**. Durch Verdrängungswettbewerb zwischen den Anbietern bleiben in der Realität aber viele Anbieter auf der Strecke.

Gibt es zwar viele Nachfrager, aber nur wenige Anbieter, so heißt diese Marktform **Oligopol**. Die wenigen Anbieter werden versuchen, durch Preisabsprachen den Gleichgewichtspreis zu ihren Gunsten künstlich nach oben zu treiben, um mehr Gewinn zu erzielen, der Verbraucher zahlt drauf. Sind mit dem Anbieten eines Gutes oder einer Dienstleistung sehr hohe Investitionen verbunden, lohnt es sich nicht für mehrere Unternehmen gleichzeitig am Markt zu arbeiten.

Gibt es am Markt nur einen Anbieter, aber viele Nachfrager, so heißt diese Marktform **Monopol**. Der Monopolist könnte nun das Spiel von Angebot und Nachfrage vollends aushebeln und hohe Preise verlangen. Theoretisch sind diese Marktformen auch mit vertauschten Rollen denkbar.

Polypol: viele Anbieter, viele Nachfrager

Oligopol: wenige Anbieter, viele Nachfrager

Monopol: ein Anbieter, viele Nachfrager

Marktwirtschaft/ Planwirtschaft

Kap. 4.5

Staat: state

Grundlagen der Sozialpolitik

Kap. 3.1

Preisbildung

Kap. 1.1.2

Marktformen

Kap. 4.6.1

Marktformen haben ihre Namen aus altgriechischen Wortstämmen:
poly = mehrere
oligo = wenige
mono = allein
polein = verkaufen

Ziele der Wirtschaftspolitik

StabG

Das Oberziel der staatlichen Wirtschaftspolitik ist eine möglichst **störungsfreie Entwicklung der Gesamtwirtschaft**. Deshalb hat der Gesetzgeber im Jahr 1967 das **Gesetz zur Förderung der Stabilität und des Wachstums der Wirtschaft** (StabG) verabschiedet. Das Oberziel soll durch die Erreichung folgender vier Ziele verwirklicht werden:

Preisniveaustabilität: In einer globalen Weltwirtschaft führen steigende Preise auch zu einer Schwächung der Wettbewerbsfähigkeit. Inflation mit einem Verlust des Geldwertes und auch Deflation mit einer zurückhaltenden Nachfrage sind ebenfalls schädlich für die Wirtschaft. Preisstabilität bedeutet, dass die Preissteigerungsrate pro Jahr 2 % nicht übersteigt.

Wirtschaftspolitik: economic policy

Außenwirtschaftliches Gleichgewicht: Zwischen der Volkswirtschaft Deutschlands und den Volkswirtschaften anderer Länder fließen Ströme von Waren und Geldern. Deutschland ist gezwungen, viele Rohstoffe im Ausland zu kaufen. Um diese bezahlen zu können, müssen die aus diesen Rohstoffen produzierten Waren wiederum verkauft werden.

Werden nun mehr Waren ins Ausland verkauft (exportiert) als eingeführt (importiert), so stehen in Deutschland weniger Güter zur Verfügung – die Folge sind Preissteigerungen. Durch vermehrte Exporte fließt auch mehr Geld ins Inland. Eine steigende Geldmenge kann die **Inflationsrate** erhöhen. Werden übermäßig Güter aus dem Ausland importiert, so sinkt die inländische Nachfrage, was zu Produktionsrückgängen in Deutschland führen kann.

Inflationsrate: rate of inflation / inflation rate

Kennzahl für das außenwirtschaftliche Gleichgewicht ist die **Leistungsbilanz**, die wie der **Außenbeitrag** alle Importe und Exporte, aber auch Geldtransfers zwischen Deutschland und dem Ausland (Geldausgaben im Urlaub, Zahlungen an die EU usw.) erfasst.

Hoher Beschäftigungsgrad: Arbeitslosigkeit ist für den persönlich Betroffenen wie auch für den Staat (Zahlung von Sozialleistungen) nachteilig. Angestrebt wird Vollbeschäftigung, was einer Arbeitslosenquote von unter 2 % entspricht. Absolute Vollbeschäftigung kann es in einer Marktwirtschaft nicht geben, da es immer Menschen gibt, die dem Arbeitsmarkt nicht zur Verfügung stehen können, etwa aufgrund körperlicher Einschränkungen oder seelischer Erkrankungen.

Wirtschaftswachstum: economic growth

Angemessenes Wirtschaftswachstum: Technischer Fortschritt führt in einer Volkswirtschaft dazu, dass Arbeitskräfte durch Maschinen ersetzt werden. Für die so „freigesetzten" Arbeitskräfte muss wieder Arbeit gefunden werden. Wächst eine Wirtschaft, so sollen diese Arbeitskräfte in neuen Bereichen der Wirtschaft wieder Arbeit finden. Die Zinsbelastungen beim Abzahlen von Schulden nötigen sowohl Staat als auch viele Haushalte und Unternehmen zu Wachstum.

Vier Ziele gleichzeitig zu verwirklichen erfordert von der Wirtschaftspolitik nahezu magische Kräfte (deshalb: **Magisches Viereck**). Es gleicht dem Bemühen, einen vierbeinigen Tisch auf unebenem Boden das Wackeln abzugewöhnen.

Zwar ergänzen sich manche Ziele (außenwirtschaftliches Gleichgewicht wirkt sich auch positiv auf den Arbeitsmarkt aus), oft stehen sie aber auch im **Zielkonflikt** zueinander. So ist die Inflationsrate immer dann am höchsten, wenn der Beschäftigungsstand hoch ist. Das Erreichen des einen Ziels führt zur Vernachlässigung eines anderen. Die Wirtschaftspolitik versucht deshalb meist an den Zielen zu arbeiten, die aktuell am wenigsten erfüllt werden.

Die nachteiligen Effekte eines ständig steigenden Wirtschaftswachstums haben dazu geführt, die Ziele der Wirtschaftspolitik zu einem *„magischen Vieleck"* zu erweitern.

Das Magische Sechseck
Ziele der Wirtschafts- und Finanzpolitik

Angemessenes Wirtschaftswachstum

Vollbeschäftigung

Stabiles Preisniveau

Außenwirtschaftliches Gleichgewicht

Schutz der natürlichen Umwelt

Gerechte Einkommens- und Vermögensverteilung

ZAHLENBILDER

© Bergmoser + Höller Verlag AG

200 515

Bruttoinlandsprodukt: Kennzahl der wirtschaftlichen Entwicklung

Um zu wissen, ob sich der Staat in die Wirtschaft einmischen sollte oder nicht, brauchen auch Wirtschaftspolitiker Kennzahlen, die angeben, wie sich die Wirtschaft entwickelt hat. Rechnet man zusammen, was in einem Staat, also einer Volkswirtschaft, binnen eines Jahres erwirtschaftet wurde, erhält man das **Bruttoinlandsprodukt** (**BIP**). Beim BIP spielt es keine Rolle, ob die Arbeitnehmer, Arbeitgeber und Kapitaleigner ihren ständigen Wohnsitz in Deutschland haben – entscheidend ist, dass die Leistung hier erbracht wurde. Es zählt, was innerhalb der Landesgrenzen erwirtschaftet wurde.

BIP

Aufgrund der zunehmenden Öffnung des europäischen Arbeitsmarktes werden immer mehr Leistungen in Deutschland durch EU-Bürger anderer Mitgliedstaaten erbracht. Auch ist es gerade für Arbeitnehmer im Gastgewerbe üblich, im Ausland zu arbeiten. Will man diesen Effekt herausrechnen, nutzt man das **Bruttonationaleinkommen** (**BNE**, früher Bruttosozialprodukt). Das BNE bezieht sich nur auf Güter und Dienstleistungen, die durch Arbeitsleistung und eingesetztes Kapital der Einwohner eines Landes produziert worden sind.

BNE

Alle Teilnehmer am Wirtschaftsleben versuchen durch ihr Handeln Mehrwerte zu schaffen, um Gewinne zu erzielen. Zählt man alle Mehrwerte zusammen, die in einer Volkswirtschaft in einem Jahr erarbeitet wurden, nennt man diese Leistung **Wertschöpfung**.

(Brutto-) Wertschöpfung: (gross) increase in value

Die Leistung einer Volkswirtschaft wird meist über das BIP gemessen – und zwar zu den Preisen, die im Erhebungszeitraum galten (**nominales BIP**). Um nun aber die Wirtschaftsleistung zweier Jahre vergleichen zu können, muss noch herausgerechnet werden, wie sich der Wert des Geldes durch Inflation oder Deflation in dieser Zeit entwickelt hat. Dieser bereinigte Wert ist das **reale BIP**.

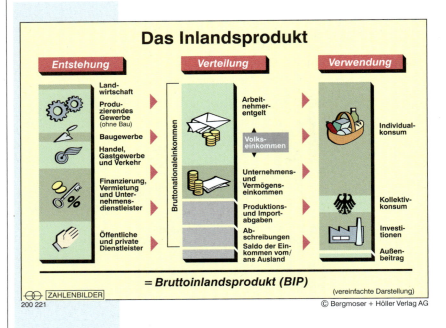

Das Inlandsprodukt

Entstehung	Verteilung	Verwendung

Entstehung:
- Landwirtschaft
- Produzierendes Gewerbe (ohne Bau)
- Baugewerbe
- Handel, Gastgewerbe und Verkehr
- Finanzierung, Vermietung und Unternehmensdienstleister
- Öffentliche und private Dienstleister

Bruttonationaleinkommen

Verteilung:
- Arbeitnehmerentgelt
- Volkseinkommen
- Unternehmens- und Vermögenseinkommen
- Produktions- und Importabgaben
- Abschreibungen
- Saldo der Einkommen vom/ans Ausland

Verwendung:
- Individualkonsum
- Kollektivkonsum
- Investitionen
- Außenbeitrag

= Bruttoinlandsprodukt (BIP)

(vereinfachte Darstellung)

ZAHLENBILDER
200 221

© Bergmoser + Höller Verlag AG

Entschlüsselt man das BIP, dann sieht man, in welchen Sektoren der Wirtschaft die meiste Leistung erbracht wurde. So lässt sich etwa ablesen, ob sich eine Volkswirtschaft zu einer Dienstleistungsgesellschaft entwickelt hat, oder ob einzelne Wirtschaftsbereiche staatliche Unterstützung (**Subventionen**) brauchen (= **Entstehungsrechnung**). Demgegenüber gibt die **Verteilungsrechnung** Aufschluss darüber, wie stark etwa die Arbeitnehmer von der wirtschaftlichen Entwicklung profitiert haben. Die Verwendungsrechnung zeigt zudem an, wofür das erwirtschaftete Geld wieder ausgegeben wurde: Das Wissen darüber, ob das Geld für die Deckung von Existenzbedürfnissen gebraucht oder mehr für Luxusgüter verwendet wird, kann wichtige Hinweise für die Steuerpolitik geben.

Auch als Gradmesser für die Geldstabilität dient das BIP. Dazu wird dem BIP die Geldmenge in einer Volkswirtschaft gegenübergestellt. In Deutschland hatte z. B. 2008 die Gütermenge einen Wert von 2.500 Mrd. Euro, die Geldmenge 1.000 Mrd. Euro. Wird die Geldmenge im Verhältnis zum BIP größer, sinkt der Wert des Geldes. Das kann gerade für verschuldete Staaten Folgen haben.

Globalisierung

Kap. 1.4

In Zeiten der **Globalisierung** ist vermehrt zu berücksichtigen, dass nicht alle Güter und Dienstleistungen die in einer Volkswirtschaft konsumiert werden, auch dort produziert werden. Kaufen wir z.B. Biogemüse, das in China erzeugt wurde, so fließt im Gegenzug Geld von Deutschland weg. Dieser Vorgang wird Import genannt. Verkaufen deutsche Autohersteller ihre PKWs ins Ausland, so fließt dafür Geld nach Deutschland zurück, was Export heißt. Die Differenz zwischen den Einnahmen aus dem Export und den Kosten für den Import nennt man **Außenbeitrag**.

Deutschland gehört zu den Ländern, die mehr ex- als importieren, sodass es stets eine positive **Außenhandelsbilanz** hat. Allerdings bekommt es auch die deutsche Volkswirtschaft zu spüren, wenn die Nachfrage im Ausland sinkt. Geht etwa im Ausland die Nachfrage nach PKWs zurück, so kann das im Inland Arbeitsplätze kosten.

Incoming Tourismus (= Tourismus, der ins Inland gerichtet ist)

Im Zusammenspiel mit den Volkswirtschaften anderer Länder spielt das Gastgewerbe im Rahmen des **Tourismus** eine bedeutende Rolle. So geben Deutsche im Auslandsurlaub Geld aus, Deutschland selbst ist im internationalen Vergleich auch ein bedeutendes Reiseland (= Incoming Tourismus). Durch den Tourismus werden **Investitions- und Beschäftigungseffekte** ausgelöst. Die Leistungen des Tourismusgewerbes werden mit geringen Vorleistungen erbracht, so dass der Anteil an der inländischen Wertschöpfung hoch ist.

 Devisen: foreign exchange/ currency

Durch den erleichterten grenzüberschreitenden Verkehr und die fallenden Zollschranken kommen immer mehr Gäste aus den Nachbarländern nach Deutschland. Diese bringen neben dem Euro auch **Fremdwährungen** mit. Von diesem Geld können deutsche Unternehmen wiederum Güter im Ausland einkaufen. Der zwischenstaatliche Handel einschließlich des Gastgewerbes wird mithilfe von Sorten (ausländische Münzen und Banknoten) und Devisen (Zahlungsmittel in ausländischer Währung, z.B. Schecks) abgewickelt.
Der Wert der jeweiligen Währungen zueinander (**Außenwert des Geldes**) wird in den Devisenkursen ausgedrückt. Alle Deviseneinnahmen und -ausgaben innerhalb einer Rechnungsperiode werden in der Devisenbilanz gegenübergestellt, wobei die Reisedevisenbilanz eine Teilbilanz dieser darstellt.

Alle diese Kennzahlen lassen nur begrenzt Rückschlüsse darauf zu, ob mit steigendem Wirtschaftswachstum auch der Lebensstandard der Bevölkerung gestiegen ist. Denn:

- Leistungen durch Schwarzarbeit, aber auch unbezahlte Arbeit z.B. durch Hausarbeit, werden nicht erfasst.
- Leistungen, die zur Beseitigung von Schäden erbracht werden, wie Reparaturen nach Unfällen, erhöhen das BIP – der Wohlstand wird durch Schäden aber verringert.
- Die ungleiche Verteilung des Wohlstandes wird ebenfalls nicht erfasst.
- Ein Großteil des BIP kann für staatliche Ausgaben verbraucht werden, etwa zur Schuldentilgung. Diese Gelder fehlen dann für Sozialleistungen.
- Auch bedingt die hohe **Staatsverschuldung** ein ständig steigendes Wirtschaftswachstum: Wer Schulden hat, muss mehr Arbeitsleistung erbringen, um die Schuldenlast samt Zins und Zinseszins tilgen zu können.
- Mit der Wirtschaftsleistung wächst zumeist auch der technische Fortschritt. Die Entwicklung leistungsfähigerer Maschinen ersetzt vielfach Arbeitskräfte.

Die einzelnen Phasen der wirtschaftlichen Entwicklung machen sich nicht nur beim BIP bemerkbar, sondern auch im täglichen Leben. Der Staat versucht, in Zeiten schwacher, aber auch in Zeiten sehr starker Wirtschaftsentwicklung gegenzusteuern. In wirtschaftlich schwachen Zeiten brechen dem Staat Steuereinnahmen weg, während gleichzeitig die Ausgaben für Sozialleistungen steigen.

Konjunktur: Veränderung der wirtschaftlichen Entwicklung

Die Höhe des BIP eines Landes lässt sich über mehrere Jahre vergleichen. Steigt das BIP konstant an, befindet sich die Wirtschaft im Aufschwung. Sinkt das BIP kontinuierlich, wird das Abschwung genannt.

Konjunktur

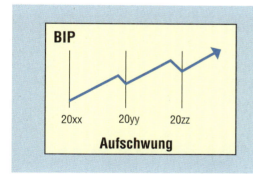

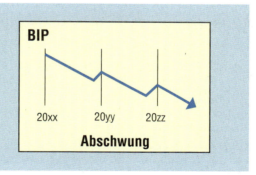

Das **Wirtschaftswachstum** in der Bundesrepublik Deutschland hat in den zurückliegenden Jahrzehnten verschiedene Phasen **(Konjunkturschwankungen)** erlebt. Der Konjunkturverlauf **(= Konjunkturzyklus)** lässt sich in vier Phasen aufteilen:

Konjunkturverlauf

Konjunkturverlauf: economic/business cycle

Phasen

Rezession:
recession

Depression:
depression

Expansion:
expansion

Boom:
boom

In **Phase 1** findet ein Abschwung statt, d. h. ein allgemeines Schrumpfen der Produktion und des Absatzes. Dies wird als Rezession bezeichnet.
Verlauf: Der Geldumlauf geht zurück und die Güterpreise sinken, da die Banken die Kreditvergabe einschränken; Insolvenzen und Arbeitslosigkeit steigen; Beschäftigungsquote und Löhne fallen.

Die **Phase 2** führt zu einem allgemeinen Tief der Produktion und des Absatzes, wodurch eine Depression gekennzeichnet ist.
Verlauf: Der Beschäftigungsstand wird niedriger, Produktionskapazitäten werden frei; die Produktionskosten steigen bei niedrigem Güterpreis, wodurch die Gewinne der Unternehmer schrumpfen; Arbeitslosigkeit; Zinssatz und Investitionsneigung sind gering.

In **Phase 3** dehnen sich Produktion und Absatz allgemein aus, es findet ein Aufschwung statt, der Expansion genannt wird.
Verlauf: Die Nachfrage nach Rohstoffen, Arbeitskräften, Wohnungen usw. steigt; der Beschäftigungsstand steigt; Lohn- und Zinsniveau steigen allmählich bis zur Angleichung an die gestiegenen Güterpreise, wodurch die Kreditaufnahme gestärkt wird.

Die **Phase 4** beinhaltet Hochbetrieb in der Produktion, es treten aber auch bereits erste Absatzschwierigkeiten auf. Es handelt sich um einen Boom.
Verlauf: Schwierigkeiten zunächst in der Investitionsgüterindustrie, denn deren Überproduktion wird von der Konsumgüterindustrie nicht mehr angenommen, der Preisanstieg kommt aufgrund der erschöpften Kaufkraft bei den Verbrauchern zum Stillstand; Bankkredite sind nur schwer zu erhalten, da die Banken an der Grenze ihrer Kreditschöpfungsmöglichkeiten angelangt sind; ein steigender Zinssatz ist zu verzeichnen; sinkende Kurse und zunehmende Wertpapierverkäufe kündigen den Abschwung an.
Ständige Aufgabe der Wirtschaftspolitik muss es sein, die Schwankungen im Konjunkturverlauf auszugleichen.

Der Erfolg der antizyklischen Konjunkturpolitik ist umstritten. Zum einen gibt es auch Faktoren außerhalb einer Volkswirtschaft, die das Wachstum beeinträchtigen. Diese sind vom Staat nur schwer zu kontrollieren, wie etwa die Auswirkungen der weltweiten Wirtschaftskrise ab 2009. Zum anderen fehlt dem Staat oft gerade dann das Geld für Wachstumsspritzen, wenn sie gebraucht werden. In einer Rezession gehen die Steuereinnahmen bereits zurück, erhöhte Staatsausgaben werden dann häufig durch neue Schulden finanziert. Auch wird oft kritisiert, dass staatliche Maßnahmen zur Konjunkturbeeinflussung schwer zu dosieren sind.

Aufgaben

1. Erläutern Sie die Begriffe Bedürfnis, Bedarf und Nachfrage an einem selbst gewählten Beispiel.
2. Geben Sie Gründe an, warum sich der Wert des Geldes ändert. Beschreiben Sie dabei auch die Begriffe Inflation, Deflation und Lohn-Preis-Spirale.
3. Erläutern Sie, welche Leistungen vom Hotel- und Gastgewerbe angeboten werden.
4. Nennen Sie die Besonderheit gastgewerblicher Dienstleistungen.
5. Das Gastgewerbe hat volkswirtschaftliche Bedeutung als Devisenbringer. Erläutern Sie die Aussage.
6. Der Nominallohn einer Restaurantfachfrau stieg innerhalb von drei Jahren von 1.500,00 auf 1.600,00 €. Im selben Zeitraum erhöhte sich das Preisniveau der Konsumgüter um 10 %. Wie hoch war die Steigerung des Reallohns in % und €?
7. Geben Sie die vier Oberziele staatlicher Wirtschaftspolitik mit eigenen Worten wieder und erläutern Sie, warum in diesem Zusammenhang vom „magischen Viereck" gesprochen wird.
8. Die Leistung der Wirtschaft wird über Kennzahlen wie das BIP gemessen. Diese Vorgehensweise ist umstritten. Erläutern Sie, warum.
9. Finden Sie mithilfe des Internets heraus: Wie kann die Wertschöpfungskette für ein in einer Gaststätte verkauftes Fass Bier (= 100 Euro) aussehen?
10. In der Marktwirtschaft bildet sich im Idealfall der Gleichgewichtspreis durch Angebot und Nachfrage. Erläutern Sie dies am Beispiel einer Internetbörse.
11. „Merkwürdig, kein Handyempfang, hier muss wohl ein Funkloch sein!", wundert sich Maike im Einkaufscenter. Ihr Freund vermutet Absicht dahinter. Welche Gründe könnten Ladenbetreiber dazu bringen, den Handyempfang zu unterbinden?
12. Unternehmen versuchen, durch Marktmacht das Zusammenspiel von Angebot und Nachfrage zu ihren Gunsten zu beeinflussen. Erläutern Sie diesen Vorgang in einem Beispiel.
13. Um Schwankungen in der Wirtschaftsleistung zu vermindern, betreibt der Staat antizyklische Wirtschaftspolitik. Geben Sie hierzu ein Beispiel in der Konjunkturphase der Depression.
14. Der Wirtschaftskreislauf macht deutlich, dass Haushalte und Unternehmen fortwährend in einem Tauschverhältnis zueinander stehen.
    a) In welchem der beiden Ströme (Güter- und Geldstrom) kommt der Kreislaufgedanke am ehesten zum Ausdruck?
    b) Begründen Sie, warum der Geld- und Güterstrom entgegengesetzt verlaufen.
15. Aus den oben stehenden Kreislaufmodell lassen sich verschiedene Ableitungen vornehmen:
    a) Was bestimmt die Höhe der Konsumausgaben?
    b) Wozu benötigen die Unternehmen unsere Ersparnisse?
    c) Wonach richtet sich die Höhe der möglichen Investitionen?
16. Welcher Summe entspricht die gesamte Produktion von Gütern und Leistungen einer Volkswirtschaft?

1.2 Tourismus im Überblick

	= Vor- und Nebensaison	= Hauptsaison

	Jan.	Feb.	März	April	Mai	Juni	Juli	Aug.	Sep.	Okt.	Nov.	Dez.
Niedersachsen												
Schleswig-Holstein												
Küstenregionen/Inseln												
Nordrhein-Westfalen nur Eifel												
Rheinland-Pfalz Mosel/Ahr/Eifel												
Baden-Württemberg Sommersaison												
Baden-Württemberg Wintersaison												
Bayern - Sommersaison												
Bayern - Wintersaison												
Thüringen												
Mecklenburg-Vorpommern												
Elbsandsteingebirge												
Erzgebirge												

Saisonzeiten in den deutschen Tourismusregionen

In der Konkurrenz zwischen den Begriffen **„Fremdenverkehr" und „Tourismus"** hat sich der internationale Begriff „Tourismus" durchgesetzt. **Tourismus** ist der Inbegriff der Beziehungen und Erscheinungen, die sich aus der Reise und dem Aufenthalt nicht Ortsansässiger ergeben, sofern durch den Aufenthalt keine Niederlassung zur Ausübung einer dauerhaften oder zeitweilig hauptsächlichen Erwerbstätigkeit begründet wird. Fehlt eines der vorgenannten Merkmale, so haben wir es nicht mehr mit Tourismus zu tun.

Demnach sind **Touristen** vorübergehende Besucher, die wenigstens eine Nacht und weniger als ein Jahr in dem Besucherland/-ort verbringen, wobei ihr Besuchszweck familien- oder freizeitorientiert ist bzw. der Weiterbildung oder einer geschäftlichen Tätigkeit dient.

Reisebilanz 2016
Umfrage in Deutschland

DAUER
12,9 Tage dauerte im Schnitt eine Reise.

KOSTEN
1166 Euro kostete eine Reise durchschnittlich pro Person.

REISEBILANZ
57 % der Bundesbürger sind 2016 verreist*.

ZIELE 34,2 % ins Inland   65,8 % ins Ausland

Top-3-Ziele
1 Bayern und Mecklenburg-Vorpommern
2
3 Schleswig-Holstein

Top-3-Ziele
1 Spanien
2 Italien
3 Österreich/Türkei

REISEABSICHTEN FÜR 2017

Von je 100 Befragten planen
unsicher   mindestens eine Reise
38   44
18
keine Reise

Hauptziele
23 Deutschland
9 Fernreisen
8 Spanien
4 Italien
3 Österreich

*eine Reise von mind. 5 Tagen
Umfrage unter 4000 Menschen ab 14 Jahren im Jan. 2017
Quelle: Stiftung für Zukunftsfragen

11573 © Globus

Die folgende Deutschlandkarte ergänzt die grundlegenden Ausführungen zum Tourismus.

Bundesrepublik
Deutschland:
Federal Republic
of Germany

Die Bundesrepublik Deutschland – eine Übersichtskarte

Zwischen Aachen und Görlitz, Garmisch und Flensburg erstreckt sich die Bundesrepublik über eine Fläche von rund 357 000 Quadratkilometern, auf denen etwa 81 Millionen Menschen leben. Im Inneren gliedert sich das Bundesgebiet in sechzehn Bundesländer. Nach außen grenzt das vereinigte Deutschland an neun verschiedene Staaten. Die Bundesrepublik hat damit so viele unmittelbare Nachbarn wie kein anderes Land in Europa.

Die Tourismusgebiete in Deutschland lassen sich wie folgt einteilen:

Tourismusgebiet: destination

Küstenlandschaften	Seenlandschaften	Mittelgebirge	Flachland	Gebirgslandschaft
Nord- und Ostsee vorgelagerte Inseln	Ufer der Binnengewässer, Bodensee, Steinhuder Meer, Mecklenburgische Seenplatte usw.	Harz, Thüringen, Weserbergland, Rhön, Elbsandsteingebirge, Bayerischer Wald usw.	Lüneburger Heide, Holsteinische Schweiz usw.	Alpenraum, Schwarzwald
vornehmlich Sommersaison	überwiegend Sommersaison	verteilte Saisonzeiten	vornehmlich Sommersaison	ganzjährig Saison

Bei 3 % der Beherbergungsbetriebe mit 1,8 % der Betten liegt die betriebliche Öffnungszeit unter sechs Monaten, ca. 9 % der Betriebe (= 7,5 % der Betten) haben nur sechs bis neun Monate im Jahr geöffnet, d.h., es stehen 88 % der Beherbergungskapazität ständig zur Verfügung, wobei das Sommerhalbjahr eindeutig die Hauptsaison für das deutsche Beherbergungsgewerbe darstellt. Ganzjährig geöffnet haben hauptsächlich Hotels in Städten, während überdurchschnittlich viele Pensionen zu den Saisonbetrieben zählen. Lediglich in Bayern – hier vor allem in Oberbayern – ist eine fast ganzjährige Auslastung der Bettenkapazitäten festzustellen.

In allen Bereichen unserer Tourismusgebiete finden wir **Kur- und Heilbäder**. Diesen sind von den Bundesländern bestimmte Prädikate zuerkannt worden, wodurch die Wettbewerbsbedingungen vereinheitlicht wurden. So hat der Gast die Möglichkeit, sich von vornherein ein zutreffendes Bild von dem geplanten Urlaubsort zu machen. Die Erholungseinrichtungen werden von den entsprechenden Landesgremien überprüft, bevor folgende **Prädikate** zuerkannt werden:

▶ Erholungsort

▶ Luftkurort

▶ heilklimatischer Kurort

▶ Kneippkurort

▶ Ort mit Heilquellen oder Moor-/Kurbetrieb

▶ Heilbad

▶ Kneippheilbad

Durch die zunehmende Technisierung im Bereich der Land- und Forstwirtschaft sowie die Schaffung neuer Industriezonen werden die Tourismusgebiete in der Bundesrepublik Deutschland immer stärker beeinträchtigt. Der Erhalt dieser Gebiete sowie der Natur- und Umweltschutz sind daher ein wesentliches Anliegen des Tourismus.

Tourismus und Ökologie

Allerdings bereitet die Umstellung des sog. „**sanften Tourismus**" trotz aller Bemühungen immer wieder Schwierigkeiten, was nicht nur an der Tourismuswirtschaft liegt, sondern auch an den Touristen selbst. Diese verlangen am Ferienort nicht nur immer mehr Komfort, sondern auch eine auf ihre Bedürfnisse zugeschnittene perfekte Infrastruktur.

Problemlösungsansätze

Alle im Rahmen des Tourismus anstehenden Probleme sind also nicht durch eindimensionales Denken, sondern nur mehrdimensional zu lösen. Wenn auch in der Tourismuswirtschaft die **ökonomische Umwelt** im Vordergrund der Betrachtungen steht, gilt es, die einzelnen Dimensionen der sozialen, technologischen und ökologischen Umwelt sowie deren Problemzusammenhänge weitgehend zu berücksichtigen. Das sich dadurch ergebende Tourismussystem enthält die verschiedensten Teilbereiche, die miteinander in Beziehung stehen.

Ein derartiges **System des Tourismus** enthält die nachfolgende Grafik.

Das System Tourismus wird beeinflusst durch:
– Wirtschaft
– Politik
– Gesellschaft
– Umwelt

Das System Tourismus

Wirtschaft

setzt monetäre und materielle Rahmenbedingungen voraus (z. B. Infrastruktur, Ausmaß der touristischen Entwicklung)

Leistungsträger als Subsystem

- Beförderungsunternehmen
- Unterkunfts-/ Verpflegungsbetriebe
- Zielortagenturen
- Kur- und Bäderbetriebe
- Sportunternehmen
- Fahrzeugvermietungen
- Kreditkartenunternehmen

Politik

bestimmt Rahmenbedingungen (z. B. Währungspolitik, Umweltpolitik, regionale Strukturpolitik)

Zulieferer als Subsystem

- Werbe- und Marktforschungsagenturen
- Druckereien/Verlage
- Banken
- Tourismusvereine
- Unternehmensberater
- Verkehrsbüros
- Tourismusinformationen

Kernsystem Tourismus

- Touristen
- Reiseveranstalter
- Reisemittler
- Gastgewerbe
- Destinationen

Zulieferer als Subsystem

- Öffentliche Körperschaften
- Interessenvereinigungen
- Ausbildungs- und Forschungseinrichtungen
- Medien
- Aktionsgruppen
- Staatliche Verwaltung

Umwelt (natürliche)

als Grundpotenzial des Tourismus (z. B. Klima, Landschaft, geografische Lage, Flora und Fauna)

Attraktionen als Subsystem

- Natürliche Faktoren (z. B. Klima/Landschaft)
- Soziokulturelle Faktoren (z. B. Kultur, Lebensstil, Brauchtum)
- Infrastrukturanlagen (z. B. Erlebnisbäder, Kur- und Freizeitparks, Skilifte)
- Arrangierte Ereignisse
- Souvenirs (z. B. Folklore)

Gesellschaft

in Quell-/Zielgebieten beeinflusst den Tourismus (z. B. Einstellung gegenüber Fremden, Lebensweisen, Problembewusstsein)

Aufgaben

1. Prüfen Sie anhand der Tabelle auf S. 15, ob die Saisonzeiten für die Länder Mecklenburg-Vorpommern und Nordrhein-Westfalen (Eifel) nicht noch erweitert werden können.

2. Erläutern Sie die Abbildung „Reisebilanz 2016", S. 15.

3. Um die Wettbewerbsbedingungen zu verbessern, werden den Gemeinden vom Staat bestimmte Prädikate zuerkannt. Welche?

4. Worauf ist nach Ihrer Meinung die unterschiedliche Verweildauer an den einzelnen Urlaubsorten hauptsächlich zurückzuführen?

5. Klären Sie, ob in allen Fällen Tourismus vorliegt.
   a) Manuela Völtz hat die Ferien bei ihren Eltern verbracht und muss nun zurück in das dem Gymnasium angeschlossene Wohnheim, wo sie während der Schulzeit untergebracht ist.
   b) Herr Thomale ist Direktor eines großen Hotels und besucht die alle zwei Jahre in München stattfindende Fachausstellung für die Gastronomie. Hier quartiert er sich am Stadtrand für eine Woche ein.
   c) Frau Alschner fährt mit der Deutschen Bahn nach Bad Wörrishofen, um sich einer Wasserkur zu unterziehen. Dort wohnt sie in einem Sanatorium, um ständig unter ärztlicher Kontrolle zu sein.

6. Erklären Sie, welche Faktoren Einfluss auf das System „Tourismus" nehmen.

1.3 Interessenverbände im Tourismus

Situation

Utopia 2030: Die Bundesregierung und die Mehrheitsfraktionen im Bundestag kündigen eine grundlegende Reform der Abgabe von Alkohol an. Supermärkte und Gaststätten sollen keinen Alkohol mehr verkaufen dürfen. Die Abgabe soll nur noch zu bestimmten Zeiten in eigens dafür eingerichteten und lizenzierten Geschäften erfolgen. Gastronomen und in der Gastronomie Beschäftigte protestieren. Gewerkschaft und Arbeitgeberverband befürchten den Verlust von zehntausenden von Arbeitsplätzen und kündigen Großdemonstrationen und eine gemeinsame Stellungnahme im Gesetzgebungsverfahren an (fiktive Situation).

„Gemeinsam sind wir stärker!" steht hinter der Idee der Interessenverbände. In einer zunehmend komplexen und globalisierten Wirtschaftswelt wird das „Networking" immer wichtiger. Ein einzelner Arbeitnehmer, ein einzelnes Unternehmen, eine einzelne Branche, eine einzelne Tourismusregion, selbst ein einzelnes Land können im Wettbewerb der Großen häufig nichts ausrichten und suchen sich Partner mit ähnlichen Zielen und Interessen.

Sozialpartner im Gastgewerbe

Die für das Wirtschaftsleben in Deutschland zentralen Interessenverbände sind die sog. **Sozialpartner** oder **Koalitionen**. Darunter versteht man Vereinigungen (meist in der Rechtsform eines Vereins), die sich zur **Wahrung und Förderung der Arbeits- und Wirtschaftsbedingungen** zusammengetan haben. Den Koalitionen kommt schon nach dem *Grundgesetz* eine wichtige Rolle zu. Das bedeutet, sie sind durch das *Grundgesetz* geschützt und frei von staatlicher Einflussnahme. Es steht jedem frei, ob er Mitglied einer Koalition sein will oder nicht (**„Koalitionsfreiheit"**). Freie Koalitionen sind ein wichtiges Merkmal einer demokratischen Wirtschaftsordnung. Eine Einheitsgewerkschaft oder die Zwangsmitgliedschaft in einem Arbeitgeberverband wären mit der Verfassung nicht vereinbar. Die Sozial-„Partnerschaft" ist einerseits dadurch gekennzeichnet, dass die Koalitionen partnerschaftlich zusammenwirken, um im Dialog die Interessen einer Branche gemeinsam zu vertreten. Andererseits wird aber auch das Konzept sog. „sozialer Gegenspieler" verfolgt, d. h. die Koalitionen vertreten unterschiedliche Seiten. Diese nennt man auch „Bänke" oder „Parteien".

Die Sozialpartner im Gastgewerbe sind die **Gewerkschaft Nahrung-Genuss-Gaststätten (NGG) für die Arbeitnehmer** und der **Deutsche Hotel- und Gaststättenverband (DEHOGA) für die Unternehmen/Arbeitgeber** in Hotellerie und Gastronomie. Gewerkschaften und Arbeitgeberverbände sind demokratisch organisiert, d. h. ihre Mitglieder bestimmen ihre Ziele und wählen ihre Repräsentanten.

> Interessenverband: 🇬🇧
> pressure group
>
> *GG*
> *Art. 9 Absatz 3*
>
> Grundgesetz: 🇬🇧
> Basic Constitutional Law
>
> Sozialpartner:
> social partners

Aufgaben der Sozialpartner

Aushandeln und Abschluss von Tarifverträgen	Politische und gesellschaftliche Interessenvertretung für die Mitglieder („Lobbying"), z. B. durch Stellungnahmen in Gesetzgebungsverfahren, Vertretung gegenüber Behörden	Öffentlichkeits- und Pressearbeit für die Anliegen der Branche und der Mitglieder	Förderung der Berufsbildung in der Branche, insbesondere Mitwirkung an Aus- und Fortbildungsordnungen, Jugendwettbewerbe	Dienstleistungen und Service für Mitglieder, z. B. Rechtsberatung, Bildungsangebote	Beteiligung an der Selbstverwaltung der sozialen Sicherungssysteme, z. B. bei den Krankenkassen oder der Berufsgenossenschaft (BGN)	Veranstaltungen, Netzwerke und Plattformen für die Mitglieder

Der Abschluss von Tarifverträgen – frei von staatlicher Einflussnahme – ist der verfassungsmäßige Kernbereich der Aufgaben von Arbeitnehmer- und Arbeitgebervereinigungen. Darüber hinaus müssen die Interessenvertreter besonders die **politischen Rahmenbedingungen** im Blick haben. Dies geschieht z. B. durch Anhörungen und Stellungnahmen in Gesetzgebungs- und Verordnungsverfahren in Ausschüssen, Bundestag und Bundesrat sowie durch Gespräche mit Ministerien und Abgeordneten. Dies bezeichnet man als „Lobbying". Lobby-Themen mit großer Bedeutung für die Zukunft der Hotellerie und Gastronomie sind z. B.:

▶ Tourismuspolitik und Tourismusmarketing in Deutschland
▶ reduzierte Umsatzsteuersätze für Hotellerie und Gastronomie
▶ Fachkräftesicherung
▶ Lohnzusatzkosten und Sozialversicherungssysteme
▶ Entwicklungen im Arbeitsrecht
▶ Verbraucherschutz und Ernährungsthemen
▶ Weiterentwicklung und Verbesserung der allgemeinen und beruflichen Bildung
▶ Unternehmens- und Mittelstandsfinanzierung

Gewerkschaft:
trade union

Der **Gewerkschaft NGG** gehören außer Arbeitnehmern aus allen Bereichen des Gastgewerbes (wie Hotellerie, Individual- und Systemgastronomie oder Kantinen) auch solche aus der Nahrungs- und Genussmittelindustrie und aus dem Lebensmittelhandwerk an, z. B. aus Bäckereien, Fleischindustrie, Brauereien, Zigaretten- oder Süßwarenindustrie. Das höchste Gremium der Gewerkschaft NGG ist der Gewerkschaftstag, geleitet wird sie durch den Hauptvorstand. Der Sitz des Hauptvorstands ist in Hamburg. Die Gewerkschaft NGG ist in fünf Landesbezirke und 60 Regionen unterteilt. Die Gewerkschaft NGG ist eine Mitgliedsgewerkschaft des **Deutschen Gewerkschaftsbundes (DGB)** als Dachorganisation.

Den **DEHOGA-Landesverbänden** gehören Betriebe aus allen Bereichen des Gastgewerbes an. Daneben gibt es auf Ebene des **DEHOGA-Bundesverbandes** Direktmitglieder in Fachverbänden und Fachabteilungen für spezielle Segmente des Gastgewerbes. Das höchste Gremium des DEHOGA ist die Delegiertenversammlung. Geleitet wird der DEHOGA auf ehrenamtlicher Ebene durch das Präsidium, auf hauptamtlicher Ebene durch die Hauptgeschäftsführung. Der Sitz des DEHOGA-Bundesverbandes ist Berlin. Unterhalb der 17 Landesverbände gibt es verschiedene Bezirks-, Kreis- und Ortsverbände.

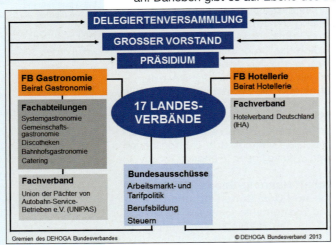

Gremien des DEHOGA Bundesverbandes   © DEHOGA Bundesverband 2013

Der DEHOGA als Wirtschafts- und Arbeitgeberverband ist u. a. der **Bundesvereinigung der Deutschen Arbeitgeberverbände (BDA)** angeschlossen (Dachorganisation).

Europäische Interessenvertretung

Der Einfluss und die Bedeutung Europas auf Politik und Wirtschaft in den Mitgliedstaaten der EU wachsen ständig. Dies betrifft sowohl die Bereiche der Gesetzgebung (z. B. in Bezug auf Hotellerie und Gastronomie die europäische Hygieneverordnung, Arbeitszeit- und Mehrwertsteuerrichtlinie oder die Allergenkennzeichnung) als auch durch eine allgemeine Diskussion geprägte Bereiche ohne formale Rechtssetzungskompetenz auf EU-Ebene wie die Themen Alkohol, Rauchen oder Normung.

Die Branchen, Gewerkschaften und Wirtschaftsverbände bringen sich in den europäischen Dialog mit ein und vertreten auch dort ihre Interessen. Wie auch im nationalen Rahmen reicht die Bandbreite von Anhörungen und Stellungnahmen in den Gesetzgebungsverfahren bis zu informellen Plattformen.

Die deutschen Interessenverbände handeln dabei zum einen unmittelbar durch Kontakte, z. B. zu Abgeordneten des Europäischen Parlaments oder den EU-Kommissaren bzw. Generaldirektionen. Zum anderen stellt der Zusammenschluss zu europäischen Dachorganisationen die ständige Präsenz in Brüssel und Straßburg sowie den kontinuierlichen Kontakt zu den europäischen Institutionen sicher. Auf europäischer Ebene ist die Gewerkschaft NGG Mitglied bei der Dachorganisation **EFFAT** (European Federation of Food, Agriculture and Tourism Trade Unions). Der DEHOGA ist Mitglied bei **HOTREC** (Trade Assossiation of Hotels, Restaurants and Cafés in the European Union).

Berufsverbände im Gastgewerbe

Berufsverbände sind Vereine, die sich die Wahrung von Standesinteressen bestimmter Berufe oder Berufsgruppen zum Ziel genommen haben.

Kernbereiche sind dabei meist Aus- und Weiterbildung, die Förderung des Ansehens eines Berufsstandes sowie die Netzwerkbildung. Sowohl Arbeitnehmer als auch Selbstständige/Arbeitgeber können Mitglieder in Berufsverbänden sein. Wichtige bundesweite Berufsverbände im Gastgewerbe sind z. B.:
① **Verband der Köche Deutschlands (VKD)**
② **Verband der Servicefachkräfte, Restaurant- und Hotelmeister (VSR)**
③ **Deutsche Barkeeper-Union (DBU)**
④ **Hospitality Sales & Marketing Association (HSMA)**
⑤ **Food + Beverage Management Association (FBMA)**

Tourismusverbände

Das Gastgewerbe als Hauptleistungsträger der Tourismuswirtschaft hat ein grundsätzliches Interesse am Funktionieren des Tourismus insgesamt sowie an dessen Stellenwert innerhalb der Gesamtwirtschaft und vernetzt sich daher mit anderen touristischen Verbänden. Zu den wichtigsten zählen:
▶ Der **Bundesverband der Deutschen Tourismuswirtschaft (BTW)** ist der Dachverband der Unternehmen und Verbände der Tourismuswirtschaft in Deutschland. Er vereint Mitglieder aus den Bereichen Hotels und Gaststätten, Reiseveranstalter und Reisemittler, Campinganbieter, Sport- und Freizeitparks, Verkehrsbetriebe und Einzelhandel.
▶ Die **Deutsche Zentrale für Tourismus (DZT)** ist für die weltweite Vermarktung des Reiselandes Deutschland zuständig. Im Auftrag der Bundesregierung führt die DZT das Auslandsmarketing.
▶ Der **Deutsche Tourismusverband (DTV)** ist ein Zusammenschluss von lokal, regional und landesweit agierenden Tourismusorganisationen in Deutschland. Er koordiniert deren Aktivitäten und bietet Beratungs- und Serviceleistungen für Tourismusorganisationen an. Die Tourismusverbände oder -gesellschaften vor Ort vermarkten ihre Region, z. B. durch Erstellen von Broschüren oder Aktionen.

Aufgaben

1. Warum schließen sich Arbeitnehmer und Arbeitgeber in Interessenverbänden zusammen?
2. Erkundigen Sie sich, ob Ihr Ausbildungsunternehmen Mitglied im DEHOGA ist.
3. Warum schließen sich Angehörige eines Berufsstandes in Berufsverbänden zusammen?
4. Was sind Aufgaben der Sozialpartner im Gastgewerbe? Recherchieren Sie über die Webseiten von DEHOGA und NGG neben den im Text genannten gemeinsamen Aufgaben auch weitere Aufgaben und Ziele, die DEHOGA und NGG für sich definieren.
5. Einigen Sie sich in der Klasse auf ein aktuelles, branchenpolitisches Thema zur Diskussion. Bilden Sie Teams, die pro und contra argumentieren, sammeln Sie Argumente und führen Sie eine kontroverse Diskussion.
6. Welche Bedeutung hat die europäische Interessenvertretung für das Gastgewerbe in Deutschland?
7. Fred Müller ist seit seiner Koch-Ausbildung Mitglied im VKD. Jetzt übernimmt er seinen ehemaligen Ausbildungsbetrieb als Pächter und erkundigt sich, wie er sich gemeinsam mit Kollegen weiter für die Interessen der Köche und Gastronomen einsetzen kann. Was kann man ihm raten?

8. Hotellerie und Gastronomie sind die Hauptleistungsträger im Tourismus, Tourismuspolitik ist daher ein wichtiger Bereich von Interessenvertretung auf allen Ebenen. Recherchieren Sie die zuständigen Institutionen für den Bereich Tourismus
   – in Ihrer Gemeinde/Kommune
   – in Ihrer Region
   – im Bundestag
   – im Bundeswirtschaftsministerium
   – in der Europäischen Kommission
9. Besorgen Sie bei der Tourist-Information in Ihrer Stadt Broschüren oder andere Informationen zu den Themen „regional essen", „Urlaub mit Kindern" und „kulturelle Aktivitäten" in der Region.
10. Recherchieren Sie im Internet mindestens zwei aktuelle Marketing-Aktionen Ihrer örtlichen oder Landestourismusorganisation und stellen Sie diese Ihren Mitschülern vor.
11. Eine wichtige Aufgabe von Interessenverbänden ist das sog. „Lobbying".
    a) Erklären Sie diesen Begriff.
    b) Recherchieren Sie auf den Webseiten von DEHOGA Bundesverband und Gewerkschaft NGG jeweils mindestens drei aktuelle politische Themen dieser Interessenvertreter.

1.4 EU-Binnenmarkt in der globalisierten Welt

Situation

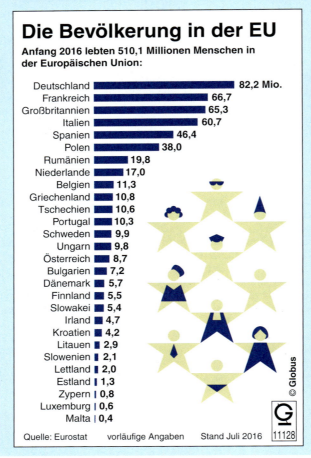

Die Bevölkerung in der EU

Anfang 2016 lebten 510,1 Millionen Menschen in der Europäischen Union:

Deutschland	82,2 Mio.
Frankreich	66,7
Großbritannien	65,3
Italien	60,7
Spanien	46,4
Polen	38,0
Rumänien	19,8
Niederlande	17,0
Belgien	11,3
Griechenland	10,8
Tschechien	10,6
Portugal	10,3
Schweden	9,9
Ungarn	9,8
Österreich	8,7
Bulgarien	7,2
Dänemark	5,7
Finnland	5,5
Slowakei	5,4
Irland	4,7
Kroatien	4,2
Litauen	2,9
Slowenien	2,1
Lettland	2,0
Estland	1,3
Zypern	0,8
Luxemburg	0,6
Malta	0,4

© Globus

Quelle: Eurostat   vorläufige Angaben   Stand Juli 2016   11128

Deutschland hat die größte Bevölkerung in der EU

510,1 Millionen Menschen lebten am Stichtag 1. Januar 2016 in der Europäischen Union. Das waren nach vorläufigen Angaben insgesamt rund 1,8 Millionen mehr als im Jahr davor. Die meisten Einwohner gab es mit 82,2 Millionen in Deutschland. Das entsprach einem Anteil von 16,1 Prozent an der Gesamtbevölkerung der EU. Die kleinste EU-Bevölkerung lebte auf dem Inselstaat Malta mit rund 434.400 Personen. Nach Angaben der europäischen Statistikbehörde Eurostat ist die Zahl der Einwohner im Jahr 2015 in 17 EU-Staaten gestiegen. In elf ist sie dagegen gesunken. Die höchsten Zuwächse in absoluten Zahlen wurden in Deutschland, Großbritannien und Frankreich verzeichnet, die stärksten Rückgänge in Italien, Rumänien und Griechenland.

Der EU-Binnenmarkt ...

EU-Binnenmarkt: Single (European) Market

Zum 1. Januar 1993 wurde der größte Wirtschaftsraum der Welt verwirklicht: der **Europäische Binnenmarkt**. In ihm gehen die nationalen Märkte der Mitgliedstaaten auf, um alle Grenzhindernisse für Menschen, Waren, Dienstleistungen und Kapital zu beseitigen.

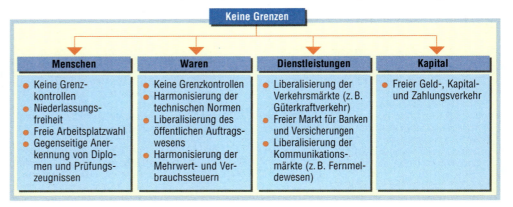

Keine Grenzen

Menschen	Waren	Dienstleistungen	Kapital
• Keine Grenzkontrollen • Niederlassungsfreiheit • Freie Arbeitsplatzwahl • Gegenseitige Anerkennung von Diplomen und Prüfungszeugnissen	• Keine Grenzkontrollen • Harmonisierung der technischen Normen • Liberalisierung des öffentlichen Auftragswesens • Harmonisierung der Mehrwert- und Verbrauchssteuern	• Liberalisierung der Verkehrsmärkte (z. B. Güterkraftverkehr) • Freier Markt für Banken und Versicherungen • Liberalisierung der Kommunikationsmärkte (z. B. Fernmeldewesen)	• Freier Geld-, Kapital- und Zahlungsverkehr

EU-Bürger haben ein Aufenthaltsrecht in Deutschland – wie auch Deutsche in anderen EU-Staaten. Diese **Freizügigkeit** ist eine der „Säulen" des EU-Binnenmarktes. Dabei sind zu unterscheiden

§§ 1 ff. FreizügG/EU

> **Arbeitnehmerfreizügigkeit**: Arbeitnehmer ist, wer während einer bestimmten Zeit für einen anderen nach dessen Weisungen Leistungen erbringt, für die er als Gegenleistung eine Vergütung erhält. Ein Arbeitsplatzwechsel soll künftig innerhalb der EU auch ohne wesentliche Einbußen bei den Betriebsrenten möglich sein.

Art. 45 Vertrag über die Arbeitsweise der Europäischen Union (AEUV)

> **Niederlassungsfreiheit**: Frei niederlassen in allen EU-Staaten können sich auch selbstständig erwerbstätige EU-Bürger, um eine wirtschaftliche Tätigkeit mit Gewinnerzielungsabsicht auszuüben.

Art. 49 AEUV

> **Dienstleistungsfreiheit** genießen Personen, die innerhalb der EU grenzüberschreitend Dienstleistungen erbringen oder empfangen und sich dabei nicht dauerhaft in einem Staat niederlassen wollen.

Art. 56 AEUV

Für alle Beteiligten herrschen in dem neu gebildeten wirtschaftlichen Großraum dieselben Wettbewerbsbedingungen. Durch diesen freien Wettbewerb entsteht für jeden Marktteilnehmer ein **Anpassungsdruck**, der zu einer gewissen „Qualitätsauslese" der Anbieter führen dürfte. Als Beispiel sei hier auf das Problem beim Reinheitsgebot für Nahrungsmittel hingewiesen.

Der **EU-Binnenmarkt** bringt also für jedes Mitgliedsland, wie die Gemeinschaft als Ganzes, unterschiedliche Probleme mit sich, die es zu überwinden gilt, woraus sich die nachstehenden **Vorteile** ergeben:

Vorteile EU-Binnenmarkt

> Der **Wegfall der Handelshemmnisse** führt zu einem erweiterten Warenangebot, steigenden Produktqualitäten, niedrigeren Verbraucherpreisen und verschärftem Wettbewerb.

Zollfreiheit: excemption from customs duty

> Aufgrund der **Zollfreiheit** verringern sich die Transportzeiten im europäischen Verkehr und es gibt keine Einfuhrbegrenzungen mehr.

Markterweiterung: market extension/ expansion

> Aufgrund der **Markterweiterung** ist davon auszugeben, dass die Unternehmen ihre Umsätze steigern werden, wodurch langfristig neue Arbeitsplätze entstehen und die erhöhten Produktionszahlen zu sinkenden Kosten führen können, was wiederum die Wettbewerbsfähigkeit der Marktteilnehmer verbessert.

Allerdings ist bei allen positiven Visionen des EU-Binnenmarktes nicht zu vergessen, dass sich auch **Nachteile** ergeben können, nämlich:

Nachteile EU-Binnenmarkt

> Die verschärfte Konkurrenz wird dazu führen, dass einzelne Unternehmen Insolvenz anmelden müssen.

> Verschiedene Produzenten werden ihre Herstellung in sog. Billiglohnländer innerhalb bzw. außerhalb der EU verlagern, was besonders in Deutschland zum Verlust von Arbeitsplätzen führt.

> Die internationale Zusammenarbeit stellt höhere Qualifikationsansprüche an die Mitarbeiter und Mitarbeiterinnen, z.B. Mehrsprachigkeit, was zum einen Fortbildungskosten für die Unternehmen entstehen lässt, zum anderen aber auch zu einem gewissen Ausleseprozess führen kann.

… in der globalisierten Welt

Unter **Globalisierung** versteht man in wirtschaftlicher Hinsicht die **Verflechtungen der Volkswirtschaften** zu einem **weltweiten Wirtschaftsraum**. Bestrebungen zur Ausweitung des internationalen Warenaustausches sind keineswegs neu. Neu an dieser Entwicklung ist allerdings, dass sich ihr Tempo aufgrund des technischen Fortschritts, insbesondere im Bereich der Kommunikation („**digitale Revolution**"), seit den 1990er-Jahren vervielfacht hat.

Für **Deutschland** spielt Globalisierung eine starke Rolle, denn als **„Exportland"** ist es darauf angewiesen, seine Güter auf dem **Weltmarkt** zu verkaufen. Deshalb muss Deutschland noch mehr als andere Staaten gewährleisten, dass seine Arbeitskräfte und Produktionsmethoden auf dem höchsten Niveau mithalten können.

Wenn man Globalisierung als freien Transfer von Dienstleistungen, Gütern, Informationen, als unbegrenzte Mobilität im modernen „Dorf Erde" versteht, liegen die **Vorteile und Chancen** insbesondere für junge Menschen auf der Hand. Beispiele sind:

Deutschlands wichtigste Handelspartner

Angaben für 2016 in Milliarden Euro

Die größten **Lieferanten** (Einfuhr)

China	93,8 Mrd. €
Niederlande	83,6
Frankreich	65,8
USA	57,8
Italien	51,8
Polen	46,5
Schweiz	43,9
Tschechien	42,4
Österreich	38,6
Belgien	37,9
Großbritannien	35,6
Spanien	27,8
Russland	26,4
Ungarn	25,0
Japan	22,0
Türkei	15,3

Die größten **Kunden** (Ausfuhr)

106,9	USA
101,4	Frankreich
86,1	Großbritannien
79,1	Niederlande
76,1	China
61,4	Italien
59,8	Österreich
54,8	Polen
50,4	Schweiz
41,8	Belgien
40,6	Spanien
38,3	Tschechien
25,1	Schweden
22,8	Ungarn
21,9	Türkei
21,6	Russland

Quelle: Statistisches Bundesamt (Februar 2017)   vorläufige Angaben   © Globus 11592

▶ freies Reisen in die meisten Länder und die Möglichkeit, dort (z.B. in Hotellerie oder Gastronomie) zu lernen und zu arbeiten oder sich sogar niederzulassen
▶ frei zugängliche Informationen aus allen Winkeln der Welt zu jeder Tages- und Nachtzeit per Internet
▶ unbegrenzte Möglichkeiten, überall in der Welt virtuell beliebige Waren einzukaufen.

Auch an der Hotel- und Gastronomiebranche geht die weltweite Globalisierung nicht spurlos vorbei. Die **Wachstums-, Konzentrations- und Standardisierungstendenzen** des vergangenen Jahrzehnts haben eine neue Qualität erreicht. So bietet eine steigende Zahl an Hotelketten eine größere Bettenkapazität an, und die Fusionen sowie die Kooperationen im Gastgewerbe haben zugenommen. Nicht zuletzt ist in diesem Zusammenhang herauszustellen, dass das Angebot in der gesamten Branche durch Markenbildung stärker differenziert.

Insbesondere die international tätige **Systemgastronomie und -hotellerie** expandiert (verbreitet sich) mit der wirtschaftlichen Globalisierung – vor allem im Niedrig-Preis-Segment. Aufgrund dieser gewandelten Rahmenbedingungen und Strukturveränderungen steht das Gastgewerbe vor neuen Herausforderungen. Der globale Wettbewerb gastgewerblicher Anbieter auf der einen Seite und wachsende Ansprüche der Gäste auf der anderen Seite bedingen ständige Verbesserungen und Anpassungen der Anbieter in diesem Dienstleistungsbereich. Immer bergen wirtschaftliche Chancen auch Risiken in sich. Der Aufstieg in Zeiten fortschreitender Globalisierung kann steil sein – umso tiefer kann jedoch der Fall sein; vor allem in **Krisenzeiten**, wenn **Unternehmensverflechtungen** und damit verbundene Finanzströme weltweite Auswirkungen haben.

Aufgaben

1. Begründen Sie, warum Einfuhrkontingentierungen zu Preissteigerungen führen können.
2. Erläutern Sie, in welchen Punkten eine Angleichung erfolgen muss, wenn voneinander unabhängige Volkswirtschaften eine Integration in wirtschaftlicher Hinsicht anstreben.
3. Welche drei wichtigen wirtschaftlichen Auswirkungen erhofft man sich vom EU-Binnenmarkt?
4. „Prinzipiell ist es möglich, sich im gesamten EWR niederzulassen." Inwieweit ist diese Aussage realistisch?
5. In Deutschland wird das Bier immer noch nach dem „Reinheitsgebot" gebraut, obwohl dieses Gebot durch EU-Beschluss inzwischen aufgehoben worden ist. Widerspricht die Aufhebung nicht dem Reinheitsgebot für Nahrungsmittel in der EU?
6. Erstellen Sie eine Tabelle aus ganz persönlicher Sicht: Welche Vor- und Nachteile der Globalisierung sind für Sie im täglichen Leben spürbar?
7. Surfen Sie sich mit dem Suchbegriff „Globalisierung" durch das Internet. Schreiben Sie in Stichpunkten heraus, welche Themen, Entwicklungen, Meinungen oder Ereignisse unter diesem Suchbegriff gerade aktuell sind. Geben Sie neben „Globalisierung" Begriffe wie „News", „Zeitung" oder „aktuell" in die Suche ein.

2 Auszubildende im Berufsfeld

2.1 Ausbildungsberufe im Überblick

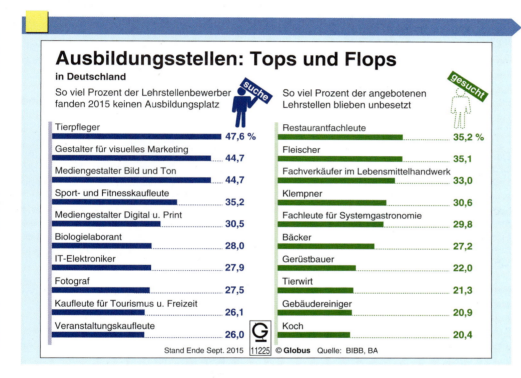

Ausbildungsstellen: Tops und Flops

in Deutschland

So viel Prozent der Lehrstellenbewerber fanden 2015 keinen Ausbildungsplatz

So viel Prozent der angebotenen Lehrstellen blieben unbesetzt

Tierpfleger	**47,6 %**
Gestalter für visuelles Marketing	**44,7**
Mediengestalter Bild und Ton	**44,7**
Sport- und Fitnesskaufleute	**35,2**
Mediengestalter Digital u. Print	**30,5**
Biologielaborant	**28,0**
IT-Elektroniker	**27,9**
Fotograf	**27,5**
Kaufleute für Tourismus u. Freizeit	**26,1**
Veranstaltungskaufleute	**26,0**

Restaurantfachleute	**35,2 %**
Fleischer	**35,1**
Fachverkäufer im Lebensmittelhandwerk	**33,0**
Klempner	**30,6**
Fachleute für Systemgastronomie	**29,8**
Bäcker	**27,2**
Gerüstbauer	**22,0**
Tierwirt	**21,3**
Gebäudereiniger	**20,9**
Koch	**20,4**

Stand Ende Sept. 2015 | 11225 | © **Globus** Quelle: BIBB, BA

Die **Berufswahl** ist eine Entscheidung über den künftigen Lebensweg und daher von besonderer Bedeutung für den Einzelnen. Bei der Wahl eines Ausbildungsberufes sind persönliche Voraussetzungen – Interesse für einen bestimmten Beruf, Neigungen, Gesundheit, bisher entwickelte Fertigkeiten usw. – unbedingt zu berücksichtigen. Darüber hinaus beeinflussen die gesellschaftlichen Umweltbedingungen (Familie, Freundeskreis, schulische Möglichkeiten, Tradition) sowie die unterschiedlichen Berufsstrukturen (Ausbildungsangebot, Ansehen des Berufes, späteres Einkommen) die Berufswahl.

Viele Jugendliche brechen jedoch ihre Ausbildung im Gastgewerbe frühzeitig ab. Ursachen sind oft falsche Vorstellungen vom Berufsalltag durch fehlende Praktika und ein falsches Bild der Gastronomie/Hotellerie in den Medien. Dabei bietet das Gastgewerbe für gut ausgebildete Kräfte sichere Arbeitsplätze – weltweit.

Wer vor der Berufswahl steht, befindet sich fast immer in einer Konfliktsituation. Nicht immer lassen sich die Ausbildungsmöglichkeiten und die eigenen Berufsvorstellungen ohne Weiteres in Einklang bringen. Hilfen zur Berufsentscheidung bieten die **Berufsberatungsstellen der Arbeitsagenturen** durch entsprechende Informationen. Praktika bieten eine gute Möglichkeit, den angestrebten Beruf hautnah und realistisch zu erfahren. Auch der Austausch mit Kollegen im potentiellen Ausbildungsbetrieb ist eine wertvolle Hilfe.

Haben Sie sich für einen Ausbildungsberuf entschieden, gilt es den geeigneten Ausbildungsbetrieb zu finden. Hilfreich können hier sein:
▶ der Austausch mit Mitschülern und Kollegen
▶ der Austausch über das Internet (welche Erfahrungen haben andere mit dem Betrieb xy gemacht?)
▶ Probeweise selbst einmal Gast im möglichen Ausbildungsbetrieb sein, um das Betriebsklima und die Qualität der Dienstleistungen einschätzen zu können.
▶ Erkundigungen über die zuständige Berufsschule
▶ Nachfragen beim Ausbildungsberater der Industrie- und Handelskammer.

Duales System

Die praktische Ausbildung wird im Allgemeinen in einem gastgewerblichen Betrieb absolviert; die theoretischen Kenntnisse für den Beruf werden den Auszubildenden im schulischen Teil der Ausbildung vermittelt = duales System der Berufsausbildung.

Industrie- und Handelskammer: Chamber of Commerce and Industry

Für die Organisation der Ausbildung zwischen Schule und Betrieb ist die Industrie- und Handelskammer, kurz IHK, die zuständige Stelle. In Berufen des Handwerks (z. B. Bäcker) ist die jeweilige Handwerkskammer zuständig.

DIHK ist der Dachverband aller IHKs bundesweit.

Die Industrie- und Handelskammern sind Körperschaften des öffentlichen Rechts. Die Ausbildungsbetriebe müssen Mitglied bei der IHK sein und hierfür Beiträge zahlen. Auch für die Verwaltung eines Ausbildungsverhältnisses sowie für die Prüfungen zahlen die Betriebe Geld an die IHK.

Ihre allgemeine Aufgabe ist es, das Gesamtinteresse ihrer Mitglieder wahrzunehmen, für die Förderung der gewerblichen Wirtschaft zu sorgen, durch Vorschläge, Gutachten und Berichte die Behörden zu unterstützen und zu beraten sowie für die Wahrung von Anstand und Sitte im geschäftlichen Verkehr einzutreten.

Aufgaben der IHK

Die wesentlichen **Aufgaben der Industrie- und Handelskammern** bezüglich der Berufsausbildung sind:

Bei Problemen in der Ausbildung helfen die Ausbildungsberater der IHK vor Ort.

▶ Förderung der Berufsausbildung

▶ Registrierung und Überwachung der Ausbildungsverträge

▶ Beratung bei Fragen im Rahmen der Berufsausbildung durch den Ausbildungsberater der IHK

▶ Ernennung von geeigneten Personen als Prüfer

▶ Durchführung von Zwischen- und Abschlussprüfungen in der Berufsaus- und -weiterbildung.

Außerdem gilt:
▶ Die Berufswahl sollte langfristig orientiert sein.
▶ Der gewählte Beruf sollte Entwicklungsmöglichkeiten bieten.
▶ Der Beruf sollte Übergangsmöglichkeiten auf artverwandte Berufe bieten.

Im Gastgewerbe werden folgende Ausbildungsberufe unterschieden:

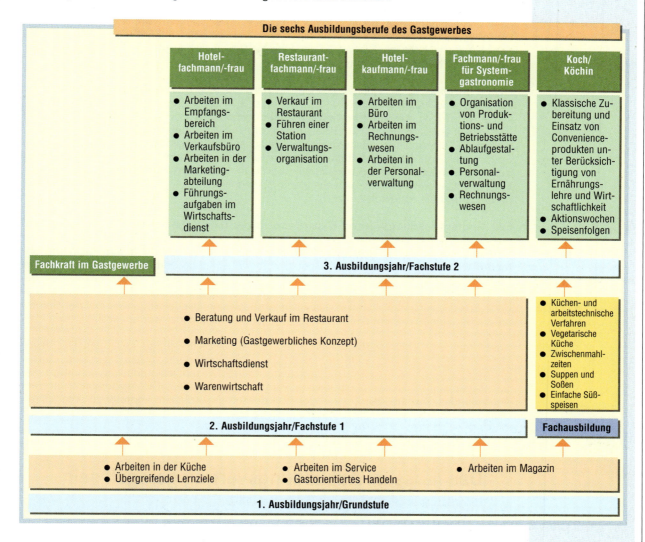

Allen sechs Ausbildungsberufen des Gastgewerbes gemeinsam sind

▶ die **Grundbildung** im ersten Ausbildungsjahr, die Arbeiten in Verwaltung, Service, Küche, übergreifende Lernziele und gastorientiertes Handeln umfasst, und

▶ die **gemeinsame Fachbildung** im zweiten Jahr (ausgenommen Köche, im zweiten Jahr splittet sich dieser Ausbildungsweg von den anderen ab), die Beratung und Verkauf, Arbeiten im Wirtschaftsdienst, in der Verwaltung und im Restaurant beinhaltet.

Kein Ausbildungsberuf ist bisher der **Barkeeper**. Das soll sich nach dem Wunsch der DBU (Deutsche Barkeeper-Union) künftig ändern.

Fachpraktiker(in) Küche

ist ein Ausbildungsberuf für Menschen mit Behinderung. Die Ausbildung kann auch ohne Schulabschluss begonnen werden und erfolgt vor allem in Großküchen.

Barkeeper:
bartender

Die Ausbildung im Hotel- und Gaststättengewerbe in der Bundesrepublik Deutschland ist international anerkannt. Berufe im Gastgewerbe bringen Kontakte mit Menschen aller Sprachen und Nationalitäten; deutsche Fachkräfte sind überall auf der Welt beschäftigt.
Die vorgestellten Berufswege zeigen den Ausbildungsgang für Jugendliche auf, die unmittelbar nach dem Abschluss der allgemeinbildenden Schule ihre Ausbildungszeit in einem gastronomischen Betrieb antreten.

Häufig besucht der an einer Ausbildung in der Hotellerie oder Gastronomie Interessierte zunächst eine Hotelberufsfachschule oder das **BGJ** (Berufsgrundschuljahr) als vollschulische Ausbildung. Die **Hotelberufsfachschule** vermittelt eine solide Ausbildung in Theorie und Praxis und schafft die Voraussetzungen für alle Berufe des Hotel- und Gaststättengewerbes. In einem Jahr erhalten Hotelberufsfachschüler einen fachlichen Einblick in alle Sparten des Hotel- und Gaststättengewerbes, sodass im Anschluss eine Orientierung in jedem Ausbildungsberuf der Gastronomie möglich ist. Hinzuweisen ist an dieser Stelle auf die Möglichkeit, die Ausbildung auch an einer dreijährigen privaten, staatlich anerkannten Hotelberufsfachschule zu absolvieren.

Berufsausbildungsvertrag: indenture/contract of vocational training

§§ 13–23 BBiG

§ 11 BBiG

Der **Berufsausbildungsvertrag** bildet die rechtliche Grundlage für das Berufsausbildungsverhältnis. Vertragspartner sind der Auszubildende und der Ausbildende. Vom Ausbildenden zu unterscheiden ist der Ausbilder, der die Ausbildung tatsächlich durchführt; nur in Kleinbetrieben wird das der Ausbildende selbst sein. Der Ausbildungsvertrag enthält wie jeder Vertrag Rechte und Pflichten der Vertragspartner, die im *BBiG* geregelt sind. Meist werden die von den IHKs herausgegebenen Musterausbildungsverträge benutzt, die auch vorgeschriebene Punkte beinhalten (z. B. Art, sachliche und zeitliche Gliederung sowie Ziel der Berufsausbildung, insbesondere die Berufstätigkeit, für die ausgebildet werden soll).

§ 10 f. BBiG

Nach dem *Berufsbildungsgesetz* gilt, dass die für Arbeitsverträge geltenden Rechtsvorschriften und -grundsätze auch auf den Berufsausbildungsvertrag anzuwenden sind. Letzteres ist spätestens vor Beginn der Berufsausbildung in wesentlichen Inhalten schriftlich niederzulegen; dabei ist die elektronische Form ausgeschlossen. Die Niederschrift ist vom Ausbildenden, Auszubildenden und ggf. von dessen gesetzlichem Vertreter zu unterschreiben.

Ausbildungsvertrag

Vereinbaren Sie mit Ihrem Ausbilder, welche Inhalte Ihnen wann vermittelt werden!

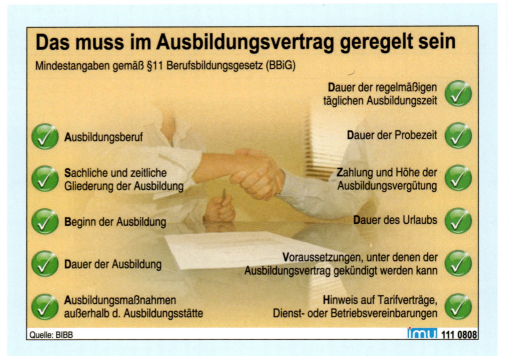

Das muss im Ausbildungsvertrag geregelt sein

Mindestangaben gemäß §11 Berufsbildungsgesetz (BBiG)

- ✓ Ausbildungsberuf
- ✓ Sachliche und zeitliche Gliederung der Ausbildung
- ✓ Beginn der Ausbildung
- ✓ Dauer der Ausbildung
- ✓ Ausbildungsmaßnahmen außerhalb d. Ausbildungsstätte
- ✓ Dauer der regelmäßigen täglichen Ausbildungszeit
- ✓ Dauer der Probezeit
- ✓ Zahlung und Höhe der Ausbildungsvergütung
- ✓ Dauer des Urlaubs
- ✓ Voraussetzungen, unter denen der Ausbildungsvertrag gekündigt werden kann
- ✓ Hinweis auf Tarifverträge, Dienst- oder Betriebsvereinbarungen

Quelle: BIBB   imu 111 0808

Ein Hinweis auf anzuwendende Tarifverträge, Betriebs- oder Dienstvereinbarungen wäre wünschenswert. Die Ausbildung in den verschiedenen Ausbildungsberufen wird durch die *Ausbildungsordnung* geregelt, die vom zuständigen Bundesminister erlassen wird. Diese muss gemäß *Berufsbildungsgesetz (BBiG)* mindestens festlegen:

Ausbildungsordnung
§ 5 BBiG

Ausbildungsrahmenplan	**Ausbildungsberufsbild**	**Prüfungsanforderungen**
• Anleitung zur sachlichen und zeitlichen Gliederung der Fertigkeiten und Kenntnisse	• Bezeichnung des Ausbildungsberufes • Festlegen der Dauer der Ausbildung • Festlegen der Kenntnisse und Fertigkeiten, die Gegenstand der Berufsausbildung sind	• Festlegen des Umfangs der in den Prüfungsfächern zu beherrschenden Kenntnisse und Fertigkeiten

Mit Abschluss des Ausbildungsvertrages gehen Ausbildender und Auszubildender also Verpflichtungen ein, die genau geregelt sind: Der Auszubildende muss lernen wollen und sich auf die Inhalte der Ausbildung konzentrieren. Der Ausbildende ist seinerseits vertraglich verpflichtet, so auszubilden, wie es die gesetzlichen Vorgaben fordern.

Die Berufsausbildung beginnt mit einer Probezeit, die mindestens einen Monat und höchstens vier Monate dauert. Die Vertragspartner können in dieser Zeitspanne das Ausbildungsverhältnis fristlos lösen, danach nur schriftlich aus den im *BBiG* festgelegten Gründen.

Probezeit: trial/
probationary period

§ 20 BBiG
§ 22 BBiG

Während der Berufsausbildung ist gemäß *BBiG* mindestens eine **Zwischenprüfung** zur Ermittlung des Ausbildungsstandes abzulegen.

§ 48 BBiG

© Bergmoser + Höller Verlag AG
ZAHLENBILDER
264 201

Das Berufsausbildungsverhältnis endet entweder

▶ mit dem Ablauf der vereinbarten Ausbildungszeit oder

▶ vor dessen Ablauf mit Bestehen der Abschlussprüfung (z. B. Hotelfachfrau) vor dem Prüfungsausschuss der jeweiligen Kammer.

§ 21 BBiG

Die **Abschlussprüfung** setzt sich aus einem schriftlichen, praktischen und ggf. mündlichen Teil zusammen, bei Hotelkaufleuten nur aus einem schriftlichen und einem mündlichen Teil.

Abschlussprüfung:
final examination

Dabei soll festgestellt werden, ob der Prüfling die erforderlichen Kenntnisse bzw. Fertigkeiten seines Ausbildungsberufes besitzt.

Bei Nichtbestehen der Abschlussprüfung verlängert sich das Ausbildungsverhältnis auf Wunsch des Auszubildenden bis zur nächstmöglichen Wiederholungsprüfung, höchstens jedoch um 1 Jahr.

Praxis

Erste Schritte im Beruf

Der Schritt ins Berufsleben ist spannend. „Wie komme ich mit den Kollegen klar? Werde ich die Anforderungen erfüllen können?" – das sind Fragen, die junge Menschen an ihrem ersten Arbeitsplatz beschäftigen. Umso erfreulicher, dass rund drei Viertel von ihnen das Betriebsklima als positiv erleben. Dennoch klagen viele Berufsanfänger über köperliche Beschwerden, die mit der – ungewohnten – Arbeitsbelastung zusammenhängen. Für 52 Prozent der jungen Frauen und 38 Prozent der jungen Männer ist der Start in die Arbeitswelt mit Kopf- und Magenschmerzen, mit Verspannungen im Nacken, Schultern und Rücken verbunden, wie eine Untersuchung der Betriebskrankenkassen ergab.

Was am Job wichtig ist

Zustimmung der 16- bis 35-Jährigen in Prozent

Teamarbeit und gute Atmosphäre	85 %
Sinn und Erfüllung	81
Sicherer Arbeitsplatz	81
Abwechslung	77
Lernen, Weiterbildung	72
Selbstständigkeit, flache Hierarchien	71
Geld	70
Flexible Arbeitszeiten und -orte	64
Umgang mit Menschen	64
Kreativität, Selbstverwirklichung	59
Verantwortung	58
Karriere	51
Freizeit/Urlaub, wenig Stress	45
Internationales Arbeitsumfeld	39

4176 © Globus   Quelle: Heidelberger Leben Trendmonitor 2011

M 2

Diskutieren Sie, wie sich die Situation heute und vor allem in Ihrer Klasse darstellt.

Aufgaben

1. Was ist bei der Berufswahl zu berücksichtigen?
2. Welche Gründe haben Ihre Berufsentscheidung beeinflusst?
3. Jedem von uns ist der/die „Kellner"/„Kellnerin" bekannt. Wie bezeichnet man heute diesen Ausbildungsberuf in der Gastronomie?
4. Erläutern Sie den Sinn der Probezeit für die Vertragspartner eines Ausbildungsvertrages.
5. Sabrina ist zzt. an der Rezeption tätig. Dort erhält sie von allen Mitarbeitern Anweisungen zu ihrer Tätigkeit. Deshalb fragt Sabrina den Personalleiter des Hotels, wer denn ihr Ausbilder bzw. ihre Ausbildende sei.
6. Robert hat bei der Zwischenprüfung ungenügende Leistungen gezeigt. Ein ähnliches Leistungsbild wird dem Ausbildenden von der Berufsschule am folgenden Ausbildersprechtag aufgezeigt. Daraufhin erhält Robert vom Ausbildungsbetrieb die Kündigung.
   Robert wendet sich an das Arbeitsgericht, da er auf jeden Fall seine Ausbildung beenden will. Wie wird das Arbeitsgericht entscheiden?
7. Erstellen Sie für alle Ausbildungsberufe im Gastgewerbe einen sog. „Steckbrief", z. B. Ausbildungsdauer, Arbeitsgebiet, berufliche Fähigkeiten.
8. Obwohl der Barkeeper noch kein Ausbildungsberuf ist, besteht die Möglichkeit, einen IHK-Abschluss zu erreichen. Recherchieren Sie die Voraussetzungen hierfür im Internet.
9. Welche englischen Begriffe für den Barkeeper kennen Sie?

2.2 Lernen und Arbeiten in Europa

Kathrin hat sich im Prinzip entschieden: Sie will sich um einen Ausbildungsplatz zur Hotelfachfrau bewerben. Ihr ist jedoch wichtig, einen Teil der Berufsausbildung in einem der EU-Staaten zu absolvieren. Sie hält es für einen großen Vorteil für die spätere Jobsuche, sich schon einmal in fremder Umgebung, in fremden Lebensverhältnissen und einer fremden Sprache zurechtgefunden zu haben. Kathrin macht sich unverzüglich auf die Suche nach weiteren Informationen zur Ausbildung im Ausland.

2.2.1 Europäische Sozialcharta (ESC)

Immer mehr Auszubildende in gastgewerblichen Berufen wollen Teile ihrer Ausbildung in ausländischen Betrieben verbringen. Insbesondere international tätige Hotelketten bieten sich für einen Auslandsaufenthalt an. Im Übrigen kann sich jeder Auszubildende bei der Industrie- und Handelskammer, Handwerkskammer oder den berufsbildenden Schulen nach Austauschprogrammen erkundigen.

Das *Berufsbildungsgesetz* lässt es zu, dass bis zu einem Viertel der Berufsausbildung außerhalb Deutschlands durchgeführt wird. Spezielle Förderprogramme, z.B. das Programm Leonardo da Vinci, stellen die notwendigen finanziellen Mittel zur Verfügung.

§ 2 III BBiG

Die berufliche Bildung ist ein Punkt, der von der **Europäischen Sozialcharta** (ESC) abgedeckt wird. Die ESC ist ein völkerrechtlich verbindliches Abkommen, das den Bevölkerungen der Unterzeichnerstaaten umfassende und solide Rechte garantiert. Die heute noch gültige Fassung von 1999 umfasst Rechte und Grundsätze, von denen sieben als **„bindende Sozialrechte"** bezeichnet werden:

Europäische Sozialcharta: European Social Charter

1. das Recht auf Arbeit, wozu auch die Berufsausbildung gehört
2. das Koalitions- oder Vereinigungsrecht
3. das Recht auf Kollektivverhandlungen
4. das Recht auf soziale Sicherheit
5. das soziale Fürsorgerecht
6. das Recht auf besonderen gesetzlichen, wirtschaftlichen und sozialen Schutz der Familie sowie
7. die Schutzrechte für Wanderarbeiter und ihre Familien.

Die Unterzeichnerländer haben sich verpflichtet, im Rahmen ihrer Politik die Vorraussetzung zu schaffen, um die in der ESC festgeschriebenen Rechte zu garantieren. Über die Einhaltung der Sozialcharta-Rechte wacht ein Ausschuss des Europarates.

2.2.2 Europass

Um die Chancen im Berufsleben zu verbessern, hat die Europäische Kommission allen Lernenden und Arbeitsuchenden ein Hilfsmittel an die Hand gegeben. Mit dem euro*pass* lassen sich einzelne Qualifikationen und Fähigkeiten europaweit verständlich darstellen und damit für Einstellungen transparenter machen. Über Sprach- und Bildungsgrenzen hinweg soll der euro*pass* die Kompetenzen der Bewerber/innen vergleichbar machen.

Europass: Europass

Die euro*pass*-Dokumente umfassen:
▶ euro*pass* Lebenslauf
▶ euro*pass* Sprachenpass
▶ euro*pass* Mobilität
▶ euro*pass* Diploma Supplement (Diplomzusatz)
▶ euro*pass* Zeugniserläuterung.

Alle euro*pass*-Dokumente sowie andere Nachweise und Zeugnisse können als elektronisches Portfolio im europäischen Skills Pass gesammelt und verknüpft werden. Mithilfe des euro*pass* **Mobilitätsnachweises** lassen sich neben Inhalten, Ziel und Dauer auch Lernergebnisse von Auslandsaufenthalten darstellen.

Europass Mobilität: Europass Mobility

http://www. europass-info.de

EUROPASS-MOBILITÄTSNACHWEIS

1. DIESER EUROPASS-MOBILITÄTSNACHWEIS WIRD AUSGESTELLT FÜR		
Nachname(n)	Vorname(n)	Foto
(1) (*) Muster	(2) (*) Eva	(4)
Adresse (Straße, Hausnummer, Postleitzahl, Ort, Staat)		
(3) Musterstraße 44 50377 Bonn Deutschland		
Geburtsdatum	Staatsangehörigkeit(en)	Unterschrift des Inhabers
(5) 12 01 1999 TT MM JJJJ	(6) DE	(7)

Achtung: Die mit einem Sternchen (*) versehenen Rubriken sind unbedingt auszufüllen.

2. DIESER EUROPASS-MOBILITÄTSNACHWEIS WIRD AUSGESTELLT DURCH	
Bezeichnung der ausstellenden Organisation	
(8) (*) Berufsschule Ideal	
Europass-Mobilitätsnachweis Nummer	Ausstellungsdatum
(9) (*) -- siehe unten -- see below -- cf ci-dessous --	(10) (*) 03 04 2017 TT MM JJJJ
Europass-Sicherheitsnummer	
WYYPSFU3RBBMEUPBARFE	

Achtung: Die mit einem Sternchen (*) versehenen Rubriken sind unbedingt auszufüllen.

Den euro*pass* **Mobilität** können für einen Lernabschnitt erhalten:
▶ Jugendliche in der Aus- und Weiterbildung
▶ Schüler/innen
▶ Studierende
▶ ältere Erwachsene – vorausgesetzt, der Antragsteller verbringt seinen Auslandsaufenthalt über einen bestimmten Zeitraum zu Lernzwecken.

Dabei ist es unerheblich, ob es sich um ein Praktikum, einen Lernabschnitt der beruflichen Aus- und Weiterbildung oder ein Auslandssemester an einer Hochschule handelt. Der euro*pass* **Mobilität** wird von Institutionen ausgestellt, mit deren Programmen die Lernenden ins EU-Ausland gehen. Auskünfte erteilt das Nationale Europass Center.

http://www. europass-info.de

Arbeitnehmerorganisationen und auch die Bundesvereinigung der deutschen Arbeitgeberverbände unterstützen die Ziele der europäischen Bildungspolitik. Dadurch werden Transparenz und Durchlässigkeit der Systeme verbessert, wodurch wiederum die Mobilität in Europa erhöht wird.

Aufgaben

1. Die ESC wurde im Jahre 1996 revidiert; diese revidierte Fassung trat 1999 in Kraft. Die sozialen Rechte wurden wesentlich erweitert. Finden Sie mit Hilfe des Internets diese Rechte und Grundsätze heraus und schreiben Sie diese stichpunktartig auf.
2. Welches Ziel verfolgt der Europarat mit der ESC?
3. Inwieweit kann der Europass den jungen Leuten im Rahmen des beruflichen Werdegangs und mit welchem Ziel helfen?
4. Welche Dokumente kann der Lern- und Arbeitswillige in Europa ausfüllen?
5. Gilt der Europass auch für Mitarbeiter/Auszubildende des Gastgewerbes?

2.3 Fortbildung im Berufsfeld

Auszug aus einer Fachzeitschrift:

Berufsalltag und Fortbildung verknüpfen

Fort- und Weiterbildung wurden im Gastgewerbe oftmals vernachlässigt. Heute gibt es jedoch ein inhaltlich vielfältiges Angebot in unterschiedlichen Organisationsstrukturen.

Nach Abschluss der Ausbildung z.B. als Hotelkaufmann und einigen Jahren touristisch-kaufmännischer Berufspraxis hat man oftmals den Wunsch, über den erlernten Sachbearbeitungsbereich hinauszukommen. Natürlich gibt es schon länger die Möglichkeit, dafür seinen Beruf für zwei Jahre zu unterbrechen, um „Staatl. gepr. Betriebswirt – Reiseverkehr/ Touristik oder Hotel- und Gaststättengewerbe" zu werden oder nach dem Besuch einer Fachhochschule die Prüfung zum Bachelor und Master (Tourismus) abzulegen.

Doch nicht alle Fortbildungswilligen können diese Zeit investieren – Zeit, in der sie kein Gehalt bekommen. Daher kann die Hotelfachschule auch für 3½ Jahre nebenberuflich besucht werden, möglich ist auch in berufsbegleitender Teilzeitfortbildung den/die „Fachwirt/in im Gastgewerbe" anzustreben. Demgegenüber dauert die Ausbildung in vollzeitschulischer Form ca. 3 Monate.

Die Verbindung von beruflicher Praxis und fachbezogener Weiterbildung macht den Fachwirt im Gastgewerbe zu einem besonders qualifizierten Fachmann, der vielseitig einsetzbar ist und die Grundlage besitzt, in mittlere oder gehobene Führungspositionen aufsteigen zu können.

Für die Ausbildungsberufe im Hotel- und Gaststättengewerbe sind vor allem drei **Fortbildungsmöglichkeiten** gegeben, und zwar nach mehrjähriger praktischer Tätigkeit zum/zur **„Staatlich geprüften Betriebswirt/in"** – Fachrichtung Hotel- und Gaststättengewerbe **(Hotelbetriebswirt) oder** zum/zur **Meister/Meisterin im Gastgewerbe** (Küchenmeister/in, Restaurantmeister/in, Barmeister/in, Hotelmeister/in) sowie der zum/zur **Fachwirt/Fachwirtin** im Gastgewerbe.

Die Fortbildung an der Hotelfachschule verknüpft theoretische wie praxisbezogene Lerninhalte, z.B. in Form von Projektarbeit. Der Unterricht wird in den folgenden Fächern erteilt:

Fortbildung: advanced vocational training

Allgemeinbildender Lernbereich	1. Studienjahr: Stunden	2. Studienjahr: Stunden
Deutsch/Kommunikation	2	2
1. Fremdsprache Englisch	2	2
2. Fremdsprache Französisch	2	2
Politik	2	–
Mathematik	1	2
Fachbezogener Lernbereich	**1. Studienjahr: Stunden**	**2. Studienjahr: Stunden**
Betriebs- und Volkswirtschaftslehre	4	4
Personal- und Ausbildungswesen mit Arbeits- und Sozialrecht	2	2
Rechnungswesen	2	2
Informationsverarbeitung/Organisation	2	2
Technologie des Hotel- und Gaststättengewerbes	2	2
Praxis des Hotel- und Gaststättengewerbes	2	–
Zentralfach	–	10
Wahlpflichtangebot Mathematik	2	1
Förderunterricht Englisch, Französisch	1	1

Der Unterricht umfasst das Abfassen einer Studienarbeit/Projektarbeit, Fachvorträge, Informationsveranstaltungen usw. Das Studium an der Hotelfachschule endet mit einer schriftlichen Prüfung, die sich auf folgende Fächer erstreckt: Technologie des Hotel- und Gaststättengewerbes, Englisch, Betriebs- und Volkswirtschaftslehre sowie das Zentralfach (Marketing, Kosten- und Leistungsrechnung, Hotelorganisation, Recht). Daran schließt sich ggf. die mündliche Prüfung an.

Zusätzlich kann an den Hotelfachschulen die Ausbildereignungsprüfung und bei entsprechenden Voraussetzungen oftmals auch die Meisterprüfung abgelegt werden. Neben dem Hotelbetriebswirt wird auch der Bachelor zuerkannt.

Die Weiterbildung zum/zur Fachwirt/-wirtin im Gastgewerbe ist ergänzend als gleichwertige Qualifizierung zum Meister im Gastgewerbe geschaffen worden, und zwar mit dem thematischen Schwerpunkt im Managementbereich (der Meister ist eher praxisorientiert) und endet mit einer Abschlussprüfung vor der IHK. Der Fachwirt versteht sich als ein Branchenspezialist, der Führungsaufgaben in Hotel- und Gaststättenbetrieben, innerhalb der Systemgastronomie wie auch in der Gemeinschaftsverpflegung bzw. bei Caterern übernehmen kann.

Wer im Besitz der **Fachhochschulreife** ist, kann **Tourismuswirtschaft** an einer Fachhochschule oder Berufsakademie studieren und dementsprechende Studienabschlüsse z. B. mit dem Schwerpunkt Hotelmanagement erwerben.

Studienbegleitende Praxissemester bzw. ein begleitendes Ausbildungsverhältnis (Berufsakademie) sind vorgeschrieben. Nach Abschluss des Studiums wird den Absolventen der akademische Grad **„Bachelor"** und nach einem Aufbaustudium der **„Master"** verliehen. Natürlich erfordert jede berufliche Fortbildung viel Fleiß, Ausdauer und Verzicht auf Annehmlichkeiten. Der Staat gewährt – wenn die persönlichen Voraussetzungen vorliegen – verschiedene Arten von Beihilfen.

Leistungen nach *SGB 3* **oder** *BAföG*

Das „Meister-BaföG" oder „Aufstiegs-BaföG" soll den Fachkräftenachwuchs sichern. Im *Aufstiegsfortbildungsförderungsgesetz* wird die staatliche Förderung von Meisterkursen und anderen vorbereitenden Fortbildungslehrgängen geregelt. Diese staatliche Hilfe stärkt die Attraktivität der beruflichen Bildung und trägt zur **Gleichwertigkeit von allgemeiner und beruflicher Bildung** bei.

AFBG

Weiterbildungsprüfungen im Gastgewerbe

Branchenmodell

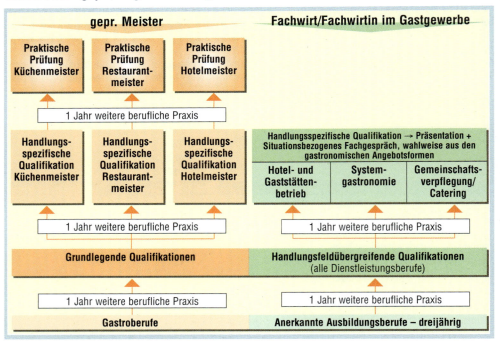

Die Möglichkeiten beruflicher Bildung sind heute so groß, dass derjenige, der diese nutzt und gleichzeitig **beruflicher Mobilität** aufgeschlossen gegenübersteht, eher ein höheres Einkommen erlangen bzw. einen sicheren Arbeitsplatz finden kann. Unter beruflicher Mobilität ist die Fähigkeit zu verstehen, den Beruf oder den Ort der Ausübung des Berufes zu wechseln.

Mobilität: mobility

In unserer schnelllebigen Zeit sind ein bestimmtes Wissen, bestimmte Verfahren, Methoden usw. sehr kurzlebig. Angesichts dieser Tatsache wird Mobilität zu einer entscheidenden Voraussetzung für das Berufsleben.

Die **Arbeitsplatzsicherheit** hat mit der Globalisierung und der Arbeitsflexibilisierung abgenommen. Der „sichere Arbeitsplatz" als großer Wunsch der meisten Menschen ist nicht mehr garantiert, aber die Arbeistplatzsicherheit lässt sich erhöhen, indem z.B.
▶ durch qualitativ hochwertige Schulbildung und berufliche Ausbildung eine entscheidende Basis gelegt wird
▶ dem Tempo des technologischen Wandels durch ständige Kompetenzentwicklung, z.B in Form von beruflicher Umschulung, Fort- oder Weiterbildung Rechnung getragen wird.

Zum Konzept des **lebenslangen Lernens**, also der laufenden Aneignung neuer Kenntnisse und Fähigkeiten, gibt es keine Alternative. In immer kürzeren Zeitabständen verfällt heute das Wissen, was sich auch in den Änderungen der Lehrpläne und Prüfungsordnungen gastgewerblicher Berufe niederschlägt. So werden die Berufsbilder der gesellschaftlichen und technischen Entwicklung angepasst. Als Beispiel sei nur an die ständigen Neuerungen in der elektronischen Datenverarbeitung gedacht, die besonders auch die Hotellerie (z.B. im Bereich der Rezeption und Verwaltung) betreffen.

Die vielfältigen Weiterbildungs-Angebote der Industrie- und Handelskammern (IHK), der Berufsorganisationen und anderer Institutionen werden folgerichtig immer mehr genutzt. Lebenslanges Lernen gehört auch zur Karriere jedes Einzelnen. Erste Vorstellungen von **Karriereplanung** können sich schon in frühester Jugend entwickeln. Auf den späteren Karriereweg nehmen vor allem Einfluss:

Beeinflussungsfaktoren	
vom Einzelnen beeinflussbar	**vom Einzelnen nicht beeinflussbar**
▶ Schulbildung	▶ Geschlecht
▶ Berufswahl	▶ soziale Herkunft
▶ Berufsausbildung	▶ Bildungssystem
▶ Fortbildung	▶ Fördermaßnahmen des Staates
▶ Schlüsselqualifikationen (z.B. Ausdauer, Belastbarkeit, Entscheidungsfreudigkeit, Durchsetzungskraft)	▶ Entlohnung durch Unternehmen

Meistens beginnt jedoch die eigentliche Karriereplanung erst im Rahmen der beruflichen Fortbildung. So „offenbart" sich z.B. erst den Studierenden an den Hotelfachschulen, ob sie als „Verkäufer" taugen, Teamplayer sind, organisieren können oder Führungsqualitäten besitzen; dies wiederum führt zur persönlichen und beruflichen Selbstpositionierung.

Sogenannte **Potenzialanalysen** helfen bei der Selbsteinschätzung beruflicher Neigungen und Fähigkeiten. Sie werden in unterschiedlichen Einsatzgebieten mit verschiedenen Methoden durchgeführt. Anhand strukturierter Fragebögen lässt sich das eigene Karrierepotenzial (Karrierevermögen) erfassen oder das Anforderungsprofil für die Personalauswahl erstellen. Die Potenzialanalyse wird in Zukunft auch im Gastgewerbe an Bedeutung gewinnen, weil gemäß dem demografischen Wandel immer mehr Fachkräfte in Hotellerie und Gastronomie fehlen werden. Mit vorgegebenen Beurteilungsbögen lassen sich relativ objektive Werte erzielen.

Zu untersuchen sind bei Mitarbeitern vornehmlich:
▶ Methodenkompetenz, d.h. inwieweit betriebliche Zusammenhänge erfasst, Defizite erkannt und geeignete Lösungsvorschläge ausgearbeitet werden
▶ Sozialkompetenz, d.h. inwieweit die Fähigkeit besteht, mit Kolleginnen und Kollegen umzugehen
▶ Fachkompetenz, d.h. inwieweit die Fähigkeit besteht, erlerntes Wissen (z.B. der Umgang mit modernen Medien) oder erlernte Sprachen in der täglichen Praxis lösungsorientiert einzusetzen.

Im Rahmen der Personalauswahl wird die Personalanalyse von den Kriterien beeinflusst, die für das Erfassen gewählt werden, z.B. Durchsetzungsfähigkeit, Teamfähigkeit.

Arbeitsplatz-sicherheit: job security 🏴

Lebenslanges Lernen: lifelong learning 🏴

IHK

Potenzialanalyse: Wichtige Stärken und Chancen werden den Schlüsselqualifikationen gegenübergestellt.

Aufstiegsmöglichkeiten im Hotel- und Gaststättengewerbe

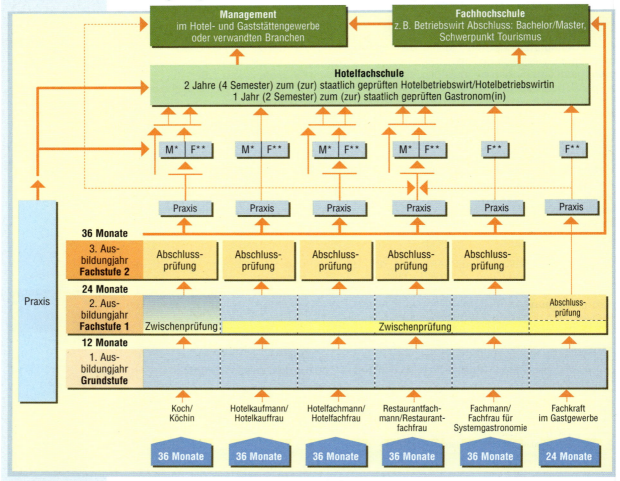

*) M – Küchen (1) – Restaurant (2) – Hotel (3) – Barmeister (4) / **)   F – Fachwirt/in im Gastgewerbe

Aufgrund der unterschiedlichen Zulassungsbedingungen/Voraussetzungen für die Meisterprüfung/Fachwirteprüfung oder für den Besuch einer Hotelfachschule hat der Bewerber bei den entsprechenden Institutionen Infos einzuholen, um alles Wissenswerte und die Zulassungsbedingungen zu erfahren.

Seit einigen Jahren gibt es die Möglichkeit einer Online-Weiterbildung zum „Staatl. gepr. Betriebswirt" für das Hotel- und Gaststättengewerbe. Diese Fortbildung läuft berufsbegleitend über 3,5 Jahre vom Wohnort aus (www.hotelbetriebswirt.com).

Es gibt Hotelfachschulen mit den Schwerpunkten in Housekeeping oder Sommelierausbildung.

Praxis

 M 1

Nach einer erfolgreich abgeschlossenen Fortbildung und Bemühungen um eine neue Stelle werden Sie zu einem Vorstellungsgespräch eingeladen. Bestimmen Sie aus der Klasse eine(n) Bewerber(in) und zwei bis drei „Unternehmensvertreter". Üben Sie (wiederholt) mit einem Rollenspiel die Situation eines Vorstellungsgesprächs. Nutzen Sie dazu z. B. die Informationen zum Rollenspiel.

Aufgaben

1. Definieren Sie das Wort Berufsmobilität.
2. Führen Sie Gründe für die „Wanderungsbewegungen" in unserer Gesellschaft an.
3. Warum spricht man vom „lifelong-learning"?
4. Unterscheiden Sie die Begriffe Ausbildung und Weiterbildung.
5. Welche Merkmale können neben den o. g. zum Potenzial eines Mitarbeiters gehören? (Internet-Recherche)

2.4 Arbeitsrecht und Arbeitsschutz

Situation

Herr Langer beabsichtigt, in seinem Heimatort ein Hotel zu eröffnen. In diesem Zusammenhang fragt er sich, was das Arbeitsrecht in seinem künftigen gastgewerblichen Unternehmen eigentlich regelt.

Das Arbeitsrecht regelt auch im Gastgewerbe die Arbeit des haupt- und nebenberuflichen Personals, also der Arbeitnehmer, die aufgrund eines Vertrages für den Unternehmer über eine gewisse Dauer eine Arbeitsleistung erbringen.

Das **Arbeitsrecht** stellt die rechtliche Ordnung im Arbeitsleben her und soll die Arbeitnehmer schützen sowie die Humanität am Arbeitsplatz aufrechterhalten. Die Materie des Arbeitsrechts ist in verschiedenen Vorschriften geregelt, so in den Verfassungsbestimmungen, Gesetzen und kollektiven Vereinbarungen. Das Arbeitsrecht lässt sich einteilen in:

individuelles Arbeitsrecht	Arbeitsschutzrecht	kollektives Arbeitsrecht
Bestimmungen und Vorschriften betreffend Arbeitsverhältnis und Einzelarbeitsvertrag	Bestimmungen und Vorschriften zur Abwendung von Gefahren im technischen und sozialen Bereich der Arbeitnehmer	Bestimmungen und Vorschriften zur Regelung der Beziehungen zwischen Arbeitgeber und der Belegschaft eines Betriebes sowie zwischen Arbeitgeberverbänden und Gewerkschaften

Letztlich zählt das Arbeitsschutzrecht zum individuellen Arbeitsrecht, weil es auf jedes einzelne Arbeitsverhältnis einwirkt. Es wurde hier aus Gründen der Übersicht jedoch gesondert behandelt. Zum Arbeitsrecht gehört auch die Arbeitsgerichtsbarkeit.

2.4.1 Individuelles Arbeitsrecht (Arbeitsvertragsrecht)

Situation

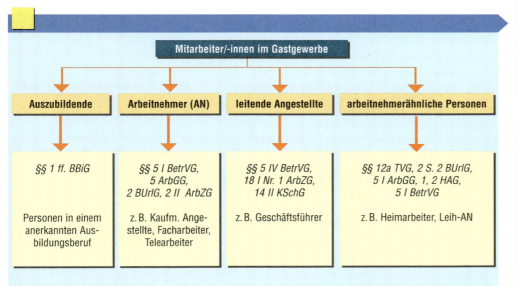

Legende: BetrVG = Betriebsverfassungsgesetz / ArbGG = Arbeitsgerichtsgesetz / BUrlG = Bundesurlaubsgesetz / ArbZG = Arbeitszeitgesetz / KSchG = Kündigungsschutzgesetz / TVG = Tarifvertragsgesetz / HAG = Heimarbeitsgesetz / BBiG = Berufsbildungsgesetz

Seitenleiste:

Arbeitsrecht: labo(u)r law, industrial law

Arbeitnehmer: employee/employed person

BGB
HGB
BetrVG
MitbestG
Tarifverträge
Betriebsvereinbarungen

Kap. 2.5

Angestellter: employee

Auszubildende sind zwar ebenfalls abhängig beschäftigte Mitarbeiter (und damit Arbeitnehmer), doch gelten für sie zahlreiche Sondervorschriften, vor allem das BBiG.

Arbeitsverhältnis

Die **Anbahnung des Arbeitsverhältnisses** kann auf unterschiedlichen Wegen erfolgen:
▶ durch Stellenannoncen in Zeitungen, Zeitschriften, Internet o. a.
▶ durch Angebote der Agentur für Arbeit oder
▶ durch Initiativbewerbungen der arbeitsuchenden Bewerber.

Nachdem der Arbeitgeber die **Bewerbungsunterlagen** (bestehend aus: Bewerbungs-schreiben, Lebenslauf mit Bewerbungsfoto, Schul- und Arbeitszeugnissen sowie Berufsbil-dungsnachweisen [z. B. Gesellen- und/oder Meisterbrief]) erhalten hat, trifft er eine **Voraus-wahl** anhand dieser Bewerbungsunterlagen.

Daran anschließend lädt er die möglichen Kandidaten zu einem **Bewerbungsgespräch** ein, bei dem Arbeitgeber und Arbeitnehmer letztendlich prüfen, ob sie einen Arbeitsvertrag mitei-nander eingehen wollen oder nicht.

Das zwischen Arbeitgeber und Arbeitnehmer bestehende besondere Rechtsverhältnis ist das **Arbeitsverhältnis**. Das Arbeitsverhältnis ist mit dem Arbeitsvertrag allerdings nicht identisch, vielmehr wird es in der Regel durch den Abschluss eines Arbeitsvertrages begrün-det. Es kann aber auch durch ein sog. „faktisches Arbeitsverhältnis" entstehen.

Arbeiter:
worker

Arbeitsverhältnis:
employment relationship

Berechnung:
application

Bewerbungsunter-lagen:
application documents

Bewerbungs-gespräch:
job interview

Faktisches Arbeits-verhältnis

Das kann z. B. der Fall sein, wenn der 17-jährige Patrick ohne Einwilligung seiner Eltern eine Stelle als Koch im Gasthaus am Ort aufgenommen hat (anfängliche Nichtigkeit des Arbeitsvertrages) oder der Ausländer Jacob dort ohne die erforderliche behördliche Genehmigung beschäftigt worden ist.

Das faktische Arbeitsverhältnis kann jederzeit durch Beendigungserklärung eines der Beteiligten aufgelöst werden, diese Beendigung wirkt dann aber für die Zukunft.

Der **Arbeitsvertrag** (AV) ist eine besondere Form des Dienstvertrages zwischen dem Arbeitnehmer und dem Arbeitgeber und stellt einen höchstpersönlichen Vertrag dar, der im Allgemeinen nur von den Vertragsparteien selbst erfüllt werden kann.

Arbeitgeber (AG) ist jeder, der einen anderen als **Arbeitnehmer** (AN) beschäftigt und diesem für seine Tätigkeit eine Gegenleistung – in der Regel die Zahlung eines vereinfachten Entgeltes – bietet. Der AG kann eine natürliche, eine juristische Person oder ein rechtsfähiger Personenverband (OHG, KG oder GbR) sein. Der AG ist im Arbeitsvertrag Vertragspartner des Arbeitnehmers.

Aufgrund des Arbeitsvertrages ist der AN zur Leistung von Arbeit im Dienste des Arbeitgebers verpflichtet; dabei ist er weitgehend wirtschaftlich und persönlich abhängig.

Arbeitsvertrag:
contract of employment

§ 611 BGB

Arbeitnehmer:
employee

Arbeitgeber:
employer

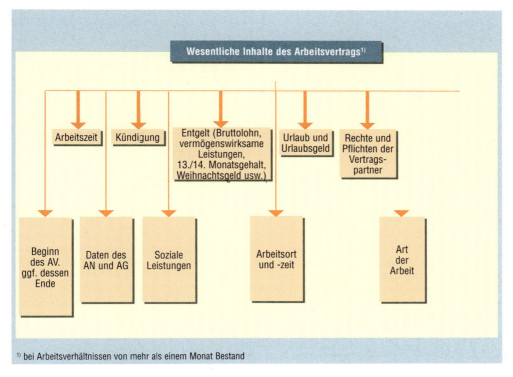

Beachte: Die in der Ausbildung stehenden Personen (Auszubildende) sind im Allgemeinen auch als AN anzusehen. Dabei steht allerdings nicht die Arbeitsleistung, sondern primär die Ausbildung im Vordergrund; ferner finden auf diese Personengruppe spezielle Schutzvorschriften Anwendung.

Rechte und Pflichten (aus dem *ArbV*)

Schließen AN und AG einen Arbeitsvertrag ab, so entstehen für die Vertragspartner Haupt- und Nebenpflichten, wobei diese die Rechte der anderen Partei sind.

AGG

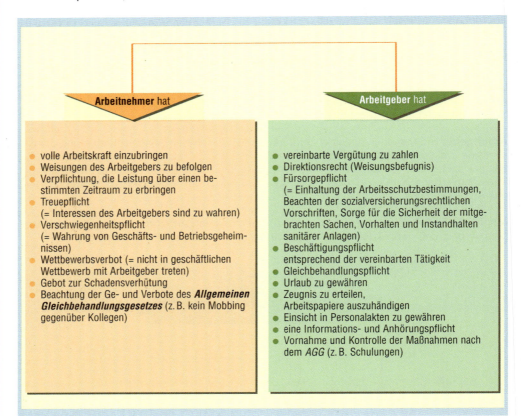

Im Hinblick auf die **Wirksamkeit von Arbeitsverträgen** sind die vertragsschließende Person sowie die Form und der Inhalt des Vertrages näher zu betrachten:

§ 108 BGB

▶ Grundsätzlich besteht **Abschlussfreiheit**, d.h. der Unternehmer ist bei der Personalauswahl frei. Einen Arbeitsvertrag kann jede natürliche Person abschließen, soweit sie voll geschäftsfähig ist, also in der Regel mit Volljährigkeit; beschränkt Geschäftsfähige können das nur mit Zustimmung des gesetzlichen Vertreters bzw. wenn dieser sie ermächtigt hat, „*in Dienst oder Arbeit zu treten*".

§ 113 BGB

▶ Der Abschluss von Arbeitsverträgen ist grundsätzlich frei, d.h. es besteht kein gesetzlicher Zwang zum schriftlichen Vertragsabschluss, sofern die **Formfreiheit** nicht durch gesetzliche oder vertragliche Vorschriften eingeschränkt ist. Zur nachweisbaren Absicherung der Parteien empfiehlt sich aber dennoch der schriftliche Abschluss. Weiterhin ist die Nachweispflicht (siehe S. 41) zu beachten.

▶ Im Hinblick auf die inhaltliche Ausgestaltung des Arbeitsvertrages besteht zwar **Gestaltungsfreiheit**, allerdings ist diese durch Vorschriften wie das *Arbeitszeit- und Bundesurlaubsgesetz*, Tarifverträge etc. erheblich eingeschränkt worden.
Bei Änderungen, Ergänzungen oder Kündigungen des Arbeitsvertrages bedarf es zu deren Wirksamkeit der Schriftform; dasselbe gilt für Berufsausbildungsverträge.

Aus Beweissicherungsgründen wählt man beim Neuabschluss eines Arbeitsvertrages überwiegend die Schriftform.

§ 2 NachwG

Der AG hat einen Monat nach Beginn des Arbeitsverhältnisses mit dem AN die wesentlichen Inhalte des Arbeitsvertrages schriftlich niederzulegen. Zwar ist die Wirksamkeit des Arbeitsverhältnisses/Arbeitsvertrages davon nicht abhängig, aber die Beweiskraft für daraus resultierende Probleme wird dadurch verbessert.

Kommt ein AV wirksam zustande, so muss der AN dem AG die notwendigen Arbeitspapiere (Mitgliedsbescheinigung der gewählten Krankenkasse, Sozialversicherungsausweis[nummer], u. U. Urlaubsbescheinigung des vorherigen Arbeitgebers) zukommen lassen.

Im Rahmen des europäischen Binnenmarktes gilt für Staatsangehörige der EU-Mitgliedstaaten gleicher Zugang zum Arbeitsmarkt in Deutschland.

Um möglichen Benachteiligungen bestimmter Arbeitnehmer vorzubeugen und ihnen im Falle einer Diskriminierung rechtliche Ansprüche an die Hand zu geben, gibt es seit 2006 das *Allgemeine Gleichbehandlungsgesetz (AGG)*. Das *AGG* setzt mehrere Richtlinien der Europäischen Union in deutsches Recht um.

Möglicher Rechtsbeistand für Betroffene ist die Antidiskriminierungsstelle beim Bundesministerium für Familie, Senioren, Frauen und Jugend.

243 815   © Erich Schmidt Verlag

Das AGG überträgt die Richtlinien der Europäischen Union zum Schutz vor Diskriminierung im Arbeitsleben, im Sozialrecht und in den Rechtsbeziehungen zwischen Privatpersonen in deutsches Recht.

Innerhalb der Gruppe der Angestellten haben die **leitenden Angestellten** eine hervorgehobene Stellung. Ihre Dienstverträge beruhen regelmäßig auf Einzelvereinbarungen und werden von Tarifverträgen nicht erfasst.

Auch die leitenden Angestellten gelten grundsätzlich als Arbeitnehmer. Für sie gibt es jedoch zahlreiche **Sonderregelungen**, wozu gehören:

▶ geringerer Schutz gegen Kündigungen,
▶ die Arbeitszeitbeschränkungen des *Arbeitszeitgesetzes (ArbZG)* gelten nicht,
▶ keine Anwendung des *Betriebsverfassungsgesetzes*.

Leitender Angestellter: manager/executive

§§ 14 Abs. 2 KSchG, 18 Abs. 1 Nr. 1 ArbZG und 5 Abs. 3 BetrVG

Zu den leitenden Angestellten eines Unternehmens zählen gemäß dem *BetrVG* in erster Linie diejenigen Angestellten, die zur selbstständigen Einstellung und Entlassung von Arbeitnehmern berechtigt sind oder denen Prokura bzw. Generalvollmacht erteilt worden ist.

In vielen Hotelbetrieben sind das der/die Direktor/in oder der/die Personalleiter/in.

Beim AV ist außerdem zu beachten:

▶ AV können nach dem *Teilzeit- und Befristungsgesetz* unter bestimmten Umständen zeitlich befristet abgeschlossen werden.

– Die Befristung eines Arbeitsverhältnisses ist zulässig, wenn ein sachlicher Grund vorliegt (z.B. wenn die Befristung im Anschluss an die Ausbildung erfolgt oder nur vorübergehend ein hoher Arbeitsanfall besteht).

– Die Befristung eines Arbeitsverhältnisses ist bis zur Dauer von zwei Jahren möglich, innerhalb dieser zwei Jahre kann das Arbeitsverhältnis höchstens dreimal verlängert werden.

– Ohne sachlichen Grund ist die Befristung eines Arbeitsverhältnisses bis zur Dauer von vier Jahren zulässig, wenn die Befristung innerhalb der ersten vier Jahre nach der Unternehmensgründung erfolgt.

▶ Nicht schriftlich abgeschlossene Arbeitsverträge gelten als unbefristet geschlossen; die Befristung ist daher schriftlich abzufassen.

▶ Wird der befristet Beschäftigte über den vertraglich vereinbarten Endzeitpunkt hinaus beschäftigt, kommt damit ein unbefristetes Arbeitsverhältnis zustande.

Besondere Formen des Arbeitsverhältnisses

Teilzeitarbeitsverhältnis (kürzere als die regelmäßige Arbeitszeit)	Aushilfsarbeitsverhältnis (z.B. in der Saison)	Mietarbeitsverhältnis (Ein Arbeitnehmer wird mit seiner Zustimmung vorübergehend in den Betrieb eines Dritten abgeordnet.)	geringfügige Beschäftigung

Geringfügige Beschäftigungsverhältnisse (sog. **„Minijob"**)

Bezeichnend für die geringfügig entlohnte Beschäftigung ist, dass der Arbeitnehmer Tätigkeiten verrichtet, bei denen die Bruttoverdienstgrenze bei 450 € liegt. Die **„geringfügige Beschäftigung"** ist für den Arbeitnehmer im Grunde sozialabgabenfrei. Minijobs sind jedoch versicherungspflichtig in der gesetzlichen Rentenversicherung.

Der Arbeitgeber zahlt für den Minijobber Pauschalbeiträge zur Renten- und Krankenversicherung. Der Minijobber kann den vollen Anspruch auf die Leistungen der gesetzlichen Rentenversicherung erwerben, wenn er die Differenz zwischen dem Pauschalbeitrag und dem allgemeinen Beitragssatz der gesetzlichen Rentenversicherung selbst übernimmt.

Der Arbeitnehmer ist berechtigt, mehrere geringfügige Beschäftigungen nebeneinander bei verschiedenen Arbeitgebern auszuüben, solange sein Gesamtverdienst nicht über 450 € liegt (andernfalls wird er sozialabgabepflichtig). Die geringfügige Beschäftigung ist auch nebenberuflich erlaubt; es gilt das Arbeitsrecht, z.B. zur zulässigen Höchstarbeitszeit.

Gleitzonenbeschäftigung (sog. „Midijob")

Verdient der Arbeitnehmer demgegenüber zwischen 450,01 € und 850 €, wird von einer Gleitzonenbeschäftigung gesprochen. Hier gelten verringerte Sozialabgabensätze für den Arbeitnehmer; die arbeitsrechtlichen Vorschriften kommen ebenfalls zur Anwendung.

Der Arbeitgeber hat bei Arbeitsverhältnissen nachstehende Vorschriften zu beachten:

▶ die *Gewerbeordnung*, wonach die Pflicht zur Einrichtung/Unterhaltung der Arbeitsräume/Betriebsmittel besteht sowie der Arbeitnehmer vor Gefahren für Leben und Gesundheit zu schützen ist.

▶ das *Entgeltfortzahlungsgesetz*, wonach an Arbeitnehmer und Auszubildende, die mindestens vier Wochen unterbrochen beschäftigt waren, für sechs Wochen Lohn/Gehalt weiterzuzahlen ist, wenn sie schuldlos infolge einer Krankheit arbeitsunfähig sind. Dauert die Ar-

Befristeter Arbeitsvertrag:
fixed-term employment contract

Teilzeitarbeit:
part-time job

www.minijob-zentrale.de

GewO

EntgFG

beitsunfähigkeit länger als drei Kalendertage, muss ein ärztliches Attest vorgelegt werden. Der Arbeitgeber ist berechtigt, die Vorlage früher zu verlangen.

▶ das *Bundesurlaubsgesetz*, wonach der bezahlte Mindesturlaub in Werktagen zu gewähren ist. Als Werktage gelten alle Kalendertage, die nicht Sonn- oder gesetzliche Feiertage sind.

▶ das *Mindestlohngesetz (MiLoG)*, wonach jeder Arbeitnehmer – auch geringfügig Beschäftigte – einen Anspruch auf Zahlung von derzeit 8,84 € je Stunde hat. Allerdings gibt es befristete Ausnahmen für einzelne Branchen und Sonderregelungen, etwa für Praktikanten und ehemalige Langzeitarbeitslose.

▶ *Bundeselterngeld- und Elternzeitgesetz (BEEG)*.

BUrlG

MiLoG

Werktag:
working day

Elterngeld Plus
Seit 2015 können Eltern, die nach der Geburt eines Kindes in Teilzeit arbeiten wollen, über den 14. Lebensmonat des Kindes hinaus Elterngeld Plus erhalten. Es beträgt maximal die Hälfte des Elterngeldes, das den Eltern ohne Teilzeiteinkommen nach der Geburt zustünde. Ein Elterngeldmonat entspicht zwei ElterngeldPlus-Monaten.

Beendigung des Arbeitsverhältnisses

Das Arbeitsverhältnis ist ein Dauerschuldverhältnis und deshalb nicht durch Erfüllen einer einmaligen oder mehrerer Einzelaufgaben beendet; dessen Kündigung hat schriftlich zu erfolgen – nicht elektronisch.

Gründe für die **Beendigung des Arbeitsverhältnisses**:

Zeitablauf beim befristeten Arbeitsverhältnis	Tod des Arbeitnehmers	Einvernehmliche Aufhebung des Arbeitsverhältnisses (sog. „Aufhebungsvertrag", in der Praxis auch oft Auflösungsvertrag genannt)	Auflösung durch gerichtliche Entscheidung	Kündigung des Arbeitsvertrages: Hierbei handelt es sich um eine einseitige, empfangsbedürftige, rechtsgestaltende Willenserklärung, die das Arbeitsverhältnis für die Zukunft aufhebt. Die Kündigung kann von jeder Seite ausgesprochen werden.

§ 620 Abs. 1 BGB

§§ 620 ff. BGB

Die Kündigung durch den **AN** führt in der Regel zu keinen Unstimmigkeiten. Der Arbeitnehmer kann das Arbeitsverhältnis mit einer Frist von vier Wochen ordentlich kündigen.
Die Kündigung durch den **AG** ist demgegenüber von größerer praktischer Bedeutung.

§§ 623 BGB

§§ 622 II BGB

Im Falle einer **ordentlichen Kündigung** bemisst sich die Frist nach dem jeweiligen Bestand des Arbeitsverhältnisses des zu kündigenden Arbeitnehmers.

Bei der arbeitgeberseitigen Kündigung sind z. B. folgende **Fristen** zu beachten:
- ▶ vier Wochen zum 15. des Monats oder zum Monatsende,
  wenn das Arbeitsverhältnis noch keine zwei Jahre bestanden hat,
- ▶ einen Monat zum Monatsende,
  wenn das Arbeitsverhältnis mindestens zwei Jahres bestanden hat,
- ▶ zwei Monate zum Monatsende,
  wenn das Arbeitsverhältnis mindestens fünf Jahres bestanden hat.

Die **außerordentliche Kündigung** durch den AG
- ▶ ist im Regelfall fristlos, d.h. das Arbeitsverhältnis wird ohne Einhalten der regulären Kündigungsfrist beendet,
- ▶ setzt einen wichtigen Grund voraus, der die Fortsetzung des Arbeitsverhältnisses unzumutbar macht (z. B. Diebstahl, Gewaltanwendung, Arbeitsverweigerung des AN) und

§ 626 BGB
- ▶ muss der AG nach Kenntnis des wichtigen Grundes innerhalb von zwei Wochen schriftlich erklären resp. begründen,
- ▶ wobei – abhängig von den jeweiligen Umständen des Einzelfalles – der außerordentlichen Kündigung nicht unbedingt eine **Abmahnung** (sog. „letzte Warnung") gegenüber dem Arbeitnehmer vorausgegangen sein muss.

§§ 3, 4 KSchG
Der AN kann ggf. gegen die arbeitgeberseitig ergangene außerordentliche Kündigung Klage vor dem Arbeitsgericht erheben (sog. „Kündigungsschutzklage"); dabei kann der AN die Kündigung innerhalb von drei Wochen vor dem Arbeitsgericht anfechten.

In den allermeisten Fällen der Kündigung handelt es sich um eine **ordentliche Kündigung**
§ 623 BGB durch den AG. Auch diese Kündigung unterliegt dem Schriftformerfordernis und kann vom AN innerhalb von drei Wochen vor dem Arbeitsgericht angefochten werden. Allerdings sind
§ 622 I, II BGB hier vom Arbeitgeber **Kündigungsfristen** zu beachten (s. o.).

Kündigung:
(durch Arbeitgeber) =
dismissal
(durch Arbeitnehmer) =
notice

Kündigung eines Arbeitsverhältnisses

Arbeitgeber kündigt
nach Anhörung des Betriebsrats

Arbeitnehmer kündigt

außerordentliche Kündigung
fristlos · nur aus „wichtigem Grund" zulässig

ordentliche Kündigung
unter Einhaltung vertraglicher/ gesetzlicher Kündigungsfristen

Nach dem Kündigungsschutzgesetz* sind nur folgende Gründe für eine Kündigung zulässig:
- ● Gründe in der **Person** des Arbeitnehmers
- ● Gründe im **Verhalten** des Arbeitnehmers
- ● dringende **betriebliche Erfordernisse**

Arbeitnehmer kann dagegen binnen 3 Wochen

Bei Verzicht auf Klage gegen eine betriebsbedingte Kündigung:

Bei betriebsbedingten Kündigungen muss eine Sozialauswahl erfolgen (Auswahlkriterien: Dauer der Betriebszugehörigkeit, Alter, Unterhaltspflichten, Schwerbehinderung)

Klage
beim Arbeitsgericht erheben

Anspruch auf Abfindung
falls vom Arbeitgeber angeboten

Der Arbeitgeber kann „Leistungsträger" davon ausnehmen

ZAHLENBILDER
243 810

* Das KSchG gilt ab 2004 in Betrieben mit mehr als 10 Beschäftigten

© Bergmoser + Höller Verlag AG

Einen Grund für die ordentliche Kündigung *muss* der Arbeitgeber nicht mitteilen. Dennoch empfiehlt sich dies für den Fall, dass der Arbeitnehmer eine **Kündigungsschutzklage** beim Arbeitsgericht einlegt; dieses prüft dann, ob die Kündigung sozial gerechtfertigt erfolgte.

Die Anwendbarkeit des *KSchG* beruht auf zwei zwingenden Voraussetzungen:
1. Der AN muss dem Betrieb bereits länger als 6 Monate angehören.
2. Der Betrieb muss mindestens elf AN beschäftigen.

§§ 1 I, 23 I KSchG

Wenn das *KSchG* anwendbar ist, dann ist die ordentliche Kündigung nur sozial gerechtfertigt, wenn ein **Kündigungsgrund** die Kündigung erforderlich macht, z. B.

► ein dringender betrieblicher Grund (z. B. kommen Betriebsstilllegung, Outsourcing und Rationalisierungsmaßnahmen in Betracht) = betriebsbedingte Kündigung

§ 1 II KSchG

► ein in der Person des Arbeitnehmers liegender Grund (z. B. dauerhafte Arbeitsunfähigkeit aufgrund von Krankheit) = personenbedingte Kündigung

► ein im Verhalten des Arbeitnehmers liegender Grund (z. B. wiederholtes unentschuldigtes Fehlen, Belästigung von Kollegen) = verhaltensbedingte Kündigung.

Wenn bei einer **betriebsbedingten Kündigung** festgestellt worden ist, dass dafür tatsächlich ein dringender betrieblicher Grund vorliegt, so ist zu deren Begründung durch den AG zu prüfen, ob nicht eine Weiterbeschäftigung möglich ist, z. B.

► an einem anderen Arbeitsplatz im selben Betrieb
► in einem anderen Betrieb des selben Unternehmens
► nach zumutbaren Umschulungs- oder Fortbildungsmaßnahmen
► zu geänderten Bedingungen.

Wegen der besonderen persönlichen Situation gewährt der Gesetzgeber bestimmten **Personengruppen** einen **besonderen Kündigungsschutz**:

werdende Mütter/Mütter nach der Entbindung	Während der Schwangerschaft und bis 4 Monate nach der Entbindung ist die Kündigung ausgeschlossen, wenn dem Arbeitgeber die Schwangerschaft ordnungsgemäß mitgeteilt wurde.	*§ 9 MuSchG*
Eltern in Elternzeit	Ab dem Zeitpunkt des Verlangens der Elternzeit (höchstens jedoch acht Wochen vor Beginn der Elternzeit) bis zu deren Ende ist eine Kündigung unzulässig.	*§ 18 BEEG*
Schwerbehinderte (mindestens 50 % Behinderung)	Eine Kündigung gegenüber einem schwerbehinderten Menschen ist nur mit Zustimmung des zuständigen Integrationsamtes zulässig. Die Kündigungsfrist beträgt mindestens vier Wochen.	*§§ 85 ff. SGB 9*
Auszubildende	Während der Probezeit ist eine Kündigung jederzeit fristlos möglich, nach der Probezeit kann das Berufsausbildungsverhältnis aus wichtigem Grund oder bei Aufgabe der Berufsausbildung resp. ausbildungsspezifischer Neuorientierung gekündigt werden.	*§ 22 BBiG*
Beschäftigte, die pflegebedürftige nahe Angehörige pflegen	Von der Ankündigung einer kurzzeitigen Arbeitsverhinderung oder einer Pflegezeit nach dem *Pflegezeitgesetz (PflegeZG)* bis zu deren Beendigung ist eine Kündigung unwirksam.	*§ 5 PflegeZG*
Mitglieder von Betriebsrat sowie Jugend- und Auszubildendenvertretung	Eine ordentliche Kündigung ist während der Amtszeit und bis zu ein Jahr danach unwirksam. Möglich bleibt eine außerordentliche Kündigung aus wichtigem Grund.	*§ 15 I KSchG*

Grundsätzlich hat der Arbeitgeber **soziale Gesichtspunkte** zu berücksichtigen, wenn er Mitarbeitern kündigen will.

§ 1 Abs. 3 KSchG

Bei Beendigung des Arbeitsverhältnisses hat der AN Anspruch auf ein **Arbeitszeugnis**. Dieses ist vom AG wohlwollend zu formulieren.

Der AN kann zwischen einem **einfachen** oder einem **qualifizierten** Arbeitszeugnis wählen. Das einfache Arbeitszeugnis enthält lediglich Angaben zur Person sowie zur Art und Dauer des Arbeitsverhältnisses, evtl. noch zu den Zuständigkeiten. Demgegenüber umfasst das qualifizierte Arbeitszeugnis Aussagen über die Leistungen des AN und sein Sozialverhalten am Arbeitsplatz.

Zeugnis

Frau Kathrin Gitter, geboren am 11.07.1989 in Greifswald, war im Zeitraum vom 01.03.–30.05.2017 in unserem Betrieb als Aushilfe tätig. In diesem Zeitraum hatte sie diverse Aushilfstätigkeiten sowohl im Bereich des Service als auch in der Küche vorzunehmen.

Frau Gitter hat sich als sehr gewissenhaft und zuverlässig erwiesen sowie ein großes organisatorisches Geschick bewiesen.

Sie hat die ihr übertragenen Arbeiten zügig und stets zu unserer vollen Zufriedenheit erledigt.
Sowohl zu Vorgesetzten als auch Mitarbeitern hatte sie ein gutes Verhältnis gepflegt.

Das Arbeitsverhältnis hat mit Ablauf des 31. Mai 2017 geendet.

Wir wünschen Frau Gitter für ihren weiteren beruflichen wie persönlichen Lebensweg alles Gute.

Hamburg, 01. Juni 2017

Gasthaus „Zur Goldenen Henne"
Kurth Hansen

Schulnote

Beurteilung nach Schulnoten

6 „Der Arbeitnehmer hat sich bemüht, die ihm übertragenen Aufgaben zu unserer Zufriedenheit zu erfüllen."

5 „Der Arbeitnehmer hat die ihm übertragenen Aufgaben im Großen und Ganzen zu unserer Zufriedenheit erledigt."

4 „Der Arbeitnehmer hat die ihm übertragenen Aufgaben zu unserer Zufriedenheit erledigt."

3 „Der Arbeitnehmer hat die ihm übertragenen Aufgaben zu unserer vollen Zufriedenheit erledigt."

2 „Der Arbeitnehmer hat die ihm übertragenen Aufgaben zu unserer vollsten Zufriedenheit erledigt."

1 „Der Arbeitnehmer hat die ihm übertragenen Aufgaben stets zu unserer vollsten Zufriedenheit erledigt."

Würde es Sie interessieren, einer Arbeitsgerichtsverhandlung beizuwohnen? Dann nichts wie ran an die Vorbereitungen zum Besuch des Arbeitsgerichts in Ihrer Nähe!

1. Klaus sucht eine Arbeitsstelle als Restaurantfachmann in einem Hotelbetrieb. Tatsächlich bietet ihm das Hotel „Zur goldenen Aue" an, am nächsten Tag anzufangen. Damit ist Klaus einverstanden. Wurde dadurch ein Arbeitsverhältnis begründet?

2. Nennen Sie die durch einen Arbeitsvertrag für AG und AN entstandenen Hauptpflichten.

3. Frau Sauer teilt dem Personalleiter des Hotels mit, dass sie im November ihren Urlaub antreten möchte; dieser erklärt sich einverstanden. Dementsprechend bucht Frau Sauer eine Schiffsreise in die Karibik. Mitte Oktober erhält Frau Sauer vom Direktor des Hotels die Mitteilung, dass sie den Urlaub im November aufgrund wichtiger betrieblicher Belange nicht antreten könne. Frau Sauer fährt trotzdem. Daraufhin wird sie fristlos entlassen. Nach ihrer Rückkehr von der Kreuzfahrt reicht Frau Sauer Klage gegen die Kündigung beim Arbeitsgericht ein. Hat die Klage Aussicht auf Erfolg?

4. Welche Möglichkeiten gibt es für die Beendigung eines Arbeitsverhältnisses?

5. Welche beiden Kündigungsarten unterscheidet man?

6. Nennen Sie wichtige Kündigungsgründe für AG und AN.

7. Der Gasthof „Zur Post" kündigt seinem Koch fristgerecht zum 30. April. Der Koch erklärt, dass er mit der Kündigung nicht einverstanden sei. Er meint, damit sei die Kündigung nicht wirksam. Ist der Koch im Recht?

8. Welche Zeugnisarten sind gesetzlich geregelt?

9. Die zusätzlichen zwei Elternzeit-Monate, die das *BEEG* dem zweiten Elternteil – derzeit meist noch der Vater – gewährt, werden oft in Anspruch genommen. Recherchieren Sie, welche Auswirkungen diese Entwicklung hat!

2.4.2 Arbeitnehmerschutzrechte

Mike ist Auszubildender zum Koch im Hotel „Roter Hahn". Immer wenn die Lieferanten Lebensmittel zur Verarbeitung in der Küche anliefern, muss Mike helfen, die Fahrzeuge zu entladen und Kisten mit Frischgemüse usw. schleppen. Was sagen Sie dazu?

Übersicht wichtiger Arbeitsschutzvorschriften für verschiedene Personenkreise:

Personen-kreis	Zusätzliche Schutzvorschriften für:				
	Männer und Frauen	**werdende/stillende Mütter**	**Kinder (bis 14 Jahre), Jugendliche (15- bis 17 Jahre)**	**Schwerbehinderte**	**Beschäftigte, die nahe Angehörige pflegen**
gesetzl. Grundlage	*ArbZG*	*MuSchG*	*JArbSchG*	*SGB IX*	*PflegeZG*
Arbeits-verbot	● Arbeit an Sonn- und Feiertagen nur, wenn es zwingend notwendig ist, z. B. bei Not- und Rettungsdiensten, in Krankenhäusern, aber auch im Gastgewerbe ● Mindestens 15 Sonntage im Jahr sollen arbeitsfrei bleiben. Außerdem müssen diejenigen, die an Sonn- und Feiertagen gearbeitet haben, entsprechende Ersatzruhetage während der Woche erhalten	● für schwere körperliche Arbeit, Akkord-, Sonn-, Feiertags- und Nachtarbeit ● gänzliches Verbot 6 Wochen vor der Geburt und 8 Wochen nach der Geburt sowie während des zusätzlichen Erziehungsurlaubs ● nicht über 8½ Std. täglich oder 90 Std. in der Doppelwoche	● keine körperlich und sittlich gefährdende Arbeit, für Kinder Beschäftigungsverbot, Ausnahme: Berufsausbildung	● Private und öffentliche Arbeitgeber mit mindestens 20 Arbeitsplätzen sind verpflichtet, auf mindestens 5 % der Arbeitsplätze schwerbehinderte Menschen zu beschäftigen ● im Betrieb so einzusetzen, dass deren Kenntnisse und Fähigkeiten optimal genutzt werden	● Anspruch, bis zu 10 Tage von der Arbeit fernzubleiben, um bedarfsgerechte Pflege zu organisieren (Anspruch auf 90 % des Nettogehalts) ● Anspruch auf vollständige, unbezahlte Freistellung bis zu 6 Monate, um Pflege in häuslicher Umgebung selbst vorzunehmen (Anspruch nur in Betrieben mit mehr als 15 AN)
Höchst-arbeitszeit	● 8 Std. täglich; Verlängerung auf 10 Std. möglich, wenn die Mehrarbeit innerhalb von 6 Monaten wieder auf den Durchschnitt von 8 Std. ausgeglichen wird; Betriebs- oder Personalräte müssen der Regelung zustimmen ● bei Nachtarbeit beträgt diese Frist statt 6 Monate nur 1 Monat	● abweichend vom Nachtarbeitsverbot im Gastgewerbe bis 22 Uhr während der ersten vier Monate ● an Sonn- und Feiertagen, wenn in jeder Woche einmal eine ununterbrochene Ruhezeit von mind. 24 Std. im Anschluss an eine Nachtruhe gewährt wird keine Verlängerungen möglich	täglich 8 Std.; wöchentlich 40 Std.; bei Schichtbetrieb bis zu 11 Std.; Berufsschulzeit gilt als Arbeitszeit	● Arbeitsplätze sind unter Berücksichtigung der Beschäftigung einzurichten ● Anspruch auf jährlichen Zusatzurlaub von in der Regel fünf Arbeitstagen ● Kündigung nur mit Zustimmung des Integrationsamtes (Voraussetzung: 6 Monate Betriebszugehörigkeit) ● Kündigungsfrist 4 Wochen – vom Tage des Eingangs der Kündigung bei dem Integrationsamt	● Anspruch auf vollständige, unbezahlte Freistellung bis zu 6 Monate, um Pflege in häuslicher Umgebung selbst vorzunehmen (Anspruch nur in Betrieben mit mehr als 15 AN)
Mindest-ruhezeit zwischen zwei Arbeitstagen	● 11 Stunden ohne Unterbrechung, im Gastgewerbe 10 Stunden	keine Sonderregelung	12 Std. ununterbrochen; keine Arbeit von 20 Uhr bis 6 Uhr, im Alter über 16 in der Gastronomie zwischen 22.00 und 6.00 Uhr, für Jugendliche nach dreimonatiger Beschäftigung **Anspruch auf Urlaub** bis 16 Jahre 30 Werktage im 17. Jahr 27 Werktage im 18. Jahr 25 Werktage		
Mindest-ruhepausen während der Arbeitszeit	Arbeitstag mit Arbeitszeit von 6 bis 9 Std. = 30 Min., bei über 9 Std. = 45 Min.	keine Sonderregelung	bei über 4,5 bis 6 Std. = 30 Min., bei längerer Arbeit = 60 Min.		
Betriebs- und Gefahren-schutz	Schutz des Lebens durch Unfallverhütungsvorschriften Schutz der Gesundheit durch Maßnahmen gegen Berufskrankheiten Schutz von Sitte und Anstand				

Jede Arbeit bringt Gefahren mit sich, vor denen der Arbeitende zu schützen ist. Da der AN gegenüber dem AG der wirtschaftlich Schwächere ist, muss er vor möglicher Willkür des AG bewahrt werden.

Das Arbeitnehmerschutzrecht umfasst Normen (gesetzliche Regelungen), die den AG verpflichten, den AN zu schützen und von der Arbeit ausgehende Gefahren zu beseitigen bzw. zu mindern. Über die Einhaltung dieser Normen wachen die Gewerbeaufsicht, die Berufsgenossenschaften, staatliche Gewerbeärzte usw.

Zu den **Hauptgebieten des Arbeitnehmerschutzrechtes** zählen:

▶ Betriebs- und Gefahrenschutz (technischer Arbeitsschutz)
▶ Arbeitszeitschutz (sozialer Arbeitsschutz)
▶ Schutz vor Benachteiligung und belästigenden Handlungen (*AGG*)
▶ Mutterschutz
▶ Jugendarbeitsschutz
▶ Rehabilitation und Teilhabe behinderter Menschen } = besonderer Arbeitsschutz
▶ Heimarbeiterschutz

BUrlG

Darüber hinaus hat der Gesetzgeber zur Regelung des Erholungsurlaubs das *Bundesurlaubsgesetz (BUrlG)* erlassen:

Urlaubsschutz			
Ziel	Festlegung von bindenden Mindestbestimmungen. Auch im Einzelarbeitsvertrag, in einer Betriebsvereinbarung oder im Tarifvertrag sind keine Abweichungen nach unten möglich.		
Wesentliche Vorschriften	Das *Bundesurlaubsgesetz (BUrlG)* regelt Anspruch und Länge des Jahresurlaubs.		
	Urlaubsanspruch	**Zeitpunkt der Inanspruchnahme**	**zeitliche Übertragbarkeit**	**Erkrankung während des Urlaubs**
	Jeder vollzeitbeschäftigte Arbeitnehmer hat im Kalenderjahr einen Urlaubsanspruch von mind. 24 Werktagen (alle Tage, die nicht Sonn- oder Feiertage sind). Bei Teilzeitarbeitnehmern vermindert sich der Anspruch entsprechend anteilmäßig.	Wann der Urlaub genommen wird, soll dem Arbeitnehmer überlassen werden, soweit dem Urlaubswunsch keine dringenden betrieblichen Gründe entgegenstehen.	Eine Übertragung des Urlaubsanspruchs in das folgende Kalenderjahr ist nur aus dringenden betrieblichen oder persönlichen Gründen möglich.	Eine während des Urlaubs durch ärztliches Attest nachgewiesene Erkrankung wird nicht dem Urlaub angerechnet. Der erwünschte Erholungseffekt durch Urlaub könnte anderenfalls nicht eintreten.

§§ 1–9 BUrlG

🇬🇧 **Urlaub:**
holiday/leave/vacation

Urlaubsanspruch:
holiday entitlement

Aufgaben

1. Führen Sie die Hauptgebiete des Arbeitschutzrechts an.
2. Welche Beschäftigungsverbote sieht das *Mutterschutzgesetz* für werdende Mütter vor?
3. Klaus A. erscheint zum Antritt des Küchendienstes zwar in Kochkleidung, jedoch noch in Turnschuhen, weil er keine Zeit mehr hatte, sich umzuziehen. Worauf würden Sie den Auszubildenden hinweisen?
4. Welche speziellen Schutzvorschriften für den schwerbehinderten Arbeitnehmer in der Gastronomie enthält das *Sozialgesetzbuch IX*?
5. Welches Schutzgesetz gewährt allen Arbeitern in der Gastronomie Lohnfortzahlung im Krankheitsfall?
6. Hat das *Arbeitszeitgesetz* für alle Beschäftigten eines gastgewerblichen Betriebes Gültigkeit?
7. In welchen gesetzlichen Bestimmungen finden sich Regelungen über die Arbeitszeit?
8. Eine ledige Restaurantfachfrau möchte im August drei Wochen Urlaub haben, um mit ihrem Freund eine Reise durch die USA zu machen. Die Hotelleitung lehnt den Urlaub mit der Begründung ab, dass im August Hochsaison im Hause herrscht und dass vorrangig Mitarbeiter mit schulpflichtigen Kindern Urlaub erhalten sollen; mit Recht?
9. Gehen Sie auf die Homepage der Gewerkschaft Nahrung-Genuss-Gaststätten (www.ngg.net) und verschaffen Sie sich einen Überblick darüber, mit welchen Arbeitnehmer-Schutzrechten sich die „Junge NGG" im Wesentlichen beschäftigt.

2.4.3 Kollektives Arbeitsrecht

DGB

Die Organisation des Deutschen Gewerkschaftsbunds

IG Bauen-Agrar-Umwelt	**Bundeskongress** Delegierte der Einzelgewerkschaften	Gewerkschaft Nahrung-Genuss-Gaststätten
IG Bergbau, Chemie, Energie	**Bundesausschuss**	Gewerkschaft der Polizei
Gewerkschaft Erziehung und Wissenschaft	**Bundesvorstand**	Eisenbahn- und Verkehrsgewerkschaft
IG Metall	**Geschäftsführender Bundesvorstand**	ver.di Vereinte Dienstleistungsgewerkschaft

9 Bezirke

| Baden-Württemberg | Bayern | Berlin-Brandenburg | Hessen-Thüringen | Niedersachsen – Bremen – Sachsen-Anhalt | Nord | Nordrhein-Westfalen | Sachsen | Rheinland-Pfalz/Saarland |

mit Regionalbüros

ZAHLENBILDER
241 110

Kreis- und Stadtverbände

© Bergmoser + Höller Verlag AG

Situation

Gewerkschaft: trade union

Den „Gegenpol" zu den Gewerkschaften – im Gastgewerbe insbesondere die Gewerkschaft Nahrung–Genuss–Gaststätten (NGG) – stellen u. a. der DEHOGA-Bundesverband bzw. die DEHOGA-Landesverbände dar.

Während das **individuelle Arbeitsrecht** und die Arbeitsschutzgesetze überwiegend den einzelnen Arbeitnehmer, seine Rechte und Pflichten sehen, befasst sich das **kollektive Arbeitsrecht** mit Fragen, die außerhalb des einzelnen Arbeitsverhältnisses auf betrieblicher oder überbetrieblicher Ebene liegen. Hierzu zählen das Tarifrecht, das Arbeitskampfrecht (insbes. das Streikrecht) und die Vertretung der Belegschaften (Betriebsverfassung). Kollektives und individuelles Arbeitsrecht

sind Teile des gesamten Arbeitsrechts und daher miteinander verknüpft.

Neben den Individualarbeitsverträgen ist es notwendig, kollektivrechtliche Regelungen abzuschließen, da der einzelne AN dem AG in wirtschaftlicher und sozialer Hinsicht unterlegen ist. Zur besseren Durchsetzung haben sich die Arbeitnehmer zu **Gewerkschaften** zusammengeschlossen. Das Gegenstück bilden die **Arbeitgeberverbände**. Derartige Zusammenschlüsse werden als Koalitionen oder **Sozialpartner** bezeichnet. Letzteren ist die Festlegung der Arbeitsbedingungen in sozialer Selbstverwaltung überlassen worden, sodass sich der Staat darauf beschränken kann, Mindestarbeitsbedingungen einzelner Arbeitsbereiche zu erlassen.

Arbeitgeberverband: employers' association

Koalitionsfreiheit – *Art. 9 Abs. 3 GG*

Tarifverträge

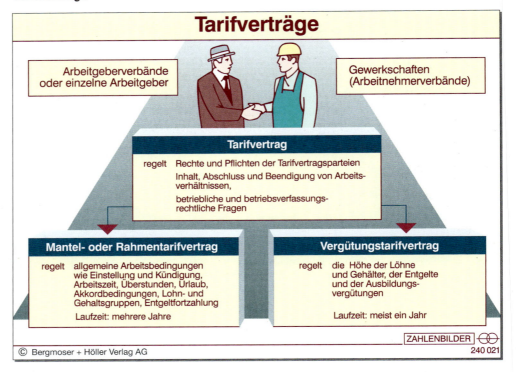

Tarifverträge

Arbeitgeberverbände oder einzelne Arbeitgeber

Gewerkschaften (Arbeitnehmerverbände)

Tarifvertrag

regelt Rechte und Pflichten der Tarifvertragsparteien

Inhalt, Abschluss und Beendigung von Arbeitsverhältnissen,

betriebliche und betriebsverfassungsrechtliche Fragen

Mantel- oder Rahmentarifvertrag

regelt allgemeine Arbeitsbedingungen wie Einstellung und Kündigung, Arbeitszeit, Überstunden, Urlaub, Akkordbedingungen, Lohn- und Gehaltsgruppen, Entgeltfortzahlung

Laufzeit: mehrere Jahre

Vergütungstarifvertrag

regelt die Höhe der Löhne und Gehälter, der Entgelte und der Ausbildungsvergütungen

Laufzeit: meist ein Jahr

ZAHLENBILDER

© Bergmoser + Höller Verlag AG

240 021

Ein Tarifvertrag wird immer zwischen Arbeitgebern/Arbeitgeberverbänden und Gewerkschaften abgeschlossen. Daher gilt er nur für die Mitgliedsunternehmen auf der einen und Gewerkschaftsmitglieder der abschließenden Gewerkschaft auf der anderen Seite. Nichtmitglieder können sich nicht auf den Tarifvertrag berufen.

Die Tarifvertragsparteien können ohne staatlichen Zwang Verträge aushandeln, was man als **Tarifautonomie** bezeichnet. **Tarifverträge** sollen Rechtsnormen für Arbeitsverträge schaffen und betriebliche Fragen regeln, d. h., es werden für Arbeitnehmer ganzer Wirtschaftszweige einer bestimmten Region einheitliche Arbeitsbedingungen vertraglich festgelegt.

TVG

Das *Tarifvertragsgesetz (TVG)* – als Rechtsgrundlage – regelt dabei

▶ **Verbandstarifverträge** (von einer Arbeitgebervereinigung für mehrere Betriebe abgeschlossene Tarifverträge),

▶ **Haus-, Firmen- oder Werkstarifverträge** (von einem oder mehreren Arbeitgebern abgeschossene Tarifverträge).

Tarifverträge regeln einheitliche Arbeitsbedingungen für ganze Wirtschaftszweige, wie das Gastgewerbe in bestimmten Regionen oder Bundesländern, z. B. Bayern, oder auch in der gesamten Bundesrepublik. Jeder Tarifvertrag hat rechtlich eine **Doppelnatur** und kann in einen schuldrechtlichen (= regelt Rechte und Pflichten der Parteien) und einen normativen Teil (= enthält Rechtsnormen über Arbeitsverhältnisse und betriebsverfassungsrechtliche Fragen) unterteilt werden.

§ 5 Abs. 1 TVG

Haben sich die Tarifparteien auf einen neuen Tarifvertrag geeinigt, so besteht nach dem *TVG* die Möglichkeit, den abgeschlossenen Tarifvertrag für **allgemeinverbindlich** zu erklären. Dieses bedeutet, dass der Geltungsbereich auch auf Nichtmitglieder der Tarifvertragsparteien ausgedehnt wird.

Voraussetzung dafür, dass Mindestlöhne für allgemeinverbindlich erklärt werden können, ist zum einen, dass die tarifgebundenen Arbeitgeber mindestens die Hälfte der unter den Geltungsbereich des Tarifvertrags fallenden Arbeitnehmer beschäftigen. Zum anderen muss die Erklärung im öffentlichen Interesse liegen.

Die **Allgemeinverbindlichkeitserklärung** erfolgt durch den Bundesminister für Arbeit und Soziales bzw. den Landesarbeitsminister. Sie wird im Bundesanzeiger veröffentlicht und im Tarifregister eingetragen.

Während der Laufzeit eines Tarifvertrags sind die Tarifvertragsparteien dazu verpflichtet, sich an die getroffenen Vereinbarungen zu halten. Die Parteien müssen auf ihre Mitglieder einwirken, dass diese

▶ den Tarif einhalten und

▶ während der Laufzeit eines Tarifvertrags den Arbeitsfrieden wahren, also keine Kampfmaßnahmen durch die Parteien angeregt oder durchgeführt werden, die tariflich vereinbarte Fragen betreffen.

Praxis

M 7

Deuten Sie die Karikatur aus Ihrer Sicht.

Betriebsvereinbarungen

Derartige Vereinbarungen sind eine weitere **Form der Kollektivvereinbarung**. Sie werden von Arbeitgeber und Betriebsrat neben dem Tarifvertrag gemeinsam beschlossen und regeln grundsätzlich alles, was zum Aufgabenbereich des Betriebsrates gehört, z. B. in beschränktem Umfang den Inhalt der Arbeitsverhältnisse (Bestimmungen über die Ordnung des Betriebes und das Verhalten der Arbeitnehmer im Betrieb) und die rechtlichen Beziehungen zwischen Arbeitgeber und Betriebsrat.
Man spricht in diesem Zusammenhang auch von erzwingbaren Betriebsvereinbarungen.

Unzulässig ist die Regelung von Arbeitsbedingungen, die üblicherweise durch Tarifverträge geregelt werden. Das Verbot von Nebenbeschäftigungen ist zulässig, da **freiwillige Betriebsvereinbarungen** formelle wie materielle Arbeitsbedingungen im sozialen Bereich regeln können. Dazu gehören z. B. die Arbeitsordnung, Arbeitszeiten, Nebenbeschäftigungen, Treueprämien, Gratifikationen, Zusatzurlaub, Lohnabtretungen, Altersgrenzen. Lohnfragen sind nur dann Gegenstand einer Betriebsvereinbarung, wenn sie die Regelung der Tarifverträge in Einzelfällen verbessern. Maßgebliches Gesetz ist hierbei u. a. das *Betriebsverfassungsgesetz*.

**Betriebs-
vereinbarung:
works council
agreement**

§ 88 BetrVG

BetrVG

Arbeitskampf

Arbeitskampf: employment dispute/ industrial action

Bei jeder neuen Tarifrunde ist es das gleiche Ritual: Die Gewerkschaften fordern mehr, als sie durchsetzen können; die Arbeitgeber bieten weniger an, als sie schließlich zugestehen müssen. **Die Suche nach einem Kompromiss**, der für beide Seiten tragbar ist, verläuft nach Regeln, die in Satzungen und Verträgen festgelegt sind. Kampfmaßnahmen sind nur unter ganz bestimmten Voraussetzungen möglich. Mit ihnen soll die andere Seite wieder an den Verhandlungstisch gezwungen werden. Der normale Ablauf sieht so aus: Wenn die Tarifverhandlungen zu keinem Ergebnis führen und eine Seite sie für gescheitert erklärt, kann (muss aber nicht) versucht werden, den Streit mithilfe eines

unbeteiligten Dritten zu schlichten. Eine besondere Regelung kennt der öffentliche Dienst: Scheitern die Verhandlungen und fordert eine Seite die Schlichtung, dann muss sich die Gegenseite auf Schlichtungsgespräche einlassen. Nach dem Scheitern der Verhandlungen oder der Schlichtung setzt die Gewerkschaft eine Urabstimmung über einen Streik an, dem in der Regel mindestens drei Viertel der Mitglieder zustimmen müssen. Auf den Streik können die Arbeitgeber mit Aussperrung reagieren. Der Streik endet, wenn in neuen Verhandlungen ein Kompromiss gefunden wird und in einer zweiten Urabstimmung mindestens ein Viertel der Gewerkschaftsmitglieder zustimmt. Globus

Streik: strike

Aussperrung: lockout

Nach der Verfassung der Bundesrepublik Deutschland sind bei Tarifauseinandersetzungen **Streik** und **Aussperrung** als **Arbeitskampfmittel** zugelassen.

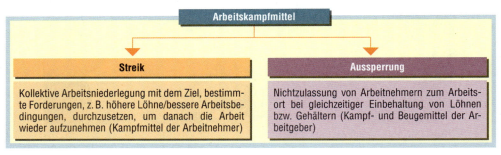

Arbeitskampfmittel	
Streik	**Aussperrung**
Kollektive Arbeitsniederlegung mit dem Ziel, bestimmte Forderungen, z. B. höhere Löhne/bessere Arbeitsbedingungen, durchzusetzen, um danach die Arbeit wieder aufzunehmen (Kampfmittel der Arbeitnehmer)	Nichtzulassung von Arbeitnehmern zum Arbeitsort bei gleichzeitiger Einbehaltung von Löhnen bzw. Gehältern (Kampf- und Beugemittel der Arbeitgeber)

Flashmobs als moderne „Waffen" im Arbeitskampf sind unangemeldete Blitzaktionen in Unternehmen; sie müssen allerdings als Teil eines gewerkschaftlichen Arbeitskampfes erkennbar und auf Tarifverhandlungen bezogen sein.

Jeder Arbeitskampf beeinträchtigt aufgrund der wirtschaftlichen Abhängigkeiten der Wirtschaftssubjekte (Zulieferfirmen wie Verbraucher sind betroffen) untereinander die wirtschaftliche Entwicklung unseres Landes, was u. a. auch von der Art des Streiks abhängt. Zu den wichtigsten Streikarten gehören der

- **Warnstreik**: Dabei handelt es sich um einen Streik während der Laufzeit des Tarifvertrages. Dieser ist vor Beginn anzuzeigen, zeitlich begrenzt und geduldet.
- **Punktstreik**: Abwechselnd werden Produktionsstandorte, zentrale Betriebe oder Abteilungen bestreikt. Die Gewerkschaft setzt auf eine Kettenreaktion, so dass andere Betriebe ebenfalls nicht arbeiten können.
- **Sympathie-/Solidaritätsstreik**: Die Arbeitnehmer eines Betriebes streiken, um sich mit Kollegen eines anderen Betriebes / einer anderen Brache solidarisch zu erklären.
- **Bummelstreik / „Dienst nach Vorschrift"**: Die Arbeitnehmer verrichten ihre Tätigkeit langsamer als im Normalfall.
- **Vollstreik:** Alle Beschäftigten einer Branche / eines Wirtschaftszweiges streiken.
- **Generalstreik**: Streik aller Arbeitnehmer einer Volkswirtschaft

Vor einem Arbeitskampf sind alle Möglichkeiten auf dem Verhandlungsweg auszuschöpfen. So kann – um Arbeitskämpfe zu vermeiden oder zu beenden – zwischen den Tarifvertragsparteien ein Schlichtungstermin anberaumt werden. Dabei wird versucht, einen Interessenausgleich herzustellen. Schlichtungsverfahren haben den Arbeitsfrieden zum Ziel.

Betriebsverfassung und Mitbestimmung

Das Betriebsverfassungsgesetz

243 511

© Bergmoser + Höller Verlag AG

Einigungsstelle: conciliation board

Betriebsrat: employees' works council

Betriebs-versammlung: staff meeting/ works meeting

Die beteiligungsrechtlichen Möglichkeiten der Arbeitnehmer bzw. ihrer Repräsentanten an betrieblichen oder unternehmerischen Entscheidungen regelt das *Betriebsverfassungsgesetz*.

BetrVG

Die im *BetrVG* normierten Bestimmungen sind teilweise zwingenden Charakters und sehen die unmittelbare Beteiligung der Arbeitnehmer durch die Betriebsversammlung, die mittelbare durch den Betriebsrat, Wirtschaftsausschuss, Aufsichtsrat und unter bestimmten Voraussetzungen im Vorstand vor.

Voraussetzung für die **Wahl eines Betriebsrats** ist, dass der **Betrieb mindestens fünf Arbeitnehmer** (dazu zählen auch Teilzeitbeschäftigte, Aushilfskräfte und Heimarbeiter) beschäftigt, von denen drei wählbar sind. Wahlberechtigt sind alle Arbeitnehmer, die das 18. Lebensjahr vollendet haben. Wählbar sind alle Wahlberechtigten, die sechs Monate dem Betrieb angehören. Davon ausgeschlossen sind die leitenden Angestellten. In Betrieben mit in der Regel mindestens zehn leitenden Angestellten können **Sprecherausschüsse** der leitenden Angestellten gewählt werden. Die **Amtszeit des Betriebsrats** beträgt vier Jahre.

§§ 1/7 f./9 BetrVG

§ 21 BetrVG

Die **Arbeit des Betriebsrats** ist ehrenamtlich und darf weder Vor- noch Nachteile bringen. Der Betriebsrat hat bei seiner Arbeit alle Betriebsangehörigen gleich zu behandeln. Um die Tätigkeit ausüben zu können, sind Betriebsratsmitglieder von ihrer beruflichen Arbeit freizustellen; die Kosten trägt der Arbeitgeber.

§ 37 BetrVG

Die Zahl der **Betriebsratsmitglieder** richtet sich nach der Beschäftigtenzahl. Zu den allgemeinen **Aufgaben des Betriebsrats** zählen:

§ 80 BetrVG

▶ Überwachung, Durchführung und Einhaltung von gesetzlichen Bestimmungen, Verordnungen, Tarifverträgen, Betriebsvereinbarungen und arbeitsrechtlichen Grundsätzen, die zugunsten von Arbeitnehmern gelten.

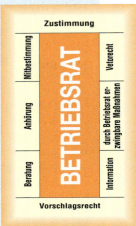

▶ Beantragung von Maßnahmen, die dem Betrieb und der Belegschaft dienen.
▶ Entgegennahme von Anregungen der Arbeitnehmer und der Jugend- und Auszubildendenvertretung sowie deren Vertretung.
▶ Eingliederung Schwerbehinderter und anderer schutzbedürftiger Personen.
▶ Vorbereitung der Wahl einer Jugend- und Auszubildendenvertretung und anschließende Zusammenarbeit mit dieser.
▶ Förderung der Beschäftigung von älteren Arbeitnehmern.
▶ Eingliederung ausländischer Arbeitnehmer.

Den pflichtgemäß zu erfüllenden Aufgaben des Betriebsrats stehen die Rechte gegenüber. So hat der Betriebsrat nach dem *BetrVG* abgestufte Rechte, d. h. unterschiedliche Einflussmöglichkeiten. Die stärkste Form der Beteiligung des Betriebsrats besteht im ***Mitbestimmungsrecht*** (der Arbeitgeber kann rechtswirksame Maßnahmen nur mit Zustimmung des Betriebsrats treffen).

§ 43 BetrVG

Einmal in jedem Kalendervierteljahr hat der Betriebsrat eine **Betriebsversammlung** (nicht öffentliche Versammlung) einzuberufen – zu der auch der Arbeitgeber bzw. dessen Vertreter einzuladen ist –, um in ihr den Arbeitnehmern, seinen Wählern, einen Tätigkeitsbericht zu erstatten. Die Betriebsversammlungen können dem Betriebsrat Anträge zu den Betrieb oder seine Arbeitnehmer unmittelbar betreffenden Angelegenheiten unterbreiten und zu seinen Beschlüssen Stellung nehmen.

§§ 45 BetrVG

Den Arbeitnehmern ist während der Arbeitszeit Gelegenheit zu geben, an der Betriebsversammlung teilzunehmen.

§§ 60 ff. BetrVG

Wenn in einem Betrieb mindestens fünf Arbeitnehmer beschäftigt sind, die das 18. Lebensjahr noch nicht vollendet haben oder die Auszubildende sind und das 25. Lebensjahr noch nicht vollendet haben, wird durch sie eine **Jugend- und Auszubildendenvertretung** für zwei Jahre gewählt. Wählbar sind alle Mitarbeiter, die das 25. Lebensjahr noch nicht vollendet haben.

Die Jugend- und Auszubildendenvertretung kann zu allen **Betriebsratssitzungen** einen Vertreter entsenden und ist stimmberechtigt, sofern es sich um Belange handelt, die überwiegend jugendliche Arbeitnehmer betreffen.

Die allgemeinen Aufgaben der Jugend- und Auszubildendenvertretung sind auch im *BetrVG* wiedergegeben.

Die Jugend- und Auszubildendenvertretung kann eigene Sprechstunden abhalten, sofern mehr als 50 Jugendliche im Betrieb beschäftigt sind.

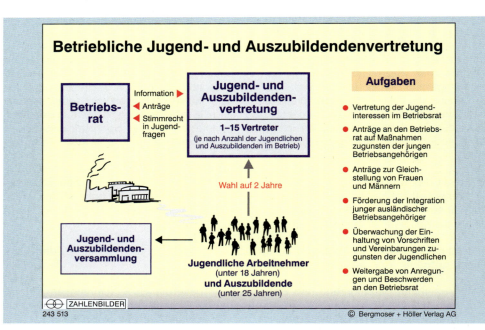

Mitbestimmung auf Unternehmensebene

Neben den Möglichkeiten der Mitbestimmung der Arbeitnehmer am Arbeitsplatz legen bestimmte Gesetze für Unternehmungen bestimmter Unternehmungsformen und Größe auch die **Mitbestimmung der Arbeitnehmer auf Unternehmensebene** fest. Das *Drittelbeteiligungsgesetz (DrittelbG)* gilt für alle Aktiengesellschaften (AG) und für Gesellschaften mit beschränkter Haftung (GmbH), falls diese mehr als 500, jedoch höchstens 2 000 Beschäftigte haben; für Betriebe mit mehr als 2 000 Beschäftigten gilt das *Mitbestimmungsgesetz* mit den entsprechenden Novellen.

Zusammensetzung des Aufsichtsrats nach dem *DrittelbG* bzw. MitbestG

Mitbestimmung nach	Anwendung bei	Zahl der Aufsichtsratmitglieder	Zusammensetzung	
			Anteilseigner	**Arbeitnehmer**
DrittelbG § 4	bis zu 2 000 Arbeitnehmern (§ 1 DrittelbG)	Regelung nach dem *Aktiengesetz* mindestens 3, höchstens 21 *(§ 95 AktG)*	⅔ der Mitglieder	⅓ der Mitglieder
MitbestG § 7	mehr als 2 000 Arbeitnehmern (§ 1 MitbestG)	bis 10 000 AN = 12	6	6 (davon 2 Gewerkschaftsvertreter)
		10 000–20 000 AN = 16	8	8 (2)
		mehr als 20 000 AN = 20	10	10 (3)

Im Rahmen des Binnenmarktes (EU) strukturieren sich die Unternehmen länderübergreifend durch Unternehmenszusammenschlüsse. Um eine harmonische Entwicklung dieser Unternehmenszusammenschlüsse zu ermöglichen, müssen zukünftig die länderübergreifenden Unternehmen die Vertreter der betroffenen Arbeitnehmer unterrichten und anhören.

Aufgaben

1. Welche Rechtsgebiete gehören zum kollektiven Arbeitsrecht?

2. Welche Tarifvertragsarten unterscheidet man?

3. Was ist unter Tarifautonomie zu verstehen?

4. Können Tarifvertragsvereinbarungen auch nicht organisierte Arbeitnehmer erfassen?

5. Welche rechtmäßigen Arbeitskampfmaßnahmen sind Ihnen bekannt?

6. Das Restaurant „Rote Rose" beschäftigt ständig 2 Restaurantfachleute, 1 Koch, 2 Auszubildende, 1 Teilzeitkraft und 2 Heimarbeiterinnen für Büroarbeiten. Die Mitarbeiter/innen wollen jetzt einen Betriebsrat wählen. Ist das möglich?

7. Im Hotel „Seeblick" steht die Betriebsratswahl an. Frau Knopf gehört der Firma seit 5 Monaten an und stellt sich zur Wahl. Der Wahlvorstand lässt die Kanditatur von Frau Knopf nicht zu. Warum nicht?

8. Wer gehört gemäß dem *Betriebsverfassungsgesetz* zu den leitenden Angestellten?

9. Recherchieren Sie im Internet, welche Neuerungen die letzte Änderung der „Richtlinie für die Einführung eines Europäischen Betriebsrats" beinhaltet.

10. Finden Sie mindestens zwei Argumente pro und kontra den gesetzlichen Mindestlohn.

11. Welche unmittelbaren Folgen hat ein Streik für Arbeitnehmer und Arbeitgeber?

2.5 Arbeits- und Sozialgerichtsbarkeit

Kommt es zwischen Arbeitgeber und Arbeitnehmer zu Streitigkeiten, die das Arbeitsverhältnis betreffen, und lässt sich auf dem Verhandlungsweg keine Einigung erzielen, können die Arbeitsgerichte angerufen werden. Gerade bei Streitfällen dieser Art hängt viel davon ab, dass derjenige, der im Recht ist, auch möglichst schnell sein Recht bekommt.

Die sogenannte Güteverhandlung, in der die Chancen einer gütlichen Einigung ausgelotet werden, kann nach einer Unterbrechung, die beiden Seiten als Denkpause dienen kann, noch einmal aufgenommen werden. Auch bei

M 10

Das Arbeitsgerichtsverfahren

Verfahren bei einem Rechtsstreit aus einem Arbeitsverhältnis
© Erich Schmidt Verlag   ZAHLENBILDER
129 162

betriebsverfassungsrechtlichen Fragen kann ein Gütetermin stattfinden. Kündigungsschutzverfahren werden im Interesse vor allem der betroffenen Arbeitnehmer besonders beschleunigt. Siehe hierzu die Methodenseite.

Arbeitsgericht:
industrial tribunal/
labo(u)r court

Streitigkeiten in Arbeitssachen kommen nicht vor die ordentlichen Gerichte, sondern vor **Arbeitsgerichte**, die Zivilsondergerichte sind. Sie sind zuständig für Rechtsstreitigkeiten

§ 2 ArbGG

▶ zwischen den Tarifparteien über Anwendung, Durchführung, Bestehen oder Nichtbestehen von Tarifverträgen und über unerlaubte Arbeitskampfmaßnahmen u. Ä.,
▶ zwischen Arbeitnehmern und Arbeitgebern, soweit es um das Arbeitsverhältnis geht, aber auch
▶ bei Streitigkeiten zwischen Arbeitnehmern aus gemeinsamer Arbeit und unerlaubter Handlung.

Darüber hinaus erstreckt sich ihre Zuständigkeit auf

▶ Angelegenheiten aus dem *Betriebsverfassungsgesetz* oder *Mitbestimmungsgesetz*,
▶ die Klärung der Tariffähigkeit und Tarifzuständigkeit einer Vereinigung.

ZPO
ArbGG
GVG

Rechtsgrundlage für den Aufbau, die Zuständigkeit und das Verfahren bilden die *Zivilprozessordnung*, das *Arbeitsgerichtsgesetz* sowie das *Gerichtsverfassungsgesetz*.

Alle arbeitsgerichtlichen Verfahren beginnen mit der Klageerhebung vor dem Arbeitsgericht. Jede Partei kann in der 1. Instanz den Prozess selbst führen oder sich durch Vertreter der Arbeitgeberverbände, der Gewerkschaften bzw. Rechtsanwälte vertreten lassen. Vertretungs- bzw. Anwaltszwang besteht bei den Landesarbeitsgerichten und dem Bundesarbeitsgericht. Das Arbeitsgerichtsverfahren wird in 1. Instanz, sofern es sich um ein Urteilsverfahren handelt, mit einer **Güteverhandlung** vor dem Berufsrichter eröffnet. Eine große Zahl der arbeitsrechtlichen Streitigkeiten kann in diesem Sühnetermin in Form eines Vergleichs beigelegt werden. Eine Gerichtsgebühr fällt dann nicht an. Erst wenn der Vergleichsversuch scheitert, darf die Kammer einen Termin zur Verhandlung ansetzen.

§ 54 ArbGG

Das Gericht entscheidet nach mündlicher Verhandlung entweder

▶ durch Urteil (Streitigkeiten aus einem Arbeitsverhältnis oder tarifvertraglichen Angelegenheiten) oder
▶ durch Beschluss (in Angelegenheiten der Betriebsverfassung und der Mitbestimmung).

Gegen **Urteile** kann beim Landesarbeitsgericht unter bestimmten Voraussetzungen Berufung eingelegt werden, gegen einen **Beschluss** eine Beschwerde.
Dritte und höchste Instanz ist das Bundesarbeitsgericht.

Bundesarbeitsgericht: Sitz in Erfurt

Für Streitigkeiten auf dem Gebiet des Sozialrechts sind die **Sozialgerichte** zuständig.

Sozialgericht: social security court

Die Sozialgerichtsbarkeit

© Bergmoser + Höller Verlag AG

Das Verfahren der Sozialgerichtsbarkeit unterscheidet sich von dem der Arbeitsgerichtsbarkeit dadurch, dass, von wenigen Ausnahmen abgesehen, zunächst ein **außergerichtliches Verwaltungsvorverfahren** durchgeführt wird. Der jeweilige Sozialversicherungsträger übersendet dem Antragsteller einen Bescheid (= Verwaltungsakt) über die Gewährung oder Ablehnung von Leistungen. Diesem Bescheid kann innerhalb eines Monats nach Zustellung widersprochen werden. Die Widerspruchstelle der Verwaltung prüft den Bescheid und kann ihn bestätigen, ändern oder aufheben. Hebt sie ihn nicht auf, kann der Antragsteller vor dem Sozialgericht klagen. Das Sozialgerichtsverfahren basiert auf dem *Sozialgerichtsgesetz*.

Verwaltungsakt

§ 35 VwVfG

SGG

▶ Sozialgerichte entscheiden bei Streitigkeiten in Rentenangelegenheiten, bei Unklarheiten über das Bestehen der Versicherungspflicht, Klage eines ALG II-Beziehers auf Leistungen u. Ä.
▶ Fühlt sich ein Staatsbürger durch einen Bescheid eines Sozialversicherungsträgers ungerecht behandelt, muss er zuerst Widerspruch erheben. Ist dieser erfolglos, kann er beim Sozialgericht klagen.

Aufgaben

1. Womit beginnt jede mündliche Verhandlung im Urteilsverfahren vor dem Arbeitsgericht?
2. Kann gegen eine Entscheidung des Bundesarbeitsgerichts ein Rechtsmittel eingelegt werden?
3. Die Rezeptionistin eines Großhotels wird überführt, 5 000,00 € aus der Kasse des Hotels unterschlagen zu haben. Die Direktion des Hotels kündigt der Mitarbeiterin fristlos und verlangt von ihr Schadensersatz. Wo wäre Klage gegen die Rezeptionistin zu erheben?
4. Für welche Belange ist die Sozialgerichtsbarkeit zuständig?
5. Innerhalb welcher Frist kann im Allgemeinen ein Rechtsmittel eingelegt werden?
6. Können Sie sich bei Streitigkeiten vor den Sozialgerichten selbst vertreten?
7. Das Arbeitsamt weist den Antrag eines Arbeitslosen auf Teilnahme an einer beruflichen Umschulungsmaßnahme zurück. Der Antragsteller ist mit diesem Bescheid nicht einverstanden. Hat er die Möglichkeit, den Rechtsweg einzuschlagen?
8. Wo hat das Bundessozialgericht seinen Sitz?
9. Erkundigen Sie sich im Internet und benennen Sie die einzelnen Sachgebiete, mit denen sich die Senate des BSG befassen.

3

Arbeitnehmer und Arbeitgeber in Hotellerie und Gastronomie

3.1 Arbeitnehmer – soziale Sicherung

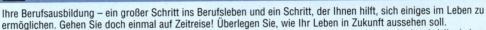

Ihre Berufsausbildung – ein großer Schritt ins Berufsleben und ein Schritt, der Ihnen hilft, sich einiges im Leben zu ermöglichen. Gehen Sie doch einmal auf Zeitreise! Überlegen Sie, wie Ihr Leben in Zukunft aussehen soll.
1. Was möchten Sie in fünf oder zehn Jahren erreicht haben, was in zwanzig Jahren – und wie wird Ihr Leben aussehen, wenn Sie einmal nicht mehr arbeiten müssen?
2. Was ist notwendig, damit Sie diese Ziele auch erreichen?
3. Was könnte Ihnen beim Erreichen Ihrer Ziele in die Quere kommen?
4. Was können Sie tun, um bei Problemen dennoch Ihre Pläne zu realisieren?

Dieses Kapitel sollen Ihnen bei der Klärung dieser Fragen helfen.

3.1.1 Grundlagen der Sozialversicherung
Die Entwicklung der Sozialversicherungen

Sozialversicherung: social insurance

Früher wie heute war und ist die Familie die erste Institution für Hilfe bei Krankheit, Arbeitslosigkeit oder Armut. Reichte diese Hilfe nicht aus, halfen seit dem Mittelalter kirchliche Einrichtungen oder Handwerksorganisationen wie Gilden und Zünfte. Im Rahmen der Reformation wurden im 16. Jahrhundert die ersten Sozialkassen eingerichtet. Neben kirchlichen entstanden bürgerliche Einrichtungen, z. B. Stiftungen. Die Armenfürsorge wurde zunehmend Aufgabe des Staates, der seine Leistungen an Kontrollen knüpfte.

Vertiefende Informationen unter www.safety1st.de www.sozialpolitik.com www.bpb.de www.insm.de

Mit fortschreitender Industrialisierung waren die Organisationen des Handwerks nicht mehr in der Lage, der zunehmenden Not der Arbeiter gerecht zu werden. Der Staat nahm sich des Arbeitsschutzes erst nach und nach an. Einige Unternehmer erkannten, dass sie ihren Arbeitern helfen mussten. So entstanden bereits 1820 erste Sozialversicherungen. 1883 kam dann unter Bismarck die gesetzliche Krankenversicherung; Unfallversicherung (1884), Rentenversicherung (1889) und Arbeitslosenversicherung (1927) folgten.

Krankenversicherung: health insurance

Auch andere Staaten der EU gelten als Sozialstaaten. Ihre Sozialsysteme sind entweder nach dem Vorbild Bismarcks geprägt oder folgen den Ideen des britischen Ökonomen und Politikers William H. Beveridge. Dieser führte nach dem Zweiten Weltkrieg ein Sozialsystem ein, welches die Sicherung des Existenzminimums zum Ziel hatte. Finanziert wird dieses System über Steuern aus der gesamten Bevölkerung.

Art. 20 I GG

Der Grundsatz, wonach der Staat nur bei Fehlen anderweitiger Hilfe eingreift, heißt **Subsidiarität**. Daneben gilt das **Solidarprinzip** („alle für einen – einer für alle"). Deutschland bekennt sich also nicht zur freien, sondern zur sozialen Marktwirtschaft. Dies ergibt sich indirekt aus dem Grundgesetz: „Die Bundesrepublik Deutschland ist ein demokratischer und sozialer Bundesstaat". Die Sozialversicherungen sind dabei stets im Wandel begriffen, so etwa durch Einführung der Pflegeversicherung 1995 und der Agenda 2010. Letztere betont auch die Notwendigkeit privater Vorsorge.

Mit den gesetzlichen Sozialversicherungen bilden zahlreiche weitere „Knoten" wie Sozialhilfe, Grundsicherung, Berufsausbildungsbeihilfe das sogenannte **soziale Netz**. Nicht alle dieser Leistungen beruhen auf dem **Versicherungsprinzip** der Sozialversicherungen. Auch wer keine Beiträge in die Sozialversicherungen einzahlt, kann Anspruch auf staatliche **Versorgungsleistungen** oder **Fürsorgeleistungen** wie das Arbeitslosengeld II („Hartz IV") oder das Sozialgeld haben. Diese Leistungen werden aus Steuermitteln finanziert, also von der Allgemeinheit bezahlt.

Sozialversicherung im Zeitenwandel – zum Januar 2015 löst die **elektronische Gesundheitskarte** endgültig die Krankenversicherungskarte ab. Dies soll dazu beitragen, für die Behandlung benötigte Gesundheitsdaten sicher und schnell elektronisch verfügbar zu machen. Ziel ist es, die Qualität der medizinischen Versorgung zu verbessern, die Rolle der Patienten zu stärken und Kosten zu senken.

Leistungen der gesetzlichen Sozialversicherungen

Versicherungs-zweig	Krankenversicherung (GKV)	Pflegeversicherung (GPV)	Arbeitslosen-versicherung (GAV)	Rentenversicherung (GRV)	Unfallversicherung (GUV)
Versicherungs-träger	Ortskrankenkassen (AOK), Ersatzkassen (z. B. Barmer, DAK), Betriebskrankenkassen (BKK)		Bundesagentur für Arbeit in Nürnberg	Deutsche Rentenversicherung (DRV)	Berufsgenossenschaften, z. B. BGN unter Dachverband DGUV
Finanzierung	Grundsatz: 50 % AG – 50 % AN sowie Zuschüsse des Bundes aus Steuermitteln				Zu 100 % durch den AG
	seit 2005 + Sonderbeitrag von 0,9 % durch AN sowie Zuzahlung bei Leistungen	seit 2005 + Sonderbeitrag für Kinderlose AN über 23 Jahren von 0,25 %	50 % AG – 50 % AN	50% AG – 50 % AN	
Versicherungs-fälle und Versicherungs-leistungen	• Bei Krankheit erhalten Versicherte ärztliche Behandlung bei Vorlage der Versichertenkarte. Kinder in Ausbildung sind bis 25 Jahre familienversichert, ebenso Ehepartner mit geringem Einkommen. Weitere Versicherungsfälle und -leistungen: • Schwangerschaft und Niederkunft einer Versicherten • Förderung der Gesundheit, Verhütung und Früherkennung von Krankheiten • Zahlung von Mutterschaftsgeld, Krankengeld[1] und Kinderkrankengeld[2], • Hilfen zur häuslichen Krankenpflege • sonstige Hilfen (z. B. Vorsorgeuntersuchungen in der Schwangerschaft) • bei selbstverschuldeten Krankheiten zunehmend Streichung von Leistungen.	• Pflegebedürftig sind Personen, die wegen einer körperlichen, geistigen oder seelischen Krankheit oder Behinderung für mind. sechs Monate auf Hilfe bei alltäglichen Verrichtungen (Körperpflege, Ernährung, Mobilität) angewiesen sind. Die Pflegebedürftigkeit wird nach Hilfsaufwand in fünf Pflegegrade eingeteilt. Dabei werden nicht nur körperliche Einschränkungen, sondern auch psychische Erkrankungen – wie etwa Demenz – berücksichtigt. • Übernahme von Kosten für Pflegehilfsmittel und praktische Pflege durch Pflegedienste oder Zahlung des Pflegegeldes an Familienangehörige[3] bei häuslicher Pflege; Kostenbeteiligung für Unterbringung im Pflegeheim.	• Berufsberatung • Arbeitsvermittlung • Förderung der beruflichen Bildung (z. B. Berufsausbildungsbeihilfe) und Weiterbildung • Wiedereingliederung behinderter Menschen • Arbeitslosengeld I (ca. 60–67 % des Nettolohns), zuständig auch für Arbeitslosengeld II (Hartz IV), obwohl keine Versicherungsleistung) • Kurzarbeitergeld (60–67 % der Differenz vom üblichen Nettolohn zum verringerten Nettolohn bei verkürzter Arbeitszeit) • Zahlung der Sozialversicherungsbeiträge für Arbeitslose.	• Förderung von Maßnahmen zur Rehabilitation • Erwerbsminderungsrente (s. u.) • Hinterbliebenenrente • Altersrente: Die Altersgrenze für Rentenbezug steigt bis 2030 auf 67 Jahre (Ausnahmen z. B. Schwerbehinderte). Es müssen mind. 5 Jahre lang Beiträge bezahlt worden sein (teilweise Anrechnung von Erziehungs- und Ausbildungszeiten). Wer früher aufhört zu arbeiten, erhält weniger Rente. Wer 45 Jahre lang Beiträge eingezahlt hat, kann auch weiterhin mit 65 ohne Abschläge in Rente gehen.	• Maßnahmen zur Vermeidung von Unfällen über entsprechende Vorschriften (BGV) • Bei Arbeitsunfällen und Wegeunfällen (auf dem direkten Weg zur und von der Arbeitsstätte) sowie bei Berufskrankheiten hilft die GUV, etwa mit Leistungen zur Rehabilitation und finanziellen Sicherung. Leistungen gibt es auch, wenn der AN ganz oder teilweise nicht mehr arbeiten kann oder infolge eines Arbeitsunfalles stirbt. Auch Schüler und Unfallhelfer erhalten Leistungen.

[1] ca. 75 % des Nettolohns für 72 Wochen (Frist von drei Jahren für die selbe Krankheit) nach Ablauf der sechswöchigen Entgeltfortzahlung durch den AG

[2] ca. 75 % des regelm. Nettolohns bei Arbeitsausfall zur Pflege eines Kindes unter 12 Jahren, wenn keine andere Pflegemöglichkeit gegeben ist. Pro Kind 10 Tage im Jahr möglich, max. 50 Tage.

[3] Pflegepersonen sind in der GUV und der GRV versichert. Wer Angehörige pflegt, erwirbt also auch Ansprüche in der GRV.

Die gesetzlichen Sozialversicherungen sind für den Arbeitnehmer Pflichtversicherungen. Nur wer mit seinem Einkommen über der **Beitragsbemessungsgrenze** liegt, unterliegt nicht der Versicherungspflicht. Vom Einkommen oberhalb dieser Grenze werden keine Sozialversicherungsbeiträge abgezogen; diese Einkommen werden aber auch nicht für den Erwerb von Ansprüchen, etwa in der gesetzlichen Rentenversicherung berücksichtigt.

Praxis

> Ermitteln Sie, wie hoch derzeit die Beitragsbemessungsgrenze in der Rentenversicherung ist. Berechnen Sie, in welcher Höhe Beiträge bei folgendem Monatseinkommen abgezogen würden (in € und %): a) 1.500 Euro, b) 7.500 Euro.

Arbeitslosengeld: unemployment benefit

Im Zusammenhang mit dem Arbeitslosengeld II und der Sozialhilfe gibt es viele Missverständnisse. Klärende Informationen gibt es z.B. unter www.bmas.de.

SGB III: ALG I
SGB II: ALG II

SGB XII: Sozialhilfe

Bundesagentur für Arbeit

Armut: poverty

ALG I und ALG II: Wer sich arbeitslos meldet, hat Anspruch auf **Arbeitslosengeld I** (ALG I), wenn er innerhalb der letzten zwei Jahre mindestens 360 Tage beitragspflichtig beschäftigt war. Das ALG I wird zumeist 12 Monate gezahlt. Arbeitslos ist nicht mit **arbeitsuchend** gleichzusetzen: Wer einen befristeten Arbeitsvertrag hat oder weiß, dass er ab einem bestimmten Zeitpunkt ohne Arbeit sein wird, muss sich spätestens drei Monate vor diesem Datum bei der örtlichen Arbeitsagentur arbeitsuchend melden. Erfährt der Arbeitnehmer innerhalb der letzten drei Monate seines Arbeitsverhältnisses, dass dieses nicht verlängert wird, so hat er sich innerhalb von drei Tagen ab Kenntnis arbeitsuchend zu melden.

Im Gegensatz zum Arbeitslosengeld I ist das **Arbeitslosengeld II** (ALG II) – auch als **Hartz IV** bekannt – eine Leistung aus Steuermitteln. ALG II ist die grundlegende Sozialleistung für Menschen, die zwar erwerbsfähig oder erwerbstätig sind, ihren Lebensunterhalt jedoch nicht aus eigenen Mitteln bestreiten können. Arbeitslose, die keinen Anspruch auf ALG I haben oder dieses 12 Monate bezogen haben **(Langzeitarbeitslose)**, haben Anspruch auf ALG II.

Empfänger von ALG II müssen zumutbare Arbeiten annehmen, sonst droht ihnen die Kürzung des ALG II. Wer nicht erwerbsfähig ist, erhält anstelle des ALG II **Sozialhilfe**. Für die Einrichtung, Durchführung und Kontrolle von Maßnahmen für ALG-II-Empfänger sind die Agenturen für Arbeit sowie die Kommunen in Arbeitsgemeinschaften (ARGEn) oder getrennter Trägerschaft verantwortlich.

Von Armut bedroht

Anteil der Personen in Deutschland, die mit **weniger als 60 Prozent des mittleren Einkommens der Gesamtbevölkerung** auskommen müssen, in Prozent (= Armutsgefährdungsquote)

Jahr	Wert
05	12,2
07	15,2
09	15,5
11	15,8
13	16,1
15	16,7

Armutsgefährdungsquote 2015 in diesen Haushalten:

Wert	Haushalt
33,7 %	Alleinerziehende
33,1	Alleinlebende
13,2	Paar unter 65 Jahren ohne Kinder
11,3	Paar, mind. einer über 64 Jahre, ohne Kinder
10,1	Paar mit 1 Kind
8,7	Paar mit 2 Kindern

... und in diesen **Erwerbssituationen:**

Wert	Situation
69,1 %	arbeitslos
26,3	nicht erwerbstätig
17,0	im Ruhestand
9,7	erwerbstätig

© Globus   11675   Stand März 2017   Quelle: Stat. Bundesamt, Eurostat (EU-SILC)

Armut in einem reichen Land

Staatliche Sozialpolitik hat auch das Ziel, Armut zu verhindern – doch was ist eigentlich „Armut"? Nach Definition der Weltbank ist jeder Mensch arm, der weniger als 1 € am Tag zur Verfügung hat (**absolute Armut**). Setzt man das eigene Einkommen ins Verhältnis zum Einkommen anderer Bewohner eines Landes, erhält man die **relative Armut**.

Wer weniger als 60 % des mittleren Einkommens verdient, gilt als **arm** (in Deutschland rund 12,5 Mio. Menschen). Verdient jemand mehr als das Doppelte des mittleren Einkommens, gilt er/sie als **reich** (ca. 5 Mio.). Diese Zahlen gelten für Singles. Das Einkommen von Familien wird mithilfe des **Äquivalenzfaktors** umgerechnet: Für eine Familie mit einem Kind gilt ein Äquivalenzfaktor von 1,8 (die Personen nutzen ja gemeinsam einen Haushalt): Bei einem Jahreseinkommen von 36.000 € ist diese Familie also so arm oder so reich wie ein Single mit einem Einkommen von 20.000 €.

Suchen Sie mithilfe des Internets heraus, wie hoch aktuell das mittlere Einkommen in Deutschland ist. Berechnen Sie dann, ab welchem Jahresnettoverdienst jemand als arm und wann jemand als reich gilt.

Die Schere zwischen Arm und Reich klafft in Deutschland immer weiter auseinander. Vergleicht man z. B. die Einkommensverteilung mit der Aufteilung einer Torte, so erhielten die reichsten 10 % der Bevölkerung allein 25 %, die ärmsten 10 % dagegen nur 3 %.

Armut und Reichtum hängen in Deutschland stark mit dem Bildungsniveau zusammen. Je höher der Schulabschluss, desto geringer ist das Risiko, arbeitslos zu werden. Der Staat hat Interesse an einem hohen Bildungsniveau: Die Ausbildung junger Menschen kostet ihn zwar Geld – doch wird dieses später von den gut ausgebildeten Arbeitnehmern in Form von Steuern zurückgezahlt. Wer dagegen arbeitslos ist, kostet den Staat Geld.

Zwar macht Geld nicht automatisch glücklich, kein Geld oder auch keine Arbeit zu haben kann aber nachweislich krank machen! Recherchieren Sie im Internet, welche Ergebnisse die sog. Whitehall-Studie hierzu erbracht hat.

3.1.2 Sozialstaat im Wandel

Die Struktur der deutschen Bevölkerung wird sich in den nächsten Jahrzehnten entscheidend verändern:
▶ Die Lebenserwartung steigt stetig an, gleichzeitig starten die Menschen später ins Berufsleben und kaum jemand arbeitet noch bis zum gesetzlichen Renteneintrittsalter.
▶ Die Bevölkerungszahl wird wohl von derzeit rund 81 Mio. auf ca. 78–68 Mio. im Jahr 2050 zurückgehen.
▶ Die Leistungen der Sozialversicherungen werden teurer, gleichzeitig werden weniger Beiträge eingezahlt.
▶ Mehr Menschen arbeiten im Niedriglohnsektor, zahlen also kaum Beiträge in die Sozialversicherungen ein und benötigen oft noch staatliche Leistungen wie die Grundsicherung.

Die Sozialversicherungen müssen hierfür Lösungen bieten. Entwerfen Sie gemeinsam ein Szenario, wie sich unser Sozialsystem in Zukunft entwickeln könnte, und wie es aussehen könnte, wenn Sie in Rente gehen.

Praxis

Im April 2017 erschien der aktuelle Armuts- und Reichtumsbericht der Bundesregierung.

Reichtum:
wealth

Praxis

Situation

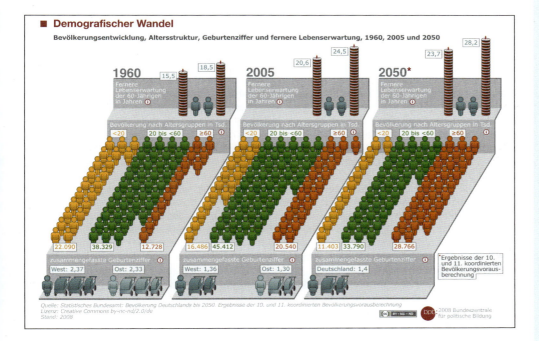

■ **Demografischer Wandel**

Bevölkerungsentwicklung, Altersstruktur, Geburtenziffer und fernere Lebenserwartung, 1960, 2005 und 2050

Quelle: Statistisches Bundesamt: Bevölkerung Deutschlands bis 2050. Ergebnisse der 10. und 11. koordinierten Bevölkerungsvorausberechnung
Lizenz: Creative Commons by-nc-nd/2.0/de
Stand: 2008

Der Generationenvertrag

Der Begriff entstand mit dem so genannten Umlageverfahren in der Rentenversicherung, eingeführt 1957 durch die Rentenreform unter Bundeskanzler Adenauer. Das Prinzip:

...für die Nachkommen

...durch Unterhalt, Erziehung, Ausbildung, Pflege...

Als sozialversicherungspflichtige Erwerbstätige sorgen wir...

...durch Beiträge zur gesetzlichen Rentenversicherung...

...für den Lebensunterhalt der Rentner

3454 © Globus

Die gesetzliche Rentenversicherung ist eine „Umverteilungsmaschine": Wer heute arbeitet, zahlt Beiträge ein, wer heute in Rente ist, erhält aus diesen Beiträgen seine Rente (**Umlageverfahren**). Die gesetzliche Rentenversicherung beruht auf dem **Generationenvertrag**: Die jüngere Generation zahlt die Renten für die ältere Generation und möchte später selbst die Rente bezahlt bekommen.

Das Problem der Rentenversicherung liegt nicht nur auf der Ausgabenseite (die größer werdende Zahl älterer Menschen erfordert höhere Rentenausgaben), sondern auch auf der Einnahmenseite: Würden neben Arbeitsentgelt auch andere Einkommen mit Beiträgen zur Rentenversicherung herangezogen, wäre auch mehr Geld da, um es umzuverteilen.

Die Höhe der Rente ist abhängig von den Beitragsjahren und der Höhe des eigenen Verdienstes im Vergleich zum Bundesdurchschnitt. Wer überdurchschnittlich verdient, erhält mehr **Entgeltpunkte** – und umgekehrt. Auch beitragsfreie Zeiten werden berücksichtigt, etwa die Elternzeit. Wer vor Erreichen der Regelaltersgrenze in Ruhestand geht, erhält Abzüge.

Rente:
pension

Praxis

Recherchieren Sie im Internet, wie hoch das Durchschnittseinkommen in den alten und neuen Bundesländern aktuell ist. Arbeiten Sie auch heraus, wie hoch Ihr eigener Verdienst als ausgelernte Kraft sein wird. Vergleichen Sie das Rentensystem in Deutschland mit den Systemen anderer Länder, z. B. der Schweiz oder Dänemark.

Altersvorsorge:
retirement provision

Die **Altersvorsorge** beruhte dabei in Deutschland schon immer auf **drei Säulen**:
▶ **Gesetzliche Altersvorsorge** über die Rentenversicherung
▶ **Betriebliche Altersvorsorge**: Seit 2002 hat jeder AN das Recht auf Entgeltumwandlung zugunsten einer Rentenversicherung. Dabei wird Lohn einbehalten und in eine private Rentenversicherung einbezahlt. Das so umgewandelte Entgelt ist steuer- und sozialabgabenfrei und wird oft auch vom AG bezuschusst.
  ▷ Für Gastronomie-Beschäftigte gibt es die Hogarente: Laut Tarifvereinbarung zwischen NGG und DEHOGA erhält, wer 12 Monate im Betrieb tätig ist, jährlich einen Zuschuss von bis zu 150,00 € für den Aufbau einer Betriebsrente. Wer im Rahmen der Entgeltumwandlung weiteres Geld in diese Versicherung einzahlt, erhält nochmals einen Zuschuss von bis zu 16 % vom Arbeitgeber.

Nähere Informationen zur HoGa-Rente unter www.dehoga-bundesverband.de

▶ **Private Altersvorsorge** durch Rentenversicherungen oder Geldanlage (siehe 3.1.2).

Rentenreformen: Um die Beiträge halbwegs stabil zu halten, gibt es neben dem gestiegenen Renteneintrittsalter weitere Änderungen: Z.B. wird die Rentenhöhe an die Entwicklung der Nettolöhne angepasst. So ist es zwar möglich, dass die Renten trotz steigender Lebenshaltungskosten stagnieren – sinken können sie aber nicht. Dafür sollen die Beiträge zur Rentenversicherung bis 2020 nicht über 20 % steigen, bis 2030 nicht über 22 %.

SGB XII Sozialhilfe

Durch Änderungen in den Jahren 2001 und 2005 ist auch die verminderte Erwerbsfähigkeit im *Sozialgesetzbuch* neu geregelt:
▶ Wer nicht mehr als drei Stunden am Tag arbeiten kann, gilt als voll **erwerbsgemindert** und hat Anspruch auf Rente wegen Erwerbsminderung.
▶ Kann jemand noch drei bis sechs Stunden arbeiten, gilt er als **teilweise erwerbsgemindert** und hat Anspruch auf die Hälfte der Rente wegen Erwerbsminderung.

Sozialhilfe:
welfare

Die Höhe der **Erwerbsminderungsrente** beträgt rund 32% des letzten Bruttoeinkommens. Wer nach dem 02.01.1961 geboren ist, kann auf jede ausführbare Tätigkeit verwiesen werden und hat keinen Anspruch darauf, dass er in seinen ausgebildeten Beruf vermittelt wird. So könnte ein Küchenchef, der nicht mehr in der Küche arbeiten kann, evtl. eine Tätigkeit als Kassierer ausüben und wäre somit nicht erwerbsgemindert. Wer also nicht auf Sozialhilfeniveau leben will, sollte auch für den Fall der Berufsunfähigkeit privat vorsorgen.

3.1.3 Staatliche Leistungen ergänzen – Individualversicherungen

Situation

© Bergmoser + Höller Verlag AG   486 120

Ärger im Eiscafé: Nur einen Moment hat Karola nicht aufgepasst – und schon hat ihr jemand im Vorbeigehen das Handy vom Tisch gestohlen. Ihr Freund will sofort aufs Fahrrad und hinter dem Dieb her. Doch Karola bremst ihn: „Das Teil war zwar teuer, ja – aber ich werde es verkraften. Viel schlimmer wäre, wenn du jetzt hinter dem Typ her hetzt und vielleicht mit dem Fahrrad stürzt – oder sogar jemand anders verletzt. Das würde richtig teuer werden!" Was meint Karola – und wie lassen sich finanzielle Schäden absichern?

Bei Individualversicherungen übersendet der Versicherer die **Police** (= die Urkunde über das Zustandekommen des Versicherungvertrages) an den Versicherungsnehmer (VN), der diese durch die Zahlung der Prämie einzulösen hat.

Individual-versicherung: individual insurance

Versicherungsvertrag: insurance agreement/ contract

Police: policy

Praxis

Oben hatten Sie Risiken Ihrer persönlichen Lebensplanung herausgearbeitet – viele davon werden von staatlichen Sozialleistungen gemildert. Arbeiten Sie nun Risiken heraus, die so nicht oder nicht ausreichend abgesichert sind.

Versicherungen haben **nicht** den Sinn, jeden kleinen Schaden auszugleichen. Um sich vor Versicherungsbetrügern zu schützen, führt der Gesamtverband der deutschen Versiche-rungswirtschaft die sogenannte *Uniwagnis-Datei*. Hier wird gespeichert, ob Kunden, z. B. durch häufige Meldung kleinerer Schäden bei Verwandten, aufgefallen sind. Bei Verdacht auf Versicherungsbetrug droht die Kündigung durch den Versicherer – der Neuabschluss einer Versicherung wird durch das Melderegister fast unmöglich.

Eine **Versicherung** dient dem Ausgleich von Schäden – eine **Geldanlage** der Vermehrung von Kapital. Beides sollte man voneinander trennen und vor Abschluss einer privaten Ren-tenversicherung oder klassischen Lebensversicherung bedenken. Langfristige, reine Formen der Geldanlage bringen oft eine höhere Rendite (Zinsen) als Kapitalversicherungen.

GDV

Personenver-sicherungen:	Notwendigkeit	Leistungen	Wissenswertes	Beitragshöhe[1]
Berufsunfähig-keitsversiche-rung (BU)	Wer seinen Beruf nicht mehr ausüben kann, erhält vom Staat nur die Erwerbsminde-rungsrente in Höhe der Sozialhilfe.	Zahlung einer Rente, mög-lichst bis zum Ende des Erwerbslebens, um den Lebensstandard aufrecht-erhalten zu können	bei gesundheitlichen Ein-schränkungen vor Vertrags-abschluss oft Haftungsaus-schlüsse oder erhöhte Beiträge	für eine BU-Rente von 1500 € durchschnittlich 1000 €; in Kombination mit Risikolebensversiche-rung oft günstiger
Private Unfall-versicherung	Absicherung von Invalidität, Tod durch Unfall, Kosten nach einem Unfall, z. B. bei Wohnungsumbau nach Querschnittslähmung	Zahlung einer vereinbarten Summe, anteilig – nach „Gliedertaxe" oder gesamt bei Unfalltod	sinnvoll, wenn BU nicht möglich; Auszahlung nur für Unfallfolgen, nicht bei Krankheiten[2]	ca. 60 € bei einer Versicherungssumme von 100 000 €
Risikolebens-versicherung	Absicherung von Hinterblie-benen im Todesfall, auch als Restschuldversicherung bei Krediten	Auszahlung einer vereinbar-ten Summe an Hinterblie-bene im Todesfall	Gesundheitsprobleme/ Raucher: höhere Versiche-rungsprämie oder Aus-schluss des Risikos möglich	Bei 35 Jahren Laufzeit und 150 000 € Versiche-rungssumme z. B. 150 €[3]
Sachversiche-rung: **Hausrat-versicherung**	Absicherung von Möbeln, Kleidung, Elektrogeräten, Bargeld und Schmuck gegen Diebstahl, Brand usw.	Neuwertersatz oder Repara-tur bei Leitungswasser- und Sturmschäden, Diebstahl, Brand in der Wohnung	Fahrräder sind oft nur im abgeschlossenen Keller versichert.	abhängig vom Wert des Hausrats oder pauschal 650 € pro m² zu versichern: für Karola also ca. 45 €
Vermögensver-sicherungen: **„Privathaft-pflicht"**	Wer anderen Schaden zufügt, haftet mit seinem gesamten Vermögen.	Zahlung des Schadens bis zur vereinbarten Höhe, möglichst bis 5 Mio. €	Für besondere Risiken (z. B. Hunde oder Schäden aus Grundbesitz) gibt es einzelne Haftpflichtversicherungen[4, 5]	ca. 60 €
„KFZ-Haftpflicht" (mit Kasko)	Wer andere im Straßenver-kehr schädigt, haftet für die entstandenen Personen-, Sach- und Vermögens-schäden.	Zahlung bei Schäden, die ein Unfallgegner erlitten hat[6]; keine Leistung bei Unfall unter Alkohol- oder Drogen-einfluss	Versicherungssumme bis 100 Mio. € sinnvoll[7]; Voll-/ Teilkaskozusatz für Schäden am eigenen PKW, wenn kein Fremdverschulden	je nach Schadenfreiheits-klasse und Art des Fahr-zeugs; Fahranfänger begin-nen mit 140 % Beitragssatz

[1] Alle Beitragsangaben sind Jahresprämien. Wer seine Versicherungsprämien nicht monatlich sondern in einem oder zwei Beträgen zahlt, kann einen Nachlass von bis zu fünf Prozent bekommen – und das jedes Jahr.

[2] Hinterbliebene lassen sich oft besser per Risikolebensversicherung absichern. Bei Invalidität ist oft eine Erwerbsminderungsversicherung besser.

[3] Aufgrund der Geldentwertung durch Inflation ist es oft sinnvoll, die sogenannte Dynamisierung mit aufzunehmen.

[4] Richten Kinder unter 7 Jahren (bei Schäden im Straßenverkehr unter 10 Jahren) einen Schaden an, können Eltern hierfür nicht zur Rechenschaft gezogen werden. Die Eltern haften nur bei groben Verstößen gegen die Aufsichtspflicht.

[5] Bei ungerechtfertigten Schadenersatzforderungen bietet die Haftpflichtversicherung gleichzeitig Rechtsschutz.

[6] Die Insassen-Unfallversicherung ist nicht nötig: Forderungen gegen Dritte sind über die KFZ-Haftpflicht abgedeckt.

[7] Die Versicherung wehrt auch unberechtigte Forderungen ab, bietet also auch eine Art Rechtsschutz.

Aufgaben

Nähere Informa-tionen unter www.bundder-versicherten.de, www.dieversicherer. de und www.bmas.de

1. Beschreiben Sie die Grundprinzipien der sozialen Siche-rung: Subsidiarität und Solidarität.
2. Nennen Sie die drei Prinzipien der sozialen Sicherung und erläutern Sie diese an selbstgewählten Beispielen.
3. Die sozialen Hilfen des Staates waren schon immer Veränderungen unterworfen. Diskutieren Sie mögliche Veränderungen der Zukunft, die ihre Lebensplanung beeinflussen könnten.
4. Spätestens mit den Hartz IV-Regelungen werden die Familien stärker in die Pflicht genommen, wenn Men-schen arbeitslos sind. Woher kommt dieser Gedanke und steht er mit den Prinzipien der gesetzlichen Sozial-versicherung in Einklang?
5. Im Rahmen der Gesundheitsreformen wurden Leistungen aus dem Katalog der gesetzlichen Kranken-versicherung gestrichen, z. B. die Behandlung von ent-zündeten Piercings. Wie passen diese Kürzungen zu den Grundprinzipien der Sozialversicherung?
6. Erläutern Sie, wie der Generationenvertrag funktioniert.
7. Die Deutschen werden in Zukunft weniger, aber auch älter.
   a) Welche Probleme ergeben sich hieraus für die Sozialversicherungen?

b) Erläutern Sie, wie sich folgende Faktoren auf die-se Entwicklung auswirken könnten: Arbeitslosen-zahl, Zahl erwerbstätiger Frauen, Zuzug auslän-discher Arbeitnehmer.
8. Für wen könnten die genannten Zahlen zur Bevölke-rungsentwicklung gute Argumente für die Durchset-zung ihrer Interessen liefern?
9. Versicherungsexperten vergleichen Haftpflichtschä-den mit negativen Lottogewinnen. Wie ist das ge-meint?
10. Der Restaurantfachmann Mike hätte es besser wis-sen müssen: Nach ausgiebiger Weinprobe fuhr er mit seinem PKW nach Hause. Bei einem Unfall brach sich eine Fahrradfahrerin das linke Bein. Welche Konsequenzen kann der Unfall für Mike haben?
11. Die Hotelfachfrau Constanze L. arbeitet im Hotel „Zur Post". Sie sorgt sich um ihr krankes Kind, da es dringend einiger Tage Pflege durch die Mutter be-darf. Constanze kann sich einen Lohnausfall jedoch nicht leisten. Kann sie Hilfe von der Sozialversiche-rung erwarten?
12. Finden Sie im Internet heraus, welche Beitragsbe-messungsgrenzen im laufenden Jahr für die gesetzl. Sozialversicherungen gelten.

3.2   Geldanlage und finanzielle Vorsorge

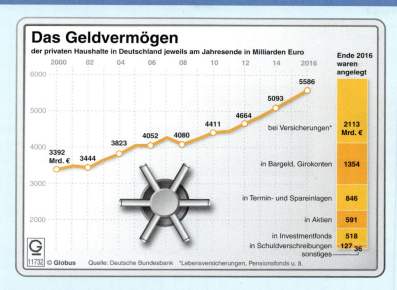

Das Geldvermögen
der privaten Haushalte in Deutschland jeweils am Jahresende in Milliarden Euro

Ende 2016 waren angelegt

3392 Mrd. € 3444 3823 4052 4080 4411 4664 5093 5586

bei Versicherungen*   2113 Mrd. €
in Bargeld, Girokonten   1354
in Termin- und Spareinlagen   846
in Aktien   591
in Investmentfonds   518
in Schuldverschreibungen   127
sonstiges   36

11732 © Globus   Quelle: Deutsche Bundesbank   *Lebensversicherungen, Pensionsfonds u. ä.

Die privaten Haushalte in Deutschland hatten Ende 2016 ein Geldvermögen von mehr als fünf Billionen Euro. Mit 5586 Milliarden Euro lag es um 244 Milliarden Euro oder 4,6 Prozent über dem Vorjahresendstand. Das geht aus Berechnungen der Deutschen Bundesbank hervor. Ein Teil des Zuwachses geht nach Angaben der Experten darauf zurück, dass die Bürger mehr gespart haben. So nahm das Geldvermögen dadurch im letzten Quartal 2016 um 45 Milliarden Euro zu. Hinzu kamen Bewertungsgewinne von 53 Milliarden Euro. Diese entstehen, wenn Aktien oder Investmentfonds durch gestiegene Kurse wertvoller werden. Bei den Anlegern waren kurzfristige Anlagen sehr beliebt, da langfristige Termin- und Spareinlagen derzeit kaum Zinsen abwerfen. Dem Geldvermögensberg stehen übrigens auch milliardenschwere Verbindlichkeiten (Schulden) gegenüber. Sie summierten sich Ende vergangenen Jahres auf 1671 Milliarden Euro.

Staat und Vermögensaufbau

Ein Expertentipp, um nicht selbst in die Schuldenfalle zu geraten, ist, über Einnahmen und Ausgaben ein Haushaltbuch zu führen.
1. Besorgen Sie sich entsprechende Materialien über die Verbraucherzentrale oder das Internet und führen Sie eine Zeit lang Buch über Ihre Finanzen.
2. Werten Sie Ihre Ergebnisse anonym in der Klasse aus. Gruppieren Sie Ihre Ausgaben nach selbstgewählten Kriterien.
3. Überlegen Sie gemeinsam, an welchen Stellen Sie Geld sparen könnten.

Damit Arbeitnehmer (AN) Vermögen aufbauen können, hat der Staat Anreize zum Sparen geschaffen. Wenn ein Teil des Einkommens in bestimmten Sparformen angelegt wird, besteht ein tariflich geregelter Anspruch auf **vermögenswirksame Leistungen** des Arbeitgebers (AG). Der AG zahlt einen festgelegten Betrag für den AN auf einen mindestens sieben Jahre laufenden Sparvertrag ein, ohne dass dem AN etwas vom Lohn abgezogen wird. Wer nicht die maximal förderfähigen VL von 40 Euro im Monat vom AG erhält, kann diese selbst aufstocken.

Wer per Bausparvertrag oder ähnlichen Anlageformen nach dem *Wohnungsbauprämiengesetz* spart, wird vom Staat mit der **Arbeitnehmersparzulage** belohnt: Auf Antrag werden 9 % der VL vom Staat zusätzlich auf den Vertrag eingezahlt (höchstens 470 Euro im Jahr, wenn bestimmte Einkommensgrenzen nicht überschritten werden).

Wer seine VL in Wertpapiere investiert, erhält sogar 20 % Zulagen. VL gibt es auch für Zahlungen in Lebensversicherungen oder Banksparpläne. Diese werden aber vom Staat nicht mit einer Sparzulage gefördert.

Ein Grund, sein Geld anzulegen, statt es auszugeben, ist das **Vorsorgesparen** für spätere Zeiten. Hier bietet es sich an, nicht nur in Geldwerte, sondern auch in Sachwerte wie Immobilien zu investieren. Wer sich in jungen Jahren eine Eigentumswohnung oder ein Haus kauft, kann meist von der gesparten Miete den notwendigen Kredit zurückzahlen. Ist das **Wohneigentum** abbezahlt, wohnt man mietfrei und hat im Alter mehr Geld zur Verfügung.

Der „Traum von den eigenen vier Wänden" kann durch Bausparen verwirklicht werden: Der **Bausparvertrag** ist eine Mischung aus Sparvertrag und Kreditvertrag. Zunächst muss über einen festgelegten Zeitraum Geld eingezahlt werden, das relativ niedrige Zinsen bringt. Das Geld aller Bausparer wird in einem Fonds gesammelt. Ist ein festgelegter Betrag eingezahlt und eine vorgegebene Zeit gespart worden, z. B. 50 % der Vertragssumme über sieben Jahre, hat der Sparer Anrecht auf ein **Bauspardarlehen**, um ein Eigenheim zu kaufen oder zu modernisieren. Dieses Darlehen wird aus dem Fonds der Bausparer ausbezahlt und ist nun ebenfalls zu einem niedrigen Zinssatz zu haben.

Bausparen ist eine wichtige Form der Vermögensbildung, gerade für mittlere und untere Einkommensschichten. Daher wird es vom Staat nicht nur über die VL gefördert. Zusätzlich haben Bausparer meist noch Anspruch auf die **Wohnungsbauprämie**. Wer als Alleinstehender nicht mehr als 25 600 Euro im Jahr verdient (Verheiratete nicht mehr als 51 200 Euro) und seinen Bausparvertrag nicht vor Ende der siebenjährigen Sperrfrist in Anspruch nimmt, erhält eine Prämie von 8,8 % (max. 570 Euro) auf seine Bausparleistungen (mindestens 50 Euro im Jahr).

Eine relativ neue Form der Vermögensbildung mit staatlicher Förderung ist die **Riester-Rente**. Wer einen bestimmten Teil seines Bruttoeinkommens zur Altersvorsorge einzahlt, erhält Prämien vom Staat. Diese „Riester-Verträge" in Form privater Rentenversicherungen, Banksparpläne oder Fondssparpläne müssen allerdings folgende Voraussetzungen erfüllen: Es muss eine lebenslange Rente garantiert werden, die aber nicht vor dem 60. Lebensjahr ausbezahlt werden darf. Ferner muss dem Sparer garantiert werden, dass er mindestens das Geld zurückerhält, welches er eingezahlt hat.

„Riester-Rente"

Zusätzliche Altersvorsorge mit staatlicher Förderung

Wer wird gefördert?

Pflichtversicherte der gesetzlichen Rentenversicherung; pflichtversicherte Landwirte; Beamte, Richter, Soldaten; Ehegatten und eingetragene Lebenspartner der Förderberechtigten

Was wird gefördert?

Kapitalanlagen im Rahmen anerkannter (zertifizierter) Altersvorsorgeverträge:
▶ *Banksparpläne*
▶ *Private Rentenversicherungen*
▶ *Fondssparpläne*
▶ *Anlage in selbstgenutztem Wohneigentum (Eigenheimrente)*

Staatliche Zulagen bei einer Sparleistung* von 4 % des versicherungspflichtigen Bruttoeinkommens (*Sparleistung = Eigenbeitrag + Zulagen)	
▶ Grundzulage	154 €
▶ Kinderzulage je Kind, ab Geburtsjahr 2008	185 €
	300 €
Mindesteigenbeitrag	60 €
	pro Jahr
Steuerliche Berücksichtigung der Sparbeiträge als Sonderausgaben - bis zu	2 100 €
Einmalige Zulage für Berufseinsteiger unter 25	200 €

ZAHLENBILDER
149 480
© Bergmoser + Höller Verlag AG

Wer sich eine Immobilie baut, kauft (auch mittels Anteilen an einer Wohnungsbaugenossenschaft) oder darauf Kredite tilgt (sogenanntes „**Wohn-Riestern**"), hat ebenfalls Anspruch auf die staatliche Förderung.

Die volle staatliche Förderung erhält nur, wer 4 % seines Bruttoeinkommens (Vorjahreseinkommen) in den Riestervertrag einzahlt. Da sich das Einkommen stetig ändert, muss auch immer wieder abgeglichen werden, ob diese 4 %-Grenze erreicht wird. Damit diese und andere Änderungen berücksichtigt werden können, müssen sie dem Versicherungsunternehmen auch mitgeteilt werden. Für alle Änderungen (auch Kinderzahl wird berücksichtigt) erhält der Versicherte jährlich ein Datenblatt. Dieses sollte aufmerksam geprüft und ggf. korrigiert werden. Nur so erhält der Versicherte die volle staatliche Prämie.

Neben der Rieserrente gibt es auch für die sogenannte **Rürup-Rente** staatliche Förderung, allerdings lohnt sich diese eher für Selbstständige, als für Arbeitnehmer.

• Geldanlage

Wer Geld sparen oder leihen will, muss mit einer Bank zusammen-arbeiten. Die Ban-ken arbeiten dabei – grob vereinfacht – wie in der neben-stehenden Illustra-tion dargestellt:

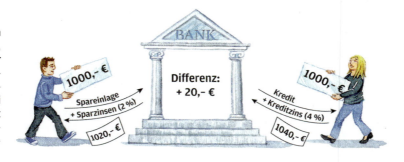

Die gebräuchlichste Form der **Spareinlage** ist das **Sparbuch**. Aufgrund eines schuldrecht-lichen Vertrages mit der Bank wird diese Sparurkunde ausgestellt. Über das Geld kann nur derjenige verfügen, auf den das Sparbuch ausgestellt ist oder der eine Vollmacht über das Konto hat. Sparbücher können auch für Firmen oder Vereine eingerichtet werden. Die **Spar-Card** hat dabei das alte Sparbuch in Papierform abgelöst. Aufgrund einer längeren Phase niedriger Zinsen ist das Sparbuch als Geldanlage aktuell kaum rentabel.

Zumeist kann nur bei rechtzeitiger Kündigung über das gesparte Geld verfügt werden, denn die Banken bieten nur dann attraktive Zinsen, wenn sie für längere Zeit mit dem Geld arbei-ten können, es also über einen längeren Zeitraum angelegt wird. Banken bieten dann auch Prämien, etwa über **Fest- oder Ter-mingeldkonten** an.

Vorsorge für die Zukunft treffen Bürger auch durch **Wertpapiersparen**. Zu den Wertpa-pieren gehören u.a. Schuldverschreibungen von Bund, Ländern und Gemeinden. Diese können ihre Ausgaben oft nicht vollständig aus eigenen Mitteln decken, sondern geben gegen Geld Urkunden wie **Bundeswertpa-piere**, z.B. Bundesschatzbriefe, aus. Die Sparer erhalten nach Ablauf einer festge-schriebenen Zeit das gezahlte Geld zzgl. Zinsen zurück

Wenn Aktiengesellschaften **(AGs)** Kapital benötigen, können sie Unternehmensanteile in Form von **Aktien** an der **Börse** verkaufen. Mit diesen Teilhaberpapieren erwirbt der **Aktionär** Anteile am Gewinn der AG **(Divi-dende)**. Sind die Gewinnaussichten der AG gut, steigt der Kurswert der Aktien an der Börse, da diese Papiere stärker nachgefragt werden. Der Börsenwert einer Aktie kann aber auch fallen, der Anleger macht dann Verluste. Bei **festverzinslichen Wertpapieren** erhält der Aktionär jährlich festgeschriebene Zinsen und mindestens den auf die Aktie ge-druckten Nennwert ausbezahlt. Die Kursschwankungen sind gering, was festverzinsliche Wertpapiere zu einer sicheren Anlageform macht.

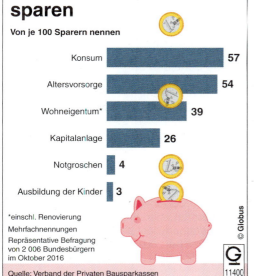

Wofür die Bundesbürger sparen

Von je 100 Sparern nennen

Konsum	57
Altersvorsorge	54
Wohneigentum*	39
Kapitalanlage	26
Notgroschen	4
Ausbildung der Kinder	3

*einschl. Renovierung
Mehrfachnennungen
Repräsentative Befragung
von 2 006 Bundesbürgern
im Oktober 2016

Quelle: Verband der Privaten Bausparkassen

© Globus
11400

Seitenleiste:

Geldanlage:	financial investment
Sparbuch:	savings book
Wertpapier-sparen:	investment saving
Aktien:	shares
Wertpapiere:	bonds, securities

Erfolgreiche und somit ertragreiche Unternehmen haben Aktien mit einem hohen Börsenwert, die für Kleinanleger oft nicht erschwinglich sind. Um dennoch am Erfolg dieser Unternehmen teilzuhaben, kann man **Investmentzertifikate** erwerben. Damit wird ein Miteigentum am Vermögen einer Investmentgesellschaft verbrieft. So können auch kleine Anleger sich an den teuren Aktien erfolgreicher Unternehmen beteiligen und gute **Renditen** (Zinsen) erzielen. Durch Mischung von riskanten und sicheren Aktien in diesem **Investmentfonds** wird das Risiko der Anlieger gemindert.

🇬🇧 **Rendite:** return, yield

🇬🇧 **Schulden:** debts

• Vom Kredit in die Schuldenfalle?

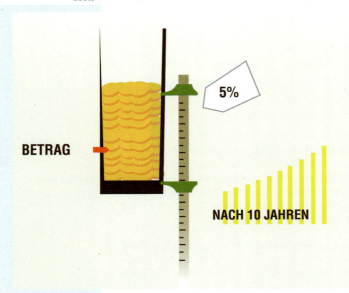

BETRAG

5%

NACH 10 JAHREN

Wer sein Geld anlegt, kann zwar im Moment nicht konsumieren, sich aber in Zukunft größere Anschaffungen leisten (**Zwecksparen**). Durch Inflation verliert Geld aber mit der Zeit an Wert. Dieser Wertverlust muss beim Sparen durch Sparzinsen ausgeglichen werden. Der Effekt von Zins und Zinseszins kann das Geld des Sparers trotz Inflation vermehren aber auch einen Kreditnehmer in die Insolvenz treiben. Beispiel: Florian leiht sich 10.000 € von der Bank zu einem Kredizins von 5 %. Florian zahlt 100 € pro Monat zurück. Am Ende des Jahres hat er zwar 1.200 € zurückgezahlt, es sind aber auch Zinsen von 500 € angefallen. Der Betrag, auf den Zinsen zu zahlen sind, erhöht sich mit jedem Jahr um die Höhe der Zinsen. Florian hat also noch immer Schulden in Höhe von 9.300 €! Und im nächsten Jahr beginnt das Spiel von vorn.

Schufa = Gemeinschaftsunternehmen deutscher Kreditinstitute zur Erteilung von Auskünften über die Kreditwürdigkeit

Nimmt ein Unternehmer einen Kredit zu einem Zinssatz von 5 % auf, investiert das Geld in seine Firma und erwirtschaftet eine Rendite von 8 %, so hat er drei Prozent des Geldes gewinnbringend vermehrt. Wenn Privatpersonen zur Altervorsorge Wohneigentum erwerben wollen und hierzu Geld aufnehmen, ist auch das meist eine gewinnbringende Angelegenheit. Häufig gehen Privatpersonen aber anders mit Krediten um: Für größere Anschaffungen fehlt Geld, ein Kredit wird aufgenommen – und schon sind **Schulden** da.

Wer ein wenig von Krediten versteht, muss nicht in die Schuldenfalle tappen. Dennoch sind rund 3 Mio. Bundesbürger **überschuldet**, können nach Deckung des notwendigen Lebensbedarfs ihre laufenden Zahlungsverpflichtungen nicht mehr erfüllen. Einen Ausweg aus dem Teufelskreis der Schulden können **Schuldnerberatungsstellen** aufzeigen. Hier gibt es auch gezielte Informationen zu den Möglichkeiten bei eingetretener Überschuldung (z. B. „**Privatinsolvenz**", siehe Kap. 9.4.2).

Beim Kredit überlässt der Gläubiger dem Schuldner Geld, welches mit Zinsen zurückzuzahlen ist. Ein häufiger Kredit ist der **Dispositionskredit** bei einem Girokonto. Für den Fall, dass die Ausgaben in einem Monat einmal die Einnahmen übersteigen, gewährt die Bank in Abhängigkeit von den regelmäßigen Zahlungseingängen den „**Dispo**". Er kann, muss aber nicht in Anspruch genommen werden und kann flexibel zurückgezahlt werden. Dieser Luxus hat seinen Preis: Der Kreditzins beträgt oft deutlich über 10 %.

Zum Schutz der Verbraucher bei Kreditvergabe wurden einige Rechtsvorschriften erlassen (siehe auch Kap. 5.5). So muss bei Verbraucherkrediten der **effektive Jahreszins** angegeben werden, um Kreditangebote vergleichen zu können. Diese können sich nämlich nicht nur durch den Zinssatz unterscheiden. Je nach Höhe der Bereitstellungsgebühren, der Tilgungsrate, der Laufzeit und Kreditversicherung können Kredite über den selben Betrag am Ende unterschiedlich teuer werden. Auch für Unternehmer gibt es einen Überziehungskredit auf das Geschäfts-Girokonto, den sogenannten **Kontokorrentkredit**.

Wer mittelfristig Geld für größere Anschaffungen benötigt, kann einen **Ratenkredit** (auch Konsumentenkredit oder Verbraucherdarlehen) aufnehmen. Tilgung, Zinsen und Gebühren werden in eine monatlich zurückzuzahlende **Kreditrate** umgerechnet. Der Ratenkredit hat meist eine feste Laufzeit und gleichbleibend hohe Raten. Säumigen Schuldnern kann ein Ratenkredit unter bestimmten Bedingungen auch gekündigt werden, so dass die verbleibende Restsumme als Gesamtschuld fällig wird.

**Ratenkredit:
instalment loan** 🇬🇧

Praxis

Es gibt immer wieder Situationen, in denen man für eine Finanzierung eine größere Menge Geld benötigt. Solche Ausgaben sollten gut überlegt sein – im Zweifelsfall wird man feststellen, dass sich eben nicht alle Träume im Leben verwirklichen lassen, zumindest nicht mit Geld.

Informieren Sie sich schon einmal vorab über die verschiedenen Konditionen der Banken. Vereinbaren Sie einen Termin mit einem Bankberater. Stellen Sie Fragen zu unklaren Begriffen und Vorgängen.

Machen Sie sich mit Zinsrechnern im Internet vertraut und rechnen Sie einmal aus, wie viel mehr Ihnen Ihr Erspartes über die Jahre durch die Zinsen bringt. Rechnen Sie aber auch einmal aus, wie sich der Zinseszins-Effekt bei einem Kredit bemerkbar macht, wie viel Sie letztlich wirklich für einen Kredit zahlen müssen.

Zur Sicherheit verlangen Banken eine selbstschuldnerische **Bürgschaft**. Dabei verpflichtet sich eine weitere Person, der sogenannte **Bürge**, für die Restschuld eines Kredites aufzukommen, falls der Schuldner hierzu nicht mehr in der Lage ist. Übernehmen Sie also für einen Freund eine Bürgschaft und dieser macht sich aus dem Staub, müssen Sie der Bank den restlichen Kredit zurückzahlen.

**Bürgschaft:
guarantee** 🇬🇧

Bei Ratenkrediten geht es meist um eine überschaubare Geldsumme. Wer eine Immobilie anschaffen oder bauen will, benötigt mehr Kapital – die Bank fordert folglich auch höhere Sicherheiten. Hier bietet sich das **Hypothekendarlehen** an, bei dem

Der Weg zum Baukredit

Finanzbedarf feststellen ❶
Insbesondere bei Neubau von unabhängigen Experten, z.B. Verbraucherzentrale, beraten lassen

❸ Konditionen prüfen
Ist die Tilgungsrate flexibel, sind Sondertilgungen möglich?

Angebote einholen ❷
Nicht nur bei der Hausbank, auch bei Direktbanken nachfragen, große Unterschiede bei den Zinsen!

❹ Angehörige absichern
Restschuldversicherung springt ein, wenn der Hauptverdiener stirbt

0095 © dpa•themendienst

das Haus, die Eigentumswohnung oder auch ein Unternehmen als Sicherheit dient. Im **Grundbuch**, in dem die Besitzverhältnisse von Immobilien verwaltet werden, wird eine sogenannte **Grundschuld** zugunsten der Bank eingetragen. Das bedeutet, dass die Immobilie erst dann verkauft werden kann, wenn diese Grundschuld – etwa durch Rückzahlung des Darlehens – getilgt wurde.

Dem Schuldner entstehen zwar zusätzliche Kosten für Notar und Grundbuchamt, demgegenüber stehen aber niedrigere Zinssätze als beim Ratenkredit und die Möglichkeit, bei abgelösten Grundschulden schnell und unbürokratisch einen neuen Kredit zu erhalten.

Aufgaben

1. Erläutern Sie mögliche Gründe dafür, dass Menschen sich überschulden.
2. Welche Bedeutung hat das Sparen für den Sparer, welche für die Volkswirtschaft?
3. Warum liegen die Sollzinsen grundsätzlich über den Habenzinsen?
4. Was ist der Unterschied zwischen einem Dispositionskredit und einem Kontokorrentkredit?
5. Warum ist bei der Geldanlage die Höhe des Sparzinses wichtig?
6. Warum fördert der Staat den Abschluss von Bausparverträgen und ähnlichen Sparformen?
7. Kabarettisten sprechen von Neubausiedlungen gerne als „Bausparer-Gefangenenkolonie". Wie ist das gemeint (Stichwort: berufliche Flexibilität)?
8. Der Erwerb von Wohneigentum bringt auch Vorteile bei der Kreditvergabe – wie ist das gemeint?
9. Systemgastronomin Martina hat monatlich regelmäßig 50 Euro über. Dieses Geld möchte sie regelmäßig anlegen. Welche Anlageform würden Sie Martina empfehlen?
10. Ein Unternehmer muss eine größere Summe in seine Firma investieren. Welche Möglichkeiten hat er hierzu? Erläutern Sie deren Vor- und Nachteile.
11. Gastwirt Brand will 1500 Euro so anlegen, dass er sie jederzeit wieder zur Verfügung haben kann. Welche Anlageform würden Sie ihm raten?

3.3   Unternehmer und Unternehmensführung

Herbert Lederer ist Inhaber eines Gasthofes im Fränkischen und beschäftigt mehrere Restaurantfachleute und einen Koch. Sein Ziel ist, Umsatz und Gewinn zu erhöhen. Um dieses Ziel zu erreichen, will er sein Haus zum Spezialitätenrestaurant umstellen. Was hat Lederer dabei zu beachten?

Unternehmerdefinition § 14 BGB

 Unternehmer: entrepreneur/ businessman

 Leitender Angestellter: manager/executive

Unternehmer ist eine natürliche oder juristische Person oder eine rechtsfähige Personengesellschaft, die eine gewerbliche bzw. selbstständige berufliche Tätigkeit betreibt. **Unternehmer** ist danach auch, wer aus eigener Initiative ein Unternehmen gründet und verantwortlich leitet, indem er das persönliche Risiko (Wagnis, Gefahr) oder das Kapitalrisiko übernimmt. Der Unternehmer setzt also Geld und Sachkapital ein, entscheidet in allen geschäftlichen Angelegenheiten und bestimmt die Arbeitszeit. Als Unternehmer werden auch **leitende Angestellte** bezeichnet, die mit unternehmerischen Funktionen betraut sind (z. B. GmbH-Geschäftsführer).

Die genannten Unternehmerfunktionen werden bei Gesellschaften oft geteilt, d. h., Kapitalgeber und Leiter der Gesellschaften usw. sind nicht mehr eine Person **(Managerunternehmer)**.

Aufgaben des Unternehmers:
▶ Ziele des Unternehmens bestimmen
▶ Geschäftspolitik festlegen
▶ Pläne aufstellen, durchsetzen und kontrollieren
▶ Mitarbeiter im Unternehmen leiten und betreuen

Voraussetzung für das Erfüllen dieser Aufgaben ist, dass der Unternehmer über gute Allgemeinbildung, fachspezifische und betriebswirtschaftliche Kenntnisse sowie Erfahrungen, gute organisatorische Fähigkeiten, Verantwortungsbewusstsein, Menschenkenntnis usw. verfügt. Ein Unternehmen (z. B. Hotelbetrieb) kann langfristig nur bestehen, wenn es seine Leistungen verkaufen kann. Damit ist das oberste Unternehmensziel gekennzeichnet.

In der oben genannten Situation will Lederer möglichst viele Spezialitäten in seinem Restaurant verkaufen. Dafür ist es notwendig, dass er, nachdem er sein oberstes Ziel festgelegt hat, überlegt, wie es zu erreichen ist. Die in diesem Zusammenhang zu treffenden Entscheidungen, z. B. Gewinnerzielung durch Verkauf fränkischer Spezialitäten, nennt man auch Zielerreichungs- oder Mittelentscheidungen. Dieses Ziel ist nach Art, Menge und Zeitraum genau zu bestimmen. Zur **Zielsetzung** ist es notwendig, dass verschiedene Arbeitsbereiche festgelegt werden und die einzelnen Mitarbeiter Teilziele im Rahmen des gesamten Zielsystems erfüllen.

Die leitenden Mitarbeiter des Unternehmens haben zu prüfen, ob die einzelnen Ziele durch die Mitarbeiter erreicht worden sind.

Sind sich die an der Zielbildung beteiligten Gruppen einig, so kann man darangehen, den Willensbildungsprozess fortzuführen; man spricht dann von **Planung**, die in zeitlicher Hinsicht unterteilt wird:

Planung:
planning

Die betriebliche Planung soll das künftige Betriebsgeschehen gedanklich vorbereiten, d. h., es wird festgelegt, welche Mitarbeiter wie, wann und wo mit welchen Sachmitteln die Arbeit am kostengünstigsten ausführen.

An die Planung schließt sich die **Organisation** an. Es gilt jetzt, den strukturellen Aufbau und Ablauf des Unternehmens/Betriebes festzulegen, durch den die Betriebsaufgaben dauerhaft erfüllt werden können.

Organisation:
organization

Hilfsmittel der Organisation sind:
Arbeitsanweisungen, Ablaufbeschreibungen, Weisungsbefugnisse usw.

Die Unternehmensleitung (oder die beauftragten Führungskräfte) kontrolliert, ob nach den von der Organisation vorgegebenen Richtlinien gearbeitet wird (Vergleich Istzustand mit Sollzustand). Wird bei Kontrollen festgestellt, dass die vorgegebenen Ziele, z. B. 3 % Umsatzausweitung, nicht erreicht worden sind, so sind die Ursachen dafür zu ermitteln und Korrekturen in der Planung bzw. Durchführung vorzunehmen.

Die von der Unternehmensleitung zu verfolgenden Unternehmensziele lassen sich durch den Einsatz unterschiedlicher Führungstechniken verfolgen. Dazu zählen die heute als **Managementkonzepte** bezeichneten Führungsmodelle:

Führungstechniken			
Management by Objectives	**Management by Delegation**	**Management by Exception**	**Management by System**
Führen der Mitarbeiter durch Zielvereinbarung	Führung durch Aufgabendelegation	Mitarbeiter identifiziert sich mit seiner Aufgabe, Vorgesetzter wird nur im Ausnahmefall eingeschaltet	Computergesteuertes Informationssystem – einzelne Regelkreise legen die innere Struktur fest

Alle Führungstechniken sollen das Verhalten der Mitarbeiter zielgerichtet beeinflussen, und zwar zum Zwecke wirksamer Leistungserstellung.

Aufgaben

1. Nennen Sie Ziele der Unternehmenspolitik.
2. Zu den Führungsaufgaben in einem Unternehmen werden gezählt:
   ► Festlegen der Unternehmensziele
   ► Planung
   ► Organisation
   ► Koordination
   ► Kontrolle

   Erklären Sie die vorstehenden Managementaufgaben.
3. Erläutern Sie kurz die Ihnen bekannten Führungstechniken.
4. Finden Sie mithilfe des Internets heraus, inwieweit Motivation, persönliche Arbeitsplanung und Kommunikationstechniken zu den Führungstechniken gezählt werden.

3.4   Organisation des Hotelbetriebes

Situation

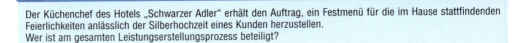

Der Küchenchef des Hotels „Schwarzer Adler" erhält den Auftrag, ein Festmenü für die im Hause stattfindenden Feierlichkeiten anlässlich der Silberhochzeit eines Kunden herzustellen.
Wer ist am gesamten Leistungserstellungsprozess beteiligt?

Der **Zweck eines gastgewerblichen Betriebes** besteht darin, Dienstleistungen zu erbringen bzw. am Markt anzubieten. Jeder Betrieb muss also Produktionsfaktoren beschaffen und im betrieblichen Funktionsablauf einsetzen. Durch die an die Gäste verkauften Leistungen (z. B. Speisen und Getränke oder Betten) wird ein Erlös erwirtschaftet, der dazu dient, die eingesetzten Produktionsfaktoren zu bezahlen (Löhne/Gehälter, Werkstoffe usw.).

Leistungserstellung: production

Beschaffung: procurement

Absatz: sale(s)

Finanzwirtschaft: financial management

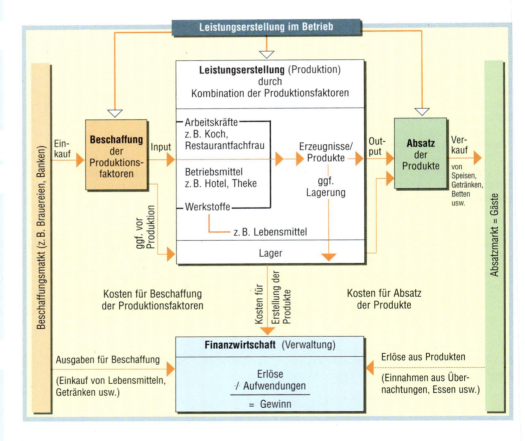

Während des Leistungserstellungsprozesses ist in den einzelnen Funktionsbereichen eines Hotelbetriebes eine Vielzahl von Entscheidungen zu treffen.

Zur Beschaffung gehören Wareneinkauf und Warenlagerung. Werden die Waren angeliefert, so muss eine Kontrolle vorgenommen werden. Die Warenlagerung beinhaltet ein relativ hohes Lagerrisiko, da der Absatz der Speisen saison- und witterungsabhängig ist. Mithilfe eines Lagerplans und einer Lagerkartei lässt sich die Lagerkontrolle erleichtern.

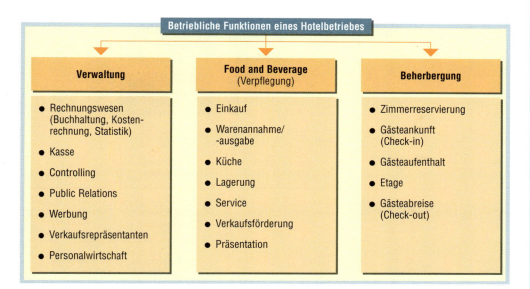

Betriebliche Funktionen

Von der Unternehmensleitung sind Regelungen zu schaffen, die festlegen,

▶ welche Tätigkeiten die einzelnen Arbeitnehmer/innen zu verrichten haben,

▶ wie der zeitliche und räumliche Ablauf der Leistungserstellung vor sich gehen soll.

Diese Regelungen finden in den verschiedenen **Organisationssystemen** ihren Niederschlag. Die Organisation eines Hotelbetriebes ist besonders von seiner Größe, aber auch von seiner Kategorie abhängig. Dabei kennzeichnet die Anzahl der Betten die Größe eines gastgewerblichen Betriebes. So spricht man bei einem Hotel mit mehr als 150 Betten von einem Großbetrieb. Derartige Betriebe können nach dem europäischen oder amerikanischen System organisiert sein.

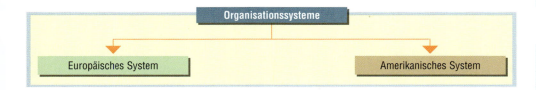

Organisations-
system:
organization systems

Beide Systeme finden wir heute in der Praxis. Allerdings wird in den Hotelketten/der Markenhotellerie vor allem das amerikanische System bevorzugt.

Hotelkette:
hotel chain

Europäisches
System

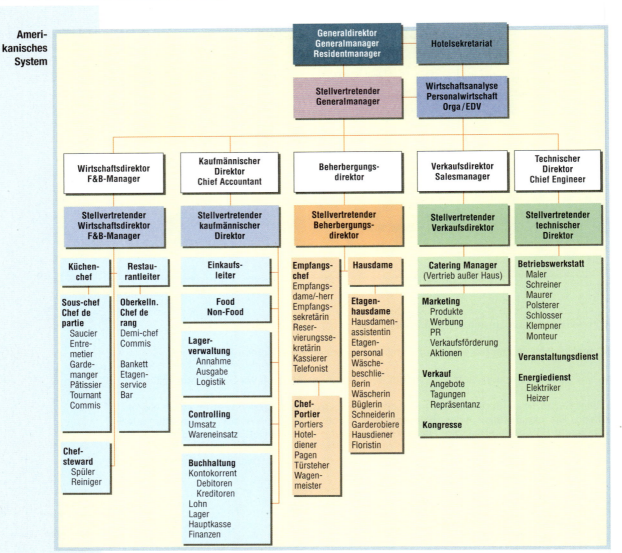

Amerikanisches System

Das **europäische System** ist vornehmlich auf die Gästebetreuung ausgerichtet. Aufgrund der Personalintensität des Systems ist es heute nur noch in kleineren Betrieben (bis zu 70 Betten) bzw. in Mittelbetrieben (ca. 70 bis 150 Betten) zu finden.

Im Gegensatz zu dem Personal beim europäischen System weist das **amerikanische System** einige Erweiterungen bzw. Änderungen auf. So steht dem Hotel der Generalmanager (Generaldirektor) vor, ihm ist ein kaufmännischer Direktor zur Seite gestellt. Außerdem hat man einen Wirtschaftsdirektor (F&B-Manager) in der Unternehmensführung. In den anderen Bereichen werden lediglich unterschiedliche Bezeichnungen verwendet, jedoch sind die Aufgaben ähnlich.

Alle Arbeiten in der Hotelorganisation lassen sich nur rationell durchführen, wenn rechtzeitig in den einzelnen Funktionsbereichen aufeinander abgestimmte **Dienst- und Organisationspläne** erstellt werden.

Dienst- und Organisationsplan: roster and organization chart

Aufgaben

1. Welche Stellung nimmt der Wirtschaftsdirektor (F&B-Manager) im Rahmen der Gesamtorganisation ein?
2. Skizzieren Sie den Leistungserstellungsprozess eines Hotelbetriebes.
3. Zeichnen Sie einen Organisationsplan einer F&B-Abteilung, die einen stellvertretenden F&B-Manager hat, einen Controller, Küchenchef, Bankettleiter, Chefsteward, Restaurantleiter, Chef d'étage, Barpersonal.

3.5 Arbeitnehmer und ihre Aufgabenbereiche

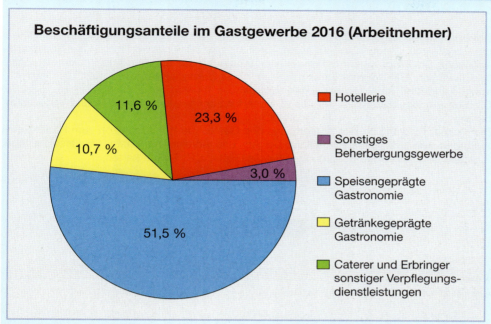

Beschäftigungsanteile im Gastgewerbe 2016 (Arbeitnehmer)

- Hotellerie 23,3 %
- Sonstiges Beherbergungsgewerbe 3,0 %
- Speisengeprägte Gastronomie 51,5 %
- Getränkegeprägte Gastronomie 10,7 %
- Caterer und Erbringer sonstiger Verpflegungsdienstleistungen 11,6 %

Das Schaubild zeigt die Verteilung der Beschäftigten auf die einzelnen Betriebsarten des Gastgewerbes. Dabei betrug die Zahl der Beschäftigten im Jahr 2016 in den rund 221.000 gastgewerblichen Betrieben insgesamt 2.125.109. Hinzu kamen rund 56.000 Auszubildende in den sechs Ausbildungsberufen – bei ihnen lagen die Ausbildungen zum/ zur Hotelfachmann/Hotelfachfrau (38 Prozent) und zum Koch (36 Prozent) mit großem Abstand vorn in der Beliebtheitsskala. Es folgten Restaurantfachmann/-frau (11 Prozent), Fachmann/-frau für Systemgastronomie (7 Prozent), Fachkraft im Gastgewerbe (6 Prozent) und Hotelkaufmann/-frau (2 Prozent). Mit diesen Zahlen im Rücken sieht sich das Gastgewerbe weiterhin als eine der „Zugmaschinen des Mittelstands" und „Jobmotor".

Allerdings zeigt ein weiterer Blick in die Statistik, dass mit 1.026.371 im Jahr 2016 nur rund 48 Prozent der Beschäftigten sozialversicherungspflichtige Arbeitnehmer waren. Fast ebenso viele Mitarbeiter im Gastgewerbe (rund 46 Prozent) waren geringfügig beschäftigt, also als „Mini-Jobber" aktiv. Die übrigen Beschäftigten sind tätige Inhaber, mithelfende Familienangehörige etc.

Die Anzahl der Mitarbeiter und die Aufgabenverteilung in einem Hotel- und Gaststättenbetrieb sind jeweils abhängig von Größe und Kategorie des Betriebes.

Grundsätzlich lässt sich das **Personal im Gastgewerbe** nach der Berufsausbildung in **gelerntes** und **ungelerntes Personal** unterteilen.

Die Unterscheidung in **Arbeiter** und **Angestellte** ist arbeitsrechtlich nicht mehr wichtig. Dafür ist heute der Unterschied zwischen **eigenen** Beschäftigten und **Fremdpersonal** von Interesse.

Alle Arbeitsgebiete in der Hotellerie und Gastronomie sind sehr abwechslungsreich, verlangen aber auch besonderen persönlichen Einsatz. Damit wird die Güte eines Betriebes im Gastgewerbe besonders durch das Personal geprägt. Neben dem fachlichen Wissen gehören gute und schnelle Auffassungsgabe, logisches Denken und Handeln, gute Umgangsformen, Kontaktfreudigkeit und Fremdsprachenkenntnisse sowie ein gewisses Maß an Einfühlungsvermögen zu den allgemeinen Voraussetzungen, die an das Personal im Gastgewerbe zu stellen sind.

Personal:
personnel/staff

3.5.1 Mitarbeiter im Betrieb

Ab einer bestimmten Betriebsgröße lässt sich das Personal wie folgt unterteilen:

Empfangs- und Hallenpersonal

Der **Empfangschef** ist für die gesamten Arbeiten an der Rezeption zuständig. Er erstellt u. a. die Dienst- und Urlaubspläne für seine Abteilung und ist verantwortlich für die Gästekorrespondenz. Die **Empfangsdame** ist vor allen Dingen für das Ein- und Auschecken der Gäste verantwortlich. Der **Journalführer** (ein noch heute bekannter Begriff) erstellt die Gastrechnungen und führt Tagesabrechnungen durch.

Die **Empfangssekretärin** ist vor allen Dingen für Schriftverkehr, Werbung und Verkaufsförderung zuständig (nicht in großen Hotels).

Der **Portier** ist während des Aufenthaltes des Gastes die Kontaktperson zum Hotel. Seine Aufgaben sind u. a. Gepäckverteilung bei An- und Abreise der Gäste, Schlüsselausgabe, Ausgabe der Gästepost, Besorgungen für die Gäste, z. B. Theaterkarten.

Empfangschef:	front office manager
Empfangsdame:	receptionist/hostess
Portier:	porter/doorman

Empfang

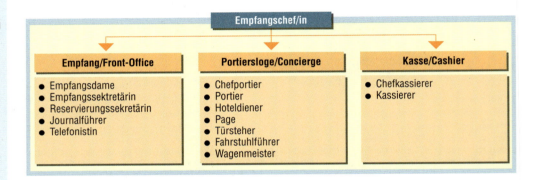

Etage

Etagenpersonal

Das Etagenpersonal betreut die Gäste während ihres Aufenthaltes im Hotel auf ihren Zimmern, sodass hierzu vornehmlich die **Hausdame**, das **Etagenpersonal** und **Hausdiener** zählen. Die Hausdame als Abteilungsleiterin ist für die Organisation auf der Etage zuständig. Hierzu gehört insbesondere die Dienstplaneinteilung. Außerdem ist sie für die Ordnung und Sauberkeit auf der Etage verantwortlich, des Öfteren auch für die Sauberkeit und Ordnung in anderen Bereichen des Hotels. Weiterhin kontrolliert sie die Arbeit des gesamten Etagenpersonals sowie die Gästezimmer nach deren Reinigung und zeigt sie dem Empfang als frei an.

Hausdame
- Etagenhausdame
- Hausdamenassistent/in
- Etagenpersonal
- Hausdiener
- Hausmädchen

| Hausdame: | executive housekeeper/housekeeping manager |
| Etagenpersonal: | room staff |

Restaurant

Restaurantpersonal

Dem Servicepersonal steht der **Restaurantdirektor** (Directeur de restaurant) vor. Er erstellt den Dienstplan, organisiert Reservierungen, Essen, Büfetts sowie den Einsatz des gesamten Servicepersonals. Das **Servicepersonal** wird auch als Brigade bezeichnet. Zum Servicepersonal gehören ebenfalls das **Barpersonal** (Mixer) sowie die für die Garderobe und Toiletten zuständigen Mitarbeiter. Für den Zimmerservice ist der Chef d'étage verantwortlich.

| Restaurantdirektor: | restaurant manager |

Restaurantdirektor (Directeur de restaurant)

• Oberkellner (Maître d'hôtel)
• Stationskellner (Chef de rang)
• Stellvertretender Stationskellner (Demi-chef de rang)
• Jungkellner (Commis de rang)
• Sonderaufgaben: Etagenrestaurantfachmann (garçon d'étage)
                       Barmixer (barman)
                       Weinkellner (Sommelier)
                       Garderobenpersonal

Oberkellner:
head waiter

Stationskellner:
station waiter

Jungkellner:
junior waiter/
assistant waiter

Barmixer:
bartender/barman

Weinkellner:
sommelier/wine waiter

Garderobenpersonal:
cloakroom staff

Für alle Aufgaben des externen Personals wird ein gewisses Maß an Menschenkenntnis vorausgesetzt. Hier gilt besonders, dass der Gast „König" im Hause ist.

In der Fachliteratur werden die Gästetypen nach verschiedenen Kriterien eingeteilt, allerdings bleibt der Übergang fließend. Entscheidend ist, dass sich die Mitarbeiter des Hotels möglichst schnell auf den Gast einstellen können und dabei gewisse Grundregeln beachten:

▶ Der Gast wird nicht belehrt.
▶ Das Personal bleibt immer freundlich und beherrscht.
▶ Dem Gast ist, so weit wie möglich, Verständnis entgegenzubringen.
▶ Differenzen sind sachlich und mit der gebotenen Höflichkeit auszuräumen.

Die nachstehend aufgeführte **Küchenbrigade** ist sehr personal- und kostenaufwendig und so findet man sie nur in großen Hotels. In Betrieben mittlerer Größe werden die Aufgaben auf entsprechend weniger Personen verteilt.

Küchenbrigade

Der **Küchenchef** ist mit der fachlichen und personellen Leitung der Küche betraut. Er teilt die Arbeit ein, stellt die Dienst- und Urlaubspläne auf, leitet alle gelernten und ungelernten Arbeitskräfte sowie die Auszubildenden an und ist für deren Ausbildung zuständig. Darüber hinaus obliegt ihm die Überwachung der Wirtschaftlichkeit der Küchenarbeit, das Aufstellen der Speisenkarte bzw. Menüvorschläge sowie die Anforderung der Lebensmittel usw.

Küchenchef:
chef/head cook

In vielen Häusern wird es immer mehr üblich, einen **Diätkoch** oder eine **Diätassistentin** einzustellen, um den Wünschen der Gäste nach Diätkost nachkommen zu können.

Eine personalaufwendige Küchenbrigade besteht aus Küchenpersonal, Einkauf und Lagerverwaltung, Verwaltung sowie Hilfsabteilungen.

Diätkoch:
special diet cook

Diätassistentin:
dietician

Küche

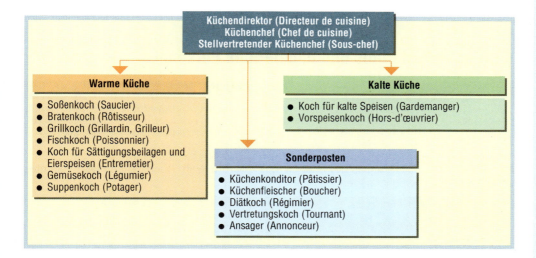

Die Küchenbrigade wird unterstützt durch das **Küchenhilfspersonal**. Hierzu gehören auch die Spüler (Schwarzgeschirrspüler: Casserolier; Weißgeschirrspüler: Plongeur), falls nicht die Spülküche als eigene Abteilung geführt wird. Abteilungsleiter ist dann der Chef casserolier bzw. Chief steward.

Lager

🇬🇧 **Magazinverwalter:**
stock keeper

Kellermeister:
cellarman

Verwaltung

🇬🇧 **Büropersonal:**
office staff

Einkauf und Lagerverwaltung

Der **Magazinverwalter** und sein Mitarbeiter kontrollieren die eingehende Ware und überwachen ständig den Bestand. In großen Hotels wird gesondert ein **Kellermeister** (Küfer) zur Weinpflege, -lagerung und -bestellung beschäftigt.

Verwaltung

Das gesamte **Büropersonal** ist in der Verwaltungsabteilung zusammengefasst. Die Verwaltung sorgt dafür, dass der kaufmännische Teil des Hotelbetriebes bzw. Gaststättenbetriebes problemlos abläuft. Hier ist der Arbeitsplatz für Buchhalter, Bürokaufleute, Hotelkaufleute usw.

Zusätzliche
Abteilungen

Hilfsabteilungen

Die **nachstehenden Hilfsabteilungen** sind nur für große Hotels bei einer entsprechenden Kapazitätsauslastung wirtschaftlich tragbar; sonst werden Fremdfirmen, z. B. mit Reparaturarbeiten, beauftragt.

Allen besprochenen Abteilungen steht der Direktor des Hotels vor, der Eigentümer (ggf. der Pächter), Gesellschafter, Geschäftsführer usw. sein kann. Er plant und leitet die Geschicke des Hotelbetriebes.

🇬🇧 **Wäschereipersonal:**
laundry staff

Handwerker:
workman

Gärtner:
gardener

Masseur:
masseur

3.5.2   Gelerntes und ungelerntes Personal

Situation

Der Erweiterungsbau des Hotels „Seeadler" erfordert zusätzliches Personal, das in Anbetracht des vorherrschenden Mangels an Fach- und Hilfskräften auf dem Markt besonders schwierig zu beschaffen ist. Daher nimmt in den Konzepten einzelner Hotelketten freundliches, motiviertes und oft angelerntes Personal einen hohen Stellenwert ein.

Nicht jeder Mitarbeiter im Gastgewerbe ist eine gelernte Kraft. Nachstehend wird gelerntes und ungelerntes Personal gegenübergestellt:

Gelerntes Personal (hierzu zählt man alle, die eine einschlägige Berufsausbildung erfahren haben)		Ungelerntes Personal (hierzu zählt man alle, die keine einschlägige Berufsausbildung erfahren haben, sondern im Betrieb nur angelernt werden)
Im Gastgewerbe ausgebildet	**Nicht im Gastgewerbe ausgebildet**	
• Köche	• Konditor	• Hoteldiener
• Fachkräfte im Gastgewerbe	• Fleischer	• Page
• Restaurantfachleute	• Handwerker	• Etagenpersonal
• Hotelfachleute	• Bürokaufleute	• Küchenhilfen
• Hotelkaufleute	usw.	• Spüler
• Fachkräfte für System- gastronomie		• Wäschereipersonal usw.

Aufgaben

1. Geben Sie einen Überblick über den Personenkreis, der zum externen Personal gerechnet wird.
2. Besonders das externe Personal soll bestimmte Grundregeln einhalten. Welche?
3. Erläutern Sie die Aufgabenbereiche einer Hausdame.
4. Was verstehen Sie unter einem Commis de rang?
5. Nennen Sie Arbeitnehmer im Hotel, die als Arbeiter (Gewerbegehilfen) bzw. Angestellte einzustufen sind.
6. Übersetzen Sie den Begriff „Auszubildender" ins Englische.

3.6 Entscheidungsbefugnisse im gastgewerblichen Betrieb

Situation

Der Food & Beverage-Manager Schneid erhält vom geschäftsführenden Gesellschafter des Hotels „Alpenblick" die Vollmacht, Einkäufe bis zu einem Wert von 15 000,00 € vornehmen zu können.

Die Situation macht deutlich, dass das Handeln des beauftragten Vertreters gegenüber den Geschäftspartnern durch Vollmacht geregelt wird.

Die **Vollmachterteilung** im geschäftlichen Verkehr richtet sich nach den Vorschriften des *HGB*. Man unterscheidet die folgenden **Vollmachtarten**:

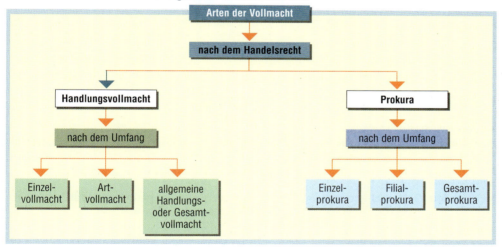

Vollmacht: authority/power of attorney (POA)

Handlungsvollmacht: commercial power of attorney

Prokura: procuration

Verschiedene Vollmachtarten im geschäftlichen Verkehr

§ 54 HGB

Einzelvollmacht

Sie ist eine Sondervollmacht und gilt nur für den einzelnen Fall. Beispiel: Ein Auszubildender wird beauftragt, etwas für den Betrieb einzukaufen. Der Einzel- bzw. Sonderbevollmächtigte zeichnet i.A. (im Auftrag).

Artvollmacht

Es wird jemand beauftragt, Geschäfte einer gleichen Gattung dauernd abzuschließen. Die Artvollmacht gilt bis zum Widerruf.

Artbevollmächtigt sind z.B. Einkäufer, Verkäufer, Kassierer, Hauptbuchhalter, Magazinverwalter, aber auch ein Chef de rang, der ständig mit dem Kassieren beauftragt ist. Der Artbevollmächtigte zeichnet mit i.V. (in Vertretung/Vollmacht).

Allgemeine Handlungsvollmacht

**Handlungs-
bevollmächtigter:
authorized agent/proxy**

Sie gilt bis zum Widerruf. Sie ermächtigt zu allen Geschäften und Rechtshandlungen, die der Betrieb dieses Handelsgewerbes gewöhnlich mit sich bringt, z. B. Geld einziehen, einkaufen, verkaufen, Arbeitskräfte einstellen und entlassen. Allgemeine Handlungsvollmacht haben z. B. Geschäftsführer. Der Handlungsbevollmächtigte zeichnet mit i. V.

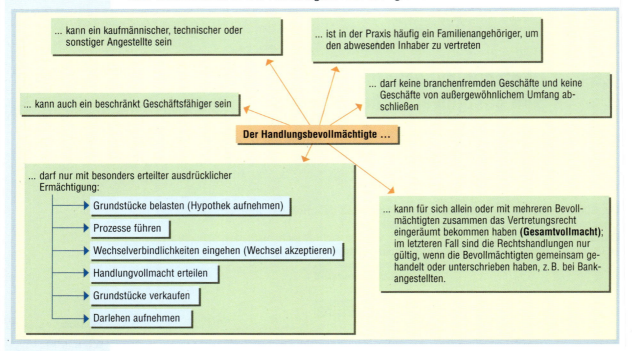

Beendigung der Handlungsvollmacht
Sie erlischt:
▶ durch Widerruf,
▶ durch Beendigung des Rechtsverhältnisses, aufgrund dessen sie erteilt wurde, z. B. Beendigung des Dienstvertrages,
▶ durch freiwillige oder zwangsweise Auflösung des Geschäftes,
▶ durch den Tod des Bevollmächtigten,
▶ beim Tod des Geschäftsinhabers in der Regel nur, wenn der neue Inhaber sie widerruft.

§§ 48 ff. HGB

**Der Prokurist
zeichnet mit
ppa. oder pp.
(= per Prokura)**

Prokura

Prokura ist ein in einem Handelsgewerbe ausdrücklich erteiltes Vertretungsrecht großen Umfangs. Sie ermächtigt zu allen Arten von gerichtlichen und außergerichtlichen Geschäften und Rechtshandlungen, die der Betrieb irgendeines Handelsgewerbes mit sich bringt. Der Prokurist darf also, im Gegensatz zum Gesamtbevollmächtigten, auch außergewöhnliche Geschäfte vornehmen, die der Betrieb eines Handelsgewerbes mit sich bringt.

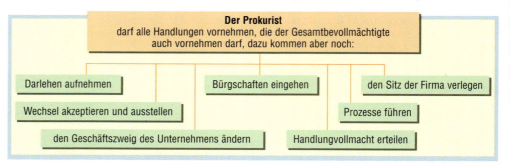

Eine Beschränkung der Prokura (z.B., dass der Prokurist keine Wechsel unterschreiben darf) ist nur im Innenverhältnis (zwischen Geschäftsinhaber und Prokurist) zulässig, gegenüber Dritten gelten diese Beschränkungen jedoch nicht.

Erteilen der Prokura
Sie kann nur von einem Vollkaufmann oder seinem gesetzlichen Vertreter durch ausdrückliche Erklärung erteilt werden.

Prokura ist <u>immer</u> ins Handelsregister einzutragen.

Beendigung der Prokura
Die Prokura erlischt:
▶ durch Widerruf,
▶ durch Beendigung des Rechtsverhältnisses, mit dem sie verbunden ist, z.B. Beendigung des Dienstvertrages,
▶ durch freiwillige oder zwangsweise Auflösung des Geschäftes,
▶ durch den Tod des Prokuristen,
▶ beim Wechsel des Geschäftsinhabers, jedoch nicht beim Tode des Geschäftsinhabers.
Das Erlöschen ist im Handelsregister einzutragen.

§ 53 HGB

Ausschluss von Vollmacht
Einige Rechte können von Firmeninhabern überhaupt **nicht** per Vollmacht übertragen werden. Dies sind Rechtshandlungen, die **wesentliche Grundlagen** des Betriebes berühren:

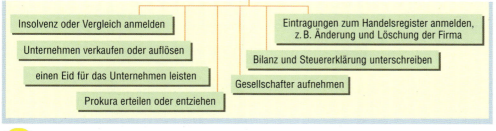

Praxis

Franziska will ihrer Schwester Beate Bromann eine Vollmacht zum Kauf eines PCs für höchstens 600,00 € ausstellen. Entwerfen Sie eine derartige Vollmacht.

Aufgabe

1. Andrea ist krank und bittet ihre Freundin, für sie in ihrer Buchhandlung einen Liebesroman zu kaufen.
   a) Katrin vergisst, dass es ein Liebesroman sein sollte, und kauft dafür im Namen von Andrea einen Sammelband mit Kurzgeschichten. Andrea ist mit dem Geschäft nicht einverstanden. Von wem kann der Buchhändler sein Geld verlangen?
   b) Wie wäre die Rechtslage, wenn Katrin den Sammelband gekauft hätte, ohne zu erwähnen, dass sie das Buch für Andrea kaufen sollte?
2. Stellen Sie Handlungsvollmacht und Prokura hinsichtlich der Punkte „Umfang der Vollmacht" und „Erteilung der Vollmacht" in einer Tabelle gegenüber.

4 Grundbegriffe des Wirtschaftens

4.1 Bedürfnisse, Bedarf, Güter und Nachfrage

Kap. 1.1.1

Die 18-jährige Inka hat eine Ausbildung zur Hotelfachfrau im „Grand-Hotel" aufgenommen. Voraussetzung ist ein Umzug in eine kleinere Wohnung in der Nähe der Ausbildungsstätte, die sie von ihrer Ausbildungsbeihilfe bezahlen kann. Für den Weg zur Arbeit braucht sie ein Mofa und für ihre Wohnung einen Laptop sowie einige Möbelstücke. Die entsprechenden Wünsche kann sie sich jedoch nicht alle auf einmal erfüllen. Wie würden Sie an Inkas Stelle entscheiden?

Bedürfnis:
needs/requirement

Kaufkraft:
(Wert) = buying/
purchasing power/
(Finanzkraft des
Käufers) = spending
power

Bedarf:
need/requirement

Nachfrage:
demand

Die Situation zeigt, dass Inka ein Verlangen nach verschiedenen Gegenständen hat; sie will diesen Mangelzustand beseitigen. Das Begehren nach einem dazu geeigneten Mittel ist ein **Bedürfnis**.

Da die Bedürfnisse des Menschen **(= Wirtschaftssubjekt)** unbegrenzt sind, aber im Allgemeinen nicht genügend finanzielle Mittel (Einkommen oder Vermögen), also **Kaufkraft**, zur Verfügung stehen, bezeichnet man den Teil der Bedürfnisse, die befriedigt werden, als **Bedarf**. Oft reicht jedoch das Einkommen des Einzelnen zur Befriedigung seiner gesamten Bedürfnisse nicht aus, wodurch nur ein Teil der Bedürfnisse am Markt erfüllt werden kann. Wenn die auf dem Markt angebotenen Güter durch zahlungswillige Käufer tatsächlich verlangt werden, so spricht man von **Nachfrage** (= gesamte nachgefragte Menge).

Bedürfnisse von Wirtschaftssubjekten

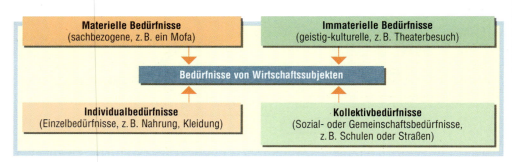

Angebot:
offer

Güter:
goods/commodities

Ein **Markt** ist überall dort gegeben, wo sich **Angebot** (Anbieter) und Nachfrage (Nachfrager) treffen, um wirtschaftliche (knappe) Güter auszutauschen. Vor allem diese interessieren den Hotelier, da sie kostenpflichtig sind und damit die Grundlage des Geschäftes bilden. Die **Sachgüter** (= materielle Güter) lassen sich in **Konsumgüter** (= zu momentanem Ge- oder Verbrauch bestimmt) und **Investitionsgüter** (= Produktionsgüter) einteilen.

Während die Produktionsgüter zur Erzeugung von Gütern notwendig sind und damit mittelbar den Bedarf decken, dienen Konsumgüter und Dienstleistungen zur unmittelbaren Deckung der Nachfrage am Markt.

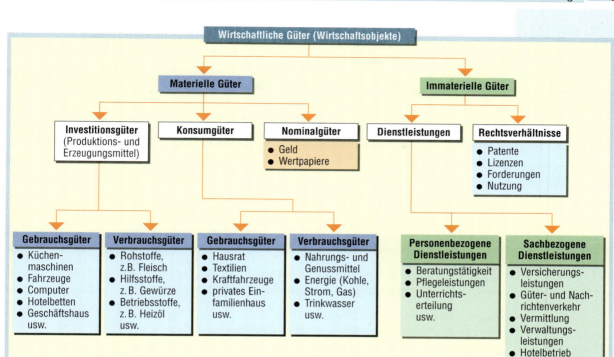

Homogene Güter sind nach Auffassung des Käufers völlig gleichwertig (unterschiedslos). Unterscheidet der Käufer (Kunde) aber zwischen einzelnen Marken (Zucker der Marke A, Süßstoff der Marke A), handelt es sich um **heterogene** (verschiedenartige) **Güter**.

Eine weitere Möglichkeit, Güter zu unterscheiden, besteht darin, sie nach dem Ort und der Zeit ihrer Verfügbarkeit zu betrachten:

Unterscheidung: Güterarten

▶ **Freie Güter** sind meist unbegrenzt verfügbar, z.B. Licht und Luft. An der Begriffsbestimmung und den Beispielen ist schon ersichtlich, dass es nur wenige freie Güter gibt.

▶ **Wirtschaftliche Güter** sind solche, die hinsichtlich Zeit und/oder Ort oder Anzahl nur begrenzt verfügbar sind. Daher ist ein wirtschaftlicher Umgang mit diesen Gütern erforderlich. Die meisten Güter, die uns umgeben, sind wirtschaftliche Güter.

Aufgaben

1. Was verstehen Sie unter „Wirtschaften"?
2. Unterscheiden Sie Ge- und Verbrauchsgüter.
3. Marion und Thomas haben das Bedürfnis auszureiten. Dafür sind Vorbereitungen zu treffen.
   a) Welche Bedürfnisse werden nach Ihrer Meinung geweckt?
   b) Was ist unter befriedigten Bedürfnissen zu verstehen?
   c) Wie bezeichnen Sie den am Markt zu deckenden Bedarf?

4. Erläutern Sie, wie sich die tägliche Werbung in Fernsehen, Internet, Zeitschriften usw. auf unsere Bedürfnisse auswirkt.

5. Ordnen Sie die nachstehenden Begriffe der entsprechenden Güterart zu: Übernachtung im Hotel, Unterricht in Hotelenglisch, Fernseher, Bier, Flambierwagen, Beglaubigung, Computerservice, Maklerauftrag, Kohlensäure, Besuch eines Kosmetiksalons, Wein, Rundfunkgerät, Video, Heizöl.

4.2 Prinzipien wirtschaftlichen Handelns

Situation

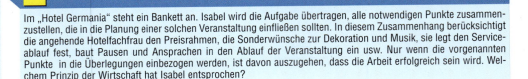

Im „Hotel Germania" steht ein Bankett an. Isabel wird die Aufgabe übertragen, alle notwendigen Punkte zusammenzustellen, die in die Planung einer solchen Veranstaltung einfließen sollten. In diesem Zusammenhang berücksichtigt die angehende Hotelfachfrau den Preisrahmen, die Sonderwünsche zur Dekoration und Musik, sie legt den Serviceablauf fest, baut Pausen und Ansprachen in den Ablauf der Veranstaltung ein usw. Nur wenn die vorgenannten Punkte in die Überlegungen einbezogen werden, ist davon auszugehen, dass die Arbeit erfolgreich sein wird. Welchem Prinzip der Wirtschaft hat Isabel entsprochen?

Wirtschaftlichkeitsprinzip

Vernunftprinzip

Jeder Gast entscheidet darüber, welches Restaurant er besucht und welche Speisen und Getränke er mit dem verfügbaren Geld verzehrt. Das sich ergebende Spannungsverhältnis zwischen den unbegrenzten Bedürfnissen und der Knappheit der Mittel/Güter wird mithilfe des **ökonomischen Prinzips** überwunden. Je nachdem, ob die einzusetzenden Mittel oder die angestrebten Leistungen festgesetzt sind, spricht man vom **Maximal- oder Minimalprinzip**. Das ökonomische Prinzip unterstellt, dass der Mensch im Wirtschaftsleben rational (vernünftig) handelt; daher spricht man auch vom **Rationalprinzip**.

Nach dem ökonomischen Prinzip wird versucht, ein möglichst günstiges Verhältnis zwischen den einzusetzenden Mitteln und dem zu erreichenden Zweck herzustellen.

Beispiel

Kap. 3.4

Wenn ein Hotelier ein Bankett auszurichten hat, so wird er versuchen, dies möglichst kostengünstig (mit dem geringsten Mitteleinsatz) auszurichten (= Minimalprinzip), damit sein Gewinn möglichst hoch ausfällt.
Steht aber dem Food & Beverage-Manager eines Hotels ein bestimmter Betrag zur Verfügung, so wird er u. a. durch Preisvergleich versuchen, quantitativ und qualitativ möglichst viel für sein Geld zu erhalten (= Maximalprinzip).

 Wirtschaftlichkeitsprinzip: economic principle/ efficiency rule

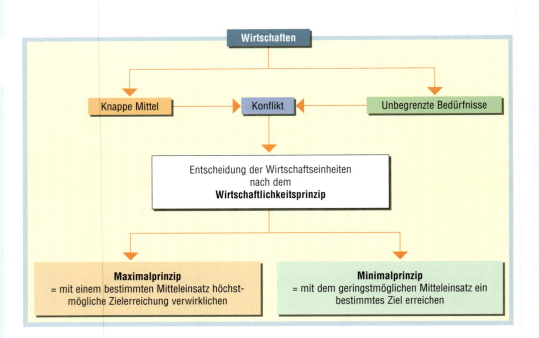

In einem gastronomischen Betrieb stellen die Daten der Kostenrechnung die Grundlage zur Berechnung der Wirtschaftlichkeit dar.

Unter **Wirtschaftlichkeit** versteht man den Ausdruck des Handels nach dem ökonomischen Prinzip (= Minimal- oder Maximalprinzip). Sie misst also den Erfolg, der sich aus dem Verhältnis von Ertrag zu Aufwand ergibt, und lässt sich wie folgt errechnen:

$$\text{Wirtschaftlichkeit} = \frac{\text{Erträge}}{\text{Aufwendungen}} \quad \text{oder} \quad \frac{\text{Aufwendungen}}{\text{Erträge}}$$

Beispiel

Das Hotel „Am Wurmberg" erwirtschaftete in der letzten Rechnungsperiode einen Ertrag von 2 200 000,00 €, dem stehen Aufwendungen von 2 000 000,00 € gegenüber.

$$\text{Wirtschaftlichkeit} = \frac{2\,200\,000,00\,€}{2\,000\,000,00\,€} = 1,10\,€ \text{ Ertrag pro } 1,00\,€ \text{ Aufwand}$$

$$\text{oder} \quad = \frac{2\,000\,000,00\,€}{2\,200\,000,00\,€} = 0,91\,€ \text{ Aufwand pro } 1,00\,€ \text{ Ertrag}$$

Die Wirtschaftlichkeitskennziffer hilft bei innerbetrieblichen Vergleichen mit vergangenen Rechnungsperioden sowie mit gleichartigen Hotelbetrieben. Dadurch soll erreicht werden, dass die Produktionsfaktoren möglichst sparsam bzw. ergiebig im gastronomischen Betrieb eingesetzt werden.

Eine weitere wichtige Größe ist die **Produktivität**; sie misst das Verhältnis von Einsatz und Ergebnis.

Während als Ergebnis der Gesamtumsatz des Betriebs oder der Umsatz einzelner Abteilungen steht, wird der Einsatz durch verschiedene Kapazitätsgrößen dargestellt. Dieses können zeitliche, sachliche oder personenbezogene Merkmale sein:

Produktivität		
Kennzahl	Kennzeichnet …	Berechnung
Gesamtumsatz pro Öffnungstag	die zeitliche Produktivität	$\dfrac{\text{Gesamtumsatz}}{\text{Öffnungstage}}$
Beherbergungsumsatz pro Zimmer	die sachliche Produktivität	$\dfrac{\text{Beherbergungsumsatz}}{\text{Anzahl Zimmer}}$
F&B-Umsatz je Sitzplatz		$\dfrac{\text{F&B-Umsatz}}{\text{Anzahl Sitzplätze}}$
Umsatz pro Mitarbeiter	die personenbezogene Produktivität	$\dfrac{\text{Umsatz}}{\text{Anzahl Mitarbeiter}}$
F&B-Umsatz pro Gast		$\dfrac{\text{F&B-Umsatz}}{\text{Gästeanzahl/Restaurant}}$

Der Produktivität kommt im Gastgewerbe besondere Bedeutung im Rahmen der Personaleinsatzplanung zu. Um die Ertragskraft eines gastgewerblichen Unternehmens zu ermitteln, bedient man sich der **Rentabilität**. Sie untersucht das Verhältnis des Unternehmensergebnisses zum eingesetzten Kapital. Dadurch soll aufgezeigt werden, ob es dem jeweiligen Unternehmen gelungen ist, genügend Gewinn zu erwirtschaften, um einerseits die Existenz zu sichern, andererseits für die Geldgeber/Investoren eine angemessene Kapitalverzinsung zu erzielen.

Wirtschaftlichkeit: efficiency/profitability

Aufwendungen und Erträge: income and expense (feststehender Begriff)

Aufwendung: expense

Ertrag: income

Produktivität: producitivity/productive capacity

Kennzahl: ratio

Rentailität: profitability

Rentabilität		
Kennzahl	**Kennzeichnet …**	**Berechnung**
Durchschnittliches eingesetztes Eigenkapital	die Grundlage für die Berechnung der Rentabilität	(Eigenkapitalanfangsbestand + Eigenkapitalendbestand) : 2
Eigenkapitelrentabilität	das Verhältnis des Erfolges zum eingesetzten Eigenkapital	$\dfrac{\text{Erfolg} \times 100}{\text{Eigenkapital}}$
Gesamtkapitalrentabilität	das Verhältnis des Erfolges zum eingesetzten Gesamtkapital	$\dfrac{(\text{Erfolg} + \text{Zinsen}) \times 100}{\text{Gesamtkapital}}$
Umsatzrentabilität	das Verhältnis des Erfolges zum Umsatz. Grundlage für ROI	$\dfrac{\text{Erfolg} \times 100}{\text{Umsatz}}$

Um das Spannungsverhältnis zwischen den Bedürfnissen der Menschen und ihren Deckungsmöglichkeiten zu überwinden, sind neben dem Wirtschaftlichkeitsprinzip auch das **Humanitäts-** und **Umweltschonungsprinzip** zu beachten.

Magisches Dreieck der BWL

Ökonomisches

Umweltschonungs-   **Prinzip**   Humanitäts-

So verlangt das Humanitätsprinzip, dass der Mensch in den Mittelpunkt zu stellen ist, z. B. durch eine menschengerechte Arbeitsorganisation und Betriebsführung. Demgegenüber berücksichtigt das Umweltschonungsprinzip die ökologischen Interessen, d. h., Umweltbelastungen sind so gering wie möglich zu halten.

Aufgaben

1. Der Gastronom Krause teilt die ihm zur Verfügung stehenden Mittel so auf, dass eine bestmögliche Bedarfsdeckung erreicht wird. Wonach handelt er?

2. Warum müssen wir wirtschaften?

3. Nach welchem Prinzip sollten die Personen in den nachfolgenden Beispielen handeln?

   a) Die Auszubildende Ulrike erhält eine monatliche Ausbildungsbeihilfe in Höhe von 350,00 €, von der ihr 50,00 € zur freien Verfügung stehen.

   b) Küchenmeister Pohl soll für eine Hochzeitsfeier das Festessen herstellen.

   c) Der Verkaufsfahrer einer Brauerei hat täglich zwanzig Gastwirtschaften und zehn Supermärkte zu beliefern.

   d) Der Restaurantfachmann Udo hat wieder einmal 100,00 € Trinkgeld erhalten.

4. Bei einem Hotelbetrieb beträgt der Ertrag und Aufwand im ersten Jahr 480 GE (Geldeinheiten) bzw. 400 GE; im zweiten Jahr 560 GE bzw. 500 GE. Errechnen und beurteilen Sie die Wirtschaftlichkeit des Hotelbetriebs.

5. In der Hotel GmbH werden die Unternehmensergebnisse regelmäßig zusammengestellt und die Kennzahlen ermittelt, um im vorliegenden Fall die Rationalisierungsinvestition zu überprüfen. Dabei werden die prozentualen Veränderungen der Werte berechnet.

   Hier sollen in Gruppenarbeit die fehlenden Werte errechnet werden. Ermitteln Sie gruppenweise die notwendigen Ergebnisse und stellen Sie die Zusammenhänge fest.

   a) Die Produktivität des Hotels steigt um 10 %; steigen die Wirtschaftlichkeit und Rentabilität ebenfalls um 10 %?

   b) Berechnen Sie die fehlenden Werte der Tabelle und tragen Sie diese in die vorgesehenen Felder ein.

Zu Aufgabe 5:

Größe	Vor der Rationalisie-rungsinvestition	Nach der Rationalisie-rungsinvestition	Prozentuale Veränderung
Anzahl der Arbeitnehmer	80	100	125
Produzierte Stückzahl	1 600	2 240	140
Produktivität			
Gesamtlöhne (Aufwendungen)	24 000,00 €	30 750,00 €	128,13
Verkaufserlös pro Stück	30,00 €	28,50 €	95
Gesamterlöse (Erträge)			
Gewinn			
Wirtschaftlichkeit			
Kapitaleinsatz	900 000,00 €	1 305 000,00 €	148
Kapitalrentabilität			
Umsatzrentabilität			

4.3 Bedeutung der Produktionsfaktoren

Situation

Jens ist Auszubildender zum Hotelfachmann. In seiner Freizeit sammelt er Champignons, die er dem Küchenchef des Hotels gegen ein geringes Entgelt verkauft. In der Hotelküche werden die Pilze verarbeitet. Welche Bedeutung kommt diesen zu?

Auch die wirtschaftliche Betätigung in der Hotelküche zielt darauf, den Bedarf der Menschen zu decken. In diesem Falle dienen dazu die Champignons, die in den betrieblichen Produktionsprozess eingebracht werden. Durch **Produktion** werden wirtschaftliche Güter erstellt. Im Folgenden wird der Gesamtzusammenhang zwischen betriebs- und volkswirtschaftlichen **Produktionsfaktoren** dargestellt:

Produktion:
production

Produktions-faktoren

Produktions-faktor(en)	originär (ursprünglich)			derivativ (abgeleitet)			
Volks-wirtschaft	**Arbeit** ← körperlich / geistig		**Natur** z. B. Boden, Wasser, Luft	**Kapital** ← privates / öffentliches			**Bildung**
Betriebs-wirtschaft	dispositiv • Leitung • Planung • Organisation • Kontrolle z. B. Hoteldirektor Food & Beverage-Manager	ausführend (exekutiv) z. B. Spülhilfe, Commis	Grundstücke	Gebäude, Maschinen, Werkzeuge usw.	**Werkstoffe** • Rohstoffe, z. B. Kartoffeln • Hilfsstoffe, z. B. Wasser • Betriebs-stoffe, z. B. Heizöl • Reparatur-material		• technische, wirtschaft-liche, rechtliche Kenntnisse • handwerk-liche Geschick-lichkeit usw.
			Betriebsmittel = sachlicher Produktionsfaktor				
	dispositiver Faktor	**Elementarfaktoren**					

Kombination und Substitution der Produktionsfaktoren ermöglicht wirtschaftliche Güterproduktion nach dem ökonomischen Prinzip.

Arbeit:
work/job

Natur:
nature

Kapital:
capital (stock)

Bildung:
education/training

VWL:
economics/
economic theory

BWL:
business studies

VWL   BWL
↓   ↓
**Wirtschaft
als Ganzes**   **Betrieb**
↓   ↓
**Vogel-
perspek-
tive**   **Frosch-
perspek-
tive**

Aufgrund ständig steigender Anforderungen der heutigen Informationsgesellschaft mit ihrer Vielzahl an Informations- und Kommunikationstechnologien, Datenautobahnen, der Telekommunikation usw. kann **Information als weiterer Produktionsfaktor** angesehen werden. Die Einteilung der Produktionsfaktoren wird in der **VWL (Volkswirtschaftslehre)** und **BWL (Betriebswirtschaftslehre)** unterschiedlich vorgenommen. Während die BWL auf den Betrieb ausgerichtet ist, beschäftigt sich die VWL mit der Wirtschaft als Ganzem. Bei der Produktion der Güter kommt es zur **Kombination oder Substitution der Produktionsfaktoren**, und zwar nach dem ökonomischen Prinzip. Arbeit, Betriebsmittel und Werkstoffe sowie Bildung werden in bestimmter Menge und Qualität miteinander kombiniert.

Als Beispiel sei hier auf das Backen einer Torte hingewiesen, die mithilfe von Arbeitskräften, Maschinen und Mehl/Zutaten (Werkstoffen) erstellt wird. Dabei kann ein Produktionsfaktor gegen einen anderen ausgetauscht (substituiert) werden, z.B. Butter und Margarine aufgrund der unterschiedlichen Kosten.

Aufgaben

1. Was verstehen Sie unter Produktion?
2. Ordnen Sie die folgenden Beispiele den entsprechenden Produktionsfaktoren zu:
   Heizöl, Küchenmaschine, Rührschüssel, Pfeffer, Fleisch.
3. Jens ist Auszubildender zum Hotelfachmann. Ist er damit auch ein Produktionsfaktor?
4. In einer Kantine werden außer Getränken und Süßigkeiten mittags auch drei warme Gerichte verkauft und zwischendurch kleine Mahlzeiten angeboten. Die Kantine verfügt über einen Getränkeautomaten und eine Küche, in der zwei Gasherde mit jeweils acht Kochstellen, zwei Grills, zwei Spülmaschinen sowie die notwendigen Ausstattungsgegenstände vorhanden sind. Für Aufgaben wie

- Organisieren,
- Einkaufen, Zubereiten/Anrichten der Speisen,
- Verteilen der Speisen und
- Kassieren

sind drei Köchinnen, zwei Köche und eine Hilfskraft eingesetzt. Finden Sie heraus, welche Elemente (z.B. Gegenstände, Tätigkeiten) den Produktionsfaktoren Arbeit, Natur und Kapital zuzuordnen sind.

5. Unterscheiden Sie den Prozess der Leistungserstellung in der Kantine eines Berufsförderungswerkes von dem Prozess der Leistungserstellung in der Verwaltung der Einrichtung. Berücksichtigen Sie besonders die Kombination der Produktionsfaktoren.

4.4   Einflüsse auf die menschliche Arbeitsleistung

Situation

Der Lärmschutz am Arbeitsplatz ist in der *Verordnung zum Schutz der Beschäftigten vor Gefährdungen durch Lärm und Vibrationen (Lärm- und Vibrations-Arbeitsschutzverordnung)* geregelt.
Diese Verordnung, die zwingende Vorgaben der EU in deutsches Recht umsetzt, verpflichtet den Arbeitgeber zur Ergreifung von Maßnahmen, wenn der Lärmpegel bestimmte Auslösewerte überschreitet:

Arbeitsleistung:
man power

▶ 85 Dezibel (oberer Auslösewert) ... Wird dieser Wert überschritten, so muss der Arbeitgeber ein Programm mit technischen und organisatorischen Maßnahmen zur Lärmverringerung ausarbeiten und umsetzen.
▶ 80 Dezibel (unterer Auslösewert) ... Wird dieser Wert trotz der Umsetzung des Programms überschritten, so hat der Arbeitgeber dem Beschäftigten einen persönlichen Gehörschutz zur Verfügung zu stellen.

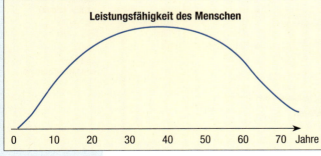

Leistungsfähigkeit des Menschen

0   10   20   30   40   50   60   70   Jahre

Die **Arbeitsleistung** des Menschen – also das bewertete Ergebnis seiner Arbeit – wird durch verschiedene Faktoren positiv oder negativ beeinflusst, sie kann als Arbeitsmenge pro Zeiteinheit definiert werden. Bestimmt wird die Arbeit vor allem durch die **Leistungsfähigkeit** (z.B. Ausbildung, Erfahrung, Gesundheit, Ermüdung, Belastbarkeit, Anpassungsfähigkeit), die **Leistungsbereitschaft** (z.B. Einsatzwille) und das **Leistungsumfeld** (z.B. Arbeitslohn und Arbeitsbedingungen) des Einzelnen. Die Leistungsvoraussetzungen des Menschen liegen damit zum einen bei ihm selbst, zum anderen in der Umwelt. Dementsprechend wirken auf die Arbeitsleistung objektive und subjektive Bedingungen ein.

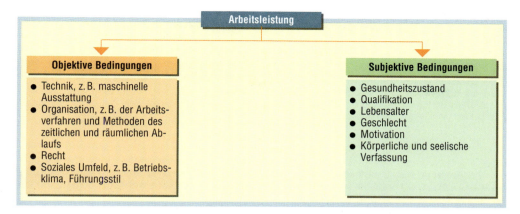

Um die menschliche Leistungsfähigkeit zu erhalten bzw. zu verbessern, ist darauf zu achten, dass der Arbeitnehmer nicht über die Maßen beansprucht wird. So würde z. B. ein Einsatz im Service ohne die nötigen Ruhepausen zu Ermüdung und damit zu abnehmender Leistungsfähigkeit führen.

Grundsätzlich sind **ergonomische Erkenntnisse und Erfahrungen** beim Arbeitsprozess, z. B. die Grenzwerte der Lärmbelästigung (siehe Situation), zu berücksichtigen. Aber auch andere Größen sind daraufhin zu untersuchen, ob sie die Arbeitsleistung beeinflussen, nämlich die Raum- und Farbgestaltung, Musik am Arbeitsplatz, die Arten der Erholungspausen, das Üben und Trainieren gleicher oder ähnlicher Arbeitsbedingungen usw. Beim Erstellen der Personaleinsatzpläne sollte auch auf die Leistungskurve des Menschen im Tagesverlauf geachtet werden; normalerweise liegt das Hoch zwischen 8 und 10 Uhr sowie um 18.00 Uhr, das Leistungstief zwischen 13.00 und 15.00 Uhr.

Auch in der Hotellerie und Gastronomie sind die Probleme der Arbeitsbelastung und -gestaltung rechtzeitig zu erkennen und zu bewältigen, was zur Motivation und Leistungsstärke der Mitarbeiter beiträgt.

Ergonomie:
ergonomics

Ergonomie: Lehre von der menschlichen Arbeit; Wechselbeziehungen zwischen Arbeit und menschlicher Leistungsfähigkeit; Voraussetzungen für eine Anpassung der Arbeit an den Menschen und umgekehrt

Gesundes Heben

1. Mit gebeugten Knien in die Hocke gehen.
2. Den Rücken gerade halten.
3. Mit geradem Rücken aufrichten.
4. Lasten auf beide Arme verteilen und dicht am Körper tragen.

Achtung:
Schwere Lasten (z. B. Getränkekisten oder volle Wäschekörbe) niemals mit rundem Rücken heben, da hierbei die Lendenwirbel stark belastet werden.

richtig

falsch

Aufgaben

1. Bettina Finck arbeitet an der Rezeption des Hotels „Stadt Dessau". Kurz bevor sie die Spätschicht beendet hat, kommt der Empfangschef zu ihr und bittet sie, noch zu bleiben, da der Nachtportier erkrankt ist. Nach acht Stunden anstrengender Arbeit am Empfang ist Bettina von der Schichtverlängerung nicht gerade begeistert.
   a) Wie wirken sich die „Überstunden" auf die Leistungsfähigkeit von Bettina Finck aus?
   b) Welche Möglichkeiten sehen Sie, damit Frau Finck
   • die Überstunden bewältigt und
   • wieder ihre volle Leistungsfähigkeit erreicht?

2. Welche Leistungsvoraussetzungen bestimmen die menschliche Arbeitsleistung?

3. Die angehenden Restaurantfachleute Roswitha und Jens sind sich nicht einig über ihre psychologische Leistungsbereitschaft. Zeigen Sie den beiden mithilfe einer Kurve die Schwankungen der Leistungsbereitschaft des Menschen über 24 Stunden.

4.5 Wirtschaftsordnung und Wirtschaftslenkung

Situation 1

Jörg und Nicole arbeiten als Hotelfachleute in einem mittleren Hotel mit Restaurant, in dem außer ihnen noch eine Fachkraft im Gastgewerbe, ein Koch, ein Küchenmeister und eine Rezeptionistin arbeiten. Wie können die beiden Einfluss auf die unternehmerischen Entscheidungen nehmen?

Situation 2

Sabrina hat eine Ausbildung als Restaurantfachfrau in einem Großhotel mit Auszeichnung bestanden, worauf sie beabsichtigt, selbst ein Restaurant zu eröffnen. Ist das möglich?

Wirtschaftsordnung: economic system

Das Zusammenleben von Menschen bedarf einer Ordnung. Diese sogenannte **Gesellschaftsordnung** umfasst alle kulturellen, sozialen, politischen und wirtschaftlichen Beziehungen. Darin eingebettet ist die **Wirtschaftsordnung**. Sie umfasst alle Rahmenregelungen für das ökonomische Geschehen einer Volkswirtschaft und hat die Aufgabe, den Einsatz von Menschen und Maschinen sowie die Güterverteilung so zu gestalten, dass die Knappheit der Güter so weit wie möglich gemindert wird. Die Wirtschaftssubjekte entscheiden darüber, ob sie das Schwergewicht auf die einzelne Person und deren Freiheitsspielraum legen **(= marktwirtschaftliches Prinzip)** oder auf die Personengemeinschaft **(= zentralverwaltungswirtschaftliches Prinzip)**.

Entsprechend der unterschiedlichen gesellschaftlichen Leitidee lassen sich die Grundfragen, wo, was, wie viel und für wen produziert wird, unterschiedlich lösen.

Vergleich der Wirtschaftsordnungen

Kapitalismus: capitalism

Sozialismus: socialism

Wirtschafts-ordnung Merkmal	Kapitalismus = Marktwirtschaft	Sozialismus = Zentralverwaltungswirtschaft
Eigentumsordnung	• Privateigentum an Produktionsmitteln • Privatwirtschaftlich organisierte Unternehmen	• Staatseigentum an Produktionsmitteln • Volkseigene Betriebe
Hauptelemente	• Vertragsfreiheit • Niederlassungsfreiheit • Gewerbefreiheit • Freiheit der Berufs- und Arbeitsplatzwahl • Konsumfreiheit • Leistungswettbewerb am Markt • Koalitionsfreiheit	• Fehlen der Freiheitsrechte • Über-/Unterordnungsprinzip • Zentralplan bestimmt Lohnhöhe und Arbeitsbedingungen
Wirtschaftliche Zielsetzungen	• Erwerbswirtschaftliches Prinzip (Streben nach Gewinn)	• Bedarfsdeckungsprinzip (Plan legt zu produzierende Gütermenge fest)

Soziale Marktwirtschaft: social market economy

Die „reine" Marktwirtschaft und Zentralverwaltungswirtschaft sind Modelle (= Idealtypen), die sich erheblich von den unterschiedlichen Wirtschaftsordnungen in der Realität absetzen. Die Wirtschaftsordnungen unserer Zeit sind alles Mischformen, die verschiedene Elemente der Marktwirtschaft und der Zentralverwaltungswirtschaft enthalten. Ein solches Mischsystem beider Ordnungsvorstellungen, bei dem allerdings die marktwirtschaftlichen Prinzipien überwiegen, ist die **soziale Marktwirtschaft** in der Bundesrepublik Deutschland. Der Staat überlässt das Wirtschaftsgeschehen nicht sich selbst, sondern steuert den Ablauf der Wirtschaft, indem er das Gemeinwohl vor die einzel- und gruppenwirtschaftlichen Interessen stellt, ohne die wirtschaftlichen Freiräume entscheidend einzuschränken.

4.5.1 Konzeption der sozialen Marktwirtschaft im Überblick

Die freie Preisbildung ist das A und O der Marktwirtschaft mit folgenden Funktionen:

1. **Informationsfunktion:** Die Preise informieren über den relativen Knappheitsgrad der einzelnen Güter und Dienstleistungen. Sie spiegeln die Wertschätzung einzelner Güter wider. Unternehmen, die Verluste machen, verzehren mehr Werte, als sie herstellen.

2. **Koordinations- und Ausgleichsfunktion:** Preisveränderungen sorgen tendenziell dafür, dass sich das Angebot und die Nachfrage angleichen. Da sich die Bedürfnisse und Knappheitsverhältnisse ständig verändern, ist die Preisbildung ein fortlaufender Prozess.

3. **Anreiz- und Lenkungsfunktion:** Die Preise lenken die Produktionsfaktoren (Arbeit, Rohstoffe und Maschinen) dahin, wo die Nachfrage und damit die erzielbaren Einkommen am höchsten sind. Gleichzeitig stellen hohe Preise einen Anreiz dar, das Angebot ständig zu verbessern und Neues herzustellen.

4. **Zuteilungs- und Auslesefunktion:** Auf der Nachfrageseite teilen die Preise das Angebot den Nachfragern zu, die bereit sind, den Angebotspreis zu akzeptieren. Auf der Angebotsseite können nur diejenigen überleben, die zumindest kostendeckend anbieten. Damit hat der Preis sowohl auf der Nachfrage- als auf der Angebotsseite eine Auslesefunktion.

Als „Väter" der sozialen Marktwirtschaft werden Alfred Müller-Armack und der ehemalige Wirtschaftsminister und Bundeskanzler Ludwig Erhard angesehen.

A. Müller-Armack
* 28.06.1901 in Essen
† 16.03.1978 in Köln

Ludwig Erhard
* 04.02.1897 in Fürth
† 05.05.1977 in Bonn

S1

S2

	Hauptelemente und ihre Einschränkungen
Freiheit der Eigentumsnutzung	Ausnahme: Arbeitsplatzvorschriften; Umweltschutzgesetze usw. Erweiterung: überbetriebliche Gewinnbeteiligung der Arbeitnehmer (AN); Mitbestimmung der AN lt. *BetrVG* bzw. *MitbestG*.
	Hier wäre es möglich, einen Betriebsrat zu wählen, der mindestens in sozialen Angelegenheiten mitbestimmen dürfte – § 87 BetrVG.
Konsumfreiheit	Preisfestsetzung durch Unternehmen führt zur Bevorteilung oberer Einkommensschichten.
Gewerbefreiheit und einschränkend wirkende Zulassungsbedingungen	Persönliche: Vorbildung als Arzt, Restaurantmeister usw. Sachliche: Eröffnung eines Restaurants abhängig von Kapital, Räumlichkeiten usw.
	Danach kann Sabrina das Restaurant eröffnen, sofern sie über das nötige Geld usw. verfügt.
Wettbewerbsfreiheit	Durch Gesetze *(Gesetz gegen Wettbewerbsbeschränkungen, Gesetz gegen den unlauteren Wettbewerb)* kann der Staat z. B. den Zusammenschluss marktbeherrschender Unternehmen verbieten, Preisabsprachen unterbinden usw.
Produktions- und Handelsfreiheit	Das Ausnutzen der Freiheitsrechte wird durch das für die Ausübung notwendige Eigenkapital eingeschränkt.
Freiheit der Berufs- und Arbeitsplatzwahl	Obwohl der Staat Förderungsmittel *(BaföG, SGB III)* gewährt und die Bildungs- bzw. Berufsbildungspolitik verbessert wurde, ist bei Schülern und Erwerbstätigen eine völlige Chancengleichheit noch nicht gegeben.

Die Wirtschaft macht nur einen Teil der gesamtstaatlichen Ordnung aus, sodass die im *Grundgesetz* getroffenen Aussagen über Grundrechte und Grundfreiheit auch den Bereich der Wirtschaftsordnung mitbestimmen. Zwar schreibt das Grundgesetz keine bestimmte Wirtschaftsordnung vor, doch steckt es den Rahmen für diese ab.

GG

	Sozialer Aspekt
Persönliche Vorsorge **Hilfe durch freie Wohlfahrtsverbände**	Soziale Sicherung durch den Einzelnen: • Grundbesitz, Lebensversicherungen, Wertpapiere usw. • Entlastung des staatlichen Systems • allgemeine Ansprache bedürftiger Gruppen Kritik: Fehlen staatlicher Unterstützung
Versorgungsleistung des Staates	• Soziale Leistungen an Kranke, Arbeitslose, Rentner, Berufs-/Arbeitsunfähige in Form von Bildung/Weiterbildung, Gesundheitsfürsorge, Unfall-, Arbeitsschutz usw. Kritik: Hohe soziale Leistungen = Kosten des Staates verlangen eine starke Selbstbeteiligung; diese haben jedoch ihre Grenzen in der Belastbarkeit des einzelnen Bürgers; überzogene Sozialpolitik heizt die inflationäre Entwicklung an.

Art. 2, 3, 9, 11, 12, 14, 15, 20 u. 22 GG

🇬🇧 **Grundrechte:** fundamental/basic rights

🇬🇧 **Planwirtschaft:** (centrally-)planned/ (state-)controlled economy

Karl Marx
* 05.05.1818 in Trier
† 14.03.1883 in London

Friedrich Engels
* 28.11.1820 in Wuppertal-Barmen
† 05.08.1895 in London

In diesem Zusammenhang sind vor allem die **Grundrechte** von Bedeutung; sie bilden den Kern unserer Wirtschaftsordnung und enthalten sowohl individuelle Freiheitsrechte, z.T. mit der Auflage sozialer Verpflichtung, als auch Art und Weise, wie diese Rechte im Interesse der Allgemeinheit eingeschränkt bzw. aufgehoben werden können – Enteignung, Sozialisierung.

Der Staat hat die Aufgabe, einen sicheren Rechtsrahmen für die Wirtschaft zu schaffen. Durch Gesetze, Verordnungen oder Schutzvorschriften versucht der Staat, soziale Gerechtigkeit, Sicherheit und ausgeglichene Güterversorgung durchzusetzen. Diese staatliche Einflussnahme ist auf verschiedensten Gebieten festzustellen.

Die Ziele der sozialen Marktwirtschaft lassen sich jedoch nur verwirklichen, wenn die Wirtschaftspolitik (Finanz-, Steuer-, Währungs-, Sozialpolitik usw.) im Einzelnen mit den Instrumenten der Konjunkturpolitik abgestimmt wird.

4.5.2 Konzeption der Planwirtschaft

Der sozialen Marktwirtschaft in der Bundesrepublik Deutschland steht die „Planwirtschaft", die z.B. in Kuba praktiziert wird, gegenüber. Dieses Wirtschaftssystem hat seine ideologische Grundlage in dem von *Marx* und *Engels* begründeten wissenschaftlichen Sozialismus sowie Elementen des Leninismus, speziell der politischen Ökonomie. Darunter versteht man die Wissenschaft von den ökonomischen Gesetzen und die Planung einer rationellen (aufeinander abgestimmten) Organisation und Leitung der Produktion sowie des Austausches in der auf dem sozialistischen Eigentum an Produktionsmitteln und der politischen Herrschaft der Arbeiterklasse beruhenden sozialistischen Gesellschaft.

In der zentralen Planwirtschaft oder **Zentralverwaltungswirtschaft** – dem Gegenmodell zum System der freien Marktwirtschaft – gehen die Impulse zur Steuerung des Wirtschaftsprozesses vom Staat aus. Er trifft die Entscheidungen über das Produktionsziel, die Anordnung der Produktionsfaktoren und die Verteilung des Gesamtprodukts. Die Betriebe produzieren auf der Grundlage eines von der staatlichen Planungsbehörde aufgestellten Volkswirtschaftsplans, der ihnen das Produktionssoll vorgibt.

Die **sozialistische Planwirtschaft** hat sich in ihrer praktischen Umsetzung als dauerhaft nicht durchsetzbar gezeigt, z.B. in der ehemaligen Deutschen Demokratischen Republik (DDR).

Praxis

M 2

Eine Zeitungsmeldung informiert wie folgt:

Aufgrund eines Beschlusses der Stadtverwaltung wird die Straßenreinigungsgebühr für die Anlieger von bisher 18,00 EUR monatlich auf 28,80 EUR monatlich erhöht. Die Stadtverwaltung begründet die 60-prozentige Gebührenerhöhung damit, dass die städtischen Einnahmen nicht mehr ausreichen, die hohen Kosten zu decken. Der Gastronom Weingarten, aber auch private Anlieger, haben diesen Beschluss mit Protest zur Kenntnis genommen. Gastronom Weingarten kündigte bereits Schritte – nötigenfalls mithilfe der Gerichte – gegen diesen Beschluss an; für ihn als Kleinunternehmer sei dies eine unzumutbare Zusatzbelastung.

Auch die Bürgerpartei wendet sich gegen die Entscheidung. Ihr Vorschlag ist es, die Anlieger sogar komplett von der Straßenreinigungsgebühr zu befreien, wenn sie in eigener Verantwortung für die Reinigung der entsprechenden Straßenabschnitte sorgen; dieser Vorschlag wurde durch die Stadtverwaltung als unpraktikabel zurückgewiesen. Schließlich habe allein die Stadt die Aufgabe, für saubere und im Winter für schneefreie und gestreute Straßen zu sorgen.

Diskutieren Sie in Ihrer Klasse die Argumentation der beschriebenen Kontrahenten. Als Kern der Diskussion soll die Rolle des Staates einerseits und die Rolle der Bürger andererseits in der Wirtschaftsordnung der sozialen Marktwirtschaft herausgearbeitet werden. Versuchen Sie dabei, die Grenzen der Aufgabenverteilung zwischen dem Staat einerseits und den Unternehmen und privaten Bürgern andererseits herauszuarbeiten, und zwar aus der Sicht der Finanzierung.

Zentrale Fragestellung:

Wie viel muss der Staat übernehmen, wie viel sollte er übernehmen, wie viel soll von jedem einzelnen Bürger/Unternehmer übernommen werden?

Aufgaben

1. Nennen Sie die Grundlage der Marktpartner in einem marktwirtschaftlich organisierten System.
2. Stellen Sie die Wesensmerkmale und Voraussetzungen der reinen Marktwirtschaft und der reinen Zentralverwaltungswirtschaft in einer schematischen Darstellung gegenüber.
3. Führen Sie Voraussetzungen für das Funktionieren der Marktwirtschaft an.
4. Welcher Wirtschaftsordnung sind die nachstehenden Begriffe zuzuordnen?
   a) Konsumfreiheit
   b) Staat als Planungsinstanz
   c) Demokratie des Marktes
   d) Planrisiko
   e) Subvention
   f) erwerbswirtschaftliches Prinzip
   g) Markt als Lenkungsinstrument
   h) Volkswirtschaftsplan
5. Erläutern Sie die Funktion des Staates in einer sozialen Marktwirtschaft.
6. Erläutern Sie die wichtigsten Elemente unserer marktwirtschaftlichen Ordnung.
7. Wie lassen sich die Ziele der sozialen Marktwirtschaft erreichen?
8. Formulieren Sie den Grundsatz der sozialen Marktwirtschaft.
9. Vergleichen Sie die sozialistische Planwirtschaft mit der sozialen Marktwirtschaft.

4.6 Markt und Preis

4.6.1 Arten und Formen des Marktes

Situation

Die Auszubildende Anne-Katrin will für das Wochenende Frischgemüse, Käse, Wurst usw. auf dem Wochenmarkt einkaufen. Dort herrscht ein starkes Gedränge, sodass es nicht einfach für sie ist, die Preise der einzelnen Händler miteinander zu vergleichen. Sie findet jedoch heraus, dass nur ein Händler die Wurst anbietet, die sie kaufen möchte, drei Händler mit Butter, Käse und Eiern auf dem Markt sind, aber viele Anbieter Kartoffeln, Gemüse und frisches Obst verkaufen wollen.

Von einem **Markt** spricht man, wenn **Angebot und Nachfrage zusammentreffen** bzw. Leistungen und Gegenleistungen ausgetauscht werden.

Markt:
market

Kap. 4.1

Marktarten:
types of market/
market types

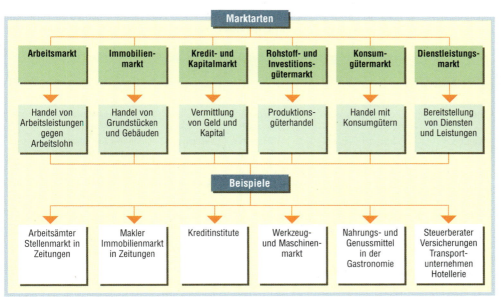

Über die genannten **Marktarten** hinaus gibt es noch weitere **Dienstleistungsmärkte**, wie für Verkehrs- oder Nachrichtenleistungen. Außerdem sind noch andere Unterteilungsmöglichkeiten der Märkte bekannt, z.B. nach besonderen Organisationsformen (Auktionen, Messen, Börsen) oder nach dem Marktzutritt (= offene und geschlossene Märkte). Als offen bezeichnet man einen Markt, wenn jeder Anbieter oder Nachfrager der Marktzugang möglich ist. Durch rechtliche Vorschriften kann ein Markt gesperrt sein, z.B. durch die vom DEHOGA geforderte **Sachkundeprüfung** für die Gastronomie.

Aus der Situation wird ersichtlich, dass die Anbieter für die einzelnen Konsumgüter unterschiedlich stark vertreten sind. Für die Marktpartner ist aber nicht nur die Anzahl der Mitbewerber entscheidend, sondern auch, wie viele Anbieter wie vielen Nachfragern am Markt gegenüberstehen, denn dadurch bildet sich der Preis an den verschiedenen Märkten; weitere Märkte sind z. B. Arbeitsmarkt, Kapitalmarkt, Rohstoffmarkt.

Beispiel

> Timi hat sich ein Auto gekauft. Zielgerichtet fährt er zur nächsten und einzigen Tankstelle in seinem Wohnort. Benzin kostet hier 5 Cent mehr als im Nachbarort; die Fahrt dahin würde sich jedoch nicht lohnen, so dass er am Ort volltankt.

Staat und Wirtschaft

Kap. 1.1.5

Die unterschiedlichen **Marktformen** beruhen auf bestimmten Angebots- und Nachfragestrukturen (Gefüge). Mit zunehmender Anzahl der Marktteilnehmer nimmt die Marktmacht des Einzelnen ab. Der Markt lässt sich also nach verschiedenen **Wettbewerbsformen** einteilen.

Je nachdem wie viele Anbieter (=Tankstellen im Beispiel) oder Nachfrager (z. B. Timi) vorhanden sind, lassen sich mehrere Marktformen unterscheiden. Die Zahl der Marktteilnehmer lässt sich unterteilen in:

Marktformen

Anbieter \ Nachfrager	Viele	Wenige	Einer
Viele	Polypol ● Gaststätten	Nachfrage-Oligopol ● Zuckerrübenfabriken	Nachfrage-Monopol ● örtliche Molkerei
Wenige	Angebots-Oligopol ● Automobile ● Mineralölgesellschaften	Bilaterales (zweiseitiges) Oligopol ● Passagierflugzeuge	Monopol (= beschränktes Nachfrage-Monopol) ● Militärflugzeuge innerhalb der Bundesrepublik
Einer	Angebots-Monopol ● Müllabfuhr durch Kommune	Oligopol (= beschränktes Nachfrage-Oligopol) ● Seeversicherung	Bilaterales (zweiseitiges) Monopol Auf der Angebots- und Nachfrageseite gibt es nur einen Marktteilnehmer ● ICE-Waggons innerhalb der Bundesrepublik

4.6.2   Preisbildung in der sozialen Marktwirtschaft

Situation

> Küchenmeister Krause kauft auf dem Großmarkt ein. Kurz vor Schluss des Marktes geraten die Preise in Bewegung, denn die Anbieter merken, dass sie ihr leicht verderbliches Gemüse nicht absetzen können, wenn sie die Preise nicht heruntersetzen.

Der **Markt** wird in der freien sozialen Marktwirtschaft **als Koordinator** angesehen, d.h., die Verteilung der Güter geschieht über den Markt. Die Marktpartner können produzieren, wo, was und wie viel sie wollen, und die Anbieter können ihre Güter zu einem von ihnen festgesetzten Preis anbieten.

Die **soziale Marktwirtschaft** vereinigt das Prinzip der Freiheit auf dem Markt mit dem des sozialen Ausgleichs durch eine aktive Teilnahme des Staates am Wirtschaftsleben. Sie versucht, soziale Gerechtigkeit, Sicherheit und ausgeglichene Güterversorgung durchzusetzen.

Wirtschaftliche Interessen werden also in unserer Wirtschaftsordnung auf den verschiedensten Märkten durch das „freie Spiel" von Angebot und Nachfrage aufeinander abgestimmt. Die sich daraus ergebenden **Preise** dienen den Marktpartnern als eine Art Barometer der jeweiligen Marktlage. Besonders der **Gleichgewichtspreis** (Übereinstimmungen von Angebot und Nachfrage) trägt zu optimalen wirtschaftlichen Ergebnissen bei, er wird daher als Idealfall angesehen.

Ein verändertes Nachfrageverhalten, z.B. der Gastronomen, setzt den Marktmechanismus (= Vorgang der Preisbildung) in Bewegung. Werden mehr Güter angeboten als nachgefragt (= Überangebot), dann wird durch die Konkurrenz (= Wettbewerb) der Anbieter der Preis gedrückt, was zu einer zusätzlichen Nachfrage führt. Die Preise fallen dann so lange, bis Angebot und Nachfrage wieder übereinstimmen. Ist die Nachfrage größer als das Angebot (= Unterangebot), verläuft der Marktvorgang umgekehrt.

Preisbildung: pricing

Preis: price

Bestimmungsgründe der Nachfrage	Marktparteien	Bestimmungsgründe des Angebots
• Preis des Gutes • Preise anderer Güter • Kauffähigkeit der Haushalte • Bedarf bzw. Nutzenerwartung • Zahl der Verbraucher	Nachfrage → **Preisbildung durch Marktmechanismus** ← Angebot	• Nachfrageerwartungen • Produktionskosten • Preis und Gewinn • Preise anderer Güter • Güterart

Der **Staat** beeinflusst die Preisbildung, um bestimmte Wirtschaftszweige zu fördern; so werden z.B. landwirtschaftliche Produkte, wie Butter, Milch, durch staatliche Beihilfen **(Subventionen)** verbilligt am Markt angeboten.

Tritt der Staat als Koordinator auf, indem er die Güterverteilung durch die Behörden vornimmt, so wird der Güteraustausch nicht durch den Marktmechanismus bestimmt und es handelt sich um eine **Zentralverwaltungswirtschaft**. Eine Ausprägung dieses Typs ist die sozialistische Planwirtschaft, wie sie in der ehemaligen DDR praktiziert worden ist.

Kap. 4.5.2

Praxis

M 5   **M 9**

Finden Sie heraus, warum es in Restaurants nicht möglicht ist, den Preis für Speisen und Getränke „auszuhandeln". Nehmen Sie Kontakt mit einem Gastronomen auf und lassen Sie sich erläutern, wie die Preise dort zustande kommen.

4.6.3   Preisberechnung

Preisberechnung: costing

Situation

Noch nie gab es für den Erholungsuchenden ein so breit gefächertes Angebot wie heute. Gerade die Zahl der Hotelbetten, aber auch die Restaurationsbetriebe haben sich in den letzten Jahren erheblich erhöht.
Dies stellt die Gäste allerdings vor die schwierige Qual der Wahl: Es gilt Kataloge zu wälzen oder Angebote aus Zeitungen zu vergleichen, um sich ein objektives Bild über die unterschiedlichen Preise zu machen. Demgegenüber wird für die Hotellerie und Gastronomie der Wettbewerb immer härter. Jeder versucht, den anderen mit Sonderangeboten im Beherbergungs- und Servicebereich zu unterbieten.

Die soziale Marktwirtschaft lässt einen derartigen Wettbewerb der Anbieter nur so lange zu, soweit er nicht gegen das *Gesetz gegen Wettbewerbsbeschränkungen* oder gegen das *Gesetz gegen unlauteren Wettbewerb* verstößt. So darf der Hotelier auf der einen Seite nicht

GWB
UWG

überhöhte Preise von seinen Gästen fordern, wenn sie beispielsweise kurzfristig noch eine Übernachtung suchen.

Discountpreise

Auf der anderen Seite darf er nicht mit sogenannten „Discountpreisen" arbeiten, um dadurch seine Mitbewerber am Ort auszuschalten. Das Zusammentreffen eines weitgehend starren Angebots mit einer stark schwankenden Nachfrage führt im Beherbergungsgewerbe zu einer strukturellen Überkapazität (= Leerkapazitäten). Das Problem der Hotellerie ist daher, den genannten Schwankungen der Nachfrage zu begegnen. So nutzen die Hotels besonders jeden ihnen möglichen preispolitischen Spielraum, d.h., dass die Übernachtungspreise mit Preisnachlässen (Spezial- oder Saisonpreise) angeboten werden.

PAngV

Die Preisdifferenzierung sollte allerdings nicht überzogen werden und eine realistische Kalkulation zur Grundlage haben. Außerdem ist die *Preisangabenverordnung* zu beachten. Der Gastwirt berechnet seine Preise mithilfe verschiedener **Kalkulationsverfahren**.

Geht man vom Betriebskreislauf eines Hotelbetriebes aus, so ist bei der Kalkulation die Einkaufsrechnung zugrunde zu legen und mithilfe kalkulatorischer Zuschläge der Verkaufspreis zu ermitteln.

Beispiel

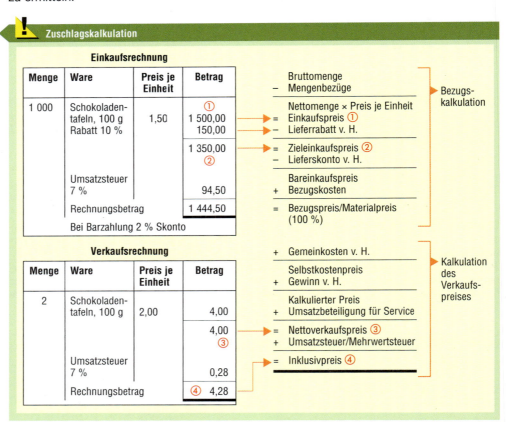

Die **Umsatzsteuer (Mehrwertsteuer)** ist kein Bestandteil der Kalkulation, sondern wird erst bei der Rechnungserstellung aufgeschlagen.

Mehrwertsteuer: value-added tax (VAT)

Im Rechnungspreis (Brutto- oder Inklusivpreis) des Hoteliers ist die Umsatzsteuer enthalten, weil der Gast – wenn er nicht selbst vorsteuerabzugsberechtigt ist (z.B. als Unternehmer) – nur wissen will, was er tatsächlich zu zahlen hat.

Mehrwertsteuersatz: 19 % (7 % ermäßigt)

In Hotellerie und Gastronomie gilt der allgemeine Umsatzsteuersatz (Mehrwertsteuersatz) von 19 %; davon ausgenommen sind Beherbergungsleistungen, Lieferungen außer Haus sowie Verkäufe von Süßwaren, Zeitungen, Zeitschriften = ermäßigter Steuersatz von 7 %.

Die **Zuschlagskalkulation** ist vornehmlich für den Restaurantbetrieb geeignet, während für den Beherbergungsbereich im Allgemeinen die **Divisionskalkulation** angewendet wird.

Ausgangspunkt für die Berechnung der Beherbergungskosten sind die durchschnittlichen Selbstkosten pro Übernachtung.

Gesamtkosten der Beherbergung (Raum, Wäsche-, Lohnkosten usw. der Beherbergungsabt.), z. B. 137.040,00 €	Zahl der Übernachtungen pro Jahr, z. B. 5.280	= Selbstkosten je Übernachtung = 25,95 €

Um den Zimmerpreis zu ermitteln, sind prozentual der Gewinn und die Umsatzsteuer (MwSt.) aufzuschlagen.

Die meisten Hotels haben jedoch Zimmer unterschiedlicher Größe und Ausstattung, sodass in die Kalkulation zusätzlich ein Wertfaktor einzubeziehen ist.

Zimmer-Kategorie	Anzahl der Betten	Wert-faktor	Zimmerbelegung pro Monat	Kalkulierter Preis pro Bett in €	Kalkulierter Preis pro Zimmer in €
A (Mehrbettzimmer)	5	2	60	33,74 × 1 = 33,75	168,70
B (Doppelzimmer)	20	1,8	200	33,74 × 1,8 = 60,73	121,46
C (Einzelzimmer)	10	2,5	180	33,74 × 2,5 = 84,35	84,35
			440		

Nebenrechnung: GK = 11 420,00 €:

	440	=	25,95 € Selbstkosten
+ 30 %		=	7,79 € Gewinn
			33,74 € kalkulierter Preis

1. Für ein Sachgut oder eine Dienstleistung ist am Markt ein bestimmtes Entgelt zu zahlen. Die nachstehenden Begriffe bezeichnen den Preis auf unterschiedlichen Märkten; nehmen Sie eine Zuordnung vor:

   a) Zins b) Gehalt c) Pacht d) Lohn e) Provision f) Gebühr g) Honorar h) Gage i) Eintritt j) Beitrag k) Fahrgeld l) Heuer m) Sold n) Miete o) Kurs.

2. Kennzeichnen Sie einen Markt.

3. Welche Wirkungen gehen von den Marktformen auf die Preisbildung aus?

4. Vor dem Hotel „Alpenblick" führen zwei Restaurantfachleute vor, wie man flambiert, um die in der Fußgängerzone Flanierenden auf ihr Haus aufmerksam zu machen. Daraufhin haben sich auch bald viele Menschen vor dem Hotel versammelt, was verkaufsfördernd wirkt. Welche Marktform ist hier angesprochen?

5. Ordnen Sie die folgenden Beispiele in das Marktformenschema ein:
   a) Hotelzimmer
   b) Immobilienmakler
   c) DEHOGA sowie Gewerkschaft Nahrung – Genuss – Gaststätten
   d) Deutsche Post AG
   e) Bundeswehr als Käufer von Ausrüstungsgegenständen
   f) Kosmetiksalon in einer Großstadt

6. Der Geschäftsführer des Restaurants „Zum Fass" teilt seinen Kunden mit, dass ab sofort eine neue Preisliste gilt (die Preise wurden um durchschnittlich zehn Prozent angehoben).
   Wie wird sich die Preisanhebung nach Ihrer Meinung auf die Nachfrage auswirken?

7. Im Folgenden sind vier verschiedene Produkte genannt, bei denen sich der Preis erhöht hat:
   a) bei Wein
   b) bei Arzneimitteln
   c) bei wertvollen Münzen
   d) bei neuesten EDV-Geräten
   Wie werden die Verbraucher überwiegend auf die Preisänderung reagieren?

8. Welche Bedeutung hat der Gleichgewichtspreis?

9. Woraus setzen sich
   a) die Selbstkosten,
   b) der Nettoverkaufspreis,
   c) der Inklusivpreis
   zusammen?

10. Warum gibt es unterschiedliche Verfahren zur Errechnung der Zimmerpreise?

4.7   Leistung, Löhne und Kosten im Betrieb

Situation

Die Frankenbrauerei hat einen Ausstoß von 40 000 Hektoliter Bier im Jahr. Für die Produktion, den Vertrieb sowie die Verwaltung sind im Unternehmen 42 Mitarbeiter angestellt. Welcher Produktionsfaktor herrscht in diesem Betrieb vor?

Kosten:
Einsatz (in Geld gemessen) von Produktionsfaktoren zur Leistungs- erstellung

Beim Einsatz von Menschen, Roh-, Hilfs- und Betriebsstoffen sowie Geldern im Betrieb entstehen Kosten, die in den Preis eingehen und letztlich vom Verbraucher (z. B. dem Gast) zu tragen sind.

Kosten: costs

Leistungsfaktoren	Kostenarten
menschliche Leistungsfaktoren: (Arbeitsleistung)	**Personalkosten** = Löhne, Gehälter, freiwillige und gesetzliche Sozialkosten, Unternehmerlohn
materielle Leistungsfaktoren: (Geld- und Sachvermögen)	**Kapitalkosten** = Zinsen für Kredite und Abschreibungen für das investierte betriebsnotwendige Vermögen sowie Reparaturkosten **Stoffkosten** = Roh-, Hilfs- und Betriebsstoffe
immaterielle Leistungsfaktoren: (Rechte)	**Fremdleistungskosten** = Gebühren, Lizenzen, Patente, Gebrauchsmuster, Versicherungen, Frachten, Gebühren für Steuerberater und Rechtsanwälte usw.

Inwieweit sich der Einsatz der Leistungsfaktoren (= Produktionsfaktoren) in Bezug zur Leistung eines Betriebes verhält, lässt sich nur mithilfe der Preise bewerten, die in Form von Geld für die Leistungsfaktoren gezahlt werden.

In Gastronomie und Hotellerie finden sich **kapitalintensive Betriebe** aufgrund qualitativ hoher Ausstattungsgegenstände, aber vor allem viele **lohnintensive (personalintensive) Betriebe**, was für das gesamte Dienstleistungsgewerbe typisch ist. Auch lassen sich die an das Personal zu zahlenden Löhne und Gehälter sowie die Lohnnebenkosten kaum vermindern, da beispielsweise Tarifverträge usw. diese festschreiben.

Entlohnung der Arbeit

Lohn: wage

Gehalt: salary

Bruttolohn: gross wage

Nettolohn: net wage/ take-home pay

Kost und Logis: board and lodging

Der Preis für die Arbeitnehmer ist der Lohn oder das Gehalt. Der **Bruttolohn** ist die Gesamt- vergütung für die vom Arbeitnehmer erbrachten Leistungen, sie enthält den Arbeitnehmer- anteil der gesetzlichen Sozialversicherungsbeiträge, die Lohnsteuer, u. U. die Kirchensteuer und vermögenswirksame Leistungen, sonstige tarifliche, vertragliche oder freiwillige Zuwen- dungen des Arbeitgebers sowie den verbleibenden **Nettolohn**.

Eine Besonderheit im Gastgewerbe ist, dass Arbeitnehmer sehr häufig bei freier **Kost und Logis** im Hause untergebracht sind. Diese Leistungen müssen selbstverständlich mit in den Bruttolohn eingehen und unterliegen der Lohnsteuer.

Der **Lohn** ist insbesondere in **Zeitlohn** und **Leistungslohn** zu unterscheiden. Maßstab für die Berechnung der Höhe des Zeitlohns ist die Länge der Arbeitszeit. Beispielsweise hat ein Hauptbuchhalter bei einem Stundenlohn von 23,00 € und wöchentlich 39 Stunden Arbeits- zeit einen Bruttoverdienst (vor dem Abzug von Steuern und Beiträgen zur Sozialversiche- rung) in Höhe von 3 588,00 € monatlich (wöchentlich = 897,00 €).

```
Lohn
  ↙      ↘
Zeit-   Leistungs-
lohn      lohn
```

Der **Zeitlohn** verhindert vor allem bei gefahr- und verantwortungsvollen Arbeiten gesund- heitsschädliche Hast (negativen Stress) und sichert dem Arbeitnehmer ein festes, von seiner mengenmäßigen Leistung unabhängiges Einkommen. Andererseits fehlt der Anreiz zur Auf- rechterhaltung oder Beschleunigung des Arbeitstempos.

Demgegenüber wird beim **Leistungslohn (= Stücklohn)** die tatsächliche Leistung bezahlt. Als Verrechnungseinheit kann die Stückzahl **(= Stückakkord)** oder die Zeit **(= Zeitakkord)** genommen werden. Beim Stückgeldakkord wird die geleistete Stückzahl mit einer vorgegebenen Geldeinheit je Stück multipliziert.

Leistungslohn
↙ ↘
Stück-akkord **Zeit-akkord**

!

Beispiel

Vorgegebener Stücklohn 2,10 € × 18 erstellte Stücke = 37,80 € Akkordlohn.

Häufiger ist jedoch der **Stückzeitakkord**, bei dem der Stücklohn durch Vervielfachen der Vorgabezeit je Stück mit dem Minutenfaktor ermittelt wird. Letzterer ergibt sich, indem man den **Akkordrichtsatz** durch 60 (= Minuten) teilt; dabei ist der Akkordrichtsatz der meistens in Tarifverträgen festgelegte Durchschnittslohn für eine Stunde Akkordarbeit.

!

Beispiel

8 Minuten Vorgabezeit je Stück × 0,38 Minutenfaktor (Lohn je Stunde 22,80 €) = 3,04 € Stücklohn. 3,04 € Stücklohn × 12 Stück = 36,48 € Akkordlohn.

Akkordlohn	
Einzelakkord	**Gruppenakkord**
Die Leistung eines Arbeitnehmers wird abgerechnet.	Die Leistung von mehreren Arbeitnehmern wird zusammen erfasst und nach einem festgelegten Schlüssel auf die Mitglieder der Arbeitsgruppe verteilt.

Grundsätzlich ist zu beachten, dass der Leistungslohn vornehmlich bei überwiegend körperlichen Tätigkeiten gezahlt werden kann, denn sie sind genauer festgelegt, wiederholen sich laufend, die Normalleistung ist genau messbar usw.

Die Lohnform der Zukunft ist jedoch der **Prämienlohn**. Man vereinbart einen bestimmten Grundlohn, meist Zeitlohn, und gewährt für besondere Leistungen quantitativer Art (z. B. Materialeinsparungen, Güte der Arbeit) eine Prämie.

Prämienlohn

!

Beispiel

Durchschnittliche Arbeitszeit für ein Stück = 8 Stunden; für eingesparte Zeit erhält der Arbeitnehmer 50 % Prämie vom Stundenlohnsatz (Stundenlohn = 23,00 €). Bei 7,5 Stunden Arbeitsdauer ergeben sich:

Grundverdienst 8 × 23,00 €	=	184,00 €
+ Prämie 50 % von 11,50 € (= ½ Stunde)	=	5,75 €
Prämienlohn	=	189,75 €

Dieser Zuschlag ist berechtigt, weil sich durch geschickte Arbeit Kosten- und Kapitalersparnisse für den Unternehmer ergeben, an denen der Arbeitnehmer beteiligt wird.
Anzutreffen im Tourismusgewerbe sind auch **Provisionszahlungen**. Der Mitarbeiter erhält eine Beteiligung an dem von ihm erzielten Umsatz, z. B. einen bestimmten Prozentsatz. Das

Provision: commission

Fixum

Monatseinkommen hängt dann vom Umsatzergebnis des jeweiligen Monats ab und schwankt dementsprechend. Um zu große Abweichungen aufzufangen, wird oftmals ein garantiertes Mindesteinkommen (= **Fixum**) vertraglich festgelegt.

Erfolgsbeteiligung

Neben den genannten Lohnformen finden wir zunehmend die **Erfolgsbeteiligung**. Hierbei wird der Arbeitnehmer am Gewinn, dem Umsatz oder Kapital eines Unternehmens beteiligt.

Sonderzahlungen
↙ ↘
monatlich jährlich

Der Lohn bzw. das Gehalt eines im Gastgewerbe arbeitenden Arbeitnehmers wird im Allgemeinen durch jährliche oder monatliche Sonderzahlungen noch aufgebessert. Dazu zählen:
▶ Gratifikationen wie das **Weihnachtsgeld**,
▶ **Urlaubsgeld**,
▶ Leistungen nach dem *Vermögensbildungsgesetz*,
▶ Beiträge zu Gruppenlebensversicherungen,
▶ Einzelprämien für Verbesserungsvorschläge usw.

Die Lohnabrechnung wird heute überwiegend mithilfe der EDV durchgeführt. Dabei sind die gesetzlich vorgeschriebenen Abzüge zu berücksichtigen.

Lohnberechnung

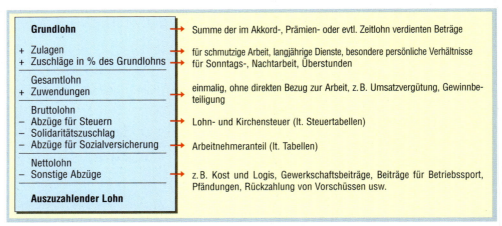

Für den in abhängiger Arbeit Beschäftigten ist die Vergütung in der Regel die Haupteinnahmequelle und Existenzgrundlage. Dementsprechend ist dieser Vergütungsanspruch durch den Gesetzgeber vielfältig geschützt. Trotzdem kann der Arbeitnehmer über seinen Lohn frei verfügen und z. B. im Wege der **Lohnabtretung** den pfändbaren Teil seines Einkommens einem Gläubiger zukommen lassen. Im Gegensatz dazu ist es dem Gläubiger möglich, in Form der **Lohnpfändung** auf das Arbeitseinkommen des Arbeitnehmers Zugriff zu nehmen, und zwar soweit dieses pfändbar ist.
Lohnabtretung und Lohnpfändung sind in jedem Fall für die Buchhaltung des Arbeitgebers mit erheblichen Verwaltungskosten verbunden.

Aufgaben

1. Was verstehen Sie unter dem Begriff Kosten?

2. Ordnen Sie die Kapital- und Stoffkosten den Leistungsfaktoren Gebäude, Betriebsmittel sowie Werkstoffe zu.

3. Warum ist ein bestimmter Bestandteil des Bruttolohns vornehmlich im Gastgewerbe anzutreffen?

4. Ein Zimmermädchen säubert 16 Zimmer pro Tag, d. h. in 8 Stunden. Sie hat einen Mindestlohn von

18,00 € pro Stunde, zuzüglich 25 % Akkordzuschlag. Wie hoch ist ihr Lohn, wenn die Vorgabezeit 15 Minuten pro Zimmer ausmacht?

5. Für Franziska Anger ist der Prämienlohn aufgrund der nachstehenden Angaben zu errechnen:
— Stundenlohn 15,00 €
— Vorgabezeit 4 Stunden
— benötigte Zeit 3¼ Stunden
— Prämie für 1 Stunde Zeitersparnis 20 % vom Stundenlohn

5 Grundlagen der Rechtsgeschäfte

Das Zusammenleben von Menschen ist nur dann möglich, wenn bestimmte Regeln eingehalten werden. Weil Sitten und Gebräuche dazu allein nicht ausreichen, brauchen wir das **Recht** mit seinen Rechtsvorschriften. Gebote und Verbote ordnen den Verlauf unseres gesellschaftlichen Lebens und regeln die rechtlichen Beziehungen der Bürger untereinander. Die unterschiedlichen Erscheinungsformen des Rechts werden als Rechtsquellen bezeichnet.

Rechtsgeschäfte:
legal transactions

Recht:
law/legal systems

Wichtige **Rechtsquellen** sind:			
Das **Grundgesetz** (GG – die deutsche Verfassung) regelt über die Grundrechte die Freiräume eines jeden einzelnen Bürgers.	Das **Bürgerliche Gesetzbuch** (BGB) regelt wichtige Fragen des Privatlebens, etwa beim Abschluss von Verträgen, Fragen zu Eigentum und Besitz oder auch familien- und erbrechtliche Angelegenheiten.	Das **Handelsgesetzbuch** (HGB) regelt das spezielle Recht für Kaufleute, damit Rechtsgeschäfte wie Verkäufe korrekt abgewickelt werden können.	Das **Aktiengesetz** (AktG) und das **Gesetz betreffend die Gesellschaften mit beschränkter Haftung (GmbHG)** sind für Kaufleute und speziell Unternehmer von besonderer Bedeutung.

GG
BGB
HGB
AktG
GmbHG

5.1 Personen im Rechtsverkehr (Rechtssubjekte)
Wer bei Rechtsgeschäften handelt

Situation

Gastwirt Meyer schreibt zu seinem 85. Geburtstag sein Testament: Die eine Hälfte seines Grundstücks soll sein Hund Billy erben, die andere Hälfte vererbt er der Kirche. Ist das Testament von Gastwirt Meyer rechtskräftig?

Erben kann nur, wer **rechtsfähig** ist, also wer Träger von Rechten und Pflichten sein kann. Ein Erbe von Gastwirt Meyer hat nicht nur das Recht, das Grundstück zu nutzen, er muss auch den damit verbundenen Pflichten nachkommen (z. B. Grundsteuer zahlen und das Grundstück sichern). **Rechtsfähige Personen** sind nach dem BGB nur:

§ 1 BGB

▶ **natürliche Personen**, also lebende Menschen, unabhängig von Alter, Geschlecht und Herkunft,
▶ **juristische Personen**, rechtlich anerkannte Organisationen wie Vereine, Aktiengesellschaften oder auch staatliche Einrichtungen. Da nun aber ein Verein oder eine AG keine Verträge unterschreiben können, handeln juristische Personen durch Organe, z. B. den Vorstand einer Aktiengesellschaft, der ja wiederum aus natürlichen Personen besteht.

§§ 21 ff. BGB

S

Da Hunde keine natürlichen Personen darstellen, sondern rechtlich wie Sachen behandelt werden (§ 90a BGB), sind sie auch nicht rechtsfähig. Folglich kommt der Hund von Gastwirt Meyer nicht als Erbe infrage. Will Gastwirt Meyer sicherstellen, dass der Hund nach seinem Tode versorgt wird, kann er einer natürlichen Person oder dem Tierheim Geld überlassen, damit diese dann seinen Hund füttern, pflegen usw.
Die Kirche ist eine juristische Person. Diese kann sowohl Rechte als auch Pflichten wahrnehmen – also kann die Kirche das Grundstück von Gastwirt Meyer erben.

Beispiel 1

Der 16-jährige Daniel bekommt von seiner Tante zum Geburtstag eine Jeans geschenkt. Außerdem schenkt ihm die alternde Dame ihre Katze Buffy.
Darf Daniel die Katze und die Jeans auch gegen den Willen seiner Eltern behalten?

Beispiel 2

Daniel kauft sich in einem Geschäft eine Spielekonsole für 225,00 €. Ist der Kaufvertrag über die Spielekonsole auch gegen den Willen von Daniels Eltern rechtswirksam zustande gekommen?

Während also juristische Personen Rechtsgeschäfte über ihre Organe abschließen (wenn z. B. der Geschäftsführer einen Firmenwagen für die GmbH kauft), ist die Geschäftsfähigkeit bei natürlichen Personen vom Alter abhängig. Es werden drei Altersstufen unterschieden:

Geschäftsfähigkeit

§§ 104 ff. BGB, § 1896 BGB

geschäftsfähig: legally capable/ competent to contract

geschäftsunfähig: legally incapable/ incapable of contracting

Von Geburt bis unter 7 Jahre	Von 7 bis unter 18 Jahren	Von 18 Jahren bis zum Tod
geschäftsunfähig	**beschränkt geschäftsfähig**	**voll geschäftsfähig**
Wer noch nicht 7 Jahre alt ist, kann noch keine Rechtsgeschäfte abschließen, diese sind dann nichtig. Hier handeln stellvertretend die Eltern.	Rechtsgeschäfte mit beschränkt geschäftsfähigen Personen sind „schwebend unwirksam", d. h., sie sind erst mit Zustimmung des gesetzlichen Vertreters gültig. Ausnahmen sind Rechtsgeschäfte, ● die ein Minderjähriger im Rahmen eines Dienst- oder Arbeitsverhältnisses tätigt, dem die Eltern zuvor zugestimmt haben, ● die ein Minderjähriger mit Geld getätigt hat, das er von seinen Eltern bekommen (Taschengeld) oder mit Zustimmung der Eltern von Dritten erhalten hat (Geldgeschenke), ● welche dem Minderjährigen nur rechtliche Vorteile bringen.	Rechtsgeschäfte, die ab 18 Jahren geschlossen werden, sind voll wirksam. Wer volljährig ist, handelt ganz in eigener Verantwortung. Wer als Volljähriger aufgrund einer psychischen Erkrankung oder durch Behinderungen seine rechtlichen Angelegenheiten nicht selbst besorgen kann, für den handelt auf Antrag oder auch durch Verordnung eines Amtes ein Betreuer.

Wird die **Zustimmung** zum Rechtsgeschäft vor dessen Abschluss erteilt, spricht man von **Einwilligung**, nach dem Abschluss von **Genehmigung.**

B1 Die Rechtsgeschäfte des 16-jährigen Daniel sind grundsätzlich schwebend unwirksam. Die Jeans darf Daniel allerdings behalten, da der Besitz einer Hose nur rechtliche Vorteile für ihn bringt. Da mit dem Besitz einer Katze auch Pflichten und Kosten verbunden sind, ergeben sich für Daniel nicht nur rechtliche Vorteile. Daniel darf die Katze nur mit Genehmigung seiner Eltern behalten.

B2 Dementsprechend ist der Kaufvertrag über die Spielekonsole schwebend unwirksam, d. h., er gilt erst, wenn Daniels Eltern zustimmen. Wenn Daniel die Spielekonsole nicht mit Mitteln seines Taschengeldes gekauft hat und wenn seine Eltern diesem Kauf nicht zugestimmt haben, ist kein gültiger Kaufvertrag zustande gekommen. Der Händler müsste auf Drängen der Eltern die Spielekonsole zurücknehmen und Daniel das Geld zurückzahlen.

Beispiel 3

Jenny (17) ist glücklich – endlich hat sie das neue Smartphone, das sie schon so lange haben wollte. Dafür musste sie nur den Vertrag über die Prepaidkarte beim Händler unterschreiben. So hat sie die Kosten im Griff, denkt sich Jenny – bis ihr nach dem Aufladen der Karte kaum noch etwas vom Taschengeld übrig bleibt. Als Jenny ihren Eltern von dem Handyvertrag erzählt, sind diese sauer, dass Jenny den Vertrag nicht vorher mit ihnen besprochen hat. Durfte Jenny ohne die Einwilligung Ihrer Eltern den Handyvertrag schließen?

Zum Schutz beschränkt Geschäftsfähiger ist das **Gesetz zur Beschränkung der Haftung Minderjähriger** *(MHbeG)* erlassen worden. Es verhindert, dass Minderjährige Verträge abschließen, aufgrund derer sie später Schulden haben. Das gilt z.B. für langfristige Miet-, Ratenkauf-, Versicherungs-, Bauspar- und Kreditverträge sowie den Grundstückserwerb. Solche Rechtsgeschäfte sind nur wirksam, wenn Eltern und Familiengericht zustimmen. Auch Handyverträge mit Prepaidkarten bedürfen der Zustimmung der Eltern. Schließt ein beschränkt Geschäftsfähiger beim Herunterladen eines Klingeltons o. Ä. ohne sein Wissen ein Abonnement ab, so gilt dieses ohne die Einwilligung der Eltern als unwirksam.

> „Jugendliche unter 20 Jahren verschulden sich sehr viel stärker als noch vor fünf Jahren. Laut dem SchuldnerAtlas von Creditreform können 128.000 junge Menschen ihren Zahlungsverpflichtungen nicht mehr nachkommen. [...] Denn die Versuchungen im Alltag sind groß: schicke Handys, iPods, Markenklamotten oder schnelle Autos. [...] Der Weg in die Verschuldung wird leicht gemacht [...] Der Schuldenberg wächst und wächst, ohne dass die Jugendlichen es merken – vorerst. Spätestens, wenn der Gerichtsvollzieher den ersten Brief schreibt, werden sich die meisten Teenager der Problematik bewusst. Doch zu diesem Zeitpunkt ist es oft zu spät."
>
> (Jugendliche in der Schuldenfalle – ein Leben im Minus, | Jenni Zwick in *eltern.t-online*)

> Jennys Handyvertrag ist so lange unwirksam, bis neben ihren Eltern auch das Vormundschaftsgericht diesem zugestimmt hat.

B3

Aufgaben

1. Unter welchen Umständen kann eine beschränkt geschäftsfähige Person doch eine rechtswirksame Erklärung abgeben?
2. Wovon hängt die Geschäftsfähigkeit natürlicher Personen ab?
3. Die 16-jährige Christin hat sich ohne Zustimmung ihrer Eltern ein Mofa gekauft. Unter welchen Voraussetzungen ist der Vertrag:
   a) gültig
   b) schwebend unwirksam
   c) ungültig?
4. Der 10-jährige Marcel hat sich einen neuen Monitor gekauft. Bevor Marcels Eltern den Kaufvertrag genehmigen, tritt der Händler vom Vertrag zurück. Ist das rechtens?
5. Von Ihrer Ausbildungsbeihilfe kauft sich die minderjährige Stefanie einen DVD-Rekorder im Wert von 450,00 €. Ist dieser Vertrag gültig?
6. Der 16-jährige Björn hat ohne Zustimmung seiner Eltern einen Dispokredit für sein Girokonto vereinbart. Ist diese Vereinbarung gültig?

5.2 Gegenstände im Rechtsverkehr (Rechtsobjekte)
Womit bei Rechtsgeschäften gehandelt wird

5.2.1 Sachen und Rechte

Bei Rechtsgeschäften geht es nicht nur um die handelnden Personen (Rechtssubjekte), sondern auch um Sachen, also im weitesten Sinn Gegenstände (Rechtsobjekte). Neben greifbaren Gegenständen werden aber auch Rechtsgeschäfte über Rechte – eben Rechtsgüter – geschlossen, die also nicht zu greifen sind.

Sachen:
tangible objects/assets

Rechte:
rights/claims/interests

§§ 90 ff. BGB

Sachen =
körperliche
Gegenstände
und Dinge

Rechte =
nicht körperliche
Rechtsgüter

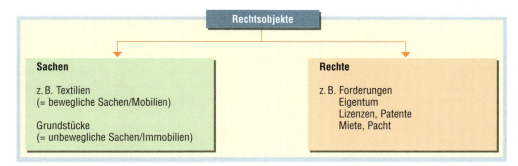

Sachen lassen sich noch **unterteilen** in
▶ **unbewegliche Sachen** (Immobilien): Grundstücke und alle mit dem Grund und Boden fest verbundenen Bauwerke, z.B. gemauertes und unterkellertes Landhaus (bebautes Grundstück), unbebauter Acker (unbebautes Grundstück)

- ▶ **bewegliche Sachen** (Mobilien): allein körperliche Gegenstände, z. B. Hose, Auto, Geschirr, Laptop
- ▶ **vertretbare Sachen:** bewegliche Sachen, die im Verkehr gewöhnlich und nach Zahl, Maß oder Gewicht bestimmt werden, z. B. serienmäßig hergestellte Pkws, Schnellkochtopf, Brot
- ▶ **unvertretbare Sachen:** bewegliche Sachen, die einmalig und einzigartig (individuell) und nicht ersetzbar sind, z. B. Originalgemälde, getragener Mantel, Großvaters Taschenuhr
- ▶ **verbrauchbare Sachen:** bewegliche Sachen, die dazu dienen (sog. bestimmungsmäßiger Gebrauch), verbraucht oder veräußert zu werden, z. B. Getränke, Nahrungs- und Genussmittel, Benzin, Öl
- ▶ **unverbrauchbare Sachen:** bewegliche Sachen, die lediglich dem Gebrauch dienen, z. B. Sofa, Dreirad, Zeitschrift, Stehlampe

§ 90a BGB

Tiere sind keine Sachen und werden durch besondere Gesetze (z. B. das *Grundgesetz* und das *Tierschutzgesetz*) geschützt; die für Sachen geltenden Vorschriften werden dann aber entsprechend angewendet, wenn nicht etwas anderes in den besonderen Gesetzen bestimmt worden ist.

5.2.2 Besitz und Eigentum

Situation

Der 19-jährige Hotelkaufmann Mike kauft sich einen Laptop, um seine Schreibarbeiten erledigen zu können. Auf Bitten seines Kollegen Frank leiht er ihm den Laptop für das Wochenende. Als Mike seinen Kollegen am Montag nach dem Laptop fragt, muss dieser eingestehen, dass er den Laptop nicht zurückgeben kann. Am Wochenende wurde bei Frank eingebrochen und auch der Laptop seines Kollegen entwendet.
Wer ist wann Besitzer und wer Eigentümer des Laptops?

Eigentum: property/ownership
Besitz: possession

Umgangssprachlich werden Besitz und Eigentum oft ohne zu unterscheiden verwendet. Betrachten Sie aber die rechtliche Bedeutung der Begriffe, wird deutlich, wie wichtig die Unterscheidung ist:

§§ 854–858, 903 f. BGB

§§ 854, 858 ff., 903, 1004 BGB

Eigentum	Besitz
↓	↓
rechtliche	tatsächliche
↓ Herrschaft ↓	
über eine Sache	

Eigentum ist die rechtliche Herrschaft über eine Sache, z. B. als Vermieter einer Wohnung. Der Eigentümer kann mit einer Sache tun und lassen was er will, solange er die Rechte anderer dabei nicht verletzt. **Besitz** ist die tatsächliche Herrschaft über eine Sache. Der Besitzer ist, wer eine Sache hat, bzw. sie benutzen kann, z. B. der Mieter einer Wohnung. Der Besitzer muss also nicht gleichzeitig Eigentümer sein. So ist der Dieb von Mikes Laptop zwar durch den Diebstahl Besitzer des Gerätes, jedoch nicht der Eigentümer, da ihm der Laptop nicht rechtmäßig zusteht.

§ 449 BGB

Eine Sonderform der Eigentumsübertragung findet sich bei Kaufverträgen, die nicht sofort bezahlt werden. Der Verkäufer kann ausdrücklich den **Eigentumsvorbehalt** vereinbaren. Im Kaufvertrag findet sich dann eine Klausel wie „Die Ware bleibt bis zur vollständigen Bezahlung unser Eigentum". Kommt der Käufer mit der Zahlung in Verzug, kann der Verkäufer vom Vertrag zurücktreten. Das Eigentum an der gekauften Ware geht erst dann auf den Käufer über, wenn dieser den Kaufpreis vollständig bezahlt hat.

Nach dem Kauf ist Mike sowohl Besitzer als auch Eigentümer des Laptops. Solange Frank den Laptop ausgeliehen hat, ist er zwar Besitzer, aber nicht Eigentümer des Computers. Dasselbe gilt für den Dieb des Laptops, er ist zwar Besitzer, aber nicht Eigentümer des Geräts, da ihm dieses rechtlich nicht zusteht.

Aufgaben

1. Erläutern Sie den Begriff „vertretbare" und „nicht vertretbare" Sachen und geben Sie Beispiele.
2. Karin hat Anita ihr Auto für eine Woche geliehen. Schon am dritten Tag fordert Karin es zurück. Anita will den Wagen noch nicht zurückgeben. Darf sich Anita gegenüber Karin zur Wehr setzen, wenn Karin den Wagen mit Gewalt zurückholen will?

3. Sven hat von Benjamin einen MP3-Player entliehen und verschenkt ihn an Patricia, der bekannt ist, dass das Gerät Benjamin gehört. Ist der MP3-Player durch die Schenkung Patricias Eigentum geworden?

5.3 Unterschiedliche Arten von Rechtsgeschäften und ihr Zustandekommen

5.3.1 Einseitige und zweiseitige Rechtsgeschäfte

Situation

Hermann Brand, Einkaufsleiter eines Hotels in München, erhält von Weinhändler Schmitz einen Anruf: Herr Schmitz bietet dem Hotel 1 000 Flaschen Federweißer zu einem Vorzugspreis an. Herr Brand ist mit der Lieferung einverstanden. Ist dadurch ein gültiger Kaufvertrag zustande gekommen?

Um Rechtsgeschäfte zu tätigen, müssen Sie nicht nur geschäftsfähig sein, sondern anderen auch Ihren Willen und Entschluss deutlich machen, dass Sie ein Rechtsgeschäft schließen wollen. Äußerungen, die zu Abschluss, Veränderung oder Aufhebung eines Rechtsgeschäfts führen sollen, werden **Willenserklärungen** genannt.

Willenserklärungen

§§ 116 ff. BGB
§ 362 HGB

Willenserklärung:
declaration of intent/
expression of will

Bei einem Rechtsgeschäft können Willenserklärungen von **einer** Person oder aber von mindestens **zwei** Personen abgegeben werden. Man spricht dann von **einseitigen bzw. zweiseitigen Rechtsgeschäften**.

Bei den einseitigen Rechtsgeschäften unterscheidet man **empfangsbedürftige Willenserklärungen** (sind an eine bestimmte Person gerichtet und erst mit Zugang beim Empfänger wirksam, Beispiel Kündigung) und **nicht empfangsbedürftige Willenserklärungen** (Testament ist bspw. gültig, sobald es niedergeschrieben wurde).

Zweiseitige (oder mehrseitige) Rechtsgeschäfte werden nur dann gültig, wenn (mindestens) zwei übereinstimmende Willenserklärungen vorliegen (wie das Angebot und die Annahme beim Abschluss eines Kaufvertrages). Liegen einem Rechtsgeschäft zwei (oder mehrere) übereinstimmende Willenserklärungen zugrunde, ist ein **Vertrag** entstanden.

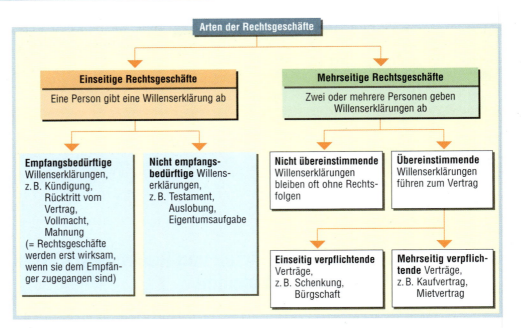

S Durch die beiden übereinstimmenden Willenserklärungen zwischen Herrn Schmitz und Herrn Brand ist also auch ohne schriftliche Vereinbarung ein Kaufvertrag zustande gekommen. Herr Schmitz hat seinen Willen erklärt, dem Hotel Federweißer zum Sonderpreis zu verkaufen; Herr Brand hat seinen Willen erklärt, den Wein zu diesen Bedingungen zu kaufen.

Zustandekommen eines Vertrags

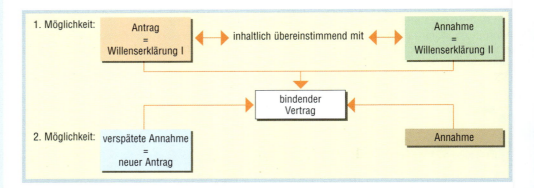

§ 150 BGB

5.3.2 Formvorschriften bei Rechtsgeschäften

Auch wenn für Rechtsgeschäfte meist keine besondere Form vorgeschrieben wird, ist es über die Schutz- und Warnfunktion hinaus auch aus Beweisgründen sinnvoll, Verträge schriftlich festzuhalten. Verträge, an die besondere Rechte und Pflichten geknüpft sind, müssen schriftlich festgehalten werden. Nach der Form wird unterschieden:

Schriftform (auch elektronisch): z. B. Niederschrift des Ausbildungsvertrages, Mietverträge über Wohnraum mit einem Mietzeitraum von länger als einem Jahr, Verbraucherkreditver-

§§ 126–129 BGB träge.

§ 126 f. BGB ▶ Die gesetzliche Schriftform kann gemäß *BGB* grundsätzlich auch durch die **elektronische Form (§ 126a BGB)**, ersetzt werden, soweit dem Gesetz nichts anderes zu entnehmen ist; dabei muss der Aussteller der Erklärung zur Rechtswirksamkeit seinen Namen hinzufügen und das elektronische Dokument mit einer qualifizierten elektronischen

SigG Signatur nach dem *Signaturgesetz* versehen.

▶ Unter der **Textform** (*§ 126b BGB*) ist die Fixierung einer Erklärung in lesbar zu machenden Schriftzeichen zu verstehen; diesen Anforderungen genügt die elektronische Speicherung, wobei das bloße Lesbarmachen allerdings nicht ausreicht, sondern eine „dauerhafte Wiedergabe" in Schriftzeichen beim Empfänger möglich sein muss (z. B. eine Website im Internet, eine E-Mail oder ein Computerfax); daneben wird von Gesetzes wegen verlangt, dass die Erklärung in einer Urkunde abgegeben, die Person des Erklärenden genannt und der Abschluss der Erklärung durch eine Nachbildung der Namensunterschrift (Faksimile) oder anders erkennbar gemacht wird.

▶ Darüber hinaus gilt nach *§ 126a BGB* diese Form im Zweifel auch dann, wenn die **Parteien die Anwendung der elektronischen Form vereinbaren**, ohne dass ein gesetzlicher Formzwang besteht **(§ 127 BGB)**.

Öffentliche Beglaubigung: z. B. Anmeldung zum Vereinsregister, Anträge auf Eintragung ins Handelsregister oder Erklärung des Ehenamens.

Notarielle Beurkundung: z. B. bei Veräußerung oder Belastung eines Grundstückes, bei einem Schenkungsversprechen oder einem Ehevertrag.

§ 126a BGB

Beglaubigung: certification/legalization

Beurkundung: authentication/record of acknowledgement

Formvorschriften: formal requirements

§ 127a BGB

ZPO

5.3.3 Vertragsarten und ihre Entstehung

Veräußerungsverträge	Betätigungsverträge	Überlassungsverträge
• *Kaufvertrag – §§ 433–473 BGB* Veräußerung von Sachen oder Rechten gegen Entgelt, z. B. Kauf von Betten	• *Werkvertrag – §§ 631–650 BGB* Herstellung oder Veränderung einer Sache oder ein anderer durch Dienstleistung gegen Entgelt herbeizuführender Erfolg, z. B. Nachstellen der Ventile am Auto	• *Darlehensvertrag – §§ 488–490* (Geld), *607–609* (Sachen) *BGB* Entgeltliche oder unentgeltliche Überlassung von Geld (*§ 488 BGB*) oder Sachen (*§ 607 BGB*) zum Gebrauch, Verbrauch und Rückgabe von Sachen gleicher Art, Güte und Menge, z. B. Aufnahme eines persönlichen Kleinkredits bei einer Bank, Überlassung eines Kartons Eier
• *Bewirtungsvertrag (gesetzlich nicht geregelt)* z. B. ein Gast speist im Restaurant	• *Dienstvertrag – §§ 611–630 BGB* Leistung von Diensten gegen Entgelt = meist Arbeitsvertrag	
• *Getränkelieferungsvertrag (gesetzlich nicht geregelt)* z. B. ein Gastwirt verpflichtet sich, bei einer Brauerei Getränke abzunehmen	• *Gesellschaftsvertrag – §§ 705–740 BGB* Regelung der Zusammenarbeit von Geschäftsteilhabern	

Kaufvertrag:
sales contract/
bill of sale

Werkvertrag:
contract for work and
services

Darlehensvertrag:
loan contract/agreement

Bewirtungsvertrag:
catering contract

Getränkelieferungs-
vertrag:
contract of beverage
delivery

Dienstvertrag:
contract of employment/
contract of service

Gesellschaftsvertrag:
partnership agreement

Mietvertrag:
(bewegl. Sachen) =
hire agreement/
(unbewegl. Sachen) =
rental agreement

Beherbergungsvertrag:
contract of
accommodation

Pachtvertrag:
lease agreement/
contract

Leasingvertrag:
hire purchase contract/
leasing agreement

Franchisevertrag:
franchise contract

Veräußerungsverträge	Betätigungsverträge	Überlassungsverträge
● *Tauschvertrag* – § 480 BGB gegenseitige Überlassung von Sachen oder Rechten, z. B. Tausch eines Motorrades gegen einen Pkw Besonderheit: ● *Verbrauchervertrag*, Vertrag zwischen einem Unternehmer und einem Verbraucher, wobei die allgemeinen Vorschriften des *BGB* sowie ergänzende besondere gesetzliche Vorschriften Anwendung finden Darunter fallen: Außerhalb von Geschäftsräumen geschlossene Verträge (früher Haustürgeschäfte) (§§ 312b, 312d ff.), Fernabsatzvertrag (§§ 312c ff. BGB), Teilzahlungsgeschäft (§ 506 ff. BGB), Ratenlieferungsvertrag (§ 510 BGB), Verbrauchsgüterkauf (§§ 474 ff. BGB) sowie verbundene Verträge (§§ 358 ff. BGB)	● *Maklervertrag* (veraltet: Mäklervertrag) – §§ 652–655 BGB, §§ 93 ff. HGB z. B. Vermittlung einer Gaststätte, eines Grundstücks ● *Verwahrungsvertrag* – §§ 688–700 BGB entgeltliche oder unentgeltliche Aufbewahrung einer beweglichen Sache; Rückgabe auf Verlangen ● *Versicherungsvertrag* – §§ 1 ff. VVG Antrag des Versicherungsnehmers und Annahme des Versicherers/Versicherungsunternehmens; die Annahme erfolgt durch schriftliche Bestätigung oder Aushändigung des Versicherungsscheins (Police) seitens des Versicherers ● *Zahlungsdienste* – §§ 675 c ff. BGB / resp. Einzelzahlungsvertrag (§ 675 f BGB), Verpflichtung des Zahlungsdienstleisters, für die Person, die einen Zahlungsdienst als Zahler, Zahlungsempfänger oder in beiden Eigenschaften in Anspruch nimmt (sog. Zahlungsdienstnutzer) einen Zahlungsvorgang auszuführen (Ausführen von einzelnen und aufeinander folgenden Zahlungsvorgängen für den Zahlungsdienstenutzer, ggf. für diesen auf dessen Namen oder die Namen mehrerer Zahlungsdienstnutzer lautendes Zahlungskonto); dabei kann auch ein Zahlungsdiensterahmenvertrag vorliegen, der gleichsam Bestandteil eines sonstigen Vertrags ist oder mit einem anderen Vertrag zusammenhängt ● *Reisevertrag* – § 651a–m BGB Gegenstand ist das entgeltliche Erbringen von Reiseleistungen – der Reisende ist verpflichtet, den vereinbarten Reisepreis zu zahlen	● *Mietvertrag* – §§ 535–580a BGB entgeltliche Überlassung von Sachen zum Gebrauch, z. B. Autovermietung ● *Beherbergungsvertrag* gesetzlich nicht geregelter Vertrag; z. B. ein Gast übernachtet in einem Hotel ● *Pachtvertrag* – §§ 581–597 BGB entgeltliche Überlassung von Sachen und Rechten zum Gebrauch, z. B. Pacht einer Gaststätte ● *Leihvertrag* – §§ 598–606 BGB unentgeltliche Überlassung einer Sache zum Gebrauch, z. B. des eigenen Pkws für eine bestimmte Fahrt ● *Leasingvertrag* gesetzlich nicht geregelter Vertrag, der sowohl Bestandteile des Miet- als auch des Kaufvertrags enthält: Der Leasinggeber überlässt dem Leasingnehmer eine Sache gegen ein Entgelt dauerhaft zum Gebrauch (Leasingvertrag), wobei Sachmängelgewährleistung regelmäßig ausgeschlossen wird. Des Weiteren trägt der Leasingnehmer die Preis- und Sachgefahr und der Leasinggeber tritt nach Kauf der Sache bei einem Dritten (Hersteller oder Lieferanten) die Ansprüche aus diesem Kaufvertrag dem Leasingnehmer ab; mögliche Leasingformen sind Finanzierungs-, Operating- und Herstellerleasing ● *Franchisevertrag* – (gesetzlich nicht geregelt) z. B. selbstständiges Unternehmen innerhalb einer Fast-Food-Kette ● *Schenkungsvertrag* – §§ 516–534 BGB unentgeltliche Zuwendung von Sachen und Rechten

5.3.4 Wirksamkeit von Rechtsgeschäften

Situation 1

Der Auszubildende Thorsten kauft sich privat einen gebrauchten PKW als Jahreswagen. Der Vorbesitzer versichert Thorsten, dass der Wagen keinen Unfall hatte. Beim ersten Werkstattbesuch stellt sich heraus, dass dies nicht stimmt. Ist der Kaufvertrag dann noch gültig?

Situation 2

Die Restaurantfachfrau Rebecca freut sich: Auf einem Flohmarkt hat sie günstig einige DVDs gekauft. Bei genauerem Hinsehen stellt sie fest, dass es sich nicht um Originale, sondern um raubkopierte DVDs handelt.

Haben zwei voll geschäftsfähige Personen ein Rechtsgeschäft geschlossen, ist dieses wirksam und muss eingehalten werden. Zum Schutz der beteiligten Personen hat der Gesetzgeber aber Ausnahmen von dieser Regel beschrieben:

Es gibt Rechtsgeschäfte, die von Beginn an unwirksam sind, das Geschäft ist ungültig. Der Gesetzgeber nennt dies **nichtige Rechtsgeschäfte**.

§§ 105–138 BGB

Nichtig ist ein Rechtsgeschäft:

wenn es mit **geschäftsunfähigen Personen** geschlossen wird (bspw. kauft sich ein 6-Jähriger Fußball-Sammelbilder) oder mit Personen, die vorübergehend nicht im Besitz ihrer vollen geistigen Kräfte sind (z. B. Geschäfte im Rauschzustand).	wenn die **vorgeschriebene Form** nicht eingehalten wird (z. B. wenn eine Gebäudeübertragung nicht notariell beurkundet wird).

 § 105 BGB

 § 125 BGB

wenn Rechtsgeschäfte nur zum Schein (**Scheingeschäft**) abgeschlossen werden (bspw. wenn zwei wildfremde Menschen heiraten, nur um eine Aufenthaltsgenehmigung zu erhalten).	wenn die Willenserklärung nicht ernst gemeint war und es sich somit um ein **Scherzgeschäft** handelt („Ein Königreich für ein Pferd!")

 § 117 BGB

 § 118 BGB

wenn gegen die **guten Sitten** verstoßen wird (z. B. wenn ein Fremdarbeiter für einen Cent als Stundenlohn arbeiten soll).	wenn mit dem Rechtsgeschäft **Gesetze verletzt** werden (z. B. Handeln mit Rauschgift oder unverzollten Zigaretten).

 § 138 BGB

 § 134 BGB

§§ 119–123,
823 II BGB

Andere Rechtsgeschäfte sind zwar gültig, können aber aus verschiedenen Gründen angefochten werden. Solche Geschäfte werden **anfechtbare Rechtsgeschäfte** genannt. Das gilt für Fälle:

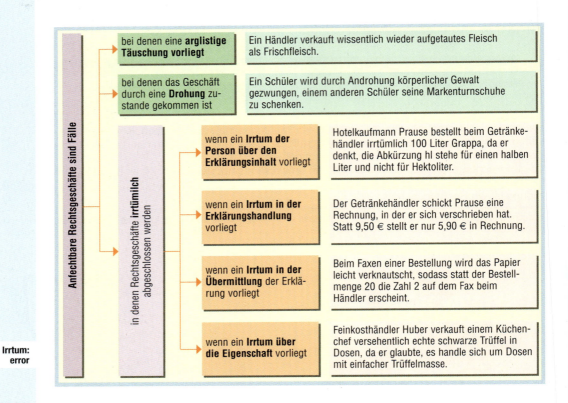

Irrtum:
error

Werden die genannten anfechtbaren Rechtsgeschäfte mit einer entsprechenden Willenserklärung rechtzeitig angefochten, sind sie ebenfalls ungültig. Werden sie jedoch nicht angefochten, bleiben sie gültig! Die Anfechtung eines Rechtsgeschäfts bei **Irrtum** muss unverzüglich, d.h. ohne schuldhaftes Verzögern nach Entdeckung des Irrtums erfolgen. Sind Rechtsgeschäfte aufgrund von **Drohung** oder **Täuschung** geschlossen worden, so sind diese innerhalb eines Jahres nach Wegfall der Drohung bzw. Entdeckung der Täuschung anzufechten.

S1

Im Falle des Autokaufs gilt also, dass Thorsten vom Vorbesitzer arglistig getäuscht wurde, denn hier kann davon ausgegangen werden, dass dieser wohl den Unfall verschwiegen hat. Der Vertrag ist zwar gültig, Thorsten kann ihn aber wegen arglistiger Täuschung anfechten. Auch wenn der Vorbesitzer seinerseits nichts von dem Unfall des Fahrzeugs wusste, kann Thorsten den Kaufvertrag anfechten, da es sich um einen Irrtum in der Eigenschaft des Pkws handelt. Die Anfechtung muss innerhalb eines Jahres nach Entdeckung der Täuschung geschehen.

S2

Auch Rebecca muss nicht auf Ihren raubkopierten DVDs sitzen bleiben, denn dieser Vertrag ist von Anfang an nichtig. Wer kopiergeschützte Werke vervielfältigt und verkauft, macht sich strafbar, da er gegen das Urheberrechtsgesetz verstößt. Rebecca könnte die DVDs zurückgeben und den Kaufpreis zurückverlangen.

1. Horst Nauber will seine Tiefkühltruhe verkaufen und sich für den Erlös einen für ihn besser zu verwendenden Tiefkühlschrank kaufen. Weinhold bietet ihm 200,00 € für die Tiefkühltruhe. Damit ist Nauber nicht einverstanden. Liegt damit ein Rechtsgeschäft vor?

2. Frau Schulze will eine Gaststätte eröffnen, da sie des Hausfrauendaseins überdrüssig ist. Sie übernimmt eine brauereieigene Gaststätte (im Zentrum der Stadt). Welche Art Vertrag wird hier geschlossen?

3. Die Hotellerie des Ortes hat großen Winterball. Demzufolge will sich Frau Qari ein Abendkleid schneidern lassen. Den Stoff hat sie bereits in einer Boutique gekauft und nimmt ihn mit zum Maßnehmen. Welcher Vertrag wird hier abgeschlossen?

4. Die Hotelfachfrau Michaela kann eine Veranstaltung in der Stadt nicht besuchen, da sie an dem Abend überraschend Besuch erhalten hat. Sie bietet ihre Eintrittskarte zu 25,00 € vor der Stadthalle an. Ein junger Mann gibt ihr den verlangten Preis und steckt die Karte, ohne einen Ton zu sagen, in die Tasche. Ist dadurch ein Kaufvertrag zustande gekommen?

5. Peter Lichtenfeld nimmt am sonntäglichen Frühschoppen teil und sitzt mit Freunden am Stammtisch. Nachdem alle schon stark alkoholisiert sind, verkauft ihm ein Stammtischbruder unter Zeugen ein Reitpferd für seine Tochter. Am nächsten Tag bringt der Stammtischbruder das Pferd und verlangt den Kaufpreis. Inzwischen ist Lichtenfeld wieder nüchtern und merkt, dass er sich finanziell stark übernommen hat. Kann er vom Vertrag zurücktreten?

6. Handelt es sich bei den folgenden Fällen um anfechtbare Rechtsgeschäfte?
   a) Dirk (18 Jahre) hat von dem gleichaltrigen Björn ein Auto gekauft, und zwar in der Meinung, es handle sich um einen Kadett 1,7l Rallye; tatsächlich ist es ein 1,2-I-Wagen.
   b) Ein Weingroßhändler wollte seinem Kunden einen Posten (200 Flaschen) Wein, Spätlese, zum Preis von 870,00 € anbieten. Aufgrund eines Schreibfehlers erhält der Kunde ein Angebot über 780,00 €.
   c) Der Kunstliebhaber Zaljevski hat ein Bild erworben, von dem er glaubte, es stamme von dem Maler van Gogh; in Wirklichkeit ist es von einem unbekannten Künstler gemalt worden.
   d) Frau Klein, die Inhaberin einer Boutique in einem großen Hotel an der See ist, hatte zu Beginn der Badesaison in der Hoffnung auf einen sonnigen Sommer 100 Badeanzüge eingekauft. Wider Erwarten ist der Sommer kühl und regnerisch und Frau Klein kann in ihrem Hotel nur 47 modische Badeanzüge absetzen. Daraufhin teilt sie dem Lieferanten mit, er könne die restlichen Badeanzüge wieder abholen, weil sie nicht mit einem so schlechten Sommer gerechnet habe und daher die Badeanzüge nicht verkaufen konnte.

5.4 Kaufvertragsrecht

5.4.1 Zustandekommen und Formen des Kaufvertrags

Der Küchenchef Nowak benötigt für seine Frühlingskarte Spargel. Er ruft bei seinem Gemüsehändler Grün an und fragt: „Was kostet denn bei euch der Spargel?" Ist durch dieses Telefonat ein Vertrag geschlossen worden?

Im Gastgewerbe wie auch in unserem Privatleben schließen wir täglich meist mehrere Kaufverträge, ohne uns das bewusst zu machen. Meist klappt das auch problemlos, aber wenn es einmal Ärger beim Einkaufen gibt, wird uns klar, dass auch Kaufverträge Rechtsgeschäfte mit entsprechenden Regelungen sind, die man besser kennt, um Ärger aus dem Weg zu gehen.

Ein Vertrag entsteht dann, wenn zwei geschäftsfähige Personen übereinstimmende Willenserklärungen abgeben.

S

Küchenchef Nowak hat lediglich den Preis für Spargel wissen wollen, er hat nicht gesagt, dass er den Spargel auch kaufen will. Er hat nur eine **Anfrage** an den Lieferanten gestellt.

Mit einer Anfrage soll festgestellt werden, welche Waren ein bestimmter Lieferant zu bestimmten Bedingungen liefern kann. Die Anfrage enthält eine Bitte um ein Angebot und dient zugleich der Anbahnung neuer Geschäftsbeziehungen.

Eine Anfrage ist immer völlig unverbindlich, d.h., es entstehen dabei keine verbindlichen Kaufverpflichtungen. Deshalb kann der Käufer durch eine Anfrage auch verschiedene Lieferanten um ein Angebot bitten, um so die günstigste Bezugsquelle zu ermitteln. Die Anfrage ist an keine bestimmte Form gebunden. Sie kann schriftlich, mündlich, per Fax, per Internet, per Telefon usw. erfolgen.

Anfrage:
query/enquiry/inquiry

Es werden zwei Formen der Anfrage unterschieden: Bei der **allgemeinen (unbestimmten) Anfrage** will der Käufer nur erfahren, was der Lieferant alles anzubieten hat (z.B. Gemüse und Obst). Sie dient dazu, sich über Liefermöglichkeiten zu informieren und Geschäftsbeziehungen anzubahnen. Mit ihr werden Kataloge, Preislisten, Prospekte oder Vertreterbesuche erfragt. Die **bestimmte (spezielle) Anfrage** richtet sich nach einem ganz bestimmten Artikel. Sie enthält die Bitte um genauere Bezugsbedingungen für eine bestimmte Ware (Eigenschaften, Qualität, Preis, Rabatt, Skonto, Liefer- und Zahlungsbedingungen). Die Anfrage sollte möglichst genau sein, um unnötige Rückfragen zu vermeiden und Übermittlungsfehler auszuschließen. Der Anbieter wird prüfen, ob er die Ware liefern kann und daraufhin ein konkretes **Angebot** erstellen.

Angebot:
offer

Beispiel

> Auf die Anfrage des Küchenchefs hin sendet Gemüsehändler Grün Küchenchef Nowak folgende E-Mail:
>
> Sehr geehrter Herr Nowak,
>
> danke für Ihre Anfrage vom 18.04.20.., zu der wir Ihnen folgendes Angebot machen können:
>
> Stangenspargel, weiß, Handelsklasse I: 7,50 EUR netto.
> Ab einer Bestellmenge von 50 kg gewähren wir Ihnen 5% Rabatt.
> Bei Bestellung bis 18:00 Uhr liefern wir am Folgetag bis 11:00 Uhr frei Haus.
> Es gelten unsere allgemeinen Geschäftsbedingungen.
>
> > Freundliche Grüße
> > Gemüsehandel Grün
> > Matthias Grün

Ein Angebot ist eine Willenserklärung des Verkäufers, dass er Ware zu bestimmten Bedingungen liefern wird. Das Angebot muss dabei immer an eine bestimmte Person gerichtet sein. **Sonderangebote**, etwa durch Postwurfsendungen oder Auslagen im Schaufenster, sind also kein Angebot im rechtlichen Sinn, sondern eine **Anpreisung**. Sie sollen Kunden dazu bewegen, selbst eine Willenserklärung zum Kauf dieser Produkte abzugeben.
Nach der rechtlichen Bindung (= Verbindlichkeit) werden folgende Arten von Angeboten unterschieden:

Formen des Angebots

§§ 130, 145, 147, 148 BGB

Auch Angebote mit Freizeichnungsklauseln können befristet oder unbefristet sein.

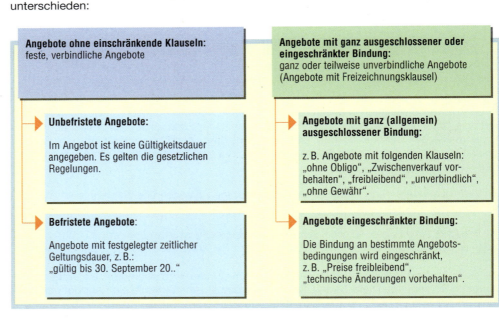

Angebote ohne einschränkende Klauseln:
feste, verbindliche Angebote

Unbefristete Angebote:
Im Angebot ist keine Gültigkeitsdauer angegeben. Es gelten die gesetzlichen Regelungen.

Befristete Angebote:
Angebote mit festgelegter zeitlicher Geltungsdauer, z.B.:
„gültig bis 30. September 20.."

Angebote mit ganz ausgeschlossener oder eingeschränkter Bindung:
ganz oder teilweise unverbindliche Angebote (Angebote mit Freizeichnungsklausel)

Angebote mit ganz (allgemein) ausgeschlossener Bindung:
z.B. Angebote mit folgenden Klauseln:
„ohne Obligo", „Zwischenverkauf vorbehalten", „freibleibend", „unverbindlich", „ohne Gewähr".

Angebote eingeschränkter Bindung:
Die Bindung an bestimmte Angebotsbedingungen wird eingeschränkt, z.B. „Preise freibleibend", „technische Änderungen vorbehalten".

Der Verkäufer ist nur solange an sein Angebot gebunden, wie es der Käufer nicht ändert oder verspätet annimmt. Bei mündlichen Angeboten ist die Annahme nur fristgerecht, wenn sie unverzüglich erfolgt. Bei schriftlichen Angeboten gilt eine Annahmefrist von einer Woche. Eine Bindung kann der Verkäufer allerdings durch **Freizeichnungsklauseln** einschränken oder verhindern.

Ein Angebot wird erst dann wirksam, wenn es beim Empfänger angekommen ist. Stellt der Verkäufer fest, dass ein Fehler im Angebot ist, muss er dieses unverzüglich widerrufen. Der **Widerruf** hat möglichst vor, spätestens aber gleichzeitig mit dem Angebot beim Kunden einzugehen. Ist ein fehlerhaftes Angebot per Post versandt worden, muss der Verkäufer also bspw. telefonisch das Angebot widerrufen, bevor es beim Kunden eintrifft.

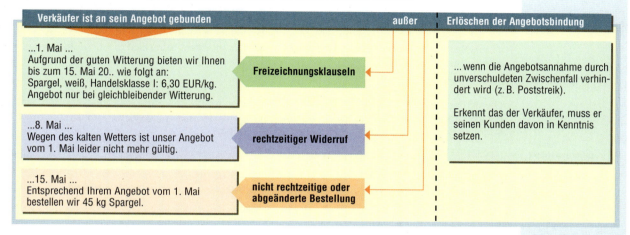

Gemüsehändler Grün hat ein verbindliches Angebot an Küchenchef Nowak gerichtet. Nimmt dieser das Angebot unverändert und rechtzeitig an, ist ein Kaufvertrag geschlossen worden.

Abschluss des Kaufvertrags

Ist der Kunde mit dem Angebot einverstanden, gibt er seinerseits eine Willenserklärung zum Kauf ab, meist in Form einer konkreten **Bestellung** (Auftrag). Stimmen Angebot (= Antrag) und Bestellung (= Annahme) inhaltlich überein, ist ein **Kaufvertrag** zustande gekommen. Die Initiative zum Kauf kann dabei sowohl vom Verkäufer (Unternehmer schickt ungefragt ein Angebot, Kunde bestellt) als auch vom Käufer ausgehen (Kunde bestellt, Unternehmer schickt eine Auftragsbestätigung). **Stillschweigen** gilt grundsätzlich als Ablehnung eines Angebots – dies ist aber nicht so bei Kaufleuten, die dauernde Geschäftsbeziehungen pflegen, dabei gilt Stillschweigen als Annahme (ein Milchhändler liefert immer montags eine Palette H-Milch, ohne dass jedes Mal ein neuer Vertrag geschlossen wird).

Bestellung:
order/reservation/
booking

Kaufvertrag:
contract of purchase

§ 433 BGB

§ 929 BGB

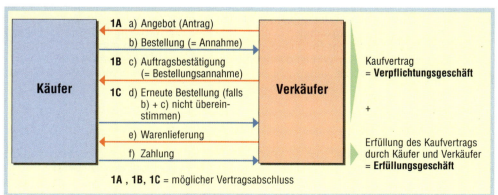

Gastro-News

Verlag W. Kriecher – Mieseburg

An das
Gasthaus „Zum Röhrenden Hirschen"
Hintermwalde

Angebot/Rechnung-Nr.: ABC123 vom 12.2.20..

Abonnement Gaststätten-Nachrichten
für Oktober bis Dezember   **30,00 €**

Zahlbar sofort rein netto. Das Abonnement verlängert sich jeweils um ein weiteres Jahr, wenn nicht mit 4-wöchiger Kündigungsfrist zum Quartalsende gekündigt wird. Falls Sie die Gaststätten-Nachrichten nicht mehr im Abonnement beziehen möchten, betrachten Sie diese Rechnung als gegenstandslos.

Da sich aus einem Kaufvertrag Rechte und Pflichten für beide Vertragspartner ergeben, sind Kaufverträge gesetzlich geregelt. Je nachdem, ob die Vertragspartner Privat- oder Geschäftsleute sind, gelten unterschiedliche Regelungen:

Käufer:
buyer/purchaser

Verkäufer:
seller/vendor

Kaufmann:
merchant/trader

Verbraucher:
consumer/user

Käufer \ Verkäufer	ist Kaufmann	ist Verbraucher
ist Kaufmann	**zweiseitiger Handelskauf**	**einseitiger Handelskauf**
ist Verbraucher	**Verbrauchsgüterkauf (einseitiger Handelskauf)**	**Privatkauf**

Wenn wir als Gast in einem Restaurant essen, gehen wir als Privatperson einen Kaufvertrag mit dem Gastronomen ein. Dieser ist als erfahrener Kaufmann an mehr gesetzliche Auflagen gebunden, als wir es als Gast sind.

§ 433 BGB
§ 929 BGB

Durch das Zustandekommen des Kaufvertrags sind beide Seiten ein **Verpflichtungsgeschäft** eingegangen. Das bedeutet, dass die Vertragspartner sich verpflichten, den geschlossenen Vertrag zu erfüllen: Der Verkäufer muss die Ware mängelfrei und wie vereinbart liefern und dem Käufer nach Bezahlung das Eigentum an der Sache übertragen. Der Käufer muss die Ware nach Prüfung annehmen und bezahlen. Haben beide Seiten ihren Teil des Vertrages erfüllt, wird dies als **Erfüllungsgeschäft** bezeichnet.

Die **Eigentumsübertragung** erfolgt bei beweglichen (mobilen) Sachen einfach mit der Übergabe. Bei unbeweglichen Sachen (Immobilien) erfolgt die Eigentumsübertragung durch Auflassung (Einigung auf Übertragung vor einem Notar) und Eintragung ins Grundbuch.

§ 449 BGB

Zur Sicherheit des Verkäufers gibt es den **Eigentumsvorbehalt**. Das ist eine Vereinbarung, wonach der Verkäufer so lange Eigentümer des Kaufgegenstandes bleibt, bis der Käufer die Ware bezahlt hat. Eigentumsvorbehalt gilt nur, wenn er ausdrücklich im Kaufvertrag vereinbart wurde! Allerdings erlischt der Eigentumsvorbehalt,

§§ 932, 950 BGB

▶ wenn die Ware einem gutgläubigen Dritten weiterverkauft wird: Ein Wirt kauft bei einem Großhändler Fisch, den der Großhändler noch nicht bezahlt, also auch noch nicht vollständig erworben hat. Der Wirt ist dennoch Eigentümer der Ware geworden.

▶ wenn die Ware verarbeitet, verbraucht oder zerstört wird: Der Wirt verarbeitet den Fisch zu Speisen, die dann von Gästen verspeist werden.

Inhalte des Kaufvertrags

Kaufen wir im Alltag etwas ein, ist es meist nicht notwendig, die Bedingungen des Kaufs extra auszuhandeln. Anders sieht das aber im Geschäftsleben aus. Hier sollten die Einzelheiten des Vertrags genau abgesprochen und schriftlich festgehalten werden. Wurde nichts gesondert vereinbart, gelten die gesetzlichen Regelungen:

Kap. 5.5

Angebot

Inhalt des Angebots	Gesetzliche Regelung	Vertragliche Regelung
1. Art der Ware	keine	muss das Angebot enthalten
2. Beschaffenheit, Güte	Waren mittlerer Art und Güte § 243 BGB § 360 HGB	kann bestimmt werden durch: 1. Muster und Proben 2. Abbildungen und Beschreibungen 3. Handelsmarken, Waren- und Gütezeichen 4. Güteklassen
3. Menge	unbestimmt	kann im Angebot fehlen
4. Preis	keine	muss das Angebot enthalten, z.B. Rabatt, Bonus, Skonto
5. Übergabekosten (Kosten des Zählens, Messens und Wiegens, Übergabeverpackung)	zulasten des Verkäufers § 448 BGB	gilt überwiegend gesetzliche Regelung
6. Verpackungskosten	zulasten des Käufers § 380 HGB § 448 I BGB	z.B. • einschl. Verpackung • brutto für netto • leihweise
7. Transportkosten	Warenschulden = Holschulden (Käufer muss die Ware abholen) → Transportkosten zulasten des Käufers; beim Platzkauf: ab Geschäftsniederlassung; beim Versandkauf: ab Versandanstalt der Geschäftsniederlassung des Verkäufers	liegt im Einvernehmen der Vertragspartner, z.B. ab Werk, ab Lager, ab hier, frei Haus, frei Keller, frachtfrei, unfrei (gesetzliche Regelung)
8. Lieferbedingungen: Lieferzeit	sofortige Lieferung § 271 BGB	1. sofortige Lieferung 2. Terminlieferung 3. Fixgeschäft 4. Lieferung auf Abruf
9. Zahlungsbedingungen Mit Abschaffung des Rabattgesetzes unterliegen Rabatte jetzt keinen Beschränkungen mehr.	sofortige Zahlung § 271 BGB	1. vor der Lieferung (teilweise oder ganz) 2. Zug um Zug 3. Zieleinräumung 4. Ratenzahlung 5. Rabatte – Treuerabatt (für treue Kunden) – Mengenrabatt (bei Abnahme größerer Mengen) – Wiederverkäuferrabatt (für Zwischenhändler) 6. Skonto Preisnachlass bei schneller Zahlung innerhalb einer vom Verkäufer festgelegten Frist
10. Kosten der Zahlungsübermittlung	Geldschulden = Bringschulden/Schickschulden/„qualifizierte Schickschulden" (Käufer hat die Zahlung am Zahlungsort auf seine Kosten und Gefahr zu leisten) § 270 BGB Ausnahme: Wechselschulden	handelsübliche Zahlungsbedingungen: • Zahlung vor Lieferung • Zahlung bei Lieferung • Zahlung nach Lieferung Ausnahme: Wechselschulden
11. Erfüllungsort (Leistungsort)	der Ort des Schuldners bestimmt Leistungsort § 269 BGB	meist vertraglich bestimmt
12. Gerichtsstand	der Erfüllungsort bestimmt gemäß § 29 ZPO den Gerichtsstand	vertragliche Regelung nur zwischen Vollkaufleuten möglich § 38 ZPO

Der **Erfüllungsort** ist der Ort, an dem der Verkäufer zu liefern und der Käufer zu zahlen hat. Da beide Vertragspartner Schuldner sind, haben wir bei einem Kaufvertrag je einen gesetzlichen Leistungsort (= Erfüllungsort) für die Übergabe der Kaufsache (= Ort des Verkäufers) und die Kaufpreiszahlung (= Ort des Käufers).

Beispiel:

Warenlieferung

Kaufpreiszahlung

Der **Gerichtsstand** ist der Ort, an dem über evtl. Streitigkeiten aus dem Vertrag entschieden wird.

Dem Gesetz nach heißt es: **„Warenschulden sind Holschulden"**. Der Käufer muss also die Waren vom Ort des Verkäufers holen, der Verkäufer hat mit der Übergabe der Ware „vor der eigenen Tür" seinen Teil des Vertrags erfüllt. Da dies meist umständlich für den Käufer ist, wird die Ware dem Käufer zugesandt. Die Kosten und auch das Risiko des Transports trägt dabei der Käufer (**Gefahrenübergang**). Anders beim Geld, denn **„Geldschulden sind Schickschulden"**. Der Käufer erfüllt seine Zahlungsverpflichtungen, indem er das Geld an seinem Wohnort rechtzeitig absendet – allerdings trägt er das Risiko, wenn das Geld nicht beim Verkäufer ankommt.

Beförderungskosten

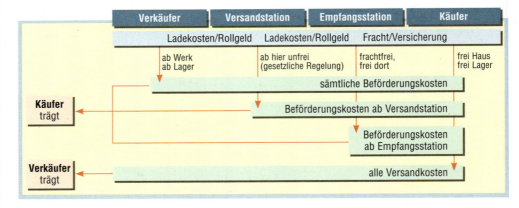

Besondere Arten des Kaufs

Situation

Hotelier Hansel kauft für einen Silvesterball ein. Neben dem Einkauf von Tischfeuerwerk möchte er seinen Gästen auch Champagner anbieten, den er sonst nicht im Angebot hat. Welche Besonderheiten muss Hotelier Hansel bei Abschluss der Kaufverträge beachten?

Besondere Situationen verlangen Besonderheiten beim Kaufvertrag. Hotelier Hansel sollte sich über folgende Besonderheiten informieren und entscheiden, welche für ihn in Frage kommen.

Besondere Arten der Kaufverträge

Einteilungs-merkmale	Art des Kaufvertrags	Erläuterungen
Auswahl des Kaufgegenstands	Kauf zur Probe	Warenkauf einer kleinen Menge mit dem Hinweis, dass der Käufer evtl. weitere Posten der Ware beziehen will (z. B. Spirituosen).
	Kauf nach Probe (nach Muster)	Endgültiger Kauf aufgrund vorher bezogener Waren oder nach einer vom Verkäufer erhaltenen Probe. Die zu liefernde Ware muss der Probe entsprechen; unwesentliche Abweichungen müssen jedoch geduldet werden (z. B. Kaffee, Papierwaren).
	Kauf auf Probe (zur Ansicht) § 454 f. BGB	Kauf mit Rückgaberecht des Käufers innerhalb einer vereinbarten oder angemessenen Frist, in der der Käufer die Ware prüfen bzw. ausprobieren kann (z. B. Kauf eines Kühlschranks, Fernsehgeräts). Lässt der Käufer die Probefrist verstreichen, ohne die Ware ausdrücklich ab-zulehnen, gilt das als Annahme des Angebots.
	Kauf nach Besichtigung	Der Käufer kann die Ware vor Vertragsabschluss besichtigen und dabei etwaige Mängel erkennen (z. B. Gebrauchtwagen).
	Spezifikationskauf (Bestimmungskauf) § 375 HGB	Kauf einer festgelegten Menge an Gattungswaren. Innerhalb einer festgesetzten Frist hat der Käufer das Recht, die zu liefernden Waren nach Maß, Form oder Farbe näher zu bestimmen (spezifizieren). Für die Gesamtmenge wird ein Grundpreis vertraglich vereinbart.
Kap. 5.5	Kauf mit Umtauschrecht	Der Käufer hat das Recht, anstelle der gekauften Ware eine andere gleichen Wertes zu erhalten, wenn die Ware nachträglich nicht zusagt (z. B. vereinbartes Umtauschrecht bei Kauf eines Geschenks).

Einteilungs-merkmale	Art des Kaufvertrags	Erläuterungen
Lieferzeit	Tages- oder Sofortkauf	Die Lieferung hat unmittelbar nach dem Eingang der Bestellung zu erfolgen. Klausel: „Lieferung sofort".
	Termin- oder Zeitkauf	Die Lieferung hat zu einem vereinbarten Termin oder innerhalb einer bestimmten Frist zu erfolgen, z.B. Lieferung Ende Juni; Lieferung nach der Weinlese.
	Fixkauf § 323 II Nr. 2 BGB, § 376 HGB	Die Lieferung hat an oder bis zu einem bestimmten Zeitpunkt zu erfolgen. Ist das nicht der Fall, hat der Verkäufer den Vertrag nicht erfüllt und gerät ohne Mahnung in Lieferungsverzug, z.B. Lieferung am 15. Juni 20...
	Kauf auf Abruf	Der Käufer ruft die Ware ab – auch in Teilmengen möglich, d.h., der Käufer bestimmt den Zeitpunkt der Lieferung, z.B. Kauf von Cognac durch ein Restaurant.
	Teillieferungs-vertrag	Lieferung erfolgt in Teilmengen, und zwar als Zeitkauf, Fixkauf oder auf Abruf. Der Vorteil liegt im Einkauf großer Mengen (Rabatt, Ausschluss von Preissteigerungen) und niedriger Lagerhaltung.
Zahlungs-bedingungen	Kauf gegen Vorauszahlung	Der Käufer hat vor Lieferung die Ware zu bezahlen.
	Sofortzahlung	Die Ware ist bei Lieferung zu bezahlen (Zug-um-Zug-Geschäft).
	Ziel- oder Kreditkauf	Die Zahlung hat innerhalb der vereinbarten Frist nach der Lieferung zu erfolgen.
	Barkauf	Die Zahlung des Kaufpreises erfolgt auf einmal, gleichgültig ob vor, bei oder nach Lieferung gezahlt wird, ob bar, halbbar oder bargeldlos gezahlt wird.
	Ratenkauf	Die Zahlung des Kaufpreises erfolgt in Teilbeträgen vor, bei oder nach der Lieferung. Ein Ratenlieferungsvertrag zwischen Verbraucher und Unternehmer (Verbrauchsgüterkauf) ist nach § 510 II 1 BGB schriftlich abzuschließen und kann gemäß §§ 510 I 1, 355 BGB innerhalb von 14 Tagen nach Vertragsschluss begründungslos widerrufen werden. Dabei müssen Bar- und Teilzahlungspreis, Betrag, Anzahl und Fälligkeit der einzelnen Teilzahlungen sowie der effektive Jahreszins enthalten sein.
	Kommissionskauf	Der Käufer, z.B. Hotelier, braucht die Ware erst zu bezahlen, wenn er sie weiterverkauft hat.

Hotelier Hansel sollte für den Silvesterball das Tischfeuerwerk als Fixkauf zum 31.12. erwerben, da er später nichts mehr mit ihnen anfangen kann. Den Champagner lässt sich Hansel am besten zunächst zur Probe senden, um eine passende Sorte auszuwählen. Wenn er sich unsicher ist, ob er den Champagner auch verkauft, sollte er Kommissionskauf vereinbaren.

S

Aufgaben

1. In einem Angebot sind zu den Lieferkosten keine näheren Angaben gemacht. Wer hat dann die Lieferkosten zu tragen?
2. Das Gesetz sagt: „Geldschulden sind Schickschulden!"
   Was soll das bedeuten?
3. Küchenchef Huber fragt beim Gemüsehändler Grün an, was bei ihm 30 kg Möhren kosten. Am nächsten Morgen liefert Grün 30 kg Möhren. Muss der Küchenchef die Möhren abnehmen?
4. Welche Pflichten haben Verkäufer und Käufer bei Abschluss eines Kaufvertrags?
5. Restaurantfachfrau Mareike sieht im Schaufenster eine günstige Digitalkamera. Muss der Händler die Kamera zum angegebenen Preis verkaufen?
6. Welche Punkte sollte ein ausführliches Angebot enthalten?
7. Ergänzen Sie die Lücken im Text sinngemäß: Ein ① entsteht, wenn sich Käufer und Verkäufer einig sind, dass der eine kaufen und der andere ② möchte. Mit diesen ③ entstehen für beide Seiten Rechte und ④. Der Käufer hat das Recht auf ordnungsgemäße ⑤, d.h., die Ware muss ⑥ und in einwandfreiem Zustand geliefert werden. Die Kosten für den Transport der Ware trägt, wenn nichts anderes vereinbart wurde, immer der ⑦, denn Warenschulden sind sogenannte ⑧-schulden. Der Käufer hat ferner die Pflicht, die Ware auch anzunehmen und anschließend zu ⑨. Hier gilt das Prinzip Geldschulden sind ⑩. Auch für den Verkäufer gibt es noch Pflichten. Hat er das Geld erhalten, muss er dem Verkäufer das Eigentumsrecht auf die Ware übertragen. Nur weil der Käufer die Ware schon besitzt, heißt es noch lange nicht, dass sie ihm auch schon rechtlich gesehen gehört. Denn der ⑪ einer Sache ist nicht derjenige, der etwas hat, sondern der, dem es auch rechtlich zusteht. Der Ort, an dem der Verkäufer dieses Erfüllungsgeschäft der Eigentumsübertragung ausführt, wird auch ⑫ genannt. Übrigens ist dieser Ort meist auch der sogenannte ⑬, also der Ort, an dem Käufer und Verkäufer bei Streit klagen müssten.

5.4.2 Störungen des Kaufvertrags

Pflichtverletzungen bei der Erfüllung von Kaufverträgen

Situation 1

Restaurantleiter Schwarz bestellt beim Weinhändler Haberle Schwarzriesling in Flaschen zu je 0,7 l. Haberle liefert jedoch Riesling in Flaschen zu je 1,0 l.

Trotz aller Absprachen bei Abschluss eines Kaufvertrags kann es immer wieder zu Unstimmigkeiten kommen. Kommen die Vertragspartner ihren Verpflichtungen nicht nach, begehen sie eine Pflichtverletzung, aus der sich nach dem BGB unterschiedliche Rechte und Pflichten für die Vertragspartner ergeben.

§ 280 BGB

Kap.
5.3.4

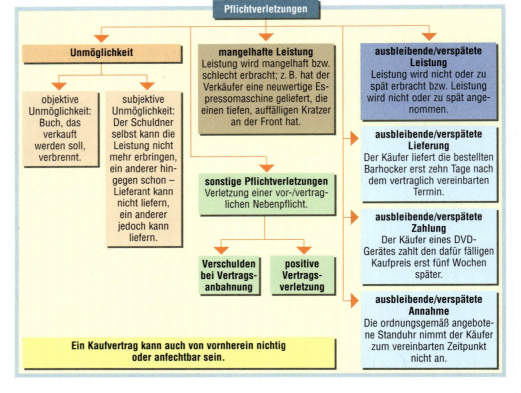

Bei Geldschulden gibt es keine Unmöglichkeit: „Geld hat man zu haben!"

Mangel an der Kaufsache (Schlechtleistung)

Situation 2

Weinkellner Mahler hat einen neuen Weinkühlschrank gekauft. Leider bringt dieser keine ausreichende Kühlleistung. Weinkellner Mahler rügt den Mangel beim Verkäufer.

Als Käufer haben wir das Recht, dass Ware frei von Mängeln geliefert wird. Bei Mängeln werden **Sachmängel** (Ware weist nicht die im Vertrag vereinbarten Eigenschaften auf) und **Rechtsmängel** unterschieden.

Ein **Rechtsmangel** liegt vor, wenn die Sache zwar körperlich einwandfrei übergeben wird, aber mit dem Recht eines Dritten belastet ist.
Beispiel: Das als unbelastet verkaufte Grundstück ist mit einer Hypothek oder einem Vorkaufsrecht belastet.

Art des Mangels	Beispiel
Der Sache fehlt die genau vereinbarte *Beschaffenheit*.	Es wird Portionsbutter in Päckchen zu je 20 g statt zu je 10 g geliefert.
Die Sache lässt sich nicht so *verwenden*, wie von ihr erwartet wird.	Die neue Kochjacke ist nicht kochfest, sondern lässt sich nur bei 60 °C waschen.
Der Sache fehlt eine *Eigenschaft*, die üblicherweise von ihr erwartet werden kann.	Der Weinschrank lässt sich nur auf eine Temperatur für Weiß- oder Rotwein einstellen.
Die Ware entspricht nicht den *Versprechen* der Werbung bzw. des Herstellers.	Der Kombidämpfer benötigt mehr Zeit zum Garen, als im Prospekt versprochen.
Fehlerhafte Montage oder fehlerhafte Montageanleitung	Durch einen Fehler in der Montageanleitung bzw. durch den Monteur wird der neue Küchenschrank beschädigt.
Lieferung der falschen Sache	Statt Schwarzriesling wird Riesling geliefert.
Zu-wenig-Lieferung	Statt 60 Flaschen Wein werden nur 50 geliefert.

Oft ist die **Beschaffenheit einer Sache** nicht genau im Vertrag definiert. Es gilt dann die Beschaffenheit, die der Käufer üblicherweise von der Sache erwarten kann. Kauft z. B. ein Gastronom im Großhandel Geschirr ein, so kann er davon ausgehen, dass dieses den Anforderungen in der Gastronomie standhält.

Auch **unerhebliche Mängel** (PKW hat einen Kratzer im Kofferraum) sind Sachmängel. Ein Rücktritt vom Vertrag ist in diesem Fall ausgeschlossen, statt dessen hat der Kunde Recht auf Nachbesserung.

Mängel lassen sich nicht immer gleich erkennen, deshalb wird unterschieden:

Offene Mängel	Versteckte Mängel	Arglistig verschwiegene Mängel
lassen sich gleich bei der Warenannahme feststellen.	stellen sich erst bei der Nutzung der Sache heraus.	sind dem Verkäufer bekannt, dieser verschweigt sie aber dem Kunden absichtlich.
Beispiel: Es wird Puderzucker statt Haushaltszucker geliefert.	Beispiel: Die gelieferte Frischmilch ist sauer.	Beispiel: Ein Händler verkauft wissentlich gespritzte Apfelsinen als unbehandelte Ware.

Die Weinlieferung des Händlers Haberle ist u. a. mangelhaft weil
▶ dem Wein eine genau vereinbarte Beschaffenheit fehlt: 1,0-l- statt 0,7-l-Flaschen.
▶ die falsche Sache geliefert wurde: Riesling statt Schwarzriesling.

Wird ein Mangel bekannt, so muss dieser Mangel dem Verkäufer mitgeteilt werden (**Mängelrüge**), ansonsten gilt die Ware als angenommen. Weil aber nicht jeder Mangel offensichtlich ist, gibt es unterschiedliche Fristen für eine Mängelrüge und die Haftung des Verkäufers:

Einseitiger Handelskauf		
Offene Mängel	**Versteckte Mängel**	**Arglistig verschwiegene Mängel**
Bei neuen Produkten kann der Mangel binnen 2 Jahren gerügt werden, bei gebrauchten Waren kann der Verkäufer die Haftung auf 1 Jahr begrenzen. Als Sachmangel gilt nicht der übliche Verschleiß! Beim **Verbrauchsgüterkauf** gilt: Bei Mängeln, die innerhalb von sechs Monaten auftreten, haftet der Verkäufer. Ausnahme: Der Mangel ist durch den Käufer verursacht worden (falsche Benutzung, Gewalteinwirkung o. a.). Treten Mängel erst 6 Monate nach Warenübergabe (= Gefahrenübertragung) auf, so muss der Käufer nachweisen, dass die Ware von vornherein fehlerhaft war. Nimmt der Käufer eine Ware erst später in Gebrauch und bemerkt dann den Fehler, so ist die Haftung des Verkäufers evtl. erloschen.		Eine Mängelrüge muss innerhalb von drei Jahren erfolgen.
Zweiseitiger Handelskauf		
Offene Mängel	**Versteckte Mängel**	**Arglistig verschwiegene Mängel**
sind dem Verkäufer unverzüglich nach Wareneingangskontrolle mitzuteilen.	sind unverzüglich nach Entdeckung dem Verkäufer zu melden (innerhalb von zwei Jahren – kann vertraglich auf ein Jahr begrenzt werden).	Mängelrüge unverzüglich nach Entdeckung (innerhalb von drei Jahren).

Sachmängel

§§ 434, 437 BGB

Besonderheit bei Internetauktionen: Verkäufer darf keine bekannten Mängel verschweigen (→ Nichtigkeit des Vertrages); beschreibt er die Mängel, übernimmt er für diese keine Gewährleistung

S1

Kap. 5.4.1

§ 377 HGB
§ 438 f. BGB

Handelskauf: commercial transaction/ mercantile sale

§§ 437, 439 f. BGB

Manche Händler bieten anstelle einer Ersatzlieferung einen Warengutschein an. Darauf muss sich der Kunde nicht einlassen.

Liegt ein Mangel vor, kann der Käufer nicht gleich vom Vertrag zurücktreten:

Mängelrüge

Recht auf **Nacherfüllung**

Nachbesserung	**Ersatzlieferung (Umtausch)**
Reparatur zulasten des Verkäufers unter Setzung einer angemessenen Frist	Lieferung eines mangelfreien Ersatzes, wenn eine Nachbesserung teurer wäre

Ausnahmen: Keine Nacherfüllung möglich,
- weil es sich um eine gebrauchte Sache handelt,
- weil es sich um einen **Stückkauf** handelt (Sache war einmalig),
- weil die fehlerhafte Sache zerstört ist (Kühlschrank hat infolge des Defektes Feuer gefangen).

§ 440 BGB

Ist der Mangel auch nach zweimaliger Nachbesserung nicht beseitigt oder ist eine Nacherfüllung unmöglich

§§ 437, 440, 441 BGB

Minderung des Kaufpreises	**Rücktritt vom Kaufvertrag**
Der Kaufvertrag bleibt zwar bestehen, die Kaufsumme wird aber um einen angemessenen Betrag gemindert.	Der Kaufgegenstand wird zurückgegeben, das gezahlte Geld ebenfalls.

§§ 280 I, 325, 437 BGB

Zusätzlich besteht das Recht auf **Schadensersatz**
- Ersatz von Kosten für eine evtl. Eigenreparatur kleiner Schäden (Gastwirt beauftragt in Absprache einen Elektriker vor Ort, den defekten Kombidämpfer zu reparieren, da der Hersteller extra einen Techniker über eine weite Strecke schicken müsste).
- Ersatz des Produktionsausfalls oder zeitweiser Ersatzbeschaffung (Küchenchef muss sich eine Eismaschine mieten, weil das gelieferte Gerät nicht funktioniert oder in Reparatur ist).
- Ersatz vergeblicher Anschaffungen im Zusammenhang mit dem Kaufvertrag (Küchenchef hat einen passenden Unterbau für den neuen Kombidämpfer gekauft, der aber nicht funktioniert. Die Aufwendungen und evtl. die Differenz vom Wiederverkaufspreis des Unterbaus kann der Küchenchef geltend machen).

§ 284 BGB

Unter Umständen sind diese Rechte des Käufers aber auch ausgeschlossen:

§ 281 BGB

▶ Der Käufer weiß bereits bei Vertragsabschluss, dass die Sache Mängel aufweist oder die Mängel sind unerheblich.

§§ 442, 444 BGB

▶ Der Verkäufer hat die Mängelhaftung vertraglich ausgeschlossen (dies gilt nicht bei arglistig verschwiegenen Mängeln oder bei Übernahme einer Garantie).

▶ Der Käufer hat die Sache bei Annahme nicht ausreichend geprüft und so grob fahrlässig gehandelt.

Oft gewähren Händler sogar eine Gewährleistungspflicht von drei Jahren oder eine zusätzliche Garantie.

S2

In dieser Situation kann Mahler zunächst Nacherfüllung verlangen. Bleibt der Kühlschrank auch nach zweimaliger Nachbesserung defekt oder ist keine Ersatzlieferung möglich, kann Mahler vom Kaufvertrag zurücktreten. Den Kühlschrank muss er zurückgeben und er erhält dafür sein Geld zurück. Ist Mahler durch den Kauf ein Schaden entstanden (z. B. wenn er schon spezielle Einschübe für den Kühlschrank bestellt hat), kann er diesen ebenfalls geltend machen.

Lieferungsverzug (Nicht-rechtzeitig-Lieferung)

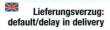

Situation

Restaurantleiter Schwarz hat beim Weinhändler Haberle 48 Flaschen Schwarzriesling zum 31.07.20.. bestellt. Schwarz benötigt den Wein für eine Feier am 8.8.20.. Haberle liefert erst am 7.8.20.. Der Restaurantleiter weigert sich, die Flaschen anzunehmen, da er zwischenzeitlich den Wein bei einem anderen Händler gekauft hat.

Liefert ein Verkäufer nicht oder nicht rechtzeitig, liegt **Lieferungsverzug** vor. Ist ein bestimmter Liefertermin vereinbart worden, ist die Ware mit diesem Datum fällig und der Verkäufer gerät automatisch in Lieferungsverzug. Ist kein festes Datum vereinbart, muss der Käufer den Lieferanten mit einer **Mahnung**[1] in Verzug setzen. Eine Mahnung ist ebenfalls nicht erforderlich,

▶ wenn sich der Verkäufer weigert, überhaupt noch zu liefern
▶ wenn sich der Verkäufer selbst in Verzug setzt, indem er den Käufer über den voraussichtlichen Liefertermin informiert.

Auch hier kann der Käufer nicht einfach vom Vertrag zurücktreten, hat aber folgende Rechte:

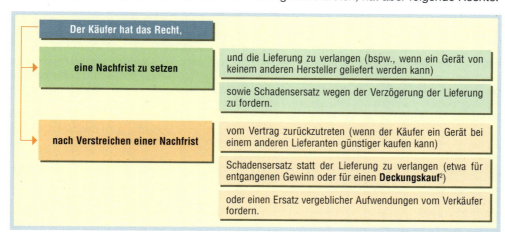

Mahnung: demand notice	§ 286 BGB
Nachfrist: extended deadline/ grace period	§ 433 BGB
	§§ 280 I, II, 286, 288 BGB
	§ 323 I BGB
	§§ 280 I, III, 281, 252 BGB
	§ 284 BGB

Eine Nachfrist ist dann angemessen, wenn der Verkäufer noch die Möglichkeit hat, die Sache zu liefern, ohne dass er sie erst anfertigt oder beschafft. Eine Nachfrist ist nicht erforderlich,

▶ wenn der Verkäufer erklärt, er könne oder wolle auch nach Fristende nicht liefern.
▶ wenn der Käufer nachweist, dass eine spätere Lieferung für ihn keinen Sinn mehr macht (Bsp. beim **Fixkauf** von Feuerwerkskörpern für den Silvesterball, die voraussichtlich am 1.1. geliefert würden).

§ 281 II BGB
§ 323 II BGB

Möglichkeiten der Schadensberechnung		
a) Konkrete Schadensberechnung	**b) Abstrakte Schadensberechnung**	**c) Vertragsstrafe**
Der Käufer hat sich aufgrund der ausbleibenden/verspäteten Lieferung des Verkäufers die Sache(n) zu einem höheren Preis besorgen müssen (sog. Deckungskauf). Die Differenz zwischen Vertragspreis und höherem Preis kann der Käufer vom Verkäufer verlangen.	Hat der Käufer einen Deckungskauf getätigt, kann er Schadensersatz für den gewöhnlicherweise, d.h. ohne die ausbleibende/verspätete Lieferung wahrscheinlich entstandenen Gewinn verlangen.	Da der abstrakte Schaden aufgrund oft fehlender Beweise schwer nachzuweisen und zu berechnen ist, ist es für den Käufer sinnvoll, mit dem Verkäufer eine Vertragsstrafe (Konventionalstrafe) zu vereinbaren. Dadurch soll der Verkäufer zum Einhalten der Lieferfrist angehalten werden. Der vereinbarte Geldbetrag wird i.d.R. vom Verkäufer hinterlegt und die Strafe ist verwirkt, sobald der Verkäufer in Verzug gerät.
Bsp.: Hotelier Huber bestellt 15 Barhocker zu einem Einzelpreis von 245,00 € bei der Firma Franzl. Franzl liefert nicht, sodass Huber bei der Firma Buchwieser Barhocker je Stück zu 265,00 € kaufen muss: Diese Teuerung i.H.v. 300,00 € hat die Firma Franzl zu ersetzen.	Bsp.: Der Käufer kann dem Verkäufer nachweisen, dass er die bestellten Karten aufgrund der dreiwöchigen Lieferungsverzögerung des Verkäufers 14 Tage nicht verkaufen konnte; dieser verlorene Betrag ist dann vom Verkäufer zu ersetzen.	Bsp.: Gerät der Verkäufer einer Ware in Verzug, so verfällt der Geldbetrag.

§ 252 BGB

§§ 339 ff. BGB

---

1 Eine **Mahnung** ist nach *§ 286 BGB* eine einseitige, empfangsbedürftige geschäftsähnliche Handlung, mit welcher der Schuldner zur Leistungserfüllung aufgefordert wird. Aus Nachweisgründen sollte eine Mahnung mittels Boten oder per Einschreiben erfolgen.
2 **Deckungskauf**: Benötigt ein Käufer eine Ware dringend, der Verkäufer liefert aber nicht fristgerecht, so muss sich der Käufer die Ware bei einem anderen Händler beschaffen – oft zu einem höheren Preis.

Restaurantleiter Schwarz hat mehrere Möglichkeiten: Da er die Ware fix zum 31.7.20.. bestellt hat, kommt Weinhändler Haberle mit Ablauf des 31.7.20.. automatisch in Lieferungsverzug (der Kalender mahnt). Schwarz müsste dann eine Nachfrist setzen, bis zu welcher der Wein spätestens zu liefern ist. Hat Haberle diesen Termin verstreichen lassen, kann Schwarz vom Vertrag zurücktreten und ggf. Schadensersatz verlangen. Hat Schwarz dem Weinhändler lediglich mitgeteilt, dass er den Wein spätestens am 8.8.20.. benötigt, ist Haberle zwar in Lieferungsverzug geraten, Schwarz dürfte aber nicht einfach vom Kaufvertrag zurücktreten, denn schließlich liefert Haberle ja noch vor dem 8.8.20..

Annahmeverzug (Gläubigerverzug)

Annahmeverzug:
delay in acceptance

§§ 293 ff. BGB
§ 300 f. BGB

Nicht nur der Verkäufer, auch der Käufer kann in Verzug kommen, wenn ihm eine Ware ordnungsgemäß[1] geliefert wird, er sich aber weigert, diese anzunehmen. In diesem Fall spricht man von **Annahmeverzug (Gläubigerverzug)**. Hierbei geht die Gefahr – mit wenigen Ausnahmen – auf den Käufer über (ein Koch muss auch dann noch zahlen, wenn Lebensmittel durch seinen Annahmeverzug verderben). Ein Käufer kommt auch in Annahmeverzug, wenn nicht er selbst, sondern ein Erfüllungsgehilfe die Annahme verweigert.

Beispiel: Der Küchenchef hat Waren bestellt. Bei ordnungsgemäßer Anlieferung der Waren ist der Küchenchef außer Haus und es wurde versäumt, eine Vertretung zu besorgen. Damit ist der Küchenchef in Annahmeverzug geraten.

§§ 300, 383 ff. BGB,
§§ 373, 375 HGB

Bei Annahmeverzug hat der Verkäufer folgende Rechte			
Ergibt sich die Möglichkeit, die Ware anderweitig zu verkaufen, so kann der Verkäufer die Lieferung ablehnen und vom Vertrag zurücktreten.	Der Verkäufer kann auf Abnahme klagen und die Ware solange aufbewahren.		Zusätzlich kann der Verkäufer auf **Schadensersatz** klagen.
	Der Verkäufer kann die Ware auf Kosten des Käufers in einem öffentlichen Lagerhaus lagern.	Die Ware kann in einer **öffentlichen Versteigerung** verkauft werden (**Selbsthilfeverkauf**). Hiervon muss der Käufer vorher in Kenntnis gesetzt werden und es muss ihm eine Nachfrist zur Abnahme gewährt werden.	Handelt es sich um leicht verderbliche Waren, kann der Verkäufer ohne Nachfrist einen **Notverkauf** durchführen.

Entstehen Mindererlöse durch Selbsthilfeverkäufe und Notverkäufe, gehen diese zulasten des Schuldners (Käufers).

Zahlungsverzug (Nicht-rechtzeitig-Zahlung)

Zahlungsverzug:
default in payment

Situation

Gastwirt Bollmann hat am 3.3.20.. eine Rechnung mit Rechnungsdatum 1.3.20.. vom Getränkehandel Schulze erhalten. Als Tag der Fälligkeit weist die Rechnung den 15.3.20.. aus. Am 20.3.20.. hat Bollmann noch immer nicht bezahlt. Mit welchen Konsequenzen muss er nun rechnen und welche Möglichkeiten hat Getränkehändler Schulze, an sein Geld zu kommen?

§ 433 II BGB

Ist ein Verkäufer seinen Verpflichtungen aus dem Kaufvertrag ordnungsgemäß nachgekommen, hat er auch Anspruch auf Bezahlung. Es kann vorkommen, dass jemand übersieht, eine Rechnung zu bezahlen oder kurzfristig „nicht flüssig" ist. Immer häufiger aber wird bewusst „die Zeche geprellt", was für Gastronomen erhebliche Vermögensschäden nach sich ziehen kann.

Mahnung:
demand notice

Kommt ein Käufer seinen Zahlungsverpflichtungen nicht nach, gerät er in **Zahlungsverzug (Schuldnerverzug)**. Ist in der Rechnung ein Zahlungstermin angegeben, so gerät der Käufer mit Ablauf dieser Frist auch ohne **Mahnung** in Zahlungsverzug. Ist kein Zahlungsziel angegeben, ist der Rechnungsbetrag spätestens 30 Tage nach Zugang der Rechnung zu zahlen.

§ 286 III 1, S. 2 BGB

---

[1] Ist ein fester Lieferzeitpunkt vereinbart und kann der Verkäufer schon vor diesem Zeitpunkt liefern, hat er dies dem Käufer rechtzeitig anzukündigen (z. B. Lieferung einer Hochzeitstorte zwei Tage vor der Feier). Erfolgt eine solche Ankündigung nicht und liefert der Verkäufer trotzdem früher als vereinbart, so kommt der Käufer nicht in Annahmeverzug, er ist dann nur vorübergehend an der Annahme verhindert (§ 299 BGB).

Privatverbraucher müssen in der Rechnung darauf hingewiesen werden, Kaufleute nicht. Beim Zahlungsverzug ist es unerheblich, ob der Schuldner (Käufer) unverschuldet in Verzug geraten ist („Geld hat man zu haben").

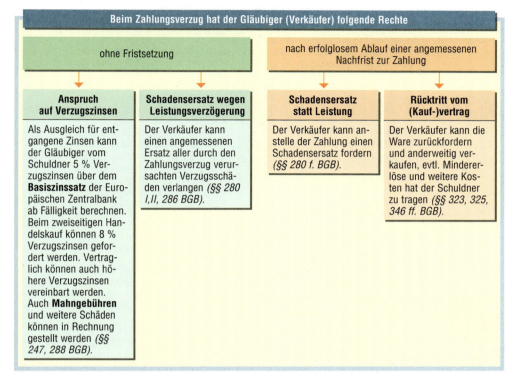

Beim Zahlungsverzug hat der Gläubiger (Verkäufer) folgende Rechte

ohne Fristsetzung		nach erfolglosem Ablauf einer angemessenen Nachfrist zur Zahlung	
Anspruch auf Verzugszinsen	**Schadensersatz wegen Leistungsverzögerung**	**Schadensersatz statt Leistung**	**Rücktritt vom (Kauf-)vertrag**
Als Ausgleich für entgangene Zinsen kann der Gläubiger vom Schuldner 5 % Verzugszinsen über dem **Basiszinssatz** der Europäischen Zentralbank ab Fälligkeit berechnen. Beim zweiseitigen Handelskauf können 8 % Verzugszinsen gefordert werden. Vertraglich können auch höhere Verzugszinsen vereinbart werden. Auch **Mahngebühren** und weitere Schäden können in Rechnung gestellt werden *(§§ 247, 288 BGB)*.	Der Verkäufer kann einen angemessenen Ersatz aller durch den Zahlungsverzug verursachten Verzugsschäden verlangen *(§§ 280 I, II, 286 BGB)*.	Der Verkäufer kann anstelle der Zahlung einen Schadensersatz fordern *(§§ 280 f. BGB)*.	Der Verkäufer kann die Ware zurückfordern und anderweitig verkaufen, evtl. Mindererlöse und weitere Kosten hat der Schuldner zu tragen *(§§ 323, 325, 346 ff. BGB)*.

> **Der Basiszinssatz einschließlich gültiger Verzugszinsen kann dem Internet entnommen werden.**

Üblicherweise wird bei Zahlungsverzug eines Kunden zunächst ein **Erinnerungsschreiben** geschickt. Danach werden meist bis zu drei **Mahnungen** unter Berechnung von **Mahngebühren** versandt (**kaufmännisches Mahnverfahren**). Bezahlt der Schuldner dann noch immer nicht, wird ein **Mahnbescheid beim Amtsgericht** beantragt (**gerichtliches Mahnverfahren**). Ein kaufmännisches Mahnverfahren ist nicht Voraussetzung für ein gerichtliches Mahnverfahren.

Mahnbescheid: default summons/ summary notice to pay

Gerichtliches Mahnverfahren: summary proceeding

Kap. 5.4.3

Gastwirt Bollmann ist durch die fällige Rechnung auch ohne Mahnung am 15.3.20.. in Zahlungsverzug geraten („der Kalender mahnt"). Getränkehändler Schulze wird ein Erinnerungsschreiben und ggf. Mahnungen an Bollmann senden. Bleiben diese Schreiben ohne Erfolg, kann Schulze neben Verzugszinsen und Mahngebühren auch Schadensersatz von Bollmann verlangen und vom Vertrag zurücktreten.

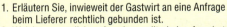

Aufgaben

1. Erläutern Sie, inwieweit der Gastwirt an eine Anfrage beim Lieferer rechtlich gebunden ist.
2. Welche wesentlichen Angaben sollte jedes Angebot enthalten, damit der evtl. Käufer eindeutig informiert ist?
3. W. Gundhart, Winzenheim, unterbreitet seinem Kunden, dem Gastwirt Günter Büchner, Ansbach, ein schriftliches Angebot über eine neue Sorte Wein zu 6,50 € je Flasche. Bei Abnahme von mehr als 100 Flaschen reduziert sich der Preis pro Flasche auf 5,50 €. Das Angebot wird am 20.11.20.. durch die Post versandt.

a) Büchner reagiert nicht auf das Angebot. Welche Rechtsfolgen entstehen?
b) Am 27.11.20.. liegt Gundhart immer noch keine Bestellung vor. Er veräußert die Ware an einen anderen interessierten Kunden. Einen Tag später geht bei ihm die Bestellung von Büchner ein. Welche Rechtslage ergibt sich daraus?
c) Wie wird sich Gundhart verhalten, wenn sich aus Poststempel und Briefdatum ergibt, dass Büchner die Bestellung am 24.11.20.. bereits aufgegeben hat und die Verzögerung nicht von ihm zu vertreten ist?

d) Wie könnte sich Gundhart verhalten, wenn bereits am 24.11.20.. eine Bestellung über 50 Flaschen Wein zum Preis von 5,50 € pro Flasche eingehe?

e) Nachdem Gundhart das Angebot an Büchner zur Post gegeben hatte, hat er die Gelegenheit, den Wein zu einem weitaus günstigeren Preis abzusetzen; gibt es für Gundhart eine Möglichkeit, den Wein zu den günstigeren Bedingungen zu verkaufen?

4. Ein Büromaschinengroßhändler übersendet dem Hotel „Lindenblick" die Auftragsbestätigung über die Lieferung eines EDV-Gerätes. Auf der Rückseite des Formulars sind die Lieferungs- und Zahlungsbedingungen des Büromaschinengroßhändlers abgedruckt. Als vereinbarter Erfüllungsort für beide Teile gilt Nürnberg. Welche Bedeutung hat das?

5. Hotelier Kiehlmann kauft in einem Möbelhaus Mobiliar für die neu ausgebauten Zimmer.
Welche Pflichten haben Käufer und Verkäufer zu erfüllen?

6. Ein Ausflugslokal bestellt bei der Bäckerei am Ort für Sonntag, 10.07.20.., 14:00 Uhr, verschiedene Torten. Welche Art Kaufvertrag wurde hier abgeschlossen?

7. Unterscheiden Sie mithilfe von Beispielen folgende Arten von Kaufverträgen:
a) Kauf auf Probe
b) Kauf zur Probe
c) Kauf nach Probe

8. In welchem Fall wird der Käufer aufgrund seiner Mängelrüge Nacherfüllung, Minderung, Rücktritt oder Schadensersatz verlangen?

9. Um den Service beim An- und Abreisen der Gäste zu verbessern, kauft ein Hotel einen Kleinbus. Dabei versichert der Verkäufer, dass es sich um ein Fahrzeug mit nur fünf Litern Dieselverbrauch pro 100 Kilometer handelt. Nach kurzer Zeit zeigt sich, dass der tatsächliche Verbrauch bei neun Litern liegt. Ist es dem Hotel möglich, diese Abweichung im Kraftstoffverbrauch gesetzlich begründet zu monieren?

10. Das Hotel hatte bei seinem Lieferanten aufgrund eines Angebots zehn Sack Kartoffeln zum 15.12.20.. fix bestellt. Die Kartoffeln treffen jedoch zum vereinbarten Liefertermin nicht ein. Da das Hotel die Kartoffeln unbedingt benötigt (Festessen), bestellt der Hotelier bei einem anderen Lieferanten, der auch sofort liefert – allerdings zu einem um 30,00 € höheren Preis.
a) Welches Recht hat der Hotelier wahrgenommen?
b) Wie heißt der Kauf, den der Hotelier bei dem zweiten Lieferanten vorgenommen hat?
c) Welchen Betrag wird der Hotelier dem ersten Lieferanten in Rechnung stellen?

11. 30 Körbe frische Erdbeeren werden von dem Geschäftsführer des Restaurants „Im Dorf" nicht angenommen, weil sie seiner Meinung nach nicht der vereinbarten Qualität entsprechen. Der Pächter des benachbarten Gasthofs wird Zeuge des Gesprächs und übernimmt die Erdbeeren zu 70 % des ursprünglich vereinbarten Preises. Wie ist die Rechtslage?

12. Das Hotel „Königskrug" erhält am 20.10.20.. eine Warenlieferung von 1 000,00 €. Besondere Zahlungsvereinbarungen liegen nicht vor. Am 12.11.20.. mahnt der Lieferant. Danach zahlt der Hotelier am 15.11.20..
a) Wann ist der Hotelier in Verzug geraten?
b) Welchen Anspruch kann der Lieferant geltend machen?

13. Herr Jansen hat im Hotel „Zum Ross" seinen 50. Geburtstag gefeiert und bekommt hierfür am 24.01.20.. die Rechnung in Höhe von 2 500,00 € mit Zahlungsziel 30.01.20.. zugesandt. Trotz mehrmaliger Mahnungen hat Jansen am 01.04.20.. noch immer nicht gezahlt. Wie viel Euro Verzugszinsen kann der Hotelier am 01.04.20.. zusätzlich in Rechnung stellen?

5.4.3 Mahn- und Klageverfahren

Das Ehepaar Simon hat seine Hochzeit im Gasthaus „Zum Bahnhof" gefeiert und bekommt am 12.3.20.. hierfür die Rechnung mit der Bitte, den Rechnungsbetrag in Höhe von 3 500,00 € bis zum 31.3.20.. zu begleichen. Dieser Aufforderung kommt das junge Paar aber nicht nach. Welche Möglichkeiten hat die Wirtin, dennoch an ihr Geld zu kommen?

Außergerichtliches Mahnverfahren

Um Kunden nicht zu „vergraulen", die noch Rechnungen bezahlen müssen (Schuldner), wenden Unternehmen (Gläubiger) meist erst das kaufmännische Mahnverfahren an (Zahlungserinnerungen und bis zu drei Mahnungen).

14.04.	30.04.	15.05.	31.05.

Erinnerung

Sehr geehrter Herr Simon,

haben Sie uns vergessen? Bitte denken Sie doch in den nächsten Tagen an die Bezahlung der Rechnung vom 10.03.

Freundliche Grüße
Gasthaus „Zum Bahnhof"

I. Voll

1. Mahnung

Sehr geehrter Herr Simon,

in unserem Schreiben vom 14.04. haben wir um Zahlung der Rechnung vom 10.03. gebeten. Leider konnten wir noch keinen Zahlungseingang feststellen. Bitte überprüfen Sie die Zahlung noch einmal und holen Sie diese bis zum 10.05. nach. Sollten die Rechnung inzwischen beglichen sein, sehen Sie dieses Schreiben bitte als gegenstandslos an.

Freundliche Grüße
Gasthaus „Zum Bahnhof"

I. Voll

Einschreiben
2. Mahnung

Sehr geehrter Herr Simon,

da Sie auch auf unser Schreiben vom 30.04. nicht reagiert haben, setzen wir Ihnen letztmalig die Frist zum Ausgleich der Rechnung bis zum 20.05. Zusätzlich zum Rechnungsbetrag sind Mahngebühren in Höhe von 5,00 € fällig. Sollten Sie bis zum 20.5. nicht bezahlen, entstehen Ihnen weitere Kosten durch die Einschaltung eines Inkassounternehmens.

Freundliche Grüße
Gasthaus „Zum Bahnhof"

I. Voll

Anlagen: Duplikate des Schriftverkehrs

Einschreiben
3. und letzte Mahnung

Sehr geehrter Herr Simon,

trotz einer weiteren Mahnung sind Sie der Zahlung des offenen Rechnungsbetrags nicht nachgekommen. Da Sie auch die Zahlung an das von uns beauftragte Inkassounternehmen verweigert haben, sehen wir uns gezwungen, einen gerichtlichen Mahnbescheid gegen Sie zu erwirken, sollten wir bis zum 05.06. keine Zahlung von Ihnen erhalten. Die fällige Rechnungssumme inkl. Mahngebühren und Kosten des Inkassounternehmens entnehmen Sie bitte dem beiliegenden Schreiben.

Freundliche Grüße
Gasthaus „Zum Bahnhof"

I. Voll

Anlagen: Duplikate des Schriftverkehrs

Manchmal zahlen die Kunden dann aber immer noch nicht! Neben der **Postnachnahme** und dem Einschalten eines **Inkassounternehmens** gibt es noch den Weg über das **gerichtliche Mahnverfahren**.

Gläubiger:
creditor

§§ 688 I, 703 d ZPO

Gerichtliches Mahnverfahren

Hat das kaufmännische Mahnverfahren keinen Erfolg gebracht, so kann der Gläubiger online beim Mahngericht einen **Mahnbescheid** gegen seinen Schuldner ausstellen lassen **(= gerichtliches Mahnverfahren)** oder direkt Klage erheben. Bundesweit ist das Mahnverfahren automatisiert und zentralisiert. In Niedersachsen ist für Mahnsachen z.B. das Amtsgericht Uelzen zuständig (http://www.amtsgericht-uelzen.niedersachsen.de). Für die Antragstellung auf Erlass eines Mahnbescheides kann das Internet genutzt werden. Die notwendigen Daten werden in einen interaktiven Mahnantrag eingegeben und an das Mahngericht übermittelt.

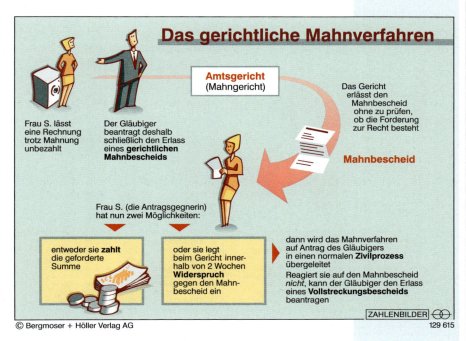

Das gerichtliche Mahnverfahren

Frau S. lässt eine Rechnung trotz Mahnung unbezahlt

Der Gläubiger beantragt deshalb schließlich den Erlass eines **gerichtlichen Mahnbescheids**

Amtsgericht (Mahngericht)

Das Gericht erlässt den Mahnbescheid ohne zu prüfen, ob die Forderung zur Recht besteht

Mahnbescheid

Frau S. (die Antragsgegnerin) hat nun zwei Möglichkeiten:

entweder sie **zahlt** die geforderte Summe

oder sie legt beim Gericht innerhalb von 2 Wochen **Widerspruch** gegen den Mahnbescheid ein

dann wird das Mahnverfahren auf Antrag des Gläubigers in einen normalen **Zivilprozess** übergeleitet

Reagiert sie auf den Mahnbescheid *nicht*, kann der Gläubiger den Erlass eines **Vollstreckungsbescheids** beantragen

© Bergmoser + Höller Verlag AG

ZAHLENBILDER

129 615

Auch das gerichtliche Mahnverfahren ist keine Garantie, dass der Gläubiger sein Geld tatsächlich erhält (z. B. bei vorsätzlichem Einmietbetrug). Hier hilft Vorsicht im Umgang mit neuen Kunden, z. B. Verlangen von Anzahlungen oder Vorauskassen, Ausstellen von Zwischenrechnungen, etwa bei Beherbergung über einen längeren Zeitraum, und evtl. die Verweigerung weiterer Leistungen bei Ausbleiben der Zahlungen. Hat auch das gerichtliche Mahnverfahren keinen Erfolg, bleiben u. U. strafrechtliche Möglichkeiten, um gegen den Schuldner vorzugehen.

Aufgaben

1. Wie würden Sie in folgenden Situationen reagieren, wenn ein Gast um Stundung des Rechnungsbetrages in Höhe von 12 000,00 € bitten würde?

   a) Firma Riebold kann das Vertretertreffen in Ihrem Hotel im Moment nicht bezahlen, weil ein Sturmschaden den Verkauf der Firma lahmgelegt hat.
   b) Firma Mohr gibt an, die Rechnung nicht begleichen zu können, weil sie größere Investitionen im Hause vorgenommen hat.
   c) Aufgrund schlechter Geschäftslage ist eine Firma, die ständig Tagungen im Hotel abgehalten hat, nicht in der Lage, den Rechnungsbetrag zu bezahlen.

2. Die Weinstube Weber, Würzburg, An der Graube 9, hat eine Rechnung über die Lieferung von 500 Flaschen Spätlese zum Preis von 640,00 €, die am 10.06.20.. fällig war, bis heute nicht bezahlt.

   a) Schreiben Sie einen Mahnbrief.
   b) Obwohl der Weinstube bereits zwei Mahnungen und eine Postnachnahme zugestellt wurden, ist die Rechnung immer noch nicht bezahlt worden. Drohen Sie das gerichtliche Mahnverfahren an.
   c) Füllen Sie – mit Ihrem Absender – einen Mahnbescheid aus.
   d) Welchen anderen Rechtsweg könnten Sie einschlagen?

Zwangsvollstreckung

Situation

Zwangsvollstreckung: enforcement/execution

Gastwirt Martin Gerber ist völlig verzweifelt. Mit großer Mühe hat er einen Prozess gegen einen Gast gewonnen, der im Rausch die Gaststätteneinrichtung demoliert hatte. Jetzt erfährt er, dass er mit dem Urteil allein überhaupt noch nichts machen kann, wenn sein Prozessgegner nicht freiwillig zahlt. Außerdem rät ihm ein guter Freund, sich doch einmal das Schuldnerverzeichnis beim Amtsgericht anzusehen.

Zur **Durchsetzung eines Anspruchs** gegen einen leistungsunwilligen Schuldner muss der Gastwirt / Hotelier staatliche Hilfe in Anspruch nehmen. Hierzu einleitend das Schaubild (links).

© Bergmoser + Höller Verlag AG

129 616

Zuständig für die Zwangsvollstreckung können je nach Art der Zwangsvollstreckungsmaßnahme der Gerichtsvollzieher (GVZ), das Vollstreckungsgericht (= das Amtsgericht, in dessen Bezirk die Vollstreckung stattfinden soll), das Prozessgericht erster Instanz oder das Grundbuchamt sein.

Zwangsvollstreckung wegen Geldforderung

Die **Vollstreckung in bewegliche Sachen** des Schuldners vollzieht sich wie folgt: Geld, Kostbarkeiten und Wertpapiere nimmt der GVZ an sich. Auf andere bewegliche Sachen klebt er ein **Pfandsiegel** (im Volksmund „Kuckuck") und belässt sie vorläufig im Gewahrsam des Schuldners. Bargeld liefert der GVZ an den Gläubiger ab. Wertpapiere und Edelmetall kann er freihändig verkaufen. Andere Sachen hat er öffentlich zu versteigern. Zwischen dem Tag der Pfändung und dem Versteigerungstermin muss eine Woche liegen. Der Erlös wird dem Gläubiger ausgehändigt. Über jede Vollstreckungshandlung ist ein Protokoll aufzunehmen. Pfändet der GVZ Gegenstände, die unpfändbar sind (z. B. persönliche Sachen oder Hausrat für eine **„bescheidene Lebens- und Haushaltsführung"**), so hat der Schuldner dagegen das Rechtsmittel der „Erinnerung" an das Vollstreckungsgericht. Werden Sachen gepfändet, die einem anderen als dem Schuldner gehören, so hat der Eigentümer die Möglichkeit, dagegen das Rechtsmittel der Drittwiderspruchsklage beim Vollstreckungsgericht einzulegen. Damit nicht zwischenzeitlich vollendete Tatsachen geschaffen werden, kann das Vollstreckungsgericht auf Antrag einstweilige Anordnungen treffen.

Die **Zwangsvollstreckung in Geldforderungen**, z. B. in den Lohn- oder Gehaltsanspruch des Schuldners, erfolgt auf Antrag des Gläubigers durch das Vollstreckungsgericht, das einen **Pfändungs- und Überweisungsbeschluss** erlässt.

Darin wird dem Schuldner verboten, die Forderung einzuziehen oder anders über sie zu verfügen.

Ferner ist es dem Drittschuldner (= Schuldner des Schuldners) untersagt, an den Schuldner zu zahlen. Die Forderung wird an den Gläubiger überwiesen. Arbeitseinkommen kann nur insoweit gepfändet werden, als es die **Pfändungsgrenze** übersteigt (1.049,99 € monatlich für Alleinstehende zuzüglich 390,00 € für die erste und 220,00 € monatlich für die zweite bis fünfte unterhaltsberechtigte Person im Haushalt des Schuldners).

Die Zwangsvollstreckung wegen Geldforderungen in **das unbewegliche Vermögen**, also in Grundstücke, erfolgt nach Wahl des Gläubigers durch Eintragung einer Sicherungshypothek, durch Zwangsversteigerung oder Zwangsverwaltung.

Aus dem Lexikon der populären Irrtümer: *„Das Pfandsiegel des Gerichtsvollziehers zeigt einen Kuckuck.* Obwohl man heute immer noch den Ausdruck hört: „Da klebt der Kuckuck drauf", bei einem modernen Pfandsiegel erinnert nichts mehr an einen Vogel, geschweige denn an einen Kuckuck. Früher zeigte das Pfandsiegel einen Reichsadler, der dann vom Volksmund abwertend als „Kuckuck" bezeichnet wurde. ..."

Auf Zwangsvollstreckung wegen anderer Forderungen als Geldforderungen wird hier nicht näher eingegangen. Hierzu stellvertretend folgendes Beispiel:

> **GVZ**
>
> Gerichtsvollzieher: 🇬🇧
> bailiff

> §§ 711, 732, 766, 769, 811, 816, 829 ZPO

> **Fernseher oder neue Handys sind pfändbar!** Teure und neue Geräte (z. B. Plasmafernseher) werden im Rahmen einer <u>Austauschpfändung</u> gegen einfache, gebrauchte Fernseher ausgetauscht.

> §§ 850, 864 ff. ZPO

⚠️ **Beispiel**

Gastwirt Martin Gerber hat einen titulierten Reparaturanspruch gegen einen Dachdecker, der die Arbeiten aber trotz Fristsetzung nicht durchführt. Gerber lässt sich vom Prozessgericht ermächtigen, die Reparatur mit einem anderen Betrieb durchzuführen, und kann wegen der Kosten gegen den Dachdecker vollstrecken *(§ 788 ZPO)*.

Eidesstattliche Versicherung und Schuldnerregister

§§ 807, 899 f. ZPO

Wenn eine Vollstreckungsmaßnahme nicht zur vollständigen Befriedigung des Gläubigers geführt hat, hat dieser die Möglichkeit, den Schuldner mithilfe des Vollstreckungsgerichts zu zwingen, ein Vermögensverzeichnis aufzustellen und an Eides statt zu versichern, dass er die Angaben nach bestem Wissen und Gewissen richtig und vollständig gemacht hat.

Das Vollstreckungsgericht führt ein Verzeichnis, in das alle Personen eingetragen werden, die die eidesstattliche Versicherung abgegeben haben oder gegen die Haft angeordnet worden ist. Auf Antrag des Schuldners erfolgt Löschung, wenn die Befriedigung des Gläubigers nachgewiesen wird oder wenn seit dem Schluss des Jahres, in dem die eidesstattliche Versicherung abgegeben wurde, drei Jahre vergangen sind. Auskunft aus dem Schuldnerverzeichnis kann jedermann verlangen.

§ 915 f. ZPO

Beispiel

> Gastwirt Gerber hat noch titulierte Ansprüche gegen seinen Vorgänger und überlegt, ob er gegen ihn vollstrecken soll, weil er von dessen Vermögenslosigkeit gehört hat. Hier kann eine Auskunft aus dem Schuldnerverzeichnis hilfreich sein.

S

> Stellt Gastwirt Gerber bei der Einsicht ins Schuldnerverzeichnis fest, dass sein Schuldner bereits eine eidesstattliche Versicherung abgegeben hat, wird eine Zwangsvollstreckung auch keinen Erfolg bringen. Ferner muss Gerber den Titel auf eine Vollstreckungsklausel prüfen.

Aufgaben

1. Der Hotelier Heinrich in Hannover hat einen Vollstreckungsbescheid gegen einen Gast – ebenfalls aus Hannover – erwirkt, der seine Hotelrechnung nicht bezahlen konnte. Jetzt erfährt Heinrich, dass der Gast in München eine Anstellung bei einem neuen Arbeitgeber bekommen hat. Was könnte Heinrich unternehmen, um zu seinem Geld zu kommen?

2. Was wird unter einem „Kuckuck" verstanden, und was kann der Eigentümer eines Fernsehgeräts machen, wenn ein „Kuckuck" auf seinem Fernseher klebt, obwohl er überhaupt nicht der Schuldner ist?

3. Der Gastwirt Martin Gerber hat gegen einen Schuldner einen Prozesserfolg erstritten. Als er aus dem Urteil vollstrecken lassen will, erfährt er, dass bereits ein Insolvenzverfahren läuft. Was kann Gerber machen?

Verjährung

Situation

> Der Winzer Voigt liefert dem Weinliebhaber Bachus am 31. August 2017 zwei Kisten edlen Trollinger im Gesamtwert von 150,00 €. Im Januar 2018 mahnt Voigt den Bachus, der zwar konsumiert, bisher aber noch nicht gezahlt hat. Bachus trägt vor, er brauche die Rechnung nicht mehr zu bezahlen, da die Forderung in Höhe von 150,00 € verjährt sei. Ist das richtig?

🇬🇧 **Verjährung:**
statute of limitations/
limitation of actions

Verjährung hat zwar etwas mit Jahren zu tun, bedeutet aber nicht, dass Forderungen mit dem Jahreswechsel erlöschen. **Verjährung** bedeutet, dass ein Vertragspartner seine Ansprüche an einen anderen Vertragspartner wegen Ablauf eines bestimmten Zeitraums nicht mehr gerichtlich durchsetzen kann. Der Gläubiger kann zwar den Schuldner bspw. zur Zahlung eines ausstehenden Betrages auffordern, nach Ablauf der Verjährungsfrist kann der Schuldner aber **Einrede der Verjährung** geltend machen und die Zahlung verweigern. Die Verjährung dient der Rechts- und Beweissicherheit und soll eine möglichst zügige und reibungslose Abwicklung der Rechtsgeschäfte bewirken.

Wesentliche Verjährungsfristen im Überblick		
Verjährungsfrist	**Beginn der Verjährung**	**Anspruch**
3 Jahre (regelmäßige Verjährungsfrist)	am Schluss des Jahres, in dem der Anspruch entstanden ist und der Gläubiger von den anspruchsbegründenden Umständen und der Person des Schuldners Kenntnis erlangt (§ 199 I BGB)	wenn keine besonderen Verjährungsfristen bestehen bei regelmäßig wiederkehrenden Leistungen, etwa aus einem Arbeitsvertrag für arglistig verschwiegene Mängel (Bsp.: Der Verkäufer verschweigt, dass der zu verkaufende LKW ein Unfallwagen ist.) bei Leistungen, die von einem Gericht festgestellt worden sind (z. B. Unterhaltsansprüche)
2 Jahre (gewährleistungsrechtliche Verjährungsfrist)	mit dem Zeitpunkt, an dem eine Sache übergeben (§ 438 II BGB) bzw. ein Werk abgenommen wird (§§ 200 S. 1, 634a II BGB)	die überwiegenden kaufrechtlichen Gewährleistungsansprüche (Bsp.: Lieferung eines Kühlschranks, der nicht funktioniert) und werkrechtlichen Gewährleistungsansprüche (Werkleistungen, die auf Herstellung, Wartung oder Veränderung, z. B. Reparatur einer Sache, gerichtet sind)
5 Jahre (baurechtliche Verjährungsfrist)	mit dem Zeitpunkt, an dem eine Sache übergeben (§ 438 II BGB) bzw. ein Werk abgenommen wird (§§ 200 S. 1, 634a II BGB)	fünf Jahre lang kann der Bauherr Schäden am Bau geltend machen
10 Jahre (besitzrechtliche Verjährungsfrist)	mit Entstehung des Anspruchs	Ansprüche auf Übertragung des Eigentums an einem Grundstück
30 Jahre	mit Entstehung des Anspruchs	Ansprüche aus Streitigkeiten des Familien- und Erbrechts Herausgabeansprüche aus Eigentum Ansprüche aufgrund rechtskräftiger Urteile oder Titel (Bsp.: Ein Mahnbescheid erlischt als Titel nach 30 Jahren)

Hemmung der Verjährung

Oft kann ein Gläubiger oder Schuldner seine Rechte gar nicht durchsetzen, weil er daran gehindert wird. Man spricht dann von der **Hemmung der Verjährung**. Für den Zeitraum der Hemmung setzt die Verjährung aus. Kann der Gläubiger seine Ansprüche wieder geltend machen, läuft die Frist einfach weiter (wie bei einer Stoppuhr, die angehalten wird und dann weiterläuft).

Gründe für die Hemmung der Verjährung können z. B. sein:
▶ Ein Schuldner verweigert die Zahlung von Forderungen.
▶ Es wird ein gerichtlicher Mahnbescheid oder ein Vollstreckungsbescheid zugestellt.
▶ Im Streitfall wird Klage erhoben oder es läuft ein anderes Rechtsverfahren.
▶ Es liegt höhere Gewalt vor (Unruhen, Krieg).

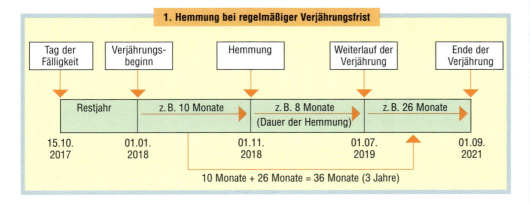

1. Hemmung bei regelmäßiger Verjährungsfrist

Tag der Fälligkeit	Verjährungsbeginn	Hemmung	Weiterlauf der Verjährung	Ende der Verjährung
	Restjahr	z. B. 10 Monate	z. B. 8 Monate (Dauer der Hemmung)	z. B. 26 Monate
15.10. 2017	01.01. 2018	01.11. 2018	01.07. 2019	01.09. 2021

10 Monate + 26 Monate = 36 Monate (3 Jahre)

Verjährungsfrist: absolute statutory period of limitation 🇬🇧

§§ 195, 438, 634a BGB

§§ 438, 634a BGB

§ 196 BGB

§ 197 BGB

§ 203 f. BGB

Dreijährige Verjährungsfrist nach § 195 BGB

Zweijährige Verjährungsfrist nach § 438 I Nr. 3 BGB

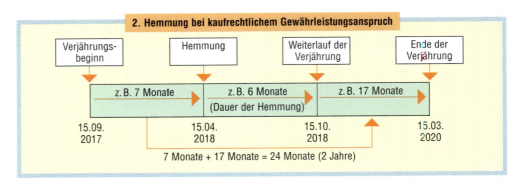

Neubeginn der Verjährung

Neubeginn heißt, dass die Verjährungsfrist erneut beginnt. Gründe dafür können Abschlagszahlungen oder die Beantragung eines gerichtlichen Vollstreckungsbescheids sein.

Dreijährige Verjährungsfrist nach § 195 BGB

Zweijährige Verjährungsfrist nach § 438 I Nr. 3 BGB

S Bachus hat Unrecht und muss zahlen. Die Verjährungsfrist des Zahlungsanspruchs beginnt mit Ablauf des Jahres 2017 und endet mit Ablauf des Jahres 2020.

Aufgaben

1. Wann verjähren folgende Forderungen?
   a) Das Finanzamt Nürnberg sendet am 10.10.2017 dem Angestellten Alt einen Bescheid über eine Steuernachzahlung aus dem Jahre 2016.
   b) Der Hotelkaufmann Seibert kaufte am 14.06.2017 eine Couch im Möbelhaus Krämpel GmbH.
   c) Der Koch Klinker hat am 06.10.2017 bei einem sonntäglichen Streit mit seinem Nachbarn diesem eine Kopfverletzung mitsamt einer Gehirnerschütterung zugefügt.
   d) Der Restaurantfachmann Richter kauft sich einen neuen Computer bei dem EDV-Fachgeschäft Bengel GmbH und bekommt von dem Geschäftsführer einen Zahlungsaufschub von einem halben Jahr eingeräumt

2. Warum häufen sich zum Jahresende bei den Gerichten die Anträge auf Erlass von Mahnbescheiden?
3. Nennen Sie Beispiele für die Hemmung der Verjährung.
4. Der Hotelier Mund hat seinen Kunden Friedrich schon mehrmals gemahnt, die unbezahlte Rechnung zu begleichen. Da die Forderung im nächsten Monat verjähren würde, sendet Mund seinem Kunden Friedrich eine neue Rechnung, die 50,00 € höher als die alte Mahnung ist. Daraufhin schreibt ihm Friedrich erzürnt, die übersandte Rechnung sei im Betrag viel zu hoch. Der Hotelier legt das Schreiben schmunzelnd zu den Akten. Warum?
5. Hat die Verjährung Vorteile?

5.5 Rechte des Verbrauchers

Verbraucher ist nach dem BGB jede natürliche Person, die ein Rechtsgeschäft zu einem Zweck abschließt, der nicht überwiegend ihrer gewerblichen oder ihrer selbstständigen beruflichen Tätigkeit zugerechnet werden kann.

Während Kaufleute für ihr Handeln meist gut ausgebildet sind, ist der Verbraucher bei Rechtsgeschäften meist im Nachteil:

▶ Verbrauchern fehlt meist fundiertes Fachwissen.

▶ Verbraucher haben meist eine schwache Position zum Verhandeln – sie haben die Wahl, auf ein Geschäft einzugehen oder es zu lassen.

▶ Bei der Vielzahl an Angeboten und Preisen fehlt oft der Durchblick.

▶ Werbung zielt darauf, Kunden für ein bestimmtes Produkt zu werben, nicht darauf, sie objektiv zu informieren.

Verbraucherorganisationen, die durch Zusammenschlüsse einzelner Verbraucher oder staatliche „Grundsteinlegung" entstehen können, haben das Ziel, Verbraucher zu beraten, zu informieren und damit bei Rechtsgeschäften zu stärken. Das Angebot an Verbraucherinformationen wächst stetig. Bedeutende Verbraucherorganisationen sind:

▶ Verbraucherzentrale Bundesverband e. V. (vzbv),

▶ Stiftung Warentest,

▶ foodwatch e. V. – die Essensretter,

▶ Institut für angewandte Verbraucherforschung (ifav) e. V.,

▶ Preisagenturen wie www.billiger.de und www.preisvergleich.de.

> Vorsicht bei Unternehmen, die Kunden für angebliche Verbraucherforschung werben wollen. Hier werden teilweise überteuerte Verträge für das Testen angeblich hochwertiger Waren abgeschlossen, welche die Kunden dann behalten dürfen. Die Testobjekte entpuppen sich dabei allerdings häufig als Ramsch!

> Erkunden Sie folgende Institutionen:
> ▶ Verbraucherzentrale
> ▶ Volksbank.
> Sie erhalten hier viele Informationen, aus denen Sie dann den für Sie geeigneten Kreditvertrag ersehen können.

Verbraucherschutz erfasst die Gesamtheit aller Maßnahmen zum Schutz des Verbrauchers vor einer Gefährdung seiner Sicherheit, Gesundheit sowie vor Täuschung und Übervorteilung durch Unternehmen. Darüber hinaus bieten Einzelgesetze und Rechtsvorschriften im *Bürgerlichen Gesetzbuch* dem Verbraucher Schutz. Dazu gehören u. a.:

I. → **Regelungen einzelner Wirtschaftsbereiche**, z. B. im Gaststättengewerbe die *Lebensmittelkennzeichnungsverordnung (LMKV)*, das *Lebensmittel-, Bedarfsgegenstände- und Futtermittelgesetz (Lebensmittel- und Futtermittelgesetz – LFGB)*;

II. → *Gesetz gegen den unlauteren Wettbewerb (UWG)*

III. → **Preisangabenverordnung**: Preisangaben für den Endverbraucher sind einschließlich Umsatzsteuer anzugeben, z. B. auf den Speisenkarten; ausgestellte Waren sind durch Preisschilder oder Beschriftung der Waren auszuzeichnen;

IV. → **Rabatte** können zwischen den Vertragspartnern selbstständig ausgehandelt werden; dasselbe gilt für Zugaben;

V. → **Allgemeine Geschäftsbedingungen** *(AGB, §§ 305–310 BGB)* – s. S. 134

VI. → **Verbraucherinformationsgesetz (VIG)**: Mit Hilfe des VIG können Verbraucher bei Behörden Auskünfte zu bestimmten Daten erhalten, die diese aufgrund der Überwachung von Lebensmitteln bzw. Verbraucherprodukten (z. B. Möbel, PC, HiFi-Anlagen) erhoben haben. Anfragen können mündlich, per E-Mail oder schriftlich gestellt werden.

§ 13 BGB

Verbraucher:
consumer/user

www. verbraucherzentrale.de

www. vzbv.de

www.test.de

Praxis

M 5

Verbraucherschutz:
consumer protection

BGB

LMKV
LFGB

UWG

PAngV

Rabatt:
rebate/discount/
(price) reduction

AGB

Produkt- und Produzentenhaftung

Der für den Einkauf für das Hotel „Zum Schloss" ausnahmsweise zuständige Küchenmeister Benno Boss kauft im Haushaltswarengroßhandel Huber GmbH sechs (Asia-)Messer der Firma Stahlfricke GmbH. Beim Gebrauch eines dieser (Asia-)Messer bricht ein Teil der Klinge ab und verletzt den Küchenmeister an dessen Hand sowie Unterarm.

Der Käufer einer mangelhaften Sache hat unter bestimmten Voraussetzungen nicht nur Ansprüche aus Garantie- und Sachmängelhaftung, sondern auch aus Produkthaftung.

Produkthaftung

§§ 437 ff. BGB

Für mangelhafte Produkte muss der Verkäufer haften, was aber, wenn infolge eines Mangels jemand Schaden erleidet? Da Verletzungen o. ä. Schädigungen des Verbrauchers weit höhere Schäden verursachen können als reine Produktfehler, ist zum Schutz der Verbraucher das ***Gesetz über die Haftung für fehlerhafte Produkte*** erlassen worden. Dieses bietet den Unternehmen Rechtssicherheit, bringt aber auch Belastungen mit sich[1].

ProdHaftG

§ 1 ProdHaftG

Erleidet jemand aufgrund eines fehlerhaften Produktes einen Schaden (z. B. Körperverletzung, Vermögensschaden) oder wird getötet, so ist der Hersteller des Produktes gemäß dem *Produkthaftungsgesetz (ProdHaftG)* verpflichtet, diesen Schaden zu ersetzen. Das Gleiche gilt, wenn eine Sache beschädigt wird (Beispiel: Ein Motorradfahrer verunglückt, weil die Bremsscheiben aufgrund eines Materialfehlers brechen. Der Produzent der Bremsscheiben haftet sowohl für den Personen- wie auch für den Sachschaden.). Der Hersteller haftet auch dann, wenn ihn kein Verschulden trifft und er alles Menschenmögliche getan hat, um Schäden von den Verwendern seiner Produkte abzuwehren. Um das Haftungsrisiko zu begrenzen, sind Eigenkontrollsysteme wie das HACCP vorgeschrieben.

§§ 2–4 ProdHaftG

Produkthaftung		
Produkt	**Hersteller**	**Fehler**
Ein **Produkt** ist jede bewegliche Sache, auch wenn sie einen Teil einer anderen beweglichen oder unbeweglichen Sache bildet, sowie Elektrizität.	**Hersteller** ist derjenige, der das Endprodukt, einen Grundstoff oder ein Teilprodukt hergestellt hat.	Eine Sache hat einen **Fehler**, wenn das Produkt nicht die Sicherheit bietet, die vom Käufer berechtigterweise erwartet werden kann.
Bsp.: Ein Pkw kann ein Produkt sein.	Bsp.: Fertigt ein Unternehmer aus (bestimmten) Nahrungsmitteln Babynahrung, so kann dieser als Hersteller bezeichnet werden.	Bsp.: Eine Waschmaschine, bei der die Tür nicht wasserundurchlässig ist bzw. nicht ausreichend abdichtet, ist fehlerhaft.

Der Gast, der durch ein fehlerhaftes Produkt einen Schaden erlitten hat, kann den Hersteller in Haftung nehmen. Bei Speisen im Restaurant ist das zunächst der Gastwirt. Der Gast kann sich aber auch an Lieferanten des Gastwirts wenden, wenn jene ein (Teil)verschulden trifft.

Ein Gast hat sich an einer Schrotkugel einen Zahn ausgebissen, haften muss in erster Linie der Gastwirt. Der Jäger kann aber auch vom Gast oder vom Gastwirt in Regress genommen werden, da ihn eine Teilschuld trifft.

Nehmen Gäste Speisen mit nach Hause (z. B. Büfettreste), haftet der Gastronom nicht, wenn sie durch den Verzehr der Speisen zu Hause Schaden erleiden. Der Bewirtungsvertrag richtet sich nur auf den Verzehr *an Ort und Stelle*, d. h. im Lokal des Gastwirts.
Der Gastwirt sollte zwar auf die richtige Lagerung und das richtige Wiedererwärmen der Speisen hinweisen, er ist aber nicht dafür verantwortlich, wenn Personen Schaden erleiden, weil sie z. B. ein Grießflammeri zu Hause bei Zimmertemperatur gelagert haben.

---

[1] Die Dokumentationspflicht für HACCP bspw. dient dem Unternehmer als Nachweis, dass er alles Mögliche getan hat, um Schaden vom Gast abzuwenden. Zwar hat er im Schadensfall dennoch zu haften, kann so aber gegenüber seiner Betriebshaftpflichtversicherung nachweisen, dass er nicht etwa fahrlässig gehandelt hat (drohender Verlust des Versicherungsschutzes).

Bringen Gäste ihrerseits Speisen wie Kuchen zu einer Feier mit, so sollte der Gastwirt von diesen jeweils eine Rückstellprobe behalten, um sich seinerseits abzusichern, falls Gäste an den mitgebrachten Speisen erkranken.

Der Haftungshöchstbetrag bei **Personenschäden** beträgt bis zu 85 Millionen €; bei **Sachschäden** ist von Gesetzes wegen keine Höchstbegrenzung erfolgt, der Geschädigte hat allerdings einen Schaden bis 500,00 € selbst zu tragen.

Weiterhin ist zu beachten, dass der Anspruch aus § 1 ProdHaftG in drei Jahren ab dem Zeitpunkt, ab dem der Ersatzberechtigte vom Schaden, Fehler und der Person des Ersatzpflichtigen Kenntnis erlangt oder hätte erlangen müssen, **verjährt**; demgegenüber **erlischt** der Anspruch schließlich zehn Jahre nach dem Zeitpunkt, in dem der Hersteller das den Schaden verursachende Produkt in den Verkehr gebracht hat.

§§ 10, 11 ProdHaftG

Geräte- und Produktsicherheit

ProdSG

Das *Produktsicherheitsgesetz* kommt beim Inverkehrbringen und Ausstellen von Produkten zur Anwendung, wobei diese selbstständig im Rahmen einer wirtschaftlichen Unternehmung erfolgt. Es legt den Herstellern von Verbrauchsgütern bestimmte zusätzliche Pflichten auf, wenn sie ihre (Verbraucher-)Produkte auf den Markt bringen. Der einzelne Hersteller muss sicherstellen, dass ein Verwender seines Produkts die erforderlichen Informationen erhält, um mögliche Gefahren, die von dem jeweiligen Produkt ausgehen und ohne zusätzlichen Hinweis nicht unmittelbar zu erkennen sind, beurteilen und sich gegen diese Gefahren schützen kann; es sollen lediglich sichere (Verbraucher-)Produkte in den Verkehr gelangen.

Dafür muss das **Produkt** mit dem Namen und der Anschrift des Herstellers versehen werden; darüber hinaus muss es eindeutig identifizierbar gekennzeichnet werden.

Der **Hersteller** muss außerdem sicherstellen, dass es ihm zur Vermeidung von Gefahren möglich ist, entsprechend geeignete Maßnahmen zu treffen (z. B. in Form einer Warnung, eines Rückrufs oder letztlich der Rücknahme seines Produkts vom Markt).

Geräte- und Produktsicherheit

Produkt
Ein Produkt i. S. d. *ProdSG* ist technisches Arbeitsmittel und Verbraucherprodukt.

Bsp.: Ein Buch kann ein Produkt sein.

Hersteller
Hersteller ist jede natürliche oder juristische Person, die ein Produkt herstellt oder ein Produkt wieder aufarbeitet oder wesentlich verändert und erneut in den Verkehr bringt; als Hersteller gilt auch derjenige, der geschäftsmäßig seinen Namen, seine Marke oder ein anderes unterscheidungskräftiges Kennzeichen an einem Produkt anbringt und sich dadurch als Hersteller ausgibt, oder der als sonstiger Inverkehrbringer die Sicherheitseigenschaften eines Verbraucherprodukts beeinflusst.

Bsp.: der Name der jeweiligen juristischen Person, die die qualitativ hochwertigen Schokoladenosterhasen produziert

Inverkehrbringen, Ausstellen
Ein Produkt ist dann **in den Verkehr eingebracht**, wenn es an einen anderen überlassen worden ist, unabhängig davon, ob das Produkt neu, gebraucht, wieder aufgearbeitet oder wesentlich verändert worden ist; unter Ausstellen eines Produkts ist das **Aufstellen** oder Vorführen zu Werbezwecken zu verstehen.

Bsp.: wenn die neue Spülmaschine in das Elektrofachgeschäft gelangt oder für diese bereits geworben wird

§ 2 ProdSG

Die besondere Pflicht hat der Hersteller für das Inverkehrbringen von Verbraucherprodukten zu erfüllen, z. B. die Pflicht zur sichtbaren, lesbaren und dauerhaften Anbringung einer CE-Kennzeichnung bei Verbraucherprodukten; technische Arbeitsmittel und verwendungsfertige Gebrauchsgegenstände müssen mit dem GS-Zeichen (= geprüfte Sicherheit) versehen werden. Die Aufgaben und Befugnisse der zuständigen (Landes-)Behörde (insbes. der Überwachung) sind ebenfalls gesetzlich geregelt.

§§ 6, 7 ProdSG

Produzentenhaftung aus unerlaubter Handlung

§ 823 BGB

Im Gegensatz zur verschuldensunabhängigen Produkthaftung ist die **Produzentenhaftung** aus **unerlaubter** Handlung verschuldensabhängig.
Eine **unerlaubte Handlung** liegt vor, sofern aufgezählte Rechtsgüter (z. B. Leben, Gesundheit, Eigentum) vorsätzlich oder fahrlässig durch eine menschliche Handlung widerrechtlich verletzt werden. Auch der Verstoß gegen Schutzgesetze (Gesetze, die zumindest auch dem Schutz des Einzelnen dienen) stellt eine unerlaubte Handlung dar.
Gelingt es dem Hersteller nicht, sein Nichtverschulden zu beweisen, so hat er dem Geschädigten als Rechtsfolge den verursachten Schaden zu ersetzen.

§ 853 BGB

Bei **Sachschäden** hat er den vollen Schaden sowie den entgangenen Gewinn zu ersetzen und bei **Personenschäden** können neben den materiellen auch immaterielle Schäden ersetzt verlangt werden. Bei Vorliegen eines immateriellen Schadens kann sowohl aus Vertrag

§ 287 ZPO

als auch aufgrund unerlaubter Handlung ein Schmerzensgeldanspruch gefordert werden; über die Höhe dieser billigen Entschädigung in Geld entscheidet das Gericht unter Würdigung aller Umstände nach freier Überzeugung.

S

In der Situation des Küchenmeisters Boss kann dieser, sofern es der Firma Stahlfricke GmbH nicht gelingt, ihr Nichtverschulden bezüglich des fehlerhaften (Asia-) Messers zu beweisen, gegen diese Firma Schadenersatz aus unerlaubter Handlung für seine erlittene Körperverletzung bzw. Gesundheitsbeeinträchtigung verlangen.

Allgemeine Geschäftsbedingungen (AGB)

Im Geschäftsalltag würde es viel Zeit kosten, müssten Vertragspartner die Bedingungen für einen Kaufvertrag erst im Einzelnen aushandeln. Daher verweisen Verkäufer meist auf die **allgemeinen Geschäftsbedingungen**. Das sind vorformulierte Vertragsklauseln, die für alle Kaufverträge mit diesem Unternehmer gelten. Damit Verkäufer ihre Kunden nicht mit ungünstigen Geschäftsbedingungen über den Tisch ziehen, enthält das BGB folgende Vorgaben für allgemeine Geschäftsbedingungen:

Allgemeine Geschäftsbedingungen: general terms and conditions

§§ 305–309 BGB

▶ Der Kunde muss ausdrücklich auf die AGB hingewiesen werden (zumutbar Kenntnis davon erlangen) und sich damit einverstanden erklären: **Vertragliche Einbeziehung**.
▶ Persönliche Absprachen gehen vor AGB (**Vorrang der Individualabrede**). Bsp.: Ist abgesprochen worden, dass ein Teil innerhalb der nächsten Woche geliefert wird, darf sich der Händler bei Lieferungsverzug nicht auf eine Klausel in den AGB berufen, nach der die Ware binnen zwei Wochen zu liefern ist.
▶ Das „Kleingedruckte" muss lesbar und verständlich sein, die AGB dürfen den Verbraucher nicht unangemessen benachteiligen (**Transparenzgebot**).
▶ Klauseln, mit denen bei Vertragsabschluss nicht zu rechnen ist, sind unwirksam. Bsp.: Mit dem Einbau einer Zentralheizung wird gleichzeitig ein Wartungsvertrag abgeschlossen.
▶ Es ist nur dann zulässig, die Preise zum Zeitpunkt der Auslieferung der Ware geltend zu machen, wenn zwischen Bestellung und Lieferung mindestens vier Monate liegen. Sind einzelne Klauseln unwirksam, bleibt der Rest der AGB dennoch wirksam.
▶ Klauseln wie „Abweichungen in der Farbe des Produkts sind hinnehmbar" gelten nur, wenn sie für den Kunden zumutbar sind, bspw. bei Möbeln aus Holz oder anderen Rohstoffen, die naturbedingten Schwankungen ihrer Eigenschaften unterliegen.
▶ Gesetzliche Vorgaben insbesondere bei Vertragsstörungen dürfen durch die AGB nicht umgangen werden (**Umgehungsverbot**). Bsp.: Die Verjährungsfrist bei Gewährleistung auf Mängel darf in den AGB nicht von zwei auf ein Jahr herabgesetzt werden. Eine Heraufsetzung der Gewährleistung auf drei Jahre ist zulässig, da der Verbraucher hier günstiger gestellt wird, als es das Gesetz vorsieht (**Günstigkeitsprinzip**).

§ 310 BGB

Die **§§ 305–310 BGB** finden keine Anwendung auf Verträge des Erb-, Familien- und Gesellschaftsrechts sowie auf Tarifverträge, Betriebs- und Dienstvereinbarungen.

Verschiedene Verbraucherverträge

1. Verbrauchsgüterkaufvertrag

Kauft ein Verbraucher von einem Unternehmer eine bewegliche Sache, z.B. einen neuen Flachbildschirm, so liegt ein **Verbrauchsgüterkauf** vor. Eine Besonderheit zum Schutz des Verbrauchers ist hier die **Beweislastumkehr**: Tritt innerhalb der ersten sechs Monate nach Übergabe ein Mangel auf (z.B. wiederkehrendes Flimmern), so wird vermutet, dass der Mangel der Kaufsache bereits bei Übergabe vorlag. Dies ist freilich nicht der Fall bei Unvereinbarkeit der Vermutung mit der Art der Sache oder des Mangels.

2. „Außerhalb von Geschäftsräumen geschlossener Vertrag" (ehemals: „Haustürgeschäft") und Fernabsatzvertrag

§§ 474 ff. BGB

Verbrauchervertrag: consumer contract

Situation

Unangemeldet klingelt bei Hotelfachfrau Helga Himmel der Vertreter Melchior an der Tür, um ihr einen neuen Staubsauger vorzuführen. Begeistert von der Saugleistung des Gerätes entschließt sich Helga Himmel zum Kauf. Als sie tags darauf im Internet Testberichte zu Staubsaugern liest, bereut sie ihre Entscheidung. Sie liest auch etwas von einem Widerrufsrecht und sendet den vier Tage später gelieferten Sauger am Tag darauf kommentarlos an Melchiors Firma zurück.
Im Online-Shop der Firma Maas Electronics AG findet Helga einen viel preisgünstigeren Sauger mit einer guten Testbewertung und bestellt diesen am 01.12.2017 online. Nachdem der Staubsauger am 10.12.2017 geliefert wurde, findet Helga auch an diesem Gerät bald keinen Gefallen mehr. Am 16.12.2017 widerruft sie den Kaufvertrag mittels des von der Maas Electronics AG zur Verfügung gestellten Muster-Widerrufsformulars.
Hat Helga die Kaufverträge über die beiden Staubsauger wirksam widerrufen?

Haustürgeschäft: door-to-door sale

Fernabsatzvertrag: E-contract

Die Rechte der Verbraucher

Widerrufsrecht für Verbraucher

Bei Fernabsatzverträgen (z.B. im Online-Handel) oder Verträgen außerhalb von Geschäftsräumen:

═══ Widerruf ═══▶

durch eindeutig formulierte Erklärung gegenüber dem Unternehmer. (Rücksendung der Ware allein genügt nicht.) Es kann das EU-einheitliche Widerrufsformular verwendet werden. Eine Begründung ist nicht erforderlich.

Widerrufsfrist: 14 Tage
Beginn der Widerrufsfrist:
■ bei Erhalt der Ware oder der letzten Teillieferung aus einer einheitlichen Bestellung;
■ bei Erhalt der ersten Lieferung aus einem Abonnement;
■ bei Vertragsabschluss über den Bezug von Wasser, Gas, Strom, Fernwärme oder die Übertragung digitaler Daten.
Die Frist beginnt jedoch erst, nachdem der Verbraucher über sein Widerrufsrecht informiert wurde; sie endet spätestens nach 1 Jahr und 14 Tagen.

Verbraucher/in

Unternehmer/in

ZAHLENBILDER

© Bergmoser + Höller Verlag AG

128 055

Kontrolle ist besser: Achten Sie bei Vertragsabschluss immer darauf, dass das Datum des Vertrags stimmt: „Windige Vertreter" umgehen mit rückdatierten Verträgen die Widerrufsfrist!

§§ 312 b, 312 c, 355, 356 BGB

Kaufverträge im Internet und Gelegenheitskäufe an der Haustür, auf „Kaffeefahrten" oder in der Fußgängerzone haben eines gemeinsam: Meist wird ohne gründliche Überlegung und persönliche Fachberatung gekauft. Gegen diesen „Überrumpelungseffekt" sind Verbraucher seit vielen Jahren durch ein gesetzliches Widerrufsrecht geschützt, das ihnen ermöglicht, den Kauf zu überdenken, rückgängig zu machen und den Kaufpreis erstattet zu bekommen.

Am 13. Juni 2014 wurde eine Richtlinie der EU in das deutsche BGB eingebaut, die das Widerrufsrecht bei „außerhalb von Geschäftsräumen geschlossenen Verträgen" (frühere Bezeichnung: Haustürgeschäfte) und Fernabsatzverträgen (also vor allem: Internetkäufe) verändert und weitgehend vereinheitlicht. Nach wie vor steht Verbrauchern aber im Regelfall ein 14-tägiges Widerrufsrecht zu, dessen Frist mit Erhalt der Ware beginnt.

S

Der Widerruf kann schriftlich (z. B. per Brief), per E-Mail, Fax oder auch telefonisch erfolgen. Wichtig ist, dass an der Ausübung des Widerrufsrechts kein Zweifel besteht. Die kommentarlose Zurücksendung der Ware ist deshalb problematisch.

Falls der Verbraucher von seinem Widerrufsrecht Gebrauch macht, sind die bereits empfangenen Waren unverzüglich zurückzugewähren; auch dürfen ihm aufgrund einer bestimmungsgemäßen Nutzung der Ware keine Kosten entstehen. Die Kosten der Rücksendung trägt nach dem Gesetz und entsprechendem Hinweis zwar grundsätzlich der Verbraucher. Allerdings übernehmen die Unternehmen diese Kosten aufgrund des Wettbewerbsdrucks in der Praxis zumeist doch.

Keine Anwendung finden diese Regeln auf die Lieferung von Lebensmitteln (z. B. Pizzabringdienst).

„Außerhalb von Geschäftsräumen geschlossener Vertrag" und Fernabsatzvertrag: die wichtigsten Merkmale
Definition „außerhalb von Geschäftsräumen geschlossener Vertrag": § 312b BGB
Definition Fernabsatzvertrag: § 312c BGB
Unternehmer (U) muss Verbraucher (V) über den Termin informieren, zu dem er die Ware spätestens liefert
U muss die gesetzliche Muster-Widerrufsbelehrung nutzen
bei fehlender oder fehlerhafter Widerrufsbelehrung erlischt das Widerrufsrecht spätestens 1 Jahr und 14 Tage nach Lieferung
Widerruf kann formfrei erfolgen, muss aber unmissverständlich erklärt werden
U muss V ein Musterwiderrufsformular zur Verfügung stellen, das V nutzen kann, aber nicht nutzen muss
bei entsprechender Belehrung können V die gesamten Rücksendekosten auferlegt werden

Verträge, die in Teilen im persönlichen und direkten Gespräch zwischen Unternehmer und Verbraucher abgeschlossen wurden, fallen nicht unter Fernabsatzgeschäfte.

S

In der Situation hat Helga Himmel im Zuge des Vertreterbesuchs von Melchior zunächst ein Haustürgeschäft bzw. nach neuer Bezeichnung einen „außerhalb von Geschäftsräumen geschlossenen Vertrag" über den ersten Staubsauger geschlossen. Ihr steht ein 14-tägiges Widerrufsrecht zu. Allerdings muss der Widerruf unmissverständlich erklärt werden, sodass die kommentarlose Rücksendung der Ware nicht genügt. Da Helga den Staubsauger ohne Erwähnung ihrer Widerrufsabsicht kommentarlos zurücksendete, ist der Widerruf nicht wirksam. Sie kann den Kaufpreis hier nicht zurückverlangen.

Im zweiten Fall liegt ein typischer Fernabsatzvertrag (Internetkauf) vor. Helga Himmel hat ein Widerrufsrecht, von dem sie mithilfe des ihr von der Maas Electronics AG pflichtgemäß zur Verfügung gestellten Muster-Widerrufsformulars Gebrauch gemacht hat. Zwar sind bei der Erklärung des Widerrufs am 16.12.2017 seit dem Vertragsschluss (01.12.2017) bereits 15 Tage vergangen. Dennoch ist die 14-tägige Widerrufsfrist nicht abgelaufen, da sie erst mit Lieferung der Ware, hier also am 10.12.2017, zu laufen beginnt. Helga hat hier also ihr Widerrufsrecht wirksam ausgeübt: Der Kaufvertrag ist nichtig, und Helga kann den Kaufpreis zurückverlangen.

Kein Widerrufsrecht steht dem Verbraucher bei Kaufverträgen über speziell für ihn angefertigte oder schnell verderbliche Waren zu. Ein Zeitschriftenabo kann widerrufen werden, nicht aber der Kauf einzelner Zeitschriften oder Zeitungen. Grundsätzlich können auch Downloads widerrufen werden. Die Anbieter können sich jedoch davor schützen, dass Dateien kopiert und die Originale gegen Rückzahlung des Kaufpreises zurückgeschickt werden.

Laut § 312 Abs. 6 BGB sind die Vorschriften für Fernabsatzverträge und „außerhalb von Geschäftsräumen geschlossene Verträge" (Haustürgeschäfte) auf Versicherungsverträge nicht anwendbar.

3. Teilzahlungsgeschäft (Ratenkauf)

Situation

Der Restaurantfachmann Dennis Hahn braucht dringend ein neues Auto, da sein altes Fahrzeug nicht mehr läuft. Im Autohaus hat er zwar schon einen schönen Gebrauchtwagen gefunden, nur kann er diesen nicht auf einmal bezahlen. „Kein Problem!", sagt der Verkäufer und bietet Dennis an, das Auto auf Raten zu bezahlen. Sollte sich Dennis darauf einlassen?

🇬🇧 **Ratenkauf: instalment purchase**

Häufig haben Verbraucher nicht „das nötige Kleingeld", um größere Anschaffungen auf einmal zu bezahlen. Eine Möglichkeit ist dann der **Teilzahlungskauf** (**Ratenkauf**). Da es für den Verbraucher oft schwer zu überblicken ist, wie viel teurer ihn diese Variante des Verbraucherkaufvertrags kommt, gibt es auch zu dieser Vertragsart besondere Regelungen:

Die Rechte der Verbraucher

Kauf auf Raten – Teilzahlungsgeschäfte

Kaufvertrag

Vertrag über ein Teilzahlungsdarlehen

Vorgeschriebene Angaben:
▸ Barzahlungspreis
▸ Teilzahlungspreis
▸ Betrag, Zahl und Fälligkeit der Teilzahlungen
▸ effektiver Jahreszins
▸ Kosten einer begleitenden Versicherung
▸ Eigentumsvorbehalt usw.

Unternehmer

Widerrufsrecht
innerhalb von 14 Tagen

Verbraucher

Rücktritt vom Teilzahlungsgeschäft erst zulässig, wenn der Verbraucher mit mindestens zwei aufeinander folgenden Raten und 10 % (bei mehr als 3 Jahren Laufzeit: 5 %) des Darlehensbetrags in Verzug ist und auch eine Nachfrist von 14 Tagen verstreichen lässt

ZAHLENBILDER

© Bergmoser + Höller Verlag AG

128 041

Durch die verpflichtenden Angaben soll der Verbraucher die Möglichkeit haben, die Gesamtkosten seines Kaufs zu überblicken und auch Angebote zu vergleichen. Ein Ratenkauf ist immer teurer als ein Barzahlungskauf, schon durch den Wegfall des Skontos.

Ein **Teilzahlungsgeschäft** ist ein Vertrag, der die Lieferung einer bestimmten Sache oder die Erbringung einer bestimmten anderen Leistung gegen Teilzahlungen beinhaltet; ferner sind die in den §§ 507, 508 BGB geregelten Besonderheiten zu beachten. Das Teilzahlungsgeschäft ist schriftlich abzuschließen. Fehlen Schriftform oder notwendige Angaben, ist das Geschäft nichtig. Der Verbraucher hat die Möglichkeit, abweichend vom vereinbarten Gesamtfälligkeitstermin die Restschuld vorzeitig zu begleichen.

§§ 506 ff. 355 BGB

Bei Verträgen über die Lieferung einer bestimmten Sache konnte dem Verbraucher früher anstelle eines Widerrufsrechts ein **Rückgaberecht** eingeräumt werden. Dies ist nun entfallen. Ferner hat der Unternehmer bei einem Teilzahlungsgeschäft unter bestimmten Voraussetzungen ein Rücktrittsrecht wegen **Zahlungsverzugs des Verbrauchers**.

Dennis sollte sich vor Abschluss genau über die Konsequenzen des Vertrags informieren und weitere Angebote zur Finanzierung einholen. Auch ein Besuch bei der Verbraucherzentrale kann für Dennis hilfreich sein.

4. Ratenlieferungsvertrag
Ähnlich wie beim Teilzahlungskauf verhält es sich mit den Regelungen beim **Ratenlieferungsgeschäft**. Ein solches liegt vor, wenn Verträge über wiederkehrende Leistungen geschlossen werden, z.B. ein Zeitschriftenabonnement oder die Mitgliedschaft in einem Buchclub. Der Ratenlieferungsvertrag muss schriftlich abgeschlossen werden, wobei der Vertragsinhalt dem Verbraucher in Textform mitzuteilen ist, es sei denn der Verbraucher kann die AGB abrufen. Auch für Ratenlieferungsverträge gibt es ein Widerrufsrecht analog zu Teilzahlungsgeschäften. Gemäß *§ 510 BGB* sind Ratenlieferungverträge noch zu unterscheiden, z.B. in Sukzessivlieferungsverträge oder Teillieferungsverträge.

§§ 355, 510 BGB

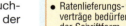
- Ratenlieferungsverträge bedürfen der Schriftform (*§ 510 II BGB*).
- Widerrufsrecht besteht gemäß *§§ 510 I 1, 355 BGB*.

 **Beispiel**

Anja Ahlers abonniert eine Tageszeitung und schließt mit der Info-GmbH einen Sukzessivlieferungsvertrag ab, wonach sie die Tageszeitung geliefert bekommt und diese vierteljährlich bezahlt.

5. Verbraucherdarlehensvertrag

Der Magazinleiter Fred Furt möchte sich seine geerbte Eigentumswohnung komplett neu einrichten und benötigt 35 000,00 € dafür. Aus diesem Grund nimmt er bei dem Unternehmer Ulrich Unger ein Darlehen in dieser Höhe auf. Zwischen den beiden ist ein Verbraucherdarlehensvertrag zustande gekommen.

Schließen ein Unternehmer (Darlehensgeber) und ein Verbraucher (Darlehensnehmer) einen entgeltlichen Darlehensvertrag, liegt ein Verbraucherdarlehensvertrag vor.

§§ 491 ff. BGB

Der Verbraucherdarlehensvertrag bedarf der Schriftform; die Vertragsparteien können Angebot und Annahme getrennt unterschreiben. Der Unterschrift des Darlehensgebers bedarf es nicht, wenn seine Erklärung mittels einer automatischen Einrichtung erstellt wurde. Dabei sind von Gesetzes wegen **inhaltliche Vorgaben** zu beachten.

Nach Vertragsschluss muss der Darlehensgeber dem Darlehensnehmer eine Abschrift des Vertrags aushändigen; zudem kann, sofern ein Zeitpunkt für die Rückzahlung bestimmt worden ist, der Darlehensnehmer vom Darlehensgeber jederzeit einen Tilgungsplan verlangen. Sämtliche Erklärungen des Darlehensgebers gegenüber dem Darlehensnehmer, die nach Vertragsabschluss erfolgen, sind schriftlich zu fixieren.

§§ 355, 495 BGB

Dem Darlehensnehmer steht auch hier ein Widerrufsrecht zu, wobei die zweiwöchige Widerrufsfrist erst mit Erhalt einer Vertrags- oder Antragsabschrift sowie deutlicher Belehrung in Textform zu laufen beginnt. Gerät der Darlehensnehmer in Verzug, können **Verzugszinsen** beansprucht werden. Aber Achtung: Unter bestimmten Umständen, z. B. wenn der auszuzahlende (Netto-) Darlehensbetrag weniger als 200,00 Euro beträgt, sind die Vorschriften zum Verbraucherdarlehensvertrag nicht anwendbar.

6. Verbundener Vertrag

Edith Karlbad kauft sich beim Computerfachgeschäft Schönrock e.K. eine Computeranlage auf Raten. Die Finanzierung dieses Kaufs wird zur Hälfte durch ein aufgenommenes Darlehen bei der Münchner Stoberbank AG ermöglicht, wobei die Vermittlung dieses Darlehens durch das Computerfachgeschäft erfolgt ist. Daher wird der gesamte Darlehensbetrag von der Stoberbank unmittelbar an das Computerfachgeschäft Schönrock überwiesen.

Wird ein Vertrag zwischen einem Unternehmer und einem Verbraucher über die Lieferung einer Ware oder Leistung mit einem Verbraucherdarlehensvertrag derartig verknüpft, dass eine wirtschaftliche Einheit vorliegt, so bilden die beiden Verträge zusammen einen verbundenen Vertrag. Eine **wirtschaftliche Einheit** liegt vor, wenn
▶ der Unternehmer die Gegenleistung des Verbrauchers selbst finanziert oder
▶ der Darlehensgeber sich bei Vorbereitung oder Abschluss des Vertrags der Mitwirkung eines Unternehmers bedient (im Fall der Finanzierung durch einen Dritten).

§ 358 BGB

Hinsichtlich der inhaltlichen wie formellen Regelungen bei verbundenen Verträgen gelten die **Vorschriften der miteinander verknüpften Verträge**. Folglich sind verbundene Verträge schriftlich abzuschließen und die wesentlichen Vertragsinhalte aufzunehmen. Bei Widerruf eines Vertrags gilt zudem auch der andere, verbundene Vertrag als widerrufen. Hat also der Verbraucher den Verbraucherkaufvertrag wirksam widerrufen, so ist er auch an den damit verbundenen Verbraucherdarlehensvertrag nicht mehr gebunden – und umgekehrt.

Weiterhin kommt bei verbundenen Verträgen **auch** ein **Rückgaberecht** in Betracht. Dabei ist allerdings zu beachten, dass die diesbezüglich erforderliche Belehrung auf die wesentlichen Rechtsfolgen hinweist.

5.6 Handelsrecht als Teil des Privatrechts

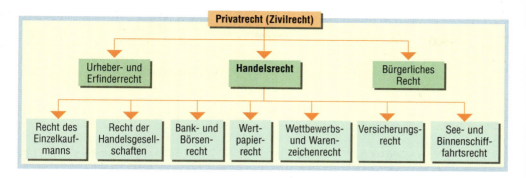

Handelsrecht: 🇬🇧
commercial/trade law

§§ 1, 343 HGB

Privatrecht: 🇬🇧
civil law

Das **Handelsrecht** ist wie das bürgerliche Recht **Teil des Privatrechts**. Es besteht nicht isoliert neben dem bürgerlichen Recht, sondern schließt sich eng an das *BGB* an bzw. ist in großen Bereichen mit ihm verzahnt. Verschiedene Regelungen des *BGB* werden durch das Handelsrecht lediglich ergänzt oder durch Sondernormen ersetzt, die den Besonderheiten des Handels angepasst sind.

Das **Handelsrecht** ist also das **spezielle Recht der Kaufleute** und befasst sich mit deren Rechtsgeschäften. Seine gesetzlichen Vorschriften sind vor allem im *HGB* enthalten und auf die besonderen Bedürfnisse des Kaufmanns sowie der Handelsmakler, Handelsvertreter usw. zugeschnitten. Nachstehend wird allerdings nur das Recht des Einzelkaufmanns und der Handelsgesellschaften dargestellt.

5.6.1 Kaufmann

Situation

Doris Ebeling will eine Gaststätte eröffnen. Die notwendigen Räume sowie die finanziellen Mittel sind vorhanden. Sie möchte von ihrem Steuerberater jedoch wissen, was sie in rechtlicher Hinsicht zu bedenken habe.

Bei einer Geschäfts-
eröffnung ist zwischen
handelsrechtlichen und
gewerberechtlichen
Regelungen zu unter-
scheiden.

§ 343 HGB

Handelsrechtlich ist zu entscheiden, ob das aufzunehmende Gewerbe ein **Handelsgewerbe** im Sinne des *§ 1 Abs. 2 HGB* ist: *„Handelsgewerbe ist jeder Gewerbebetrieb, es sei denn, dass das Unternehmen nach Art oder Umfang einen in kaufmännischer Weise eingerichteten Geschäftsbetrieb nicht erfordert."* Dies trifft auf die oben genannte Gaststätte zu, denn in dem gastronomischen Betrieb sollen Speisen und Getränke ein- und verkauft werden.

Kaufmann ist also, wer ein Handelsgewerbe betreibt, d. h., dass er unter anderem eine selbstständige auf Dauer gerichtete Tätigkeit ausübt mit der Absicht der Gewinnerzielung. Dementsprechend ist ein **kaufmännischer Angestellter**, der z. B. den Ausbildungsberuf Hotelkaufmann erlernt und die Kaufmannsgehilfenprüfung vor der IHK abgelegt hat, kein Kaufmann im Sinne des *HGB*, sondern **Kaufmannsgehilfe**.

Kaufmann: 🇬🇧
trader/merchant

Für **Klein(st)gewerbetreibende**, die zwar ein Gewerbe betreiben, deren Unternehmen nach Art und Umfang einen in kaufmännischer Weise eingerichteten Geschäftsbetrieb jedoch nicht erfordert, gelten die verbraucherfreundlichen Regelungen des *BGB*.
Der Unternehmer ist Kaufmann, wenn die Geschäfte in vollem Umfang dem Handelsrecht unterliegen bzw. die Firma des Unternehmens in das Handelsregister eingetragen ist.

§ 2 HGB

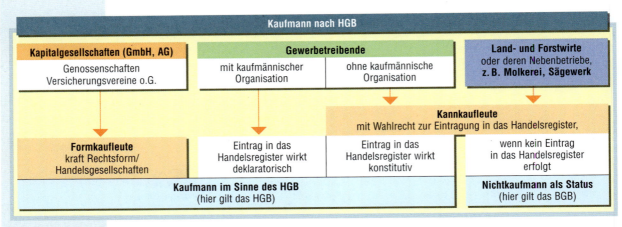

5.6.2 Handelsfirma – Gaststättenname

Nicki Albert Hennemeyer hat einen Restaurationsbetrieb unter dem Namen „Restaurant Zur Oase", Nicki Hennemeyer, eröffnet. Die im Rahmen des Geschäftsbetriebes zu leistenden Unterschriften werden dann immer unter Nicki Hennemeyer abgegeben. Ist dieses richtig?

Firma:
company/firm/concern

§ 17 HGB

Die **Firma** ist der Name, unter dem der Kaufmann im Handel seine Geschäfte betreibt, die Unterschrift abgibt und unter dem er auch vor Gericht klagen und verklagt werden kann.

S

Der *Handelsname* kann vom bürgerlichen Namen des Kaufmanns abweichen (bürgerlicher Name: Nicki Albert Hennemeyer). Auch unterscheidet sich im Allgemeinen die **Geschäfts- bezeichnung** von der Firma (z.B. Restaurant „Zur Oase" – aber: Nicki Hennemeyer). Die **Geschäftsbezeichnungen** werden allgemein losgelöst von der Firma geführt und gehen auch auf den jeweiligen Pächter über.

Handelsname:
brand name

Die Unternehmen können den Firmennamen relativ frei gestalten. Maßgebend ist allein, dass die Firma zur Kennzeichnung des Kaufmanns geeignet sein und Unterscheidungskraft besitzen muss. Der Name des Inhabers und/oder des Geschäftszwecks müssen nicht Bestandteil des Firmennamens sein. Phantasienamen sind möglich, z.B. „Lalu, Laut und lustig e.K.", wobei der Name unterscheidungsfähig sein muss. Nach der Rechtsprechung des BGH gilt dieses bei Gaststättennamen – im Gegensatz zu Firmen – allerdings lediglich begrenzt auf ein und denselben Ort.

Der ins Handelsregister eingetragene Kaufmann, muss seine Rechtsform durch einen Zusatz „eingetragene(r) Kaufmann/-frau" oder abgekürzt „e. K." kenntlich machen. **Kleingewerbe** können sich jetzt auf eigenen Wunsch hin ins Handelsregister eintragen lassen, um sich unter einer werbewirksamen Firma von den Mitbewerbern abzuheben; sie werden dann den strengen kaufmännischen Bestimmungen insbesondere des Handelsgesetzbuches unterworfen.

Die **Liberalisierung des Namensrechts** wird von strengeren Vorschriften für Geschäftsbriefe begleitet, die insbesondere dem Gläubigerschutz dienen. Auf Geschäftsbriefen eines eingetragenen Kaufmanns müssen stets die Firma, die Rechtsform, der Ort der Niederlassung, das Registergericht, die Handelsregisternummer und die Umsatzsteueridentifikationsnummer angegeben werden.

Der Familienname ist mit mindestens einem ausgeschriebenen Vornamen an der Außenseite der Gast- oder Schankwirtschaft deutlich lesbar anzubringen, und zwar so, dass er bei geöffneter Gaststätte gelesen werden kann. Bei der Wahl der Firma sind die allgemeinen **Grundsätze des Firmenrechts** zu beachten:

§§ 18 ff. HGB

Unlauteres Firmennamensverhalten

Ein unlauteres Firmennamensverhalten liegt vor, wenn ein identischer Firmenname verwendet wird sowie wenn die Firmen/Firmennamen zum Verwechseln ähnlich sind bzw. die Gefahr besteht, dass eine im Wirtschaftsverkehr bereits etablierte Firma und die mit ihr verbundene Wertschätzung beeinträchtigt oder ausgenutzt wird.

Bei unlauterem Firmenverhalten kommt das *MarkenG* **vorrangig** zur Anwendung.

▶ Daraus ergibt sich für den Inhaber einer geschäftlichen Bezeichnung ein ausschließliches Recht, z. B. die Firma als Unternehmenskennzeichen. Zur Vermeidung von Verwechslungen ist die unbefugte Benutzung Dritter untersagt und bei Zuwiderhandlungen kann der Dritte auf Unterlassung oder Schadenersatz verklagt werden.

▶ Nach dem *MarkenG* besteht letztlich – bei Vorliegen aller notwendigen Voraussetzungen – ein Anspruch auf Vernichtung aller widerrechtlich gekennzeichneten Gegenstände.

§§ 14 ff. MarkenG

Bei Vorliegen eines identischen Firmennamens oder einer Möglichkeit der Verwechslung, muss die jüngere Firma ihren Namen ändern; eine Namensreservierung ist nicht möglich.

Hat sich ein Unternehmen unter seinem Namen und seiner Firma bereits einen bestimmten Ruf bzw. „Image" (bestimmte bestehende Vorstellung der Kunden über das Unternehmen und seine Produkte) verschafft, so wird dieses ebenfalls geschützt.

Da der Ruf eines gastgewerblichen Betriebes mit seinem Namen untrennbar verbunden ist und sich das im Laufe der Zeit entwickelte „Image" des gastgewerblichen Betriebes wettbewerbs- und verkaufsfördernd (sog. „Goodwill") ausgewirkt haben kann, ist bei wettbewerbswidriger Nachahmung dieses Betriebes – insbesondere in Bezug auf Name und Stil – die Einlegung einer Unterlassungsklage möglich.

5.6.3 Handelsregister

§§ 8 ff. HGB
Situation

Der Gastwirt Krug überlegt, ob er sein Gasthaus in das Handelsregister eintragen lassen muss und wenn ja, was er dem Amtsgericht alles mitteilen muss.

Handelsregister:
commercial register/
company register

Das **Handelsregister** ist ein öffentliches Verzeichnis der Kaufleute, das über die Rechtsverhältnisse kaufmännischer Unternehmungen informiert. Es dient der Sicherung des Handelsverkehrs (Publizitätsfunktion) und hat darüber hinaus eine Kontroll- sowie Publikationsfunktion. Genossenschaften sind in einem gesonderten **Genossenschaftsregister** erfasst.

Anmeldung und Eintragung in das Handelsregister sind wie folgt geregelt:

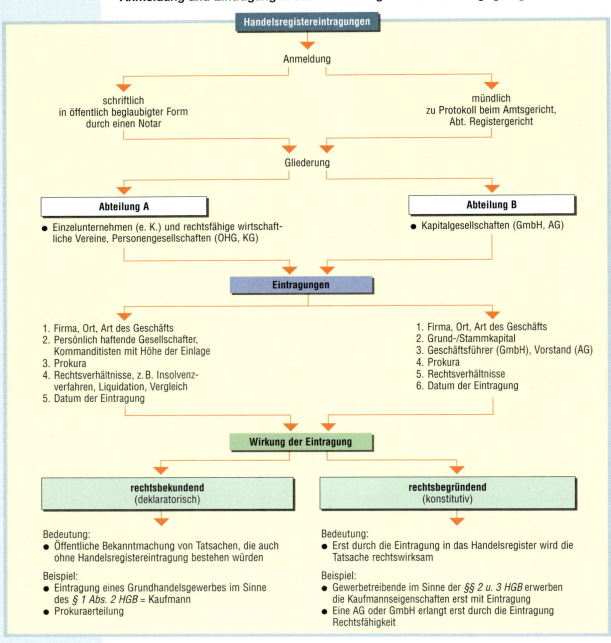

Handelsregistereintragungen

↓

Anmeldung

schriftlich
in öffentlich beglaubigter Form
durch einen Notar

mündlich
zu Protokoll beim Amtsgericht,
Abt. Registergericht

Gliederung

Abteilung A	**Abteilung B**
• Einzelunternehmen (e. K.) und rechtsfähige wirtschaftliche Vereine, Personengesellschaften (OHG, KG)	• Kapitalgesellschaften (GmbH, AG)

Eintragungen

1. Firma, Ort, Art des Geschäfts
2. Persönlich haftende Gesellschafter, Kommanditisten mit Höhe der Einlage
3. Prokura
4. Rechtsverhältnisse, z. B. Insolvenzverfahren, Liquidation, Vergleich
5. Datum der Eintragung

1. Firma, Ort, Art des Geschäfts
2. Grund-/Stammkapital
3. Geschäftsführer (GmbH), Vorstand (AG)
4. Prokura
5. Rechtsverhältnisse
6. Datum der Eintragung

Wirkung der Eintragung

rechtsbekundend (deklaratorisch)	**rechtsbegründend** (konstitutiv)

Bedeutung:
• Öffentliche Bekanntmachung von Tatsachen, die auch ohne Handelsregistereintragung bestehen würden

Beispiel:
• Eintragung eines Grundhandelsgewerbes im Sinne des *§ 1 Abs. 2 HGB* = Kaufmann
• Prokuraerteilung

Bedeutung:
• Erst durch die Eintragung in das Handelsregister wird die Tatsache rechtswirksam

Beispiel:
• Gewerbetreibende im Sinne der *§§ 2 u. 3 HGB* erwerben die Kaufmannseigenschaften erst mit Eintragung
• Eine AG oder GmbH erlangt erst durch die Eintragung Rechtsfähigkeit

Das **Handelsregister** wird bei dem jeweiligen **Registergericht** des Amtsgerichts geführt und besteht aus elektronisch geführten Registerblättern. Im Allgemeinen werden die Eintragungen aufgrund eines Antrags vorgenommen. Eine große Anzahl von Tatsachen ist aber nicht nur eintragungsfähig, sondern auch eintragungspflichtig; dazu gehören u.a.:

▶ Kaufleute gemäß *§§ 1* und *2 HGB*,
▶ Zweigniederlassungen, *§ 13 HGB*,
▶ Erteilung und Löschung der Prokura, *§ 53 HGB*,
▶ Änderungen und Erlöschen der Firma, *§ 31 HGB*.

Sind eintragungspflichtige Tatsachen im Handelsregister eingetragen und bekannt gemacht, so muss ein Dritter sie gegen sich gelten lassen. Nicht eingetragene, aber einzutragende Tatsachen können allerdings Dritten gegenüber nicht entgegengesetzt werden, es sei denn, dass sie diesen bekannt waren. Dieses wäre der Fall, wenn ein Hotelier einem Prokuristen die Prokura entzogen hat, diese aber nicht zur Eintragung/Löschung im Handelsregister angemeldet hat; daraus sich ergebende Schäden kann der Hotelier Dritten dann nicht entgegenhalten. Das Handelsregister hat somit Beweis- und Schutzfunktion.

Die Bekanntgabe der in das Handelsregister eingetragenen Tatsachen erfolgt in elektronischer Form über das „Gemeinsame Registerportal der Länder" unter „www.handelsregister.de" bzw. „www.handelsregisterbekanntmachungen.de". Jeder hat das Recht, das Handelsregister zu Informationszwecken einzusehen und Abschriften zu verlangen.

Die **Einsicht in das Handelsregister** kann:
▶ entweder durch Einsicht auf der Geschäftsstelle des jeweiligen Registergerichts erfolgen
▶ oder unter „www.handelsregister.de".

Zudem wurde das zentrale elektronische **Unternehmensregister** geschaffen. Es wird auf Bundesebene geführt und erfasst weitere veröffentlichungspflichtige Unternehmerdaten. Die Einsichtnahme erfolgt unter „www.unternehmensregister.de".

Im Rahmen der Europäisierung ist das **„European Business Register"**, ein Netzwerk nationaler Handelsregister, eröffnet worden. Es hat die Schaffung einer Schnittstelle für die nationalen Handelsregister zum Ziel. Mithilfe des EBR sollen ein vereinfachter Zugang zu europaweiten Handelsregisterdaten ermöglicht und grenzüberschreitende Unternehmensregistrierung erleichtert werden.

EBR

Aufgaben

1. Wer ist ein Kaufmann?
2. Begründen Sie, um welche Art von Kaufleuten es sich in folgenden Fällen handelt:
   a) Die Hotel AG hat ihren Hauptsitz in Hannover, unterhält aber außerdem noch drei weitere Hotels in anderen Städten.
   b) Neben seiner Landwirtschaft betreibt der Bauer Kohl noch eine Kornbrennerei.
   c) Der Zeitungskiosk in der Nähe der Berufsschule.
3. Was ist unter einer Firma zu verstehen?
4. Lässt sich eine Firma übertragen?
5. Hans Meyer eröffnet einen Zweigbetrieb in der Nachbarstadt. Wie kann er firmieren?
6. Manfred Müller, Getränkegroßhandel, beabsichtigt, sein Einzelunternehmen in eine Gesellschaft umzuwandeln. Allerdings möchte er nicht, dass die Gesellschafter nach außen in Erscheinung treten. Wie könnte er bei einer OHG, KG, GmbH, AG oder eG firmieren?
7. Das Hotel Nock wurde von der bekannten Korinth-Gruppe übernommen. Trotzdem hat die Geschäftsleitung beschlossen, den Namen „Hotel Nock" weiter zu führen. Warum?
8. Sind die nachstehenden Gaststättenbezeichnungen zulässig?
   a) Im Ort Kohlbach besteht schon seit Jahrzehnten die Gaststätte „Zum Lamm". Im 3 km entfernten Wulfratshausen wird jetzt ebenfalls eine Gaststätte mit dem Namen „Zum Lamm" eröffnet. Ist dieses zulässig?
   b) In Würzburg existiert das Restaurant „Postcasino". Als im Nachbarort der „Gasthof zur Post" eröffnet wird, legt der Inhaber des Postcasinos dagegen Widerspruch ein. Mit Recht?
9. Wie ist die rechtliche Situation, wenn:
   a) eine einzutragende Tatsache weder in das Handelsregister eingetragen noch bekannt gemacht worden ist;
   b) eine Tatsache eingetragen und bekannt gemacht worden ist;
   c) eine einzutragende Tatsache unrichtig bekannt gemacht worden ist?
10. Entnehmen Sie einer Tageszeitung jeweils drei Veröffentlichungen des Registergerichts, und zwar unterschieden nach:
    a) Neueintragungen in Abteilung A und B,
    b) Veränderungen,
    c) Löschungseintragungen.

5.6.4   Pflichtangaben auf Handelsbriefen und Rechnungen

Beim Erstellen von Handelsbriefen und Rechnungen sind gesetzlich vorgeschriebene Pflichtangaben zu beachten.

Handelsbrief: business letter

§ 238 Abs. 2 HGB

1. Der Geschäftsbrief eines Kaufmanns (resp. Unternehmers) wird als **Handelsbrief** bezeichnet. Er ist ein Schriftstück, das das Handelsgeschäft eines Kaufmanns betrifft, damit ein Dokument, das der Unternehmer im Rahmen des Unternehmenszweckes versendet. Die Schriftstücke von Freiberuflern, Landwirten usw. werden demgegenüber Geschäftsbriefe genannt.

Der Handelsbrief muss sich inhaltlich auf ein Handelsgeschäft beziehen, d.h. auf die Vorbereitung, Durchführung, den Abschluss oder die Rückabwicklung eines Handelsgeschäfts. Er betrifft den gesamten **externen** Schriftverkehr, d.h. jede Mitteilung, die an einen oder mehrere Empfänger gerichtet ist, insbesondere Angebote, Auftrags- und Anfragebestätigungen, Rechnungen, Lieferscheine usw. Hinzu kommt noch der Schriftverkehr mit Behörden und Gerichten. Auch (Tele-)Faxe und E-Mails gehören dazu.

In jeder gewählten Form muss der Handelsbrief die gesetzlich vorgeschriebenen Pflichtangaben erfüllen. Beim **internen** Schriftverkehr des Kaufmanns, wie Aktennotizen und Nachrichten innerhalb des Handelsgeschäfts sowie Schriftverkehr, der an einen unbestimmten Personenkreis gerichtet ist (z.B. Prospekte, Flyer oder Zeitungsanzeigen), müssen die Pflichtangaben nicht beachtet werden.

Gesetzliche Grundlagen für Pflichtangaben auf Handelsbriefen:

Nicht-Kaufmann/GbR	Einzelkaufmann (e.K/ e.Kfr.)	OHG/KG	GmbH	GmbH/AG & Co KG, GmbH/AG & Co oHG	AG
Nach Fortfall des § 15b GewO: bis zur Neuregelung durch EU-Richtlinie keine Pflichtangaben	§ 37 a HGB • Firmenname • Rechtsform-Zusatz • Ort der Niederlassung • u.a.	§§ 125a HGB (OHG), 177a HGB (KG) • Firmenname • Rechtsform und Sitz der Gesellschaft • u.a.	§ 35a GmbHG • Firmenname • Rechtsform und Sitz der Gesellschaft • Namen aller Geschäftsführer • u.a.	§§ 125a, 177a HGB, 35a GmbHG • s. GmbH • persönlich haftende Gesellschaft • u.a.	§ 80 AktG • s. GmbH • Namen aller Vorstandsmitglieder und deren Funktionen • u.a.

Der Kaufmann ist verpflichtet, empfangene Handelsbriefe und Kopien von versandten Handelsbriefen **sechs Jahre aufzubewahren** (dazugehörige Datenträger und Buchungsbelege zehn Jahre); die Frist beginnt mit Ablauf des Kalenderjahres, in dem die Handelsbriefe versendet oder empfangen worden sind.

§ 14 UStG

2. Auch für Rechnungen sind von Gesetzes wegen bestimmte Pflichtangaben vorgeschrieben. Eine Rechnung ist jedes Dokument, mit dem über eine Lieferung oder andere Leistung abgerechnet wird, unabhängig davon, wie dieses im Geschäftsverkehr bezeichnet wird. Welche Angaben in Rechnungen im Einzelnen enthalten sein müssen, ist u.a. auch für den Empfänger einer Rechnung bedeutend, da jener die Pflicht hat, die Rechnungsangaben – gerade im Hinblick auf den Vorsteuerabzug – auf Vollständigkeit und Richtigkeit hin zu überprüfen.

§ 33 Umsatzsteuer-Durchführungs-verordnung (UstDV)

Als **Kleinbetragsrechnungen** sind solche **bis zu 150 €** anzusehen; für diese gelten erleichterte Regelungen.

Rechnung: bill

Die Rechnung eines Unternehmers über eine erfolgte **Leistung an einen anderen Unternehmer** ist innerhalb von sechs Monaten, nachdem die Leistung erbracht worden ist, auszustellen.

Wird eine **Rechnung in elektronischer Form** erstellt, so kann sie wirksam erfolgen und zugehen, sofern der Rechnungsempfänger formlos zugestimmt hat; die gesetzlich vorgeschriebenen Pflichtangaben muss sie aber enthalten.

Werden diese gesetzlich vorgeschriebenen **Pflichtangaben nicht beachtet,** kann dies zur **Folge** haben, dass die jeweilige Rechnung steuerrechtlich u.U. nicht beachtet wird (insbesondere kann es sein, dass die Vorsteuer nicht entsprechend abgezogen oder die gesamte Rechnung nicht anerkannt wird).

Die **Aufbewahrungspflicht** von Doppeln aller Rechnungen endet für den Unternehmer nach **zehn Jahren.**

Besonderheit bei Bewirtungskosten:

Grundsätzliche Voraussetzung für das steuerliche Absetzen ist der Anlass der Bewirtung; er muss im beruflichen bzw. betrieblichen Bereich liegen.

Formale Regeln:

Eine einfache Quittung des Restaurants reicht nicht aus; die Quittung muss maschinell erstellt und registriert worden sein. Folgende Angaben haben aus der Quittung hevorzugehen:

▶ ① Rechnungsnummer (fortlaufend)

▶ ② Ort der Bewirtung (Name und Adresse des gastgewerblichen Betriebs)

▶ ③ Tag der Bewirtung

▶ ④ Auflistung der Speisen und Getränke

▶ ⑤ Höhe der Aufwendungen (Hinweis: Auch Trinkgelder können geltend gemacht werden, sind direkt auf der Quittung zu vermerken)

▶ ⑥ Angaben zum Anlass und zu den bewirteten und bewirtenden Personen

▶ ⑦ Steuernummer und Umsatzsteuer-Identifikationsnummer

▶ ⑧ Brutto-/Nettobetrag sowie Steuersatz (7 oder 19%).

Im hier abgebildeten Bewirtungsbeleg sind die notwendigen Angaben enthalten. Zur Zuordnung der einzelnen Posten: siehe folgende Seite.

```
            Traum-Hotel

           Blumenstraße 3
           38997 Glückstal
        Telefon: 0507 - 3417-0
        Telefax: 0507 - 3417-551
        www.traumhotel-glueckstal.de


Rechnung: 40006  16:23:45  20.04.14
   Tisch : 79/1 Restaurant
 Service : Frau Havermann      (22)
-------------------------------------
2xCappu Schaum   (2.65)  EUR   5.30
2xErdbeer Blech
   Stk.          (2.90)  EUR   5.80
1xApfelsaftschor.
   0,25          (2.25)  EUR   2.25
1xApfelsaftschor.
   0,4           (3.60)  EUR   3.60
-------------------------------------
Total:                   EUR  16.95
Barzahlung:           EUR 16.95

Gästeanzahl:     2
-------------------------------------
Brutto  19.00% :         EUR  16.95
Netto   19.00% :         EUR  14.24
Mwst.   19.00% :         EUR   2.71


    Traum-Hotel - Eine gute Idee

       St-Nr.: 7700401381
       USD.ID: DE722440355
```

② **Traum-Hotel**

Blumenstraße 3
38997 Glückstal
Telefon: 0507 - 3417-0
Telefax: 0507 - 3417-551
www.traumhotel-glueckstal.de

① Rechnung: 40006 16:23:45 20.04.14 ③
Tisch: 79/1Restaurant ⑥
Service: Frau Havermann   (22)

2xCappu Schaum   (2.65) EUR   5.30
2xErdbeer Blech
   Stk.   (2.90) EUR   5.80
④ 1xApfelsaftschor.
   0,25   (2.25) EUR   2.25
1xApfelsaftschor.
   0,4   (3.60) EUR   3.60
----
⑤ Total: EUR 16.95
Barzahlung: **EUR 16.95**

Gästeanzahl: 2

Brutto 19.00% :   EUR 16.95
⑧ Netto   19.00% :   EUR 14.24
Mwst.   19.00% :   EUR   2.71

Traum-Hotel - Eine gute Idee

     St-Nr.: 7700401381
⑦ USD.ID: DE722440355

Aufgaben

1. Was ist unter einem Handelsbrief und unter einer Rechnung zu verstehen?

2. Welche Aufbewahrungsfristen bestehen für Handelsbriefe sowie für Rechnungen?

3. Nennen Sie die gesetzlich vorgeschriebenen Pflichtangaben für Kleinbetragsrechnungen.

4. Erstellen Sie eine Rechnung eines Einzelkaufmanns, die die gesetzlich vorgeschriebenen Pflichtangaben beinhaltet.

5. Die Hansmann-GbR führt als Zusatz im Briefkopf den Namen „Zum Weißen Schwan".

a) Reicht es bei der Hansmann-GbR aus, dass lediglich der Zusatz GbR genannt wird, oder sind die einzelnen Gesellschafter zu benennen?

b) Ist eine Sachbezeichnung im Firmennamen erlaubt?

6. Bringen Sie die Pflichtangaben einer Rechnung gemäß der Abbildung auf dieser Seite in eine logische Reihenfolge.

7. Unter welchen Voraussetzungen können
a) Gewerbetreibende/Selbstständige,
b) Arbeitnehmer
Bewirtungskosten steuerlich absetzen?

6 Gastronomie- und hotelleriespezifische Normen

6.1 Gaststättenrecht

Situation

Nach ihrer Abschlussprüfung zur Restaurantfachfrau möchte sich Kathrin ihren Traum erfüllen und ein Restaurant in der Innenstadt eröffnen. Als sie sich vor Ort näher erkundigt, teilen ihr die bereits ansässigen Geschäftsleute mit, das gehe nicht, es gebe dort schon genug Gastronomie. Kathrin ist verunsichert und wendet sich an die Stadt.

Das Gaststättenrecht regelt die Bedingungen, unter denen eine Gaststätte eröffnet und betrieben werden darf. Das *Gaststättengesetz* ist damit *das* Branchengesetz.

Gast stätten recht

Gewerberecht
Verwaltungsrecht
Öffentliches Recht

6.1.1 Gewerberecht und Gaststättengewerbe

Gaststättenrecht ist Teil des Gewerberechts und als solches Verwaltungsrecht.

Die Grundsätze des Gewerberechts sind in der *Gewerbeordnung (GewO)* geregelt. Die *GewO* ist ein Bundesgesetz und gilt für jedes Gewerbe, unabhängig von der Branche. **Gewerbe** ist jede erlaubte, auf Gewinnerzielung gerichtete, auf Dauer angelegte, selbstständige Tätigkeit, die nicht Urproduktion, freier Beruf oder Verwaltung eigenen Vermögens ist. Grundsätzlich gilt in Deutschland **Gewerbefreiheit**. Jedoch besteht eine **Anzeigepflicht** bei Beginn, Verlegung oder Aufgabe eines Gewerbes. Eine Gewerbeerlaubnis ist nur in Ausnahmefällen erforderlich, wenn die Sicherheit es erfordert. Solche Ausnahmen liegen z. B. vor im Reisegewerbe, im Bewachungsgewerbe und für Spielhallen. Auch das **Gaststättengewerbe ist grundsätzlich erlaubnispflichtig**. Die Gaststättenerlaubnis bezeichnet man auch als **Konzession**.

GewO

Ziel der Erlaubnispflicht und damit Zweck des *Gaststättengesetzes* ist der Schutz von Gästen und Öffentlichkeit vor den besonderen Gefahren, die von Gaststätten ausgehen können.

Schutz

| ... der Gäste vor Gefahren für Leben, Gesundheit und Sittlichkeit | ... vor bzw. Bekämpfung von Alkoholmissbrauch | ... der Allgemeinheit (z. B. vor Lärm, Geruchsbelästigung, schädlichen Umwelteinwirkungen) | ... der im Betrieb Beschäftigten | ... der Gäste vor Ausbeutung | ... der Jugend |

Die speziellen gewerberechtlichen Regelungen für das Gaststättengewerbe finden sich im *Gaststättengesetz*. Das *GastG* definiert den **Begriff des Gaststättengewerbes**:
▶ stehendes Gewerbe
▶ **Schankwirtschaft** = Verabreichen von Getränken zum Verzehr an Ort und Stelle
▶ oder **Speisewirtschaft** = Verabreichung von zubereiteten Speisen zum Verzehr an Ort und Stelle
▶ wenn der Betrieb jedermann oder bestimmten Personenkreisen zugänglich ist
▶ oder Verabreichen von Speisen und/oder Getränken im Reisegewerbe

GastG

§ 1 GastG

**Beherbergungs-
betrieb:
accommodation facility**

Beherbergungsbetriebe gehören seit der Reform des *Gaststättengesetzes* im Jahre 2005 nicht mehr zum Gaststättengewerbe. Sie unterliegen daher nicht mehr dem *Gaststättengesetz* und sind nicht mehr erlaubnispflichtig, es sei denn, sie betreiben gleichzeitig eine Schank- und/oder Speisewirtschaft (z. B. Hotelrestaurant, Hotelbar).

Gaststättengesetze in den Bundesländern

Das *Gaststättengesetz* ist als *Bundesgesetz* erlassen worden. Jedoch ist die Zuständigkeit für das Gaststättenrecht mit der Föderalismusreform im Jahr 2006 auf die Bundesländer übergegangen. Solange ein Bundesland von dieser Zuständigkeit keinen Gebrauch gemacht hat, bleibt es in diesem Land bei der Gültigkeit des *Bundes-Gaststättengesetzes* (kein Zeitlimit).

Wenn ein Bundesland ein eigenes *Länder-Gaststättengesetz* verabschiedet, ersetzt dies das bisherige Bundesgesetz. Von dieser **Länderzuständigkeit** haben bis zur Drucklegung dieser Auflage die Bundesländer *Baden-Württemberg, Brandenburg, Bremen, Hessen, Niedersachsen, Saarland, Sachsen, Sachsen-Anhalt* und *Thüringen* Gebrauch gemacht. Der wichtigste Punkt, in dem sich die verschiedenen Gesetze unterscheiden, ist die Frage, ob das Gaststättengewerbe ein erlaubnispflichtiges oder ein erlaubnisfreies Gewerbe darstellt. Alle Regelungen zur Konzession, zum Erlaubnisverfahren, zu Rechtsmitteln und Auflagen hängen von der Vorfrage der **Erlaubnispflicht** ab.

Bundesgesetz	→	Erlaubnispflicht bei Alkoholausschank
Baden-Württemberg	→	Erlaubnispflicht bei Alkoholausschank
Brandenburg	→	Erlaubnisfreiheit
Bremen	→	Erlaubnispflicht bei Alkoholausschank
Hessen	→	Erlaubnisfreiheit
Niedersachsen	→	Erlaubnisfreiheit
Saarland	→	Erlaubnisfreiheit
Sachsen	→	Erlaubnisfreiheit
Sachsen-Anhalt	→	Erlaubnisfreiheit
Thüringen	→	Erlaubnisfreiheit

Hat ein Bundesland die Erlaubnispflicht abgeschafft, hat das **verschiedene Konsequenzen für Existenzgründer und Behörden**:

- Mit der Konzessionspflicht **entfällt** auch die **Konzessionsgebühr**. Das macht die Eröffnung einer Gaststätte preiswerter.
- Erforderlich bleibt die **Anmeldung/Anzeige nach der *Gewerbeordnung*** wie bei jedem anderen Gewerbe auch. Dafür reichen wenige Unterlagen wie Führungszeugnis und Auszug aus dem Gewerbezentralregister aus.
- Die Eröffnung einer Gaststätte ist **schneller** möglich, da die Anzeige lediglich wenige Wochen vor Aufnahme des Betriebes erfolgen muss.
- Die umfangreiche Vorab-Prüfung der Voraussetzungen, insbesondere Anforderungen an die Räume und IHK-Unterrichtungsnachweis, fällt weg. Ein **nachträgliches Einschreiten der Behörde**, z. B. bei Unzuverlässigkeit oder Verstößen gegen die Bauordnung, bleibt natürlich möglich.

Gestattung

Da, wo keine Erlaubnispflicht mehr besteht, gibt es auch keinen Regelungsbereich mehr für die Gestattung von kurzfristigen gastronomischen Veranstaltungen nach *§ 12 Gaststättengesetz*. Auch hier ist dann lediglich eine vorherige Anzeige erforderlich.

Flat-Rate-Partys

Alle neuen Länder-Gesetze treffen eine spezielle Regelung zu dem aktuellen Problem der sog. Flat-Rate-Partys. Danach ist es ausdrücklich verboten, alkoholische Getränke in einer Art und Weise anzubieten, die darauf gerichtet ist, zu **übermäßigem Alkoholkonsum** zu verleiten.

Die Darstellungen im Folgenden beziehen sich auf die Regelungen des Bundes-Gaststättengesetzes.

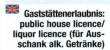

**Gaststättenerlaubnis:
public house licence/
liquor licence (für Ausschank alk. Getränke)**

6.1.2   Gaststättenerlaubnis (Konzession)

Erlaubnisfreiheit

**Ausnahmen von der
Erlaubnispflicht
§ 2 GastG**

Grundsätzlich sind Gaststätten erlaubnispflichtig. Es gibt jedoch Ausnahmen, bei denen Erlaubnisfreiheit besteht:

**Kantine:
canteen**

- Gaststätten, die lediglich alkoholfreie Getränke, unentgeltliche Kostproben oder zubereitete Speisen verabreichen
- Gaststätten, die in Verbindung mit einem Beherbergungsbetrieb Getränke und zubereitete Speisen nur an Hausgäste verabreichen
- nach landesrechtlichen Regelungen sog. Straußwirtschaften, Weinbauern und Brauer
- Kantinen, die ausschließlich Betriebsangehörige versorgen.

Insbesondere bedeutet dies, dass Schank- und/oder Speisewirtschaften **ohne Alkoholausschank nicht mehr erlaubnispflichtig** sind. Daher dürfen z. B. auch Betriebe des Lebensmittelhandwerks (Bäcker, Metzger) oder des Lebensmittelhandels gastronomische Angebote ohne Konzession machen, solange sie keinen Alkohol im Angebot haben; daher kommt es nicht – wie früher – auf bestimmte Begrenzungen (z.B. Quadratmeterzahl oder Zahl der Sitzplätze) an. Bei diesen Betriebstypen ist lediglich eine Gewerbeanzeige erforderlich.

Voraussetzungen

**Versagungsgründe
§ 4 GastG**

Das Betreiben eines Gewerbes ist grundsätzlich jedermann gestattet. Es hat auch jeder die gleiche Chance, eine Gaststättenerlaubnis zu erhalten. Das *Gaststättengesetz* stellt nicht auf wirtschaftliche oder qualitative Gesichtspunkte ab, sondern nennt lediglich bestimmte Versagungsgründe, aufgrund derer die Erlaubnis verweigert werden kann. Positiv formuliert sind die Voraussetzungen für die Erteilung der Erlaubnis:

▶ Zuverlässigkeit des Bewerbers
▶ Nachweis lebensmittelrechtlicher Kenntnisse
▶ Eignung der Räume
▶ Umweltverträglichkeit für die Umgebung
▶ Vorlage eines polizeilichen Führungszeugnisses
▶ Vorlage einer steuerlichen Unbedenklichkeitsbescheinigung

Nachweis lebensmittelrechtlicher Kenntnisse

Die notwendigen lebensmittelrechtlichen Kenntnisse werden durch die Bescheinigung einer Industrie- und Handelskammer über die **Unterrichtung nach dem Gaststättengesetz** nachgewiesen. Der Betreiber muss über die Grundzüge des Lebensmittelrechts unterrichtet worden sein und sie müssen ihm vertraut sein.

IHK
§ 4 GastG

Gegenstände der Unterrichtung sind Regeln für das Verabreichen von Speisen und Getränken, Hygienevorschriften, lebensmittelrechtliche Vorschriften, das Getränkeschankanlagenrecht sowie die Leitsätze des Deutschen Lebensmittelbuches.

Das **Unterrichtungsverfahren** ist auch für den Stellvertreter erforderlich; allerdings dann nicht, wenn der Antragsteller bereits eine Ausbildung in einem gastgewerblichen oder ähnlichen Beruf absolviert hat.

Unzuverlässigkeit

Ein Gewerbetreibender, der nach dem Gesamteindruck seines Verhaltens nicht die Gewähr dafür bietet, dass er sein Gewerbe künftig ordnungsgemäß betreiben wird, ist nicht zuverlässig. Das ist insbesondere dann der Fall, wenn der Antragsteller
▶ „dem Trunke ergeben" ist oder
▶ befürchten lässt, dass er Unerfahrene, Leichtsinnige oder Willensschwache ausbeuten wird oder
▶ dem Alkoholmissbrauch, verbotenem Glücksspiel, der Hehlerei oder der Unsittlichkeit Vorschub leisten wird oder
▶ die Vorschriften des Gesundheits- oder Lebensmittelrechts, des Arbeits- oder Jugendschutzes nicht einhalten wird usw.

Wichtige Beispiele für Unzuverlässigkeit sind:
▶ wenn ein Gastwirt oder Hotelier Kenntnis davon hat oder bei Beachten der ihm obliegenden besonderen Aufsichtspflicht hätte erkennen müssen, dass in den Räumen seiner Gaststätte Rauschgift konsumiert oder damit gehandelt wird,
▶ wer fortgesetzt oder in großem Ausmaß Schwarzarbeit begeht oder
▶ wer über einen bestimmten Zeitraum nicht unerhebliche Steuerrückstände hat, ist ebenfalls unzuverlässig.

Eignung der Räume

Die Governments Die Governments Die Gasträume müssen den von den verschiedenen Bundesländern erlassenen baulichen Vorschriften genügen. Die Vorschriften betreffen z. B.:

Bauliche
Vorschriften

▶ Mindestgrundflächen und Höhen von Gasträumen und Küchen
▶ Brandschutz, Rettungswege und Sicherheitsbeleuchtung
▶ Toiletten
▶ Barrierefreie Gestaltung für behinderte Menschen
▶ Bestuhlung
▶ Beschaffenheit von Fußböden (gleitsicher, leicht zu reinigen)
▶ Lüftung, Fettabscheider
▶ Handwaschbecken und Spülanlagen
▶ Aufbewahrung von Lebensmitteln

6.1.3 Erlaubnisverfahren

Wer ein erlaubnispflichtiges Gaststättengewerbe betreiben will, muss zuvor die Konzession bei der zuständigen Behörde beantragen. Zuständig sind je nach Landesrecht meist die Landkreise bzw. kreisfreien Städte.

Die Erlaubnis wird für eine bestimmte Person (Erlaubnisträger) sowie für eine bestimmte Betriebsart (z. B. Imbiss, Diskothek, Gasthof) und für bestimmte Räume erteilt.

Vor dem Erteilen der Konzession prüft die Behörde, ob alle Voraussetzungen vorliegen. Auch nach der Erteilung überprüft die Behörde zum einen aus besonderem Anlass (z. B. bei Beschwerden), aber auch unabhängig davon mit Stichproben in unregelmäßigen Abständen, ob der Betreiber seine Pflichten erfüllt.

Um effektiv prüfen und das Einhalten der Vorschriften auch durchsetzen zu können, stehen der Behörde verschiedene Instrumente zur Verfügung. Sie kann Auskünfte verlangen oder die Konzession nachträglich aufheben, z. B. wenn Unzuverlässigkeit des Gastwirts eintritt, dieser die Betriebsart unbefugt ändert oder Auflagen nicht erfüllt. Ist das Gewerbe erlaubnisfrei, kann die Behörde bei Verstößen eine Gewerbeuntersagung vornehmen. Stellt ein Verstoß eine Ordnungswidrigkeit dar, kann die Behörde mit einem Bußgeld reagieren.

Behördliches Instrumentarium		
Erlaubniserteilung	**Aufhebung der Konzession**	**Gewerbeuntersagung**
wenn alle Voraussetzungen für die Erteilung der Konzession vorliegen	bei Verstößen	
Überprüfung der Voraussetzungen		
Auskunftspflicht, wenn Erlaubnispflicht besteht		
Bußgeld bei Ordnungswidrigkeit		

Rechtsmittel

Rechtsanspruch auf Konzession

Wenn alle Voraussetzungen für die Konzession vorliegen, hat der Antragsteller einen Rechtsanspruch auf ihre Erteilung. Man bezeichnet dies als gebundene Entscheidung: Die Behörde hat keinen Spielraum, ob sie die Erlaubnis erteilt oder nicht – sie muss. Wird der Antrag auf Erteilung der Konzession abgelehnt, obwohl keine Versagungsgründe bestehen, kann der Antragsteller sich dagegen mit den Mitteln des Verwaltungsrechts wehren. Das bedeutet, er kann **Widerspruch** gegen die Ablehnung einlegen. Will die Behörde dem Widerspruch auch nach erneuter Prüfung nicht abhelfen, legt sie den Widerspruch der nächsthöheren Behörde vor, die einen Widerspruchsbescheid erlässt. Wird dem Begehren des Bewerbers weiterhin nicht entsprochen, kann er vor dem **Verwaltungsgericht** Klage auf Erteilung der Erlaubnis erheben.

S

Deshalb ist auch der Einwand der bereits in der Stadt ansässigen Geschäftsleute, dort gebe es bereits genug Gastronomie, für die Erteilung der Gaststättenerlaubnis irrelevant. Kathrin braucht als gelernte Hotelfachfrau kein Unterrichtungsverfahren zu absolvieren. Wenn sie also eine baulich für den Betrieb einer Schank- und Speisewirtschaft geeignete Betriebsstätte findet (in der Regel durch Pacht), kann sie bei der Stadtverwaltung die Erteilung der Konzession beantragen. Wenn keine Anhaltspunkte für Unzuverlässigkeit vorliegen, wird die Behörde ihr die Konzession erteilen; falls nicht, kann Kathrin sich dagegen juristisch zur Wehr setzen. Ob der Betrieb eines Restaurants angesichts der Konkurrenzsituation wirtschaftlich sinnvoll ist, ist keine rechtliche, sondern eine betriebswirtschaftliche Frage.

Arten der Erlaubnis

Die Gaststättenerlaubnis ist in der Regel personengebunden, man bezeichnet sie daher als **Personalkonzession**. Weiter ist sie grundsätzlich auf Lebenszeit gültig, d. h. eine **Dauererlaubnis**. In besonderen Fällen kann die Erlaubnis aber auch erlöschen:

§§ 8, 10 GastG

Erlöschen der Erlaubnis/Konzession			
Tod des Inhabers (Weiterführung durch den Ehegatten möglich)	Verzicht des Inhabers, z. B. bei Verpachtung oder Verkauf	Nichtausübung des Gaststättenbetriebes	Entzug der Konzession, z. B. Fristablauf, Untersagung

Außer der normalen Erlaubnis gibt es noch bestimmte Sonderformen:

▶ **Vorläufige Erlaubnis**
Die vorläufige Erlaubnis dient insbesondere dazu, einen Inhaberwechsel reibungslos zu gestalten, wenn der Antrag auf Erteilung der endgültigen Erlaubnis noch nicht entscheidungsreif ist. Sie wird meist zunächst für drei Monate erteilt und kann dann verlängert werden. Hintergrund ist, dass das Prüfen der Voraussetzungen für die endgültige Konzessionserteilung schon einmal länger dauern kann, wenn Zweifelsfragen, z. B. hinsichtlich baulicher oder technischer Voraussetzungen, eintreten.

§ 11 GastG

▶ **Stellvertretungserlaubnis**
Wird der Betrieb im Namen und für Rechnung des Inhabers, jedoch unter eigener Verantwortung durch einen Stellvertreter selbstständig geführt, ist eine Stellvertretungserlaubnis erforderlich. Bloße Gehilfen oder Geschäftsführer, die die Gaststätte unter Aufsicht des Inhabers verwalten, sind jedoch keine Stellvertreter in diesem Sinne, ebenso wenig wie Urlaubs- oder Krankheitsvertretungen. Pächter oder Franchisenehmer sind ebenfalls keine Stellvertreter, denn sie führen das Gewerbe im eigenen Namen und auf eigene Rechnung.

§ 9 GastG

▶ **Gestattung**
Aus besonderem Anlass kann der Betrieb eines erlaubnisbedürftigen Gaststättengewerbes unter erleichterten Voraussetzungen vorübergehend auf Widerruf gestattet werden. Diese Sondergenehmigung betrifft besondere, kurzfristige Ereignisse, z. B. Straßenfeste, Vereinsjubiläen, Schützen-, Schul-, Feuerwehr- oder Winzerfeste, Konzerte, Parteiversammlungen, Tage der offenen Tür, Tanz in den Mai, Pfingstpartys oder Motorradtreffen. Der besondere Anlass darf nicht lediglich in der gastronomischen Tätigkeit selbst liegen, z. B. wenn ein Verein seinen Geldbedarf decken will. Es muss sich um vorübergehende Anlässe handeln, sodass regelmäßig wiederkehrender Betrieb, z. B. an Wochenenden, bei Saisonbetrieben oder auf regelmäßigen Märkten, die Voraussetzungen ebenso wenig erfüllt wie ein auf mehrere Monate angelegter Imbissbetrieb auf einer Baustelle.

§ 12 GastG

▶ **Erlaubnis nach dem Tod des Erlaubnisinhabers**
Stirbt der Erlaubnisinhaber, dann darf die Gaststätte durch den Ehegatten, Lebenspartner oder die minderjährigen Erben während der Minderjährigkeit weitergeführt werden. Diese Personen brauchen dann keine eigene Konzession zu beantragen. Sie müssen jedoch der Behörde unverzüglich mitteilen, ob sie den Betrieb weiterführen wollen.

§ 10 GastG

Auflagen

Die Konzession kann mit Auflagen verbunden werden, um Schutz und Sicherheit zu gewährleisten.

§ 5 GastG

Solche Auflagen können beispielsweise vorsehen, dass
▶ eine Diskothek nur eine bestimmte, begrenzte Zahl an Gästen einlassen darf, um eine Überfüllung zu vermeiden,
▶ Jugendliche im Lokal nicht zu dulden sind, damit diese den Gefahren des Alkohols nicht ausgesetzt werden,
▶ die Eingangstür zur Gaststätte während der Betriebszeit offen zu halten ist, um auch überraschende Kontrollen zu ermöglichen,
▶ eine bestimmte Beleuchtung anzubringen ist,
▶ Getränke nur in Pappbechern verabreicht werden dürfen (Verletzungsgefahr bei Sportveranstaltungen o. Ä.).

Insbesondere aber sind Auflagen im Zusammenhang mit **Lärmschutz** relevant, z. B.:
▶ Musik ist auf Zimmerlautstärke einzuschränken,
▶ Fenster sind geschlossen zu halten,
▶ Bestimmte Lärmwerte (Dezibelzahlen) dürfen nicht überschritten werden,
▶ Die Außenbewirtschaftung ist ab 22.00 Uhr einzustellen.

6.1.4 Sperrzeit

**Sperrzeit:
closing time**

Bei Eintritt der Sperrzeit muss der Betreiber seine Gaststätte schließen. Die Sperrzeit dient dem Schutz der Nachtruhe, der Volksgesundheit, dem Arbeitsschutz und der Bekämpfung

§ 18 GastG

des Alkoholmissbrauchs. Während der Sperrzeit dürfen den Gästen in der Gaststätte keine Leistungen erbracht werden und sie dürfen nicht dort verweilen. Auch der Zubehörhandel ist unzulässig.

Es ist den Bundesländern freigestellt, ob sie überhaupt eine Sperrzeit festsetzen und wenn ja, welche. Die Regelungen sind daher sehr unterschiedlich:

Länderregelungen

Bundesland	Allgemeine Sperrzeit	Sonderregelungen für Freitag/Samstag
Baden-Württemberg	3.00–6.00 Uhr	5.00–6.00 Uhr
Bayern	5.00–6.00 Uhr	
Berlin	5.00–6.00 Uhr	
Brandenburg	keine Sperrzeit	
Bremen	2.00–6.00 Uhr	keine Sperrzeit
Hamburg	keine Sperrzeit	
Hessen	5.00–6.00 Uhr	
Mecklenburg-Vorpommern	keine Sperrzeit	
Niedersachsen	keine Sperrzeit	
Nordrhein-Westfalen	5.00–6.00 Uhr	
Rheinland-Pfalz	5.00–6.00 Uhr	keine Sperrzeit
Saarland	5.00–6.00 Uhr	
Sachsen	5.00–6.00 Uhr	
Sachsen-Anhalt	5.00–6.00 Uhr	
Schleswig-Holstein	keine Sperrzeit	
Thüringen	keine Sperrzeit	

Sonderregelungen

Diese länderspezifischen Regelungen können durch kommunale Satzungen oder ordnungsbehördliche Verfügungen eingeschränkt werden. Darüber hinaus gelten vielfältige Sonderregelungen, z. B. für Biergärten in Bayern, Kur- und Tourismusorte, Spielhallen und Rummelplätze.

Sperrzeitenregelung NIE ohne Berücksichtigung des Nachbar- und Lärmschutzes!

Muss eine Behörde im Einzelfall über eine Lärmschutz-Auflage, Sperrzeitverlängerung oder -verkürzung entscheiden, spielen die folgenden Gesichtspunkte eine wesentliche Rolle:	
Lage der Gaststätte	Liegt die Gaststätte in der Innenstadt? In einem Außenbezirk? Im reinen Wohngebiet? Gibt es weitere ähnliche Betriebe in der Umgebung? Wie viele?
Bedürfnisse der Gäste	Gibt es eine Bedarfslücke? Erfüllt die Gaststätte einen besonderen sozialen Zweck?
Intensität und Zumutbarkeit der Beeinträchtigungen der Nachbarschaft	Von welcher Art und wie laut ist der Lärm (Dezibel)? Ist der Lärm konstant oder führt er zum Erschrecken? Zu welcher Tageszeit ist es besonders laut? Herrscht der Lärm dauerhaft oder immer nur für kurze Zeit? Ist es nur bei besonderen Ereignissen laut? Welche Maßnahmen zur Schallisolierung wurden bereits ergriffen oder sind möglich? Entsteht besonderer Verkehrslärm durch die An- und Abfahrt der Gäste (dieser wird dem Gastronomen zugerechnet)?

Nachtruhe

Unabhängig von der jeweiligen rechtlichen Regelung spielt die **Nachtruhe** eine besonders wichtige Rolle. Ab 22.00 Uhr gilt Nachtruhezeit. Beruft sich ein Anwohner der Behörde gegenüber zu Recht darauf, seine Nachtruhe sei verletzt, ist diese verpflichtet, das Einhalten der Nachtruhe durchzusetzen, z. B. über Auflagen oder Sperrzeitverlängerung. Dabei kommt es nicht darauf an, ob es sich um eine große oder kleine Gruppe von Nachbarn handelt oder ob sich nur ein einzelner Anwohner gestört fühlt.

Schonfrist

Der Gastronom darf nicht dulden, dass sich ein Gast nach Beginn der Sperrzeit in den Betriebsräumen aufhält. Es gilt jedoch meist eine gewisse Schonfrist. Das bedeutet, dass die Gäste nach Beginn der Sperrzeit noch ca. 15–20 Minuten Zeit haben, um ihre Getränke auszutrinken, die Rechnung zu begleichen und sich anzuziehen. Jedenfalls darf der Gast nach Ablauf der Schonfrist aber auch nicht mehr im Gastraum auf das bestellte Taxi warten, dies muss vor der Gaststätte erfolgen. Diese Vorschriften muss der Gastronom auch gegenüber dem Gast durchsetzen. Er muss alles tun, um diesen zum Aufbruch zu bewegen, z. B. Tische und Theke abräumen, Beleuchtung im Wesentlichen löschen, Eingangstür schließen, Stühle auf den Tisch stellen. Weigert sich der Gast zu gehen, muss als letztes Mittel auch die Polizei verständigt werden.

15–20 Minuten Schonfrist nach Sperrzeitbeginn

Sperrzeitbeginn: last order 🇬🇧

Privat- und Logiergäste

Die Sperrzeitregelungen gelten nicht für Privatgäste und für Logiergäste eines Beherbergungsbetriebes, die sich in nicht öffentlich zugänglichen Räumen aufhalten.

Privatgäste sind zum einen Familienangehörige und Personen, die aufgrund einer privaten Feier des Gastronomen eingeladen sind. Aber auch Personal, das noch Aufräumarbeiten erledigt und künftige Arbeitseinsätze bespricht, oder Geschäftspartner, mit denen geschäftliche Besprechungen geführt werden, gehören dazu.

Logiergäste

Privatgäste

Mitarbeiter der Gaststätte und deren Angehörige sind wie Gäste zu behandeln, wenn sie sich unabhängig von ihrer Tätigkeit in der Gaststätte aufhalten und gegen Entgelt Leistungen in Anspruch nehmen. Stammgäste, die noch zu einem „letzten Bier" eingeladen werden, sind keine Privatgäste, denn hier hat der Gastronom ein sogenanntes „schankwirtschaftliches Interesse" daran, sich für die Zukunft einen guten Gast zu erhalten.

Sperrzeitverlängerung und Sperrzeitverkürzung

Wenn ein öffentliches Bedürfnis oder besondere örtliche Verhältnisse vorliegen, kann die Behörde den Beginn der Sperrzeit vorverlegen. Dies betrifft insbesondere Fälle, in denen die Nachtruhe der Anwohner in unzumutbarer Weise gestört wird. Hier ist auf bestimmte Richtwerte der Einwirkung auf Nachbargrundstücke (= Immissionsrichtwerte) zu achten.

Immissionsrichtwerte

Der Gastronom kann für einzelne Veranstaltungen oder auch generell eine Sperrzeitverkürzung beantragen, wenn dafür ein öffentliches Bedürfnis besteht oder besondere örtliche Verhältnisse vorliegen. Sperrzeitverkürzungen werden in der Regel nur zeitlich befristet und auf Widerruf gewährt. Oftmals werden sie auch mit Auflagen versehen, z. B. Verbot von Musikaufführungen nach einer bestimmten Zeit oder Verpflichtung zum Einsatz von Ordnungspersonal.

Außengastronomie

Außengastronomie: outdoor/open-air gastronomy 🇬🇧

Grundsätzlich gelten Sperrzeiten auch für Biergärten, Straßencafés, Terrassen etc. Jedoch haben hier viele Kommunen besondere Satzungsregelungen oder ordnungsbehördliche Allgemeinverfügungen erlassen, die aus Gründen des Nachbarschutzes die Sperrzeit auf Außenflächen generell verlängern, in der Regel auf 22.00 oder 23.00 Uhr. Häufig wird auch in der Gaststättenkonzession im Wege der Auflage die Sperrzeit für Außenflächen ausgeweitet. Eine Sonderregelung gilt in Bayern, wo eine „Biergartenverordnung" die Sperrzeit für Biergärten auf 23.00 Uhr festsetzt. Für die Außengastronomie ist die Nachtruhezeit ab 22.00 Uhr von besonderer Bedeutung. Interessengegensätze zwischen Gastronomen und Anwohnern führen in der Praxis sehr häufig zu Konflikten.

6.1.5 Besondere gaststättenrechtliche Ge- und Verbote

Aufgrund der besonderen Schutzfunktion des *Gaststättengesetzes* gelten hier verschiedene besondere Ge- und Verbote, insbesondere im Zusammenhang mit Alkohol und Rauchen. Auf die besonderen Regelungen des *Jugendschutzgesetzes* in Bezug auf Verkauf und Konsum von Alkohol und Tabak (vgl. Kap. 7.5) sei ergänzend hingewiesen.

Rauchverbote in den Bundesländern

Seit 1. Juli 2008 gilt in allen Bundesländern ein gesetzliches Rauchverbot für die Gastronomie aus Gründen des Nichtraucherschutzes. Die Regelungen zum Rauchverbot beziehen sich auf Gaststätten im Sinne des *Gaststättengesetzes* einschließlich Diskotheken sowie Strauß- und Besenwirtschaften.

Seitdem sind in verschiedenen Bundesländern teils mehrere Änderungen der gesetzlichen Grundlage vorgenommen worden. Die Länder-Gesetze unterscheiden sich in etlichen Details. **Alle Gesetze haben gemeinsam, dass das Rauchen in umschlossenen Räumen der Schank- und Speisewirtschaften grundsätzlich untersagt ist.** In der Außengastronomie ist Rauchen nicht verboten.

In fast allen Bundesländern gelten sog. relative Rauchverbote, d. h. es werden zwei typische Ausnahmen zugelassen:

1. bei Einrichtung von separaten Rauchernebenräumen
Hier gibt es allerdings große Unterschiede im Detail, z. B. hinsichtlich der Frage, ob in den Raucherräumen Speisen serviert werden dürfen oder nicht.

2. bei „kleinen Eckkneipen"
Das Bundesverfassungsgericht hat im Jahre 2008 entschieden, dass aus Gründen der Gleichbehandlung für diesen Betriebstyp Ausnahmen gelten müssen, wenn es in Mehrraumbetrieben zulässig ist, einen separaten Raucherraum einzurichten. Die meisten Bundesländer lassen daher das Rauchen in Einraumbetrieben unter 75 qm zu, in denen keine zubereiteten Speisen angeboten werden und bei denen Jugendliche keinen Zutritt haben. Eine entsprechende Kennzeichnung ist Pflicht.

Weiter gibt es teilweise Ausnahmen für geschlossene Gesellschaften, Festzelte oder Raucherclubs.

In Bayern, in NRW und im Saarland gelten absolute Rauchverbote ohne Ausnahmen.

§ 6 GastG ▶ **„Apfelsaftparagraf"**
Gastwirte sind verpflichtet, mindestens ein alkoholfreies Getränk nicht teurer zu verabreichen als das billigste alkoholische Getränk gleicher Menge; die Berechnungsbasis ist der Literpreis. Dabei sollte als billigstes Getränk aber nicht der Rote-Bete-Saft, Milch oder Mate-Tee ausgewählt werden. Bei Nichtbeachtung dieser Norm stehen den Gastronomen empfindliche Geldbußen ins Haus.

§ 19 GastG ▶ **Ausschank- und Abgabeverbote von Alkohol**
Aus besonderem Anlass kann der gewerbsmäßige Ausschank alkoholischer Getränke vorübergehend für bestimmte Zeit und örtlichen Bereich ganz oder teilweise verboten werden, wenn dies zur Aufrechterhaltung der öffentlichen Sicherheit und Ordnung erforderlich ist. Dies betrifft z. B. das Verbot aller alkoholischen Getränke oder auch nur von Spirituosen bei Demonstrationen oder anderen Massenveranstaltungen.
Es ist verboten,

§ 20 Nr. 1 GastG
§ 20 Nr. 2 GastG
– „harte" Alkoholika am Automaten zu vertreiben (dazu zählt nicht die Hotelminibar)
– Alkohol an erkennbar Betrunkene zu verabreichen. Entscheidend ist dabei, dass sich die Person sichtlich nicht mehr eigenverantwortlich verhalten kann, d. h. körperliche Ausfallerscheinungen zeigt. Der Gastronom ist auch verpflichtet, die Teilnahme des betrunkenen Gastes am Straßenverkehr zu verhindern, wenn offensichtlich ist, dass dieser sich und andere Verkehrsteilnehmer gefährden würde. Der Gastronom muss dann alle möglichen und zumutbaren Maßnahmen ergreifen, z. B. dem Gast die Autoschlüssel wegnehmen, ein Taxi rufen und notfalls die Polizei um Hilfe bitten. § 20 Nr. 2 GastG ist auch der rechtliche Ansatzpunkt, um „Flat-Rate-Partys" im Einzelfall zu verbieten.

§ 20 Nr. 3 GastG ▶ **Preiserhöhungsverbot („Trinkzwangverbot")**
Es ist verboten, das Verabreichen von Speisen von der Bestellung von Getränken abhängig zu machen oder bei Nichtbestellung die Preise zu erhöhen. Der Wirt darf aber die Abgabe eines Getränkes ablehnen, wenn der Gast nicht zu speisen wünscht.

§ 20 Nr. 4 GastG ▶ **Koppelungsverbot**
Weiter ist verboten, das Verabreichen alkoholfreier Getränke von der Bestellung alkoholischer Getränke abhängig zu machen oder bei der Nichtbestellung alkoholischer Getränke die Preise zu erhöhen. Der Gast, der ein Tonicwater bestellt, kann also nicht dazu gezwungen werden, dieses nur mit einem Glas Gin abzunehmen.

1. Suchen Sie sich in Ihrer Heimatgemeinde eine Gaststätte aus, für die Sie neuer Betriebsinhaber werden könnten. Besorgen Sie sich bei der Kommunalverwaltung Vordrucke zur Gewerbeanmeldung sowie zum Antrag auf Gaststättenerlaubnis und überlegen Sie, wie die Formulare auszufüllen wären.

2. Das wichtigste Regelungsziel des Gaststättengesetzes ist das Bekämpfen des Alkoholmissbrauchs. Stellen Sie zusammen, welche Paragrafen im Gaststättengesetz diesem Zweck dienen.

3. Stellen folgende Betriebsformen Schank- bzw. Speisewirtschaften dar? Ist jeweils eine Gaststättenerlaubnis erforderlich?
   a) Tankstelle mit Getränkeverkauf
   b) Pizza-Abhol-Dienst
   c) Kiosk mit Schalter für belegte Brötchen
   d) Betriebsfeier mit Büfett als „geschlossene Gesellschaft" auf einem Ausflugsdampfer
   Argumentieren Sie. Auf welche Umstände kann es für die Beurteilung der Gaststätteneigenschaft und der Erlaubnispflicht jeweils ankommen?

4. Wo kann ein angehender Gaststättenbetreiber seinen Unterrichtungsnachweis erhalten?

5. Hans Schmidt aus Hintermwald will eine Bar eröffnen. Die Gaststättenbehörde lehnt seinen Konzessionsantrag mit der Begründung ab, im Dorf gebe es bereits eine Dorfgaststätte, die in ihrer Existenz bedroht sei, wenn nun noch eine zusätzliche Gaststätte eröffne und Gäste abwerbe. Außerdem könne so etwas Neumodisches wie eine Bar in Hintermwald sowieso nicht lange existieren und die Gemeinde müsse sich dann anschließend mit der Insolvenz und dem Leerstand herumplagen. Wie kann sich Hans Schmidt dagegen wehren?

6. Die Mitarbeiterverpflegung des Autositze-Herstellers „Sport X" wurde bisher durch das Unternehmen in Eigenregie betrieben. Aufgrund der Krise der Automobilindustrie verspürt „Sport X" verstärkten Kostendruck und möchte die Betriebsgastronomie an einen Pächter outsourcen. Der Pächter will nun neben den Mitarbeitern von „Sport X" auch Mitarbeiter umliegender kleinerer Firmen mit verpflegen, um die Betriebsgastronomie wirtschaftlich betreiben zu können. Was muss er beachten?

7. Erklären Sie mit eigenen Worten, warum ein Franchisenehmer keine Stellvertretungserlaubnis erhält.

8. Welches Ziel verfolgt der Gesetzgeber mit der Sperrzeitenregelung?

9. Rudi Rüpel hat eine Konzession für eine Schank- und Speisewirtschaft ohne besondere Betriebseigentümlichkeiten und eine Sondernutzungserlaubnis für den Bürgersteig vor seiner Gaststätte. Die Außenbewirtschaftung ist mit der Auflage verbunden, dass sie nur bis 22.00 Uhr erfolgen darf. Rudi führt an jedem Mittwoch, Freitag, und Sonntag kleine Rockkonzerte durch, samstags wird in einem Nebenraum getanzt. Auch haben sich schon mehrfach Anwohner beschwert, weil auch lange nach Mitternacht Gäste draußen lautstark feiern. Was wird die „Gaststättenbehörde" unternehmen?

10. Was ist unter dem Begriff „Schonfrist" zu verstehen?

11. Torsten Nordmeyer hält sich nach Beginn der Sperrzeit in der Gaststätte „Zum Goldenen Anker" auf, um auf seine Verlobte zu warten, die als Servicekraft im „Anker" arbeitet und noch Reinigungsarbeiten verrichtet. Wie ist diese Situation zu beurteilen?

12. Der sogenannte „Apfelsaftparagraf" (§ 6 GastG) trifft eine Preisregelung für alkoholfreie Getränke. Entspricht folgende Preisgestaltung dieser Vorschrift?
    0,2 l Bier   2,00 €
    0,2 l Wasser   2,00 €
    0,5 l Bier   4,80 €

13. Erklären Sie den Begriff „Betrunkener" gemäß § 20 Nr. 2 GastG.

14. Was ist seit dem Jahre 2008 in vielen Gaststätten verboten?
    a) Bier billiger zu verkaufen als Wasser, damit die Gäste nicht über den Preis zum Alkoholtrinken angeregt werden
    b) Das Rauchen in umschlossenen Räumen, um Nichtraucher zu schützen
    c) Speisen ohne Getränke abzugeben, weil es gesund ist, viel zu trinken
    d) Jugendlichen Alkohol zu verkaufen, weil damit das Wachstum ihrer inneren Organe geschädigt werden kann

6.2 Verträge im Gastgewerbe

Aus den Vertragsarten, die im *Bürgerlichen Gesetzbuch (BGB)* geregelt sind, haben sich im Gastgewerbe besonders der Bewirtungsvertrag, der Beherbergungsvertrag und der Getränkelieferungsvertrag als für diese Branche **spezielle Vertragsarten** entwickelt. Diese sind nicht ausdrücklich gesetzlich geregelt. Grundsätzlich kann jeder Bewirtungs- oder Beherbergungsvertrag als **Gastaufnahmevertrag** bezeichnet werden.

BGB

6.2.1 Bewirtungsvertrag

Situation 1

Nachdem Ralf Rendels in der Gaststätte „Am Kamin" einen Platz gefunden hat, bittet er die Bedienung, ihm die Getränkekarte zu reichen, er bestellt anschließend bei ihr eine Schorle. Sie schreibt die Bestellung auf und bringt die Schorle. Ist damit ein Bewirtungsvertrag abgeschlossen worden?

Der **Bewirtungsvertrag** setzt sich im Wesentlichen aus Elementen von Kauf-, Werk-, Dienst- und Mietvertrag zusammen. Es gelten bei Störungen des Vertragsverhältnisses die entsprechenden Rechtsvorschriften dieser Vertragsvorschriften, je nach Schwerpunkt der Leistung.
Für die „Kernleistung" des Bewirtungsvertrags, das Verabreichen einer Speise oder eines Getränks, gilt Kaufrecht, z. B. für Ansprüche auf Nachbesserung, Minderung oder Schadensersatz bei nicht einwandfreier Qualität. Liegt z. B. bei der Überlassung eines Besprechungsraums in einem Hotel der Schwerpunkt auf der Überlassung der Räumlichkeiten und sind diese zu beanstanden, greift das Mietrecht ein. Richtet ein Gasthof eine Familienfeier komplett aus, ist das Werkvertragsrecht anwendbar.

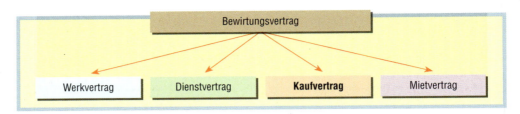

Wie jeder Vertrag kommt der Bewirtungsvertrag durch **Angebot und Annahme** zustande. **Wichtig ist:** Die Vorlage der Speisen- und Getränkekarte ist noch kein Angebot des Gastronomen, sondern lediglich eine Aufforderung an den Gast, seinerseits ein Angebot abzugeben.

S1

In der Situation stellt die Bestellung der Schorle durch Ralf Rendel das Angebot dar, das Aufschreiben der Bestellung durch die Bedienung ohne Einwände ist die Annahme. Damit ist der Bewirtungsvertrag zustande gekommen.

Vertragsfreiheit:
freedom of contract

Im Bürgerlichen Recht gilt das Prinzip der **Vertragsfreiheit**. Das bedeutet, der Gastronom hat das Recht, Verträge abzuschließen mit wem er will und zu welchen Konditionen er will, solange der Gast darauf eingeht. Als Ausfluss seines **Hausrechts** kann der Gastronom z. B. eine Kleiderordnung festlegen oder angetrunkene bzw. laute Gäste abweisen. Die Grenze der Vertragsfreiheit ist die Sittenwidrigkeit. Auch wenn dem Gast eine Gefahr für Leib oder Leben droht (z. B. ein Gast droht auszutrocknen und braucht dringend etwas zu trinken) besteht eine Pflicht zur Gastaufnahme.

AGG

Das Prinzip der Vertragsfreiheit ist durch das *Allgemeine Gleichbehandlungsgesetz* eingeschränkt. Danach darf niemand wegen seiner **Rasse oder ethnischen Herkunft, seiner Religion oder Weltanschauung, seines Geschlechts oder Alters, einer Behinderung oder seiner sexuellen Orientierung** diskriminiert werden. Daher darf z. B. ein Gastronom Gäste nicht wegen ihrer Staatsangehörigkeit oder Volkszugehörigkeit abweisen. Er darf nicht eine Gruppe behinderter Gäste des Lokals verweisen, etwa mit der Behauptung, dass diese durch den Anblick ihrer Behinderung andere Gäste stören.

Rechte und Pflichten des Gastwirts und des Gastes

Gastwirt:
innkeeper/publican

Gast:
customer/guest (Hotel)

Die **Ansprüche des Gastwirts** verjähren nach zwei Jahren (beginnend mit dem Schluss des Jahres, in dem die Forderungen entstanden sind).

Situation 2

Obwohl Andreas B. weiß, dass er nur noch 10,00 € im Portemonnaie hat, bestellt er bei der Bedienung im Restaurant „Zur Rose" ein Mittagsgedeck zum Preis von 15,00 €. Nachdem er auch den Nachtisch verspeist hat, legt er 10,00 € auf den Tisch und will das Restaurant verlassen. Daraufhin spricht ihn die Bedienung an und bittet ihn, die gesamte Verzehrschuld zu begleichen. Da der Gast dazu nicht in der Lage ist, holt die Bedienung den Geschäftsführer des Restaurants. Der Gast bittet den Geschäftsführer, ihm den Restbetrag zu stunden.

Die wichtigste Pflicht des Gastes ist die Zahlungspflicht. In der deutschen Gastronomie ist es im Allgemeinen nicht üblich, Verzehrschulden zu stunden, es sei denn, es handelt sich um einen **Stammgast**.

Der Gast hat den in den Speisen- und Getränkekarten aufgeführten Preis einschließlich Bedienungsgeld zu zahlen. Kommt er dieser Forderung nicht nach, so macht er sich der **Zechprellerei** schuldig, wenn die Voraussetzungen des Betruges im Sinne des Strafgesetzbuches gegeben sind, d. h.:
1. Der Wirt hat sich bezüglich der Zahlungswilligkeit/-fähigkeit geirrt.
2. Es muss eine Betrugsabsicht vorliegen.
3. Es sind Speisen oder Getränke ausgegeben oder ein Zimmer ist bereitgestellt worden.
4. Aufgrund der Täuschung ist dem Wirt Schaden zugefügt worden.

Ist der Wirt der Meinung, dass **Betrug** vorliegt, so sollte er die Polizei rufen.
Da der **Schankwirt** – im Gegensatz zum Beherbergungswirt (siehe Kap. 6.5.1) – kein Pfandrecht an den eingebrachten Sachen des Gastes hat, kann er den Zechpreller bis zum Eintreffen der Polizei zurückhalten (notfalls auch mit Gewalt). Dabei ist zu berücksichtigen, dass eine Gewaltanwendung nur erlaubt ist, wenn der Wirt den Gast nicht kennt und die Zechprellerei einwandfrei nachgewiesen werden kann. Sollte der Wirt oder die Bedienung dem zuwiderhandeln und beispielsweise gegen den Willen des Gastes die Personalien feststellen, so liegt unter Umständen **Nötigung** vor, die strafbar ist.
Allerdings ist nicht jeder Gast automatisch Zechpreller, wenn er die Verzehrschulden nicht sofort begleicht bzw. ohne genügend Geld eine Bestellung im Restaurant/Hotel aufgibt. Es ist ihm immer erst die Betrugsabsicht vom Wirt nachzuweisen.
Eine Strafverfolgung durch den Schankwirt kann nicht erfolgen, wenn der Gast dem Wirt bekannt ist und sich die Verzehrschuld eintreiben lässt, z. B. durch einen Mahnbescheid.

6.2.2 Beherbergungsvertrag

Situation

Frau Weindorf bestellt über das Reisebüro „Touristika" ein Hotelzimmer für eine Städtetour im nächsten Monat. Das Reisebüro vermittelt ihr Hotelzimmer und Flug. Ist damit zwischen dem Gast und dem Reisebüro ein Gastaufnahmevertrag zustande gekommen?

Der Anspruch des Hoteliers auf die Kosten für ein reserviertes, aber abbestelltes Hotelzimmer beschäftigt die Gerichte in der Bundesrepublik immer wieder, und zwar bezüglich der Höhe des Anspruchs, der Art der Berechnung, der Möglichkeiten der Abbestellung, anderweitiger Vermietung bis zu der Frage, vor welchem Gericht zu klagen ist.
Der **Beherbergungsvertrag** ist – wie der Bewirtungsvertrag – im *BGB* nicht gesondert geregelt, sondern enthält vor allem Grundelemente des Miet- und Dienstvertragsrechts, aber auch Grundsätze aus dem Kaufrecht (bezügl. der Mahlzeiten), Verwahrungsrecht (z. B. beim Hotelsafe) oder Werkvertragsrecht.

Für den Vertragsschluss gilt das zum Bewirtungsvertrag Gesagte. Schwierigkeit bereitet in der Praxis regelmäßig die Abgrenzung zwischen unverbindlichen Anfragen und verbindlichen Reservierungen sowie die damit verbundene Frage der Stornierung.
Aus der nachstehenden Übersicht geht hervor, dass der Beherbergungsvertrag durch **zwei übereinstimmende Willenserklärungen** (Antrag und Annahme) zustande kommt. An den abgeschlossenen Vertrag sind beide Seiten gebunden, d. h., beide haben ihre Pflichten zu erfüllen. Demzufolge kann eine Zimmerbuchung nicht ohne Zustimmung des Hoteliers rückgängig gemacht werden, und zwar vollkommen unabhängig davon, aus welchen Gründen die Abbestellung vom Gast vorgenommen wird.

S2

Stammgast:
regular (guest)

§ 263 StGB

Zechprellerei:
walk out/bilking

Betrug:
fraud/deception

§ 263 StGB

§ 127 StPO,
§ 229 BGB

Kap.
5.4.3

Kap.
5.4

Kap.
5.3.3

Zustandekommen von Beherbergungsverträgen

1. Möglichkeit	2. Möglichkeit	3. Möglichkeit	4. Möglichkeit
Gast fragt den Hotelier nach einem Zimmer = rechtlich unverbindliche **Anfrage** **Angebot** eines oder mehrerer Zimmer gemäß Preisaushang durch Hotelier oder Beauftragten (z.B. Rezeptionisten) = verbindliche Willenserklärung Bei **Annahme** durch den Gast (= verbindliche Willenserklärung) ist ein gültiger Beherbergungsvertrag abgeschlossen	Gast fragt schriftlich bei dem Hotelier nach, ob ein Zimmer zu einem bestimmten Termin frei ist = unverbindliche **Anfrage** Hotel schreibt dem Gast, dass das gewünschte Zimmer frei ist = verbindliches **Angebot** Gast bestellt bei dem Hotelier das angebotene Zimmer in angemessener Frist = Zustandekommen **(Annahme)** eines Beherbergungsvertrages	Gast bestellt beim Hotelier, z.B. per Internet, Telefon, Fax oder Brief, ein bestimmtes Zimmer bzw. Doppelzimmer mit Dusche und WC zu einem festen Termin = **verbindliche Bestellung** Hotelier sendet termingerecht an Gast die Zimmerbestätigung (= Abschluss des Beherbergungsvertrages aufgrund der **Bestellungsbestätigung** des Hoteliers = **Annahme**)	Gast wendet sich zwecks Hotelzimmervermittlung an den gewünschten Aufenthaltsort und erhält zu einem bestimmten Termin ein Hotelzimmer vermittelt (= **Angebot** des Hoteliers) Verbindliche Hotelzimmerbuchung (= **Annahme**) des Gastes beim Reisebüro (= Vertragsabschluss zwischen Hotel und Gast durch Reisebüro oder Vermittler gemäß *Reisevertragsgesetz* (§ 651 a–m BGB)

Der Hotelier kann auf Erfüllung des Beherbergungsvertrages bestehen und daher den betriebsüblichen Preis abzüglich der ersparten Aufwendungen vom nicht erschienenen Gast verlangen. Über die Höhe der Einsparungen hat der DEHOGA eine Empfehlung herausgegeben (siehe IV. Rücktritt des Kunden). Allerdings sind davon abweichend Stornierungsfristen und sog. Stornogebühren oft in allgemeinen Geschäftsbedingungen geregelt.

Beispiel 1

Frau Weindorf bestellt das für den nächsten Tag im Hotel „Drei Eichen" fest gebuchte Einzelzimmer ab (= Storno), da die angesetzte Konferenz nicht zustande kommt.
Der Hotelier hat die Pflicht, das Zimmer anderweitig zu vermieten; wenn ihm dies nicht gelingen sollte, so kann er in unserem Beispiel Frau Weindorf die Rechnung über das bestellte Zimmer übersenden, allerdings abzüglich der nicht in Anspruch genommenen Gegenleistungen (z.B. nicht eingenommene Verpflegung, ungenutzte Bettwäsche).

Beispiel 2

Frau Weindorf lässt dem Hotel keine Nachricht zukommen, sondern hat aufgrund beruflichen Engagements vollkommen vergessen, das gebuchte Hotelzimmer abzubestellen.
Der Hotelier darf das gebuchte Zimmer nicht anderweitig belegen, auch wenn der Gast bis Mitternacht nicht angekommen ist. Natürlich muss der nicht angereiste Gast den entsprechenden Schaden, der dem Hotelier durch eine Nichtvermietung entstanden ist, einschließlich Bedienungsgeld ersetzen.

Beispiel 3

Frau Weindorf hat im Gasthof „Zur Erholung" ein Zimmer bestellt, weil sie sich aus dem Prospekt des Gasthofes verspricht, dass sie hier drei ruhige Nächte verbringen kann.
Schon nach der ersten Nacht zieht Frau Weindorf aus, weil sie durch den Flugzeuglärm nicht schlafen konnte. In diesem Fall ist die von Frau Weindorf ausgesprochene Kündigung rechtens und der Wirt kann keine Ansprüche auf Schadensersatz gegenüber dem Gast geltend machen, da hier ein wichtiger Grund für den Vertragsrücktritt vorliegt. Für eine fristlose Kündigung des Beherbergungsvertrages müssen also erhebliche Mängel in der Unterbringung oder Verpflegung vorliegen.

Beispiel 4

Frau Weindorf zieht in das für mehrere Tage gemietete Zimmer im Hotel „Zum See" ein. Allerdings ist das Hotelpersonal überrascht, als Frau Weindorf außer ihrem Gepäck auch zwei Katzen mit auf ihr Zimmer nimmt. Als der Hotelier durch sein Personal davon informiert wird, teilt er Frau Weindorf mit, dass sie sofort sein Haus zu verlassen habe.
Hier wirkt das außerordentliche Kündigungsrecht des Wirtes: Frau Weindorf macht von dem ihr überlassenen Zimmer vertragswidrigen Gebrauch, denn das Halten von Katzen oder anderen Haustieren ist strengstens untersagt.

Beispiel 5

a) Mrs. Topley hat rechtzeitig vor Messebeginn ein Einzelzimmer im „Hotel zur Krone" bestellt. Die Verkaufsleiterin des Hotels, Frau Nordmeyer, bestätigt die Buchung, obwohl sie weiß, dass alle Einzelzimmer des Hotels zu diesem Termin bereits belegt sind. Frau Nordmeyer geht davon aus, dass einige Gäste nicht anreisen und so die Überbuchung praktisch keine Rolle spielt.
Beim Eintreffen von Mrs. Topley zeigt sich jedoch, dass alle erwarteten Gäste angereist und damit alle Zimmer belegt sind. Dem „Hotel zur Krone" bleibt nichts anderes übrig, als Mrs. Topley in einem benachbarten Hotel unterzubringen. Selbstverständlich trägt das Hotel die entsprechenden Mehrkosten.
b) Wäre noch ein anderes Zimmer im „Hotel zur Krone" frei gewesen, aber zu einem höheren Preis, so hätte das Hotel die Differenz zu dem ursprünglich gebuchten Zimmer übernehmen müssen.

Hinweis: Oft ist es für den Wirt besser, ein befristetes Angebot abzugeben, z. B. Anreise bis 18:00 Uhr. Kommt der Gast jetzt nicht rechtzeitig, darf das Zimmer vergeben werden.

Hat ein Gast das gewünschte Hotelzimmer über ein Reisebüro/einen Reisemittler bestellt, so wird der **Gastaufnahmevertrag** in der Regel nicht zwischen Hotelier und Reisebüro, sondern zwischen Gast und Hotelier abgeschlossen.
Allerdings liegt in diesem Fall eine durch die Rechtsprechung nicht eindeutig geklärte Rechtslage vor.

S

Die meisten Hoteliers übernehmen für ihre allgemeinen Geschäftsbedingungen zum Abschluss von Gastaufnahme- und/oder Beherbergungsverträgen die Muster-AGBs des Hotelverbandes Deutschland (IHA), um sich so gegen evtl. Verluste sowie Schadensersatzansprüche im Rahmen von Zimmerbestellungen soweit wie möglich abzusichern.

Auszug aus den AGB für den Hotelaufnahmevertrag des IHA

I   Geltungsbereich
1. Diese Geschäftsbedingungen gelten für Verträge über die mietweise Überlassung von Hotelzimmern zur Beherbergung sowie alle in diesem Zusammenhang für den Kunden erbrachten weiteren Leistungen und Lieferungen des Hotels (Hotelaufnahmevertrag). Der Begriff „Hotelaufnahmevertrag" umfasst und ersetzt folgende Begriffe: Beherbergungs-, Gastaufnahme-, Hotel-, Hotelzimmervertrag.
2. Die Unter- oder Weitervermietung der überlassenen Zimmer sowie deren Nutzung zu anderen als Beherbergungszwecken bedürfen der vorherigen Zustimmung des Hotels in Textform, wobei § 540 Absatz 1 Satz 2 BGB abbedungen wird, soweit der Kunde nicht Verbraucher ist. (…)

II   Vertragsabschluss, -Partner, Verjährung
1. Vertragspartner sind das Hotel und der Kunde. Der Vertrag kommt durch die Annahme des Antrags des Kunden durch das Hotel zustande. Dem Hotel steht es frei, die Zimmerbuchung in Textform zu bestätigen.
2. Alle Ansprüche gegen das Hotel verjähren grundsätzlich in einem Jahr ab dem gesetzlichen Verjährungsbeginn. Dies gilt nicht bei Schadensersatzansprüchen und bei sonstigen Ansprüchen, sofern letztere auf einer vorsätzlichen oder grob fahrlässigen Pflichtverletzung des Hotels beruhen.

III   Leistungen, Preise, Zahlung, Aufrechnung
1. Das Hotel ist verpflichtet, die vom Kunden gebuchten Zimmer bereitzuhalten und die vereinbarten Leistungen zu erbringen.
2. Der Kunde ist verpflichtet, die für die Zimmerüberlassung und die von ihm in Anspruch genommenen weiteren Leistungen vereinbarten bzw. geltenden Preise des Hotels zu zahlen. Dies gilt auch für vom Kunden direkt oder über das Hotel beauftragte Leistungen, die durch Dritte erbracht und vom Hotel verauslagt werden. (…)
4. Das Hotel kann seine Zustimmung zu einer vom Kunden gewünschten nachträglichen Verringerung der Anzahl der gebuchten Zimmer, der Leistung des Hotels oder der Aufenthaltsdauer des Kunden davon abhängig machen, dass sich der Preis für die Zimmer und/oder für die sonstigen Leistungen des Hotels erhöht.

5. Rechnungen des Hotels ohne Fälligkeitsdatum sind binnen zehn Tagen ab Zugang der Rechnung ohne Abzug zahlbar. Das Hotel kann die unverzügliche Zahlung fälliger Forderungen jederzeit vom Kunden verlangen. Bei Zahlungsverzug des Kunden gelten die gesetzlichen Regelungen. Dem Hotel bleibt der Nachweis eines höheren Schadens vorbehalten.
6. Das Hotel ist berechtigt, bei Vertragsschluss vom Kunden eine angemessene Vorauszahlung oder Sicherheitsleistung, zum Beispiel in Form einer Kreditkartengarantie, zu verlangen. (…)

IV   Rücktritt des Kunden (Abbestellung, Stornierung)/Nichtinanspruchnahme der Leistungen des Hotels (No Show)
1. Ein Rücktritt des Kunden von dem mit dem Hotel geschlossenen Vertrag ist nur möglich, wenn ein Rücktrittsrecht im Vertrag ausdrücklich vereinbart wurde, ein sonstiges gesetzliches Rücktrittsrecht besteht oder wenn das Hotel der Vertragsaufhebung ausdrücklich zustimmt. (…)
2. Sofern zwischen dem Hotel und dem Kunden ein Termin zum kostenfreien Rücktritt vom Vertrag vereinbart wurde, kann der Kunde bis dahin vom Vertrag zurücktreten, ohne Zahlungs- oder Schadensersatzansprüche des Hotels auszulösen. Das Rücktrittsrecht des Kunden erlischt, wenn er nicht bis zum vereinbarten Termin sein Recht zum Rücktritt gegenüber dem Hotel ausübt.
3. Ist ein Rücktrittsrecht nicht vereinbart oder bereits erloschen, (…) behält das Hotel den Anspruch auf die vereinbarte Vergütung trotz Nichtinanspruchnahme der Leistung. Das Hotel hat die Einnahmen aus anderweitiger Vermietung der Zimmer sowie die ersparten Aufwendungen anzurechnen. Werden die Zimmer nicht anderweitig vermietet, so kann das Hotel den Abzug für ersparte Aufwendungen pauschalieren. Der Kunde ist in diesem Fall verpflichtet, mindestens 90 % des vertraglich vereinbarten Preises für Übernachtung mit oder ohne Frühstück sowie für Pauschalarrangements mit Fremdleistungen, 70 % für Halbpensions- und 60 % für Vollpensionsarrangements zu zahlen. Dem Kunden steht der Nachweis frei, dass der vorgenannte Anspruch nicht oder nicht in der geforderten Höhe entstanden ist.

V Rücktritt des Hotels

1. Sofern vereinbart wurde, dass der Kunde innerhalb einer bestimmten Frist kostenfrei vom Vertrag zurücktreten kann, ist das Hotel in diesem Zeitraum seinerseits berechtigt, vom Vertrag zurückzutreten, wenn Anfragen anderer Kunden nach den vertraglich gebuchten Zimmern vorliegen und der Kunde auf Rückfrage des Hotels mit angemessener Fristsetzung auf sein Recht zum Rücktritt nicht verzichtet.

VI Zimmerbereitstellung, -Übergabe und -Rückgabe

1. Der Kunde erwirbt keinen Anspruch auf die Bereitstellung bestimmter Zimmer, soweit dieses nicht ausdrücklich vereinbart wurde.
2. Gebuchte Zimmer stehen dem Kunden ab 15:00 Uhr des vereinbarten Anreisetages zur Verfügung. Der Kunde hat keinen Anspruch auf frühere Bereitstellung.
3. Am vereinbarten Abreisetag sind die Zimmer dem Hotel spätestens um 12:00 Uhr geräumt zur Verfügung zu stellen. Danach kann das Hotel aufgrund der verspäteten Räumung des Zimmers für dessen vertragsüberschreitende Nutzung bis 18:00 Uhr 50 % des vollen Logispreises (Listenpreises) in Rechnung stellen, ab 18:00 Uhr

90 %. Vertragliche Ansprüche des Kunden werden hierdurch nicht begründet. Ihm steht es frei nachzuweisen, dass dem Hotel kein oder ein wesentlich niedrigerer Anspruch auf Nutzungsentgelt entstanden ist.

VII Haftung des Hotels

1. Das Hotel haftet für von ihm zu vertretende Schäden aus der Verletzung des Lebens, des Körpers oder der Gesundheit. Weiterhin haftet es für sonstige Schäden, die auf einer vorsätzlichen oder grob fahrlässigen Pflichtverletzung des Hotels (…) beruhen. (…)
2. Für eingebrachte Sachen haftet das Hotel dem Kunden nach den gesetzlichen Bestimmungen. (…)

VIII Schlussbestimmungen

1. Änderungen und Ergänzungen des Vertrages, der Antragsannahme oder dieser Allgemeinen Geschäftsbedingungen sollen in Textform erfolgen. Einseitige Änderungen oder Ergänzungen durch den Kunden sind unwirksam.
2. Erfüllungs- und Zahlungsort (…) ist im kaufmännischen Verkehr [wahlweise Standort des Hotels oder Sitz der Betreibergesellschaft].

Leistungen des Hoteliers und des Gastes

Mit dem rechtsgültigen Abschluss eines Beherbergungsvertrages haben Beherberger und Gast u. a. die nachstehenden Pflichten:

Pflichten von Hotelier und Gast

Pflichten des Hoteliers	Pflichten des Gastes
Überlassen des bestellten Hotel-/Pensionszimmers	Pflegliche Behandlung von Zimmer und Zimmereinrichtung
Bereitstellung von Gemeinschaftsräumen und sanitären Anlagen (Frühstückszimmer, Lesezimmer, Toilette usw.) nach Vereinbarung	Zahlung des vereinbarten Zimmerpreises inklusive Bedienungsgeld und Mehrwertsteuer
Sorge für Zimmerreinigung, Beleuchtung, Heizung usw.	Haftung für das Verhalten von Dritten (Kinder, Angehörige), die in den Beherbergungsvertrag eingeschlossen sind
Gegen besondere Vergütung kann meist angeboten werden: Gepäckbeförderung, Reinigung von Kleidern und Schuhen, Kraftfahrzeugeinstellung, Telefonbenutzung, Fernsehbenutzung, Frühstück, Vollpension (Frühstück plus zwei Hauptmahlzeiten), Halbpension usw.	

Die gegenseitige Leistungspflicht endet bei der Abreise des Gastes. Bis zu welcher Tageszeit der Gast am Abreisetag sein Zimmer zu räumen hat, legt heute im Allgemeinen die Hausordnung fest; sollte sich hier kein Hinweis ergeben, so ist dieses mit dem Gast unbedingt zu vereinbaren, denn eine allgemeingültige, rechtsverbindliche Abreisezeit gibt es nicht. Die **„Internationale Hotelordnung"** empfiehlt, das Zimmer zwischen 12:00 und 14:00 Uhr freizugeben.

Einmietbetrug

§ 263 StGB

Beim sogenannten „Einmietbetrug" nimmt sich ein Gast ein (Hotel-)Zimmer, obwohl ihm bereits bei Abschluss des Beherbergungsvertrages klar ist, dass er den Zimmerpreis nicht bezahlen kann und/oder will; das ist Betrug. Denn der Gast täuscht den Hotelier darüber, den Zimmerpreis zahlen zu wollen und zu können. Hierdurch entsteht dem Hotelier ein Vermögensschaden, gegen den er meistens machtlos ist.

Beispiel für einen Einmietbetrug: Obwohl Herr Hansen weiß, dass er nur 7,50 € im Portemonnaie hat und sein Girokonto schon seit einiger Zeit gesperrt ist, nimmt er sich im Hotel „Grand Bellevue" in Zillig ein Einzelzimmer für eine Nacht zu 85,00 €. Am folgenden Tag gelingt es ihm, das Hotel ohne zu bezahlen unbemerkt zu verlassen.

6.2.3 Getränkelieferungsvertrag

Situation

Formular eines Getränkelieferungsvertrages

> **Getränkelieferungsvertrag**
>
> Zwischen der Hopfenbräu Aktiengesellschaft in 87222 Bierstadt
>
> und
>
> ....
>
> nachstehend „Kunde" genannt,
>
> wird bezüglich Getränkelieferung folgende Vereinbarung getroffen:
>
> 1. Die Brauerei beschafft auf ihre Kosten dem Kunden zweckgebunden für sein Vertragsobjekt diverse Inventarien bis zu einem Betrag in Höhe von
>
>   € .... (i. W.: ....€) zzgl. MwSt.
>
>   Die Gegenstände sind in einem gesonderten Verzeichnis zu erfassen und werden von der Brauerei, die Eigentümerin ist, dem Kunden auf die Dauer dieser Vereinbarung zur leihweisen Benutzung zur Verfügung gestellt.

Ein Getränkelieferungsvertrag ist in seinem rechtlichen Kern ein **Sukzessivlieferungsvertrag** zwischen einer Brauerei als Getränkelieferanten und einem Gastronomen als Abnehmer und Weiterverkäufer. Die gleiche Konstellation wie beim Getränkelieferungsvertrag besteht auch bei einer **Getränkebezugsverpflichtung** zwischen Getränkefachgroßhändler und Gastronom.

Mit Getränkelieferungsverträgen versuchen Brauereien, einzelne Gastwirte an sich zu binden. Der Gastronom verpflichtet sich, über einen bestimmten Zeitraum seinen **gesamten Bedarf** ausschließlich von dieser Brauerei zu beziehen. Meist wird eine **Mindestbezugsmenge** festgelegt, ebenfalls ein bestimmter Preis, der in der Regel über dem Marktpreis liegt.

Die Gründe für den Abschluss eines Getränkelieferungsvertrages sind vielfältig. Im Vordergrund steht jedoch meist die **Darlehensfunktion** des Vertrages: Im Gegenzug für die langfristige Lieferverpflichtung stellt die Brauerei dem Gastronomen ein (meist zinsgünstiges) Darlehen zur Verfügung. Außerdem ist es typisch, dass die Brauerei **gleichzeitig auch Verpächterin der Gaststätte und des Inventars** (z. B. Möbel, Getränkeschankanlage, Gläser) ist.

Kaufvertrag

Kap. 5.3.3

Brauerei: brewery

Kap. 5.3.3

Aufgrund dieser komplexen vertraglichen Situation sind auch die Rechte und Pflichten der Vertragsparteien vielfältig. Der Liefervertrag kann sich neben Bier auch auf die Abnahme anderer Getränke erstrecken. Dies bezeichnet man als **Ausschließlichkeitsvertrag** oder **Alleinbezug**.

Die wirtschaftliche Bedeutung des Getränkelieferungsvertrags geht über den reinen Getränkebezug weit hinaus. Für den Gastronomen steht in der Regel die **Finanzierungsfunktion** im Vordergrund. Da Banken traditionell bei der Finanzierung von Gastronomieobjekten zurückhaltend sind, können Gastronomen ohne größeres Eigenkapital meist nur mithilfe eines finanzstarken Partners aus der Brauwirtschaft oder aus dem Getränkefachgroßhandel einen Betrieb eröffnen.

Für die Brauereien steht die langfristige Sicherung ihres **Absatzes** im Vordergrund. Über die Auswahl ihrer Vertragspartner und der Konzepte können sie auch **Marketing** betreiben. Dies

Ausschließlichkeitsvertrag

führt dazu, dass in Deutschland weit mehr als die Hälfte aller Gastronomieobjekte **„brauerei-gebunden"** sind.

Die komplexe wirtschaftliche und rechtliche Situation führt jedoch zu erheblichen Problemen: Die Brauerei steht der Schwierigkeit gegenüber, dass sie ihre Darlehenszahlung absichern muss. Da dingliche Sicherheiten meist nicht bestehen, erfolgt dies über möglichst langfristige Abnahmeverpflichtungen, oft kombiniert mit Mindestbezugsmengen und Preisaufschlägen. Für den Gastronomen bedeutet jedoch die Abnahmeverpflichtung eine Einschränkung seiner unternehmerischen Freiheit. Die Preisaufschläge verteuern das Produkt gegenüber dem Marktpreis. Durch den Mindest- und Alleinbezug wird es ihm erschwert, auf ein geändertes Nachfrageverhalten seiner Gäste zu reagieren.

Da in der Regel die Brauerei der Stärkere der beiden Vertragspartner ist, kann das Missverhältnis zwischen Leistung und Gegenleistung im Extremfall bis zur **vertraglichen Knebelung** reichen. Dem schiebt das deutsche Recht durch den Begriff der **Sittenwidrigkeit** und das europäische Recht durch eine entsprechende **EU-Verordnung**, die eine sogenannte „Marktabschottung" verhindern soll, einen Riegel vor. Relevant sind hier insbesondere die Laufzeit und der Umfang der vertraglichen Bindung.

Knebelvertrag:
oppressive contract
§ 138 BGB

Marktabschottung:
sealing-off the market

Die wichtigsten rechtlichen Grenzen bei Getränkelieferungsverträgen:
▶ Die Gesamtlaufzeit darf nicht mehr als 10 Jahre betragen.
▶ Wenn auch andere (insbesondere alkoholfreie) Getränke von der Bezugsverpflichtung erfasst werden, darf die Laufzeit nicht mehr als 5 Jahre betragen.
▶ Die von der Bezugsverpflichtung erfassten Sorten müssen spezifiziert sein. Das wird z. B. relevant, wenn neue Bierspezialitäten

ins Sortiment aufgenommen werden. Die Bezugspflicht darf sich nicht auf künftige Produkte der Brauerei beziehen.
▶ Häufig ist die Brauerei auch Eigentümer und Verpächter der Gaststätte. Dann darf sie den Pächter zwar über die gesamte Laufzeit des Pachtvertrages binden. Der Wirt muss aber unter bestimmten Voraussetzungen die Möglichkeit haben, andere Getränke als Bier auch von einem anderen Lieferanten zu beziehen.

Sittenwidrige oder EU-rechtswidrige Getränkelieferungsverträge sind unwirksam. Weiter gilt auch das **Recht des Ratenlieferungsvertrags** und somit ein Widerrufsrecht von zwei Wochen für den Gastronomen, wenn er Existenzgründer ist – es sei denn, er hat ein Darlehen von mehr als 50.000 € erhalten. Diese Punkte können helfen, sich nach Unterzeichnung eines Vertrages wieder von diesem zu lösen. Jedoch ist unbedingt zu empfehlen, bereits vor Abschluss des Getränkelieferungsvertrags zu prüfen, ob dieser für den Gastronomen und für das konkrete Gastronomieobjekt wirtschaftlich tragbar ist. Beispielhaft seien einige Punkte genannt, die hierbei eine wichtige Rolle spielen:
▶ Gibt es andere, günstigere Finanzierungsmöglichkeiten, z. B. Bankkredit, andere Brauerei?
▶ Ist die Laufzeit eindeutig festgelegt und angemessen lang?
▶ Endet der Vertrag bei Rückzahlung des Darlehens oder läuft die Bezugsverpflichtung weiter? Geht die Bezugsverpflichtung gar auf den Erwerber der Gaststätte (Rechtsnachfolger) über?
▶ Gibt es eine Rückvergütung?
▶ Ist ein Mindestbezug festgelegt? Ist die Menge für das Objekt realistisch? Ist eine Vertragsstrafe festgelegt? In welcher Höhe?
▶ Welche Getränke sind einbezogen? Nur Fassbier? Alle Biersorten? Auch AFGs? Dürfen bestimmte Fremdbiere bezogen werden?
▶ Welche Sicherheiten verlangt die Brauerei?
▶ Macht die Brauerei Auflagen zur Betriebsführung? Sind diese zumutbar?

Vor Abschluss Prüfung der Wirtschaftlichkeit

Wichtiger Hinweis für Existenzgründer:
Die Rechtsprechung stellt hohe Anforderungen an die Darlegung einer „Marktabschottung" (z. B. Marktuntersuchungen zum Bindungsgrad der Gastwirte, Zahl und Größe der Brauereien, Sättigungsgrad des Marktes, Treue des Biertrinkers zu „seiner" Marke …). Deshalb ist es für den Gastronomen, der einmal einen Getränkelieferungsvertrag unterschrieben hat, sehr risikoreich und ggf. sehr kostenintensiv, sich von diesem wieder zu lösen. Der Existenzgründer sollte daher trotz aller kurzfristigen Finanzierungsvorteile keinesfalls eine Getränkebezugsverpflichtung unterschreiben, ohne sich von Fachleuten vorher entsprechend beraten zu lassen.

6.2.4 Miet- und Pachtvertrag

Frau Kluge will nicht länger „nur" Hausfrau sein. Da sie ausgebildete Restaurantfachfrau ist, schließt sie einen Vertrag über eine Gaststätte im Zentrum der Stadt ab, zu der auch eine Dreizimmerwohnung für sie als Pächterin gehört. Welche Vertragsarten schließt Frau Kluge in diesem Fall ab?

Miete und Pacht sind im *Bürgerlichen Gesetzbuch* detailliert geregelt. Während bei der **Miete** leere Räume zur Verfügung gestellt werden, heißt **Verpachtung** die Gebrauchsüberlassung und Fruchtziehung auf Zeit, d. h., der **Pächter** kann über den erwirtschafteten finanziellen Ertrag verfügen. Die unterschiedlichen gesetzlichen Regelungen für ein Miet- bzw. Pachtverhältnis, über die jeder Gastronom informiert sein sollte, werden nachstehend gegenübergestellt. Auf die Pacht finden die wesentlichen Vorschriften des Mietrechts Anwendung.

Unterschied:
Miete – Pacht

Miete *§§ 535 ff. BGB*

Pacht *§§ 581 ff. BGB*

Miete:
rent

Pacht:
lease

Vertragsarten / Merkmale	Miete	Pacht
Vertragspartner	Mieter – Vermieter (z. B. der Vermieter ist Eigentümer des Mietobjekts)	Pächter – Verpächter (z. B. der Verpächter ist Eigentümer des Pachtobjekts) Zu beachten: alle Vertragspartner haften
Vertragsgegenstand	Überlassung einer Sache zum Gebrauch, zur Benutzung (z. B. Wohnung)	Überlassung eines Grundstücks oder Rechts oder von mit Inventar ausgestatteten Räumen zur Nutzung
Kündigung	nur zum Ablauf eines Kalendervierteljahres möglich – letzter Kündigungstermin am dritten Werktag eines Kalendermonats zum Ende des übernächsten Monats	wenn nichts anderes vereinbart wurde, ist sie nur zum Schluss eines Pachtjahres zulässig, Beispiel: Beginn des Pachtjahres am 01.06.2017 ⇒ Kündigung möglich zum 31.05.2018; letzter Kündigungstermin am dritten Werktag des Halbjahres, in dem das Pachtverhältnis enden soll ⇒ 03.12.2017.
Untervermietung/ Unterverpachtung	möglich, bedarf jedoch der Zustimmung des Vermieters ⇒ Mieter steht Kündigungsrecht zu bei Verweigerung der Erlaubnis zur Untervermietung	Versagung durch Verpächter möglich, wenn sie nicht im Vertrag vorgesehen, ohne dass deshalb der Pächter kündigen kann
Pfandrecht	des Vermieters an den vom Mieter (in die Mieträume) eingebrachten Sachen	ist für die Forderungen des Pächters gegen den Verpächter bezüglich des mitverpachteten Inventars gegeben
Gerichtsstand	bei Streitigkeiten zwischen Vermieter und Mieter ist – ohne Rücksicht auf den Wert des Streitgegenstandes – grundsätzlich das Amtsgericht zuständig (über Wohnraum, über Bestand – § 23 Nr. 2a GVG)	bei Streitigkeiten zwischen Verpächter und Pächter, deren Streitwert 5 000,00 € nicht übersteigt (§ 23 Nr. 1 GVG), ist das Amtsgericht, darüber das Landgericht zuständig (§ 71 GVG)

In der vorliegenden Situation werden zugleich ein Mietvertrag (Wohnung) und ein Pachtvertrag (Gaststätte) abgeschlossen, es handelt sich also um ein sogenanntes **gemischtes Pachtverhältnis** (= Pacht der Gaststättenräume und Mieten der Wohnräume), bei dem der geschäftliche Teil überwiegt.

S

Der DEHOGA hat folgende **Checkliste** der wichtigsten Überlegungen erarbeitet, die **vor Abschluss eines Pachtvertrages** angestellt werden sollten:

1. Pachtgegenstand
▷ Vorlage einer Beschreibung des Geschäftslokals, die Skizze aller verpachteten Räumlichkeiten und Flächen sowie deren Besichtigung.
▷ Festlegung der Geschäftsbezeichnung.
▷ Vorlage aller vom Pächter zu übernehmenden Getränkebezugsverträge, Automatenverträge und Wartungsverträge.

2. Pachtdauer und Vertragsbeendigung
▷ Der Pachtvertrag kann auf bestimmte oder unbestimmte Zeit abgeschlossen werden.
▷ Vertragliche Festlegungen bei Pachtende, z. B. Rückkauf von Inventar durch Verpächter, bei Inventarkauf durch den Pächter.

3. Außerordentliche Kündigung
▷ Sie ist eine vorzeitige Kündigung aus wichtigen Gründen, z. B., wenn der Pächter gegenüber dem Verpächter handgreiflich wird.

4. Pachtzins
▷ Zu unterscheiden ist:
 a) Festpacht – monatlich sind z. B. 1 000,00 € oder 10,00 € pro m² an den Verpächter zu bezahlen.
 b) Umsatzpacht, gekoppelt mit Mindestpacht = Festbetrag (wirtschaftlicher und gerechter für den Vertragspartner). Beispiel: Der Pachtzins beträgt 7 % des Gesamtumsatzes ohne MwSt., mindestens jedoch monatlich 3 000,00 €, ab dem 1. des auf die Eröffnung folgenden Monats (pachtfrei); im Pachtzins sind 300,00 € für die Pächterwohnung enthalten.
 c) Reine Umsatzpacht
▷ Aufrechnungen bzw. Minderungen des Pachtzinses sind möglich, wenn kein Verbot im Vertrag enthalten ist.

In den oben genannten Fällen ist im Pachtvertrag festzulegen, ob auf den Pachtzins noch MwSt. zu entrichten ist oder nicht und inwieweit Bedienungsgelder, Telefongebühren der Gäste, Kurtaxen u. Ä. in die Umsätze evtl. einbezogen werden sollen.

5. Pachterhöhung
▷ Pachterhöhung ist während der Vertragszeit nur möglich, wenn dies ausdrücklich schriftlich vereinbart worden ist.

6. Nebenkosten
▷ Die Umlage von **Nebenkosten** sieht das *BGB* nicht vor. Das heißt, eine Umlage muss ausdrücklich vereinbart werden, sonst trägt der Verpächter die Nebenkosten.
▷ Sie sind in der Regel vom Pächter zu übernehmen (z. B. Strom, Wasser, Gas, Heizung einschl. Wartungsarbeiten, Müllabfuhr) – besonders wichtig bei Festpacht.
▷ Allgemeine Formulierungen wie: „Alle Nebenkosten trägt der Pächter", sind unwirksam. Es müssen detaillierte Vereinbarungen zur Nebenkostenart, zu ihrer Berechnung und dem Umlageschlüssel getroffen werden.

7. Kaution
▷ Sie muss in einem angemessenen Verhältnis zum Pachtzins und zum Wert des Pachtobjektes stehen (in der Regel bis drei Monatspachten).
▷ Die Sicherheitsleistung sollte auf ein Sparbuch eingezahlt werden, über das nur beide Vertragspartner gemeinsam verfügen können; die Zinsen stehen dem Pächter zu, wenn nichts anderes vereinbart ist. Die Sicherheitsleistung kann auch durch Bankbürgschaft erfolgen.
▷ Nach Beendigung des Pachtverhältnisses ist der Verpächter verpflichtet, über die Kaution abzurechnen und den verbleibenden Teil (einschließlich der Zinsen, wenn verzinslich angelegt) an den Pächter zu zahlen.

8. Instandhaltung der Räume
▷ Der Zustand des Pachtobjektes ist schriftlich festzuhalten und es sind Abmachungen, vor allem über auszuführende Schönheitsreparaturen, zu treffen.

9. Instandsetzung bzw. Erneuerung des Inventars
▷ Der Verpächter ist verpflichtet, die der normalen Abnutzung unterliegenden Inventarstücke zu reparieren bzw. zu ergänzen.
▷ Für Heizungsanlagen, Aufzüge, Maschinen usw. sind zweckmäßigerweise Wartungsverträge abzuschließen.

10. Behördliche Auflagen und Konzessionserteilung
▷ Im Pachtvertrag sollte die Konzessionsfähigkeit des Pachtobjektes festgehalten werden.

11. Öffnungszeiten
▷ Sie dürfen nicht unzumutbar sein.
▷ Betriebsruhetage und Urlaubszeit/Betriebsferien sind im Pachtvertrag zu regeln.

12. Eintritt in laufende Verträge und Versicherungen
▷ Auf dem Pachtobjekt lastende Versicherungsverträge usw. müssen nicht, aber können übernommen werden (Günstigkeitsprüfung).

13. Steuern und Abgaben
▷ Vertraglich ist festzuhalten, dass der Pächter nicht nur die auf dem Pachtgegenstand ruhenden öffentlichen und privaten Lasten (z. B. Grundsteuer, Gebäudeversicherung) übernimmt, sondern auch alle Lasten des Gewerbebetriebes trägt (z. B. Umsatzsteuer, Haftpflichtversicherung).

14. Bauliche Veränderungen
▷ Sie dürfen nur nach Genehmigung des Verpächters vorgenommen werden.

15. Unterverpachtung
▷ Siehe Gegenüberstellung Miete und Pacht (zwei Seiten vorher).

16. Verpächterpfandrecht
▷ Siehe Gegenüberstellung Miete und Pacht (zwei Seiten vorher).

17. Fortführung der Firma
▷ Gemäß *BGB* sind die Rechte und Pflichten bei Betriebsübergang zu beachten (z. B. ist die Kündigung des Arbeitsverhältnisses eines Arbeitnehmers wegen des Betriebsübergangs nicht möglich).
▷ Klärung der Fragen der Handelsregistereintragung und der Haftung für die Altschulden.

§ 613 a BGB

Die oben genannten Ausführungen zeigen, dass jeder Pachtvertrag ausgewogen sein muss, um dem Pächter eine ordnungsgemäße und wirtschaftliche Führung des Betriebes zu ermöglichen. Sondervereinbarungen sind in einer Anlage zum Pachtvertrag festzuhalten.

Besonderheit: Hybridvertrag
Der Hybridvertrag – eine Form der Hotelbetreiberverträge – ist ein Mischvertrag, der sich aus Elementen des Pacht- und des Managementvertrages zusammensetzt.
Ziel des Hybridvertrags ist es, einen angemessenen wirtschaftlichen Ausgleich i. R. d. Risiko- und Gewinnverteilung zwischen Eigentümer und Betreiber zu schaffen, wobei dieser Ausgleich durch die Möglichkeit der Anpassung des Vertrages an die jeweilige Marktlage und damit – in wirtschaftlich immer schwieriger werdenden Zeiten – eine gleichsam wirtschaftlich akzeptable wie interessengerechte Vertragsgestaltung erreichen soll.
Die aus den üblichen langen Pachtzeiten (z. B. 20 Jahre) resultierenden wirtschaftlichen Risiken (Festpacht sowie Pflicht zur Instandsetzung/-haltung) sollen durch den Hybridvertrag besser vorhersehbar und kalkulierbar werden.

Hybridvertrag

6.2.5 Leasingvertrag

Situation

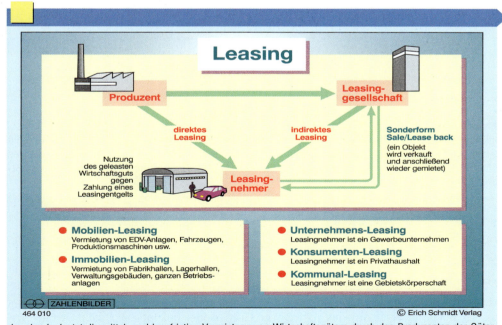

Leasingvertrag:
hire purchase contract/
leasing agreement

464 010   © Erich Schmidt Verlag

Leasing bedeutet die mittel- und langfristige Vermietung von Wirtschaftsgütern durch den Produzenten der Güter oder durch zwischengeschaltete spezielle Leasinggesellschaften. Seinen Ursprung hat das Leasing in den USA, wo 1952 die erste Leasinggesellschaft der Welt gegründet wurde. In der Bundesrepublik hat sich das Leasing als Alternative oder Ergänzung zu den traditionellen Formen der Investitionsgüterfinanzierung seit Anfang der Sechzigerjahre immer stärker durchgesetzt. Inzwischen entfällt in Deutschland bereits mehr als ein Zehntel der gesamtwirtschaftlichen Investitionen (ohne Wohnungsbau) auf geleaste Güter.

Jeder Gastronom steht immer wieder vor der Frage, ob er Ausrüstungsgegenstände seines Betriebes kaufen oder leasen soll. Dies ist eine Kapitalfrage für jeden Unternehmer. Rechtlich handelt es sich um einen gemischten Vertrag mit Elementen des Miet- und Darlehensvertrages. Beim **Leasing** handelt es sich um eine **Sachkreditgewährung gegen Zahlung eines bestimmten Mietpreises**. So kann jeder Hotelier/Gastronom Ausrüstungsgegenstände wie Handtuchautomaten, Seifenspender, Fotokopiergeräte, EDV-Anlagen für das Hotel ebenso wie Automobile leasen. Auch kann Personal durch Arbeitskräfte-Vermittlungsunternehmen geleast werden.

Leasinggeber:
lessor

Leasingnehmer:
lessee

Leasingrate:
lease instalment

Die Beteiligten am Leasinggeschäft heißen **Leasinggeber** und **Leasingnehmer** (= Gastronom/Hotelier). Zwischen ihnen wird ein **Leasingvertrag** geschlossen, der den Leasinggeber zur Nutzungsüberlassung und den Leasingnehmer zur Zahlung der Leasingraten verpflichtet. Der Leasinggeber berechnet die **Leasingraten** so, dass darin die Abschreibungen, die Verzinsung des Kapitaleinsatzes und ein Risikozuschlag für Ausfälle sowie die Wartungskosten enthalten sind, sofern er die Wartung übernimmt. Der Leasingnehmer hat das Recht, das Gerät nach einer vereinbarten Zeit zurückzugeben, es unter Anrechnung eines Teils des Mietpreises zu erwerben oder gegen ein modernes Gerät auszutauschen. Der Leasinggeber bleibt bis zum eventuellen Erwerb Eigentümer des geleasten Gegenstandes.

Leasing	
Vorteile für Leasingnehmer: • Erhaltung des Kreditspielraums • Leasingraten sind Betriebsausgaben • Rationalisierung der Verwaltung • Keine Überalterung der Anlagen • Flexible Investition durch eventuelle Rückgabe	**Vorteile für den Leasinggeber:** • Zusatzgeschäfte durch Wartung • Dauerhafter und enger Kundenkontakt
Nachteile für Leasingnehmer: • Belastung der Liquidität durch monatliche Zahlungsverpflichtung, u. U. höhere Kosten als bei einem Kauf	**Nachteile für den Leasinggeber:** • Risiko der Vertragskündigung • Mangelnde Verwertungsmöglichkeiten bei Spezialmaschinen

Franchise-Vertrag:
franchise contract

6.2.6 Franchise-Vertrag

Situation

Frau Stelter will sich mit einem Fastfood-Laden selbstständig machen. Es fehlt ihr jedoch an speziellen technischen und betriebswirtschaftlichen Erfahrungen. Wie lässt sich trotzdem ein solcher gastronomischer Betrieb eröffnen?

Definition

Franchising ist ein auf Partnerschaft basierendes **Vertriebssystem** für Waren oder Dienstleistungen mit dem Ziel der Verkaufsförderung. Der **Franchise-Geber** (FG) übernimmt die Planung, Durchführung und Kontrolle eines Betriebstyps. Er erstellt ein unternehmerisches Gesamtkonzept, das von seinen Geschäftspartnern, den **Franchise-Nehmern** (FN), selbstständig an ihrem Standort umgesetzt wird.

Franchise-Geber:
franchisor

Franchise-Nehmer:
franchisee

Wirtschaftliche Bedeutung

Weltweit existieren heute mehrere Zehntausend Franchise-Geber. Allein in Deutschland gibt es fast 1.000 Franchisesysteme, vor allem im Einzelhandel, gefolgt vom Gastgewerbe. Franchise ist insbesondere in der Gastronomie verbreitet. McDonald's USA war das erste moderne Franchise-System überhaupt, heute sind verbreitete Franchise-Systeme z.B. Burger King, Subway, Pizza Hut, Hallo Pizza, Joey's Pizza oder Kochlöffel. Aber auch in der Hotellerie gibt es Franchising, z.B. bei Accor. Die deutsche Franchise-Wirtschaft verzeichnete in den letzten Jahren ein **überdurchschnittliches Wachstum** gegenüber der Gesamtwirtschaft und dies wird sich voraussichtlich fortsetzen. Aus Sicht des **Existenzgründers** ist Franchising aufgrund des geringeren **Eigenkapitalbedarfs** und der Nutzungsmöglichkeit einer bekannten **Marke** eine Alternative zur individuellen Unternehmensgründung. Aus Sicht des Franchise-Gebers werden zusätzliche **Absatzkanäle** geschaffen, ohne ein eigenes Filialnetz aufbauen zu müssen. Franchising dient also seiner Expansion.

Rechtlich ist der Franchise-Nehmer ein **selbstständiger Unternehmer**. Er handelt im eigenen Namen und auf eigene Rechnung. So ist er z.B. der Erlaubnisträger der Gaststättenkonzession, der Arbeitgeber seiner Beschäftigten und der Vertragspartner des Gastes. Durch den Franchising-Vertrag „verkauft" der Franchisegeber ein „**Franchise-Paket**" mit sog. „**Lizenz**", das verschiedene Nutzungsrechte, Know-how und Serviceleistungen umfasst. Als Gegenleistung bezahlt der Franchise-Nehmer eine **Franchise-Gebühr** („Fee").

Rechte und Pflichten der Vertragspartner beim Franchising-Vertrag	
Pflichten des Franchise-Gebers (FG)	**Pflichten des Franchise-Nehmers (FN)**
überlässt „Franchise-Paket" und erteilt „Lizenz", d.h. im Einzelnen: ▶ überlässt System/Geschäftsidee zur Nutzung ▶ überlässt Namens- und Warenzeichen, Marke zur Nutzung ▶ stellt Marketingkonzept zur Verfügung ▶ vermittelt Know-how ▶ räumt Alleinvertretungsrecht ein ▶ schult ggf. Personal des FNs ▶ gewährleistet Unterstützung und Beratung ▶ gibt Finanzierungshilfen	▶ zahlt Franchise-Gebühr (in der Regel Prozentsatz vom Umsatz) ▶ setzt Konzept des FGs um (z.B. Corporate Identity, Qualitätsstandards, Abnahmeverpflichtungen) ▶ lässt Kontrollen des FGs zu

Voraussetzung für das Funktionieren eines Franchise-Konzepts für beide Vertragspartner ist die Kooperation, d.h. die sinnvolle vertragliche und operative Umsetzung eines arbeitsteiligen Systems. Für den Franchise-Nehmer ist die Partnerschaft nur von Vorteil, wenn das Franchise-System ausreichend markenstark ist und das Know-how und die Serviceleistungen für ihn praktischen und finanziellen Wert haben. Der Franchise-Geber muss sich auf die Qualität der Produkte und Dienstleistungen und den guten Umgang mit den Gästen durch seinen Franchise-Nehmer verlassen können, anderenfalls können Mängel bei einem Franchise-Nehmer negative Auswirkungen auf das gesamte System haben. Um einen unmittelbaren eigenen Marktzugang und die daraus resultierenden Kenntnisse des operativen Geschäfts zu haben, betreiben viele Franchise-Geber auch unternehmenseigene Betriebe (als Filialen). Viele Franchise-Nehmer betreiben mehrere Betriebe eines Systems in einer Region oder auch Franchise-Betriebe und andere Betriebe an einem Standort nebeneinander.

Franchising	
Vorteile für den Franchise-Geber: ▶ Schnellere Verbreitung des Systems möglich durch vervielfältigte Expansionskraft ▶ Unternehmenswachstum ohne Aufbau bzw. Erweiterung eines eigenen Filialnetzes ▶ Geringerer Kapitaleinsatz ▶ Keine Haftung für Schulden des FNs ▶ FN ist als selbstständiger Unternehmer in der Regel motivierter und engagierter als ein Angestellter	**Vorteile für den Franchise-Nehmer:** ▶ Es steht ein bereits getestetes Konzept zur Verfügung, an dessen Image und Erfahrungen der FN Anteil nimmt ▶ Markenkraft ▶ Weitgehende Selbstständigkeit im Rahmen des Vertrages ▶ Finanzierungshilfe ▶ Höhere Kreditwürdigkeit ▶ Nutzung von Größenvorteilen (z.B. bei Einkauf, Marketingaktionen) ▶ Informationsaustausch und Betriebsvergleiche ▶ Profitiert von Serviceleistungen des FGs (z.B. Werbung, Controlling, Weiterbildung) ▶ Ist von Planungs- und Steuerungsaufgaben entlastet und hat daher mehr Zeit für Personal- und Gästebetreuung vor Ort
Nachteile für den Franchise-Geber: ▶ Verzicht auf einen Teil der Erträge ▶ Gefahr der Verwässerung des Konzepts und der Marke ▶ Weniger Markt- und Kundennähe als bei eigenen Filialen ▶ Kontrollbedarf, dadurch Verwaltungskosten	**Nachteile für den Franchise-Nehmer:** ▶ Verzicht auf einen Teil der Erträge ▶ Eigenes unternehmerisches Handeln durch Vorgaben des FGs eingeschränkt (z.B. beim Einkauf, Sortiment) ▶ Eigener Erfolg hängt stark von Erfolg und Image der Marke ab

Selbstständiger Unternehmer: independent businessman

„Fee"

Pflichten
↙   ↘
Franchise-   Franchise-
Geber   Nehmer

Lizenz: licence/license

Chancen und Risiken

Vorteile
↙   ↘
Franchise-   Franchise-
Geber   Nehmer

Nachteile
↙   ↘
Franchise-   Franchise-
Geber   Nehmer

Praxis

M 9

Viele Fragen des Vertragsrechts, die Sie persönlich interessieren, können unter Umständen aus verschiedenen Gründen im Unterricht nicht behandelt werden. Es gibt viele Möglichkeiten, sich Informationen zu beschaffen. Eine davon ist, eine fachkundige Person zu befragen (Expertenbefragung). Laden Sie einen Rechtsexperten ein, der sich gut mit dem Vertragsrecht auskennt, z. B. einen Rechtsanwalt.

Aufgaben

1. Hans Brunner möchte im Restaurant eines 5-Sterne-Hotels zu Abend essen. Nachdem er beim zuständigen Restaurantfachmann das Essen bestellt hat, wird ihm nach ca. 30 Minuten die Suppe serviert. Nach diesem ersten Gang wartet der Gast wiederum ca. 20 Minuten, bis ihm der Hauptgang gereicht wird. Da es sich bei dem Essen um ein Tagesgericht handelt, ist Herr Brunner über den schleppenden Service sehr erbost und nicht bereit, den auf der Speisekarte ausgezeichneten Preis zu zahlen. Ist der Gast im Recht?

2. Herr Goldbrunner hat es sehr eilig, da die nächste Konferenz schon wieder auf ihn wartet. Trotzdem bestellt er sich in seinem Stammlokal eine Portion Schellfisch. Beim Essen des Fisches gerät ihm eine Gräte in den Hals, woran er zwar nicht erstickt, aber noch Tage danach Schluckbeschwerden hat. Der Gast verlangt daher vom Wirt Schmerzensgeld. Steht ihm diese Forderung zu?

3. Carola Lehmberg lädt an ihrem Geburtstag ihren Freund zum Essen ein. In der Gaststätte bestellt sie eine Schlachtplatte. Beim Aufschneiden der heißen Wurst spritzt ihr das flüssige Fett auf den Arm und verursacht Brandwunden. Daraufhin verklagt Frau Lehmberg den Wirt, weil sie der Meinung ist, dass er sie darauf hätte hinweisen müssen. Was meinen Sie?

4. Wann spricht man von „Zechprellerei"?

5. Ein fremder Gast zahlt – nachdem er gegessen und getrunken hat – seine Zeche nicht. Er teilt dem Wirt lediglich mit, dass er kein Geld habe, und will das Speiselokal verlassen. Daraufhin hält ihn der Wirt fest und lässt durch seine Frau die Polizei rufen. Als die Polizei eintrifft, beschwert sich der Gast darüber, dass er von dem Wirt mit Gewalt festgehalten worden sei, was dieser nicht dürfe. Sind Sie auch der Meinung?

6. Im Gasthof „Zum Adlerhorst" nimmt Bolte am Stammtisch Platz und bestellt das übliche Maß Bier. Nach mehreren beim Skatspielen verlorenen Runden ist die Rechnung so hoch geworden, dass Bolte sie nicht bezahlen kann. Ohne weiter den Wirt zu benachrichtigen, verschwindet Bolte aus dem Lokal. Hat er sich der Zechprellerei schuldig gemacht?

7. R. Molt ist auf Geschäftsreise. An der Rezeption des Park-Hotels fragt er, ob noch ein Einzelzimmer frei sei. Darauf bietet ihm der Chef der Rezeption für 120,00 € ein Zimmer inklusive Frühstück für eine Nacht an. Herr Molt erklärt, er nehme das Zimmer, allerdings nur zum Preis von 90,00 €. Ist damit ein Beherbergungsvertrag zustande gekommen?

8. Frau Gaus schreibt am 05.05.20.. an das Hotel „Zur Sonne" und bittet um Mitteilung, ob in der Zeit vom 10.06. bis 20.06.20.. noch ein Doppelzimmer frei sei.

Das Hotel antwortet ihr nach drei Tagen, dass das gewünschte Doppelzimmer zu dem entsprechenden Termin bereitgestellt werden kann.
Am 09.06. ruft Frau Gaus beim Hotel „Zur Sonne" an und bestätigt, dass sie am nächsten Tag das „bestellte" Doppelzimmer beziehen werde. Daraufhin teilt ihr der Hotelier mit, dass das Zimmer inzwischen anderweitig vergeben worden sei. Frau Gaus überlegt, ob sie vom Hotelier Schadensersatz verlangen kann. Was meinen Sie?

9. Frau Kunze hat im Gasthof „Zur Traube" für den 14.06.20.. ein Zimmer für sich und ihre Tochter bestellt. Am Vorabend der Reise erkrankt ihre Tochter, sodass Frau Kunze im Hotel anruft und das bestellte Doppelzimmer absagt. Muss Frau Kunze trotzdem bezahlen?

10. Herr Müller bezieht im Hotel „Zur Wildsau" das bestellte Zimmer. Da er ein passionierter Jäger ist, hat er stets einen Jagdhund bei sich. Als der Geschäftsführer des Hotels ihn entdeckt, kündigt er das Hotelzimmer fristlos. Dagegen protestiert Herr Müller aufs Schärfste. Wer ist im Recht?

11. Familie Nauber hat mit ihrem Sohn im Gasthof „Am Walde" ein Dreibettzimmer bezogen. Zum Auspacken stellt der Sohn seinen Koffer auf die an der Wand angebrachte „Nachtablage", die sofort abbricht. Muss Familie Nauber die Kosten für die Reparatur übernehmen?

12. Herr Schwabe befindet sich auf Urlaubsreise und hat sich für zwei Wochen im Hotel „Brockenblick" eingemietet. Nach fünf Tagen ist er mit dem Speisenplan nicht mehr einverstanden und außerdem stört ihn, dass sein Zimmernachbar abends den Fernsehapparat zu laut einschaltet. Am Morgen des sechsten Tages geht er zur Rezeption und verlangt seine Rechnung, um abzureisen. Der Rezeptionist erläutert Herrn Schwabe, dass die vorgebrachten Punkte eine sofortige Abreise nicht rechtfertigen. Wie ist Ihre Meinung?

13. Eine Rezeptionistin storniert einen Beherbergungsvertrag und berechnet dem Besteller des Zimmers 80 % des Zimmerpreises als Stornogebühren.
    a) Was bedeutet „Storno"?
    b) Ist diese Berechnung von Stornogebühren üblich?

14. Wo liegt die zulässige Höchstlaufzeit für einen Getränkelieferungsvertrag?

15. Was unterscheidet einen Getränkelieferungsvertrag von einem Kaufvertrag?

16. Unter welchen Voraussetzungen würden Sie ein Darlehen von der Brauerei in Anspruch nehmen und gleichzeitig einen Getränkelieferungsvertrag eingehen?

17. Stellen Sie Vor- und Nachteile, die der Getränkelieferungsvertrag für den Gastronomen enthalten kann, einander gegenüber.

18. Der Gastwirt Manfred Dundar führt seit vier Jahren den Gasthof „Zum Engel". Aufgrund einer schweren Erkrankung verpachtet Dundar das Gaststättenanwesen noch vor Beendigung der laufenden fünfjährigen Getränkebezugsverpflichtung, und zwar ohne die Bezugsverpflichtung an den Erwerber weitergegeben zu haben. Die Brauerei ist mit dieser Regelung nicht einverstanden und verlangt vom Gastwirt entsprechenden Schadensersatz. Wie hat das zuständige Gericht Ihrer Meinung nach in diesem Fall entschieden?

19. Was verstehen Sie unter einem sog. gemischten Pachtverhältnis?

20. Glattig will in der Nähe des Hauptbahnhofs einen Kiosk mit dazugehörigem Schankraum betreiben; ihm werden die leeren Räume dafür vom Vertragspartner zur Verfügung gestellt. Was für einen Vertrag hat Glattig abgeschlossen?

21. Wie würden Sie sich vor der Unterzeichnung eines Pachtvertrages nähere Informationen über das Pachtobjekt beschaffen?

22. Wann würden Sie einem Pächter raten, eine Festpacht zu vereinbaren?

23. G. Zinkeler hat seine Gaststätte seit dem 01.12.2016 an E. Kuhn verpachtet. Aufgrund gewisser Unstimmigkeiten, die im März 2017 eingetreten sind, will Zinkeler Kuhn schnellstmöglich kündigen. Bis wann muss Zinkeler die Kündigung ausgesprochen haben, wenn das Pachtverhältnis so bald wie möglich beendet werden soll?

24. U. Kiehlmann ist Eigentümerin eines Tagescafés, einer Milchbar sowie einer Gastwirtschaft (ohne Wohnung). Alle Betriebe sind von ihr verpachtet worden. Die Pächter der Gewerbebetriebe haben folgende Änderungen vorgenommen:
    a) Das Tagescafé ist in ein Nachtcafé mit Alkoholausschank umgewandelt worden.
    b) In der Milchbar werden nicht nur alkoholfreie, sondern künftig auch alkoholische Getränke ausgeschenkt.
    c) Der Pächter der Gastwirtschaft, Mitglied beim Fußballklub des Ortes, hat den gepachteten Gewerbebetrieb an den Fußballklub unterverpachtet. Sind die von den Pächtern geänderten Verwendungszwecke der gepachteten Objekte rechtmäßig?

25. Welches Ziel verfolgt der Gastronom, wenn er Ausrüstungsgegenstände im Hotel least?

26. Frau Kohrs pachtet ein Ausflugslokal am Inn. Da sie mit dem ihr zur Verfügung stehenden Kapital nicht alle notwendigen Anschaffungen vornehmen kann, will sie verschiedene Ausrüstungsgegenstände, wie Tiefkühltruhen, Waschmaschinen, Büromaschinen usw., leasen.
    a) Wer kann Leasinggeber sein?
    b) Was verstehen Sie unter folgendem Werbeslogan: „Pay as you earn – Zahlen Sie, wie Sie verdienen!"?
    c) Die monatlichen Leasingraten sind abhängig von der jeweiligen Gestaltung des Leasingvertrags (unterschiedliche Dauer, Eigenleistung), sodass die Leasingraten weitaus höher sind als der normale Kaufpreis des Leasinggegenstandes. Was könnte Frau Kohrs trotz der relativ hohen Kosten veranlassen, verschiedene Ausrüstungsgegenstände des gastronomischen Betriebes zu leasen?

27. Erläutern Sie das Franchise-System am Beispiel eines koffeinhaltigen Erfrischungsgetränks.

28. Von welchen Voraussetzungen ist der Erfolg des Franchisings abhängig?

29. Worin liegt nach Ihrer Meinung der Hauptvorteil des Franchise-Systems für den Franchise-Geber?

30. Welche Franchise-Systeme kennen Sie?

31. Kann sich der Hotelier aus Ihrer Sicht vor finanziellen Ausfällen durch Eingehungsbetrug schützen?

32. Finden Sie mithilfe des Internets heraus:
    a) In welchen Fällen ist ein Getränkelieferungsvertrag nach deutschem Recht sittenwidrig?
    b) Ist ein Getränkelieferungsvertrag sittenwidrig, wenn der Gastwirt sich dabei verpflichtet, eine bestimmte Mindestmenge Bier abzunehmen?
    c) Mit einem Getränkelieferungsvertrag werden zumeist noch andere Vertragsarten geschlossen. Welche und warum?

6.3 Haftung des Hoteliers/Gastronomen

Nicht nur gegenüber dem Gast, sondern auch gegenüber allen anderen Personen hat der Gastronom/Hotelier die Pflicht, sie weder körperlich zu verletzen noch deren Eigentum oder andere Rechte zu schädigen. Bei Verstößen macht er sich schadensersatz- bzw. schmerzensgeldpflichtig. Grundsätzlich ist die Haftung des Wirtes vom **„Verschulden"** abhängig. U. U. ist aber eine Schadensersatzpflicht auch von dem zu erfüllen, der eine andere Person mit der Erledigung bestimmter Aufgaben beauftragt, oder sie greift unabhängig vom Verschulden ein.

Von den hier zu behandelnden zivilrechtlichen Vorschriften der Schadensersatzleistung, nämlich der Zahlung eines Geldbetrages durch den Schadensverursacher an den Geschädigten, sind die Bestimmungen des *Strafgesetzbuches* zu unterscheiden (z. B. Haft- oder Geldstrafen bei Diebstahl oder Körperverletzung). So wird im Folgenden auf die **Haftung der Wirte für eigenes und fremdes Handeln** eingegangen.

Das Gesetz *(BGB)* sagt aus, dass die Haftung der Wirte zu unterteilen ist in die **Haftung des Schank- und Speisewirtes** und die **des Beherbergungswirtes**. Der Beherbergungswirt haftet auch, wenn weder ihn noch sein Personal oder den Gast ein Verschulden trifft. Schuld kann ein unbekannter Dritter oder niemand haben (Zufall). Dies bezeichnet man als „strenge" oder verschuldensunabhängige Haftung.

Schadensersatz: compensation/ damages

Kap. 6.3.3

Haftung: liability

BGB

§§ 276 ff./701 ff./ 823 ff. BGB

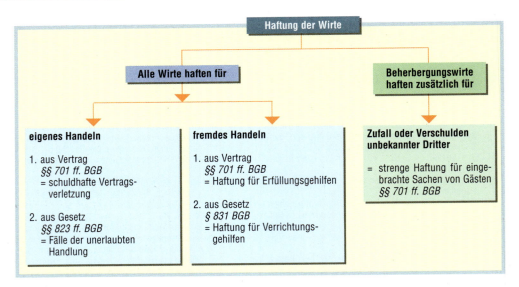

6.3.1 Haftung aus Gesetz

Situation 1

Während einer Zecherei kommt es zum Streit zwischen zwei Gästen. Dabei beschimpft der eine den anderen als „fetten, dummen Säufer". Ergibt sich daraus eine Haftung?

Situation 2

Über Nacht hat es kräftig geschneit. Der morgens die Post bringende Briefträger stolpert über eine unter dem Schnee nicht zu erkennende Unebenheit auf der Hotelauffahrt, fällt und bricht sich ein Bein. Bei dem Sturz geht außerdem seine Armbanduhr kaputt. Haftet der Hotelier?

§ 823 BGB

Unerlaubte Handlung

Nach dem sog. Recht der unerlaubten Handlung gilt:
„Wer vorsätzlich oder fahrlässig[1] das Leben, den Körper, die Gesundheit, die Freiheit, das Eigentum oder ein sonstiges Recht eines anderen widerrechtlich verletzt, ist dem anderen zum Ersatz des daraus entstehenden Schadens verpflichtet."

---

[1] Eine Person handelt fahrlässig, wenn sie es an der erforderlichen Sorgfalt und Umsichtigkeit in einer Situation fehlen lässt (vgl. § 276 Abs. 2 BGB).

Dieses bezeichnet man als gesetzliche Haftung, denn es kommt nicht darauf an, ob zwischen Schädiger und Geschädigtem ein Vertrag besteht.

In der Situation 1 besteht zwischen den Gästen kein Vertragsverhältnis, sondern nur jeweils zwischen Gast und Wirt.

S1

In der Situation 2 ist es unerheblich, ob ein Gast oder anderer Vertragspartner, z. B. ein Lieferant, stürzt oder wie hier der Briefträger, mit dem der Hotelier keinen Vertrag hat. Das gilt allerdings nicht für Unbefugte, z. B. Einbrecher.

S2

In der Situation 1 wurde das Rechtsgut der Ehre verletzt, das zwar nicht ausdrücklich genannt wird, aber trotzdem als „sonstiges Recht" geschützt ist. Jedenfalls solange der schimpfende Gast nicht so betrunken war, dass er nicht mehr wusste, was er tat, ist dies auch schuldhaft. Er haftet also gegenüber dem anderen Gast aus Gesetz. Daneben könnte der beschimpfte Gast übrigens auch einen Strafantrag wegen Beleidigung stellen. Das ist dann aber eine Frage des Strafgesetzbuches und hat mit der zivilrechtlichen Haftung nichts zu tun. Der Wirt ist dagegen für Schäden, die ein Gast einem anderem zufügt, nicht haftbar. Etwas anderes gilt nur, wenn er es schuldhaft versäumt, tätliche Auseinandersetzungen durch rechtzeitiges Eingreifen zu verhindern.

S1

Beleidigung: insult 🇬🇧

Eine für Gastronomen und Hoteliers besonders wichtige Untergruppe der gesetzlichen Haftung ist die Haftung wegen Verletzung der **allgemeinen Verkehrssicherungspflicht**. Derjenige, in dessen **Verantwortungsbereich** eine **Gefahrenquelle** liegt, muss dafür sorgen, dass Dritte durch diese Gefahrenquelle nicht verletzt oder gefährdet werden. Typische Verletzungen der allgemeinen Verkehrssicherungspflicht im Hotel oder Restaurant sind z. B.: nasse oder glatt gebohnerte Fußböden, schlecht beleuchtete Treppenhäuser oder Flure, ungesicherte Baustellen. Wenn eine Gefahrenquelle nicht beseitigt werden kann, muss sie gekennzeichnet werden.

Verkehrssicherungspflicht

Besonders groß wird das Haftungsrisiko bei der Verkehrssicherungspflicht für den Wirt, weil ein **Verschulden vermutet** wird, sobald jemand für eine Gefahrenquelle verantwortlich ist. Will der Wirt die Haftung abwenden, muss er beweisen, dass ihn ausnahmsweise kein Verschulden trifft.

Die Situation 2 betrifft die allgemeine Verkehrssicherungspflicht. Es wurde sowohl das Rechtsgut Körper (= Bein) als auch das Rechtsgut Eigentum (= Uhr) verletzt. Es ist ein Schaden entstanden: Das Bein ist gebrochen, die Uhr ist kaputt. Dafür ist ein fahrlässiges Unterlassen des Hoteliers ursächlich, denn dieser hätte die Auffahrt zum Hotel räumen müssen.

S2

Mögliche Rechtsfolgen einer schuldhaften, widerrechtlichen unerlaubten Handlung sind **Schadensersatz** bzw. **Schmerzensgeld**.
▶ Bei einem Sachschaden richtet sich der Schadensersatzanspruch zunächst auf Wiederherstellung.
▶ Ist diese nicht möglich, erhält der Geschädigte eine Entschädigung für den Wert in Geld.
▶ Bei immateriellen Schäden wird ein Schmerzensgeld gezahlt.

In der Situation 1 wird für die verletzte Ehre ein Schmerzensgeld gezahlt.

S1

In der Situation 2 müsste der Hotelier für die kaputte Uhr primär die Reparaturkosten zahlen. Ist eine Reparatur nicht möglich oder übersteigen die Kosten dafür den Wert, muss er dem Gast den Wert ersetzen. Für das gebrochene Bein muss er außerdem die Arztkosten bezahlen (materieller Schaden) sowie ein Schmerzensgeld (immaterieller Schaden).

S2

Der Umfang des Schadensersatzes kann gemindert werden, wenn den Gast ein sog. **Mitverschulden** trifft.

6.3.2   Haftung aus Vertrag

Situation 1

Wieder hat es geschneit. Diesmal fällt aber nicht der Briefträger über die Unebenheit, sondern ein gerade anreisender Gast.

Situation 2

Ehepaar Meier sitzt im Restaurant. Als der ungeschickte Gastwirt Guddel die Getränke bringen will, stolpert er und gießt Frau Meier Rotwein über das Kleid.

Kap. 5

Neben die gesetzlichen Haftungsansprüche können vertragliche Schadensersatzansprüche treten. Diese richten sich nach dem jeweiligen Vertragstyp sowie nach dem allgemeinen Leistungsstörungsrecht. Solche vertraglichen Ansprüche bestehen nicht nur dann, wenn bereits ein Vertrag abgeschlossen wurde, sondern auch dann, wenn sich der Vertrag erst „anbahnt" oder wenn Vertragsverhandlungen aufgenommen wurden.

S1

In der Situation 1 tritt daher neben den gesetzlichen Haftungsanspruch des Gastes wegen der Verletzung der allgemeinen Verkehrssicherungspflicht auch ein vertraglicher Anspruch. Dabei ist es egal, ob schon ein Bewirtungsvertrag abgeschlossen war.

S2

In der Situation 2 ergibt sich der Schadensersatzanspruch (Reinigungskosten für das Kleid, wenn dieses nicht mehr zu reinigen ist, Wertersatz) aus dem Bewirtungsvertrag zwischen dem Ehepaar Meier und Schädiger Guddel.

Der Umfang der gesetzlichen und vertraglichen Haftungsansprüche ist grundsätzlich identisch. Natürlich kann der geschädigte Gast den Schadensersatz oder das Schmerzensgeld immer nur einmal verlangen, er hat aber zwei **Anspruchsgrundlagen**.

6.3.3   Haftung für Personal

Situation 1

Herr Fritz Schmidt bestellt bei der Restaurantfachfrau Bärbel Meyer Piccata milanaise. Beim Vorlegen des Gerichts wird die Hose des Gastes durch herabfallende Nudeln so stark beschmutzt, dass sie gereinigt werden muss.

Situation 2

Der Hotelfachmann Alwin Kuntze bringt auf Anweisung des Wirtes Geld zur Bank. Auf dem Weg dorthin stolpert er dann aus Versehen und fällt auf den Bürgersteig. Hierbei reißt er eine Passantin um, die 70-jährige Emma Müller, die sich dabei ein Bein bricht.

Situation 3

Zimmermädchen Erna sieht ihre Rivalin Lotte, die ihr vor kurzem den Freund ausgespannt hat, auf dem Bürgersteig vor dem Hotel entlanggehen. In einem Anfall von Rachsucht schüttet sie Lotte einen Eimer schmutziges Putzwasser über den Kopf.

Einerseits haftet der Hotelier oder Gastronom für eigenes Handeln (oder auch für eigenes Unterlassen). Daneben haftet er aber in der Regel auch, wenn sein Personal anderen einen Schaden zufügt. Dies gilt sowohl für die Haftung aus Vertrag als auch für die Haftung aus Gesetz, jedoch mit einigen Unterschieden:

§ 278 BGB
Erfüllungsgehilfe

Bei der vertraglichen Haftung haftet der Wirt für **Erfüllungsgehilfen**, deren er sich für die Erfüllung seiner vertraglichen Pflichten gegenüber dem Gast bedient. Er haftet dann für das Verschulden (Vorsatz oder Fahrlässigkeit) seiner Beschäftigten.

In der Situation 1 handelt die Restaurantfachfrau fahrlässig, als sie den Gast mit den Nudeln beschmutzt. Dafür haftet der Wirt.

Bei der gesetzlichen Haftung haftet der Geschäftsherr (= Wirt) auf Schadensersatz, wenn ein Verrichtungsgehilfe in Ausführung seiner Verrichtung eine unerlaubte Handlung begeht. Er kann die Haftung jedoch abwenden, wenn er nachweist,
▶ dass er den Verrichtungsgehilfen sorgfältig ausgesucht hat
▶ und dass er bei der Beschaffung von Vorrichtungen und Gerätschaften und ggf. bei der Leitung der Verrichtung sorgfältig gehandelt hat
▶ oder dass der Schaden auch bei Anwendung der erforderlichen Sorgfalt eingetreten wäre.

Diese Abwendungsmöglichkeit bezeichnet man als Exkulpation. Der Wirt haftet also nur für eigenes Verschulden.

Exkulpation

S2

In der Situation 2 haftet der Wirt für den Schaden, den Alwin Kuntze der Emma Müller zufügt, wenn er sich nicht exkulpieren kann.

Die Haftung für den Verrichtungsgehilfen greift jedoch nicht ein, wenn die unerlaubte Handlung nur bei Gelegenheit der Verrichtung begangen wurde, mit der eigentlichen Aufgabe des Verrichtungsgehilfen aber nichts zu tun hat.

S3

Das ist der Fall in der Situation 3: Die Rechtsverletzung der Erna findet nicht in Ausübung ihrer Verrichtung (= dem Säubern des Zimmers) statt, sondern nur bei dieser Gelegenheit. Der Wirt haftet nicht, wohl aber Erna selbst.

	Erfüllungsgehilfe § 278 BGB	Verrichtungsgehilfe § 831 BGB
Anwendungs-bereich	Schaden entsteht durch Verletzung eines Vertrages. Der Schaden wird dem Vertragspartner des Wirtes durch Verschulden des Gehilfen zugefügt, z.B. der Restaurantfachmann beim Bewirtungsvertrag.	Schaden entsteht durch unerlaubte Handlung. Der Schaden wird einer Person, die keinen Vertrag mit dem Wirt hat, durch den Gehilfen des Gastwirts zugefügt.
Gehilfe (Begriff)	Wer mit Wissen und Wollen des Wirtes bei der Erfüllung des Vertrages tätig wird, z.B. Bedienung, Koch	Jeder, der in einem Abhängigkeitsverhältnis für den Wirt weisungsgebunden tätig wird, z.B. Rezeptionistin, die bei einem Botengang für ihren Arbeitgeber einen Passanten verletzt.
Haftungs-grundlage	Haftung für fremdes Verschulden innerhalb eines bestehenden Schuldverhältnisses, z.B. Bewirtungs- oder Beherbergungsvertrag	Haftung für eigenes vermutetes Verschulden bei der Auswahl und eventuellen Überwachung des Gehilfen
Haftungs-befreiung	Nicht möglich	In dem Fall möglich, da der Wirt nachweist, dass er weder vorsätzlich noch fahrlässig bei der Auswahl des Gehilfen für diese Verrichtung und eventuell bei seiner Überwachung gehandelt hat.
Umfang der Haftung	Haftung gemäß §§ 249 ff. BGB, zusätzlich Schmerzensgeld	Haftung gem. §§ 249 ff. BGB, zusätzlich Schmerzensgeld
Verjährung	3 Jahre (§§ 195, 199 BGB)	Im Regelfall 3 Jahre (§§ 195, 199 BGB)

6.3.4 Haftung des Beherbergungswirtes für eingebrachte Sachen

Situation

Das Ehepaar Krause wohnte im Hotel „Zur Post" zum Preis von 90,00 € pro Nacht. Beim Packen der Koffer am Abreisetag stellt Frau Krause fest, dass ein im Kleiderschrank des Hotelzimmers aufgehängtes Kostüm nicht mehr an seinem Platz war. Als der Wirt das Verlangen von Frau Krause nach Ersatz des fast 600,00 € teuren Kostüms mit dem Hinweis ablehnt, dass er dafür nicht hafte, weil ihn keine Schuld treffe, ist sie sehr erbost. Wer kommt für den Schaden auf?

Verschuldens-unabhängige (= strenge) Haftung

Die bislang beschriebenen Haftungstatbestände haben gemeinsam, dass ein Verschulden des Wirtes oder seines Personals vorliegen muss. Dies entspricht einem Grundsatz im Schadensersatzrecht: kein Verschulden – keine Haftung.

Ausnahmsweise gibt es jedoch Haftungstatbestände, die **verschuldensunabhängig** eingreifen, wenn durch ein bestimmtes Verhalten oder die Herrschaft über bestimmte Dinge oder Einrichtungen eine besondere Gefahr begründet wird. Eine solche verschuldensunabhängige gesetzliche Haftung besteht auch für den Beherbergungswirt in Bezug auf eingebrachte Sachen des Gastes. Man bezeichnet dies auch als **strenge Haftung** oder **Gefährdungshaftung**.

§ 701 BGB

> **Haftung des Gastwirtes**
>
> (1) Ein Gastwirt, der gewerbsmäßig Fremde zur Beherbergung aufnimmt, hat den Schaden zu ersetzen, der durch den Verlust, die Zerstörung oder die Beschädigung von Sachen entsteht, die ein im Betrieb dieses Gewerbes aufgenommener Gast eingebracht hat.
>
> (2) Als eingebracht gelten
> 1. Sachen, welche in der Zeit, in der der Gast zur Beherbergung aufgenommen ist, in die Gastwirtschaft oder an einen von dem Gastwirt oder dessen Leuten angewiesenen oder von dem Gastwirt allgemein hierzu bestimmten Ort außerhalb der Gastwirtschaft gebracht oder sonst außerhalb der Gastwirtschaft von dem Gastwirt oder dessen Leuten in Obhut genommen sind;
>
> 2. Sachen, welche innerhalb einer angemessenen Frist vor oder nach der Zeit, in der der Gast zur Beherbergung aufgenommen war, von dem Gastwirt oder seinen Leuten in Obhut genommen sind.
> Im Falle einer Anweisung oder einer Übernahme der Obhut durch Leute des Gastwirts gilt dies jedoch nur, wenn sie dazu bestellt oder nach den Umständen als dazu bestellt anzusehen waren.
>
> (3) Die Ersatzpflicht tritt nicht ein, wenn der Verlust, die Zerstörung oder die Beschädigung von dem Gast, einem Begleiter des Gastes oder einer Person, die der Gast bei sich aufgenommen hat, oder durch die Beschaffenheit der Sachen oder durch höhere Gewalt verursacht wird.
>
> (4) Die Ersatzpflicht erstreckt sich nicht auf Fahrzeuge, auf Sachen, die in einem Fahrzeug belassen worden sind, und auf lebende Tiere.

S

Aus diesem Grund muss auch der Hotelier des Hotels „Zur Post" aus der Situation haften. Sein Einwand, ihn treffe für das Verschwinden des Kostüms keine Schuld, ist unbeachtlich.

§ 701 BGB

Eingebrachte Sachen: brought-in property

Die strenge Haftung trifft nur Beherbergungswirte, **nicht Schank- und Speisewirte**. **Eingebracht** sind Sachen, die vom Gast mitgebracht werden und in das Hotel einschließlich der Nebenräume gelangen oder die in die Obhut des Hotels gegeben werden. Auf die Eigentumsverhältnisse kommt es nicht an. Als eingebracht gelten Sachen:

▶ wenn sie sich am üblichen Ort befinden, z. B. im Zimmer des Gastes;
▶ wenn sie sich am angewiesenen Ort befinden, z. B. der Koffer im Gepäckaufbewahrungsraum;
▶ wenn sie eine angemessene Zeit vor dem Gast im Hotel eintreffen, z. B. die vorausgeschickten Gepäckstücke des Gastes;
▶ wenn sie sich eine angemessene Zeit nach der Abreise des Gastes noch im Hotel befinden, z. B. Gepäckstücke sollen vom Hotel nachgeschickt werden;
▶ wenn sie außerhalb des Betriebes vom Wirt oder seinem Personal in Obhut genommen werden, z. B. der Hoteldiener holt den Gast am Bahnhof ab und transportiert die Koffer.

Beispiel

> Eine Aktentasche oder ein Laptop im Seminarraum eines Hotels ist eine eingebrachte Sache in diesem Sinne, wenn der Besitzer gleichzeitig auch im Hotel übernachtet. Tut er dies nicht, haftet der Hotelier nur nach den allgemeinen Vorschriften, d. h. bei Verschulden.

Haftungshöchstgrenzen

Um dem Beherbergungswirt kein unbeschränktes Risiko aufzubürden, beinhaltet die gesetzliche Regelung summenmäßige Haftungshöchstgrenzen.

Der Beherbergungswirt haftet im Falle der Beschädigung oder des Abhandenkommens von eingebrachten Sachen der Übernachtungsgäste bis zum Hundertfachen des Beherbergungspreises für einen Tag, mindestens jedoch bis zum Betrag von 600,00 € und höchstens bis zum Betrag von 3 500,00 €. Diese **Höchstbetragshaftung** gilt gegenüber jedem einzelnen Gast, auch wenn der Gast zusammen mit einem oder mehreren Gästen in ein Zimmer aufgenommen wurde. Beim Beherbergungspreis wird der im Zimmerpreis eventuell enthaltene Preis für Verpflegung nicht mitgerechnet.

§ 702 BGB:
Summenmäßige Beschränkung der Haftung

Haftungshöchstsummen für eingebrachte Sachen (€)				
Beherbergungsart	Landgasthof „Zum Auerhahn"	Hotel „Grüner Jäger"	Hotel „Zur Erholung"	Hotel „Alte Mühle"
Beherbergungspreis pro Tag in €	5,60 EZ	18,00 EZ	46,00 EZ	50,00 p. P. im DZ
Haftungsbetrag des Gastwirts	600,00	1 800,00	3 500,00	je 3 500,00

Eine Sonderregelung gilt für **Geld, Wertpapiere, Kostbarkeiten**, d. h. für Dinge mit relativ geringer Größe und Gewicht, aber relativ hohem Wert, z. B. goldene Armbanduhr, Ringe, Perlen. Hierfür gilt ein Höchstbetrag der Haftung von 800,00 €.

Nicht unter den Begriff Kostbarkeiten fallen z. B. Pelze, die als Bekleidungsstücke getragen werden, unabhängig von ihrem Wert. Für diese haftet der Wirt nicht bis 800,00 €, sondern bis zu 3 500,00 €.

Beispiel

> Herr Buhmann wohnt mit seiner Tochter im Hotel „Holiday". Sie haben ein Zimmer zum Preis von 20,00 € pro Bett gemietet. Während Vater und Tochter an einem Ball teilnehmen, werden aus dem Zimmer eine goldene Armbanduhr des Vaters im Wert von 2 500,00 € sowie der Pelzmantel der Tochter im Wert von 8 000,00 € entwendet.
> Für den Hotelier bedeutet der Diebstahl, dass er für die entwendete goldene Armbanduhr in Höhe von 800,00 € und für den Pelzmantel in Höhe von 2 000,00 € zu haften hat (Haftungssumme insgesamt 2 800,00 €).

Diese Haftungshöchstgrenzen gelten allerdings nicht in allen Fällen.

Unbeschränkte Haftung bei Verschulden

Der Wirt haftet unbeschränkt für Schäden aus eingebrachten Sachen		
a) bei Verschulden des Wirtes oder seiner Mitarbeiter	b) für in Verwahrung genommene Sachen	c) für alle Sachen, deren Verwahrung der Wirt grundlos abgelehnt hat

Eine unbeschränkte Haftung besteht bei **Verschulden des Beherbergungswirtes oder seiner Mitarbeiter**. Als Verschulden gilt auch hier Vorsatz und Fahrlässigkeit. Für die Fahrlässigkeit ist zu beachten, dass für die erforderliche Sorgfalt für ein Luxushotel andere Anforderungen gelten als für die kleine Pension. Das Anbringen von Sicherheitsschlössern ist jedoch nicht erforderlich. Statt Schlüsseln können auch Codekarten ausgegeben werden, wenn durch deren Beschaffenheit eine vergleichbare Sicherheit gewährleistet ist.

Beispiel

- Der Beherbergungswirt lässt den Zimmerschlüssel an der Rezeption offen hängen und sichert ihn nicht gegen fremden Zugriff.
- Die Mitarbeiter machen den Gast nicht auf erhöhte Diebstahlsgefahr aufmerksam, obwohl sich in letzter Zeit mehrere Diebstähle ereignet haben.
- Die Türschlösser sind nicht in Ordnung.

Verwahrung:
safekeeping

Uneingeschränkte
Haftung:
– bei Verwahrung
– bei unrechtmä-
ßiger Ablehnung
der Verwahrung

Von besonderer praktischer Bedeutung ist auch die unbeschränkte Haftung bei **Verwahrung** von Sachen. Übernimmt der Wirt Gegenstände und bewahrt sie z. B. im Hotelsafe (nicht: Gästesafe auf dem Zimmer) auf, so muss er im Schadensfall den vollen Wert ersetzen. Dieser Haftung kann der Wirt sich auch nicht dadurch entziehen, dass er keine Sachen der Gäste verwahrt. Denn er ist **grundsätzlich zur Verwahrung von Geld, Wertpapieren, Kostbarkeiten** (z. B. Schmuck) **und anderen Wertsachen** (z. B. Fotoausrüstung) **verpflichtet**, wenn der Gast dies wünscht. Lehnt er die Verwahrung zu Unrecht ab, haftet er voll. Er kann allerdings verlangen, dass die Sache in einem verschlossenen oder versiegelten Behältnis übergeben wird. Die Verwahrungspflicht gilt nur dann nicht,

▶ wenn die Wertsachen in Hinblick auf die Größe oder den Rang der Gastwirtschaft von übermäßigem Wert oder Umfang sind oder
▶ wenn die Sachen gefährlich sind.

Beispiel

- Der Wirt eines Dorfgasthofs muss keinen wertvollen Pelzmantel verwahren.
- Gefährlich sind bissige Tiere, Schusswaffen, explosive Sachen.

Keine Haftung

Ausschluss
der Haftung
§ 701 III BGB

Das Gesetz normiert Ausschlusstatbestände, die außerhalb des Risiko- und Einflussbereiches des Beherbergungswirtes stehen und für die er daher nicht haftet.

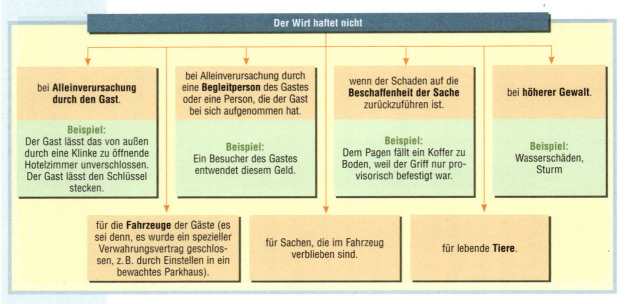

Erlass der Haftung
§ 702a BGB

Weiter kann sich der Wirt in begrenztem Maße von der Haftung **freizeichnen** (sog. Erlass).

Der Gast kann dem Wirt ausdrücklich schriftlich auf einem Blatt, auf dem nichts anderes stehen darf, in zwei Fällen die unbeschränkte Haftung bis zur Höhe der beschränkten Haftung erlassen, d. h., der Wirt haftet dann nur beschränkt.

Dieser teilweise **Haftungserlass** ist in folgenden Fällen möglich:
▶ bei Sachen, die der Wirt in Verwahrung genommen hat,
▶ bei Verschulden des Gastwirtes oder seiner Mitarbeiter, wenn es sich um leichte Fahrlässigkeit handelt.

Ein völliger **Ausschluss der Haftung** des Gastwirtes durch einen Aushang im Empfangsbüro oder Hotelzimmer sowie ein Vermerk in der Anmeldung ist nicht möglich, auch nicht durch ein besonderes Formblatt (Revers), das der Gast beim Mieten des Hotelzimmers unterschrieben hat.

Grundsätzlich ist daher dem Gastwirt zu raten, sich gegen evtl. eintretende Ersatzansprüche seiner Gäste durch den **Abschluss einer Haftpflichtversicherung** abzusichern.
Eine derartige Versicherung ermöglicht es dem Gastwirt, alle eintretenden Schäden durch die Versicherung ersetzen zu lassen, und zwar nicht nur die Schäden aufgrund der Vertragshaftung, sondern auch die aus „unerlaubter Handlung" (Delikthaftung). Schäden aus der strengen Haftung müssen allerdings extra versichert werden. Die Prämien richten sich hierbei u. a. nach der Anzahl der Zimmer.

> Haftpflicht-
> versicherung:
> indemnity/liability
> insurance

Mitverursachung und Pflichten des Gastes

Von den Fällen eines völligen Haftungsausschlusses zu unterscheiden sind die Fälle, in denen den Gast (oder seine Begleitung) eine Mitschuld am Schadenseintritt trifft. Dann wird der Schaden gequotelt.

> Quotelung
> § 254 BGB

Beispiel

Der Gast lässt nachts das Fenster seines Hotelzimmers im ersten Stock offen stehen, durch das ein Dieb eindringt.

Pflichten des Gastes im Schadensfall

Der Gast muss den Schaden unverzüglich dem Gastwirt melden.	Der Gast muss den Wert der eingebrachten beschädigten oder gestohlenen Sache beweisen oder glaubhaft machen.	Der Gast muss beweisen oder glaubhaft machen, dass die beschädigten oder gestohlenen Sachen eingebracht waren.
Bei Zuwiderhandlung erlischt der Schadensersatzanspruch.		

> Pflichten des Gastes:
> customer's/guest's
> obligations

> § 703 BGB

6.3.5   Garderobenhaftung

> Garderobenhaftung:
> liability for cloakroom/
> cloakroom liability

Situation 1

Herr Müller hat im Hotel übernachtet. Da er es morgens eilig hat, nimmt er nach dem Auschecken seinen Mantel und Koffer mit in den Frühstücksraum und hängt bzw. stellt sie dort in die Garderobe. Als er aufbrechen will, ist der Mantel verschwunden.

Situation 2

Herr Meier geht abends ins Restaurant. Seinen Mantel möchte er eigentlich mit an seinen Tisch nehmen und über seinen Nebenstuhl hängen. Da das Restaurant aber sehr gut besucht ist, bittet ihn die Servicekraft, den Mantel an der Garderobe im Gastraum aufzuhängen, was Herr Meier auch tut. Als er aufbrechen will, ist der Mantel verschwunden.

Für den Übernachtungsgast im Beherbergungsbetrieb gilt mitgebrachte Garderobe als eingebrachte Sache. Der Beherbergungswirt haftet daher bei Abhandenkommen verschuldensunabhängig.

> § 701 BGB
> Beherbergungswirt

S1

Das gilt z. B., wenn der Übernachtungsgast Garderobe ins Hotelrestaurant, die Bar, einen Veranstaltungssaal oder in den Frühstücksraum mitbringt.

Schank- und Speisewirt

Für Schank- und Speisebetriebe gilt dies jedoch nicht. Es gibt auch keinen vergleichbaren speziellen Haftungstatbestand für Garderobe. Das bedeutet, dass der Schank- und Speisewirt nur nach den allgemeinen Vorschriften haftet, d.h. **nur bei Verschulden**. Die Haftung kann sich entweder aus einem **selbstständigen Verwahrungsvertrag** oder als Nebenpflicht aus dem Bewirtungsvertrag ergeben.

§§ 688 ff., 701 ff. BGB

Haftung für Garderobe

für Übernachtungsgast im Beherbergungsbetrieb: gesetzliche Haftung	in Schank- oder Speisewirtschaft: selbstständiger Verwahrungsvertrag	in Schank- oder Speisewirtschaft: selbstständige Nebenpflicht (Obhutspflicht) aus Bewirtungsvertrag
Beispiel: Hotelgast bringt Mantel mit ins Hotelrestaurant.	**Beispiel:** bewachte, kostenpflichtige Garderobe mit Garderobenmarken bei Bankettveranstaltung	**Beispiel:** Kellner bittet Restaurantgast, Mantel im separaten Garderobenraum aufzuhängen.
verschuldensunabhängige Haftung	Haftung bei Verschulden des Wirtes oder seiner Erfüllungsgehilfen. Bei unentgeltlicher Verwahrung: nur Sorgfalt wie in eigenen Angelegenheiten	Haftung hängt von Einsehbarkeit der Garderobe für den Gast ab.

Verwahrungs-vertrag: bailment agreement

Ein Verwahrungsvertrag kann ausdrücklich oder stillschweigend, entgeltlich oder unentgeltlich abgeschlossen werden. Voraussetzung ist, dass der Gastronom die Garderobe tatsächlich in dem Sinne in seine Obhut nimmt, und dass er auch die rechtliche Verantwortung dafür hat. Wird Garderobe **entgeltlich** verwahrt, ist im Zweifel von einem Verwahrungsvertrag auszugehen. Denn hier ist die rechtsverbindliche Obhut genau die Gegenleistung zur Zahlung des Entgelts für die Aufbewahrung. Ist die Garderobe jedoch **verpachtet** und ist dies für den Gast auch erkennbar, kommt der Verwahrungsvertrag zwischen Pächter und Gast zustande. Bei **unentgeltlicher** Aufbewahrung ist ein Verwahrungsvertrag nur ausnahmsweise anzunehmen, z.B., wenn für den Gast erkennbar Mitarbeiter eigens mit der Aufsicht über die Garderobe betraut sind. Auch dann gilt aber nicht der normale Fahrlässigkeitsmaßstab, sondern der Verwahrer hat nur für diejenige Sorgfalt einzustehen, welche er in eigenen Angelegenheiten anzuwenden pflegt.

Eine Obhutspflicht als selbstständige Nebenpflicht zum Bewirtungsvertrag wird begründet, wenn der Wirt dem Gast nicht einfach nur Raum zur Abstellung und Niederlegung zur Verfügung stellt, sondern wenn er tatsächlich eine besondere **Schutz- und Fürsorgepflicht** übernimmt. Dafür kommt es darauf an, ob der **Gast auf die Garderobe Einsicht nehmen kann**. Ist das der Fall, trägt der Gast das Risiko.

S2

Deshalb haftet der Wirt nicht für das Verschwinden des Mantels. Denn die Garderobe war im Gastraum angebracht, sodass Herr Meier sie sehen konnte. Daran ändert sich auch nicht dadurch etwas, dass die Servicekraft Herrn Meier gebeten hat, den Mantel aufzuhängen. Gibt es dagegen keine für den Gast einsehbare Garderobe und muss dieser die Garderobe daher in einem gesonderten Raum aufhängen, haftet der Wirt.

„Für Garderobe keine Haftung"

Vielfach sieht man an Garderoben **Hinweisschilder mit der Aufschrift „Für Garderobe wird nicht gehaftet"**. Wenn schon nach dem oben Gesagten keine Haftung besteht, sind solche Schilder rechtlich wirkungslos, sie haben dann nur Informationsfunktion gegenüber dem Gast. Schon aus diesem Grund sind sie aber sinnvoll und können im Schadensfall bei Auseinandersetzungen hilfreich sein. Auch wenn an sich eine Haftung besteht, ist ein solcher Haftungsausschluss aber nur in engen Ausnahmefällen wirksam. Der Gastronom kann seine

Haftung für Fälle, in denen Vorsatz oder grobe Fahrlässigkeit von seiner Seite oder der Seite seiner Mitarbeiter vorliegt, **niemals ausschließen**. Auch in einem Verwahrungsvertrag ist ein **Haftungsausschluss rechtswirksam nicht möglich**, da die Obhutspflicht gerade die vertragliche Hauptpflicht ist.

1. Was versteht man unter dem Begriff „Haftung"? Diskutieren Sie in der Klasse, was es rechtlich und wirtschaftlich bedeutet, wenn ein Hotelier oder Gastronom „haftet"?
2. Haftung hängt grundsätzlich vom Verschulden ab. Was bedeutet „Verschulden"?
3. Welche Haftungstatbestände kennen Sie, bei denen unabhängig vom Verschulden eine Haftung eintritt?
4. Im Treppenhaus eines Hotels ist eine Glühbirne kaputt gegangen. Ein Gast verfehlt beim Hinabsteigen der Treppe eine Stufe und knickt mit dem Fußgelenk um. Wovon hängt ein Schmerzensgeldanspruch gegen den Hotelier ab?
5. Was ist der Unterschied zwischen Schadensersatz und Schmerzensgeld?
6. Überlegen Sie sich typische Beispiele für die Verletzung der allgemeinen Verkehrssicherungspflicht in Ihrem Hotel oder Restaurant.
7. Was versteht man unter einem „Erfüllungsgehilfen" und welche Rechtsfolge ergibt sich, wenn jemand Erfüllungsgehilfe ist?
8. Im Salat des Gastes befindet sich ein Ohrring. Der Gast beißt darauf und bricht sich dabei ein Stück aus einem Zahn. Die eilig herbeigerufene Köchin gibt unter Tränen zu, dass ihr Ohrring lose saß und wohl bei der Zubereitung in den Salat gefallen sein muss. Was bedeutet dies für die Haftung des Gastronomen?
9. Erklären Sie mit eigenen Worten, wann eine Sache im Sinne des *§ 701 BGB* „eingebracht" ist.
10. Im Hotel „Deutsches Haus" findet ein Kongress statt. Dabei wohnen allerdings nicht alle Teilnehmer des Kongresses im Hotel, sondern nehmen lediglich an den Diskussionen und Vorträgen teil; zu ihnen gehört auch Herr Bartels.
    Während sich Herr Bartels in einer Kongresspause außerhalb des Tagungsraums aufhält, wird ihm der Aktenkoffer entwendet. Herr Bartels verlangt von dem Hotelier Schadensersatz. Dieser lehnt jegliche Haftung ab. Wer ist Ihrer Meinung nach im Recht?
11. Wann kann der Gastwirt die Verwahrung von Gegenständen ablehnen?
12. Im Gasthof „Zum Alten Braumeister" beträgt der Bettpreis 20,00 € (von diesem Betrag sind bereits das Frühstück, die Mehrwertsteuer und der Service abgezogen). Im Zimmer des Gastes Meier wurde ein Koffer mit Kleidung im Werte von 615,00 € entwendet. Wie viel € bekommt Meier erstattet?
13. Das Hotel „Garmischer Hof" berechnet pro Nacht einen Bettpreis von 50,00 €. Frau Krautwohl hat in diesem Hotel ein Einzelzimmer für drei Nächte bewohnt. Am letzten Tag wurden ihr aus dem Hotelzimmer eine Fotoausrüstung im Wert von 1 125,00 € und ein Kleid im Wert von 97,00 € entwendet. Haftet der Wirt in voller Höhe?
14. Gastwirt Conrady möchte die Haftung für die eingebrachten Sachen seiner Gäste beschränken. Welche Möglichkeiten hat er?
15. Welche Sonderregelung sieht das *BGB* für Geld, Wertpapiere und Kostbarkeiten vor?
16. Erklären Sie den Begriff „Kostbarkeit".
17. Das Hotel „Sonnenbichl" veranstaltet eine „Woche zum Kennenlernen" und bietet ein Bett pro Nacht für 14,00 € an. Herr Bolte nimmt mit seiner Tochter das Sonderangebot des Grandhotels wahr, wird allerdings während seines Aufenthaltes im Luxushotel bestohlen. Ihm wurde Bargeld in Höhe von 1 022,60 € und der Tochter ein Seal-Mantel im Wert von 2 045,00 € entwendet. Mit welchem Betrag haftet nach Ihrer Meinung der Beherbergungswirt?
18. Der Hotelier Montag hat dem Bauunternehmen Köhler einen Auftrag über die Renovierungsarbeiten im Hotelbereich erteilt. Ein Bauarbeiter des Unternehmens vergisst nach Arbeitsende, einen Sack Zement im Flur wegzuräumen. Abends fällt ein Gast über den Zementsack und verletzt sich dabei; auch der Wäschelieferant des Hotels stolpert über den Sack. Beide machen gegenüber dem Hotelier Schadensersatz und Schmerzensgeld geltend. Der Hotelier ist jedoch der Meinung, dass er nichts dafür könne, wenn der Bauarbeiter den Zementsack habe stehen lassen, und somit auch nicht haften müsse. Welcher Meinung sind Sie?
19. Frau Benkert befindet sich auf Urlaubsfahrt und übernachtet im Hotel „Zur Sonne". In ihrem Kosmetikkoffer hat sie u. a. auch Schmuck im Werte von 14 000,00 € deponiert. Bevor sie ihr Hotelzimmer zu einem abendlichen Bummel verlässt, hat sie den Kosmetikkoffer abgeschlossen. Als sie in der Nacht zurückkehrt, ist der Kosmetikkoffer allerdings aufgebrochen und der Schmuck verschwunden. Wer haftet in diesem Fall für den Schaden?
20. Irene P. wohnt im Hotel „Landhaus am Rodenberg". Während sie sich auf dem Zimmer einrichtet, fällt ihr auch eine Informationsmappe des Hauses in die Hände, aus der u. a. zu entnehmen ist, dass Wertsachen im Hotelsafe deponiert werden können. Zunächst will Irene P. aber einen Stadtbummel machen. Während dieser Zeit bringt das Zimmermädchen noch ein Badetuch auf das Zimmer. Beim Verlassen zieht sie die Tür lediglich hinter sich zu, sperrt aber nicht ab. Nach ihrer Rückkehr muss Irene P. feststellen, dass ihr eine Weißgolduhr fehlt. Sie geht zum Wirt und verlangt Schadensersatz. Muss der Wirt diesen leisten?
21. Erläutern Sie den prinzipiellen Unterschied bei der sog. „Garderobenhaftung" je nachdem, ob es sich um einen Hotel- oder einen Restaurantgast handelt.
22. Aus welchen Gründen kann sich eine Haftung für abhanden gekommene Garderobe ergeben?
23. Das Ehepaar Schulz besucht ein edles Restaurant. Schon an der Tür werden ihnen vom Kellner die Mäntel abgenommen und in einem Garderobenraum aufgehängt. Als Schulzes gehen wollen, ist der teure Pelzmantel von Frau Schulze verschwunden. Der Gastronom verweist auf ein Schild „Für Garderobe keine Haftung" im Eingangsbereich. Kann er sich darauf berufen?
24. Recherchieren Sie im Internet, in welchem Vertragsverhältnis der „Einmietbetrug" – außer beim Beherbergungsvertrag – noch sehr häufig auftritt.

**Fundsachen:
lost property**

6.4 Fundsachen im Hotel

Immer wieder lassen Gäste bei ihrer Abreise Gegenstände zurück.
Oftmals hört man im allgemeinen Sprachgebrauch, dass eine Sache verloren gegangen sei, obwohl sie nur verlegt ist oder sich im Besitz eines anderen befindet (z. B. hat der Gastwirt die Sache an sich genommen).

Verlegte, vergessene oder gestohlene Gegenstände gelten jedoch nicht als verloren; es sei denn, der Hotelgast kann sich nicht mehr daran erinnern, wo er diese Gegenstände hingelegt hat. Im Hinblick darauf, welche Pflichten bzw. Rechte der Finder oder der Wirt hat, ist es wichtig, liegen gebliebene von verlorenen Sachen zu unterscheiden.

Sachen
↙   ↘
liegen   **verloren**
geblieben

Liegen gebliebene Sachen	Verlorene Sachen
Versehentliches Zurücklassen von Gegenständen durch den Gast, wobei er sich erinnert, wo er sie gelassen hat	Gegenstände, die der Verlierer unfreiwillig und zufällig verliert, ohne sich erinnern zu können, wo sie geblieben sind
Beispiele: • Wäsche im Kleiderschrank des Hotelzimmers • Brosche im Bad oder in der Nachttischschublade • Aktenkoffer auf der Kofferablage des Hotelzimmers • Regenschirm im Schirmständer des Restaurants • Mantel an der Garderobe	Beispiele: • Ein Besucher des Schwimmbads findet eine Uhr, niemand weiß, wem die Uhr gehört. • Ein Gast findet auf dem Fußboden des Restaurants eine Kette.

Liegen gebliebene Sachen gehen sofort in den Besitz des Gastwirts über (jedoch nicht in dessen Eigentum), wenn sie entdeckt werden. Man kann von „Verlieren" und „Finden" in einem Hotel und einer Gaststätte kaum sprechen – nur wenn sie gemäß oben stehender Definition wiedergefunden werden, der Finder also der Besitzer der Sache ist. Eigentümer der verlorenen Sachen bleibt jedoch der Verlierer.

6.4.1 Behandlung liegen gebliebener Sachen

Situation 1

Frau Käfferlein hat im Hotel „Zur Krone" übernachtet. Nachdem sie das Hotel verlassen und ihre Urlaubsfahrt fortgesetzt hat, stellt sie am nächsten Tag fest, dass sie ihre goldenen Ohrringe im Hotel „Zur Krone" im Badezimmer liegen lassen hat.

Situation 2

Familie Zierden hat im Restaurant „Zum Wildschütz" zu Abend gegessen. Herr Zierden stellt auf dem Heimweg fest, dass er seinen Schal an der Garderobe vergessen hat.

Entsprechend dem Gastaufnahmevertrag muss der Gastwirt tätig werden. Er wird den Gast benachrichtigen, wenn dessen Adresse bekannt ist.

Pflichten des Finders	Rechte des Finders
1. **Unentgeltliche Verwahrungspflicht** des Wirts bis zur Rückgabe an den Eigentümer gem. Gastaufnahmevertrag	1. **Erstattung der Kosten** der Nachsendung der Gegenstände
2. **Herausgabepflicht des Wirtes** Benachrichtigung des Gastes, wenn dieser bekannt ist, und mit Einverständnis des Gastes Nachsendung der Gegenstände. Man sollte Sachen dem Gast nicht einfach nachsenden, da es dadurch für ihn zu einer peinlichen Situation kommen könnte.	2. **Eigentumserwerb** an der verlorenen Sache sechs Monate nach der Anzeige; allerdings besteht ein dreijähriger Herausgabeanspruch durch den früheren Eigentümer (Verlierer)
3. **Anzeigepflicht** Ist der Gast unbekannt und meldet er sich auch nicht, dann hat der Wirt die liegen gebliebene Sache nach sechs Monaten Verwahrung der zuständigen Behörde (Polizei oder Fundamt) anzuzeigen und eventuell zu übergeben. Sie wird dann zur verlorenen Sache.	

§§ 965 ff. BGB

Finder: finder

Ist der Eigentümer einer liegen gebliebenen Sache unbekannt, hat der Wirt/Hotelier die Gegenstände ein halbes Jahr aufzubewahren. Meldet sich der Gast in dieser Zeit nicht, ist die Angelegenheit wie ein Fund zu behandeln.

Eigentümer: owner

6.4.2   Behandlung von Fundsachen

Situation

Frau Maulik geht auf der Straße spazieren. In der Nähe der Gaststätte „Alte Mühle" findet sie auf dem Bürgersteig eine Geldbörse. Sie nimmt sie an sich, wundert sich allerdings darüber, dass die mitten auf dem Bürgersteig liegende Börse noch niemand vor ihr gefunden hat.

S

In unserer Situation hat Frau Maulik einen „verlorenen" Gegenstand an sich genommen; nach dem Gesetz ist sie damit Finder, da sie den verlorenen Gegenstand nicht nur entdeckt, sondern auch an sich genommen hat (Besitznahme).

Wie wir gesehen haben, ist zunächst immer zu klären, wer rechtlich der **Finder** ist, dementsprechend wird der Wirt sein Personal anweisen, alle Fundsachen aufzuheben und bei ihm oder dem diensthabenden leitenden Angestellten abzugeben. Allerdings ist das Personal überwiegend bereits durch eine entsprechende Klausel im Arbeitsvertrag verpflichtet, alle im Betrieb gefundenen Sachen dem Wirt (Arbeitgeber) abzuliefern; dieser ist im rechtlichen Sinne der Finder, sodass ihm auch die Rechte aus dem Fund zustehen.

Würde die oben genannte Anweisung oder Klausel im Arbeitsvertrag nicht stehen, so könnte es zu unterschiedlichen Meinungen darüber kommen, ob nicht der jeweilige Mitarbeiter, der eine Fundsache an sich nimmt, als Finder zu bezeichnen ist.

Pflichten und Rechte des Finders

Pflichten

Pflichten: obligations

▶ Der Finder muss unverzüglich den Empfangsberechtigten unterrichten (sofern bekannt).
▶ Die Fundsache ist dem Empfangsberechtigten gegen Zahlung des Finderlohns auszuhändigen.
▶ Ist der Empfangsberechtigte unbekannt, so muss der Finder die Umstände, die für die Ermittlung des Empfangsberechtigten von Bedeutung sein können, sofort der zuständigen Behörde mitteilen.
▶ Es ist anzugeben, wo die Sache gefunden wurde.

§§ 965 ff. BGB

▶ Der Finder kann in diesem Fall die Fundsache auf Kosten des Empfangsberechtigten sorgfältig aufbewahren oder sie bei der zuständigen Behörde abliefern).

▶ Die Anzeigepflicht entfällt, wenn die Sache nicht mehr als 10,00 € Wert hat.

Rechte

Rechte: rights

§ 973 BGB

▶ Das Eigentum an der gefundenen Sache erwirbt der Finder, wenn der Empfangsberechtigte sich nach Ablauf von sechs Monaten seit Anzeige des Fundes nicht bei der zuständigen Behörde meldet. Bei Sachen unter 10,00 € Wert beginnt die Frist schon mit dem Fund. Falls der Finder den Fund auf Nachfrage verheimlicht, erwirbt er allerdings kein Eigentum. Wenn der Finder den Fund noch hat, kann der Verlierer weitere drei Jahre lang die Herausgabe des Fundes verlangen.

§§ 970 ff. BGB

▶ Der **gesetzliche Finderlohn** beträgt bei Sachen bis zu 500,00 € 5 %, von dem Mehrwert 3 %, bei Tieren immer 3 % des Wertes.
Beispiel:
Unter einer Bank wird eine Geldbörse mit 937,12 € gefunden. Der Finderlohn errechnet sich:
bis zu 500,00 € 5 %   = 25,00 €
Mehrwert 437,12 € 3 %   = 13,11 €
Finderlohn   = 38,11 €

▶ Der Finder hat ein Recht auf Aufwendungsersatz (Kosten von Porto, Telefon, Nachforschungen nach dem Verlierer, Zeitungsinseraten, Kosten, die durch die Aufbewahrung der Fundsache entstehen, usw.).

Schatzfund

Fund: trove/find/discorvery

§ 984 BGB

Wird eine Sache, die so lange verborgen gelegen hat, dass der Eigentümer nicht mehr zu ermitteln ist (Schatz), entdeckt und infolge der Entdeckung in Besitz genommen, so wird das Eigentum zur Hälfte von dem Entdecker, zur Hälfte von dem Eigentümer der Sache erworben, in welcher der Schatz verborgen war.

Wie aus dem vorstehenden Paragrafen ersichtlich wird, kommt es beim Schatzfund darauf an, wer den Gegenstand entdeckt und ihn in Besitz nimmt.

Beispiel

Bei Rohrleitungsarbeiten entdeckt ein Mitarbeiter einer Baufirma im Garten des Hotels „Gesundbrunnen" einen Behälter, in dem verschiedene Silbermünzen aus dem Mittelalter liegen, und nimmt ihn in Besitz.
Entdecker ist in diesem Fall der Mitarbeiter des Bauunternehmens, sodass ihm die Hälfte des Schatzfundes zusteht; die andere Hälfte gehört dem Hotelier als Eigentümer des Fundortes.

§ 965 BGB

§§ 970, 971, 973 BGB

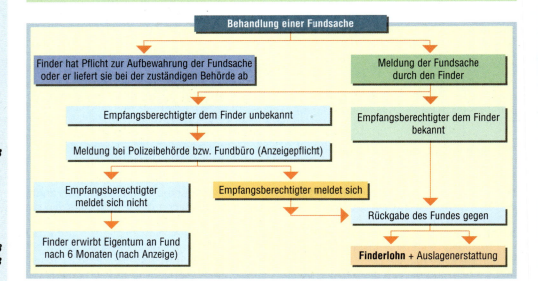

Aufgaben

1. Wann ist eine Sache im rechtlichen Sinne „verloren"?
2. Was verstehen Sie unter „liegen gebliebenen (liegen gelassenen) Sachen"?
3. Nennen Sie die Pflichten des Finders einer verlorenen Sache.
4. Unterscheiden Sie liegen gebliebene Sachen von Fundsachen.
5. Stellen Sie Rechte und Pflichten des Finders einer Fundsache gegenüber.
6. Welche Rechte hat der Entdecker einer liegen gebliebenen Sache?
7. Auf Zimmer 11, das morgens vom Gast geräumt worden ist, findet das Zimmermädchen eine Geldbörse.
   Das Personal des Hotels ist angewiesen worden, alle liegen gebliebenen Sachen am Empfang abzugeben.
   Wie ist die Sache zu behandeln?
8. Kann der Finder einer Sache auch Eigentum an dieser erlangen?
9. Erläutern Sie, in welchen der genannten Fälle es sich um eine liegen gelassene bzw. um eine verlorene Sache handelt:
   a) Im Hotel „Grainauer Hof" ist einem Gast, ohne dass dieser es bemerkt hätte, ein Ring hinter das Bett gefallen. Erst bei Ausbesserungsarbeiten entdecken Angestellte des Hotels den Ring.
   b) Herr Krause verlässt den Gasthof „Zur Goldenen Kugel" nach mehreren Stunden Skatspiel. Da es im Moment nicht mehr regnet, vergisst Herr Krause dort seinen Regenschirm.
   c) Im selben Hotel hat Herr Wunsch übernachtet, lässt bei der Abreise jedoch seine Uhr auf der Ablage über dem Bett liegen; sie wird vom Zimmermädchen später entdeckt.
10. Der Zimmerboy des Hotels „Zur Brücke" findet ein Täschchen, in dem sich verschiedene Papiere sowie eine Geldbörse mit 1 125,00 € befinden. Nachdem das Hotel den Empfangsberechtigten ausfindig gemacht hat, übersendet es die Fundsache und bittet im Begleitschreiben darum, den angegebenen Finderlohn zu erstatten. Wie hoch wird dieser Ihrer Meinung nach sein?

6.5 Pfandrecht des Gastwirtes

**Pfandrecht:
lien**

Situation

„Der Gastwirt hat für seine Forderungen für Wohnung und andere, dem Gast zur Befriedigung seiner Bedürfnisse gewährte Leistungen mit Einschluss der Auslagen, ein Pfandrecht an den eingebrachten Sachen des Gastes."

§ 704 BGB

Gemäß dem *BGB* haben also nicht alle Wirte ein **Pfandrecht**. So steht dem Schank- und Speisenwirt im Gegensatz zum Beherbergungswirt kein gesetzliches Pfandrecht zu. Er kann nicht ohne Weiteres die Garderobe des Gastes an sich nehmen, um dadurch ein Pfand gegenüber dem Gast in der Hand zu haben. Allerdings kann der Wirt ein Pfandrecht aufgrund Vereinbarung erwerben, und zwar in der Form, dass der Gast ihm einen Wertgegenstand aushändigt, wogegen der Wirt die Forderung stundet. Allgemeine Voraussetzung für das dem Wirt zustehende Pfandrecht ist, dass er Forderungen gegenüber dem Gast hat, für die ihm ein Pfandrecht zusteht.

6.5.1 Pfandrecht des Beherbergungswirtes

Situation

Im Hotel „Seeadler" wohnt schon seit über einer Woche Herr Stegemann. Als das Hotel einen Abschlag auf die Zimmerrechnung von ihm verlangt, ist der Gast nicht bereit zu zahlen. Kann der Beherbergungswirt gegenüber dem Gast sein Pfandrecht geltend machen?

Wenn ein Gastwirt gewerbsmäßig Fremde in seinem Haus beherbergt, also einen Beherbergungsvertrag geschlossen hat, so steht ihm **ein Pfandrecht an den eingebrachten Sachen** des Gastes zu. Bezahlt der Gast seine Rechnung nicht, kann der Hotelier (nur dieser) dem Gast mitteilen, dass er sein Pfandrecht an dessen Sachen geltend mache. Der Gast darf diese Sachen dann nicht aus dem Hotel entfernen.

Der Hotelier kann bei Verdacht einer **Zechprellerei** oder eines **Einmietbetruges** sein Pfandrecht an den eingebrachten Sachen geltend machen. Diese Tatbestände liegen vor, wenn ein

**Zechprellerei:
bilking**

Mahnbescheid:
default summons/
summary notice to pay

Gast eine Bestellung aufgibt oder sich im Hotel einmietet, ohne über die entsprechenden Mittel zu verfügen (= Betrug, s. Kap. 6.2.2). Verlässt der Gast ohne Wissen des Gastwirts unter Mitnahme seiner Sachen den gastronomischen Betrieb, so verbleibt dem Gastwirt nur die Möglichkeit einer Strafanzeige bei der Polizei und der Geltendmachung der Forderung durch **Mahn- und Vollstreckungsbescheid**. Ein Vollstreckungsbescheid ist ein sogenannter Schuldtitel und steht einem Urteil gleich. Der Gastwirt kann den Gerichtsvollzieher beauftragen, eine Pfändung einer Sache des Schuldners vorzunehmen.

Demgegenüber kann der Schank- oder Speisewirt sein Recht auf Bezahlung durch ein Pfandrecht nicht durchsetzen.

Das Pfandrecht deckt alle Forderungen ab, die der Gastwirt an den Gast hat.

Dem Pfandrecht unterliegen Forderungen des Gastwirts aus:
▶ Beherbergung (Zimmerpreis, Bedienungsgeld, Garagenmiete usw.),
▶ Verpflegung (Speisen und Getränke, Tabakwaren, Bedienungsgeld usw.),
▶ Nebenleistungen und Auslagen (Telefon, Waschen und Bügeln, Theaterkarten, Taxirechnungen, Saunabenutzung, Reparaturrechnungen für das Auto, Hallenbadbenutzung, Rechnungen über Schäden, z.B. am Geschirr, an Gläsern, Tisch- oder Bettwäsche).

Kein Pfandrecht hat der Gastwirt jedoch an Darlehensansprüchen, die mit der Beherbergung nicht zwangsläufig zusammenhängen (wurde dem Gast Geld geliehen und hat dieser es bis zu seiner Abreise noch nicht zurückgegeben, so hat der Gastwirt trotzdem kein Pfandrecht an den eingebrachten Sachen seines Gastes).

Pfänden kann der Gastwirt auch nur bei demjenigen, mit dem er den Beherbergungsvertrag abgeschlossen hat.

S So kann sich der Gastwirt in der Situation direkt an Herrn Stegemann halten. Wäre die Sachlage jedoch so, dass Herr Stegemann Angestellter einer großen EDV-Firma wäre, die den Beherbergungsvertrag abgeschlossen hat, so müsste sich der Gastwirt mit seiner Forderung an diese wenden, es sei denn, er hätte unmittelbar eine Forderung gegen seinen Gast.

Will der Gastwirt von seinem Pfandrecht Gebrauch machen, so ist immer noch **zwischen pfändbaren und unpfändbaren Gegenständen zu unterscheiden:**
1. Ein Pfandrecht besteht für den Gastwirt an Sachen, die „eingebracht" und Eigentum des Gastes sind.
2. Zu den unpfändbaren Gegenständen zählen:
   ▷ alle Gegenstände, die nicht eingebracht sind, z.B. der Kraftwagen und die Sachen, die in ihm liegen,
   ▷ Musterkoffer des Geschäftsreisenden, die der Firma gehören,
   ▷ die zur Berufsausübung notwendigen Gegenstände/Geräte, z.B. Computer,
   ▷ persönliche Sachen (z.B. Trauring), unentbehrliche Kleider, Arbeitsgeräte, die zur Erwerbsfähigkeit notwendig sind, Orden und Ehrenzeichen usw.,
   ▷ Brillen, künstliche Gliedmaßen usw.

Übergibt der Gast dem Gastwirt freiwillig einen unpfändbaren Gegenstand, so kann der Gastwirt ihn entgegennehmen.

Grundsätzlich darf nur ein Gegenstand gepfändet werden, dessen Wert (voraussichtlicher Versteigerungswert) der Höhe der Forderung entspricht.

Pfändung:
distraint

6.5.2   Durchführung einer Pfändung

Situation

Der Gast Schulz schuldet dem Beherbergungswirt noch 50,00 €. Der Gastwirt hat dafür einen Ring im Werte von ca. 500,00 € einbehalten. Hat der Gastwirt richtig gehandelt?

§§ 562 ff. BGB

Der Gastwirt darf den Gast notfalls mit Gewalt daran hindern, die eingebrachten Sachen aus dem Hotel zu entfernen, solange der Gast seine Rechnung noch nicht bezahlt hat, denn der Gastwirt hat an allen Sachen, die aus dem Hotel mit seinem Wissen und ohne dass er widerspricht entfernt worden sind, keinerlei Pfandrecht mehr.

Der Gastwirt kann eigentlich nur auf zwei Wegen den Besitz eines Pfandes erlangen.

Pfändung durch:
▶ freiwillige Herausgabe. Der Gast übergibt dem Gastwirt freiwillig ein Pfand als Sicherheit (z. B. ein Kofferradio).
▶ Selbsthilfe des Gastwirtes. Der Gastwirt nimmt dem Gast ohne dessen Einwilligung ein Pfandstück ab (z. B. einen Koffer), weil der Gast seine Rechnung nicht bezahlen will.

Anders verhält es sich allerdings, wenn der Gast versucht, heimlich aus dem Hotel zu verschwinden, ohne seine Zeche bezahlt zu haben, und Verdacht auf Zechprellerei vorliegt. Dann kann der Gastwirt sich auch außerhalb des Hotels auf sein Pfandrecht berufen. Er kann in diesem Fall den Gast auch auf der Straße – falls Polizei nicht so schnell erreichbar ist – im Wege der Selbsthilfe verfolgen, ihn festhalten, bis die Polizei eintrifft, und ihm Gepäck abnehmen. Natürlich darf der Gastwirt sein Pfandrecht nur bis zur Deckung der ihm zustehenden Ansprüche ausüben.

§ 127 StPO

6.5.3   Verwertung des Pfandes

Pfand:
pledge/security

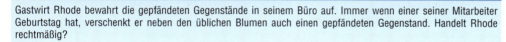

Situation

Gastwirt Rhode bewahrt die gepfändeten Gegenstände in seinem Büro auf. Immer wenn einer seiner Mitarbeiter Geburtstag hat, verschenkt er neben den üblichen Blumen auch einen gepfändeten Gegenstand. Handelt Rhode rechtmäßig?

Jeder Gastwirt hat alle **gepfändeten Gegenstände sorgfältig und kostenlos aufzubewahren**. Die Pfänder dürfen weder vom Gastwirt verwendet noch an sein Personal verschenkt werden. Außerdem haftet der Gastwirt für alle vorsätzlichen bzw. auf grobe Fahrlässigkeit zurückzuführenden Schäden oder den Verlust der Pfänder, da der gepfändete Gast immer noch Eigentümer des Pfandes ist.

Der Gast kann sich von dem Pfandrecht des Gastwirts befreien, indem er in Höhe des Wertes der Pfandsachen eine Sicherheit leistet, z. B. in Form einer Bürgschaftserklärung bei der Bank oder durch die Ausstellung einer Kostenübernahmeerklärung durch den Arbeitgeber.

Der Gastwirt kann im Rahmen seines Pfandrechtes die Sachen des Gastes durch den zuständigen Gerichtsvollzieher versteigern lassen und den Erlös in Höhe seiner Forderung einbehalten. Er kann auch alle im Zusammenhang stehenden Kosten abziehen, die durch die Beherbergung des Gastes entstanden sind. Sollte sich ein Überschuss bei der Versteigerung ergeben, so ist dieser dem Schuldner zuzuleiten; wenn der Aufenthaltsort des Schuldners unbekannt ist, so ist der Überschuss bei Gericht zu hinterlegen.

Die **Versteigerung des Pfandes** und die geschuldete Summe ist dem Schuldner allerdings mindestens einen Monat vor dem Versteigerungstermin mitzuteilen (Ort, Zeit usw.). Bei der Versteigerung können der Eigentümer und der Gastwirt mitbieten.

Versteigerung:
auction/public sale

Aufgaben

1. Nennen Sie fünf Gegenstände, die nicht pfändbar sind.
2. Unter welchen Voraussetzungen kann der Gastwirt von seinem Pfandrecht Gebrauch machen?
3. An welchen Sachen hat der Gastwirt ein Pfandrecht?
4. Welche Möglichkeiten hat der Gastwirt, um in den Besitz des Pfandes zu gelangen?
5. Wie kann der Gastwirt ein Pfand verwerten?
6. Frau Pinagel übernachtet im Gasthof „Am Walde". Als am nächsten Morgen vom Gastwirt die Rechnung vorgelegt wird, antwortet sie, dass sie momentan kein Geld habe und die Rechnung später bezahlen werde. Daraufhin erwidert der Gastwirt, dass er ihren Hund, einen Pudel, als Pfand zurück-

behalten will. Dagegen protestiert Frau Pinagel. Wer ist im Recht?
7. Hotelier Meyer hat als Pfand von einem Gast, der seine Rechnung nicht bezahlt hat, eine Uhr aus Weißgold zurückbehalten. Nachdem der Schuldner der Aufforderung zur Zahlung des Beherbergungspreises nicht nachgekommen ist, veranlasst der Hotelier Meyer die Versteigerung der Armbanduhr. Aufgrund der Versteigerung erhält der Hotelier einen Erlös von 205,00 €. Die Kosten der Versteigerung betragen 92,00 €. Für Benachrichtigungskosten usw. sind bereits 12,80 € angefallen. Die noch offene Beherbergungsrechnung macht 61,40 € aus. Nehmen Sie die Abrechnung vor.

6.6 Hotelmelderecht

Beherbergungsgäste sind verpflichtet, bei Ankunft einen **Meldeschein** auszufüllen. Der Leiter der Beherbergungsstätte (also z. B. der Hoteldirektor oder Campingplatzbesitzer) ist dafür verantwortlich, dass dies auch geschieht. Deshalb muss er

▶ Meldescheine bereithalten, die den rechtlichen Vorgaben entsprechen
▶ darauf achten und darauf hinwirken, dass die Gäste diese ordnungsgemäß ausfüllen und
▶ die Meldescheine dem Gesetz entsprechend aufbewahren.

Das Hotelmelderecht ist seit dem 1. November 2015 einheitlich im **Bundesmeldegesetz (BMG)** geregelt. Davor galten unterschiedliche Meldegesetze in den Ländern. Verstöße der Beherbergungsstätte gegen die melderechtlichen Pflichten sind Ordnungswidrigkeiten und können mit Geldbuße bis zu 1.000 € geahndet werden.

Das BMG sieht folgende **Pflichtangaben** für den Meldeschein vor:
– Datum der Ankunft und der voraussichtlichen Abreise
– Familienname
– Vornamen
– Geburtsdatum
– Staatsangehörigkeit
– Anschrift
– Zahl der Mitreisenden und deren Staatsangehörigkeit
– bei Ausländern Passnummer

Den Meldeschein kann man entweder selbst anfertigen oder als Meldescheinblock gedruckt kaufen.

Name und Anschrift der Beherbergungsstätte

Meldeschein der Beherbergungsstätten
Registration form of hotels and lodgings / Déclaration d'arrivèe

Rechtsgrundlage für die Erhebung der erfragten Daten sowie die Vorlage eines gültigen Identitätsdokuments für ausländische Gäste von Beherbergungsstätten sind §§ 23 und 24 des Meldegesetzes (MG). Wer diesen Meldepflichten nicht nachkommt, handelt ordnungswidrig (§ 36 Abs. 1 Nr. 2 MG). Die Ordnungswidrigkeit kann mit einer Geldbuße bis zu 500,- € geahndet werden (§ 36 Abs. 3 MG).

Bitte beachten Sie die Hinweise für das Ausfüllen des Meldescheins.
Please note directions before completing this registration form.
Veuillez respecter les indications en remplissant la déclaration.

	Gast/Guest/Client	**Begleitender Ehegatte** / Accompanying spouse / Conjoint accompagnant
Tag der Ankunft Date of arrival / Date d'arrivée		
Tag der voraussichtlichen Abreise Expected dat of departure / Date probable de départ		
Familienname (ggf. auch abweichende früh. Familienname, z.B. Geburtsname) / Surname (including former surnames, e.g. name at birth) / Nom de familie (event. noms de familie antérieurs, p.ex. nom de naissance)		
Vorname (nur Rufname) Christian name (first name only) / Prénom (uniquement prénom usuel)		
Geburtsdatum Date of birth / Date de naissance	Tag Monat Jahr	Tag Monat Jahr
Geburtsort Place of birth / Lieu de naissance		
Staatsangehörigkeit(en) Nationality (nationalities) / Nationalité(s)		
Postleitzahl, Wohnort (Hauptwohnung) Postal code, address (permanent residence) / Code postal, domicile (principal)		
Straße, Hausnummer Street, number / Rue, numéro		
Staat (bei Wohnort außerhalb des Bundesgebietes) / Country, State (if residence is outside of FRG) / Etat (si domicile n'est pas en RFA)		
Anzahl der begleitenden Kinder No. of accompanying children / Nombre d'enfants accompagnants		

Bei Reisegesellschaften von mehr als zehn Personen. / For travel groups with more than ten members. / S'il s'agit de groupes de plus de dix personnes:
Zahl der Mitreisenden: **Staatsangehörigkeit(en):**
No. of group members / Nombre de participants: Nationality (nationalities) / Nationalité(s)

Von der Beherbergungsstätte auszufüllen: / For hotels and lodgings only: / A remplir par l'hôtel:				
Wenn bei 2. „Ja" angekreuzt wird, sind die Abweichungen im Meldeschein kenntlich zu machen	1. Identitätsdokument wurde vorgelegt und die Angaben verglichen.	zu 1.:	Ja	Nein
	2. Abweichungen vorhanden.	zu 2.:	Ja	Nein

Unterschrift des Gastes bzw. des Reiseleiters
Signature of guest or courier / Signature du client, responsable du groupe

Unterschrift des Ehegatten
Signature of spouse / Signature du conjoint

Best.-Nr. 1197700 »WALDI« W. Diecks GmbH, 85650 Pliening

Ausfüllen des Meldescheins

Daten nach BMG
Die Pflichtangaben müssen eingetragen sein. Neu: Das kann auch das Hotel für den Gast vorausfüllen, z. B. bei Stammgästen oder nach vorheriger Reservierung. Der Gast muss die Daten dann nur noch kontrollieren.

Weitere Daten
Das Landesrecht kann festlegen, dass für die Erhebung von Fremdenverkehrs- und Kurbeiträgen weitere Daten auf dem Meldeschein erhoben werden. Andere Daten dürfen auf dem Meldeschein nicht erhoben werden.

Unterschrift
Eigenhändige, handschriftliche Unterschrift des Gastes weiter erforderlich.

Mitreisende Angehörige
müssen nur der Zahl nach angegeben werden.

Reisegruppen
Bei mehr als 10 Personen muss nur der Reiseleiter Personenzahl und Staatsangehörigkeit angeben.

Ausländer
müssen sich durch Pass oder Passersatz ausweisen. Hotel kontrolliert auf Übereinstimmung und vermerkt Abweichungen.

Dauergäste:
Wer in Beherbergungsstätten für länger als 6 Monate aufgenommen wird, muss sich bei der Kommunalbehörde (z. B. Einwohnermeldeamt, Bürgeramt) regulär wie für eine Wohnung an- und abmelden.

Das Melderecht dient in erster Linie **Sicherheitsinteressen**. Der Gast hat auf der anderen Seite ein Recht auf **Datenschutz**. Deshalb ist klar und abschließend geregelt, wer was mit den Meldedaten anfangen darf – und wer nicht.

Weitere Zwecke des Meldewesens:
▶ Kontrolle von Anschriftenänderungen
▶ Erheben von statistischen Daten

Nutzung der Meldedaten

Aufbewahrung
Die Beherbergungsstätte bewahrt die ausgefüllten Meldescheine ein Jahr lang auf. Danach müssen sie innerhalb von drei Monaten vernichtet werden.

Sicherung
Die Meldescheine müssen so aufbewahrt werden, dass kein Unbefugter sie einsehen kann.

Behörden
Nur bestimmte Behörden (z. B. Meldebehörde, Polizei, Justizvollzug, Zoll, Finanzbehörden) dürfen die Daten einsehen und zur Erfüllung ihrer Aufgaben verarbeiten und nutzen. Auch zur Aufklärung des Schicksals von Vermissten und Unfallopfern dürfen sie genutzt werden.

Tourismus
Nutzung für Erhebung von Fremdenverkehrs- und Kurbeiträgen, für Ausstellung kommunaler Gästekarten und für amtliche Statistik zulässig.

Jede weitere Verarbeitung und Nutzung ist verboten.
Insbesondere darf der Beherbergungsbetrieb die Daten nicht zu Werbezwecken nutzen.

Aufgaben

1. Familie Schneider (Vater, Mutter, eine 18-jährige Tochter und ein 16-jähriger Sohn) machen Urlaub an der Ostsee. Außerdem ist noch der Freund der Tochter dabei, der die spanische Staatsangehörigkeit hat. Wer muss bzw. kann den Meldeschein ausfüllen und welche Angaben müssen enthalten sein?

2. Das BMG hat neu eingeführt, dass der Meldeschein nicht zwingend komplett vom Gast ausgefüllt werden sondern lediglich handschriftlich unterschrieben werden muss. Inwiefern bedeutet das eine Erleichterung für Hotel und Gast?

BMG

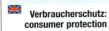

Verbraucherschutz:
consumer protection

Kap. 10.3

Preisauszeichnung:
price labelling

6.7 Auszeichnung, Bezeichnung, Kennzeichnung

Ein wesentliches in Hotellerie und Gastronomie zu berücksichtigendes Ziel ist der Verbraucherschutz als ein wichtiger Bestandteil von Gastfreundschaft. Der Gast als Verbraucher soll immer wissen, was ihn in einem gastgewerblichen Betrieb erwartet. Der **Wahrheit und Klarheit** dient zum einen grundsätzlich das Wettbewerbsrecht. Zum anderen gelten auch spezielle gesetzliche Regelungen, wie gastgewerbliche Produkte (insbesondere Lebensmittel) und Dienstleistungen auszuzeichnen, zu bezeichnen und zu kennzeichnen sind. Auch über die rechtlichen Anforderungen hinaus wird Transparenz für viele Verbraucher immer wichtiger.

6.7.1 Preisauszeichnung im Überblick

Situation

Beim Preis kommt es darauf an, dass der Gast diesen ohne besondere Erschwernisse erkennen und vergleichen kann. Den rechtlichen Rahmen dafür liefert die *Preisangabenverordnung.* Die wichtigsten Vorgaben im Überblick:

§ 7 PAngV

Speisen- und Getränke-karten	Wo Speisen und Getränke angeboten werden, müssen die Preise in Preisverzeichnissen angegeben werden. Diese müssen entweder ▶ auf den Tischen ausgelegt (mindestens eine Speisenkarte pro Tisch), ▶ jedem Gast vor Entgegennahme von Bestellungen und auf Verlangen bei der Abrechnung vorgelegt ▶ oder gut lesbar angebracht werden. Es müssen **alle** Speisen und Getränke aufgeführt sein, auch sogenannte Nebenprodukte, wie z. B. Brot, wenn sie extra berechnet werden. Gehen Speisen oder Getränke aus, müssen diese unverzüglich gestrichen werden.
Eingang der Gaststätte	Zusätzlich ist am Eingang ein Preisverzeichnis anzubringen, aus dem die **wesentlichen** angebotenen Speisen und Getränke ersichtlich sind. Die Wesentlichkeit richtet sich nach dem zahlenmäßigen Schwerpunkt. Der Aushang, z. B. in einem **Schaukasten**, muss unmittelbar neben dem Eingang angebracht sein. Wird er zerstört, muss ein Provisorium angebracht werden.
Hotel	Am Eingang oder an der Rezeption muss an gut sichtbarer Stelle ein Verzeichnis angebracht oder ausgelegt werden, aus dem die Preise der im Wesentlichen angebotenen **Zimmer** und der **Frühstücks**preis ersichtlich sind. Das Frühstück kann, muss aber nicht inklusive angegeben werden. Ggf. ist zwischen EZ und DZ und Vor-/Haupt-/Nachsaison zu unterscheiden. Die sogenannten „**Schrankpreise**", d. h., die Pflicht, die Preise auf dem Hotelzimmer auszuhängen, gibt es nicht mehr.
Telefon	Es ist der geforderte Preis je **Minute oder je Benutzung** in der Nähe des Fernsprechers anzugeben.
Mini-Bar	In jedem Zimmer, in dem sich eine Minibar befindet, ist ein Preisverzeichnis über deren Angebot an einer gut sichtbaren Stelle anzubringen oder auszulegen; dabei reicht bei detaillierter Aufstellung von Menge und Angabe des jeweiligen Stückpreises ein Sammelpreisschild aus.
Internet	Auf die Möglichkeit der Benutzung von Internetzugängen sowie der Bereitstellung von WLAN ist besonders hinzuweisen; die diesbezüglichen Preisverzeichnisse sind in unmittelbarer Nähe an einer gut sichtbaren Stelle auszuhängen oder auszulegen.
Pay-TV	Verfügt das Zimmer über Pay-TV, so ist darüber ein Preisverzeichnis mit den entsprechenden Angaben über Preis je Einheit neben dem TV auszulegen oder an einer gut sichtbaren Stelle anzubringen.
Parkplatz	Bei Garagen, Einstellplätzen oder Parkplätzen, die für weniger als einen Monat vermietet werden, muss an der **Zufahrt** ein Preisverzeichnis angebracht sein.
Endpreis	Es muss immer ein Endpreis angegeben werden, in dem z. B. **Mehrwertsteuer**, **Bedienungsgeld**, **Gedecke** oder **Zuschläge** für Musik, Heizung etc. inklusive sind. Es muss ein klarer Bezug zur **Menge** gegeben sein (z. B. Volumenangaben bei Getränken). In **Selbstbedienungsrestaurants** genügt die Angabe €/100 g (z. B. an der Salatbar), auch wenn der Gast erst an der Kasse den Endbetrag erfährt.

6.7.2　Ausschankmaße

Frau Meier bestellt im Café einen „Pott Tee". Als das Getränk gebracht wird, ist sie über den ihrer Meinung nach „winzigen" Becher enttäuscht. Sie bemängelt, dass auf dem Becher die Füllmenge nicht angegeben ist. Zu Recht?

Ausschankmaße (früher „Schankgefäße") sind Gefäße („Hohlmaße"), die zum gewerbsmäßigen Ausschank von Getränken gegen Entgelt bestimmt sind und bei Bedarf gefüllt werden (z. B. Gläser, Flaschen, Karaffen, Kannen).
Ausschankmaße müssen geeicht sein, um den Gast vor Irreführung zu schützen. Die genauen Regeln dazu legt das Eichrecht fest. Zum 1.1.2015 sind ein neues **Mess- und Eichgesetz (MessEG)** sowie eine neue Mess- und Eichverordnung (MessEV) in Kraft getreten. Diese haben die zulässigen Volumina erweitert; außerdem genügen bestimmte Glasformen (z. B. bauchige Weingläser und Cognacschwenker) nicht mehr den Anforderungen des Eichrechts und werden deshalb als geeichte Ausführung nicht mehr produziert.

Alle Ausschankmaße müssen eine Strichmarkierung (Füllstrich) haben, die das Nennvolumen kennzeichnet. Dabei darf ein Glas nicht jede beliebige Größe haben, sondern es wurden aus Verbraucherschutzgründen einheitliche Nennvolumina festgelegt. Aufgrund veränderter Konsumgewohnheiten werden ab dem 1.1.2015 voraussichtlich zusätzlich Gläser mit 0,15 l sowie 0,33 l zulässig sein. Insgesamt sind beim Verwenden für den geschäftsmäßigen Ausschank Ausschankmaße nur mit den folgenden Nennvolumina zulässig:

▶ 1; 2; 4; 5 (neu) oder 10 Zentiliter (cl)
▶ 0,1; 0,15; 0,2; 0,25; 0,3; 0,33 (neu); 0,4 oder 0,5 Liter (l)
▶ 1; 1,5; 2; 3; 4 oder 5 Liter (l)

Keinen Füllstrich benötigen:
1. alkoholische Mischgetränke, die unmittelbar vor dem Ausschank aus mehr als zwei Getränken gemischt werden, oder deren wesentlicher Bestandteil eine gefrorene oder halbgefrorene Flüssigkeit ist,
2. Kaffee-, Tee-, Kakao- oder Schokoladengetränke,
3. schäumende Getränke, sofern nichtdurchsichtige Ausschankmaße verwendet werden und gewährleistet ist, dass auf Verlangen des Kunden in seiner Anwesenheit die Füllmenge mittels eines Umfüllmaßes überprüft wird und er auf diese Möglichkeit deutlich sichtbar hingewiesen wird,
4. sogenannte Beistellgläser (z. B. beim Flaschenweinservice), da sie definitionsgemäß keine Ausschankmaße sind.

6.7.3　Lebensmittel-Information

Herr Schulz bestellt im Restaurant ein Wiener Schnitzel. Die Bedienung bringt ihm ein paniertes Schweineschnitzel. Herr Schulz meint, hier stimme etwas nicht. Hat er recht?

Lebensmittel sind besonders sensible Produkte. Deshalb gibt es genaue Regeln, welche Informationen dem Verbraucher über sie mitgegeben werden müssen. Die Vorschriften sind dabei unterschiedlich streng, je nachdem ob es sich um **vorverpackte** Lebensmittel handelt oder nicht. Vorverpackte Lebensmittel sind solche, die wir als Endverbraucher z. B. aus dem Supermarktregal kaufen. Für den Gastronomen oder Hotelier bekommen sie im Einkauf Bedeutung, denn was er im Großhandel erwirbt, ist in der Regel vorverpackt.

Lebensmittel, die im Restaurant oder in der Gemeinschaftsverpflegung an die Gäste abgegeben werden, unterliegen dagegen als **nicht vorverpackte Lebensmittel** (früher: lose Ware) weniger strengen Informations- und Kennzeichnungspflichten. Das gilt auch für Lebensmittel, die auf Wunsch des Verbrauchers am Verkaufsort verpackt werden (z. B. Brötchentüte beim Bäcker, Käse an der Bedientheke).

EU-Lebensmittelinformations-Verordnung

LMIV

Wichtigste Vorschrift für die Kennzeichnung von Lebensmitteln ist seit dem 13. Dezember 2014 die europäische **Lebensmittelinformations-Verordnung (LMIV)**. Sie gilt unmittelbar in allen EU-Staaten, wird aber zusätzlich in Deutschland noch durch eine Rechtsverordnung, die Vorläufige **Lebensmittelinformations-Ergänzungsverordnung (VorlLMIEV)** ausgestaltet. Eine endgültige deutsche Verordnung ist geplant.

Die veränderte Kennzeichnung von Lebensmitteln bedeutet zwar einen Mehraufwand, bringt jedoch auch Vorteile für den Gastronomen: Durch ausreichende Kennzeichnung von Lebensmitteln schützt sich der Gastronom vor Haftungsansprüchen – etwa wenn ein Gast Schadensersatz oder Schmerzensgeld geltend machen will, weil er gesundheitliche Probleme nach dem Essen hatte und diese auf nicht gekennzeichnete Allergene zurückführt.

Immer mehr Gäste möchten genauer wissen, was sie essen und trinken. Eine transparente Informationspolitik des Unternehmens kann daher ein wichtiger Aspekt in Marketing und PR sein. Deshalb gibt es z. B. in vielen Gastronomie-Betrieben freiwillige Kennzeichnungen von vegetarischen oder veganen Gerichten, Nährwertinformationen, eine besondere Hervorhebung von regionalen Lebensmitteln, Bio-Zertifizierungen oder die Hervorhebung von bestimmten Produkt-Standards durch Siegel wie Fairtrade u. a.

Bei vorverpackten Lebensmitteln sind insbesondere folgende Angaben verpflichtend:

- Bezeichnung des Lebensmittels
- Menge charakteristischer Zutaten
- Name oder Firma und Anschrift des Lebensmittelunternehmers
- Mindesthaltbarkeitsdatum oder Verbrauchsdatum
- für Getränke mit einem Alkoholgehalt von mehr als 1,2 Volumenprozent Angabe des Alkoholgehalts in Volumenprozent

- Nährwertdeklaration: (seit Dez. 2016) Angabe von Brennwert und Mengen an Fett, gesättigten Fettsäuren, Kohlenhydraten, Zucker, Eiweiß, Salz
- Verzeichnis aller Zutaten
- ggf. besondere Anweisungen für die Aufbewahrung und/oder die Verwendung
- Nettofüllmenge

- bei bestimmten Fleischsorten Ursprungsland oder Herkunftsort
- Für bestimmte Arten von Lebensmitteln sind zusätzliche Angaben Pflicht, z. B. bei unter Schutzatmosphäre verpackten Lebensmitteln, tiefgefrorenem Fleisch oder Fisch, Verwendung von Süßungsmitteln oder zugesetztem Koffein

Für kleine Packungen, deren größte Oberfläche weniger als 10 cm² beträgt, gelten nur eingeschränkte Informationspflichten. Lebensmittel, die im Hinblick auf ihren unmittelbaren Verkauf vorverpackt und zur Selbstbedienung durch den Endverbraucher angeboten werden, brauchen keine Nährwertdeklaration zu enthalten.

Austauschprodukte: Neu durch die LMIV eingeführt wurde auch eine Kennzeichnungspflicht – zusätzlich zum Zutatenverzeichnis – für sog. Austauschprodukte (auch Analog- oder Ersatzprodukte oder Imitate genannt). Davon spricht man, wenn ein Bestandteil, den man üblicherweise in einem Lebensmittel erwartet, durch eine andere Zutat ersetzt wird. Beispiele sind „Käse" aus Pflanzenfett oder „Schinken" aus zusammengefügten Fleischstücken, die hauptsächlich in Convenience-Produkten vorkommen.

Geltung haben jedoch auch bei nicht vorverpackten Lebensmitteln – und damit für die Speise- und Getränkekarten in der Gastronomie – die Vorschriften der LMIV und der VorlLMIEV zur Information über Zutaten und Stoffe, die Allergien und Unverträglichkeiten auslösen können („Allergene"). Folgende 14 Hauptallergene müssen für die Gäste kenntlich gemacht machen:

- glutenhaltiges Getreide
- Fisch
- Milch und Lactose
- Weichtiere

- Krebstiere
- Erdnüsse
- Schalenfrüchte (Baumnüsse)

- Sellerie
- Schwefeldioxid und Sulfite
- Eier

- Soja
- Lupine
- Senf
- Sesamsamen

Zusatzstoffe: additives

Die Information ist auf verschiedenen schriftlichen Wegen möglich, z. B.
- in der normalen Speisekarte über Fußnoten
- durch eine separate Allergikerspeisekarte
- durch Schilder am Lebensmittel auf einem Buffet
- im Internet bei Lieferdiensten
- durch Aushang.

Bewährt hat sich in vielen Betrieben, insbesondere solchen mit wechselnder Tages- oder Wochenkarte, die sog. „Kladden-Lösung", d. h. ein allgemeiner Hinweis in der Speisekarte, ergänzt durch eine separat bereitstehende Kladde oder einen Ordner mit den Allergeninformationen, der auf Nachfrage zur Verfügung gestellt wird.

Zusatzstoff-Zulassungsverordnung

Ebenfalls von Gastronomen gegenüber dem Gast zu beachten sind die Vorschriften der *ZZulV*. Zusatzstoffe dürfen nur eingesetzt werden, wenn sie zugelassen sind. Dann müssen sie nach genauen Vorschriften kenntlich gemacht werden. Das Kenntlichmachen erfolgt in der Regel in der Speisen- und Getränkekarte oder in Imbissbetrieben über entsprechende Tafeln oder Aushänge. Dies kann auch über Fußnoten (z. B. Kennziffern an der einzelnen Speise mit Erläuterung am Ende) erfolgen. Lose Ware (z. B. auf Büfetts) kann über Schilder gekennzeichnet werden.

6.7.4   Verkehrsbezeichnungen und Qualitäten

Der Gast soll wissen, was er bestellt und verzehrt. Daher wird er nach verschiedenen lebensmittelrechtlichen Vorschriften umfangreich vor Täuschungen geschützt. Das **Lebensmittel-, Bedarfsgegenstände- und Futtermittelgesetzbuch** schützt sowohl vor Gesundheitsschäden als auch vor Irreführung. Danach ist es insbesondere verboten:

- ► Lebensmittel unter irreführender Bezeichnung, Angabe oder Aufmachung gewerbsmäßig in den Verkehr zu bringen oder für Lebensmittel mit irreführenden Darstellungen oder Aussagen zu werben,
- ► einem Lebensmittel Wirkungen beizulegen, die ihm gar nicht zukommen,
- ► Lebensmittel in Verkehr zu bringen, die von der Verkehrsauffassung abweichen, ohne dies zu kennzeichnen,
- ► für Lebensmittel krankheitsbezogen zu werben oder Lebensmitteln den Anschein eines Arzneimittels zu geben.

In den **Leitsätzen des Deutschen Lebensmittelbuches** werden Herstellung und Beschaffenheit von Lebensmitteln nach dem aktuellen Stand der Technik dargestellt. Diese Leitsätze beschreiben eine allgemeine Verkehrsauffassung/Verbrauchererwartung, an der sich der Gastronom zu orientieren hat.

Die Leitsätze über Fleisch und Fleischerzeugnisse legen z. B. fest, dass ein Wiener Schnitzel ein paniertes Kalbsschnitzel ist. Bietet ein Restaurant wie in der Situation ein Schweineschnitzel als „Wiener Schnitzel" an, ist dies irreführend und damit unzulässig. Die richtige Bezeichnung wäre „Schnitzel Wiener Art".

Die Bezeichnung vegetarischer oder veganer Produkte darf Verbraucher nicht verwirren. So ist mit Milch rechtlich ein tierisches Erzeugnis gemeint – die Bezeichnung „Sojamilch" wäre unzulässig.
Gentechnik-Produkte müssen mit dem Zusatz „gentechnisch verändert" gekennzeichnet werden. Wer in der Gastronomie **„Bioprodukte"** anbieten und als solche bezeichnen will, muss zuvor eine Zertifizierung nach dem *Öko-Kennzeichengesetz* durchführen.
Bei Wein sind die **Güteklassen/Qualitätsstufen** (z. B. „Wein mit geschützter geografischer Angabe"), die **Prädikatsstufen** bei Qualitätsweinen mit Prädikat (z. B. „Kabinett") sowie die **Anbaugebiete** (z. B. Baden), mit denen der Wein zu bezeichnen ist, nach dem *Weingesetz*

genau festgelegt. Für die Etikettierung sind bestimmte Angaben genau vorgeschrieben. Angaben, die nicht ausdrücklich zugelassen sind, dürfen nicht verwendet werden. Bier darf in Deutschland nur nach dem **Reinheitsgebot** gebraut werden. Das bedeutet, es darf außer Malz, Hopfen, Wasser und Hefe keine Zutaten enthalten. Die Biergattungen (z. B. „Vollbier") sind in der *Bierverordnung* definiert.

Bier
BierV

Aufgaben

1. Sind folgende Preisangaben in der Speisen- und Getränkekarte rechtmäßig?
   ▷ Gegrillte Dorade   Preis nach Größe
   ▷ Verschiedene Kuchen und
      Torten nach Tagesangebot   2,50 € – 4,00 €
   ▷ Spargel   Tagespreis
   ▷ Glas Wein   4,20 €
   ▷ Bordeaux 1/1   17,50 €
2. Das Ehepaar Müller kehrt nach dem Sonntagsspaziergang in ein Ausflugslokal ein. Auf der Getränkekarte werden unter den warmen Getränken u. a. auch Tassen Kaffee und Gläser Tee angeboten. Als Frau Müller eine Tasse Kaffee bestellen will, erhält sie von der Bedienung die unerfreuliche Antwort „Auf der Terrasse nur Kännchen". Ist das rechtens?
3. Bruno Schmier aus Hintertupfingen besucht in Hamburg ein Nachtlokal auf der Reeperbahn. Ihm wird die Speisenkarte gereicht, er bestellt ein Bier für 3,20 €. Dann setzt sich eine Tischdame zu ihm, es wird geschäkert und Bruno bestellt noch einige Bier und Champagner für die Dame. Als er am Ende eines langen Abends bezahlen will, ist er geschockt:
   Es stehen fünf Bier zu je 4,50 € und 3 Glas Champagner zu je 15,00 € auf der Karte. Auf seine irritierte Nachfrage erklärt die Bedienung, Getränke seien bei Verzehr in Anwesenheit einer Tischdame teurer. Bruno meint, das gehe nicht mit rechten Dingen zu. Was meinen Sie dazu?
4. Ist bei Ausschankmaßen für folgende Getränke ein Füllstrich erforderlich?
   a) Fencheltee   b) Punsch
   c) Margarita   d) Long Island Ice Tea
   e) Bowle   f) Russische Schokolade
5. Wie sind folgende Lebensmittel nach der Zusatzstoff-Zulassungsverordnung zu kennzeichnen?
   a) Cola   d) Rosinen
   b) Schinken   e) Schwarze Oliven
   c) Glutamat
6. Diskutieren Sie in der Klasse, wieso die im Folgenden geschilderten Konstellationen in Hinsicht auf den Verbraucherschutz konkret problematisch sein könnten. Wie würden Sie die Situationen jeweils bewerten?
   a) Ein „Joghurt naturmild" enthält einen Zuckerzusatz, weil die meisten Verbraucher ihn sonst als zu sauer empfinden würden.
   b) Beim Barbecue im Gartenlokal werden u.a. „Puten-Fleischspieße" angeboten. Karl bestellt zwei Stück und ist enttäuscht, weil die Spieße nur je zwei kleine Stückchen Putenfleisch, ansonsten nur Zwiebeln und Paprika enthalten.
   c) Herr S. bestellt im Restaurant einen „Falschen Hasen" und erwartet ein Wildgericht.
   d) Ein Bistro möchte ein leichtes Gemüsegericht auf der Karte mit dem Zusatz „fördert die schlanke Linie" beschreiben.
7. Tragen Sie in der Klasse die „bestimmten Anbaugebiete" für Qualitätswein zusammen, die Sie kennen.
8. Was versteht man unter
   a) der Angabe „% vol"?
   b) unter einem „Schankbier"?
   c) unter einem „Bockbier"?
9. Erläutern Sie das „deutsche Reinheitsgebot".
10. Was fällt unter die Eichpflicht?
11. Wie lassen sich Ausschankmaße unterscheiden?
12. Wie müssen Ausschankmaße gekennzeichnet werden, damit sie den Vorschriften des *Mess- und Eichgesetzes* entsprechen?
13. Klaus Schroth hat die Brauerei gewechselt, d.h., er nimmt nur noch Bier von der Kaiser-Brauerei, die ihm auch eine neue Thekenanlage installiert hat. Muss der Gastwirt dies dem zuständigen Landratsamt melden?

Hygiene:
hygiene

6.8   Rechtsgrundlagen der Hygiene

Situation

An einem heißen Sommertag geht die ganze Familie Schiller zum Eisessen. Abends hat die vierjährige Tochter Sophie fürchterliche Bauchschmerzen und Durchfall. Mutter Schiller hat das Schokoladeneis in Verdacht...

Gesundheitsschutz

EU-Verordnung
852/2004

Der **Verbraucherschutz** hat neben dem Schutz vor Irreführung auch den weiteren Aspekt des Gesundheitsschutzes. Diesem dient insbesondere das Hygienerecht. Dieses ist mittlerweile stark durch **europäisches Recht** geprägt. Die Basisregelung des europäischen Hygienerechts ist die *EU-Verordnung 852/2004*, die seit dem 1. Januar 2006 in Kraft ist. Diese Verordnung definiert allgemeine Hygieneregeln, enthält Bestimmungen für die Ein- und Ausfuhr von Lebensmitteln, stellt die Rückverfolgbarkeit der Ware sicher und enthält Regelungen zur ununterbrochenen Kühlkette. Insbesondere aber enthält sie eine gesetzliche Regelung zur Durchführung der Gefahrenanalyse nach dem HACCP-Konzept und deren Dokumenta-tion als Nachweis gegenüber den Aufsichtsbehörden.

HACCP – Hazard Analysis and Critical Control Points

Ein HACCP-System umfasst das Anwenden eines lebensmittelspezifischen Analysekonzepts mit gezielten Maßnahmen, um Gesundheitsgefährdungen für den Verbraucher zu vermeiden; es lässt sich in allen Teilbereichen der Lebensmittelherstellung und -behandlung sowie beim Umgang mit Lebensmitteln anwenden.

Das Verfahren ist ein Instrument zur Vervollständigung der DIN-EN-ISO-Normenreihe 9000 und ff. (DIN ist die Abkürzung für Deutsches Institut für Normung e.V. Berlin/ISO = International Organization for Standardization).

Die EU-Verordnung begründet eine Garantenstellung auch des Hoteliers/Gastronomen (Lebensmittelunternehmers). Er muss nach dieser Verordnung garantieren, dass er auf allen Stufen des Prozesses seine besonderen Sorgfaltspflichten erfüllt, um Gesundheitsschäden sowie Irrungen/Täuschungen abzuwehren.

Jeder Gewerbetreibende, der Lebensmittel herstellt, behandelt oder in den Verkehr bringt, hat durch betriebseigene Kontrollen die hygienische Qualität zu gewährleisten.

Das HACCP steuert den gesamten Herstellungsprozess in hygienischer Sicht und prüft die Qualität in Bezug auf sensorische, ernährungsphysiologische und ökologische Merkmale. Dabei wird meist in sieben Schritten vorgegangen:

Durch die Anwendung des HACCP ist Qualitätssicherung zu einer Norm in der EU geworden. Allerdings wird das Verfahren sich nicht immer reibungslos in allen gastronomischen Betrieben umsetzen lassen, sodass Hilfestellung, z.B. vonseiten des DEHOGA zu geben ist, nicht zuletzt durch Schulung des Personals. In jedem Fall ist das besprochene Konzept ein Instrument des **Qualitäts-managements (QM)**. Ziel ist es, durch die Mitwirkung aller Mitglieder einer Organisation die Qualität in den Mittelpunkt der Unternehmenspolitik zu rücken, um dadurch die Zufriedenheit der Gäste und langfristigen Geschäftserfolg zu erreichen, was auch dem **Total Quality Management** entspricht.

Stufenplan zur Qualitätssicherung nach der HACCP-Methode

HACCP-Verfahren

1. Stufe	Identifizierung auftretender Risiken auf jeder Prozessstufe
2. Stufe	Bestimmung der kritischen Kontrollpunkte
3. Stufe	Definition der Verfahren zur Qualitätsprüfung
4. Stufe	Durchführung des Monitorings
5. Stufe	Durchführung von Korrekturmaßnahmen
6. Stufe	Überprüfung des Systems
7. Stufe	Dokumentation

Die Leitidee des europäischen Lebensmittel- und Hygienerechts ist es, umfassende Sicherheit und Verbraucherschutz von der Urproduktion bis zum Endverbraucher zu gewährleisten („from farm to fork").

Die branchenspezifische Verwirklichung des EU-Rechts erfolgt durch einzelstaatliche Leitlinien für eine gute Verfahrenspraxis. Im Gastgewerbe in Deutschland ist dies die **Leitlinie für eine gute Hygienepraxis in der Gastronomie**, die durch den Deutschen Hotel- und Gaststättenverband (DEHOGA), die Berufsgenossenschaft Nahrungsmittel und Gaststätten (BGN) und den Bundesverband der Lebensmittelkontrolleure (BVLK) erstellt wurde. Die Leitlinie enthält insbesondere Regelungen zur Basishygiene.

Auch das **Lebensmittel-, Bedarfsgegenstände- und Futtermittelgesetzbuch** als „Grundgesetz des Lebensmittelrechts" enthält Regelungen zum Gesundheitsschutz. Insbesondere ist es verboten, Lebensmittel so herzustellen oder zu behandeln, dass ihr Verzehr gesundheitsschädlich ist. Die Einhaltung des *LFGB* wird durch die kommunalen Behörden überprüft. Dafür führen sie routinemäßige Überprüfungen und **Probenahmen** durch. Auch sog. Verdachtsproben sind möglich, wenn ein hinreichender Verdacht auf einen Verstoß vorliegt. Bei Verdachtsfällen oder Verstößen steht den Behörden ein umfangreiches Instrumentarium zur Verfügung, z.B. Rückrufaktionen oder Warnhinweise.

Von besonderer Bedeutung im Rahmen der Hygiene in der Gastronomie sind **Getränkeschankanlagen**. Die *Getränkeschankanlagenverordnung* ist außer Kraft getreten. Für die sicherheitstechnischen Anforderungen an die Getränkeschankanlage gilt die *Betriebssicherheits-Verordnung*. Für die hygienischen Anforderungen gilt in erster Linie die „Leitlinie für eine gute Hygienepraxis in der Gastronomie". Ergänzend gibt es Empfehlungen, die den aktuellen Stand der Technik wiedergeben. Allerdings ist zu beachten, dass es keine gesetzlich vorge-

Marginalspalte

HACCP „Gefährdungsanalyse und Überwachung kritischer Stufen"

Stufenplan

Qualitätsmanagement: quality management

QM

TQM
DIN-ISO-Norm 8402

„from farm to fork"

Leitlinie für eine gute Hygienepraxis

DEHOGA
BGN
BVLK

LFGB

Kap. 5.5

BetrSichV

Getränkeschankanlage: beverage dispenser

schriebenen festen Reinigungsintervalle mehr gibt. Der Gastronom ist für den hygienisch einwandfreien Zustand seiner Schankanlage selbst verantwortlich.

DIN 6650-6

Reinigungsintervalle für Getränkeschankanlagen nach der „Leitlinie für eine gute Hygienepraxis in der Gastronomie"	
Produkt	**Intervall**
Fruchtsaft, Fruchtnektar, Fruchtsaftgetränke	täglich
Stilles Wasser, alkoholfreies Bier	1–7 Tage
Bier	mindestens alle 14 Tage
Bier (Empfehlung aus Qualitätsgründen)	alle 7 Tage
Wein, kohlensäurehaltige Erfrischungsgetränke, kohlensäurehaltiges Wasser	7–14 Tage
Getränkegrundstoff, Spirituosen	30–90 Tage

Orientierung für Reinigungsintervalle

Der Gastronom muss sicherstellen, dass sein Personal die wichtigsten Hygieneregeln beherrscht und anwendet. Deshalb muss er **Personalschulungen und Belehrungen** durchführen und dokumentieren. Dafür ist besonders das *Infektionsschutzgesetz* relevant.

IfSG

Schulungs- und Belehrungspflichten in der Gastronomie		
Bescheinigung über eine Belehrung des Gesundheitsamtes nach dem *IfSG*	Belehrung durch den Gastronomen nach dem *IfSG*	Allgemeine Schulung zu Fragen der Lebensmittelhygiene nach der „Leitlinie für eine gute Hygienepraxis in der Gastronomie"
• vor erstmaliger Aufnahme der Tätigkeit • höchstens drei Monate alt • Bescheinigung aufbewahren	• vor erstmaliger Aufnahme der Arbeit im Betrieb • danach jährlich wiederholen • zu übertragbaren Infektionskrankheiten und deren Symptomen • über Meldepflichten • über Tätigkeits- und Beschäftigungsverbote • Belehrungen dokumentieren	• regelmäßig (einmal pro Jahr) über Basishygiene und persönliche Hygiene • Eingangsschulung empfohlen • arbeitsplatzbezogen • unter Berücksichtigung der Ausbildung und Kenntnisse • Schulung dokumentieren • Einhaltung kontrollieren
können miteinander verbunden werden		

Ein neues Gesetz soll das Hygiene-Barometer im Gastgewerbe für verbindlich erklären. Dieses ist dann vom Wirt für die Gäste gut sichtbar auszuhängen. Auch eine sogenannte Verbraucher-Ampel ist im Gespräch. Ziel ist, vor „Schmuddelbetrieben" zu schützen; also dem Gast/Verbraucher mehr Transparenz in Punkto Hygiene zu ermöglichen. Dabei werden die typischen Signalfarben aus dem Straßenverkehr übernommen.

Aufgaben

1. „Das Hygienerecht ist ein europäisches Recht." Erläutern Sie diese Aussage.

2. Wofür steht die Abkürzung „*LFGB*"? Welche Bereiche sind dort geregelt?

3. Was sind die Ziele eines HACCP-Konzepts im gastronomischen Betrieb?

4. Ermitteln und skizzieren Sie kurz das HACCP-Konzept in Ihrem Betrieb in allen sieben Stufen. Benennen Sie dabei insbesondere die kritischen Kontrollpunkte und erläutern Sie, warum diese bestimmt wurden.

5. Überprüfen Sie in Ihrem Betrieb, auf welche Weise Dokumentation betrieben wird
a) bei HACCP,
b) bei Belehrungs- und Schulungsmaßnahmen.

6. Wie oft ist eine Getränkeschankanlage für Bier zu reinigen?

7 Wirte als Händler und Veranstalter

7.1 Zubehörwaren und Außer-Haus-Verkauf

Situation

§ 7 Abs. 1 GastG: „Im Gaststättengewerbe dürfen der Gewerbetreibende oder Dritte auch während der Ladenschlusszeiten Zubehörwaren an Gäste abgeben und ihnen Zubehörleistungen erbringen."

7.1.1 Zubehörwaren

Zubehörware:
**accessory product/
good**

§ 7 I GastG

Unter **Zubehörwaren** versteht man Tabakwaren, Zündhölzer, Obst, Süßwaren, Gebäck, Post- und Ansichtskarten, Zeitungen, Zeitschriften und Blumen, Fahrpläne/-karten sowie Bücher, wobei die letzten Artikel meistens nur in größeren Betrieben angeboten werden. Bei Hotels gelten auch der Verkauf von Toilettenartikeln und das Bereitstellen eines Friseursalons und die Wäschereinigung als Zubehörleistungen. Was als **Zubehör** anzusehen ist, hängt vor allem von dem Zuschnitt des jeweiligen Gaststättenbetriebes/Hotels ab.

Während der Ladenschlusszeiten ist jedoch zu beachten, dass **Zubehörwaren und -leistungen eine Ergänzung** der von den Gastronomen angebotenen **Hauptleistung** darstellen, also auch nur diejenigen Personen an der Nebenleistung teilhaben dürfen, die in den Genuss der Hauptleistung kommen (= der Verkauf von Zubehörwaren ist auch nach dem allgemeinen Ladenschluss des Einzelhändlers sowie an Sonn- und Feiertagen gestattet). Der Umfang der Geschäfte muss sich allerdings im üblichen Rahmen von Hotels bzw. Gaststätten bewegen. Ansonsten spricht man von Einzelhandel, der den Ladenschlusszeiten unterliegt. Diese gelten nicht für Verkaufsautomaten innerhalb einer Gaststätte.

**Kap.
6.1.4**

§ 18 GastG

Das **Gastgewerbe unterliegt** also **nicht** dem *Ladenschlussgesetz*, sondern es gilt die allgemeine Sperrzeit, sofern diese vom jeweiligen Bundesland ausdrücklich festgesetzt worden ist.
Alle im gastgewerblichen Betrieb angebotenen Waren sind ordnungsgemäß auszuzeichnen, wenn sie in Vitrinen zur Schau gestellt werden.

7.1.2 Außer-Haus-Verkauf

Außer-Haus-Verkauf:
**take-away sales/
take-away**

„Der Schank- oder Speisewirt darf **außerhalb der Sperrzeit** zum alsbaldigen Verzehr oder Verbrauch
1. Getränke und zubereitete Speisen, die er in seinem Betrieb verabreicht,
2. Flaschenbier, alkoholfreie Getränke, Tabak- und Süßwaren an jedermann über die Straße abgeben." Das Bundesverwaltungsgericht (BVerwG) hat eine für das Gastgewerbe wichtige Entscheidung gefällt. Danach darf ein Gastwirt nach *§ 7 II Nr. 2 GastG* sämtliche zubereiteten Speisen, die er in seinem Betrieb verabreicht, auch über die Straße abgeben. Soweit die zubereiteten Speisen – wie Speiseeis – unter den Begriff der Süßwaren fallen, dürfen sie gemäß *§ 7 Abs. 2 Nr. 2 GastG* ebenfalls über die Straße abgegeben werden, wenn sie nicht in dem anbietenden Betrieb verabreicht wurden.

§ 28 GastG

Das Gesetz macht deutlich, dass der Wirt im Rahmen seiner Konzession außerhalb der Sperrzeit Getränke und Speisen an private Besteller abgeben darf, sofern es sich dabei um Mengen handelt, die einen alsbaldigen Verzehr oder Verbrauch vermuten lassen. Wer darüber hinaus bei bestehenden, durch das Bundesland fest gesetzten Sperrzeiten Waren abgibt oder Leistungen erbringt, handelt ordnungswidrig.

Aufgaben

1. Was verstehen Sie unter Zubehörwaren?
2. Elfriede Bauer wohnt in der Nähe des „Atrium-Hotels". Da sie am heutigen Sonntag noch Gäste erwartet, fährt sie zuvor zum Atrium, weil sie weiß, dass der Hotelfriseur auch sonntags geöffnet hat. Als sie dort ankommt, will der Friseur sie nicht frisieren. Warum?
3. In der Gaststätte „Zum Alten Kaiser" kehren vornehmlich die Besucher des unmittelbar in der Nähe gelegenen Kaiserdenkmals ein. Neben Speisen und Getränken verkauft die Gaststätte auch Andenken an die Gäste außerhalb der Sperrzeit. Ist dies zulässig?

4. Thomales bekommen Sonntagabend überraschend Besuch. Da sie nicht damit gerechnet haben, geht Herr Thomale in die gegenüberliegende Gaststätte und holt von dort einen Karton Wein sowie einen Kasten Bier. Als der Einzelhändler Kunze dies sieht, zeigt er den Gastwirt an, weil der Einzelhändler der Meinung ist, der Gastwirt habe damit gegen das Ladenschlussgesetz verstoßen. Sind Sie auch der Meinung?
5. Wann kann man allgemein von Zubehörwaren sprechen?

Automat: automat

7.2   Aufstellen von Automaten

Situation

„Im deutschen Gastgewerbe sind ca. 284 000 Unterhaltungsgeräte aufgestellt. Davon sind ca. 125 000 Geldspielautomaten. Nur ca. 25 000 Betriebe haben zwei gesetzlich zulässige Geldspielgeräte. Auf die Gesamt-Unternehmerzahl des Gastgewerbes bezogen, ist dies sicherlich noch ein ausbaufähiges Marktvolumen." (DEHOGA-Jahrbuch)

Die Aufstellung von Automaten in gastronomischen Betrieben hat stark an Bedeutung gewonnen; dies nicht zuletzt deshalb, weil Automaten kostenintensive Arbeitskräfte im gastgewerblichen Betrieb ersetzen.

Grundsätzlich lassen sich die nachstehenden Arten von Automaten unterscheiden:

Arten von Automaten

| **Verkaufsautomaten** z. B. Getränkeautomaten, Zigarettenautomaten, Briefmarkenautomaten | **Leistungsautomaten** z. B. Schuhputzautomaten, Händetrockner | **Unterhaltungsautomaten** z. B. Geldspielautomaten, Flipper, Musikbox |

§ 20 GastG

Beim Aufstellen von Automaten ist zu beachten, ob sie genehmigungspflichtig sind oder nicht. Weiterhin ist zu beachten, dass der Verkauf von Branntwein oder stark branntweinhaltigen Genussmitteln aus Automaten verboten ist.

In aller Regel sind Automaten genehmigungsfrei und auch nicht anzeigepflichtig. Von dieser Regel gibt es drei Ausnahmefälle:

Warenautomat: automatic vending machine

▶ **Warenautomaten**, die an der Außenfront des Betriebes angebracht sind; hierfür bedarf der Wirt einer Einzelhandelserlaubnis (offene Verkaufsstelle).

▶ **Verkaufsautomaten**, die an der Außenfront des Betriebes angebracht oder von der Straße aus sichtbar sind, damit ein Baugebiet nicht durch Automaten verunstaltet wird. Man erkundigt sich am besten bei der örtlichen Bauaufsichtsbehörde, ob eine Genehmigungspflicht besteht.

▶ **Spielautomaten** mit Gewinnmöglichkeit (Geldspielautomaten):
  ▷ Hierzu benötigt man die Erlaubnis der Ortspolizeibehörde.
  ▷ Jugendliche dürfen diese Automaten lt. *Jugendschutzgesetz (JuSchG)* nicht benutzen.
  ▷ Der Gastwirt ist verpflichtet, diese Automaten so aufzustellen, dass er sie leicht überwachen kann. Er hat Jugendliche vom Spiel abzuhalten.
  ▷ In einer Gastwirtschaft dürfen nicht mehr als zwei Geldspielautomaten mit Gewinnmöglichkeit aufgestellt sein, da sie sonst zur Spielhalle wird.
  ▷ Die Geräte müssen von der Physikalisch-Technischen Bundesanstalt in Braunschweig zugelassen sein.
  ▷ Demgegenüber benötigt der Wirt für das Aufstellen von Unterhaltungsspielgeräten (z. B. Tischfußball, Billard, Flipper) keine Erlaubnis.

Im Einzelfall sollte sich der Gastwirt immer an die zuständige Gemeindeverwaltung wenden, inwieweit eine Genehmigung für das Aufstellen eines bestimmten Automaten erforderlich ist oder nicht.

Die in der Gaststätte aufgestellten Automaten befinden sich meist im Eigentum eines Automatenaufstellers. Er schließt mit dem jeweiligen Gastwirt einen **Automatenaufstellungsvertrag** ab.

▶ Er stellt einen sogenannten **Gestattungsvertrag** dar, mit dem sich der Gastwirt verpflichtet, in seinen Gaststättenräumen an einem gemeinsam festgelegten Platz den oder die Automaten aufzustellen. Dafür verpflichtet sich der Aufsteller, dem Gastwirt ein Entgelt in Form einer prozentualen Umsatzbeteiligung (z. B. 40 % vom Umsatz) zu gewähren.

▶ Der **Automatenaufstellvertrag** kann im Gegensatz zum Abschluss eines Miet- oder Pachtvertrags, der über einen **größeren Zeitraum als ein Jahr** abgeschlossen wird, auch **in mündlicher Form gültig** geschlossen werden; trotzdem bietet sich an, die Schriftform zu wählen. Dies ist besonders deshalb wichtig, um bei eventuellen späteren Streitigkeiten eine klare Vertragsgrundlage zu haben (zu Beweiszwecken).

Verkaufsautomat: 🇬🇧
automatic vending machine

§ 33c GewO

Kap. 7.5

Spielautomat: 🇬🇧
gambling machine

Automatenaufstellungsvertrag

Beachte:
Die **Vertragsdauer** sollte in einem **angemessenen Verhältnis zur Dauer des Pachtvertrags** stehen, denn wenn der Pächter die Gaststätte aufgibt, so ist das noch kein Grund für eine fristlose Kündigung des Automatenaufstellvertrags (ausgenommen bei Geschäftsaufgabe aus gesundheitlichen Gründen).

Muster
für eine Erlaubnis gemäß § 33c Absatz 1 GewO

Ort, Datum, Behörde, Akten-Nr.

Herrn/Frau _____

geboren am _____

wird gemäß § 33c Abs. 1 GewO die

E r l a u b n i s

erteilt, Spielgeräte mit Gewinnmöglichkeit im Sinne des § 33c Abs. 1 Satz 1 der Gewerbeordnung aufzustellen, deren Bauart von der Physikalisch-Technischen Bundesanstalt zugelassen ist.

Auflagen
Kosten

Hinweise:
1. Diese Erlaubnis berechtigt zum Aufstellen von Spielgeräten im Geltungsbereich der Gewerbeordnung.
2. Die Aufstellung der Spielgeräte darf nur erfolgen, wenn der Aufsteller eine ihm erteilte schriftliche Bestätigung über die Geeignetheit des jeweiligen Aufstellungsortes besitzt.
3. Die Aufstellung von Spielgeräten ist nach § 14 Abs. 3 GewO der zuständigen Behörde der Hauptniederlassung anzuzeigen, in deren Bereich die Geräte aufgestellt werden. Ferner sind an jedem Gerät der Name und die Anschrift des Aufstellers anzubringen.

Rechtsbehelfsbelehrung
Unterschrift

Aufgaben

1. Unterscheiden Sie die Arten von Automaten.
2. Für welche Automaten besteht eine Genehmigungspflicht?
3. a) Der Gastwirt Bernd Krause erhält von dem Automatenhersteller einen Softeisautomaten geliefert, der in seinen Räumen aufgestellt und von Krause innerhalb eines Jahres bezahlt wird.
   b) Krause lässt außerdem ein Tischfußballgerät aufstellen; er wird an dem Umsatz mit 40 % beteiligt.
   Welche Verträge hat Krause in den beiden vorliegenden Fällen abgeschlossen?
4. Hotelier Hans Hofmann ist Pächter des Gasthofs „Zum Grünen Baum". Nach über zehn Jahren löst Hofmann das Pachtverhältnis, da er den Geschäftsbetrieb aus gesundheitlichen Gründen nicht weiterführen kann. Hofmann hatte mit dem Automatenaufsteller Kohrs für 15 Jahre einen Automatenaufstellvertrag über ein Geldspielgerät, ein Tischfußballgerät sowie eine Musikbox abgeschlossen. Kohrs verlangt von dem Gastwirt Hofmann jetzt über die verbleibenden vier Jahre Schadensersatz. Ist der Automatenaufsteller dazu berechtigt?
5. Die Auszubildende Isabel, 17 Jahre, geht mit ihrem Ehemann, einem 20-jährigen Hotelfachmann, in das Restaurant „Zum Haxenwirt", um zu Abend zu essen. Weil sie noch einige Zeit auf das Essen warten müssen, begibt sich Isabel zu einem aufgehängten Geldspielautomaten und versucht ihr Glück. In diesem Moment weist sie die Bedienung, die Isabel persönlich kennt, darauf hin, dass sie noch nicht an dem Automaten spielen darf. Isabel entgegnet jedoch, sie sei in Begleitung ihres Ehemannes und dürfe deshalb an dem Geldspielautomaten spielen. Welche Aussage ist richtig?

7.3 Urheberrecht/Musikalische Darbietungen/ Tanzveranstaltungen und Rundfunkgebühren

Fragebogen

GEMA

Bitte wählen Sie die für Sie zuständige Bezirksdirektion:

Hier auswählen!

▸ Bezirksdirektionssuche im Internet

Ihre Kundennummer

Musiknutzungen in gastronomischen Betrieben

Angaben zum Inhaber

Anrede	Name/Gesellschaft	Vorname
bei Gesellschaften *		Geburtsdatum
Straße		
Telefon		
E-Mail		
Registergericht		

* Vor- und Zuname der Vertretu

Privatanschrift

Straße

Rechnungsanschrift

Anrede

Straße

Angaben zur Bet

Name der Betriebsstätte

Straße

Telefon

Öffnungstage (Mo, Di, Mi, D

Verbandsmitgliedschaft ***

*   z.B. Gaststätte, Bistro
** z.B. bei Saisonbetrieben von (
*** z.B. DEHOGA

Musiknutzung in gastronomischen Betrieben

Ihre Kundennummer

Angaben zur Musiknutzung

Wiedergabe von Hintergrundmusik (ohne Tanz oder sonstigem Veranstaltungscharakter)

Nr. *	Räumlichkeiten des Veranstaltungsortes	Größe	CD-/MP3-/MC-Player/ PCs u.Ä. seit	Fernsehgeräte seit Anzahl	Video-/DVD-Player seit Anzahl	Radio seit	Shop-TV seit	Musiker seit	Musikbox seit
1.	Gastraum	m²		....	....				
2.	Nebenzimmer	m²		....	....				
3.	Saal	m²		....	....				
4.	Club-/ Vereinsraum	m²		....	....				
5.	Terrasse/ Biergarten	m²		....	....				
6.	Sanitärräume	m²		....	....				
7.		m²		....	....				
8.		m²		....	....				
9.		m²		....	....				
10.		m²		....	....				

* Raum-Nr. für Folgetabellen

Selbstaufgenommene Werke auf CDs/MP3, PC, etc. wurden bereits nach dem Tarif VR-Ö lizenziert

☐ nein   ich benötige eine Lizenz für   ☐ pauschal 500 Werke/Titel   ☐ pauschal 1000 Werke/Titel

☐ individuell   Anzahl der Werke/Titel

☐ ja   Lizenznummer   Falls Lizenznummer nicht bekannt: Name, Vorname, Anschrift des Lizenznehmers

Zu Fernsehgeräten: Davon Großbildschirm/Großbildprojektion (über 106 cm Bilddiagonale)

in den Räumen Nr.

Zu Video-/DVD-Playern: Davon Großbildschirm/Großbildprojektion (über 106 cm Bilddiagonale)

in den Räumen Nr.

Zu Musikern: An folgenden Wochentagen: ☐ Mo ☐ Di ☐ Mi ☐ Do ☐ Fr ☐ Sa ☐ So

Zu Musikbox: ☐ Eigentum   Aufsteller

Seite 2 von 3

Downloads dieses Fragebogens sowie weiterer Fragebögen und Formulare finden Sie auf der Homepage der GEMA, www.gema.de.

7.3.1 Urheberrecht bei musikalischen Veranstaltungen

🏴 Urheberrecht bei musikalischen Veranstaltungen: copyright at musical events

Grundsätzlich hat der Urheber allein das Recht, sein Werk (einen Film, ein Buch, ein Musikstück usw.) zu vervielfältigen, zu verbreiten und öffentlich wiederzugeben (Schutz geistigen Eigentums). Wenn z. B. ein gastronomischer Betrieb Musik verbreiten will, so hat er vom Grundsatz her beim Urheber um Einwilligung nachzufragen.

§ 15 UrhG

Da es den Urhebern praktisch nicht möglich ist, mit allen Interessenten die erforderlichen Verhandlungen zu führen, und es auch für die Interessenten mit zu großen Schwierigkeiten verbunden wäre, sich für die Aufführungen jedes einzelnen Werkes vom Urheber unmittelbar die Genehmigung zu beschaffen, haben sich die **Urheber zu Verwertungsgesellschaften zusammengeschlossen**, von denen vor allem zu nennen sind:

GEMA

VG Wort

GEMA
Die Gesellschaft zum Schutze musikalischer Aufführungs- und mechanischer Vervielfältigungsrechte. Sie vertritt in Deutschland die ihr übertragenen Rechte der Komponisten, Textdichter und Musikverleger.

VG Wort
Verwertungsgesellschaft Wort. Sie vertritt die Rechte der Autoren bei Rundfunk- und Fernsehübertragungen usw.

GÜFA

GVL

GÜFA
Gesellschaft zur Übernahme und Wahrnehmung von Filmaufführungsrechten. Sie vergibt die öffentlichen Vorführungsrechte von Filmen oder Videoprogrammen bei Filmvorführungen sowie für die Wiedergabe mit Großbildschirmen oder Monitoren und Hotel-Video.

GVL
Gesellschaft zur Verwertung von Leistungsschutzrechten. Sie vertritt die Aufführungsrechte der ausübenden Künstler bei der
► elektroakustischen Wiedergabe von Tonträgern,
► Wiedergabe von Hörfunksendungen,
► Wiedergabe von Fernsehübertragungen
sowie die Hersteller- und Filmurheberrechte an Videoclips im Rahmen von Fernsehsendungen.

Die GEMA ist die bedeutendste Verwertungsgesellschaft und hat mit der GVL und der VG Wort Verträge geschlossen, nach denen die GEMA die Vergütungen für die GVL bzw. VG Wort eintreiben kann.

§ 10 Urheberrechtswahrnehmungsgesetz (UrhWahrnG)

Die Verwertungsgesellschaften sind verpflichtet, jedermann auf Verlangen Auskunft darüber zu geben, ob sie Nutzungsrechte an einem bestimmten Werk wahrnehmen.

GEMA-vergütungspflichtig ist alle Musik, die zum GEMA-Repertoire gehört. Auch für sogenannte geschlossene Veranstaltungen, z. B. Vereins- und Familienfeiern sowie Betriebsfeste, sind Gebühren zu zahlen. Bei Dauerveranstaltungen bieten sich Pauschalverträge an.

► Zu beachten ist, dass die **Aufführungsgenehmigung** grundsätzlich von demjenigen einzuholen ist, in dessen Namen und auf dessen Rechnung die Aufführung erfolgt; das ist bei Veranstaltungen in Gaststätten nicht immer der Wirt, sondern es kann auch ein Verein sein, der in seinem Vereinslokal z. B. eine Feier ausrichtet.

GEMA-Genehmigung

► Trotzdem hat der Wirt darüber zu wachen, dass die **GEMA-Genehmigung** eingeholt wird, da er sonst eine unerlaubte Musikaufführung in seinen Räumen dulden und damit zum Urheberrechtsverletzer würde → Strafzuschlag von 100 % (= Schadensersatzpflicht). Die notwendigen Anmeldeformulare stellt die GEMA auf Anforderung zur Verfügung.
Auch Musikaufführungen durch einen **Musikautomaten**, den ein Aufsteller aufgestellt hat, sind der GEMA mitzuteilen. Günstig ist für den Gastwirt, einen Pauschalvertrag zum ermäßigten Jahresbetrag abzuschließen, wenn er öfter Musikveranstaltungen durchführt.

In welcher **Höhe GEMA-Gebühren** für den Wirt anfallen, hängt von einer Reihe von Umständen ab. Grundsätzlich sind die Tarife im Bundesanzeiger veröffentlicht; sie sind aber auch bei den Bezirksdirektionen und Außenstellen der GEMA erhältlich.

Hier ein Auszug aus der **GEMA-Tarifübersicht** 2017:

Für Gaststätten, Hotels, Pensionen

Tarifauszug für die Wiedergabe von Hintergrundmusik

	Raumgröße	Vergütung je Vertragszeitraum in € netto					
		bei Monatsvertrag, monatlich kündbar		bei Vierteljahresvertrag, vierteljährlich kündbar		bei Jahresvertrag, jährlich kündbar	
Bei Wiedergabe von Original-Tonträgern	bis 100 qm bis 200 qm	22,85 45,64	(274,20 jährl.) (547,68 jährl.)	62,83 125,50	(251,32 jährl.) (502,00 jährl.)	228,48 456,36	
Vervielfältigung von Werken des GEMA-Repertoires	je angefangene 500 Vervielfältigungsstücke					55,00	
Bei Hörfunk-Wiedergabe	bis 100 qm bis 200 qm	30,66 48,51	(367,92 jährl.) (582,12 jährl.)	84,29 133,40	(337,16 jährl.) (533,60 jährl.)	306,54 485,10	
Bei Fernseh-Wiedergabe	je Fernsehgerät	19,68	(236,16 jährl.)	54,12	(216,48 jährl.)	196,83	

Tarifauszug für Veranstaltungen mit Unterhaltungs- und Tanzmusik
Vergütung je Veranstaltung mit Live-Musik *

Größe des Veranstaltungsraumes	Eintrittsgeld oder sonstiges Entgelt									
	ohne oder bis zu 2,00 €	bis zu 3,00 €	bis zu 4,00 €	bis zu 5,00 €	je weitere 1,00 € bis zu 10,00 €	10,00 €	je weitere 1,00 € bis zu 20,00 €	20,00 €	je weitere 1,00 € bis zu 30,00 €	30,00 €	je weitere 1,00 € ab 30,01 €
bis 100 m²	23,30	29,97	36,64	43,31	6,67	76,66	6,00	136,66	5,34	190,06	4,67

* Diese Vergütungen gelten nicht bei Konzerten sowie bei Veranstaltungen im Freien ohne Eintritt wie Bürger-, Straßen-, Dorf- und Stadtfesten. Hier finden die Vergütungssätze U-K bzw. U-ST Anwendung.

* Bei Veranstaltungen mit Musik von Original-Tonträgern erhöhen sich die Vergütungen um 20 Prozent im Auftrag der Gesellschaft zur Verwertung von Leistungsschutz-rechten mbH (GVL). Bei Live-Musikveranstaltungen, bei denen zusätzlich, z. B. in den Pausen, Musik von Original-Tonträgern. wiedergegeben wird, erhöhen sich die Vergütungssätze um 10 Prozent im Auftrag der GVL. Übersteigt der Einsatz von Tonträgern den Einsatz der Live-Musik, so erhöhen sich die Vergütungssätze der GVL auf 20 Prozent.

* Bei Überschreitung bestimmter Zeiten können Zuschläge zu den genannten Tarifen anfallen.

* Für Veranstaltungen vor geladenen Gästen (wie z.B. Firmenjubiläen, Empfänge, Werbeveranstaltungen, Produktpräsentation etc.), bei denen der Veranstalter kein Eintrittsgeld oder sonstiges Entgelt erhebt, werden die Aufwendungen für musikalische Darbietungen (wie z.B. Künstlerhonorare, Aufwendungen für die Bühne und die Technik, Moderatoren, DJs etc.) durch die Anzahl der geladenen Gäste dividiert. Dieses Ergebnis bildet ein fiktives Entgelt, welches zur Findung des Tarifbetrages herangezogen wird.

Die genannten Vergütungen für Hintergrundmusik enthalten sämtliche Zuschläge der Gesellschaft zur Verwertung von Leistungsschutzrechten mbH (GVL), der Verwertungsgesellschaft Wort (VG Wort), der Verwertungsgesellschaft Media (VG Media) und der Zentralstelle für die Wiedergabe von Fernsehsendungen GbR (ZWF).

Alle ausgewiesenen Vergütungen sind Nettobeträge und erhöhen sich um 7 Prozent gesetzliche Umsatzsteuer. Sofern Sie Mitglied bei einem Gesamtvertragspartner der GEMA sind, erhalten Sie einen Nachlass von 20 Prozent.

Tarife der GEMA richten sich nach:
▶ **Größe des Veranstaltungsraumes**
▶ **Höhe des Eintrittsgeldes**

Die Musiknutzer, z. B. die gastgewerblichen Betriebe, haben sich zur **Bundesvereinigung der Musikveranstalter** zusammengeschlossen, um gegenüber den Verwertungsgemeinschaften ihre Interessen durchzusetzen; hierbei unterstützt der DEHOGA Bundesverband als Mitglied im BVMV.

BVMV

7.3.2　　Erlaubnispflichtige Veranstaltungen

Es gibt Veranstaltungen, die einer besonderen Erlaubnis der zuständigen Behörden bedürfen (z. B. durch das Ordnungsamt oder die Ortspolizei).

Veranstaltung:
event

Erlaubnis:
licence

Die Erlaubnis bezieht sich auf:

Schaustellung von Personen z. B. Stripteasevorführungen, Misswahlen, Catchen	**Tanzlustbarkeiten/Tanzveranstaltungen** Abhaltung richtet sich ausschließlich nach landesrechtlichen Bestimmungen

§ 33 a f. GewO

Rein musikalische Veranstaltungen (Rundfunk, Tonwiedergabegeräte oder Livemusik) sind **ohne** Erlaubnis gestattet. Außerdem sind die **Feiertagsgesetze** der einzelnen Länder zu berücksichtigen, die Tanzverbote an bestimmten Feiertagen festsetzen. Die gebührenpflichtige Erlaubnis wird insbesondere **untersagt, wenn:**

eine erhebliche Belästigung der Allgemeinheit zu befürchten ist.

die Baulichkeiten nicht den baupolizeilichen Anforderungen genügen.

die Veranstaltung Gesetze oder die guten Sitten verletzt.

Praxis

Ist in Ihrem Bundesland eine behördliche Erlaubnis für Tanzveranstaltungen einzuholen?
Wenn ja, ermitteln Sie die jeweiligen Vorschriften in Ihrem Bundesland.
Es ist sicher interessant, auch die jeweiligen gegebenenfalls existierenden Vorschriften in anderen Bundesländern herauszufinden. Führen Sie doch einmal eine Recherche mittels Internet durch.

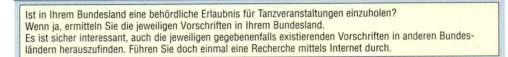

7.3.3 ARD ZDF Deutschlandradio Beitragsservice

Der **Beitragsservice** von ARD, ZDF und Deutschlandradio ist eine Gemeinschaftseinrichtung der öffentlich-rechtlichen Rundfunkanstalten in Deutschland. Er ist zuständig für alle Fragen rund um den Rundfunkbeitrag und verwaltet die Beitragskonten von Bürgerinnen und Bürgern, Unternehmen, Institutionen und Einrichtungen des Gemeinwohls. Er erfasst und bearbeitet Anmeldungen, Änderungsmeldungen sowie Anträge auf Ermäßigung und Befreiung.

Für alle Bürgerinnen und Bürger gilt seit dem 1. Januar 2013 die Regel: eine Wohnung ein Rundfunkbeitrag. Die Anzahl der Rundfunkgeräte und Personen, die in einer Wohnung zusammenleben, spielt keine Rolle. Pro Wohnung beträgt der Beitrag monatlich 17,50 Euro.

Bei Unternehmen, Institutionen und gemeinnützigen Einrichtungen orientiert sich der Beitrag an der Zahl der Betriebsstätten, der dort sozialversicherungspflichtig Beschäftigten und der beitragspflichtigen Kraftfahrzeuge. Bei einer Betriebsstätte mit bis zu 8 Beschäftigten ist z. B. ein Drittel des Beitrags zu zahlen: monatlich 5,83 Euro. Pro Kraftfahrzeug kommt ein Drittelbeitrag hinzu. Das jeweils erste Kraftfahrzeug pro Betriebsstätte ist beitragsfrei.

Vermieter von Hotel- und Gästezimmern oder Ferienwohnungen müssen diese bei der Berechnung ihres Rundfunkbeitrags einbeziehen. Das jeweils erste Zimmer oder die erste Wohnung in einer Betriebsstätte ist beitragsfrei. Für jedes weitere Zimmer oder jede weitere Wohnung fällt dann ein Drittel des Beitrags in Höhe von monatlich 5,83 Euro an.

Aufgaben

1. Wann spricht man von einer Tanzveranstaltung?
2. Kann der Antrag eines Gastwirtes auf Tanzerlaubnis ohne nähere Begründung abgelehnt werden?
3. Der Kegelklub „Gut Holz" beabsichtigt, in seinem Vereinslokal das Jahrestreffen mit Essen und anschließendem Tanz durchzuführen. Ist diese Veranstaltung der GEMA zu melden?
4. Wie können Sie erfahren, welche Gebühren für eine Tanzveranstaltung in Ihrem Hause anfallen?
5. Im Hotel „International" sind verschiedene Fernsehgeräte in den Aufenthaltsräumen aufgestellt. Hat das Hotel dafür an die GEMA zu zahlen?
6. Für Fußballspiele stellt der Hotelier Seigis einen Großbildschirm im Restaurant auf (Raumgröße:

198 m²). Finden Sie im Internet (www.gema.de) heraus, ob und wenn ja wie viel GEMA-Gebühren für einen Monat anfallen.
7. Berechnen Sie für ein Hotel mit 10 Mitarbeitern und 25 Zimmern sowie zwei Kraftfahrzeugen die monatlichen Rundfunkgebühren. Recherchieren Sie hierfür im Internet unter www.rundfunkbeitrag.de oder unter www.dehoga-bundesverband.de/rundfunkgebuehren/.
8. Jan hat in seinem privaten Arbeitszimmer ein Rundfunkempfangsgerät stehen, das er für berufliche Zwecke nutzt. Ist dieses beitragspflichtig?
9. Hat ein Imbiss künftig Rundfunkabgaben zu leisten und wonach richtet sich die Höhe?

7.4 Spiele in der Gaststätte

§ 284 Strafgesetzbuch: „Wer öffentlich und ohne behördliche Erlaubnis Glücksspiele veranstaltet, wird mit Geldstrafe oder Gefängnis bis zu zwei Jahren bestraft."

Bei **Glücksspielen** hängen Gewinn und Verlust ausschließlich bzw. überwiegend vom Zufall ab. Sie sind verboten,

▶ wenn sie öffentlich gespielt werden = wenn Spiele geplant und vorher angekündigt wurden bzw. gewohnheitsmäßig in geschlossenen Gesellschaften durchgeführt werden und

▶ zusätzlich um nicht nur unbedeutende Vermögenswerte gespielt wird.

Glücksspiele sind jedoch erlaubt, wenn sie lediglich dazu dienen, eine „Runde" auszuknobeln oder das Glücksspiel ohne Einsatz erfolgt. Bei dem Ausknobeln von Runden muss allerdings der Rahmen gewahrt werden. Eine Lokalrunde auszuknobeln, wäre sicherlich schon verboten. Der Gastwirt hat das Verbot von Glücksspielen zu beachten, denn er macht sich strafbar, wenn er verbotene Glücksspiele in seinem Haus duldet, Gegenstände für das Glücksspiel zur Verfügung stellt (z. B. Spielkarten) oder die Teilnahme an verbotenen Glücksspielen ermöglicht.

Zu den verbotenen Glücksspielen zählen:

alle Würfelspiele	Kartenglücksspiele	sonstige Glücksspiele

z. B. Pasch
   Sequenzen
   Zeppelin
   Die böse 3
   Hausnummer
   11 hoch
   Lustige 7
   Kaiser Nero
   Quinze
   Todessprung
	z. B. Poker
	   17 und 4
	   66 zu dreien oder vieren
	   Kümmelblättchen
	   Bakkarat
	   Landsknecht
	   Häufeln
	   Ecarté
	   Offiziersskat
	   Rot und Schwarz
	   Pharao
		z. B. Roulette
		   Lottospiele
		   Bild oder Wappen
		   Dreh- und Glücksräder
		   Bingo

Durch Ausnahmegenehmigung sind einige der genannten Glücksspiele allerdings in den verschiedenen Spielbanken der Bundesrepublik Deutschland gestattet.

§ 33 h GewO

Im Gegensatz zu den Glücksspielen stehen die **Geschicklichkeitsspiele**, die auch „Kopfspiele" genannt werden; sie bedürfen keiner Erlaubnis. Sie hängen überwiegend von der Geschicklichkeit des einzelnen Spielers ab und nicht so sehr vom „Glück". Oft werden in Gaststätten Brett- oder Kartenspiele durchgeführt, bei denen ein Preis für den Gewinn ausgesetzt wird. Unbedenkliche Spiele, die veranstaltet werden können, sofern sie nach den allgemein üblichen Spielregeln im Rahmen einer Preisveranstaltung gespielt werden, sind z. B. Preisskat, Preisbillard, Preisdoppelkopf, Preiskegeln, Preisschießen.

Gewinne und Eintrittsgelder dürfen allerdings nicht zu hoch bemessen sein. Es darf nicht um Geld, sondern nur um Geldeswert gespielt werden, z. B. Eierpreisskat.
Die Veranstaltung darf nicht mehrtägig sein.
Wird in einer Gaststätte jedoch eine **Tombola** oder dergleichen durchgeführt, so ist dies genehmigungs- und steuerpflichtig für den Veranstalter. Besteht der Gewinn aus geringwertigen Gegenständen, braucht man keine Genehmigung und zahlt keine Steuern. Wer andere Spiele mit Gewinnmöglichkeit veranstalten will, bedarf der Erlaubnis der zuständigen Behörde, dazu gehören alle Spiele an mechanischen Spielgeräten (Spielautomaten), bei denen die Möglichkeit eines Gewinns besteht.

1. Hermann spielt mit einigen Freunden in seiner Stammwirtschaft Skat. Nachdem er mehrmals verloren hat, soll er eine Lokalrunde ausgeben. Als er dieser Aufforderung nachkommen will, weigert sich der Gastwirt, dieser Bestellung nachzukommen. Handelt der Gastwirt rechtmäßig?
2. Ein Tennisklub feiert in den Räumen der Gaststätte „Zum Alten Braumeister" in einem gesonderten Raum. Während der Tanzveranstaltung wird auch eine Tombola durchgeführt. Nachdem sie bereits im Gang ist, fragt ein Mitglied des Tennisklubs den Vorsitzenden, ob er diese Veranstaltung auch der Ortspolizei gemeldet habe. Daraufhin antwortet der Vorsitzende, er wolle dies später nachholen. Ist dieses richtig?

7.5 Jugendschutzgesetz

Situation

Familie Wegmeyer erhält überraschend Besuch, und Peter wird von seinen Eltern in die Gaststätte nebenan geschickt, um zehn Flaschen Bier zu holen. Darf der Gastwirt dem 15-jährigen Peter das Bier verkaufen?

 Jugendschutzgesetz: (German) Law for the Protection of the Youth

JuSchG

Das *Jugendschutzgesetz* will Kinder und Jugendliche außerhalb des Einflussbereiches der Eltern, Lehrer und Ausbilder vor Gefahren fernhalten, die von ihrer Umwelt ausgehen.
Es regelt u. a. den Zugang zu Gaststätten, Tanzveranstaltungen, Spielhallen sowie zu den verschiedenen Medien (Träger- sowie Telemedien) und untersagt die Abgabe von Alkohol und Tabakwaren an Jugendliche.

Kontrollpflicht: duty of control

Gastwirt: innkeeper/publican

Kontrollpflichten des Gastwirtes

Die Bestimmungen des *JuSchG* sind vom Gastwirt in der Gaststätte/im Tanzlokal usw. auf jeden Fall auszuhängen. Der Aushang ist an einer für alle sofort sichtbaren Stelle anzubringen, und zwar in deutlich erkennbarer Form, verständlich und leicht fassbar.

Kontrollvorschriften und Strafbestimmungen

Der Gastwirt/Veranstalter hat darauf zu achten, dass die durch das *Jugendschutzgesetz* vorgegebenen Bestimmungen eingehalten werden. So ist dem Gastwirt auferlegt, gezielte Kontrollen, z. B. bei Tanzveranstaltungen, durchzuführen. Natürlich kann der Gastwirt nicht grundsätzlich das Alter seiner Gäste kontrollieren. Sollten sich für ihn aber Anhaltspunkte ergeben, dass der Gast nicht das notwendige Alter hat (z. B. aufgrund des äußeren Erscheinungsbildes), so hat der Wirt sich vom Jugendlichen den Ausweis zeigen zu lassen.

§ 1 ff. JuSchG

Gemäß *JuSchG* gelten die Vorschriften nicht für verheiratete Jugendliche. Diese haben ihren Familienstand nachzuweisen und der Wirt hat dies im Zweifel zu kontrollieren. Verstößt ein Gastwirt wiederholt gegen die Kontrollvorschriften, so kann ihm u. U. die Konzession entzogen werden.
Handeln Veranstalter oder Gewerbetreibende ordnungswidrig, d. h., sie verstoßen gegen Vorschriften des *JuSchG*, müssen sie mit Bußgeldern rechnen; in schweren Fällen können sie mit einer Freiheitsstrafe bis zu einem Jahr belegt werden. Selbstverständlich hat sich auch der Jugendliche an die Anordnungen des Veranstalters oder Gewerbetreibenden zu halten und kann bei Verstößen seinerseits ebenfalls bestraft werden.

Kind(er): child(ren)

Kinder sind Personen, die noch nicht 14 Jahre alt sind (§ 1 I Nr. 1 JuSchG)	**Anwendungsbereich**	**Jugendliche** sind Personen, die bereits 14 Jahre, aber noch nicht 18 Jahre alt sind (§ 1 I Nr. 2 JuSchG)

Jugendliche: young persons

Kinder und Jugendliche dürfen bei Veranstaltungen wie Jahrmärkten, Schützenfesten, Weihnachtsmärkten usw. an Spielen mit Gewinnmöglichkeit teilnehmen, wenn der Gewinn aus Waren von geringem Wert besteht.

Übersicht zum Jugendschutzgesetz

Gefahren drohen bei	Bestimmungen lt. *Jugendschutzgesetz* zur Gefahrenabwehr	
Aufenthalt in Gaststätten	Kinder und Jugendliche unter 16 Jahren dürfen Gaststätten nur besuchen, wenn sie in Begleitung einer personensorgeberechtigten oder erziehungsbeauftragten Person sind. Dies gilt nicht, wenn die Kinder und Jugendlichen unter 16 Jahren a) an einer Veranstaltung eines anerkannten Trägers der Jugendhilfe in der Gaststätte teilnehmen, b) sich auf Reisen befinden, c) zwischen 5 und 23 Uhr eine Mahlzeit oder ein alkoholfreies Getränk einnehmen. Jugendliche über 16 Jahren dürfen Gaststätten bis 24 Uhr ohne Begleitung eines Erziehungsberechtigten aufsuchen. Der Aufenthalt in Nachtbars/Nachtklubs u. ä. Vergnügungsbetrieben ist Jugendlichen nicht gestattet; auch nicht in Begleitung Erziehungsberechtigter.	§ 4 JuSchG
Verabreichung und Genuss von alkoholischen Getränken	Die Abgabe von Branntwein (alle Spirituosen) und überwiegend branntweinhaltigen Genussmitteln (Weinbrandpralinen usw.) sowie „Alkopops" ist an Kinder und Jugendliche weder zum eigenen Genuss noch zum Mitnehmen für andere gestattet (z. B. darf ein 17-Jähriger keine Flasche Korn für seinen Vater kaufen). **Andere alkoholische Getränke (Wein, Bier usw.) dürfen nicht abgegeben werden**, weder zum eigenen Genuss noch zum Mitnehmen für andere, an a) Kinder, b) Jugendliche unter 16 Jahren, die nicht von Personensorgeberechtigten (z. B. Eltern) begleitet werden. **Sie dürfen abgeben werden an** • Jugendliche, die mindestens 16 Jahre alt sind, ohne dass sie in Begleitung Personensorgeberechtigter oder Erziehungsbeauftragter sind, • Jugendliche unter 16 Jahren, die von Personensorgeberechtigten oder Erziehungsbeauftragten begleitet werden. Branntwein und branntweinhaltige Genussmittel dürfen nicht mithilfe von Automaten verkauft werden. Andere alkoholische Getränke dürfen aus Automaten nur dann verkauft werden, wenn sich der Automat in einem gewerblich genutzten Raum befindet und sichergestellt ist, dass Kinder und Jugendliche unter 16 Jahren diese Getränke dem Automaten nicht entnehmen können. Es darf mindestens ein alkoholfreies Getränk nicht teurer sein als das billigste alkoholische Getränk in gleicher Menge („**Apfelsaftgesetz**").	§ 9 JuSchG Kap. 6.1.5
Teilnahme an öffentlichen (unbestimmtem Personenkreis zugänglichen) Tanzveranstaltungen	Kindern und Jugendlichen unter 16 Jahren ist der Aufenthalt bei diesen Veranstaltungen ohne Begleitung eines Erziehungsberechtigten nicht gestattet. Jugendliche von 16 und 17 Jahren dürfen bis 24 Uhr ohne Begleitung einer personensorgeberechtigten oder erziehungsbeauftragten Person an diesen Veranstaltungen teilnehmen. In Anwesenheit von Erziehungsberechtigten dürfen alle Kinder und Jugendlichen unbeschränkt an diesen Veranstaltungen teilnehmen. **Sonderfall:** Wenn die Tanzveranstaltung von einem Träger der Jugendhilfe durchgeführt wird oder der künstlerischen Betätigung oder der Brauchtumspflege dient, dürfen Kinder bis 22:00 Uhr und Jugendliche unter 16 Jahren bis 24:00 Uhr ohne Begleitung eines Erziehungsberechtigten teilnehmen. Zwischen 24:00 Uhr und 5:00 Uhr ist eine Sperrzeit festgelegt, in der sich Jugendliche nicht in Gaststätten aufhalten dürfen.	§ 5 JuSchG
Besuch öffentlicher Filmveranstaltungen	• Kindern unter 6 Jahren ist der Besuch von Filmveranstaltungen nur in Begleitung einer personensorgeberechtigten oder erziehungsbeauftragten Person gestattet, vorausgesetzt der Film ist für Kinder dieses Alters freigegeben. • Kindern ab 6 Jahren ist die Anwesenheit gestattet, vorausgesetzt, der Film ist für Kinder diesen Alters freigegeben und die Vorstellung bis spätestens 20:00 Uhr beendet. • Jugendlichen unter 16 Jahren ist der Kinobesuch bei Filmfreigabe gestattet, wenn die Vorstellung bis spätestens 22:00 Uhr beendet ist. • Jugendlichen über 16 Jahren ist der Kinobesuch gestattet, wenn der Film für dieses Alter freigegeben und die Vorstellung bis 24:00 Uhr beendet ist. • Für Tabak- und Alkoholprodukte besteht in Kinos ein Werbeverbot vor 18 Uhr.	§ 11 JuSchG

Gefahren drohen bei	Bestimmungen lt. *Jugendschutzgesetz* zur Gefahrenabwehr
§ 10 JuSchG Tabakgenuss	Jugendlichen ist das Rauchen in der Öffentlichkeit untersagt. Ebenso ist die Abgabe von Tabak an Kinder und Jugendliche untersagt. Der Verkauf von Tabak über öffentlich zugängliche Automaten ist grundsätzlich verboten. Die Alterskontrolle und Überwachung in technischer Hinsicht ist dadurch gewährleistet, dass den Zigarettenautomaten allein dann Zigaretten entnommen werden können, wenn mithilfe der eingeführten Scheckkarte das jeweilige mit dem gesetzlich zugelassenen Alter (18 Jahre) abgeglichen wurde.
§ 6 JuSchG Teilnahme an Glücksspielen und Aufenthalte in öffentlichen Spielhallen	Allen Jugendlichen ist untersagt: ● die Beteiligung an Glücksspielen (z. B. Karten-, Würfelspiele, Roulette), ● der Zutritt zu öffentlichen Spielhallen, ● die Benutzung von Glücksspielgeräten mit Gewinnmöglichkeit (z. B. Geldspielautomaten). ● Eine Ausnahme davon ist möglich.
§ 13 JuSchG Benutzung von elektronischen Bildschirmunterhaltungsspielgeräten ohne Gewinnmöglichkeit zur entgeltlichen Benutzung	Diese Geräte dürfen in Gaststätten nur so aufgestellt werden, dass der Wirt sie wie die Geldspielgeräte überwachen kann, also nicht in Fluren, Vorräumen usw. An diesen Geräten ist das unbeaufsichtigte Spielen von Kindern und Jugendlichen nur gestattet, wenn sie ihrer Altersstufe entsprechend freigegeben und gekennzeichnet worden sind.
§ 12 JuSchG Bildträger mit Filmen und Spielen	Bespielte Videokassetten und andere zur Weitergabe geeignete Datenträger dürfen Kindern oder Jugendlichen in der Öffentlichkeit nur zugänglich gemacht werden, sofern sie ihrer Altersstufe entsprechend gekennzeichnet und freigegeben worden sind. (Kennzeichnungspflicht von Filmen sowie Film- und Spielprogrammen und jugendgefährdenden Trägermedien).

Aufgaben

1. Welchen Zweck verfolgt das Jugendschutzgesetz?
2. Harro (17 Jahre) und seine Freundin Gisela (15 Jahre) haben großen Durst und gehen in die Gaststätte „Zum Anker". Die Restaurantfachfrau Ulrike überlegt, ob sie die beiden Jugendlichen bedienen soll oder nicht. Was meinen Sie?
3. Bernd und sein Freund Wolfgang (beide 17 Jahre) besuchen die Diskothek im Nachbarort; allerdings wird nur eingelassen, wer eine Krawatte trägt. Daher sind die beiden der Meinung, es handele sich um eine nicht öffentliche Veranstaltung. Als um 22:00 Uhr angesagt wird, dass Jugendliche unter 18 Jahren die Tanzveranstaltung zu verlassen haben, sind sie anderer Meinung. Sie bestellen bei der Bedienung zwei Cocktailgetränke. Als der Diskothekenbesitzer sie auffordert, das Haus zu verlassen, da sie gegen das *Jugendschutzgesetz* verstoßen haben, weigern sie sich. Mit Recht?
4. Katrin und Manuela sind 14 Jahre alt und bestellen nach der Schule in dem nahen Eiscafé den Eisbecher „Hawaii", der ihnen besonders gut schmeckt. In dem Moment kommt Jörg dazu und meint, dass sie gemäß dem *Jugendschutzgesetz* einen Eisbecher, der auch Alkohol enthält, überhaupt nicht zu sich nehmen dürfen. Ist dies auch Ihre Meinung?
5. Peter (16 Jahre) und Michaela (15 Jahre) besuchen gemeinsam eine Tanzveranstaltung. Als sie mit Freunden gemütlich beieinander sitzen, zündet sich Peter eine Zigarette an. Als auch Manuela nach den Zigaretten greift, weist die Bedienung sie darauf hin, dass sie in der Öffentlichkeit noch nicht rauchen dürfe. Daraufhin erwidert Manuela, dass auch Peter noch ein Jugendlicher sei und daher ebenso wie sie das Rauchen unterlassen müsste. Ist das richtig?
6. a) Katrin, Pia und Jennifer sind Fahrschüler. Aufgrund einer Betriebsbesichtigung erreichen die drei Schülerinnen den Bus nicht mehr, sodass sie beschließen, in einer Gaststätte ein Mittagessen einzunehmen.
   b) Die drei Schülerinnen nehmen anschließend an einer Veranstaltung einer Krankenkasse in den Gasträumen des Hotels teil, in der über die Versicherung von Angestellten aus dem Gastgewerbe gesprochen wird.
   c) Während einer Klassenfahrt suchen die drei Freundinnen eine Gaststätte auf. Sie bestellen sich eine warme Mahlzeit und dazu Bier und Wein.
   Werden die Besuche der Gaststätten vom *Jugendschutzgesetz* gedeckt?

8 Geld im Kreislauf der Wirtschaft

8.1 Zahlungsverkehr in Hotellerie/Gastronomie

Zahlungsverkehr: 🇬🇧
monetary transactions/
payment transactions

8.1.1 Aufgaben und Arten des Geldes

Situation

Tausche neuwertiges Gokart gegen 18er-Mädchenrad, Tel.: 0 88 21 / 1 89.

Wie in der vorstehenden Situation, so wurde in den Anfängen wirtschaftlicher Entwicklung Ware gegen Ware getauscht, z. B. Lebensmittel gegen Werkzeuge. In dieser Natural- oder Tauschwirtschaft war Geld nicht erforderlich.

Die heutige Bedeutung des Geldes liegt in den nachstehend genannten Aufgaben, die es in unserer Wirtschaft zu erfüllen hat.

Aufgaben des Geldes in der Wirtschaft

Zahlungs- und Tauschmittel	Wertmesser	Wert-aufbewahrungsmittel	Wert-übertragungsmittel	Kreditmittel
Waren und Leistungen werden gegen Geld getauscht oder umgekehrt.	Werte und Preise werden in Geld ausgedrückt und so miteinander verglichen.	Um spätere Anschaffungen (Waren und Leistungen) vornehmen zu können, wird Geld gespart.	Durch Geldgeschenke oder Erbschaften wird Geld auf andere übertragen.	Gesparte Gelder können als Kredite vergeben werden.

Um Rechnungen zu bezahlen, kann man sich im Wirtschaftsleben verschiedener Arten des Geldes bedienen.

Geld: money 🇬🇧

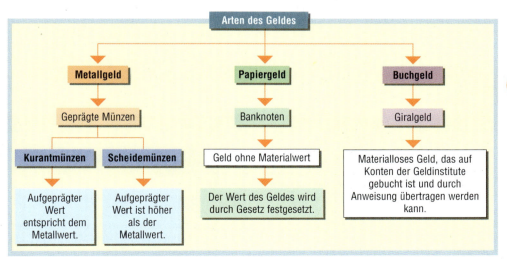

Der eigentliche **Wert des Geldes** ergibt sich aus der Gütermenge, die der einzelne Bürger für sein Einkommen kaufen kann. Bleibt das Einkommen gleich und steigt die Gütermenge, so wächst die Kaufkraft des Geldes. Nimmt jedoch die Kaufkraft ab, so können mit dem gleichen Einkommen weniger Güter erworben werden.

Die **Kaufkraft** ist also die Menge an Sachgütern und Dienstleistungen, die man für eine Geldeinheit im Inland erhält. Dieses bezeichnet man auch als den **Binnenwert des Geldes**. Demgegenüber kennzeichnet der **Außenwert des Geldes** den Wert des eigenen Zahlungsmittels (= der Währungseinheit) gegenüber denen anderer Länder. Den Preis für ausländische Währungseinheiten zeigt der **Devisenkurs**, ausgedrückt in der eigenen **Währung**, z. B. 1 Euro = 1,22 Schweizer Franken oder 1,36 Dollar. Über den Wechsel-/Devisenkurs können also inländische und ausländische Preise miteinander verglichen und der Wert, z. B. des Euros, in anderen Ländern angegeben werden. Gesetzliches Zahlungsmittel ist der Euro.

 Währung:
currency

Die genannten Erscheinungsformen und Funktionen (= Aufgaben) des Geldes treten unabhängig von der **Währung** eines Landes auf, d. h. der vom Staat festgelegten Ordnung des Geldwesens eines Landes. So sprechen wir von der japanischen, amerikanischen, russischen Währung.

Zur **Ordnung des Geldwesens** gehören z. B. das Festlegen einer Währungseinheit (€, Dollar) und die Stückelung (z. B. 10,00-€-Schein, 50,00-€-Schein), das Festlegen von Untereinheiten (1,00 € = 100 Euro Cent), das Festlegen der **Währungsparitäten** (= Wechselkurse; das Verhältnis zum Gold, zum US-Dollar usw.).

Die **Stabilität des Geldwertes** ist ein wichtiges wirtschaftspolitisches Ziel. Sie ist abhängig von
▶ der Veränderung der inländischen Geldmenge,
▶ der Entwicklung des Preisniveaus im Inland,
▶ der Zu- oder Abnahme der Umlaufgeschwindigkeit des Geldes,
▶ der Veränderung des (€)-Wechselkurses gegenüber wichtigen ausländischen Währungen.

 Wechselkurs:
exchange rate

Wenn sich die **Wechselkurse** allein durch Angebot und Nachfrage von Devisen auf dem Devisenmarkt ergeben, so entsteht ein **Gleichgewichtskurs**.

Beispiel

Ausfuhrüberschüsse
Export > Import

Der Export in die USA steigt, weil dort eine höhere Inflationsrate herrscht als in Deutschland, so werden zu jedem Wechselkurs mehr US-Dollar angeboten; folglich sinkt der Wechselkurs.
Wird der Wechselkurs gesenkt, so erhöht sich damit der **Außenwert der Währung**, in unserem Beispiel der Euro gegenüber dem US-Dollar. Daraus ergibt sich eine **Aufwertung** des Euros, denn für einen US-Dollar sind nur noch z. B. 0,8003 € statt vorher 0,82 € zu bezahlen. Allerdings verteuert sich dadurch auch die Ausfuhr von Gütern in die USA, umgekehrt wird der Import günstiger.

Für deutsche Touristen führt eine Aufwertung des Euros zu einer Verbilligung der Auslandsreisen, demgegenüber wird es für ausländische Touristen teurer, in Deutschland Urlaub zu machen.

Beispiel

Einfuhrüberschüsse
Import > Export

Steigt später die Einfuhr von Gütern aus den USA gegenüber den Ausfuhren wieder, so steigt auch die Devisennachfrage. Bleibt das Angebot in gleicher Höhe bestehen, wird der Wechselkurs steigen, was zu einer **Abwertung** des Euros in unserem Beispiel führt (= der Außenwert der abgewerteten Währung sinkt). Die Folge davon ist, dass sich die Exporte verbilligen und die Importe verteuern.

Sind über einen größeren Zeitraum hohe Abweichungen zwischen Binnen- und Außenwert des Geldes zu verzeichnen, werden in unregelmäßigen Zeitabständen die Währungen ab- bzw. aufgewertet, indem man die Wechselkurse herauf- oder herabsetzt.

1. Ist das 1-Euro-Stück eine Kurant- oder Scheidemünze?
2. Setzen Sie anstelle der nachstehenden Begriffe andere Bezeichnungen ein:
   a) Giralgeld,
   b) Bargeld.
3. Aus welchen Eigenschaften des Geldes lassen sich die Aufgaben des Geldes ableiten?
4. Welche Funktionen kann ein 100,00-€-Schein im täglichen Leben erfüllen?
5. Ordnen Sie den folgenden Beispielen die entsprechenden Geldfunktionen zu:
   a) Sabrina besitzt einen Kassettenrekorder mit verschiedenen Kassetten. Sie verkauft den Rekorder mit den Kassetten, um sich das schon lange gewünschte Fahrrad leisten zu können.
   b) Der Gastwirt Benkert nimmt bei seiner Bank einen Kredit auf, um seine Galeräume umbauen zu können.
   c) Der Restaurantfachmann Florian zweigt von seinem monatlich zur Verfügung stehenden Geld 500,00 € ab, um sich möglichst bald einen Gebrauchtwagen kaufen zu können.

d) Die Bundesrepublik Deutschland übergibt einem Entwicklungsland einen Betrag, der nicht zurückgezahlt zu werden braucht.
e) Frank hat bei dem Diskothekeninhaber noch Schulden. Um diese Schulden bezahlen zu können, „schlachtet" Frank sein Sparschwein. Mit diesem Geld tilgt er seine Verzehrschulden.
6. Frau Finck plante, ihren nächsten Urlaub in den USA zu verbringen. Da sie in der Tageszeitung gelesen hat, dass der Euro gegenüber dem US-Dollar abgewertet wurde, disponiert sie schnell um und lädt ihre Freundin zu sich nach Deutschland ein. Handelt Frau Finck ökonomisch sinnvoll?
7. Stellen Sie die Folgen von Aufwertung und Abwertung einander gegenüber.
8. Welche Situation auf dem Devisenmarkt ergibt sich, wenn der Export von Gütern aus Deutschland in die Schweiz zurückgeht, alle anderen Größen jedoch gleich bleiben. Geben Sie den Sachverhalt in einer Grafik wieder.

8.1.2   Zahlungsarten

Zahlungen können mit **gesetzlichen Zahlungsmitteln** (Bar- und Buchgeld) oder **Geldersatzmitteln** (Wechsel, Scheck) vorgenommen werden. Geldersatzmittel sind kein „Geld", sondern „Anweisungen auf Geld". Die Geldschuld ist erfüllt, wenn die Geldersatzmittel von dem zur Zahlung Angewiesenen eingelöst worden sind.

Zahlungsart:
payment method/
mode of payment

Zahlungsmittel:
means of payment

Arten der Zahlung			
Barzahlung	**Halbbare Zahlung**	**Bargeldlose Zahlung (unbare)**	**Elektronischer Zahlungsverkehr**
Zahlender und Zahlungsempfänger müssen keine Konten unterhalten: • Banknoten und Münzen gegen Quittung (direkt oder durch Boten) • durch „Minutenservice" der Postbank	**Barscheck** Zahlender unterhält Konto bei Postbank oder Kreditinstitut Empfänger muss kein Konto unterhalten	**Zahlschein** (Post, Bank) Zahlender unterhält kein Konto bei der Postbank oder Kreditinstitut Empfänger unterhält ein Konto bei einem Kreditinstitut oder Postbank	**Karten** • Bankkarte (EC-Karte) – GAA – POS – ECC – ELV • Geldkarte • Kreditkarte • Kundenkarte	**Überweisung/ Scheck** • Überweisungsauftrag • Dauerauftrag • Lastschrift – Einzugsermächtigung – Abbuchung • Verrechnungsscheck	**SEPA**[1)] • Überweisung • Lastschrift • Kartenzahlung • Dauerauftrag	• Onlinebanking • Internetpayment/ -banking • Telefonbanking • Homebanking • Bankterminal • Direktbank

Zahlender und Empfänger haben ein Konto bei der Postbank, einer Kreditkartenorganisation, einem Kreditinstitut oder einem Warenhaus

[1)] EURO-Zahlungsverkehrsraum

Zahler zahlt mit Scheinen, Münzen, durch „Minutenservice" der Bank	Zahlungsempfänger erhält Bargeld	Zahler zahlt durch Post oder Bank per Zahlschein	Konto Zahlungsempfänger + Gutschrift	Konto Zahler + Lastschrift	Konto Zahlungsempfänger + Gutschrift

Zahlung mit Bargeld

Situation

Nachdem Friedrich Kunze in der Gaststätte „Zum Löwen" zu Mittag gegessen hat, bittet er die Servicekraft, ihm die Rechnung vorzulegen. Mithilfe der automatischen Registrierkasse ist es für die Angestellte einfach, einen Kassenbon als Rechnung und Quittung zu erstellen. Kunze bezahlt die Rechnung mit lauter 1-Euro-Cent-Stücken, worüber die Servicekraft nicht gerade erfreut ist. Der Gast verlangt außer dem Kassenbon auch noch eine Quittung. Daraufhin ist die „Bedienung" ungehalten, weil sie momentan keine Zeit zum Ausschreiben der Quittung hat. Kann der Kunde darauf bestehen?

Barzahlung:
cash payment

Barzahlung
Positiv
▶ Der Geldbetrag steht sofort zur Verfügung.
▶ Es fallen keine Bankgebühren an.
Negativ
▶ Es ist ständig Falschgeld im Umlauf.
▶ Das Risiko des Gelddiebstahls ist gegeben,   – z. B. bei der Bankeinzahlung.
▶ Kassen-/Wechselgelddifferenzen können entstehen.
▶ Bargeldzahlung ist ein Kostenfaktor.

Quittung:
receipt

Im Gastgewerbe kommt vor allem **Barzahlung** vor, da sich Kleinbeträge schnell und kostengünstig begleichen lassen.

Der Gastwirt ist verpflichtet, Münzgeld bis zu 10,00 € in Zahlung zu nehmen. Die Annahme großer Scheine kann ein Gastwirt aus Sicherheitsgründen ablehnen.

Wenn der Gast eine **Quittung** über den von ihm bezahlten Betrag wünscht, so ist der Gastwirt bzw. das Personal dazu verpflichtet, ihm eine solche auszustellen. Eine einfache Quittung ist für Beträge bis 150,00 € zulässig. Bei höheren Beträgen ist eine ordnungsgemäße Rechnung auszustellen. Die Quittung stellt ein Beweismittel für die Zahlung dar und ist demzufolge sorgfältig aufzubewahren. Das Recht auf eine Quittung hat auch derjenige, der die Einnahme der Tageskasse zum Geldinstitut bringt (Bote).

Der Western Union Bargeldtransfer

Der Geldtransfer ist in über 200 Ländern der Erde möglich. Es gibt hierbei keine Geldbetragsgrenzen. Der Empfänger kann das Geld innerhalb einiger Minuten nach Auftragserteilung in jeder größeren Postfiliale oder bei den Agenturen des Vertragspartners Western Union Financial Service GmbH ausgezahlt bekommen. Der Absender des Geldes muss lediglich das Western Union Sendeformular ausfüllen und es zusammen mit dem Transferbetrag und den anfallenden Entgelten in einer Filiale der Postbank oder der Deutschen Post abgeben. Nach Bearbeitung des Auftrages kann der Absender sofort den Empfänger des Geldes über den Geldtransfer und das Codewort telefonisch informieren. Dem Empfänger wird das Geld unter Angabe des Codewortes ausgezahlt. Oder der Geldversand kann per Postbank = Online-Banking erfolgen.

Aufgaben

1. Am 29.07.20.. kauft Wolfgang Zunterer, Augsburg, von Johann Neuner, München, Bismarckstraße 10, eine Kühltheke zum Preis von 950,00 € und bezahlt bar. Schreiben Sie zu diesem Geschäftsvorgang eine Quittung aus.
2. Aus welchem Grunde verlangt Zunterer eine Quittung?
3. Hotelier Heinke fragt seinen Auszubildenden Günter, welchen Geldbetrag man durch die Post mit welchen Formularen einem bereits abgereisten Gast ins Haus senden könne. Der Hotelier hat an den Gast, der kein

Konto besitzt, einen Betrag in Höhe von 516,46 € zurückzuerstatten. Welche Zahlungsmöglichkeit wird Günter vorschlagen?
4. Sabine Tobies hatte sich bei ihrem letzten Besuch von ihrer Freundin Hermine Nock, Schapenholz 10, 81825 München, 200,00 € geliehen. Nachdem Sabine nach Hause zurückgekehrt ist, geht sie zur Post und sendet das Geld zurück.
   a) Welche Zahlungsmittel verwendet Sabine?
   b) Füllen Sie das Formblatt aus.

Halbbare und bargeldlose Zahlung

Gastwirt Lederer, Birkenweg 10, 82231 München, hat sich von dem Wäschehersteller Spatz GmbH, Kurze Straße 8, 63028 Frankfurt, Wäsche für die Hotelzimmer in Höhe von 618,66 € schicken lassen. Neben der Rechnung liegt der Sendung ein ausgefüllter Zahlschein bei.

Voraussetzung bei der halbbaren Zahlung ist, dass Gläubiger oder Schuldner ein Konto besitzen. Dieses Konto kann ein **Giro- oder Kontokorrentkonto** sein. Dabei hat der Kontoinhaber Rechte und Pflichten.

Über die Veränderungen des Kontostandes erhält der Bankkunde **Kontoauszüge**, aus denen Gut- und Lastschriften ersichtlich sind. Entweder zahlt der Absender bei der Bank oder Poststelle auf das Konto des Empfängers bar ein (Zahlschein). In beiden Fällen kann der Empfänger sein Konto bei einem Kreditinstitut oder bei einer Postbank führen, der Betrag wird dem Empfängerkonto gutgeschrieben.

Soll der Empfänger Bargeld vom Konto des Zahlenden bekommen, so geht dies mithilfe des „Geldtransfer-Minuten-Service" (s. o.).

Voraussetzung für den bargeldlosen **Überweisungsverkehr** ist, dass der Zahlende und der Zahlungsempfänger über ein Girokonto verfügen. Diese Konten können bei demselben Kreditinstitut oder auch bei einem anderen bestehen, da alle Geldinstitute einschließlich der Postbanken durch Konten bei den **Landeszentralbanken** miteinander in Verbindung stehen.

Auch der **elektronische Zahlungsverkehr** zählt zum bargeldlosen Zahlungsverkehr. Im Magnetband-Clearing-Verfahren werden Forderungen und Verbindlichkeiten der Banken untereinander durch beleglosen Datenträgeraustausch der EDV ausgeglichen. Außerdem haben sich gleichartige Kreditinstitute, z. B. Sparkassen, zu Girokreisen zusammengeschlossen.

Durch die Gironetze wird es möglich, dass die Zahlungen lediglich durch Umbuchen des sogenannten Buchgeldes von Konto zu Konto geleistet werden.

Der gesamte bargeldlose Zahlungsverkehr ist aufgrund der ständigen Erhöhung der Kosten für die einzelnen Buchungen und die Kontoauszüge keineswegs billig. Auch die mit den Buchungen verbundene Zeitspanne ist nicht als günstig zu beurteilen.

Situation

Bargeldlose Zahlung: 🇬🇧
cashless payment/
payment by money
transfer

Halbbare Zahlung

Konto: 🇬🇧
account

Kontoauszug:
bank statement/
statement of account

Bargeldlose
Zahlung

Gironetze

Online-Überweisung

Kap.
8.1.6

Dauerauftrag: 🇬🇧
standing order

SEPA =
Single **E**uro
Payments **A**REA

SEPA – Vereinheitlichung der europäischen Zahlungsverkehrsmärkte

SEPA beinhaltet den einheitlichen EURO-Zahlungsverkehrsraum. Aufgrund einer EU-Richtlinie gibt es in den Ländern der EU einheitliche Verfahren und Standards, die die herkömmlichen nationalen Zahlungsweisen ablösen. Jeder Bankkunde kann diese Zahlungsformen in Europa einsetzen – und zwar sowohl bei internationalen Zahlungsaktivitäten wie auch für die monatliche Mietzahlung oder die Abbuchung des Rundfunkbeitrages.

SEPA-Zahlungsformen		
Überweisung	**Lastschrift**	**Kartenzahlung**
Zahlungspflichtiger (ZP) und Zahlungsempfänger (ZE) sowie die Kreditinstitute identifizieren sich über die International Bank Account Number (IBAN) sowie Bank Identifier Code (BIC).	Beim SEPA-Lastschriftverfahren (SEPA Direct Debit Scheme = SDD) erteilt der ZP dem ZE ein Lastschriftmandat. Dieses berechtigt den ZE Zahlungen vom Konto des ZP einzuziehen. Der ZP hat ein Widerspruchsrecht von acht Wochen.	Karteninhaber können ihre Zahlungskarten im gesamten europäischen Raum verwenden. Dieses erfordert noch eine weitgehende Vereinheitlichung in puncto Technikstandard und Sicherheitsanforderungen.

445 218   © Bergmoser + Höller Verlag AG

IBAN:
International **B**ank
Account **N**umber

BIC:
Bank **I**dentifier **C**ode

Langfristig sollen damit nationale Besonderheiten bei den Zahlungsformen abgeschafft werden. Gegenüber den nationalen Verfahren unterscheidet sich SEPA vor allem dadurch, dass sich der Zahlende und der Zahlungsempfänger wie das Kreditinstitut mit Hilfe von **IBAN** und **BIC** erkennen lassen. Bankkunden finden beide Zahlen auf den Kontoauszügen.

In Deutschland wird die maximal 34-stellige IBAN (= International Bank Account Number/internationale Bank-Kontonummer) mit 22 Stellen dargestellt: An den ersten zwei Stellen wird das Länderkennzeichen abgebildet (DE für Deutschland). Eine zweistellige Prüfziffer dient zur Kontrolle der Kontonummer und Bankverbindung vor Ausführung der Zahlung. Anschließend folgt die achtstellige Bankleitzahl des Kontoinhabers (hier 370 400 44) sowie von hinten aufgefüllt die Kontonummer, welche je nach Kreditinstitut bis zu zehn Stellen umfasst. Die Stellen können aber von den angeschlossenen Ländern – abgesehen von den ersten vier Stellen – unterschiedlich genutzt werden.

Die ersten vier Stellen des maximal elfstelligen **BIC** (= Bank Identifier Code/internationale Bankleitzahl des Kreditinstituts, auch **SWIFT-Code** genannt) entsprechen der Bankbezeich-nung, sind alphanumerisch und können frei gewählt werden (z. B. MARK für die Deutsche Bundesbank). Darauf folgt die Länderkennung, welche dem **ISO-Code** des jeweiligen Landes entspricht. Sie besteht aus zwei Stellen (z. B. DE für Deutschland). Anschließend folgt eine zweistellige Orts-/Regionsangabe (z. B. FF für Frankfurt am Main).

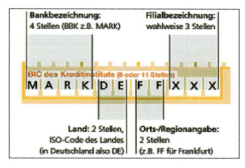

Die letzten drei Stellen können für Filialbezeichnungen genutzt werden (hier XXX als Platzhalter) und sind frei wählbar. Sie können jedoch auch frei bleiben. Das offizielle BIC-Directory steht auf der Internetseite von SWIFT zur Verfügung.

Auch wenn die Durchführung von Überweisungen heute meist elektronisch verläuft, so müssen doch oft Daten von Papier (Rechnung) in die Bank-Software übertragen werden. Um dabei Übertragungsfehler zu vermeiden ist es sinnvoll in Rechnungsformularen
- die Bankdaten ausreichend groß zu schreiben
- IBAN und BIC mit Leerzeichen zu schreiben, also anstatt DE89370400440532013000 besser DE89 3704 0044 0532 0130 00.

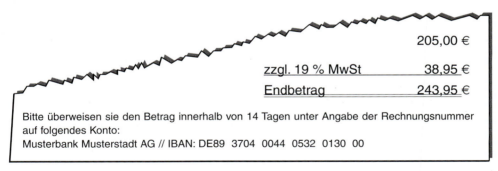

205,00 €

zzgl. 19 % MwSt   38,95 €

Endbetrag   243,95 €

Bitte überweisen sie den Betrag innerhalb von 14 Tagen unter Angabe der Rechnungsnummer auf folgendes Konto:
Musterbank Musterstadt AG // IBAN: DE89 3704 0044 0532 0130 00

Mit der Einführung des SEPA kommt bei Inlandsüberweisungen sowie im SEPA-Raum ein Zahlungsformular zum Einsatz. Bei derartigen Überweisungen wird der Transaktionsbetrag nicht mehr auf 50.000 Euro begrenzt und die Kosten sind bei In- und Auslandsüberweisungen gleich. Auch der Transaktionszeitraum wurde verbessert, sodass der Kunde schon nach einem Bankgeschäftstag über den Überweisungsbetrag verfügen kann.

Die mit diesem Zahlungsverkehr verbundene SEPA-Lastschrift (= SEPA Credit Transfer) setzt SEPA-Mandate voraus. Dabei wird unterschieden in die SEPA-Basislastschrift (= SEPA Core Direct Debit) sowie die SEPA-Firmenlastschrift (= SEPA Business to Business Direct Debit). Für den Einzug von SEPA-Lastschriften hat der Zahlungspflichtige seine Zustimmung zu geben, und zwar einerseits zum Einzug durch den Empfänger wie auch bezüglich der Belastung an die eigene Bank. Demgegenüber bezieht sich das Einzugsverfahren nur auf das Inland.

Überweisung, Dauerauftrag und Lastschriftverfahren

Wie erwähnt steht Privatkunden bis Ende Januar 2016 neben SEPA auch das herkömmliche deutsche Zahlverfahren unter Angabe von Bankleitzahl und Kontonummer weiterhin zur Verfügung. Doch welche Art bargeldloser Zahlung gewählt wird, hängt nicht von Ab- oder Zuneigung gegenüber SEPA ab, sondern richtet sich nach dem Zweck der Zahlung.

Dauerauftrag: standing order

Bei Zahlungen, die nicht nur einmalig (Zahlungsinstrument hier: **Überweisung**), sondern in regelmäßigen Abständen und in gleicher Höhe zu leisten sind (Mieten, Rundfunkgebühren, Versicherungsprämien usw.), kann man einem Geldinstitut einen **Dauerauftrag** erteilen, der dann bis auf Widerruf ausgeführt wird. Hier nimmt das beauftragte Geldinstitut in dem vom Zahlungspflichtigen gewünschten wiederkehrenden Rhythmus (z. B. monatlich) und zu dem gewünschten Termin (z. B. immer zum 15. des Monats) eine entsprechende Überweisung über den gewünschten Betrag auf das Konto des Zahlungsempfängers vor.

Dauerauftrag (nur noch bis 2016 gültig im nationalen Zahlverfahren)

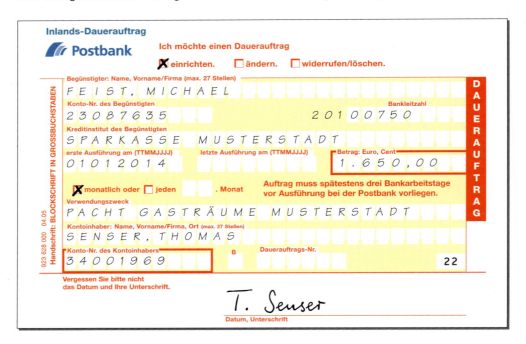

Lastschrift- verfahren: direct debiting system

Bei ständig wiederkehrenden Zahlungen in unterschiedlicher Höhe oder zu unterschiedlichen Zeitpunkten kommt das Lastschriftverfahren (Lastschrifteinzug) infrage. Hierbei gibt der Zahlende dem Empfänger eine Genehmigung, vom Konto des Zahlenden die fälligen Beträge einzuziehen. Die Handyrechnung ist ein klassisches Beispiel, da sich deren Höhe (soweit die Rechnung nicht ausschließlich auf einer Flatrate basiert) monatlich nach der Zahl der versendeten SMS oder der getätigten Anrufe richtet.

Der Lastschrifteinzug gewinnt an Bedeutung, da der Schuldner seine Zahlungsverpflichtungen nicht versäumen kann und ihm keinerlei Arbeit entsteht. Allerdings müssen die Lastschriftbuchungen ständig überwacht werden, da es sonst zu einem „Überziehen" des Kontos kommen kann. Falsch oder unberechtigt eingezogene Beträge kann der Schuldner innerhalb von sechs Wochen nach der Ausführung auf sein Konto zurückbuchen lassen. Für den Gläubiger ergibt sich eine gute Dispositionsmöglichkeit, da er den Geldeinzug bestimmen kann. Gleichzeitig entfallen ggf. Mahnkosten bzw. hohe Außenstände. Ist der Grund für den Lastschrifteinzug entfallen (z. B. bei Auflösung eines Vertragsverhältnisses), so erlischt dieser von selbst.

Sammel- überweisung: collective transfer

Wenn ein Hotelier unterschiedlichen Lieferanten Geld durch seine Bank überweisen will, so wird er die **Sammelüberweisung** wählen. Dazu wird er in Zukunft ausschließlich den elektronischen Weg gehen können, da die formulargestützte Einreichung von Sammelüberweisungen kein gültiges SEPA-Zahlverfahren ist.

Aufgaben

1. Hotelier André Baumgartner, Mozartstraße 20, 22848 Norderstedt, hat gemäß Rechnung Nr. 81423 vom 16.03.20.. 580,00 an das Landratsamt Kreis Segeberg zu zahlen. Auf der Rechnung ist das Konto des Landratsamtes bei der Sparkasse Südholstein, IBAN DE32 2305 1030 0004 3750 38 angegeben. Überweisen Sie den Betrag per Zahlschein.
2. Welches Formular ist zu verwenden?

Zahlender	Empfänger
a) kein Konto	kein Konto
b) Konto	kein Konto
c) kein Konto	Konto
d) Konto	Konto

3. Bei Beginn der Ausbildung zur Hotelfachfrau hat Katrin Mäsek der Buchhaltung ein Konto anzugeben auf das die Ausbildungsbeihilfe am Monatsende, überwiesen wird. Welche Art Konto sollte Katrin wählen? Begründen Sie.
4. Warum wird zukünftig die Sammelüberweisung nur noch elektronisch möglich sein?
5. Gerda Henzler lässt monatlich nachstehende Überweisungen von ihrer Bank ausführen: Miete, Energierechnung, Telefonrechnung, Darlehnszinsen. Welcher besonderen Überweisungsverfahren sollte sie sich bedienen?
6. Beantworten Sie mit dem in der vorstehenden Tabelle genannten Link oder anderen (Internet)Quellen folgende Fragen zu SEPA: Wie funktioniert es (welche Daten werden benötigt)? Welche Vorteile haben SEPA-Überweisungen und SEPA-Lastschrifteinzug?

8.1.3 Scheckrecht in Grundzügen

Situation

Die Hotelfachfrau Katja hat am Freitagnachmittag Dienst im Bereich Buchhaltung. Bei der Durchsicht der Bankauszüge stellt sie fest, dass die Banküberweisung an das Finanzamt aufgrund einer falschen Bankleitzahl nicht ausgeführt wurde. Der Zahlungstermin beim Finanzamt ist heute.
Wird Katja sicherstellen können, dass der Zahlungstermin eingehalten werden kann?

Wesen des Schecks

Der Scheck zählt zum einen zur halbbaren Zahlungsweise (Barschecks), zum anderen zur bargeldlosen.

Der Scheck

▶ ist rechtlich gesehen eine Anweisung an ein Kreditinstitut, einen bestimmten Geldbetrag zu zahlen;

▶ gehört zu den Wertpapieren im besonderen Sinne;

▶ ist ein Zahlungsmittel; jedoch wird durch die Ausstellung des Schecks die Schuld nicht endgültig getilgt, sondern sie erfolgt nur erfüllungshalber; erst mit der Einlösung des Schecks erlischt das Schuldverhältnis.

Scheck: check/cheque

Der **Scheck** ist – anders als Banknoten oder Münzen – kein gesetzliches, sondern ein **kaufmännisches Zahlungsmittel**.
Deshalb braucht der Gläubiger den Scheck nur anzunehmen, wenn eine Zahlung mit Scheck vorher vereinbart worden ist. Schecks werden im Wirtschaftsleben auch ohne besondere Vereinbarungen zur Begleichung von Schulden entgegengenommen.
Voraussetzung für die Zahlung mit Scheck ist, dass bei einem Geldinstitut (Bank, Sparkasse, Postbank) ein Girokonto besteht, das bei der Scheckausstellung immer Deckung aufweisen muss, entweder durch Guthaben oder durch einen vom Geldinstitut gewährten Dispositions-/Überziehungskredit.
Aus Rationalisierungs- und Sicherheitsgründen erkennen die Geldinstitute heute nur noch die von ihnen ausgegebenen Scheckformulare an, die zusätzlich die kaufmännischen Bestandteile aufweisen, das sind die Schecknummer, die Bankleitzahl, die Kontonummer des Ausstellers, die Überbringerklausel (entfällt beim Namensscheck), der Verwendungszweck, die Codierzeile (maschinenlesbare Schrift) und die Guthabenklausel.

Scheckeinlösung

Scheckeinlösung: cheque cashing

Jeder Scheck muss bei Vorlage (= bei Sicht) von dem bezogenen Geldinstitut eingelöst (= bezahlt) werden, wenn das Konto Deckung aufweist. Nicht einzulösen ist der Scheck, wenn er widerrufen wurde.

Art. 32 ScheckG

Bei Nichteinhaltung der Vorlegungsfrist kann der Scheckaussteller den Scheck widerrufen und der Scheckinhaber verliert seine scheckrechtlichen Rückgriffsansprüche. Wird der rechtzeitig vorgelegte Scheck mangels Deckung nicht eingelöst, so hat der Scheckinhaber das Recht auf Scheckprotest und anschließend Scheckklage, um seine Forderung nebst Zinsen und Spesen durchzusetzen.

Scheckarten im Überblick

Schecks lassen sich nach Zahlungsempfänger und nach Art der Einlösung unterteilen:

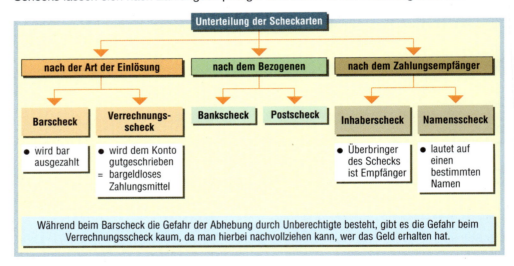

Scheckverlust

Kommt einem Gast ein Scheck abhanden, so kann er diesen bei der bezogenen Bank sofort sperren lassen (= Auszahlung untersagen). Diese Sperre gilt allerdings nicht für ordnungsgemäß ausgestellte und rechtzeitig vorgelegte Schecks. Anschließend kann er den Scheck beim Amtsgericht für kraftlos erklären lassen (Amortisation).

Amortisation

Erfolgt ein **Scheckmissbrauch** durch ein grob fahrlässiges Verhalten des Gastes (wurden dem Gast z.B. Schecks aus dem Auto entwendet), übernimmt die Bank keine Haftung und der Gast muss für den entstandenen Schaden aufkommen.

Verrechnungsscheck

Der Verrechnungsscheck ist die zurzeit am häufigsten verwendete Scheckart. Mit der Übergabe des Verrechnungsschecks in den Verfügungsbereich (z.B. auch der Briefkasten des Finanzamtes) des Zahlungsempfängers gilt wie bei der Barzahlung die Zahlungsschuld als beglichen.

Zahlungsweg des Verrechnungsschecks

Verrechnungsschecks werden vorwiegend für Zahlungen an das Finanzamt, an die Kranken-
kassen, Auszahlungen von Versicherungsschäden an die Versicherungsnehmer sowie für die
Bezahlung von Waren und Dienstleistungen verwendet.

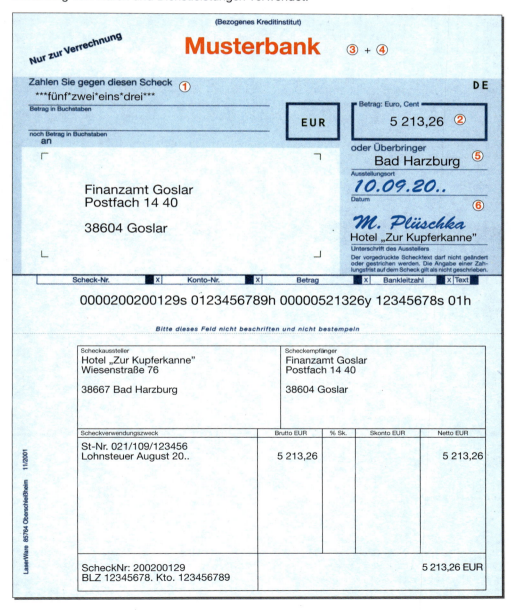

**Verrechnungs-
scheckformular**

**Bestandteile des
Schecks gemäß
*ScheckG***
1. die Bezeichnung
   als Scheck im
   Text der Urkunde
   (Scheckklausel)
2. die unbedingte
   Anweisung, eine
   bestimmte Geld-
   summe zu zahlen
3. Name des Geld-
   instituts, das den
   Betrag auszahlen
   soll
4. Sitz des Geldinsti-
   tuts bzw. der kon-
   toführenden Stelle
5. Ort und Tag der
   Ausstellung des
   Schecks
6. die Unterschrift
   des Ausstellers
   (Kontoinhaber
   oder ein Bevoll-
   mächtigter)

Reisechecks
▼
Reise-
zahlungsmittel
▼
eigenes Konto
nicht erforderlich

Reisescheck

Reisechecks sind ein sicheres und weltweit akzeptiertes Zahlungsmittel. Sie werden von Kreditinstituten in wichtigen Währungen angeboten.

Für den Reisezahlungsverkehr bieten sich Reisechecks in € oder ausländischer Währung an, z.B. US-Dollar. Sie lauten auf fest eingedruckte Beträge. **Reisechecks** sind keine Schecks, sondern **Reisezahlungsmittel** in Form von Schecks. Man benötigt für sie kein Konto, sondern kauft sie bei Geldinstituten, dies kann auch gegen Bargeld geschehen, wobei **Kosten** in Höhe von 1 Prozent des Gesamtbetrages anfallen.

Demzufolge sind Reisechecks immer gedeckt, man behandelt sie wie international gültige Banknoten. Aus diesem Grunde lassen sich Reisechecks auch nicht sperren.

Sie werden u.a. von großen Organisationen wie American Express oder Thomas Cook herausgegeben und hauptsächlich über die Geldinstitute vertrieben.

Beim Kauf hat der Erwerber auf jedem Reisescheck eine Unterschrift zu leisten. Dadurch wird der Scheck zu seinem persönlichen, sicheren Zahlungsmittel. Die Reisechecks können bei Geldinstituten eingelöst werden; man kann aber z.B. in vielen Hotels und Gaststätten auch direkt mit ihnen seine Rechnung bezahlen. In jedem Fall ist der Reisescheck jetzt in Gegenwart der Person, die den Scheck entgegennimmt, ein zweites Mal zu unterschreiben **(Kontrollunterschrift = Gegenzeichnung)**, eventuell muss man sich zusätzlich ausweisen, z.B. durch Reisepass.

Der Schecknehmer kontrolliert, ob die beiden Unterschriften identisch sind, denn nur in diesem Fall ist ihm der aufgedruckte Betrag sicher.

Reisechecks werden vom Schecknehmer wie Verrechnungsschecks bei der eigenen Bank eingereicht und dem Konto dann gutgeschrieben. Die Einlösungskosten sind im Allgemeinen günstig.

Reisechecks sind für Touristen und Geschäftsreisende immer sicherer als Bargeld, da bei Verlust von Reisechecks, die noch nicht die Kontrollunterschrift tragen, die Verluste schon während der Reise oder später kostenlos und weltweit ersetzt werden.

Reisechecks sind unbegrenzt gültig, deshalb kann man sie wie Bargeld für spätere Zwecke aufbewahren.

euro travellers cheque

Nicht eingelöste Reisechecks kann man an die Bank zurückgeben, bei der sie gekauft wurden, und den Wert auszahlen oder gutschreiben lassen. Im Auslandsreiseverkehr spielen Reisechecks ausländischer Kreditinstitute, die auf anderslautende Währungen ausgestellt sind und von deutschen Kreditinstituten kommissionsweise verkauft werden, eine bedeutsame Rolle.

1. Nennen Sie die Vorteile der Zahlung mit Scheck für den Kunden und das Kreditinstitut.
2. Auf einem Scheck ist ohne jegliche weitere Zusätze als Empfänger „Herr Horst Günter" angegeben. Um welche Scheckart handelt es sich hier?
3. Nennen Sie die Vorlegungsfristen für Scheck und Reiseschecks.
4. Der Gastwirt Schmidt gibt einem Gläubiger (Lieferanten), der auf sofortiger Begleichung der Rechnung besteht, einen Scheck zum Ausgleich; allerdings ist dem Gastwirt bekannt, dass er über ein der Schecksumme entsprechendes Bankguthaben momentan nicht verfügen kann, sodass er den Scheck vordatiert. Erläutern Sie die sich daraus ergebenden Folgen.
5. Unterscheiden Sie Scheck und Überweisung.
6. Während Ihrer Tätigkeit an der Rezeption des Hotels „Am See" legt Ihnen ein Gast zum Begleichen der Übernachtungsrechnung einen Scheck in Höhe von 76,00 € vor. Auf dem Scheckformular weichen jedoch der Betrag in Buchstaben (67,00) und der Betrag in Ziffern (76,00) voneinander ab.
   a) Würden Sie den Scheck annehmen?
   b) Besteht noch eine Schuld?
7. Gastwirt Vorneß erhält von einem Gast einen Scheck für den Verzehr von Speisen und Getränken in seiner Gaststätte. Erst nach elf Tagen legt er den Scheck der Bank zur Einlösung vor. Wird die Bank den Scheck noch einlösen?
8. Der Restaurantfachmann Arnold verliert während des Bedienens seine „Kellnerbörse", in die er auch einen Scheck gesteckt hatte. Was sollte Arnold unternehmen, damit der Scheck nicht von einem Unberechtigten bei dem bezogenen Geldinstitut eingelöst wird?
9. Jupp Montag begleicht eine Hotelrechnung über 184,50 € für Übernachtungen sowie Speisen und Getränke im Hotel „Zur Post" mit einem Verrechnungsscheck. Als der Hotelier den Scheck der bezogenen Bank präsentiert, löst diese den Scheck nicht ein, weil das Guthaben des Scheckausstellers nur noch 92,37 € aufweist. Nachdem die Bank einen entsprechenden Vorlegungsvermerk angebracht hat, verlangt das Hotel von Montag den Rechnungsbetrag in bar. Dieser weigert sich mit der Begründung, mit der Annahme des Schecks sei die Schuld erloschen. Wer ist im Recht?
10. Die Hotelkauffrau Sandra R. möchte ihren fälligen Überseeurlaub in der nächsten Woche antreten. Sie scheut sich, mehr als das unbedingt nötige Bargeld mitzunehmen. Andererseits braucht sie ein Reisezahlungsmittel, das auf unterschiedliche Beträge ausgestellt ist. Was würden Sie Sandra raten?

8.1.4   Zahlung mit Karten

Zahlen mit Karte

Als traditionelle Zahlungsmittel im privaten und geschäftlichen Verkehr finden neben Bargeld der Scheck, die Überweisung und die Lastschrift Verwendung. Daneben hat sich die mit einem Magnetstreifen ausgestattete Plastikkarte als Träger unterschiedlicher Zahlungsfunktionen durchgesetzt. In Deutschland werden schon rund 45 Prozent (2013) des Einzelhandelsumsatzes über kartengestützte Zahlungssysteme abgewickelt.

Man unterschiedet drei Arten von „Plastikgeld". In Deutschland am weitesten verbreitet sind die sogenannten **Debitkarten** – Girocards oder Bankkundenkarten mit Geheimzahl (PIN), die zur Zahlung an elektronischen Kassen genutzt werden können. Zu diesen Karten gehört ein Girokonto, das bei einer Zahlung sofort belastet wird („Zahle gleich"). Die von Kartenorganisationen oder Banken ausgegebenen **Kreditkarten** machen den bargeldlosen Einkauf bei den Vertragsunternehmen der betreffenden Organisation möglich. Die jeweiligen Umsätze werden gesammelt und nachträglich vom Konto der Karteninhaber abgebucht („Zahle später").

Außerdem können kleinere Beträge an elektronischen Kassen und Automaten mit **Geldkarten**, die z. B. an einem Bankterminal mit vorausbezahlten Werteinheiten aufgeladen werden können („Zahle im Voraus"), beglichen werden.

Kreditkarte:
credit card

© Erich Schmidt Verlag
463 760

Die in den 50er-Jahren in den USA eingeführte **Kreditkarte** hat inzwischen auch im Bereich der Hotellerie und Gastronomie stark an Bedeutung gewonnen; die bargeldlose Zahlung in der gastgewerblichen Branche wird zunehmend beliebter.

OPT

Kreditkarten, ein spezielles Zahlungsmittel auch im Gastgewerbe	
Art der Zahlung	Eine bargeldlose Zahlung unter Zwischenschaltung einer besonderen Stelle, der Kreditkartenorganisation (Dreiparteiensystem)

Durchführung der Zahlung	Gehören Gast und gastronomischer Betrieb derselben Kreditkartenorganisation an, so wird der Zahlungsvorgang folgendermaßen durchgeführt:
	• Prüfen der Karte auf Gültigkeit
	  – Verfalltag
	  – Sperrliste
	  – Warnmeldung
	• Die Angaben der Kreditkarte und die Angaben über den gastronomischen Betrieb werden mithilfe eines Druckgerätes (Imprinter) auf den Leistungsbeleg (Salesslip) übertragen.
	• Das Datum und der Betrag werden handschriftlich eingetragen.
	• Liegt der Gesamtbetrag über dem festgesetzten Limit, so muss vorher bei der Kreditkartenorganisation z. B. per Telefon nachgefragt werden.
	• Der Gast trägt eventuell das Trinkgeld ein und unterschreibt den Leistungsbeleg.
	• Nachdem die Unterschrift auf der Kreditkarte mit der auf dem Leistungsbeleg verglichen wurde, erhält der Gast eine Kopie, eine zweite Kopie bleibt im Betrieb und die dritte Kopie wird einmal in der Woche zusammen mit den anderen dritten Kopien einer Woche auf einem Zusammenstellungsbeleg zusammengefasst und an die Kreditkartenorganisation geschickt.
	• Der Gesamtbetrag wird dann abzüglich der Provision (Disagio) auf bargeldlosem Wege von der Kreditkartenorganisation beglichen.
	• Das früher ausschließlich genutzte Telecash-System POZ wurde flächendeckend durch die Online-Personalisierung von Terminal-Hardware-Sicherheitsmodulen (OPT) ersetzt.

Vorteile für den Wirt	• Umsatzzuwachs, da
	  – Gäste mit Kreditkarten gerne in Betriebe gehen, in denen ihre Karte akzeptiert wird,
	  – Gäste mit Kreditkarten oft vorher aufgrund von Hotelführern der Kartenorganisationen ihre Reise planen,
	  – Gäste mit Kreditkarten oft wohlsituiert sind.
	• Prestigegewinn durch die Scheibenaufkleber der Kreditkartenorganisation, da diese nur renommierte und gut geführte Betriebe als Vertragspartner akzeptieren.
	• Absolute Sicherheit, das Geld zu bekommen, da die Kreditkartenorganisation die Forderung der Betriebe an die Gäste laut Vertrag kauft und übernimmt. Die Kreditkartenorganisation übernimmt somit auch das Bonitätsrisiko.

Vorteile für den Gast	• Bequeme Zahlung ohne Bargeld oder Schecks auf der ganzen Welt, nur durch PIN-Eingabe • Schutz vor Diebstahl oder Verlust von Bargeld, bei Verlust der Karte nur Haftung bis 50,00 € • Im Bedarfsfall Auszahlung von Bargeld auf die Karte • Zinsvorteil, da die Rechnung der Kreditkarteninstitute erst 2 bis 5 Wochen nach Benutzen der Karte beglichen werden muss • Kursverluste werden vermieden, da kein Geld zurückzutauschen ist • Günstiger Devisenkurs wird berechnet • Eigene Hotel- und Restaurantführer
Nachteile für den Wirt	• Relativ hohe Provisionszahlungen an die Kreditkartenorganisation von 2,25 % bis ungefähr 7 %.
Nachteile für den Gast	• Jahresgebühr • Eventuell Aufnahmegebühr • Provision bei Kursumrechnungen von ungefähr 1 % • Gefahr, sich durch Kreditkartenbenutzung zu verschulden, ohne genug Deckung zu haben • Verleitung zu Spontankäufen • Gebühr für Barabhebung am Geldautomaten von 3–4 %
Zusatznutzen	• Versicherungsschutz unterschiedlichster Art und Umfang (Reisegepäck, Unfall) • Wegfall der Kaution bei Mietwagen • Integrierte Telefonkarte • Klubräume auf Flughäfen

Das ELC-System (electronic cash) erleichtert o.g. Überprüfungen.

ELC ist ein elektronisches Bezahlungssystem.
Es ermöglicht Kunden von Handelsunternehmen wie Gästen, im Geschäft, im Hotel mit Bank-, Kredit-, Geld- oder Kundenkarte an der Kasse/Rezeption zu bezahlen: Der Terminal von TELECASH zeigt den Rechnungsbetrag an.
Nach Einschieben seiner Karte in den Kartenleser tippt der Kunde die persönliche Geheimnummer (PIN-Nummer) ein.
Die Daten werden verschlüsselt und auf elektronischem Wege an die Kundenbank gesandt.

Der Bonitätsprüfung durch die Bank folgt nach wenigen Sekunden die Zahlungsgarantie für den Gast. Der Kunde erhält seinen Kassenbon.

Kap. 8.6.1

Da das Kreditkartenunternehmen die Forderung erwirkt, bucht der Hotelier eine Forderung an das Kreditkartenunternehmen ein. Erst mit dem Zahlungseingang erlischt die Forderung an den Gast.
Die Zahlung mit der Kreditkarte ist grundsätzlich unwiderruflich, allerdings ist bei betrügerischem Vorgehen eine Rückzahlung denkbar (Urteil des *BGH* I U 189/90). Neben dem ELC setzen sich in der Praxis noch andere Verfahren auch zur berührungslosen Zahlung langsam durch.

Die **Wahl zwischen den einzelnen Kreditkarten** fällt immer schwerer: Zu den wichtigsten Kriterien bei der Entscheidungsfindung zählen beispielsweise die Zahl der deutschen oder weltweiten Akzeptanzstellen, der Preis für eine Zusatzkarte, der Umfang der Versicherungsleistungen oder eine eventuelle Guthabenverzinsung. Letzteres haben allerdings nur die wenigsten Kartenanbieter im Programm. Ein Vergleich lohnt sich also.

Minderjährige erhalten noch keine Kreditkarte. Um dennoch Zahlungen mit Kreditkarte vornehmen zu können, gibt es Prepaid-Kreditkarten. Diese werden vorab mit einem Betrag aufgeladen, der dann für die Zahlung mit der Kreditkarte genutzt werden kann. Auch für die Nutzung der Kreditkarte beim Zahlen über das Internet sind Prepaid-Kreditkarten der sichere Weg.

Kreditkarte

EC-Karte

Kap. 8.1.6

Girocard

Die Girocard wird in fast allen Bereichen, z.B. im Gastgewerbe, als Zahlungsmittel akzeptiert. Mit Girocard und PIN kann jederzeit an den Bankautomaten Bargeld beschafft und mittels ELC bezahlt werden.

Gästekarte/Kundenkarte

Verschiedene Hotelketten bieten ihren Gästen/Kunden derartige Karten an, mit denen sie nicht nur ihre Hotelrechnung begleichen können, sondern meistens auch bei angeschlossenen Händlern/Handelsketten einkaufen können. Für den Gast/Kunden ergibt sich der Vorteil, dass die Gästekarte kostenlos ausgegeben wird. Die Hotelketten erhoffen sich davon eine stärkere Bindung des Gastes an das Haus; außerdem brauchen sie keine Gebühren an eine Kreditkartenorganisation zu zahlen. Als Praxisbeispiele sind anzuführen: Ikea, Quelle, Metro, Lufthansa und InterRent.

Moderne Bezahlformen

Beim Einkauf oder auch bei der Hotelbuchung über das Internet müssen sich beide Seiten gegen möglichen Verlust absichern. Hierzu bietet sich die Zahlung über einen zwischengeschalteten Treuhänder an, der die Zahlung abwickelt. Beim Einkauf wird die Ware erst versandt, wenn die Zahlung z.B. über Paypal oder giropay abgewickelt ist. Der Händler erhält das Geld aber erst, wenn auch die Ware beim Kunden eingetroffen ist. Im Betrugsfall bieten die Treuhänder zudem eine bestimmte Absicherung.

Praxis

M 2

Diskutieren Sie über die Vor- und Nachteile sowie die Gefahren des „Plastikgeldes" für den privaten Haushalt.

Aufgaben

1. Warum führt kein Weg an dem zunehmend begehrter werdenden „Plastikgeld" vorbei?
2. Kann jedermann eine Kreditkarte erhalten?
3. a) Wie erhalten die abrechnenden Stellen (z.B. Hotels oder Restaurants) ihr Geld?
   b) Wie viel Prozent Provision beansprucht die Kreditkartengesellschaft?
4. Alex möchte künftig mit einer Karte zahlen, die multifunktional angelegt ist.
   a) Welche Karten sind dann in einer enthalten?
   b) Für welche Bereiche im täglichen Leben lässt sich die Karte besonders gut einsetzen?
   c) Wie viel Geld lässt sich pro Tag abholen?

8.1.5   Voucher

Situation

Der ausgedruckte Hotelgutschein mit abgesetzter Anzahlung sieht in unserem Beispiel so aus:

1. Hotelgutscheinnummer mit Prüfziffer
2. Reiseart
3. Anzahlungsgutschein-Nummer
4. Druckdatum
5. DB/DER-Bezeichnung
6. Gewährte Provision
7. Vierstellige START-Agenturnummer und zweistellige Betriebsstellennummer
8. Ausstellender Expedient
9. Fortlaufende Nummerierung ausgestellter Hotel-/Leistungs-/Anzahlungsgutscheine pro Betriebsstelle
10. Druckversuchsnummer
11. Abschließende Sicherheitskennzeichen
12. Abgesetzter Anzahlungsbetrag
13. Summe Zimmerleistungen (Einzelbetrag × Nächte × Anzahl Zimmer) plus Summe sonstige Leistungen (Einzelbetrag x Anzahl sonstige Leistung)
14. Einzelpreis der sonstigen Leistung
15. Preis des Zimmers je Nacht

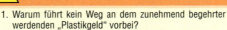

Der **Voucher (Hotelgutschein)** ist ein spezielles Zahlungsmittel in der Hotellerie. Mit ihm hat der Gast einen Beleg, der bestätigt, dass eine Zimmerbestellung für ein bestimmtes Hotel erfolgte, z. B. durch ein Reisebüro. Beim Erstellen der Rechnung ist der bereits vom Gast bezahlte Betrag anzurechnen.

Hotelgutschein:
hotel voucher

Voucher	
Art der Zahlung	Eine bargeldlose Zahlung unter Zwischenschaltung einer besonderen Stelle, nämlich des Reisebüros oder des Touristikunternehmens (Dreiparteiensystem)
Die wichtigsten Arten des Vouchers	a) Der Voucher bei Gruppenreisen (speziell bei Busreisen), ein Voucher für die ganze Gruppe wird ausgegeben von Gruppenreiseveranstaltern. b) Der Voucher für Pauschalreisende, ein Voucher pro Gast (meist Übernachtung mit Pensionsvereinbarung) wird ausgegeben von den großen Touristikunternehmen. c) Der Voucher für Einzelreisende
Durchführung der Zahlung	● Arbeiten das Hotel und das entsprechende Reisebüro zusammen, so bucht das Reisebüro für den Gast beim Hotel die Leistung. ● Der Gast zahlt mit dem Voucher und dieser wird dann eventuell mit anderen Vouchern unter Verwendung eines Zusammenstellungsbelegs an das Reisebüro geschickt. ● Der Gesamtbetrag wird dann eventuell abzüglich der Provision auf unbarem Weg vom Reisebüro beglichen

Vorteile für den Wirt	● Umsatzzuwachs, da so zum einen
	  – Gruppen und
	  – Pauschalreisende als Gäste gewonnen werden können
	  und zum anderen
	  – Aufnahme in den DER-Hotelkatalog vollzogen wird.
	● Besser vorauszusehende Ausbuchung des Hotels durch langfristige Verträge mit Reiseveranstaltern

Vorteile für den Gast	● Schutz vor Diebstahl und Verlust von Bargeld ● Inanspruchnahme der dem Gruppen- oder Pauschalreiseveranstalter eingeräumten Sonderkonditionen ● Bei DER-Voucher: Hotelauswahl im heimischen Reisebüro mit sachkundiger Beratung und problemloser Buchung durch das Reisebüro
Nachteile für den Wirt	● Bei Gruppenreise- oder Pauschalreisevouchern werden nicht die normalen Preise genommen, es werden Sonderkonditionen eingeräumt. ● Bei DER-Vouchern wird eine Provision fällig.
Nachteile für den Gast	● Bei Einzelvouchern von DER muss eine Provision bezahlt werden. ● Bei Gruppenreisevouchern erhält der Gast oft nicht den gleichen Service wie ein Einzelreisender.

Eine weitere spezielle Form des Vouchers ist der sogenannte Airline Voucher. Auch hierbei handelt es sich um einen Gutschein, und zwar für gesammelte Flugmeilen über Vielfliegerbonusprogramme der Fluggesellschaften, z. B. Miles & More der Lufthansa oder Top Bonus von Air Berlin. In Hotels, mit denen die Fluggesellschaften entsprechende Verträge abgeschlossen haben, werden die Airline Vouchers zur Rechnungsbegleichung akzeptiert.

Airline Voucher

Aufgaben

1. Frau Thomale befindet sich auf einer Informationsreise und hat durch das Reisebüro die Übernachtungen bereits buchen lassen.
   a) Wie bezeichnet man die vom Reisebüro an Frau Thomale ausgehändigten Übernachtungsgutscheine?
   b) Der Gutschein besteht aus mehreren Coupons; wer erhält diese?
   c) Welche Angaben enthält der Gutschein?

2. Auf dem in der Situation abgebildeten Hotelgutschein ist hinter dem Code „8,00" angegeben. Welche Bedeutung hat diese Aussage?

3. Stellen Sie die Vor- und Nachteile des Hotelgutscheins als Zahlungsmittel für die Beteiligten gegenüber.

8.1.6 Elektronischer Zahlungsverkehr

Jetzt kann ich meinen aktuellen Kontostand Tag und Nacht abrufen.

Hier gibt's die letzten zehn Buchungen auf meinem Konto.

Hier kann ich Überweisungen aufgeben ...

... und hier Daueraufträge einrichten, ändern oder löschen.

Sicherheit geht vor, meine Geheimzahlverwaltung

Von hier aus komme ich immer wieder zurück zum Gesamtangebot.

Aktuelle Informationen rund ums Geld interessieren mich immer.

Beruhigend: die Hilfe-Taste, wenn's mal Probleme geben sollte

Eigentlich schade, aber hiermit kann man wirklich den Dialog beenden.

Beispiel aus einer (alten) Werbung für Telefonbanking

Im Zuge der rasanten Entwicklung der Elektronik sowie der Informations- und Kommunikationssysteme gewinnt die Anwendung der elektronischen Datenverarbeitung im Dienstleistungsbereich (besonders bei Bankdienstleistungen), im Handelsbereich und im Gastgewerbe ständig an Bedeutung. Immer mehr Privatpersonen, Geschäftsleute (u. a. auch die Bargeldentnahme an Geldautomaten, Bezahlung von Hotelrechnungen mit Kreditkarten) und viele Unternehmungen (u. a. durch die Nutzung von elektronischen Banküberweisungen, Electronic-Cash-Systemen) nehmen am **elektronischen Zahlungsverkehr** und an **Electronic-Banking** teil.

Elektronischer Zahlungsverkehr: electronic funds transfer (EFT)

Daher wird sich die Möglichkeit bargeldloser Bezahlung durch Kreditkarten oder **Electronic-Cash** im Gastgewerbe zunehmend umsatzfördernd auswirken; ihre Einführung/Anwendung hängt aber u. a. ab von:

▶ den Zahlungsgewohnheiten der Kunden oder Gäste,

▶ der Größe des Unternehmens,

▶ der Anzahl von Kontobewegungen innerhalb eines bestimmten Zeitraums,

▶ der Höhe der notwendigen Investitionen,

▶ den Konditionen für bestimmte Zahlungsformen.

Die Einführung des elektronischen Zahlungsverkehrs verlangt umfangreiche **technische Voraussetzungen**, die zum Teil **erhebliche Investitionen** erfordern.

Beim elektronischen Zahlungsverkehr werden Daten automatisch und beleglos erfasst, transportiert, verarbeitet. Durch das Ausstatten der **Girocard oder Kreditkarte mit einem Chip** öffnet sich eine Welt grenzenloser Einkaufsmöglichkeiten: Die **Karten** werden **multifunktional**. Eine Erweiterung der Kreditkarte führt zur **„elektronischen Geldbörse"** (Electronic Purse).
Die Grenzen zwischen Kredit- und Debitkarten sind dann aufgehoben. Aufgrund des Chips lässt sich auf der EC-Karte ein bestimmter Betrag speichern. Ohne Rückfrage beim zentralen Computer können damit kleinere Beträge, beispielsweise an Zigarettenautomaten, in Parkhäusern, an Tankstellen oder im Personennahverkehr, bezahlt werden. Je nach der

Höhe des mit dem Kreditinstitut individuell vereinbarten Speicherbetrags – abhängig von der Bonität (guten Zahlungsfähigkeit/-willigkeit) des Kunden –, wird damit auch das Bezahlen in Hotels oder Restaurants möglich. Ist die „elektronische Geldbörse" leer, wird die Karte an einem Geldautomaten einfach wieder aufgeladen.

Wesentlicher Unterschied zu den bisherigen Varianten: Sowohl bei EC-Karten mit Magnetstreifen als auch bei Kreditkarten wird dem Kunden für einige Tage beziehungsweise Wochen ein Kredit gewährt. Bei der **Chipkarte**[1] belastet der Kunde dagegen zunächst sein eigenes Konto und tritt damit in Vorleistung. Der Betrag wird seiner Chipkarte gutgeschrieben, erst dann kann er damit bezahlen. Ob sich die „elektronische Geldbörse" am Markt durchsetzen kann, wird sich zeigen.

**Chipkarte:
chip/smart card**

Automatisches Beleglesen

Unternehmen können ihren Kunden ausgefüllte Überweisungsbelege zusenden. Auf diesen Belegen wurden alle wichtigen Daten maschinell eingetragen. Die unterste Zeile von Schecks und Überweisungsformularen wird in einer Spezialschrift (OCR-Schrift) geschrieben und dient zur automatischen Erkennung durch den Belegleser.
Diese Zeile enthält folgende Informationen:

OCR-Schrift

▶ Überweisungsnummer,
▶ Kontonummer,
▶ Bankleitzahl, in bestimmten Fällen auch
▶ Höhe des Überweisungsbetrages und
▶ Zahlungsgrund.

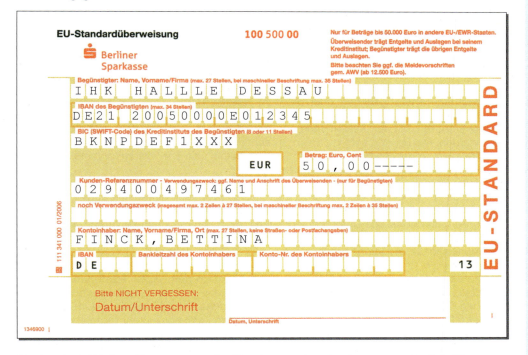

Die handschriftlichen Eintragungen der Kunden werden durch sogenannte Schriftlesesysteme (SLS) entziffert.
Ziel dieser maschinell lesbaren Belege ist die effektive Belegerstellung beim Absender und eine schnelle Belegverarbeitung durch die Bank.

SLS

---

[1] Eine **Chipkarte** enthält einen integrierten Mikroprozessor (= Chip). Dadurch lassen sich Daten des Karteninhabers und weitere Servicefunktionen sicher speichern. Außerdem wird mit dem Chip der Sicherheitsstandard erhöht, z.B. im Rahmen der Kartenechtheitsprüfung.

GAA

🇬🇧 Geldausgabe-
automat:
cash dispenser/
automatic teller
machine (ATM)

PIN

DTA / DFÜ

Electronic Banking

Geldausgabeautomaten

Geldausgabeautomaten dienen zur Barabhebung von Zahlungsmitteln. Sie sind mit Symbolen der Kreditkartenorganisationen, z. B. mit dem ec-Zeichen, gekennzeichnet. Der Kunde kann nur mit der Karte Geld abheben, wenn der Geldautomat das Zeichen der entsprechenden Kartenorganisation trägt.

Der Karteninhaber muss seine Karte in den Geldautomaten schieben und zusätzlich eine **persönliche Identifikations-Nummer** (PIN) eintippen. In der Regel können bis zu 1 000,00 € pro Tag (abhängig vom Geldautomaten) abgehoben werden. Erfolgt eine Geldabhebung mittels einer gestohlenen Karte, ist eine Haftung der Geldinstitute ausgeschlossen. Es wird hierbei angenommen, dass der Inhaber der Karte die Geheimnummer auffällig notiert hat.

Datenträgeraustausch und Datenfernübertragung

Mittlere und große Unternehmen (Hotel- und Restaurantketten sowie Unternehmen mit einer großen Anzahl von täglichen bzw. wöchentlichen Überweisungen, bargeldlosen Bezahlungen von Rechnungen usw.) nutzen für ihre Transaktionen die Möglichkeiten des **Datenträgeraustausches** bzw. der **Datenfernübertragung**. Für diesen Zahlungsverkehr sind zum Teil teure technische Voraussetzungen zu schaffen. Es fallen geringere Bankgebühren an.

▶ **Homebanking**

Ständig nimmt auch die Zahl der Bankkunden zu, die von zu Hause aus ihre Überweisungen tätigen, ihre Kontobewegungen kontrollieren sowie die Entwicklung der Wertpapier- und Devisenkurse verfolgen. Der Kunde spart die Zeit eines Bankbesuchs und braucht sich nicht nach den Geschäftszeiten seiner Bank zu richten. Die Teilnahme am Homebanking ist bei der jeweiligen Hausbank zu beantragen.

▶ **Homebanking mittels Telefon**

Die Anzahl der Banken, die ihren Kunden **Telefonbanking** anbieten, ist groß. Es erlaubt den Bankkunden, ohne zusätzlichen technischen Aufwand viele Bankgeschäfte schnell und einfach per Telefon abzuwickeln. Die Bank prüft zuerst die Angaben des Kunden zur Kontonummer, zum Sicherheitscode und zur Servicenummer, bevor die Überweisungen getätigt und Daueraufträge erteilt, geändert oder gelöscht werden können. Die Bestellung von neuen Scheckformularen und die Abfrage der Kontostände sowie aktueller Bankinformationen sind jederzeit möglich. Mit den Telefonnummern können auch bestimmte Leistungen direkt ausgeführt werden. Die Banken setzen zudem Sprachcomputer zur Abwicklung bestimmter Bankgeschäfte ein. In der Gastronomie spielt Telefonbanking eine eher untergeordnete Rolle.

▶ **Electronic-Banking mittels Computer**

Für kleine Betriebe im Gastgewerbe, die täglich Banküberweisungen im geringen Umfang durchzuführen haben, ist der elektronische Zahlungsverkehr mittels Computer ideal. Mit geringem Kostenaufwand lassen sich die elektronischen Voraussetzungen realisieren, da fast jedes gastronomische Unternehmen einen bzw. mehrere Computer besitzt. Für die Realisierung des elektronischen Zahlungsverkehrs gibt es eine Vielzahl von Programmen sowie Kommunikations- und Informationssysteme (z. B. T-Online, Internet).

Mithilfe eines **Computers** mit entsprechenden **Programmen**, eines **Telefonanschlusses** und eines **Moduls/Modems** erfolgt die Verbindung des eigenen Eingabegerätes mit dem externen Computer der Telefongesellschaft, der wiederum eine Verbindung zum Computer der betreffenden Bank herstellt. Um am elektronischen Zahlungsverkehr teilnehmen zu können, muss sich der Gastronom beim gewünschten Kommunikationsanbieter und bei seiner Geschäftsbank anmelden.

Vom Unternehmen bzw. von zu Hause aus kann der Gastronom über bankspezifische Kommunikationsprogramme z. B. Informationen über

▶ Bankkonditionen,
▶ Wertpapieranlagen,
▶ Devisenkurse,
▶ den Kontostand und die letzten Kontobewegungen (bis mehrere Wochen zurück) seines Bankkontos abfragen oder Überweisungsaufträge, Daueraufträge und Depotaufträge erteilen.

Dieses Bankverfahren kann zu jeder Tageszeit genutzt werden. Zur Sicherung der Überweisungen dienen u.a. PIN sowie **Transaktionsnummern (TANs)**, welche z.B. per SMS übermittelt werden, und/oder ggf. weitere/andere Sicherungscodes, welche die betreffende Hausbank auf Antrag des Kunden personengebunden vergibt.

Beim Homebanking wird heute auch das HBCI-Verfahren angewendet. Jeder Bankkunde erhält einen persönlichen Verschlüsselungscode (= persönliche Unterschrift) auf einer Diskette oder Chipkarte. Mithilfe des Schlüssels werden die zu übertragenden Daten des Kunden verschlüsselt und über das Internet zum Bankrechner übertragen. Mit dem im Bankrechner gespeicherten Schlüssel werden die Informationen entschlüsselt. Durch dieses System besteht eine höhere Datensicherheit als bei den zur Zeit üblichen Systemen.

Bei Erteilen einer Überweisung muss die kontoführende Bank diese Transaktion freigeben. Erst danach wird das Kundenkonto belastet, die Überweisung vom Zentralrechner der Bank durchgeführt.
Der Vorteil gegenüber dem Telefonbanking besteht darin, dass alle Informationen und Mitteilungen an die Bank und von der Bank ausgedruckt und ausgewertet werden können.

PIN / TAN

**HBCI =
Homebanking
Computer
Interface**

Electronic-Cash-Systeme

Mit **Electronic Cash** können Gäste in der Hotellerie und Gastronomie die Rechnungen bargeldlos bezahlen. Je nachdem inwieweit der Gastronom/Hotelier bereit ist, Gebühren und Risiko des tatsächlichen Geldeingangs zu übernehmen, gibt es im Gastgewerbe vor allem zwei Zahlungsvarianten (Kap. 8.1.4):

1. POS
Der Gast zahlt z.B. mittels EC-Karte, Kreditkarte oder einer Bankcard sowie der persönlichen Identifikationsnummer (= Geheimzahl) an automatisierten Kassen/Multifunktionsterminals. Diese garantierte Zahlung löst eine für den Gastronomen kostenpflichtige Online-Autorisierung[1] der Kartendaten (mit Limit-Prüfung) sowie eine Abfrage innerhalb einer Sperrdatei aus. Dadurch lässt sich sofort ermitteln, ob die Karte gesperrt oder gestohlen ist.

**POS = Point of Sale
(= Electronic Cash
mit PIN)**

Ablauf des POS-Verfahrens

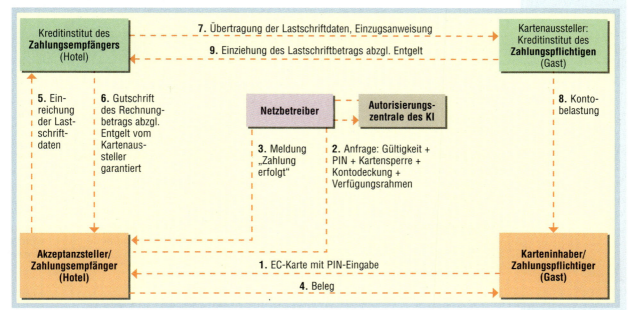

---

[1] **Autorisierung** = Genehmigung; entscheidet darüber, ob eine Geld-Transaktion/-übertragung am Geldautomaten oder am POS, z.B. Hotel, genehmigt oder abgelehnt wird.

ELC

ECC = Electronic Cash mit Chip

Online-Überweisung

ELC (electronic cash)-Systeme eignen sich besonders für Hotelrezeptionen, da der Gast sich in der Nähe der ELC-Kasse befindet und ohne große zusätzliche Bemühungen die PIN in das Kundengerät eingeben kann.

Da auch das Internet der Ort des Verkaufs sein kann, steigen heute die Zahlungen bzw. Buchungen von Hotelleistungen über dieses WORLD WIDE WEB (www).

2. ECC

Hierbei wird nicht bei jeder Zahlung eine Autorisierung vorgenommen, ansonsten funktioniert dieses Verfahren wie das POS. Im Chip ist ein finanzieller Verfügungsrahmen gespeichert, bezogen auf die Höhe der Zahlung und den Zeitraum. Stellt das Kartenterminal fest, dass Verfügungsrahmen oder Zeitraum überschritten sind, erfolgt erneut die Autorisierung.

3. Online-Banking

Die Bezahlung von Rechnungen per Online bzw. durch Überweisungen im Internet hat auch vor dem Gastgewerbe nicht haltgemacht. Inzwischen nimmt auch die Hotellerie und Gastronomie am europaweiten Internet-Handel teil.

Die klassische Überweisung wird überwiegend bei Zahlungen per „Vorkasse" oder dem Begleichen von Rechnungen eingesetzt, wobei der Kunde dann die Leistung schon erhalten hat. Bis zur Gutschrift des Geldbetrages auf dem Konto des Empfängers vergehen allerdings mehrere Tage. Dabei geht es nachstehend nicht um die Überweisung mit Hilfe der PIN und TAN (= Online Banking / OB). Zwar funktioniert die Online-Überweisung wie das OB, doch der Hauptunterschied besteht darin, dass der Verkäufer einer Ware oder Dienstleistung unmittelbar nach der Durchführung der Überweisung über die Zahlung informiert wird; wenn auch die Gutschrift auf dem Konto noch ein bis zwei Tage dauert.

ELV = Elektronisches Lastschriftverfahren

4. ELV

Daneben gibt es noch das **ELV**, was jedoch im Gastgewerbe keinerlei Bedeutung hat, weil es für den Gastronomen/Hotelier mit Risiko verbunden ist und daher nicht angeboten wird.

Bei diesem Verfahren werden durch das Terminal oder die elektronische Kasse aus dem Magnetstreifen der Karte Kontonummer und Bankleitzahl gelesen sowie ein Lastschriftbeleg erstellt, der vom Gast zu unterschreiben ist. Seine Unterschrift wird mit der auf der Karte/ggf. dem Personalausweis verglichen. Es findet jedoch keinerlei Autorisierung oder Abfrage in der Sperrdatei statt und das Kreditinstitut übernimmt keine Zahlungsgarantie. Somit würde der Gastronom ein nicht unerhebliches Risiko eingehen, denn es kann z.B. bei mangelnder Kontodeckung zur Rückbuchung der Lastschrift kommen.

Vorteile der vorstehenden Zahlungsmöglichkeiten:

Für Gastronom/Hotelier:
▶ einfache Zahlungsweise
▶ bei POS Sicherheit des Zahlungseingangs
▶ kein Falschgeld
▶ Schutz vor Kassenfehlbeständen, Betrug und Raub
▶ geringe Kassenbestände

Für den Gast:
▶ umfassende Informationen auf dem Kontoauszug (Name des Hotels, Datum, Uhrzeit)
▶ weniger Bargeld notwendig
▶ jederzeit zahlungsfähig innerhalb des Verfügungsrahmens
▶ keine Schecks notwendig
▶ Zahlungsmöglichkeit im In- und Ausland

Für das Kreditinstitut:
▶ niedrigere Gebühren aufgrund von Kosteneinsparungen
▶ belegloser Datenträgeraustausch
▶ weniger Schriftverkehr

Bankterminals
Banken statten immer mehr ihren Eingangsbereich mit Automaten aus, mit deren Hilfe viele Bankgeschäfte abgewickelt werden können. Für die Kunden hat das den Vorteil, auch außerhalb der üblichen Öffnungszeiten agieren zu können.

Bankterminal: terminal 🇬🇧

Direktbanken
Diese Banken haben keine Geschäftsstellen, sondern sind nur über das Telefon oder Homebanking erreichbar.
Anhand der Vor- und Nachteile muss sich jeder überlegen, ob für ihn Geschäftsverbindungen mit Direktbanken infrage kommen:

Vorteile	Nachteile
● Sehr günstige Konditionen, da keine Zweigstellen ● Wenig Personal und starke Rationalisierungsmöglichkeiten ● Hohe Spezialisierung ● Jederzeit erreichbar ● Modernes Image	● Hoher Aufwand für technische Abwicklung und Werbung ● Hohe Telefonkosten für den Kunden (u. U. lange Wartezeiten bis zur Bedienung) ● Nur standardisierte Angebote (Zahlungsverkehr und Geldanlagen) ● Nur eingeschränkte Kreditvergabe ● Keine Individualität und wenig Beratung

Praxis

M 9

Die Funktions- und Verrechnungsweise sowie die Bedeutung der POS-Kassen kann Ihnen am besten ein Unternehmer des Einzelhandels/der Gastronomie erklären, den Sie in die Klasse einladen.

Abschließend ist darauf hinzuweisen, dass eine Nichtzahlung durch den Gast, die leider in der Geschäftswelt immer wieder vorkommt (= „Schwarze Schafe"), rechtliche Konsequenzen auslöst, die vom Gastronomen einzuleiten sind. Hierzu zählen vor allem die Betrugsanzeige bei der Polizei, ein evtl. auszusprechendes Hausverbot sowie ggf. vertragsrechtliche Folgen.

Aufgaben

1. Welche Entwicklungen ermöglichten die Durchführung des elektronischen Zahlungsverkehrs?

2. Weshalb zählt der elektronische Zahlungsverkehr zum bargeldlosen Zahlungsverkehr?

   Begründen Sie Ihre Anwort anhand von Beispielen.

3. Herr Freytag unternimmt im Auftrag seiner Firma eine mehrtägige Dienstreise nach Hamburg. Da er im Besitz einer Kreditkarte ist, nimmt er wenig Bargeld auf seine Reise mit. Herr Freytag übernachtet in einem großen Hotel. Bei der Bezahlung seiner Hotelrechnung äußert er den Wunsch, mit seiner Kreditkarte zu bezahlen. Nach der Übergabe seiner Kreditkarte wird er gebeten, seine PIN in das Kundengerät einzugeben.
   a) Über welches Kassensystem erfolgt die Bezahlung?
   b) Warum muss Herr Freytag eine PIN eingeben und welche Bedeutung besitzt sie für Herrn Freytag?
   c) Wodurch wird das Zahlungsrisiko für das Hotel reduziert?

4. Herr Freytag benötigt nach 19:00 Uhr in Hamburg noch Bargeld. Wo und wie kann er zu Bargeld kommen?

5. Die Hotel-AG „Citypoint" muss täglich eine Anzahl von Überweisungen und Lastschriften tätigen. Die Buchhaltung des Unternehmens wird per Computer durchgeführt. Nennen Sie zwei Möglichkeiten der Übermittlung von elektronisch gespeicherten Buchhaltungsdaten (z. B. Gehaltsüberweisungen, Bezahlung von Rechnungen, Einzug von Lastschriftbeträgen) zur kontoführenden Bank des Unternehmens.

6. Der Gasthof „Seeblick" liegt in einer ländlichen Gegend. Die tägliche Abrechnung erledigt der Hotelier Mieth mit einem kleinen Computer. Seine Hausbank befindet sich 15 km vom Gasthof entfernt. Herr Mieth möchte von seinem Hotel aus die Geschäftskonten täglich kontrollieren und die Rechnungen mittels Banküberweisung begleichen.
   a) Mit welchem Electronic-Banking-System kann Herr Mieth die geschäftlichen sowie die privaten Banküberweisungen mit dem Computer durchführen?
   b) Warum muss Herr Mieth bei diesen elektronischen Banktransaktionen die PIN und TAN angeben?

7. Welche Vor- und Nachteile ergeben sich aus der Bar- bzw. Elektronic-Cash-System-POS-Bezahlung
   a) aus Sicht des Gastronomen und
   b) aus Sicht des Gastes?

8. Welchen Einfluss kann die Kreditkarte mit integriertem Chip auf das Zahlungsverhalten der Gäste und auf die Akzeptanz dieser Zahlungsart im Gastgewerbe ausüben?

9. Wie beurteilen Sie die Entwicklung der Direktbanken?

10. Finden Sie mithilfe des Internets heraus, welche POS-Überweisungsformen und welche weiteren Zahlungsmethoden es im Internet-Handel gibt.

11. Erarbeiten Sie mithilfe des Internets:
    a) welche Vorteile die Online-Überweisung hat gegenüber der Zahlung per
       – Überweisung/Vorkasse
       – Nachnahme
       – Lastschriftverfahren
       – Kreditkarte
    b) welche Anbieter das Online-Überweisungsverfahren in Europa für welche Länder anbieten.

12. Begründen Sie den Anstieg des Telefonbankings.

8.2   Steuern im Gastgewerbe

Situation

Während im Mittelalter darüber gestritten wurde, ob der Staat das Recht habe, Steuern zu erheben oder nicht, sind sich heute Politiker und Wissenschaftler einig, dass der Staat seine Aufgaben nur erfüllen kann, wenn er Steuern von den Bürgern einzieht.

Steuer:
tax

Steuern sind Geldleistungen, die z. B. der Bund, die Länder und Gemeinden zur Erzielung von Einnahmen allen Bürgern auferlegen, ohne dass damit eine direkte Gegenleistung verbunden ist (in Anlehnung an *§ 3 Abgabenordnung – AO*).

AO

Steuern sind also **öffentliche Abgaben**, die auch von Gastronomen / Hoteliers an den Staat abzuführen sind. Außer Steuern zählen auch Gebühren und Beiträge zu den öffentlichen Abgaben. Der wesentliche Unterschied zwischen Steuern und **Gebühren** sowie **Beiträgen** besteht darin, dass die Gebühren und Beiträge Gegenleistungen für eine Leistung und damit Entgelt sind, was bei Steuern nicht der Fall ist. Eine besondere Abgabe stellt die Kurtaxe dar.

Gebühren:
fees

Beiträge:
financial contributions

Für den Erhalt und die Pflege von Kurparks, das Durchführen von Kurveranstaltungen usw. müssen die Gäste in Tourismusgemeinden Abgaben an die Kurverwaltung in Form einer **Kurtaxe** leisten. Die einzelnen Gastbetriebe stellen die Kurtaxe den Gästen in Rechnung und führen sie an die Gemeindeverwaltung bzw. Kurverwaltung ab. Auch die von Wirtschaftsunternehmen erhobene **Tourismusabgabe** zählt nicht zu den Steuern, da sie unmittelbar der Förderung des Tourismus dient (Erhebung z. B. in Baden-Württemberg und Bayern). Alle Tourismusgemeinden haben die Einnahmen aus der Tourismusabgabe und Kurtaxe zweckgebunden zu verwenden, d. h., sie müssen dem Tourismus zugute kommen.

Kurtaxe:
health resort tax

Tourismusabgabe =
Kurförderungsabgabe

Einteilung der Steuern

Bei der Einteilung der Steuern aus der Sicht des Gastronomen ist entscheidend, ob sie
▶ vom Betrieb getragen werden müssen und daher als Kosten in die Kalkulation gewinnmindernd eingehen (z. B. Grundsteuer für Betriebsgrundstücke, Kraftfahrzeugsteuer für Firmenwagen, Gewerbesteuer = Betriebssteuern)
oder ob es sich um solche handelt,
▶ die nicht vom Betrieb getragen werden, sondern der Unternehmer persönlich zu tragen hat (z. B. Einkommensteuer, Kirchensteuer, Erbschaftssteuer),
oder ob es sich um
▶ durchlaufende Steuern handelt, die der Betrieb für das Finanzamt einzieht und sie an das Finanzamt abführt, wie die Lohn- und Kirchensteuer der Arbeitnehmer, die Umsatzsteuer, die Verbrauchssteuern.

Eine andere Möglichkeit der Einteilung der Steuern ist folgende:

Besitzsteuern		Verkehrssteuern	Verbrauchssteuern und Zölle	
Personensteuern	**Realsteuern**			
Einkommensteuer B	Grundsteuer G	Umsatzsteuer B	Biersteuer	L
Lohnsteuer L	B	L	Kaffeesteuer	B
Aufsichtsratssteuer G	Gewerbesteuer G	Grunderwerbs- L	Mineralölsteuer	B
		steuer G	Zuckersteuer	B
Körperschaftsteuer B	Hundesteuer G		Salzsteuer	B
Kapitalertragssteuer L		Kapitalverkehrs- B	Branntwein-	B
		steuer	abgaben	
Erbschaftssteuer L			Schaumwein-	B
(Schenkungssteuer)		Kraftfahrzeugsteuer L	steuer	
			Tabaksteuer	B
Kirchensteuer, d. P. =			------	
durchlaufender Posten			Zölle	B
B = Bundessteuern	L = Landessteuern	G = Gemeindesteuern		

Der steuerpflichtige Gastronom/Hotelier hat bei der Einkommen-, Umsatz- und Gewerbesteuer dem Finanzamt eine **Steuererklärung** einzureichen, die auf der Grundlage der am Jahresende erstellten Bilanz und der geführten Bücher anzufertigen ist. Nachdem die Steuererklärung vom Finanzamt geprüft worden ist, erhält der Steuerpflichtige (hier: Gastronom) vom Finanzamt einen **Steuerbescheid**, aus dem die Steuerschuld/das Steuerguthaben hervorgeht, wonach das Finanzamt Steuervorauszahlungen zu bestimmten Terminen festsetzt.

Steuererklärung:
tax return

Steuerbescheid:
tax assessment note/
tax bill

Einzelne Steuerarten

Einkommensteuer (Auszug)

Beispiel

Einkommensteuer:
income tax

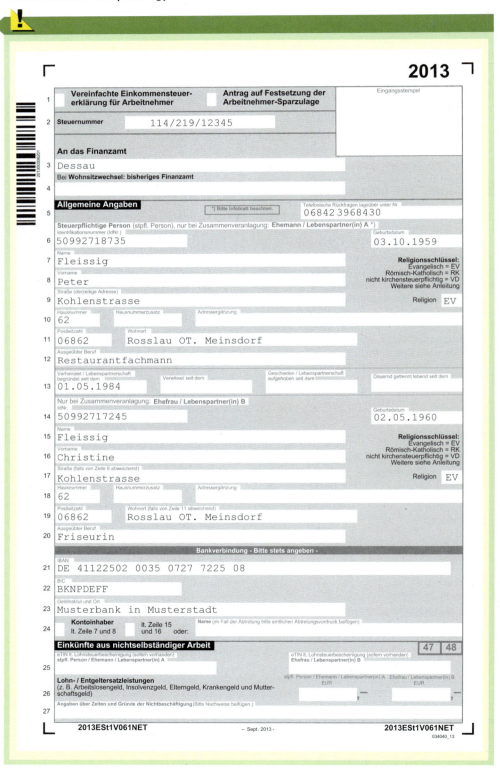

Der Einkommensteuer unterliegen die Einkünfte, die eine natürliche Person, also ein Hotelier/Gastwirt, während eines Kalenderjahres hat. Dazu zählen nicht nur die Einkünfte aus dem gastgewerblichen Betrieb, sondern auch evtl. Einkünfte aus allen **sieben Einkunftsarten**:

▶ Einkünfte aus Land- und Forstwirtschaft

▶ Einkünfte aus Gewerbebetrieb (Hotel, Pension, Gasthof usw.)

▶ Einkünfte aus selbstständiger Arbeit (der sog. freien Berufe wie Ärzte, Rechtsanwälte)

▶ Einkünfte aus nichtselbstständiger Arbeit

▶ Einkünfte aus Kapitalvermögen (z.B. Zinsen aus Guthaben)

▶ Einkünfte aus Vermietungen und Verpachtungen

▶ Sonstige Einkünfte (z.B. Renten, Spekulationsgewinne)

Demgegenüber sind **Trinkgelder** im Gastgewerbe steuerfrei.

Kleine gastgewerbliche Betriebe sind nicht dazu verpflichtet, eine umfangreiche doppelte Buchführung vorzulegen und regelmäßig Abschlüsse aufzustellen. Derartige Gaststättenbetriebe ermitteln den Gewinn als Überschuss der Betriebseinnahmen über die Betriebsausgaben. Bei allen anderen Unternehmen ergibt sich der Gewinn durch einen Vergleich zwischen dem Betriebsvermögen am Schluss und am Anfang des Wirtschaftsjahres, vermehrt um die Privatentnahmen und vermindert um Privateinlagen.

Die Einnahmen aus den Einkunftsarten 1 bis 3 können um die jeweiligen Betriebsausgaben (z.B. Abschreibungen) gekürzt werden; die Einnahmen aus den Einkunftsarten 4 bis 7 können um die **Werbungskosten** gekürzt werden (= getätigte Aufwendungen zum Erwerb, zur Sicherung und zum Erhalt der Arbeitskraft/Einnahmen).

Arbeitnehmer können bei der Ermittlung der Einnahmen aus nichtselbstständiger Tätigkeit einen Werbungskostenpauschbetrag/Arbeitnehmerpauschbetrag (2014 = 1.000 EUR) oder die tatsächlichen Werbungskosten berücksichtigen, wenn hierdurch der Pauschbetrag überschritten wird. Zu den Werbungskosten zählen u.a.

▶ Fachliteratur, die einen direkten Bezug zur beruflichen Tätigkeit hat,

▶ Fortbildungskosten, z.B. des/der Restaurantfachmanns/-frau zum Sommelier,

▶ Kontoführungsgebühr, (16,00 EUR ohne Nachweis),

▶ Beiträge zur Berufsverbänden und/oder Gewerkschaften,

▶ Typische Berufskleidung (Anschaffung und Reinigung),

▶ Arbeitsmittel, z.B. Kellnermesser.

Für Aufwendungen von Fahrten zwischen Wohnung und Arbeitsstätte können zusätzlich als Werbungskosten in der Steuererklärung für jeden Arbeitstag pauschal 0,30 EUR pro Entfernungskilometer geltend gemacht werden.

Der Gesamtbetrag der Einkünfte kann noch um **Sonderausgaben** (z.B. Kirchensteuer, Berufsausbildungskosten, Beiträge zur privaten Kranken-, Unfall- und Haftpflichtversicherungen, zur gesetzlichen Sozialversicherung und zur privaten Lebensversicherung) sowie **außergewöhnliche Belastungen** aufgrund von Krankheit oder Körperbehinderung verringert werden.

§ 2 EStG

Einkünfte:
earnings/income

Trinkgeld:
tip

§ 4 III EStG

§ 4 I EStG

Lohnsteuer:
income tax

Lohnsteuer

Schrittweise ist die alte Lohnsteuerkarte durch ein modernes elektronisches Verfahren abgelöst worden. Dafür wurde bereits 2008 für jeden Bürger die lebenslange Identifikationsnummer eingeführt und vergeben.

Die **Lohnsteuer** wird allen abhängig Beschäftigten (Arbeitnehmern) vom Bruttolohn abgezogen und zusammen mit der **Kirchensteuer** und dem Solidaritätszuschlag vom Arbeitgeber direkt an das Finanzamt abgeführt.

Steuerklassen	I	II	III	IV	V	VI
Personenkreis	• **Ledige** • **Verheiratete, Verwitwete** oder **Geschiedene** ohne Voraussetzung für StKl. III oder IV • **Beschränkt steuerpfl. AN** mit mind. einem Kind	• **Personenkreis wie unter I**, wenn der Entlastungsbetrag für Alleinerziehende zu berücksichtigen ist	• **Verheiratete** – unbeschränkt steuerpflichtig – nicht dauernd getrennt lebend – Ehegatte des AN ohne Arbeitslohn – Ehegatte des AN mit Arbeitslohn in StKl. V • **Verwitwete/Geschiedene** unter bestimmten Voraussetzungen	• **Verheiratete** – beide Ehegatten mit Arbeitslohn	Personenkreis wie unter IV, ein Ehegatte ist auf Antrag beider Ehegatten in StKl. III eingestuft	Arbeitnehmer mit Arbeitslohn aus einem zweiten und weiteren Dienstverhältnis

BMF

Der Arbeitgeber hat den Lohnsteuerabzug nach den vom Bundesministerium für Finanzen (BMF) herausgegebenen gültigen **Lohnsteuertabellen** vorzunehmen. Diese sind in **Lohnsteuerklassen** eingeteilt, die die persönlichen Verhältnisse des Arbeitnehmers berücksichtigen.

§ 41 b EStG

Hinzuweisen ist in diesem Zusammenhang auf die elektronische Lohnsteuerbescheinigung. Der Arbeitgeber hat spätestens bis zum 28. Februar des Folgejahres nach amtlich vorgeschriebenem Datensatz durch Datenfernübertragung an die amtlich bestimmte Übermittlungsstelle die im *EStG* genannten Angaben zu übermitteln. Die Lohnsteuerkarte ist bis auf Weiteres in der Personalabteilung aufzubewahren.

In die „elektronische **Lohnsteuerkarte**" können aufgrund eines beim Finanzamt gestellten Antrags **Steuerermäßigungen** eingegeben werden, sofern diese den bereits in die Lohnsteuertabellen eingearbeiteten **Pauschbetrag für Werbungskosten und Sonderausgaben** übersteigen.

Der Arbeitnehmer hat von seinem monatlichen Arbeitsentgelt Lohnsteuer und Solidaritätszuschlag an den Staat abzuführen. Diese behält der Arbeitgeber vom Bruttolohn ein und führt sie an das Finanzamt ab. Übersteigen die geleisteten Zahlungen den auf den gesamten Jahreslohn entfallenden Betrag, so werden die vom Arbeitnehmer zu viel entrichtete Lohnsteuer und der Solidaritätszuschlag erstattet. Das trifft besonders zu:

▶ bei schwankendem Arbeitslohn (bei höheren Lohnzahlungen greift die Steuerprogression unverhältnismäßig stark);
▶ bei Arbeitslosigkeit (der für einen Teil des Jahres gezahlte Arbeitslohn wird als Jahreslohn behandelt);
▶ bei erhöhten Werbungskosten, Sonderausgaben und außergewöhnlichen Belastungen, die nicht vollständig berücksichtigt wurden;
▶ bei Heirat des Arbeitnehmers oder Geburt eines Kindes.

Auf Antrag des Arbeitnehmers führt das zuständige Finanzamt eine **Einkommensteuerveranlagung** durch und ermittelt dadurch die tatsächliche Jahressteuer. Der Antrag ist bis zum Ablauf des Jahres auf das Ausgleichsjahr des folgenden zweiten Kalenderjahres zu stellen (z. B. Ausgleichsjahr 2010 = letzter Abgabetermin 31.12.2012).

Personen, denen z. B. ein Mietshaus oder Wertpapiere gehören, können keine Veranlagung beantragen; sie werden nach dem *EStG* pflichtveranlagt (nicht, wenn man das Haus selbst bewohnt).

Körperschaftsteuer

Die Einkünfte der juristischen Personen, wie AG, GmbH, Genossenschaften, Vereine, unterliegen der Körperschaftsteuer. Die Höhe der Körperschaftsteuer beträgt zzt. 25 % vom körperschaftlichen Einkommen. Nicht körperschaftsteuerpflichtig sind die Landeszentralbanken, Gewerkschaften usw.

**Körperschaft-steuer:
corporation tax**

Gewerbesteuer

Der Gewerbesteuer unterliegt jeder Hotel- und Gaststättenbetrieb. Mit der Gründung eines Gewerbebetriebes setzt die **Gewerbesteuerpflicht** ein, sie endet mit der Auflösung des Gewerbebetriebes. Gastronomische Betriebe, die z. B. nur während der Winter- oder Sommersaison geöffnet haben, brauchen natürlich nur für diese Monate Gewerbesteuer zahlen.

**Gewerbesteuer:
trade tax**

Ausgehend von der vom Steuerpflichtigen eingereichten Gewerbesteuererklärung berechnet das Finanzamt den Steuermessbetrag. Er richtet sich nach dem **Gewerbeertrag** (der um verschiedene Posten geminderte Jahresgewinn). Dieser Messbetrag wird mit dem von den einzelnen Gemeinden in Prozenten festgelegten Hebesatz multipliziert und die Gemeinde setzt so die fällige Gewerbesteuer fest. Die Steuerschuld wird nun dem Betrieb von der Gemeinde im Gewerbesteuerheranziehungsbescheid mitgeteilt.

Einzelunternehmen und Personengesellschaften haben einen Gewerbesteuerfreibetrag. Von der **Gewerbesteuer befreit** sind die freien Berufe, öffentliche Betriebe usw.

Umsatzsteuer (Mehrwertsteuer)

Die **Umsatzsteuer** (USt.) wird auch als **Mehrwertsteuer** (MwSt.) bezeichnet, da auf jeder Stufe des Warenweges, also z. B. von der Brauerei über den Getränkegroßhändler und den Restaurationsbetrieb bis zum Endverbraucher, der Mehrwert zu versteuern ist. Der Gastronom hat nur den Unterschied zwischen Verkaufs- und Einkaufspreis, in unserem Beispiel beim Bier, zu versteuern. Steuerschuldner sind immer die Unternehmen (Hoteliers, Gastwirte).

USt. / MwSt.

**Umsatzsteuer:
value added tax (VAT)/
turnover tax/sales tax**

Umsatzsteuerpflichtig sind alle Lieferungen und sonstigen Leistungen eines Unternehmens im Inland gegen Entgelt. Auch unentgeltliche Wertabgaben[1] des Gastwirts unterliegen der Umsatzsteuer, d. h., die Entnahme von Gegenständen oder die Verwendung von Gegenständen für Zwecke, die außerhalb des Unternehmens liegen, sind zu versteuern (z. B. private Benutzung des dem Hotel gehörenden Pkws). Auch die Einfuhr von Gegenständen in das Inland ist umsatzsteuerpflichtig.

Besteuerungsgrundlagen sind immer die vereinbarten, nur um die Umsatzsteuer gekürzten Entgelte. Sollte sich die Bemessungsgrundlage durch das Gewähren von Nachlässen geändert haben, so muss auch der Umsatzsteuerbetrag berichtigt werden.
Die der Umsatzsteuer unterliegenden Leistungen sind mit

Steuersatz:
tax rate

19 % = allgemeiner Steuersatz sowie
7 % = ermäßigter Steuersatz zu versteuern.

Dem ermäßigten Umsatzsteuersatz unterliegen in der Gastronomie:
▶ Lieferungen von Lebensmitteln (keine Getränke) und Speisen durch Hotels und Gaststätten, die nicht zum Verzehr an Ort und Stelle, also in der Gaststätte, bestimmt sind,
▶ Umsätze wie: Süßwaren, Zeitungen, Zeitschriften, Bücher, Blumen,
▶ Unentgeltliche Wertabgaben[1] von Speisen,
▶ Speisen des Partyservice (ohne Personal und kein Hummer, Großlangusten oder Kaviar).
▶ reine Beherbergungsleistungen

> Die Lieferung von Getränken, die nicht zum Verzehr an Ort und Stelle bestimmt sind, unterliegt dem allgemeinen Steuersatz.

Alle anderen Leistungen einschließlich des sonstigen Eigenverbrauchs unterliegen dem allgemeinen Steuersatz.

Von der **Umsatzsteuer befreit** sind u. a.:
▶ Ausfuhrlieferungen, Umsätze von Ärzten, Zahnärzten, Krankengymnasten, Bausparkassen- und Versicherungsvertretern

Vorsteuer:
input tax

Auf alle dem Gast berechneten Waren oder Dienstleistungen entfällt Umsatzsteuer (= Mehrwertsteuer). Da die Umsatzsteuer nach dem Willen des Gesetzgebers nicht die Steuerzahler, sondern die Letztverbraucher (Steuerträger = Gast) treffen soll, stellt die Umsatzsteuer für die Unternehmen lediglich einen „durchlaufenden Posten" dar, d. h., der Gastronom darf die Umsatzsteuer nicht in die Preiskalkulation einrechnen, sondern muss sie gesondert aufschlagen. Jeder Gastronom verlangt den jeweils gültigen Umsatzsteuersatz von seinen Gästen. Die bereits an seine Lieferer (z. B. Brauerei, Weinhändler) entrichtete Umsatzsteuer kann der Gastwirt als **Vorsteuer** (VSt.) von der bei den Gästen vereinnahmten Umsatzsteuer/Mehrwertsteuer absetzen. Wird für bestimmte Umsätze keine Umsatzsteuer gezahlt (z. B. Einnahmen aus Vermietung und Verpachtung), kann auch kein Vorsteuerabzug geltend gemacht werden (Ausnahme: Ausfuhrlieferungen).

Der Unterschiedsbetrag zwischen Mehrwertsteuer und Vorsteuer wird als **Zahllast** bezeichnet und ist an das zuständige Finanzamt abzuführen.

---

[1] Unentgeltliche Wertabgaben = Entnahmen von Gegenständen und sonstige Leistungen = Umsätze des Gastwirts / Hoteliers mit sich selbst (in steuerlicher Hinsicht).

Zahllastermittlung

Ein Gast des Hotel-Restaurants Bergstatter Hof konsumiert eine Flasche Wein.
Vor dem Verkauf im Restaurant hat der Wein die folgenden Stufen durchlaufen:

1. Stufe: Ein **Winzer** verkaufte 100 Flaschen Wein für einen Flaschenpreis von 3,00 € zzgl. 19 % USt an einen **Weinhändler**.

2. Stufe: Der Weinhändler gab den Wein für 4,00 € zzgl. 19 % USt an das **Restaurant** ab.

3. Stufe: Das Restaurant bietet den Wein seinen **Gästen** für einen Preis von 19,00 € zzgl. 19 % USt an.

Stufe	Verkaufspreis (netto)	Umsatz-steuer	Einkaufspreis (netto)	Vorsteuer	Mehrwert	USt-Zahllast
1. Winzer	300,00	57,00			300,00	57,00
2. Weinhändler	400,00	76,00	300,00	57,00	100,00	19,00
3. Restaurant	1 900,00	361,00	400,00	76,00	1 500,00 1 900,00	285,00 361,00
Gast	2 261,00					

Der Winzer liefert Wein für 300,00 € zzgl. 19 % Umsatzsteuer an den Weinhändler. Da der Winzer in diesem Beispiel keinen Vorlieferanten hat, kann er keine Vorsteuer in Abzug bringen und muss folglich 57,00 € USt-Zahllast, nämlich 19 % auf seine Wertschöpfung, an das Finanzamt abführen.
Der Weinhändler schuldet dem Finanzamt 76,00 € aufgrund seines Verkaufs in Höhe von 400,00 €.
Die Vorsteuer in Höhe von 57,00 € aufgrund seines Einkaufs beim Winzer kann er in Abzug bringen und zahlt an das Finanzamt nur noch die Differenz von 19,00 €, die wiederum die Besteuerung von 19 % von 100,00 €, seiner Wertschöpfung, darstellen. Entsprechend erfolgt die Besteuerung auf der Stufe des Restaurants.

In diesem Zusammenhang ist die Besonderheit von **Schwund** zu beachten: Dem Gastronomen wird eine Flasche Wodka gestohlen. Dadurch entsteht ihm ein doppelter Schaden. Trotz des Warenverlusts hat er die Umsatzsteuer zu tragen, die beim Verkauf angefallen wäre.

Der Gastwirt hat dem Finanzamt innerhalb von zehn Tagen nach Ablauf eines Kalendermonats eine **Umsatzsteuervoranmeldung und -vorauszahlung** an das Finanzamt einzureichen, in der die vereinbarten Entgelte und die abziehbare Vorsteuer aufgeführt sind. Die an das Finanzamt zu leistende Zahllast stellt eine Vorauszahlung auf die Jahressteuerschuld dar. Am Ende des Jahres hat der Gastwirt eine **Jahressteuererklärung** abzugeben, nach der die **Umsatzsteuermitteilung** erstellt wird; darin werden zu wenig gezahlte Steuern als Abschlusszahlung angefordert, überzahlte Beträge zurückerstattet.

Umsatzsteuer ist nicht zu bezahlen, wenn der Umsatz im vorangegangenen Kalenderjahr 17 500,00 € nicht überstiegen hat und im laufenden Kalenderjahr voraussichtlich 50 000,00 € nicht übersteigen wird. Allerdings besteht dann auch keine Berechtigung zum Vorsteuerabzug und zum gesonderten Ausweis der Steuer.

Zu den **Bagatellsteuern**, die als Sondersteuern von den Kommunen erhoben werden/wurden, zählen die **Getränkesteuer**, die **Vergnügungssteuer** und die **Schankerlaubnissteuer**. Der Gastwirt führt die Vergnügungssteuer für Tanz, Filmvorführungen, Konzerte usw. an die Gemeinde ab. Bemessungsgrundlage sind verkaufte Eintrittskarten oder eine Pauschale. Diese Steuerarten stellen für die betroffenen Betriebe nicht nur eine erhebliche Steuerbelastung dar, sondern führen auch zu Wettbewerbsverzerrungen.

Erhoben wird die Schankerlaubnissteuer zurzeit nur noch in Rheinland-Pfalz.

Im Gegensatz zu Besitz- und Verkehrssteuern werden **Verbrauchssteuern** durch die Hauptzollämter verwaltet. Besteuert werden Bier, Branntwein, Schaumwein, Kaffee, Zigaretten

Steuererklärung

Steuerbescheid

§ 19 UStG

Tabak usw. Bemessungsgrundlagen sind bei Tabakwaren der Verkaufspreis, bei Brannt- und Schaumwein die Menge, bei Bier Menge und Güte, bei Kaffee das Gewicht.

Eine weitere Bagatellsteuer ist die für Übernachtungen in Beherbungsbetrieben („Bettensteuer"); ihre Rechtmäßigkeit ist gerichtlich noch nicht abschließend geklärt.

Praxis

M 5/9

Es wird viel gesprochen von Steuererhöhungen bzw. der Einführung verschiedener Ökosteuern (z. B. Straßengebühren, Wasserpfennig). Welche Auswirkungen hat dies auf die Hotellerie/Gastronomie und die privaten Haushalte (denken Sie auch an die 2007 erfolgte Umsatzsteuererhöhung)? Sie können hierzu auch mit fachkundigen Personen sprechen.

Aufgaben

1. Welche Gebietskörperschaft zieht die folgenden Steuern ein:
   a) Mineralölsteuer,   e) Tabaksteuer,
   b) Biersteuer,   f) Lohnsteuer,
   c) Umsatzsteuer,   g) Hundesteuer?
   d) Grundsteuer,

2. Geben Sie bei den nachstehenden Situationen an, um welche Steuerart es sich handelt und wer der Steuerempfänger ist.
   a) Gastwirt Hennemeyer veranstaltet am Wochenende in seiner Gastwirtschaft eine Tanzveranstaltung.
   b) Hotelier Nauber stellt fest, dass er im letzten Monat wieder einmal über 100 Hektoliter Bier verkauft hat.
   c) Die Tochter des Gastwirts bekommt einen Schäferhund geschenkt.
   d) Wiebke Wegner ist Restaurantfachangestellte beim Hotel „Schwarzer Adler" und erhält ein Monatsgehalt von 1.700,00 € zuzüglich Trinkgelder, sie ist evangelisch.
   e) Heinz Bauer hat zum Skatabend in die Stammgaststätte eingeladen. Also besorgt er die notwendigen Spielkarten, Zigaretten und Weinbrand.

3. Welche Möglichkeiten sind dem Gesetzgeber an die Hand gegeben, um den einzelnen Bürger möglichst gerecht zu besteuern?

4. Zu welchen Einkunftsarten sind die nachstehenden Fälle zu zählen:
   a) die Gewinne eines Hoteliers,
   b) das Gehalt eines Rezeptionisten,
   c) die Mieteinnahmen eines Gastwirts,
   d) die Provision eines selbstständigen Handelsvertreters für gastronomische Artikel,
   e) die Dividende für Wertpapiere,
   f) das Honorar eines Kurarztes,
   g) die Rente des Seniorchefs?

5. Unterscheiden Sie Betriebsausgaben von Werbungskosten und geben Sie Beispiele.

6. Worin unterscheiden sich Einkommensteuer und Lohnsteuer?

7. Was verstehen Sie unter Sonderausgaben und welchem Zweck dienen sie?

8. Der Gemeinderat von Neubokel diskutiert um die Erhöhung des Hebesatzes der Gewerbesteuer. Welche Argumente sprechen für eine Erhöhung, welche dagegen?

9. Warum unterliegt der Eigenverbrauch des Gastronomen der Umsatzsteuerpflicht?

10. Prüfen Sie, ob in den folgenden Fällen eine der Umsatzsteuer unterliegende Lieferung oder Leistung getätigt wurde:

a) Gastwirt Franz schenkt in seiner Gaststätte Apfelwein aus.

b) Steuerberater Pfiffig führt für Hotelier Zunterer gegen ein entsprechendes Honorar sämtliche Steuerangelegenheiten einschließlich der Buchführung durch.

c) Im Hotel „Zur Rose" wird eine neue Telefonanlage installiert.

d) Gastwirt Sulz aus Nürnberg fährt mit dem auf die Gaststätte zugelassenen Pkw zu Verwandten nach München.

11. Errechnen Sie die an das Finanzamt vom Hotelier abzuführende Zahllast, bei einem Steuersatz von 19 %: Verkauf von Getränken, netto 154,00 €, Vorsteuer des Hoteliers 10,78 €.

12. Wer ist für den Einzug der Verbrauchssteuern zuständig?

13. Nennen Sie die Bemessungsgrundlagen für Verbrauchssteuern bei Schaumwein, Bier und Kartenspielen.

14. Hotelfachfrau Monika Grobstieg, 30 Jahre, unverheiratet, kinderlos, evangelisch., arbeitete das gesamte Jahr 2013 im Hotel „Am Walde". Im März 2014 will sie ihre Einkommensteuererklärung machen. Folgende monatliche Werte (in €) sind zu berücksichtigen:

Arbeitslohn monatlich	1.900,00
Lohnsteuer monatlich	190,92
Kirchensteuer monatlich	17,18
Arbeitnehmeranteil Krankenversicherung	155,80
Arbeitnehmeranteil Pflegeversicherung	24,22
Arbeitnehmeranteil Arbeitslosenvers.	28,50
Arbeitnehmeranteil Rentenversicherung	179,55
Solidaritätszuschlag	10,50
Arbeitgeberanteil Rentenversicherung	179,55
Fahrtkosten mit Nahverkehr	55,00

Beschaffen Sie sich (z. B. im Internet) die entsprechenden Formblätter und nehmen Sie für Monika Grobstieg Einträge aufgrund dieser Werte vor.

15. In den EU-Mitgliedstaaten sind die Steuersätze in der Hotellerie und Gastronomie unterschiedlich.
   a) Wieviele Staaten in der EU haben ermäßigte Steuersätze für Gastronomie/Hotellerie?
   b) Welche Steuersätze in der Hotellerie haben die unmittelbaren Nachbarstaaten Deutschlands?
   c) Mit welchem Prozentsatz werden alkoholische Getränke in Deutschland und in Luxemburg versteuert?
   d) Die EU hat sich 2009 auf neue Umsatzsteuer-Regeln geeinigt. Was bedeutet das für die Gastronomie und Hotellerie?

9 Betrieb und Unternehmung

9.1 Unternehmensformen und -zusammenschlüsse

Anzahl umsatzsteuerpflichtiger Unternehmen des Gastgewerbes				
Gewerbezweig	2012	2013	2014	2015
Beherbergungsgewerbe insgesamt	45.774	45.038	44.506	44.123
darunter Hotellerie	15.071	14.917	14.836	14.756
Gaststättengewerbe insgesamt	165.947	164.008	163.225	163.418
Caterer/Verpflegungsdienstleister	12.588	12.770	13.014	13.268
Gastgewerbe insgesamt	**224.309**	**221.816**	**220.745**	**220.809**

Im *Bürgerlichen Gesetzbuch* ist der **Begriff des Unternehmers** wie folgt festgelegt:

1) Unternehmer ist eine natürliche oder juristische Person oder eine rechtsfähige Personengesellschaft, die bei Abschluss eines Rechtsgeschäfts in Ausübung ihrer gewerblichen oder selbstständigen beruflichen Tätigkeit handelt.
2) Eine rechtsfähige Personengesellschaft ist eine Personengesellschaft, die mit der Fähigkeit ausgestattet ist, Rechte zu erwerben und Verbindlichkeiten einzugehen.

§ 14 BGB

Die EU-Kommission hat in einer Definition festgelegt, wann es sich um ein Kleinst-, Klein- oder Mittelunternehmen handelt. Darin werden die Schwellenwerte für die Zahl der Angestellten (weniger als 10, unter 50 und unter 250) sowie die finanziellen Grenzwerte festgehalten (2 Mio./10 Mio./50 bzw. 43 Mio. Euro Umsatzschwelle bzw. Bilanzsumme).

9.1.1 Unternehmensformen im Überblick

Unternehmungen können in privatrechtlicher und öffentlich-rechtlicher Form geführt werden. Für das Gastgewerbe haben jedoch die Unternehmungen in privatrechtlicher Form größere Bedeutung, sodass hier nur darauf eingegangen wird.

Die **Entscheidung für eine Unternehmensform** hängt von Art und Umfang der Aufgabenstellung des gastronomischen Betriebes ab. Der unterschiedlich hohe Bedarf an persönlichen und sachlichen Mitteln verursacht Unterschiede in der Unternehmensgröße, der Kapitalbeschaffung, der Organisation wie in der wirtschafts- und sozialpolitischen Bedeutung.

Unternehmensform: type of business organization/form of enterprise

Einzelunternehmungen

Beispiel

Einzelunternehmen:
sole proprietorship/
one-man business

Ina Schröder hat eine Gaststätte eröffnet. Die dafür notwendigen Gelder hat sie zur Hälfte durch ein bei der Bank aufgenommenes Darlehen beschafft. Der bald eintretende Geschäftserfolg ermöglicht Frau Schröder eine vorzeitige Rückzahlung des Darlehens.
Was wäre geschehen, wenn die Gaststätte den erhofften Gewinn nicht abgeworfen hätte?

Diese Unternehmensform (= **Einzelunternehmung**) kommt besonders bei kleinen und mittleren Unternehmen vor, dementsprechend häufig in der Hotellerie und Gastronomie. Hier ist der Eigentümer des Unternehmens Kapitalgeber und Betriebsleiter in einer Person. Bei einem geschäftlichen Misserfolg hätte also Frau Schröder das Darlehen aus privaten Mitteln an die Bank zurückzahlen müssen, um dadurch einer Pfändung durch das Gericht zu entgehen.
Für den Einzelunternehmer ergeben sich die nachstehenden Vor- und Nachteile:

Vorteile	Nachteile
• Unternehmer kann allein und schnell entscheiden • Unternehmer verfügt über den Gewinn • Keine Meinungsverschiedenheiten in der Geschäftsführung	• Unternehmer trägt Risiko und Verantwortung allein • Unternehmer haftet mit Geschäfts- und Privatvermögen • Begrenzte Kapitalkraft • Unternehmer trägt allein die Einkommensteuer, unabhängig davon, ob der Gewinn im Betrieb belassen wird oder für private Zwecke entnommen wurde

Gesellschafts-
unternehmen:
partnership

Gesellschaftsunternehmungen

Beispiel

Kompendium der Markenhotellerie 2016

NR.	MARKENNAME(N)	GESELLSCHAFT	WEBSITE
1	25hours	25hours Hotel Company GmbH	www.25hours-hotels.com
2	50plus Hotels	50plus Hotels Deutschland	www.50plushotels.de
3	A&O Hotels and Hostels	A&O HOTELS and HOSTELS Holding AG	www.aohostels.com
4	abba hotels	Abba Hotels S.A.	www.abbahoteles.com
5	ACHAT Comfort	Achat Hotel- und Immobilienbetriebsgesellschaft mbH	www.achat-hotel.com
6	ACHAT Plaza	Achat Hotel- und Immobilienbetriebsgesellschaft mbH	www.achat-hotel.com
7	ACHAT Premium	Achat Hotel- und Immobilienbetriebsgesellschaft mbH	www.achat-hotel.com
8	acomhotels	A.S. Hotelbeteiligungs GmbH	www.acomhotels.de
9	acora Hotel und Wohnen	acora Hotel und Wohnen GmbH & Co. KG	www.acora.de
10	Adina Apartment Hotels	Adina Hotel Operations GmbH	www.adina.de.com
11	advena Hotels	Advena Hotelgesellschaft mbH	www.advenahotels.com
12	AHORN	Albeck & Zehden Hotels & Gastronomie	www.albeck-zehden.de
13	AKZENT Hotels	Akzent Hotels e.V.	www.akzent.de
14	AllgäuTop&LandHotels	proAllgäu GmbH & Co. KG	www.allgaeuhotels.de
15	Aloft (ehm. Starwood)	Marriott International-Europe Division	www.marriott.com
16	Althoff Hotel Collection	Althoff Beratungs- und	www.althoffhotels.com

aus: IHA, Kompendium der Markenhotellerie 2016

Die **Marke** ist für Hotels und Hotelgesellschaften von Bedeutung. Zur Markenhotellerie zählen Hotelgesellschaften und Hotelgruppen, die nachstehende Voraussetzungen erfüllen:
1. Sie verfügen über mindestens vier Hotels;
2. davon befindet sich zumindest eines in Deutschland und
3. sie operieren mit einer eigenen **Dachmarkenstrategie**[1] am deutschen Hotelmarkt, die sich u. a. im Hotelnamen dokumentiert.

Unter den Begriff Markenhotellerie fallen die Ausprägungen Hotelkooperation sowie Hotelkette.

Bei der Gründung eines Gesellschaftsunternehmens regeln die Gesellschafter in einem schriftlich abgefassten **Gesellschaftsvertrag** ihre Beziehungen zueinander, z. B. die jeweilige Kapitaleinlage der Gesellschafter, die Gewinnverteilung und die Geschäftsführung.

Gesellschaftsvertrag:
articles of association/
partnership agreement/
company agreement

Gründe für die Bildung einer Gesellschaft können sein:

Verbreiterung der Kreditbasis	Vergrößerung wirtschaftlicher Macht durch Beteiligung oder Ankauf
Risikoverteilung Kapitalvermehrung	Verminderung der Steuerlast Möglichkeit der rechtlich einwandfreien Weiterführung des Unternehmens im Krankheits- oder Erbfall
Aufnahme von Verwandten oder des Ehegatten in das Unternehmen Beteiligung der Arbeitnehmer	Heranziehung von Fachkräften

Alle **Gesellschafter** können sich finanziell oder durch Einbringen von Sachgütern (z. B. Fahrzeuge, Maschinen, Gebäude) am Unternehmen beteiligen. Welche Rechtsform der Unternehmung gewählt wird, hängt von den auf die jeweilige Unternehmung einwirkenden wirtschaftlichen, rechtlichen, steuerlichen, sozialen und personalen Faktoren ab; d. h., die Haftung sowie die von den Gesellschaftern zu tragenden Risiken, die Gewinnverteilung, die Finanzierungsmöglichkeiten, die Art der Unternehmensführung usw. bestimmen die Gesellschaftsform. Die ständigen Veränderungen in der Wirtschaft zwingen die Unternehmen, sich anzupassen und die bei Firmengründung gewählte Rechtsform zu überprüfen.

Gesellschafter:
partner / compani-
on / shareholder (=
Teilhaber)

In diesem Zusammenhang ist besonders die Unterscheidung zwischen Personen- und Kapitalgesellschaften wichtig. Während bei **Personengesellschaften** die Gesellschafter im Vordergrund stehen, treten sie bei **Kapitalgesellschaften** nach außen hin meistens nicht in Erscheinung; für sie wirtschaften z. B. Geschäftsführer bei der GmbH oder Vorstandsmitglieder bei der AG. Die Direktoren/Leiter der Kapitalgesellschaften werden deshalb als Auftragsunternehmer oder als **Managerunternehmer** bezeichnet.

Weitere Unterscheidungsmerkmale:

Gesellschafts- form Besondere Merkmale	Personengesellschaft	Kapitalgesellschaft
Rechtsnatur	Vereinigung natürlicher Personen	juristische Person
Eigenart	Vereinigung von Leitung und Kapital	Trennung von Leitung und Kapital
Gesellschaftsvertrag	formlos	notarielle Beurkundung
Gesellschaftsvermögen	veränderliches Gesamthandsvermögen (gemeinsames Gesellschaftsvermögen)	festes Grund-/Stammkapital der juristischen Person (Mindestkapital)
Haftungskapital	Gesellschaftsvermögen, Privatvermögen der Vollhafter, Privatvermögen der Teilhafter, soweit die Einlage noch nicht vollständig eingebracht ist	allein das Gesellschaftsvermögen
Unternehmensbestand	abhängig vom Gesellschafterbestand (mindestens zwei)	unabhängig vom Gesellschafterbestand

Personengesellschaften

Bei Personengesellschaften stehen vor allem der persönliche Einsatz der Unternehmer sowie die gemeinsame Haftung und Kreditwürdigkeit im Vordergrund. Mehrere Gesellschafter betreiben ein Handelsgewerbe unter gemeinsamer Firma.

Personengesell-
schaft:
partnership

---

[1] Die Dachmarkenstrategie ist ein Instrument der Markenpolitik. Dabei verwendet ein Unternehmen einen Markennamen und ein einheitliches Erscheinungsbild für Produkte einer Produktfamilie (=Dach); Beispiel: Yamaha – Motorräder und Pianos.

§§ 705–740 BGB

Gesellschaft des bürgerlichen Rechts

Beispiel

> Fünf Unternehmen (Hotels) schließen sich zu einer Absatzförderungsgesellschaft (gemeinsame Werbung, Öffentlichkeitsarbeit, Verkaufsförderung usw.) zusammen, um mit deren Hilfe am Markt stärker auftreten zu können.

BGB-Gesellschaft/GbR

Die **Gesellschaft des bürgerlichen Rechts** ist eine besonders häufig vorkommende Rechtsform zur Verwirklichung von Gemeinschaftsinteressen. Sie ist ein auf Vertrag beruhender Zusammenschluss von natürlichen oder juristischen Personen, um einen gemeinschaftlichen Zweck zu erreichen.

BGH

Geschäftsführer: managing director/ executive

Eine Gesellschaft bürgerlichen Rechts kann, vertreten durch einen **Geschäftsführer**, im eigenen Namen vor Gericht klagen und verklagt werden. Der Bundesgerichtshof (BGH) hat der GbR die Rechts- und Parteifähigkeit zuerkannt, somit brauchen nicht mehr alle Gesellschafter einzeln als Kläger oder Beklagte auftreten. Die GbR ist dann rechts- und parteifähig, wenn es um eigene vertragliche Rechte und Pflichten der Gesellschaft geht. Damit sind Probleme ausgeräumt, die etwa bei einer Klage gegen große Gesellschaften mit häufig wechselndem Mitgliederbestand entstehen.

In der Regel strebt die GbR auf eine bestimmte Zeitdauer beschränkte Ziele an.
Die GbR lässt sich leicht gründen und auflösen, hat keine Formvorschriften, keine Kapitaleinlage und keine Publizitätspflicht (= Vorteile). Als Nachteil ist die unbeschränkte Haftung der Gesellschafter anzuführen, wobei hier die neueste Rechtsprechung besagt, dass der einzelne Gesellschafter, wenn sich der geschuldete Gegenstand im Gesellschaftsvermögen befindet, die Leistung nicht als Gesamtschuldner allein erbringen kann.

Gründung	durch zwei oder mehr Gesellschafter (natürliche und juristische Personen oder Personengesellschaften)
Firma	keine Firma, keine Handelsregistereintragung, rechts-, partei- und prozessfähig
Pflichten der Gesellschafter	Beitragspflicht, Einbringung der festgelegten Beträge in das gemeinschaftliche Vermögen (Gesamthandeigentum), Gesamtschuldner (siehe auch oben), Haftung für Verbindlichkeiten, Treuepflicht, Geschäftsführungspflicht (Pflicht der Selbstorganschaft)
Rechte der Gesellschafter	alle Gesellschafter haben gemeinschaftlich Geschäftsführungs- (= Innenverhältnis) und Vertretungsrecht (= Außenverhältnis), Einsicht in betriebliche Angelegenheiten, Kündigung jederzeit möglich, kann aber zu Schadensersatz verpflichten, Gewinnbeteiligung, Stimmrecht
Gewinn- und Verlustteilung	nach Köpfen oder lt. Gesellschaftsvertrag. Für die Gesellschaftsschulden haftet neben dem Gesellschaftsvermögen auch das sonstige Vermögen der Gesellschafter, die Gesellschafter haften – falls keine anderweitige Regelung getroffen wurde – als Gesamtschuldner. Ein Ausgleich erfolgt im Innenverhältnis.
Auflösung und Beendigung	Zeitablauf, Erreichung des Gesellschaftszwecks, Unmöglichwerden des Gesellschaftszwecks, einstimmiger Beschluss, Absinken der Zahl der Gesellschafter auf einen, Insolvenz, Kündigung, Tod eines Gesellschafters
Bedeutung	• als Organisationsform der freien Berufe, der Klein- und Mittelbetriebe • bei der Zusammenarbeit großer Wirtschaftsunternehmen (z.B. gemeinsame Übernahme eines Risikos durch mehrere Hotelgesellschaften, gemeinsame Durchführung eines großen Bauvorhabens) • im Arbeitsleben (z.B. Akkordkolonnen, Musikkapellen, Arbeitsgemeinschaften) • als Gelegenheitsgesellschaft (z.B. gemeinsames Lotto- oder Totospiel)

§§ 726 ff. BGB

Partnerschaftsgesellschaft

> Zwei Steuerberater und ein Wirtschaftsprüfer schließen sich mit dem Ziel der Spezialisierung, der Kooperation und der gemeinsamen Nutzung eines Bürokomplexes zusammen. Das Unternehmen soll nicht durch das Ausscheiden eines Gesellschafters aufgelöst werden.

§§ 705–740 BGB

Beispiel

Partnerschafts-
gesellschaft:
partnership

Die Partnerschaftsgesellschaft ist die „OHG der Freien Berufe".

Durch das *Gesetz über Partnerschaftsgesellschaften Angehöriger freier Berufe (PartGG)* wurde 1994 eine BGB-Gesellschaft ins Leben gerufen. Auf die Partnerschaft finden die Vorschriften des *BGB* über die Gesellschaften Anwendung.

PartGG

Angehörige freier Berufe können sich zur Ausübung ihrer Berufe zu einer **Partnerschaftsgesellschaft** zusammenschließen. Sie üben kein Handelsgewerbe aus. Mindestkapital ist nicht erforderlich. Auch ist keine Gewerbesteuer zu zahlen.

In der Partnerschaft kann die Berufsausübung bestimmter freier Berufe vertraglich ausgeschlossen bzw. von weiteren Voraussetzungen abhängig gemacht werden.

Gründung	durch zwei oder mehrere natürliche Personen, die Angehörige der freien Berufe sind
Firma	Eintragung in das Partnerschaftsregister unter notarieller Beurkundung beim zuständigen Amtsgericht; Name der Partnerschaft: mindestens den Namen eines Partners mit dem Zusatz „und Partner" oder „Partnerschaft" und die Berufsbezeichnung aller vertretenen freien Berufe
Gesellschaftsvertrag	schriftlicher Partnerschaftsvertrag (keine notarielle Beglaubigung)
Geschäftsführung und Vertretung	jeder Gesellschafter alleine
Haftung	**für Verbindlichkeiten:** unmittelbar unbeschränkt gesamtschuldnerisch solidarisch **aus der Berufsausübung:** nur der Verursacher
Gewinn- und Verlustteilung	wie bei der Gesellschaft der bürgerlichen Rechts
Auflösung und Beendigung	Zeitablauf Erreichen des Gesellschaftszwecks Unmöglichwerden des Partnerschaftszwecks einstimmiger Beschluss (freiwillige Auflösung) Kündigung Insolvenz
Bedeutung	• geeignete Unternehmensform für Angehörige freier Berufe • Anmelden eines Vergleichs möglich (bei GbR nicht möglich) • Tod eines Partners bewirkt nur das Ausscheiden des Partners und nicht die Auflösung der Partnerschaft

Seitdem Freiberufler auch GmbHs gründen dürfen, hat diese Rechtsform an Interesse verloren.

§§ 105–160 HGB

Offene Handelsgesellschaft

Beispiel

> Bäckermeister Friedrich Mund konnte in den letzten Jahren seinen Handwerksbetrieb ausbauen, sodass er zahlreiche Einzelhandelsgeschäfte, Warenhäuser und Kantinen mit Backwaren belieferte. Er will eine Brotfabrik am Rande der Stadt einrichten. Außerdem beabsichtigt er, seine Angebotspalette zu erweitern und in Zukunft auch Cafés und Hotelbetriebe zu beliefern.
> Dieses Vorhaben erfordert Kapital und Fachwissen. Daher hat sich Mund entschlossen, den Bäckereibetrieb gemeinsam mit dem tüchtigen Kaufmann Caesar zu führen. Die beiden vereinbaren, dass sie eine OHG gründen, in die Mund seine Bäckerei einbringt und Caesar 200 000,00 € Bargeld.

OHG

Die **offene Handelsgesellschaft** ist eine Personengesellschaft mit wenigstens zwei gleichberechtigten Gesellschaftern.

Jeder Gesellschafter haftet den Gesellschaftsgläubigern gegenüber unbeschränkt mit seinem ganzen Vermögen, d. h. mit seiner Kapitaleinlage und seinem Privatvermögen; unmittelbar, d. h., jeder Gesellschafter kann durch einen Gläubiger direkt in Anspruch genommen werden; gesamtschuldnerisch, d. h., jeder haftet für die gesamte Schuld der Gesellschaft.

Ein Gesellschafter darf ohne Einwilligung des anderen Gesellschafters nicht im gleichen/gleichartigen Handelsgeschäft tätig werden.

Als Vorteile gegenüber dem Einzelunternehmen sind die größere Kreditwürdigkeit und die Aufgabenteilung auf die Gesellschafter zu nennen.

Voraussetzungen	Gesellschaftsvertrag, gemeinschaftlicher Zweck, Handelsgewerbe, gemeinsame Firma
Firma	Personenfirma oder gemischte Firma. Die Firma kann den Namen eines Gesellschafters enthalten mit dem Zusatz, der das Gesellschaftsverhältnis kennzeichnet, z. B. Friedrich Mander OHG, oder die Namen aller Gesellschafter; Sach- und Fantasienamen sind ebenfalls möglich
Pflichten	Beitragspflicht (Einlagepflicht), Haftpflicht *(§ 708 BGB)*, Geschäftsführungspflicht, Wettbewerbsenthaltungspflicht
Rechte	Recht auf Geschäftsführung und Vertretung, Kontroll- und Informationsrecht, Recht auf Gewinnanteil, Recht auf Privatentnahmen, Kündigungsrecht, Recht auf anteiligen Erlös bei Auflösung, Aufwandsersatz
Haftung	unmittelbar, unbeschränkt, gesamtschuldnerisch, solidarisch
Geschäftsführung und Vertretung	jeder Gesellschafter allein
Gewinnbeteiligung	4 % Zinsen auf Kapitaleinlagen, Rest nach Köpfen
Verlustbeteiligung	nach Köpfen
Auflösungsgründe	Beschluss, Zeitablauf, gerichtliche Entscheidung, Kündigung, Insolvenz der Gesellschaft oder eines Gesellschafters
Bedeutung	• geeignete Unternehmensform für kleinere und mittlere Betriebe, bei denen die Unternehmeraufgaben für eine Person zu umfangreich sind und eine breitere finanzielle Basis erforderlich ist • größere Kreditwürdigkeit (Warenkredite, Bankkredite) als bei einer Einzelunternehmung, da mehrere Personen unbeschränkt haften • Aufgabenteilung auf Gesellschafter (z. B. technische Leitung – kaufmännische Leitung) gut durchführbar

Kommanditgesellschaft

§§ 161–177a HGB

Beispiel

Der Kioskbesitzer Ernst Haberer will seinen gut gehenden Kiosk erweitern, um dadurch ein größeres Warensortiment anbieten zu können. Allerdings verfügt er nicht über die entsprechenden Gelder, um den Erweiterungsbau vornehmen zu können, sodass er einen Gesellschafter sucht. Dieser soll zwar finanziell beteiligt werden, die Geschäftsführung möchte Haberer jedoch für sich behalten.

Nach einigem Suchen findet Haberer einen Gesellschafter, der 180 000,00 € einbringt. Natürlich will der neue Gesellschafter, da er an der Geschäftsführung nicht beteiligt ist, auch nur mit seiner Kapitaleinlage, nicht aber mit seinem Privatvermögen haften.

Die in dem Beispiel genannten Bedingungen lassen sich in der Rechtsform der **Kommanditgesellschaft** verwirklichen. Die KG ist eine weiterentwickelte OHG, denn es schließen sich ein **Vollhafter (Komplementär)** und ein **Teilhafter (Kommanditist)** zusammen, um ein Handelsgewerbe unter gemeinsamer Firma zu betreiben.

KG

Dem persönlich haftenden Gesellschafter (Vollhafter) obliegen die Leitung, Geschäftsführung und Vertretung des Unternehmens. Demgegenüber sind die Teilhafter an der Gesellschaft nicht unmittelbar beteiligt. Sie beteiligen sich nur am Unternehmen und haften lediglich mit ihrer im Handelsregister eingetragenen Kapitaleinlage gegenüber Gläubigern.

Gründung	wie die OHG; sie darf aber keine Teilhafternamen enthalten	
Pflichten	Komplementäre (Vollhafter)	Kommanditisten (Teilhafter)
	wie OHG-Gesellschafter	Beitragspflicht, Haftpflicht beschränkt
Rechte	wie OHG-Gesellschafter	Widerspruchsrecht bei außergewöhnlichen Geschäften, Recht auf Gewinnanteil und Auszahlung, Kontrollrecht, Kündigungsrecht, Stimmrecht
Haftung	wie OHG-Gesellschafter: unbeschränkt, unmittelbar, solidarisch	beschränkt auf die Kapitaleinlage
Geschäftsführung und Vertretung	ja (wie OHG-Gesellschafter)	nein (Erteilung von Prokura oder Handlungsvollmacht möglich)
Gewinnbeteiligung	4 % Zinsen auf Kapitaleinlage, Restverteilung in angemessenem Verhältnis	
Verlustbeteiligung	in angemessenem Verhältnis, aber nur bis zur Höhe des Kapitalanteils (Kommanditisten)	
Auflösungsgründe	wie bei der OHG, nicht aber der Tod eines Kommanditisten	
Bedeutung	• für die Teilhafter: kapitalmäßige Beteiligung ohne persönliche Mitarbeit und unter Beschränkung der Haftung auf die Einlage • für die Vollhafter: Vergrößerung des Kapitals ohne Beteiligung der Kapitalgeber an der Geschäftsführung • häufige Rechtsform, wenn Erben als Teilhafter in ein Einzelunternehmen oder eine OHG aufgenommen werden, ohne an der Unternehmensführung beteiligt zu sein	

Gründung: start-up/setting up/ formation of a company 🇬🇧

Haftung: liability 🇬🇧

§§ 230–236 HGB
§§ 705 ff. BGB

Stille Gesellschaft

Beispiel

Richard Streubel betreibt ein Hotel. Seine Schwester Klara ist mit 100 000,00 € am Geschäft und dessen Gewinn beteiligt, hat aber keinerlei Mitwirkungsrechte.

Die **stille Gesellschaft** ist ein Einzelunternehmen. Sie entsteht dadurch, dass sich eine Person am Geschäft eines anderen mit einer Vermögenseinlage, z. B. Geld, Waren oder Maschinen, beteiligt. Als „still" wird die Gesellschaft bezeichnet, weil die Beteiligung nach außen nicht bekannt gemacht wird. Der stille Gesellschafter tritt also nicht in Erscheinung, hat keinerlei Mitspracherecht und Mitarbeitspflicht.

Rechte der Gesellschafter	Kontrollrecht, d. h. in die Bilanz einzusehen und ihre Richtigkeit zu überprüfen
Firma	keine Änderung der bisherigen Firma bei der aufnehmenden Unternehmung; keine Handelsregistereintragung des stillen Gesellschafters
Haftung	Der Inhaber der aufnehmenden Unternehmung haftet unbeschränkt. Stiller Gesellschafter: Verlustbeteiligung bis zur Höhe der Einlage möglich
Geschäftsführung und Vertretung	nur durch den Inhaber (bei Einzelunternehmungen)
Gewinnbeteiligung	angemessen (richtet sich nach dem Vertrag)
Verlustbeteiligung	kann ausgeschlossen werden, sonst gilt, dass der stille Gesellschafter einen angemessenen Teil des Verlustes trägt
Auflösungsgründe	Tod des Inhabers, Insolvenz, Kündigung durch stillen Gesellschafter, Beschluss, Zeitablauf, nicht aber Tod des stillen Gesellschafters

Man unterscheidet den typischen (echten) stillen Gesellschafter laut *HGB* vom atypischen (unechten) stillen Gesellschafter gemäß Steuerrecht. Der **typische stille Gesellschafter** hat Einkünfte aus Kapitalvermögen (= Gläubiger). Der **atypische stille Gesellschafter** ist am Gewinn, dem Geschäftswert sowie an den stillen Reserven beteiligt: Er hat Einkünfte aus Gewerbebetrieb, ist also Mitunternehmer.

Limited & Company Kommanditgesellschaft

Beispiel

Ltd. & Co. KG
↓
Einfache und kostengünstige Gründung
↓
Nachteil:
Strenge englische Haftungsregelungen (weitergehend als im deutschen Gesellschaftsrecht)

Wer eine Idee, aber zu wenig Geld für eine GmbH hat, der kann sich zwar leicht selbstständig machen, muss aber stets haften. So mancher Traum von der Selbstständigkeit endet dadurch in der Insolvenz. Von der in anderen EU-Ländern günstigeren Möglichkeit der Unternehmensgründung profitieren jetzt auch deutsche Unternehmer.

Wie in anderen EU-Ländern ist auch in Deutschland besonders für Jungunternehmer diese Gesellschaftsform möglich, denn sie bietet Existenzgründern besseren Schutz.
Bei der **Ltd. & Co. KG** handelt es sich um eine deutsche Kommanditgesellschaft, an der eine englische Limited Company als Komplementär beteiligt ist. Diese Gesellschaft ist leicht zu verwalten und Steuern werden allein an das zuständige deutsche Finanzamt gezahlt.
Vorteile für Kleinunternehmer in der Hotellerie und Gastronomie:
▶ minimale Berichtspflichten, die von spezialisierten Dienstleistern erbracht werden,
▶ niedrige Gesamtkosten,
▶ eine Bilanz wie bei der GmbH muss nicht erstellt werden, nur Berichtspflicht
▶ das erforderliche Kapital wird als Kommanditeinlage eingebracht,
▶ Verluste können auf der Gesellschafterebene – wie bei der Personengesellschaft – mit anderen positiven Einkünften verrechnet werden.
Eine Ltd. & Co KG kann von Deutschland aus erledigt werden.

Gesellschaft mit beschränkter Haftung und Company, Kommanditgesellschaft

GmbHG / HGB

Beispiel

> Die Alschner-Hotel-KG besteht seit über 75 Jahren, als der einzige Komplementär stirbt. Weder die Gesellschafter noch deren Kinder sind für die Nachfolge geeignet. Auf der anderen Seite wollen die Gesellschafter nicht, dass einem Außenstehenden die Position des Komplementärs übertragen wird, um nicht an Einfluss zu verlieren.

Hier bietet sich die Gründung einer GmbH & Co. KG an.

Alle (oder einige) Kommanditisten könnten eine GmbH/AG gründen. Sie tritt in die Kommanditgesellschaft als Komplementär (Komplementär-GmbH/AG) ein und übernimmt die Geschäftsführung durch ihren Geschäftsführer/Vorstand. So wird zwar ein Familienfremder Geschäftsführer, nicht jedoch Komplementär.

Die GmbH & Co. KG stellt eine **besondere Form der Personengesellschaft** dar. Sie vereinigt die Vorteile einer Personengesellschaft oft mit denen der beschränkten Haftung einer Kapitalgesellschaft.

GmbH & Co. KG

Eine GmbH & Co. KG kann so aufgebaut sein, dass zwei Gesellschafter sowohl die Geschäftsleitung der GmbH wie auch der KG innehaben. Gründet ein Gesellschafter eine **Ein-Mann-GmbH** und leistet eine geringe Kommanditeinlage, so hat er allein die gesamte Firma unter seiner Leitung bzw. Kontrolle.

Die GmbH & Co. KG/AG & Co. KG findet vor allem dort Anwendung, wo ein hohes Haftungsrisiko besteht.
Sie ist eine Kombination von Personengesellschaft und kleiner Kapitalgesellschaft.
Diese Gesellschaftsform ist für das Gastgewerbe insofern von besonderem Interesse, als dadurch ein Familienunternehmen fortbestehen kann.

Gründungsmotive	Haftungsbeschränkung, günstige Nachfolgeregelung, Geschäftsführung kann mit dem Geschäftsführer der GmbH auch durch einen Nichtgesellschafter ausgeübt werden (Drittorganschaft), Kapitalbeschaffung
Gründung	durch Eintragung der GmbH ins Handelsregister, Gesellschaftsvertrag zwischen GmbH/AG und KG
Firma	Sachfirma, Personenfirma oder gemischte Firma
Geschäftsführung und Vertretung	durch GmbH bzw. ihren/ihre Geschäftsführer, als persönlich haftender Gesellschafter oder AG bzw. deren Vorstand; regelmäßig sind die Kommanditisten von der Geschäftsführung und Vertretung ausgeschlossen; Erteilung von Prokura oder Handlungsvollmacht möglich
Haftung	Gesellschaftsvermögen der KG mit Einlage und persönliche, unmittelbare und unbeschränkte Haftung der Komplementär-GmbH/AG, meist aber nur mit Stammkapital von 25 000,00 €/Grundkapital von 50 000,00 €
Gewinn	gemäß Gesellschaftsvertrag

§ 10 GmbHG

§ 19 HGB

Übersicht wichtiger Personengesellschaften

Unternehmensform	BGB-Ges. Part.-Ges.	OHG	KG	Stille Ges.	GmbH & Co. KG (AG & Co. KG)
Mindest-personenzahl	2	2	2	2	2 oder 1
Gründung / Form	formfrei	formfrei (schriftlich)	formfrei (schriftlich)	formfrei	formfrei
Gründung / Beginn	sofort	sofort	sofort	sofort	sofort
Firma	keine	Personen-, Sach-, Misch- oder Fantasiefirma mit Zusatz KG	Personen-, Sach-, Misch- oder Fantasiefirma mit Zusatz OHG	keine	Personen-, Sach-, Misch- oder Fantasiefirma mit Zusatz GmbH & Co. KG
Anmeld. zum HR	nein bei Part.-Ges. Partnerschaftsregister	Abt. A	Abt. A	nein	Abt. A
Kapitalbeteiligung	nach Vereinbarung	alle nach dem Stand der Kapitalkonten	alle nach dem Stand der Kapitalkonten	stille Gesellschaft m. Einlage	alle nach dem Stand der Kapitalkonten
Haftung	unbeschränkt und solidarisch	unmittelbar, unbeschränkt, solidarisch	Vollhaft. wie OHG; Teilhaft. mit Einlage	Inhaber unbeschränkt, atypischer Gesellschafter wie Kommanditist	GmbH mit Stammkapital, Kommandit. mit Einlage
Gewinnbeteiligung	nach Vereinbarung	4 % des Kapitals, Rest nach Köpfen	4 % des Kapitals, Rest im angemessenen Verhältnis	angemessen oder nach Vertrag	lt. Gesellschaftsvertrag
Verlustbeteiligung	nach Vereinbarung	nach Köpfen	angemessenes Verhältnis	nach Vertrag	siehe GmbH und KG
Leitung / Geschäftsführung	gemeinschaftlich oder nach Vereinbarung	jeder Gesellschafter	nur Vollhafter	Inhaber allein, ggf. atypischer Gesellschafter	Geschäftsführer der GmbH
Leitung / Vertretung	gemeinschaftlich oder nach Vereinbarung	jeder, wenn keine vertragliche Regelung	nur Vollhafter	Inhaber allein, ggf. atypischer Gesellschafter	Geschäftsführer der GmbH
überw. Organ	–	–	–	–	siehe GmbH
beschl. Organ	–	–	–	–	siehe GmbH
Kündigung	nach Vereinbarung	6 Monate zum Schluss des Geschäftsjahres	6 Monate zum Schluss des Geschäftsjahres	nach Vertrag	siehe GmbH und KG
Auflösung	bei BGB-Ges. wie OHG, bei Part.-Ges. Kündigung, Beschluss, Ablauf	Kündigung, Beschluss, Ablauf	wie OHG nicht durch Tod eines Kommanditisten	Liquidation, Insolvenz, Tod des Inhabers	siehe GmbH und KG
gesetzliche Regelung	§§ 705–740 BGB	§§ 105–160 HGB	§§ 161–177a HGB	§§ 230–236 HGB	GmbHG und HGB

Kapitalgesellschaften

Die Kapitalgesellschaften kennen im Gegensatz zu den Personengesellschaften nur eine finanzielle Beteiligung der Gesellschafter am Unternehmen.

Die Gesellschafter (Teilhaber) können unbekannt bleiben und der Einzelne hat im Allgemeinen keinen wesentlichen Einfluss auf die Geschäftsführung; Teilhaber haften gegenüber der Gesellschaft nur mit ihrer Kapitaleinlage. Alle Kapitalgesellschaften handeln als juristische Personen unabhängig von den Gesellschaftern im eigenen Namen.

Kapitalgesellschaften:
joint stock companies/
corporations

Aktiengesellschaft

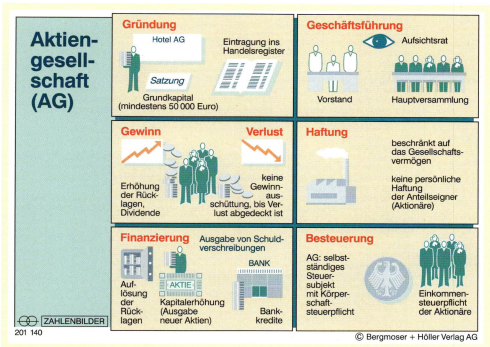

Aktien-gesell-schaft (AG)

Gründung
Hotel AG
Satzung
Eintragung ins Handelsregister
Grundkapital (mindestens 50 000 Euro)

Geschäftsführung
Aufsichtsrat
Vorstand
Hauptversammlung

Gewinn **Verlust**
Erhöhung der Rücklagen, Dividende
keine Gewinnausschüttung, bis Verlust abgedeckt ist

Haftung
beschränkt auf das Gesellschaftsvermögen
keine persönliche Haftung der Anteilseigner (Aktionäre)

Finanzierung
Ausgabe von Schuldverschreibungen
BANK
Auflösung der Rücklagen
AKTIE
Kapitalerhöhung (Ausgabe neuer Aktien)
Bankkredite

Besteuerung
AG: selbstständiges Steuersubjekt mit Körperschaftsteuerpflicht
Einkommensteuerpflicht der Aktionäre

ZAHLENBILDER
201 140
© Bergmoser + Höller Verlag AG

Normen für AGs:
AktG (Aktiengesetz),
HGB, BetrVG,
MitbestG

Die Aktiengesellschaft ist nach dem Aktiengesetz eine Handelsgesellschaft mit eigener Rechtspersönlichkeit. Ihre Gesellschafter sind mit Einlagen an dem in Aktien zerlegten Grundkapital beteiligt, haften darüber hinaus aber nicht persönlich für die Verbindlichkeiten der Gesellschaft. Die Funktion des Kapitalgebers ist von der des Unternehmers streng getrennt. Die AG ist somit eine typische Kapitalgesellschaft, deren Kapitalanteile (Aktien) an der Börse frei gehandelt werden können, ohne dass der Bestand der Gesellschaft davon berührt wird. Für große Unternehmen ist die AG die bevorzugte Rechtsform, weil sie ihnen die unbeschränkte Eigenkapitalfinanzierung über die Börse ermöglicht. Durch die Aktienrechtsreform von 1994 wurde die AG aber auch für mittelständische Unternehmen attraktiv gemacht. So kann eine AG durch eine Person gegründet werden. Neu gegründete Aktiengesellschaften mit weniger als 500 Beschäftigten unterliegen nicht der Mitbestimmung im Aufsichtsrat. Darüber hinaus wurden die Vorschriften über die Hauptversammlung deutlich vereinfacht. Dies alles in der Absicht, dem Mittelstand – hier vor allem Familienunternehmen – die kleine AG als Alternative zur GmbH schmackhaft zu machen, z. B. im Rahmen der Unternehmensnachfolge.

AG

Aktiengesellschaft:
stock corporation/
public limited company
(plc)

Als Kapitalgesellschaft und juristische Person des Privatrechts verfügt die AG über eine eigene Rechtspersönlichkeit, die sie durch Eintragung in das Handelsregister erlangt. Ansprüche durch Gläubiger können nur gegen das Gesellschaftsvermögen geltend gemacht werden. Die Teilhaber heißen Aktionäre, sie können im Aufsichtsrat/Vorstand tätig sein, haben aber kein Anrecht darauf, und sind stimmberechtigt in der Hauptversammlung.

§§ 23–53 AktG	**Gründung**	Mindestens eine Person, Gesellschaftsvertrag = Satzung, Grundkapital von mindestens 50 000,00 € (Bar- oder Sachkapital)
Aktien: shares	**Firma**	Personen-, Sach-, Misch- oder Fantasiefirma mit Zusatz Aktiengesellschaft oder AG
	Kapitalanteile	Aktienmindestbetrag = 1,00 € (Zwergaktien), höhere Nennbeträge lauten auf 5,00 €/25,00 €/50,00 €, ihre Ausgabe darf nicht unter pari (= 100 %) erfolgen – Unterscheidung in: **Inhaberaktien** = Übernahme durch bloße Einigung **Namensaktien** = Sie lauten auf einen bestimmten Namen (Wechselübertragungsvermerk) und sind durch Indossament übertragbar; die Übertragung muss im Aktienbuch vermerkt werden. Nach dem *Stückaktiengesetz* von 1998 können AGs Stückaktien anstelle der Aktien mit einem Nennbetrag einführen; es darf in einem Unternehmen aber immer nur eine Art von Aktien geben.
StückAG		**Stückaktien** = Unechte nennwertlose Aktien ermöglichen das Ermitteln eines fiktiven Nennwertes, indem das Grundkapital durch die Zahl der Aktien geteilt wird. Auf eine Stückaktie entfällt der ihrem Anteil an der Gesamtzahl der Aktien entsprechende Teilbetrag des Grundkapitals.
	Haftung	Nach außen haftet das Vermögen der Gesellschaft, sodass eine Rücklage bezogen auf das Grundkapital zu bilden ist.
	Auflösungs-gründe	Zeitablauf (in der Satzung bestimmt) Beschluss (freiwillige Auflösung mit Dreiviertelmehrheit) Insolvenz (zwangsweise Auflösung) Veräußerung des gesamten Unternehmens und seines Vermögens
	Organe	**Hauptversammlung der Aktionäre** = beschlussfassendes Organ **Aufsichtsrat** = überwachendes Organ **Vorstand** = geschäftsführendes Organ
Vorstand: management board/ executive board	**Vorstand**	**Bestellung:** durch den Aufsichtsrat auf höchstens fünf Jahre – Verlängerung möglich **Aufgaben:** Geschäftsführung und Vertretung (gerichtlich und außergerichtlich) **Pflichten:** Rechnungslegung, Sorgfaltspflicht, Konkurrenzverbot, Unterrichtung des Aufsichtsrat (AR) **Rechte:** Gehalt/Tantieme, Beteiligung am Jahresgewinn, Kreditgewährung mit Einverständnis des AR **Abberufung:** bei grober Pflichtverletzung und Unfähigkeit
AR **Aufsichtsrat: (supervisory) board of directors** ***MitbestG*** **§ 7 MitbestG**	**Aufsichtsrat (AR)**	Wahl der mindestens 3 bis 21 Mitglieder auf 4 Jahre **Zusammensetzung:** a) In Gesellschaften, die nicht mehr als 2 000 Arbeitnehmer beschäftigen, zwei Drittel der Mitglieder durch die Hauptversammlung, ein Drittel der Mitglieder durch die Arbeitnehmer (gemäß *Drittelbeteiligungsgesetz*). b) In Gesellschaften, die mehr als 2 000 Arbeitnehmer beschäftigen, setzt sich der Aufsichtsrat paritätisch zusammen (d.h. gleiche Anzahl Vertreter der Anteilseigner und Arbeitnehmer). **Aufgaben:** Bestellung des Vorstandes, Überwachung der Geschäftsführung des Vorstandes, Prüfung und Feststellung des Jahresabschlusses, Berichterstattung an die Hauptversammlung über Prüfungsergebnisse, Beratung des Vorstandes **Vergütung:** AR-Tantieme
Hauptversammlung: general meeting/ shareholders' meeting/ stockholders' meeting	**Hauptver-sammlung (HV)**	**Aufgaben:** Beschlussfassung über Satzungsänderungen (Dreiviertelmehrheit) Kapitalerhöhung/Kapitalherabsetzung Wahl des Abschlussprüfers Wahl des Aufsichtsrates (zwei Drittel der Mitglieder gemäß *AktG*) Entlastung des Vorstandes und Aufsichtsrates Beschlussfassung über die Verwendung des Reingewinns (u. U. Feststellung des Gewinns) Auskunftsrecht gegenüber dem Vorstand **Arten:** ordentliche Hauptversammlung (Entgegennahme des Jahresabschlusses) außerordentliche Hauptversammlung (bei besonderen Anlässen, z. B. bei Satzungsänderungen) **Einberufung:** durch den Vorstand; bei kleinen AGs formlos, wenn alle Aktionäre erschienen oder vertreten sind; Beschlüsse der HV bedürfen der notariellen Beurkundung nur bei Satzungsänderung **Abstimmung:** nach Aktiennennbeträgen **Gewinn- und Verlustrechnung:** Der Jahresüberschuss wird nach den Grundsätzen der Buchführung anhand der GuV-Rechnung durch den Vorstand festgestellt. Der an die Aktionäre auszuschüttende Betrag heißt Dividende. Verluste werden aus den gesetzlichen und den offenen Rücklagen sowie aus etwaigen Gewinnvorträgen der vorangegangenen Jahre gedeckt.
	Wirtschaft-liche Bedeutung	• Geeignete Unternehmensform für die Verwirklichung großer wirtschaftlicher Aufgaben • Einsatz modernster Mittel und teurer Fachkräfte möglich • Das Risiko des Aktionärs ist beschränkt, seine Mitarbeit wird nicht verlangt • Beteiligung breiter Bevölkerungsschichten an den Produktionsmitteln aufgrund des Erwerbs einer Aktie möglich

Auch in der Hotellerie nehmen die Gründungen von Aktiengesellschaften zu – dieses nicht zuletzt aufgrund der möglichen Trennung von Unternehmensleitung und Unternehmenseigentum, d.h., die **Managerunternehmer** (= Vorstandsmitglieder) haben Entscheidungsbefugnis, tragen aber nur selten das Kapitalrisiko.

Gesellschaft mit beschränkter Haftung

GmbHG / HGB

Beispiel

Andreas Borgmann will ein Sporthotel eröffnen. Was die Unternehmensform betrifft, hat er daran gedacht, die Haftung auf die eingebrachte Kapitaleinlage zu beschränken, wie dies bei der AG der Fall ist. Allerdings sieht Borgmann keine Möglichkeit, die für das Grundkapital einer AG notwendigen 50 000,00 € zu beschaffen, denn das Sporthotel soll ein reines Familienunternehmen werden.

Die GmbH ist die „Kleinform der Kapitalgesellschaft" mit eigener Rechtspersönlichkeit (juristische Person) und damit besonders für kleinere und mittlere Unternehmen geeignet. Durch die Reform des GmbH-Rechts (*MoMIG*) ist dieser Status auch besonders unterstrichen worden. Die GmbH ermöglicht zusätzlich zu ihrer Grundform als Einstiegsvariante für Existenzgründer – und mit wenig Kapital – eine Neugründung. Als deutsches Gegenstück zu der immer häufiger auftretenden englischen Gesellschaftsform der Limited (Ltd.) wurde damit die haftungsbeschränkte Unternehmergesellschaft als besondere Form der GmbH geschaffen. Besonders hervorzuheben ist, dass bei der GmbH der Gesellschafter weitgehende Handlungsfreiheit besitzt und auch selbst Geschäftsführer sein kann.

UG, § 5a GmbHG

Gründung	• Eine oder mehrere Personen können eine GmbH gründen. Erforderlich ist ein notariell beurkundeter Gesellschaftsvertrag und das Mindeststammkapital der normalen GmbH beträgt 25.000 €. • Die GmbH kann auch als UG mit 1 € Mindeststammkapital gegründet werden, wonach sie dann aber ihre Gewinne nicht voll ausschütten darf, um auf diese Weise das Mindeststammkapital der normalen GmbH nach und nach anzusparen. Handelsregistereintragung als GmbH erfolgt nach Einzahlung des Stammkapitals. • Für unkomplizierte Standardgründungen (z. B. Bargründung, höchstens drei Gesellschafter) mittels des vorgegebenen, beurkundungspflichtigen Musterprotokolls (s. Anlage zum *GmbHG*) werden die drei Dokumente (Gesellschaftsvertrag, Geschäftsführerbestellung und Gesellschafterliste) in einem zusammengelegt und kostenmäßig ein Vorrecht einräumt. • Der Verwaltungssitz der GmbH kann auch im Ausland liegen.
Firma	Personen-, Sach-, Misch- oder Fantasiefirma mit Zusatz GmbH
Beteiligung	• Individuelle Bestimmung der Stammeinlagen durch die Gesellschafter zwecks Anpassung an deren Bedürfnisse und finanzielle Möglichkeiten • Jeder Gesellschaftsanteil muss auf einen Mindestbetrag in Höhe von mindestens einem Euro lauten; bereits vorhandene Geschäftsanteile können beliebig aufgeteilt, zusammengelegt und/oder einzeln oder zu mehreren an Dritte übertragen werden. • Gesellschaftsanteile können nur mit Genehmigung der Gesellschafterversammlung verkauft oder vererbt werden; ein börsenmäßiger Verkauf ist nicht möglich. • Beim gutgläubigen Erwerb von Geschäftsanteilen kann der Erwerber darauf vertrauen, dass die in der Gesellschafterliste verzeichnete Person auch tatsächlich Gesellschafter ist. (Bei einer unrichtigen Eintragung in der Gesellschafterliste für mindestens drei Jahre gilt der Inhalt der Liste dem Erwerber gegenüber als richtig; ebenso, wenn die Eintragung zwar weniger als drei Jahre unrichtig war, die Unrichtigkeit dem wahren Berechtigten aber zuzurechnen ist; dadurch mehr Rechtssicherheit und weniger Transaktionskosten.) • Es gilt künftig nur der als Gesellschafter der GmbH, der in die Gesellschafterliste mit eingetragen ist; dieses soll mehr Transparenz bringen und Missbräuche verhindern.
Haftung	Die Gesellschafter haften mit ihren Geschäftseinlagen, die nicht in Wertpapieren verbrieft sind – gilt auch für UG.
Geschäftsführung und Vertretung	Ein Geschäftsführer führt die Geschäfte der Gesellschaft und vertritt sie gerichtlich und außergerichtlich. Der Geschäftsführer wird durch die Gesellschafterversammlung bestellt sowie abberufen. Er ist an Weisungen der Gesellschafter gebunden.
Organe	• Die Gesellschafterversammlung bestimmt die Richtlinien der Geschäftsführung; z. B. muss sie der Bestellung von Prokuristen und Handlungsbevollmächtigten zustimmen. • Der Aufsichtsrat (ab 500 Beschäftigte) kontrolliert den Geschäftsführer.
Gewinn und Verlust	Der Gewinn wird im Verhältnis der Geschäftsanteile verteilt, wobei andere vertragliche Regelungen möglich sind; Verluste werden aus den Rücklagen gedeckt, erst dann treten die Geschäftsanteile ein.
Auflösungsgründe	• durch Beschluss der Gesellschafter mit Dreiviertelmehrheit, • durch Löschung, • durch Insolvenz der GmbH, • durch gerichtliches Urteil sowie • durch Zeitablauf.

Ein Euro GmbH

Gesellschafterversammlung: shareholder's meeting/ stockholder's meeting

Durch die Eintragung im Handelsregister ist die GmbH Formkaufmann. Die zur Gründung erforderlichen Unterlagen werden beim Registergericht grundsätzlich elektronisch eingereicht. Zwecks Beschleunigung von Unternehmensgründungen müssen dabei nun auch Gesellschaften, deren Unternehmensgegenstand genehmigungspflichtig ist (z. B. Restaurantbetriebe mit einer gewerberechtlichen Erlaubnis), keine Genehmigungsurkunden beim Registergericht mehr einreichen. Bei Ein-Personen-GmbHs wird auf die Stellung besonderer Sicherheitsleistungen verzichtet. Die Vorlage von Einzahlungsbelegen oder sonstigen Nachweisen bei der Gründungsprüfung kann nur noch bei erheblichen Zweifeln, ob das Kapital ordnungsgemäß aufgebracht wurde, verlangt werden. Die Verwendung eines Musterprotokolls soll ebenfalls zur Verfahrensbeschleunigung führen.

Andreas Borgmann könnte seine Überlegungen bezüglich einer Rechtsform des Sporthotels in einer Gesellschaft mit beschränkter Haftung, insbesondere der haftungsbeschränkten Unternehmergesellschaft, verwirklichen. Dies ist eine sog. **Mini-GmbH**. Dem Existenzgründer kommt zugute, dass er nur ein Stammkapital von 1 € einbringen muss; Sacheinlagen sind allerdings nicht möglich. In unserem Beispiel kommt Jungunternehmer Borgmann, der großen Wert auf den Ausschluss der privaten Haftung legen dürfte, die UG entgegen, denn sie muss alle Verbindlichkeiten an dem Gesellschaftsvermögen begleichen. Bei Rechtsgeschäften und im Geschäftsverkehr firmiert die UG mit dem Zusatz „haftungsbeschränkt".

Eingetragene Genossenschaft (eG)

Beispiel

Hans Neumann hat ein Weingut und leidet stark unter Konkurrenzdruck. Ein befreundeter Winzer erläutert ihm die Vorteile der Winzergenossenschaft für das einzelne Mitglied.
Die eingetragene Genossenschaft ist eine Gesellschaft mit nicht geschlossener Mitgliederzahl, d.h., die Mitglieder (Genossen) können durch Ein- und Austritt ständig wechseln. Sie wollen durch gemeinschaftlichen Geschäftsbetrieb den Erwerb oder die Wirtschaft ihrer Mitglieder fördern; nach Gewinn wird nicht gestrebt.

Genossenschaften sind Selbsthilfeorganisationen. Rechtsgrundlagen sind das *Genossenschaftsgesetz (GenG)* sowie einige Normen des *Handelsgesetzbuches*. Die eG ist juristische Person und **Formkaufmann, nicht aber Handelsgesellschaft**.

Gründung	Mindestens drei Personen, die ein Statut/Satzung (Gesellschaftsvertrag) aufsetzen, Wahl der Organe, Eintragung in das Genossenschaftsregister
Arten	Einkaufsgenossenschaften, Absatzgenossenschaften, Kreditgenossenschaften, Baugenossenschaften, Nutzungsgenossenschaften, landwirtschaftliche Betriebsgenossenschaften
Beteiligung	Geschäftsguthaben des einzelnen Genossen, d.h. seine geleistete Einzahlung auf den Geschäftsanteil, die mindestens 10 % betragen muss
Haftung	Bei einer Genossenschaft mit beschränkter Haftung (eG) haftet jeder Genosse mindestens mit der Höhe seines Geschäftsanteils oder mit dem im Statut festgelegten Betrag; bei unbeschränkter Haftung sind Nachschüsse in unbeschränkter Höhe zu leisten; allerdings besteht keine persönliche Haftung gegenüber Gläubigern
Rechte der Genossen	Alle Genossen sind gleichberechtigt, das Mitgliedschaftsrecht ist nicht vererblich und nicht veräußerlich • Gewinnbeteiligung • Stimmrecht in der Generalversammlung • Beratung der satzungsgemäßen geschäftlichen Einrichtungen
Organe	• Ein Vorstand aus mindestens zwei Personen führt die Geschäfte und vertritt die Genossenschaft. Er wird von der Generalversammlung gewählt, die die Wahl jederzeit widerrufen kann • Aufsichtsrat: besteht aus mindestens drei Mitgliedern, er ist von der Generalversammlung zu wählen und überwacht die Geschäfte • Generalversammlung: das oberste und beschließende Organ der Genossenschaft; die Abstimmung erfolgt nach Köpfen

Supranationale Gesellschaftsformen der EU

Die Vorteile des Binnenmarktes sollen dadurch besser genutzt werden, dass europäische Gesellschaftsformen in Form supranationaler Rechtsformen gegründet werden. Dafür wurden geschaffen:
▶ die **Europäische Genossenschaft** (Societas Cooperativa Europaea) mit grenzüberschreitendem Bezug,
▶ die **Europäische Wirtschaftliche Interessenvertretung** – für kleine und mittlere Betriebe bis 500 Arbeitnehmern,
▶ die **Europäische Aktiengesellschaft** (Societas Europaea – SE) – für große Gesellschaften und Holdings.

Die europäischen Gesellschaftsformen sollen neben der Harmonisierung der nationalen Gesellschaftsformen das wirtschaftliche Zusammenwachsen Europas sowie die Unternehmenskooperation fördern.

Gemäß *EWIVG* finden die Vorschriften über die OHG ergänzend Anwendung.

Marginalien (linke Spalte):
Haftungsbeschränkte Unternehmergesellschaft (UG)

„UG haftungsbeschränkt"

GenG / HGB

Beispiel

eG

§ 1 GenG

Supranationale Gesellschaftsformen der EU: European supranational corporate structures

SCE

EWIV: European Economic Interest Grouping (EEIG)

Europa-AG

§ 1 EWIVG

Die wichtigsten Kriterien der o.g. Kapitalgesellschaften in der Gegenüberstellung:

Unternehmensform		AG	GmbH	eG	UG
Mindestpersonenzahl		1 oder mehrere	1 oder mehrere	7	1 oder mehrere
Gründung	Form	notarielle Beurkundung	notarielle Beurkundung	Aufstellung einer Satzung und Unterzeichnung	notarielle Beurkundung
	Beginn der Gesellschaft	mit Eintragung	mit Eintragung	mit Eintragung	mit Abschluss notariellen Gesellschaftsvertrages
Firma		Personen-, Sach-, Misch- oder Fantasiefirma mit Zusatz AG	Personen-, Sach-, Misch- oder Fantasiefirma mit Zusatz GmbH	Personen-, Sach-, Misch- oder Fantasiefirma mit Zusatz eG	siehe GmbH, mit Zusatz UG
Anmeld. zum HR		Abt. B	Abt. B	Genossenschaftsregister	Abt. B
Kapitalbeteiligung		Aktien: Grundkapital 50 000,00 €	Geschäftsanteil 100,00 € Stammkapital 25 000,00 € bzw. 10 000,00 € Geschäftsanteil keine Mindestangabe	Geschäftsguthaben aller Genossen	Geschäftsanteile
Haftung		Aktienbetrag	Geschäftsanteil	Haftsumme	Gesellschaftsvermögen
Gewinnbeteiligung		Dividende	nach Geschäftsanteil	nach Geschäftsguthaben	$\frac{1}{4}$ des Gewinns im Wirtschaftsjahr zurückzulegen
Verlustbeteiligung		keine: nur bei Insolvenz oder Kapitalherabsetzung	beschränkte oder unbeschränkte Nachschusspflicht	Abzug vom Geschäftsguthaben	
Leitung	Geschäftsführung	Vorstand	Geschäftsführer	Vorstand (Genossen)	Gesellschafter/GF
	Vertretung	Vorstand	Geschäftsführer	Vorstand (Genossen)	Gesellschafter/GF
überwachendes Organ		AR	AR bei mehr als 500 Arbeitnehmern	AR	siehe GmbH
beschließendes Organ		HV	Gesellschafterversammlung	Generalversammlung	Gesellschafterversammlung
Kündigung		nein, aber Verkauf der Aktien	Verkauf des Anteils	3 Monate zum Schluss des Geschäftsjahres	Verkauf des Anteils
Auflösung		Ablauf, Beschluss, Insolvenz	Ablauf, Beschluss, Insolvenz	Ablauf, Beschluss, Insolvenz	Ablauf, Beschluss, Umwandlung in GmbH, bei 25.000 € Stammkapital
gesetzliche Regelung		AktG, HGB	GmbH-Gesetz, HGB,	GenG	siehe GmbH

Praxis

M 5

Erkundigen Sie sich in Ihrem Ausbildungsbetrieb, warum die bestehende Unternehmensform für das Unternehmen gewählt wurde und keine andere. Präsentieren Sie die Ergebnisse Ihrer Erkundigung in der Klasse.

9.1.2 Unternehmenszusammenschlüsse

Situation

Entwicklung der Markenhotellerie in Deutschland von 1990 bis 2012

Quelle: DEHOGA

Unternehmenszusammenschluss: merger/consolidation of companies/amalgamation of companies

Kap.
9.1.1

Kooperation:
cooperation

Konzentration:
concentration

Der Wettbewerbsdruck auf den Märkten führt immer häufiger zu Unternehmenszusammenschlüssen in Form von Interessengemeinschaften (= **Kooperationen**) oder vertraglich geregelten Bindungen (= **Konzentrationen**).

In Deutschland sind weit über 30 Hotelkooperationen regional, bundesweit und auch international tätig; ständig bilden sich neue, andere lösen sich auf, geben auf oder werden insolvent. Ein Hotelier passt natürlich nicht in jede Kooperation, so haben beispielsweise Rema Hotels Stadtlage, Harzhotels liegen eben im Harz und nicht für jeden kommt ein Wellness-Hotel infrage. Dementsprechend hat sich der Hotelier nach gewissen Kriterien zu entscheiden, ob er einer bestimmten Marke angehören will oder nicht.

Dazu zählen:
▶ Ausstattung mit dem Image einer Marke,
▶ effektive Vermarktung und Gewährleistung der Buchbarkeit,
▶ Erfahrungsaustausch mit Partnern,
▶ Betriebsvergleiche,
▶ Vorteil beim Einkauf,
▶ Qualität und
▶ Preis-Leistungs-Verhältnis.

Entscheidend ist, dass die Kosten der gewählten Hotelkooperation gut zu verkraften sind und sich durch die Leistungen der Kooperation voraussichtlich höhere Gewinne erzielen lassen.

Die Gründe für Unternehmenszusammenschlüsse sind meist betriebswirtschaftlich begründet (z. B. Rentabilitätssteigerung) oder marktwirtschaftlicher Art (z. B. Vergrößerung des Marktanteils).

Kartell:
cartel/pool

Interessengemeinschaft:
community of interests/
syndicate

Konzern:
concern/group

Trust:
trust

Wesen des Zusammenschlusses	Art des Unternehmenszusammenschlusses			
	Kartell	Interessengemeinschaft	Konzern	Trust
wirtschaftliche Selbstständigkeit der beteiligten Unternehmen	wenig eingeschränkt	unterschiedlich stark eingeschränkt	aufgegeben. Die Konzernmutter übt einen bestimmten Einfluss auf die Konzerntöchter aus.	aufgegeben
rechtliche Selbstständigkeit der beteiligten Unternehmen	bleibt erhalten. Es bestehen nur vertragliche Abmachungen.	bleibt erhalten. Es bestehen vertragliche und kapitalmäßige Bindungen.	bleibt erhalten. Die Konzerntöchter treten unter eigener Firma auf.	aufgegeben = Fusion/Trustunternehmen treten unter gemeinsamer Firma auf.
Richtung der Verflechtung	horizontal	horizontal	meist vertikal, oft auch horizontal oder diagonal	horizontal und vertikal
Marktstellung/ Gefahren	Marktbeherrschung angestrebt, Verhinderung gesunden Wettbewerbs	verstärkter Markteinfluss bis zur Vernichtung von Mitbewerbern	verstärkter Markteinfluss angestrebt, Aufblähung der Verwaltung und Hemmung der Beweglichkeit	Marktbeherrschung angestrebt, Verhinderung gesunden Wettbewerbs

Immer dann, wenn sich Unternehmen mit dem Ziel des verstärkten Markteinflusses bzw. der Marktbeherrschung zusammenschließen, wird sehr leicht der gesunde Wettbewerb beeinträchtigt bzw. verhindert (z. B. Preiskartelle verboten).

Eine weitere Erscheinungsform der Unternehmenskonzentration ist, wenn zwei oder mehrere Unternehmen ihre rechtliche und wirtschaftliche Selbstständigkeit aufgeben und zu einer neuen rechtlichen Einheit verschmelzen oder fusionieren. Ähnlich der Konzernbildung ist das Ziel einer **Fusion** eine neue Machtstellung am Markt zu erringen und zu sichern, die Kapitalbasis zu erweitern und das Know-how effektiv zu nutzen.

Demgegenüber bleibt bei einer **Holdinggesellschaft** die rechtliche Selbstständigkeit der Unternehmen erhalten. Die finanzielle Seite der wirtschaftlichen Selbständigkeit geht jedoch vollständig verloren, die unternehmenspolitische größtenteils. Die Holdinggesellschaft stellt die Dachgesellschaft ohne eigene Rechtspersönlichkeit dar, die keine Güter produziert oder vertreibt, sondern die Beteiligungen an Tochtergesellschaften hält, verwaltet und kontrolliert. Die Holding bietet im Rahmen der weltweiten Globalisierung der Märkte ein geeignetes Führungsinstrumentarium.

Holding

Der Gesetzgeber versucht, mithilfe des *Gesetzes gegen Wettbewerbsbeschränkungen* die Gefahr wirtschaftlichen Machtmissbrauchs als Folge der Konzentrationserscheinungen am Markt zu kontrollieren. Das heißt jedoch nicht, dass damit alle Unternehmenszusammenschlüsse als nachteilig für die Volkswirtschaft anzusehen sind. Vielmehr sind die gemeinsame Nutzung und Förderung des technischen Fortschritts, der Einsatz spezialisierter Fachleute, die verbesserte Finanzierung oder bessere Verkaufsmöglichkeiten durch größere Vertriebsorganisationen usw. auf jeden Fall als Vorteile der Unternehmenszusammenschlüsse anzusehen.

GWB

Aufgaben

1. a) Charakterisieren Sie eine Einzelunternehmung.
   b) Stellen Sie deren Vor- und Nachteile gegenüber.
2. Während der HV der Interhotel AG kommt es zu Unwillenserklärungen der Aktionäre. Man möchte den Vorstand aufgrund seiner schlechten Geschäftsführung ablösen. Ist die Abberufung möglich?
3. Welche Vor- bzw. Nachteile hat die GmbH im Vergleich zur AG?
4. Mehrere Kapitalgeber beabsichtigen ein Hotel zu gründen. Man ist sich darüber einig, dass es sich um eine Personengesellschaft handeln soll, die Haftung auf die Einlage zu beschränken ist und die Geschäftsführung allen Gesellschaftern zusteht. Mit welcher Unternehmensform lassen sich diese Vorstellungen realisieren?
5. Sabrina, Isabel und Friedemann haben zusammen ihre Ausbildung als Hotelfachleute absolviert und wollen sich anschließend selbstständig machen. So übernehmen sie das aus Altersgründen zu verpachtende Restaurant „Harzer Stuben" jeweils zu gleichen Teilen. Bei der Suche nach der geeigneten Gesellschaftsform kommen sie auf die GbR. Dabei diskutieren die drei künftigen Gesellschafter die folgenden Fragen:
   a) Kann die GbR z. B. gegenüber den Lieferanten als Gesellschaft auftreten?
   b) Hat der einzelne Gesellschafter für die Schulden seiner Mitgesellschafter allein aufzukommen?
   c) Sollte es einmal zu einer Zahlungsunfähigkeit kommen, so ist zu fragen, ob die GbR insolvenzfähig ist oder nur jeder Gesellschafter für sich?
6. Was ist bei einer Genossenschaft
   − der Geschäftsanteil,
   − die Mindesteinlage,
   − das Geschäftsguthaben,
   − die Haftsumme?
7. Aus welchem Grund werden immer wieder Genossenschaften gegründet?
8. Herr Leps ist Eigentümer eines GmbH-Anteils in Höhe von 10 300,00 €. Aufgrund von Meinungsverschiedenheiten mit den anderen Gesellschaftern möchte er seinen GmbH-Anteil durch seine Hausbank veräußern. Ist das möglich?
9. Vergleichen Sie Personen- und Kapitalgesellschaften.
10. Wie unterscheiden sich Inhaberaktien von Namensaktien?
11. Nach Einführung des *Stückaktiengesetzes* hat sich endgültig eine Abkehr vom Denken in Aktien-Nennwerten vollzogen. Was sagt der Nennwert
    a) über den Wert der Aktie aus und
    b) über die Rendite?
12. Die Entscheidung für eine bestimmte Unternehmensform ist von der besonderen Situation des jeweiligen Unternehmers abhängig. Nennen Sie Entscheidungsgesichtspunkte, die die Wahl einer bestimmten Rechtsform rechtfertigen.
13. Bei der Hotel Weise KG steht dem Kommanditisten kein Recht auf Geschäftsführung oder Vertretung zu. Begründen Sie diese Regelung.
14. Die Hotel KG (Aufgabe 13) soll in eine GmbH & Co. KG umgewandelt werden. Welche Gründe könnten dafür sprechen?
15. Raimund Leps will das ihm gehörende Kurhotel nicht länger allein bewirtschaften, sondern einen Gesellschafter aufnehmen. Welche Gründe sprechen für eine Gesellschaftsbildung?
16. Was spricht für Unternehmenszusammenschlüsse?
17. Nennen Sie verbotene Kartelle.
18. Was versteht man unter
    a) Kartellen,
    b) Konzernen,
    c) Trusts?
19. a) Was ist unter Zusammenschlüssen auf vertikaler Ebene zu verstehen?
    b) Wozu dienen diese?
20. Erläutern Sie den Begriff „Fusion".
21. Führen Sie Gründe an, die Unternehmenszusammenschlüsse auslösen.
22. Erarbeiten Sie die wichtigsten Ziele von Unternehmenszusammenschlüssen.
23. Die Holiday Hotel-Holding-AG ist das herrschende Unternehmen (Dachverband) eines Hotelkonzerns. Welche wesentlichen Aufgaben hat sie zu erfüllen?
24. Was verstehen Sie unter „wirtschaftlicher Macht"?
25. Listen Sie die Hotelkooperationen mit deren Anzahl im In- und Ausland sowie deren Websites auf.
26. Die betriebswirtschaftlichen Vorteile einer Marke sind ein wichtiges Argument im Wettbewerb. Finden Sie den Durchdringungsgrad der Markenhotellerie in den Top 5 Hotelmärkten Deutschlands heraus und bestimmen Sie den Trend.
27. Internetrecherche: Was hat ein Partnerschaftsvertrag inhaltlich aufzunehmen?
28. Internetrecherche: Finden Sie ein Musterprotokoll zur Gründung einer UG.

9.2 Hotel- und Gaststättenbetrieb

Situation

Die oft gestellte Frage: „Wie geht es dem Gastgewerbe in Deutschland?" kann anhand der veröffentlichten pauschalen Werte nicht sachgerecht beantwortet werden. Wenn 250 000 gastgewerbliche Unternehmen ca. 60 Milliarden € Umsatz bei ca. 1 000 000 Beschäftigten produziert haben, so sagt dies recht wenig über die Gesamtsituation der Branche. Der Umsatzrückgang im Gastgewerbe ist nur bedingt aussagekräftig. Berücksichtigt werden muss in diesem Zusammenhang eine Fluktuation, die zwischen 25 und 30 % im Durchschnitt und in den großen Städten noch höher liegt.

Ein genaueres Bild ergibt sich erst bei der Betrachtung einer Spartenkonjunktur oder besser auch der Unternehmenskonjunktur. Hotel ist nicht gleich Hotel und ebenso liegt die Sache in der Gastronomie. Mit dem Aufspüren von Marktnischen, dem richtigem „Point of Sale" und vor allem hervorragendem Marketing kann man im Gastgewerbe Erfolg haben.

(Auszug aus dem DEHOGA-Jahrbuch)

Gewerbe: business/trade

Das *Bundes-Gaststättengesetz* definiert den **Begriff des Gastgewerbes**.
Dem *Gaststättengesetz* liegt der Gewerbebegriff der *Gewerbeordnung* zugrunde. Unter dem Begriff des **Gewerbes** (i. S. d. *Gewerbeordnung*) ist jede erlaubte, auf Gewinnerzielung gerichtete und auf Dauer angelegte, selbstständige Tätigkeit zu verstehen, die nicht Urproduktion, freier Beruf oder Verwaltung (eigenen Vermögens) ist. Kern des Gewerbebegriffes ist dabei die Gewinnerzielungsabsicht, worunter jeder wirtschaftliche Vorteil, der zu einem Überschuss über die eigenen Aufwendungen führt, zu verstehen ist.

GewO

§ 1 GastG

Schankwirtschaft: pub/tavern

Speisenwirtschaft: restaurant

Beherbergungsbetrieb: accommodation facility

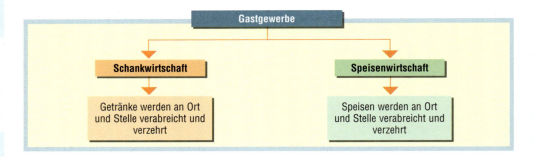

§ 2 GastG

Kap. 6.1

Beherbergungsbetriebe fallen nicht mehr unter den Begriff „Gaststättengewerbe" i. S. d. GastG. Wer ein Gastgewerbe betreiben will, muss nach dem *Bundes-Gaststättengesetz* eine Konzession bei der zuständigen Behörde beantragen. Eine derartige (meist personengebundene) Erlaubnis ist jedoch nicht bei allen Betrieben erforderlich. Zudem ist nach einigen neuen *Landes-Gaststättengesetzen* die Erlaubnispflicht landesbezogen abgeschafft worden.

Existenzgründung: business start-up

9.2.1 Existenzgründung

Situation

Jörg Remlein ist gelernter Hotelfachmann. Durch ständige nebenberufliche Weiterbildung und Ablegen der Ausbildereignungsprüfung konnte er zum Geschäftsführer eines Restaurants aufsteigen. Da er fleißig sparte (26 000,00 €) und zusätzlich 52 000,00 € geerbt hat, möchte er sich selbstständig machen. Zusätzlich nimmt Remlein noch einen Kredit auf, um genügend Ware kaufen, das Restaurant pachten und zwei Restaurantfachleute anstellen zu können.

Ob Neugründung, Franchising oder Unternehmensnachfolge: Die Möglichkeiten, sich selbstständig zu machen, sind vielfältig. Auf jeden Fall ist eine Existenzgründung detailliert vorzubereiten, denn nur so können Jungunternehmer ihre Chance nutzen, Risiken beurteilen und minimieren. Orientierung, Start- und Aufbauhilfen geben die meisten IHKs. Vor allem Infos über Berufszugangsvoraussetzungen, Hilfen bei der Definition der Geschäftsidee, dem schriftlichen Unternehmenskonzept und der betriebswirtschaftlichen Planung sind wichtig.

Im Betrieb findet die technische Vereinigung der Produktionsfaktoren mit dem Ziel einer möglichst hohen Wirtschaftlichkeit statt.

Danach ist das **Unternehmen** insofern **vom Betrieb zu unterscheiden**, als es für den Betrieb das finanzielle Fundament, die rechtliche Verfassung und die mit dem Markt verbundene Seite des Betriebes darstellt.

Bei kleineren Unternehmen werden sich Betrieb und Unternehmen decken; bei größeren befinden sich die Produktionsstätten jedoch an verschiedenen Orten, sodass die Unternehmung (Oberbegriff) sich aus einem oder mehreren Betrieben (Teilbegriff) zusammensetzt.

Im Englischen wird kein Unterschied zwischen Unternehmen und Betrieb gemacht.

Unternehmen:
firm/company/
enterprise

Betrieb:
firm/company/business

Situation

Das Unternehmen Holiday Inn besteht aus verschiedenen Hotelbetrieben an unterschiedlichen Orten. Das von Remlein gepachtete Restaurant ist ein Betrieb bzw. ein Unternehmen.

Wer einen Gewerbebetrieb gründen will, muss sich über die angestrebten Ziele des geplanten Unternehmens eine genaue Planung machen und er muss die bei der Eröffnung und Führung eines Gaststättenbetriebes anstehenden Rechtsfragen und wirtschaftlichen Probleme kennen.

Beispiel

Martin Jansen ist Inhaber einer Brennerei und stellt verschiedene Spirituosen her. Er hat sich eine Ausweitung seines Umsatzes bei gleichzeitiger Erhöhung des Gewinns zum Ziel gesetzt. Um dies zu erreichen, will er zusätzlich eine Gaststätte eröffnen, da die selbst hergestellten Spirituosen in der Gaststätte besonders günstig abgesetzt werden könnten.

In diesem Beispiel ist Martin Jansen der Gründer des Unternehmens, das er unter eigener Initiative und Verantwortung leitet. Das persönliche Risiko (Wagnis, Gefahr) und das Kapitalrisiko werden von ihm übernommen. Als Unternehmer werden auch **leitende Angestellte** bezeichnet, die mit unternehmerischen Funktionen, z. B. Geschäftsführer, betraut sind **(= Manager oder Auftragsunternehmer)**; dies ist insbesondere bei Hotelketten üblich.

B

Kap.
2.4.1

Kap.
3.3

Aufgaben des Unternehmers:

▶ Wirtschaftliche und technische Ziele der Unternehmung bestimmen
▶ Geschäftspolitik festlegen
▶ Einzelne Bereichspläne durchsetzen und kontrollieren
▶ Bedarf an Produktionsfaktoren feststellen
▶ Im Unternehmen arbeitende Menschen einstellen, leiten und betreuen

Unternehmer:
entrepreneur/business-
man

Zwar herrscht in der Bundesrepublik Deutschland Gewerbefreiheit, d. h., jeder unbescholtene Bundesbürger kann ein Unternehmen gründen. Zum Schutze der Allgemeinheit sind allerdings für bestimmte Gewerbezweige gewisse Auflagen zu erfüllen. Wer ein Gaststättengewerbe betreiben will, bedarf einer besonderen Erlaubnis.

Wenn auch eine bestimmte Vorbildung für das Führen eines gastgewerblichen Betriebes rechtlich nicht verlangt wird, so sind zur Erfüllung unternehmerischer Aufgaben neben den fachlichen Kenntnissen gute Allgemeinbildung, besondere organisatorische Fähigkeiten, Verantwortungsbewusstsein und Menschenkenntnis notwendig.

§ 2 GastG

Kap.
6.1

Ein Unternehmen kann langfristig nur bestehen, wenn es seine Leistungen gewinnbringend verkaufen kann. Dafür ist es notwendig, das Unternehmen durch Festlegung von Zielen in allen Arbeitsbereichen (z.B. Umweltschutz, Umweltverträglichkeit, Umweltfreundlichkeit in der Küche) zu führen, die Ziele mit den Mitarbeitern zu vereinbaren und in festgelegten Abständen zu überprüfen.

Kostendeckungs-
prinzip

Abweichend davon gibt es Unternehmungen, bei denen die Gewinnerzielung hinter das Erreichen gemeinwirtschaftlicher Ziele zurücktreten muss. Um nicht allein auf die Mittel der öffentlichen Hand (z.B. Steuergelder) angewiesen zu sein, kalkulieren die **gemeinnützigen Unternehmen** ihre Preise oft so, dass sie dadurch die anfallenden Kosten decken können (Kostendeckungsprinzip), z.B. zählen hierzu Betriebskantinen und Jugendherbergen.

Jeder angehende Gastronom hat im Zusammenhang mit der Existenzgründung bzw. Eröffnung des geplanten Geschäftslokals verschiedene Entscheidungen zu fällen:

1. Betriebsarten im Gastgewerbe

Gastgewerbe:
hotel and restaurant
industry

Der angehende Unternehmer muss unterscheiden, ob er eine **Schankwirtschaft** oder eine **Speisenwirtschaft** eröffnen will. Natürlich sind für die einzelnen gastgewerblichen Betriebe unterschiedliche Kapitalien erforderlich, sodass er seine finanziellen Möglichkeiten berücksichtigen muss. Es ist auch zu überlegen, welches Personal für die Bewirtschaftung des Betriebes benötigt wird und auf welchem Niveau das Haus geführt werden soll.

Standort:
location

2. Standort

Beispiel ⚠

> Die Geschäftsführung einer großen Hotelkette beschließt, ein weiteres Hotel zu eröffnen. Ziel ist es, die Beherbergungskapazität in einem Ballungsraum zu erweitern.

Bereits lange vor Eröffnung eines Unternehmens gilt es, die verschiedenen **Argumente für und wider einen bestimmten Standort abzuwägen**, denn eine Standortentscheidung lässt sich kaum berichtigen – und wenn, nur mit außerordentlich hohen Kosten –, sodass der richtige Standort für die wirtschaftliche Entwicklung eines jeden Betriebes bzw. Unternehmens ausschlaggebend ist.

In unserem Beispiel wäre zu überlegen, ob das Hotel im Zentrum des Ballungsgebietes oder am Rande der Stadt gebaut wird.

Standortfaktoren:
locational factors

Standortfaktoren	
Kostenvorteile	**Ertragsvorteile**
• Natürliche Gegebenheiten (z.B. Nähe zum Meer oder Gebirge) • Vorhandensein von Arbeitskräften zu günstigen Bedingungen • Günstiger Betriebsraum (z.B. niedrige Grundstückspreise und Gewerbesteuer) • Verkehrsgünstige Lage (Nähe zu Hbf, Flughafen usw.) • Gute Infrastruktur (z.B. Vorhandensein von Straßen, Wasser und Strom)	• Räumliche Nähe zum Absatzmarkt, zum Gast • Hohe Kaufkraft im Einzugsgebiet • Fehlende oder schwache Konkurrenz • Verkehrsgünstige Lage (z.B. Nähe zur Autobahn)

Während in der Stadt im Allgemeinen ein höheres Preisniveau herrscht und aufgrund der guten Erreichbarkeit die Chance einer hohen Auslastung der Bettenkapazität besteht, sind als Nachteil die höheren Mietkosten bzw. Grundstückspreise entgegenzuhalten. Für ein Hotel sind darüber hinaus weitere Aspekte zu beachten:

Sind genügend Parkmöglichkeiten gegeben? Ist das Hotel gut durch öffentliche Verkehrsmittel zu erreichen? Befindet es sich in der Nähe einer Kongresshalle, von Sehenswürdigkeiten, Erholungsgebieten usw.?

Jeder Betrieb versucht, seinen Standort dort zu wählen, wo ihm der Nutzen am größten erscheint. Letzterer ergibt sich aus den sogenannten Ertrags- und Kostenvorteilen, die man auch als Standortfaktoren bezeichnet.

3. Finanzierungsart
Um sich das benötigte Kapital für die Finanzierung des Unternehmens zu beschaffen, sollte man die Möglichkeiten abwägen. So ergeben sich verschiedene Finanzierungsarten, je nachdem, ob es sich um einen Hotelneubau, den Kauf einer Gaststätte bzw. eines Gasthofs oder die Übernahme eines Pachtobjektes handelt.
Auf jeden Fall sollte der Unternehmer in Verhandlungen mit seinen künftigen Lieferanten (z. B. Brauerei und Getränkegroßhändler) eintreten. Die eingeräumten Kredite werden sich nach den Sicherheiten richten, die der Gastwirt/Hotelier bieten kann.

4. Unternehmensform
Die Entscheidung für eine bestimmte Unternehmensform hängt grundlegend von Art und Umfang der Aufgabenstellung des Unternehmens ab. Wenn der neu zu gründende Gaststättenbetrieb vom Unternehmer allein betrieben werden soll, so haben wir es mit einer **Einzelunternehmung** zu tun.
Diese Unternehmensform ist besonders häufig bei kleinen und mittleren Betrieben zu finden. Sollen jedoch Verwandte oder weitere Personen beteiligt werden bzw. ist eine Kapitalvermehrung notwendig, dann ist ein **Gesellschaftsunternehmen** zu gründen.

Wer einen gastgewerblichen Betrieb eröffnen will, muss zuvor folgende **Voraussetzungen** erfüllen:
▶ Der Unternehmer muss rechts- und geschäftsfähig sein.
▶ Der Unternehmer muss u. U. eine Erlaubnis zum Betreiben eines Gaststättengewerbes vorweisen.
▶ Der Gewerbebetrieb ist beim Gewerbeamt bzw. dem Steueramt anzumelden.
▶ Bei der für den Bezirk zuständigen Industrie- und Handelskammer ist ein Antrag auf Mitgliedschaft zu stellen.
▶ Eine Anmeldung des Unternehmens bei den Trägern der Sozialversicherung ist notwendig, und zwar
  ▷ bei der Krankenkasse und damit gleichzeitig bei der Renten-, Pflege- und Arbeitslosenversicherung;
  ▷ bei der Berufsgenossenschaft als Träger der Unfallversicherung.
▶ Handelt es sich bei dem gastgewerblichen Betrieb um einen größeren Betrieb, so sind folgende zwei Voraussetzungen zusätzlich zu erfüllen:
  ▷ Das Unternehmen muss beim zuständigen Amtsgericht (Registergericht) in das Handelsregister eingetragen sein.
  ▷ Das Inventarverzeichnis sowie die Eröffnungsbilanz sind beim zuständigen Finanzamt einzureichen.

Kap. 5.1   **Kap. 6.1**

Kaufmann i. S. d. § 1 HGB

5. Businessplan
Ob in der Gründungsphase eines gastgewerblichen Unternehmens, bei Neuausrichtungen (z. B. Szenegastronomie, Wellness oder Catering), bei Kooperationen oder Expansionen – immer steht am Anfang die Geschäftsidee, die im Businessplan schriftlich formuliert wird. Erst die Ausarbeitung eines Businessplans schließt den kreativen Prozess ab.

Geschäftsplan: Businessplan

Der Businessplan ist ein Arbeitspapier, das die Ziele/Strategien, die grundsätzlichen Voraussetzungen, Vorhaben und Maßnahmen innerhalb eines bestimmten Zeitrahmens aufführt.

BUSINESSPLAN: Aufgaben	
unternehmensintern	**unternehmensextern**
hilft bei:	hilft bei:
▶ Strategie- und Planungskonzept	▶ Beantragung von Finanzmitteln, Krediterweiterungen, Kapitalerhöhungen usw.
▶ Positionierung der Geschäftskozepte	▶ Suche nach Investitionsmitteln (z. B. für das Marketing oder die Neuproduktentwicklung)
▶ Umweltanalyse	
▶ Weiterentwicklung des Unternehmens	▶ der Vermittlung des ersten Eindrucks vom Unternehmen
▶ zentraler Führung	
▶ Soll-Ist-Vergleich	

Businesspläne bestehen aus einem Textteil (= Bewertung der Geschäftsidee) und einem Zahlenteil (= Finanzierungsaussagen). Sie erhöhen die Transparenz einer Unternehmensentscheidung, z. B. beim Beschaffen von Fremdkapital, und sind daher auch für bereits am Markt tätige gastgewerbliche Unternehmen von Interesse; auch verlangen immer mehr Kapitalgeber bzw. Investoren einen Geschäftsplan.

In der Praxis haben sich folgende **Gliederungspunkte eines Businessplans** herausgebildet:

1. Summary = Zusammenfassung der wichtigsten Punkte des Geschäftsvorhabens
2. Leistungsbezeichnung = Leistungs-/Produktidee beschreiben
3. Markt/Mitbewerber = Analyse der Wettbewerbssituation
4. Management = Vorstellen der Leitungs- und/oder Gründungscrew mit Qualifikationen
5. Mitarbeiter = Teammitglieder werden vorgestellt
6. Zielgruppe = Gästestruktur
7. Marketing = Darstellen der Marketing-, Werbe- und Vertriebsstrategie
8. Rechtsform/Organisation = Erläutern der Betriebsart/Unternehmensform/Aufbauorganisation/Gesellschafterbeteiligung
9. Chancen/Risikobewertung = Aufzeigen von evtl. Problemen und deren Lösungen, z. B. Forderungsausfälle, Auftreten von Nachahmern
10. Finanzierung = Finanzplanung inkl. G+V-Rechnung, Liquiditätsplan, Investitionsplan, Rentabilitätsplan, Umsatzvorschau

Für die angesprochene Hotelgründung sollte der Businessplan ca. 10 Seiten umfassen.

Im Businessplan ist insbesondere wegen der Personalplanung die Entscheidung für **Outsourcing** bestimmter Aufgaben eines Hotels zu berücksichtigen. Im Gastgewerbe und in Betrieben mit Gemeinschaftsverpflegung vergeben viele Unternehmen bestimmte Funktionen an Serviceunternehmen. Dazu gehören u. a. Teile des Housekeepings, des Stewardings (Spülküche), der Essensausgabe, der Grünflächenanlage, der Buchhaltung, usw. Dadurch soll eine Kostensenkung erreicht werden.

Eine allgemeingültige Lösung gibt es nicht, so dass jeder Betriebsinhaber zu entscheiden hat, ob er Arbeiten an externe Firmen vergibt.

9.2.2 Staatliche Förderpolitik im Bereich Tourismus

Situation

MFG

> *Mittelstandsförderungsgesetz des Landes Baden-Württemberg*
> **§ 24**
> **Mittelstandsbericht, Evaluation**
> (1) Die Landesregierung berichtet dem Landtag in regelmäßigen Zeitabständen über die Entwicklung der mittelständischen Wirtschaft. Der Bericht soll sich auch auf die getroffenen Fördermaßnahmen und deren Auswirkungen (Erfolgskontrolle) erstrecken sowie Vorschläge für weitere Fördermaßnahmen enthalten.

Die **staatliche Förderpolitik** im Bereich des Tourismus stellt auf Bundes- und Landesebene eine Gewerbeförderung im Rahmen der **Mittelstandspolitik** dar. Es ist das Ziel und der Inhalt derartiger Förderungen, die Leistungs- und Wettbewerbsfähigkeit kleiner und mittlerer Unternehmen des Hotel- und Gaststättengewerbes zu steigern.

Die Bedeutung des Tourismus für unsere Volkswirtschaft ist allen Politikern bekannt, sodass es gilt, die Leistungskraft besonders kleiner und mittlerer Unternehmen zu unterstützen.

**Unternehmens-
beratung als
Förderung**

**Unternehmens-
beratung: management
consultancy**

Unternehmensberatungen werden für etablierte Betriebe und Existenzgründer bezuschusst. Zum festen **Bestandteil der Mittelstandspolitik** zählt auch die Existenzgründungsförderung; besonders die Verbände des Hotel- und Gaststättengewerbes sowie die Industrie- und Handelskammern geben Jungunternehmern Informationen und führen individuelle Beratungen durch. Außerdem gewährt das Bundesministerium für Wirtschaft Zuschüsse zu branchenspezifischen Seminaren für Unternehmer und Führungskräfte.

Zuschüsse und Kredite des Bundes und der Länder sowie Bürgschaften sollen den Start in die eigene Existenz unterstützen.
Diese Fördermaßnahmen sollen Wettbewerbsnachteile kleinerer und mittlerer Unternehmen bzw. sich in Gründung befindlicher Betriebe ausgleichen.

Zuschuss:
subsidy

Kredit:
credit/loan

Darlehen der Länder sollen die Vorhaben gewerblicher Tourismusunternehmen unterstützen. So sehen z. B. in einigen Bundesländern die regionalen Förderprogramme Mittel für Investitionen zur Modernisierung und Rationalisierung bestehender Tourismusbetriebe, den Aus- und Umbau von Speisegaststätten, die Erweiterung und Neueinrichtung von Beherbergungskapazitäten vor.

Es gibt eine fast unüberschaubare Anzahl an **Förderprogrammen** für die verschiedensten betrieblichen Maßnahmen. Aufgrund der vielfältigen öffentlichen Finanzierungsmöglichkeiten kann man eine vollständige Übersicht nicht geben. Daher seien nur die wichtigsten Programme und Richtlinien mitgeteilt.

Es gibt im Wesentlichen zwei Arten von Fördermitteln:
1. Zuschüsse, die nicht zurückgezahlt werden, und
2. zinsgünstige Darlehen.

Als Existenzgründer greift man hauptsächlich nach dem **Eigenkapitalhilfe- und dem ERP-Gründerkredit.**
Das Interessante an der Eigenkapitalhilfe ist, dass sie von der Bank nicht besichert werden muss und über mehrere Jahre zins- und tilgungsfrei bleibt.

Förderprogramme
für Existenzgründer

Der ERP-Gründerkredit zeichnet sich durch eine lange Zinsbindung zu günstigen Zinssätzen aus. Eine Tilgungsbefreiung in der Startphase ist möglich. Das ist eine wichtige Entlastung für das Unternehmen in der ersten Zeit.
Die ERP-Darlehen enthalten auch Fördermöglichkeiten für bestehende Betriebe. Andere Fördermittel werden von der KfW Bankengruppe (früher: Kreditanstalt für Wiederaufbau) ausgegeben.
Die Agentur für Arbeit fördert ebenfalls den Weg aus der Arbeitslosigkeit, wenn man sich selbstständig macht. Ist man bei Geschäftsbeginn arbeitslos, kann man beim Arbeitsamt einen **Gründungszuschuss** beantragen. Nimmt man die Hilfe eines Unternehmensberaters in Anspruch, so kann man beim Bundesamt für Wirtschaft auf Antrag einen **Beratungszuschuss** erhalten.
Für das Einstellen von Mitarbeitern gibt es verschiedenste Fördermöglichkeiten, bei denen die Agentur für Arbeit in aller Regel beratend hilft. Es ist jedoch zu beachten, dass die Fördermittel in der Regel vor Beginn der Maßnahme zu beantragen sind.

ERP = European
Recovery Program

KfW

Flankierende Maßnahmen der Regierung gehen über die beschriebenen direkten Förderungshilfen hinaus und kommen dem Tourismus mittelbar zugute, z. B. die Abschaffung von langwierigen Grenzformalitäten oder die Bezuschussung von Werbe- und Verkaufsförderungsmaßnahmen der Tourismusgebiete. Dabei darf nicht vergessen werden, dass jeder Euro, der der Tourismuswirtschaft zugute kommt, letztlich auch Handel und Industrie der gesamten Region anregt.
Ein großer Teil des Einkommens aus dem Tourismusgewerbe wird wieder in Verbrauchsgüter, Investitionsgüter usw. umgesetzt, sodass dadurch ein gesamtwirtschaftlicher **Multiplikatoreffekt** ausgelöst wird.
Auskünfte über die verschiedenen Förderungsmöglichkeiten erteilen der DEHOGA, die IHK und die meisten Banken.

 Aufgaben

1. Harro Alschner beabsichtigt, einen Gasthof im Allgäu zu übernehmen.
Da er branchenfremd ist und außerdem nicht so viel Barkapital zur Verfügung hat, um die Forderungen seines Verpächters zu erfüllen, bittet er um Ratschläge. Welche Auskünfte würden Sie erteilen?

2. Warum hat der Multiplikatoreffekt für den Tourismus vor allem eine regionale Bedeutung?

3. Wodurch trägt der Bund zu einem Aufbau der mittelständischen Wirtschaft – und damit dem Hotel- und Gaststättengewerbe – bei?

**Betriebsart:
type of business**

Situation

9.2.3 Betriebsarten des Gastgewerbes

§ 3 (1) Bundes-Gaststättengesetz: „Die Erlaubnis ist für eine bestimmte Betriebsart und für bestimmte Räume zu erteilen. Die Betriebsart ist in der Erlaubnisurkunde zu bezeichnen; sie bestimmt sich in der Art und Weise der Betriebsgestaltung, insbesondere nach den Betriebszeiten und der Art der Getränke, der zubereiteten Speisen, der Beherbergung oder der Darbietungen."

§ 1 GastG

Im Gastgewerbe wird zwischen **Betriebsarten** unterschieden. Der Gesetzgeber hat die die Zulassung regelnden Vorschriften insofern unterschiedlich gefasst, als er den sachlichen Geltungsbereich der Erlaubnis auf einen bestimmten Betriebstyp, auf die Betriebsart, begrenzt. Nach *GastG* zählen zum Gastgewerbe die Schank- und Speisenwirtschaft. Diese gastgewerblichen Betriebe lassen sich nochmals unterteilen in gastgewerbliche Hauptbetriebe (Beherbergungsbetriebe, Bewirtungsbetriebe und Unterhaltungsbetriebe) sowie gastgewerbliche Nebenbetriebe (Beherbergungsbetriebe, Bewirtungsbetriebe, Einrichtungen religiöser und sozialer Vereinigungen).

Nominale Umsatzentwicklung im Gastgewerbe 2013–2016				
Betriebsart	**2013**	**2014**	**2015**	**2016**
Gastgewerbe insgesamt	+0,5 %	+2,8 %	+3,0 %	+2,8 %
Hotellerie	+0,4 %	+3,9 %	+3,3 %	+4,0 %
Gaststättengewerbe insgesamt	+0,2 %	+2,0 %	+2,2 %	+2,1 %
Caterer/Verpflegungsdienstleiter	+2,9 %	+5,6 %	+6,6 %	+2,5 %

Gastgewerbliche Hauptbetriebe

Die **Kennzeichen** von gastgewerblichen Hauptbetrieben sind:
- Gewinnerzielungsabsicht,
- Haupterwerbsquelle,
- jedermann zugänglich,
- auf gewisse Dauer angelegt.

Beherbergungsbetriebe

Beispiel

Die Vielseitigkeit der Betriebsarten im gastgewerblichen Bereich nimmt ständig zu. Um auf dem Markt zu bestehen, müssen sich Betriebe von der breiten Masse abheben – mit originellen Konzepten, individuellem, herzlichem Service oder außergewöhnlichem Design. Der Kontakt mit dem Gast gilt als Dreh- und Angelpunkt.

(Auszug aus dem DEHOGA-Jahrbuch)

**Beherbergungs-
betriebe (als Gewerbe):
accommodation/
lodging facilities**

In Deutschland gibt es ca. 44.000 Beherbergungsbetriebe, darunter ca. 11.000 Hotels.

Für die unterschiedlichen Beherbergungsbetriebe gibt es in Deutschland keine gesetzlich festgelegte Begriffsbestimmung. Der Hotel- und Gaststättenverband hat eine **Definition der Betriebsarten** in enger Anlehnung an die internationale Terminologienorm (DIN EN ISO 18513) und die deutsche touristische Informationsnorm (TIN) des deutschen Tourismusverbandes vorgenommen.

1. Hotel

Ein Hotel ist ein Beherbergungsbetrieb mit angeschlossenem Verpflegungsbetrieb für Hausgäste und Passanten. Es zeichnet sich durch einen angemessenen Standard seines Angebots und durch entsprechende Dienstleistungen aus.
Ein Hotel soll folgende **Mindestvoraussetzungen** erfüllen:
▶ Es werden 20 Gästezimmer angeboten.
▶ Ein erheblicher Teil der Gästezimmer ist mit eigenem Bad/Dusche und WC ausgestattet.
▶ Ein Hotelempfang steht zur Verfügung.
▶ Es steht ein für die Öffentlichkeit zugängliches Restaurant zur Verfügung.

2. Hotel garni

Ein Hotel garni ist ein Hotelbetrieb, der Beherbergung, Frühstück, Getränke und höchstens kleine Speisen anbietet.
Es führt kein für Passanten zugängliches Restaurant.

3. Hotelpension/Pension/Gästehaus

Eine Hotelpension/Pension ist ein Betrieb, der sich von den Hotels durch eingeschränkte Dienstleistungen unterscheidet. Mahlzeiten werden nur an Hausgäste verabreicht. Man kann nicht à la carte essen.
Die Bezeichnung „Hotelpension" ist häufiger in Städten zu finden.
Ein Fremdenheim ist ein Pensionsbetrieb einfacherer Art.

4. Gasthof

Der Gasthof ist üblicherweise ein ländlicher Gastronomiebetrieb, der Speisen und Getränke anbietet sowie ggf. auch einige Unterkünfte bereit hält.

5. Motel

Das Motel ist ein Beherbergungsbetrieb, der durch seine Bauart und seine Einrichtungen besonders auf die Bedürfnisse des Autotourismus ausgerichtet ist.

6. Aparthotel/Apartmenthotel

Aparthotels als Betriebsart erfreuen sich in den letzten Jahren immer größerer Beliebtheit. Sie sind auf den Langzeitgast ausgerichtet und bieten deshalb statt normaler Hotelzimmer kleine, mit Küchenzeilen versehene Wohnungen. Der volle Hotelservice kann aber in Anspruch genommen werden; meist beschränkt sich der Service auf die Reinigung und Pflege der Zimmer.

7. All-Suite-Hotel

Wesentlich ist bei dem All-Suite-Hotel, dass es zu jedem Schlafraum auch einen Wohnraum anbietet.
Ein All-Suite-Hotel ist von seinem Leistungsangebot ein Vollhotel, das vornehmlich in Städten anzutreffen ist. Das komplette Serviceangebot umfasst eine Gastronomie, die sich auch an Gäste wendet, die nicht übernachten.

8. Boardinghouse/Serviced Apartment

Das Angebot des Boardinghouses wendet sich in der Regel an Langzeitnutzer. Der Service schwankt von sehr geringem Angebot bis hin zu einem hotelmäßigen Service. Boardinghäuser sind eine Mischform aus möblierter Wohnung und Hotel, wobei die Preise unterhalb denen eines vergleichbaren Hotelzimmers liegen.

9. Kurhotel

Das Kurhotel ist ein in einem Heilbad oder Kurort gelegenes Hotel. Dort muss im Bedarfsfall eine medizinische Versorgung gewährleistet sein sowie eine Diät verabreicht werden können.

10. Kurheim

Das Kurheim ist ein in einem Heilbad oder Kurort gelegener Beherbergungsbetrieb, der die Merkmale der Pension bzw. des Fremdenheims ausweist.

11. Autobahnrasthaus

Autobahnrasthäuser befinden sich überwiegend im Eigentum der Tank & Rast GmbH und werden von Pächtern bewirtschaftet. Sie versorgen Gäste im Fernverkehr mit Speisen/Getränken. Für den Schwerlastverkehr werden Stellplätze geboten, um Ruhezeiten einzuhalten. Rasthäuser/Raststätten haben i.d.R. rund um die Uhr geöffnet und bieten eine Tankstelle, Waschräume/Toiletten usw.

12. Autohof

Er liegt nicht immer unmittelbar in Sichtweite zur Autobahn. An ca. 150 Autohöfen machen Reisende Pause. Sie bieten Bewirtung, Beherbergung und umfassenden Autoservice für Busse und Lkws – inzwischen auch von Pkw-Fahrern „entdeckt".

Hotelketten/Markenhotellerie

Betreibt ein Unternehmen mehrere Hotels gleicher oder ähnlicher Art national oder international, so spricht man von einer Hotelkette. Dabei können die einzelnen Hotelbetriebe unterschiedliche Unternehmensformen aufweisen. Meist werden die einzelnen Hotels der Kette zwar dezentral geführt, aber die Unternehmensphilosophie und -politik wird zentral gesteuert. Hotelketten zählen zur Markenhotellerie.

Hotel: hotel
Hotel garni: hotel garni
Pension: guesthouse/boarding house
Gasthof: guesthouse/inn/bed & breakfast
Motel: motel
Aparthotel: apartment hotel
Kurhotel: health resort
Kurheim: guest house in a spa
Autobahnrasthaus: freeway motel
Autohof: truck stop (am.)
Hotelkette: hotel chain
Kap. 9.1.1

Bewirtungsbetriebe

Beispiel

Von den ca. 221.000 gastgewerblichen Betrieben entfallen ca. 74 % auf den Gaststättenbereich mit einer Vielzahl von Betriebsarten. Hierzu zählen Speiserestaurants, Schankwirtschaften, Cafés und Imbissbetriebe, aber auch der große Bereich der Tagungs- und Kongressgastronomie sowie der Unterhaltungsgastronomie mit Bars, Diskotheken und Vergnügungsbetrieben. Zahlen für 2015 nach www.dehoga-bundesverband.de

Bewirtungsbetrieb: hospitality company

Die **Bewirtungsbetriebe** geben hauptsächlich Speisen und Getränke aller Art an die Gäste zum Verzehr an Ort und Stelle ab **(Gaststätten)**.

Alkoholfreies Restaurant: teetotal restaurant

§ 2 GastG

Vegetarisches Restaurant: vegetarian restaurant

Gartenrestaurant: open-air restaurant

Wirtshaus: inn/tavern/pub

Café/Coffee Shop: coffee bar/coffeehouse

Bahnhofsgaststätte: station restaurant

Autobahnraststätte: motorway service area (MSA)

Imbisshalle: snack bar

Trinkhalle: refreshment stand

Kiosk: kiosk

1. Restaurant

Ist die Auswahl an Speisen und Getränken gegenüber anderen Verpflegungsbetrieben erlesener, also auch den Anforderungen eines anspruchsvollen Publikums gewachsen, so wird vom **Restaurant** gesprochen, dessen Ausstattung sich nach Ort, Lage und betriebstypischen Gegebenheiten richtet. Das Personal ist überwiegend fachlich geschult (Restaurantfachleute). Restaurants haben entweder Service/Fremdbedienung oder Selbstbedienung.

Das **alkoholfreie Restaurant** nimmt ständig an Bedeutung zu, da aufgrund der Notwendigkeit, beim Autofahren usw. auf Alkohol zu verzichten, derartige Restaurationsbetriebe immer beliebter werden (weitere Attraktivität erlangen derartige Betriebe auch aufgrund des fehlenden Konzessionsbedarfs).

Das **vegetarische Restaurant** bietet vor allem pflanzliche Speisen und verschiedene Getränke an; außerdem Speisen, die auf der Grundlage von Eiern oder Käse zubereitet werden.

Eine besondere Restaurantart ist das sog. **Gartenrestaurant (z. B. Biergärten)**. Zu derartigen Restaurationsbetrieben zählen auch Bewirtungsbetriebe, die an bestimmten Ausflugszielen liegen und hauptsächlich von Touristen bzw. Ausflüglern aufgesucht werden.

2. Wirtshaus

Im Gegensatz zum Restaurant sind Ausstattung und äußere Annehmlichkeiten eines **Wirtshauses** einfacher.

3. Café/Coffee Shop

Eine weitere Betriebsart ist das **Café**, dessen Schwerpunkt in dem Angebot und der Abgabe von Gebäck bzw. der Verabreichung von Kaffee, Milch, Kakao, Tee, alkoholfreien Getränken usw. liegt. In Großstädten findet man mittlerweile fast an jeder Ecke für Menschen, die es eilig haben, einen kleinen **Coffee Shop**, wo man unterschiedlichste Kaffeezubereitungen etc. auch in Bechern mitnehmen, Muffins und ein kleines Sandwich-Angebot bekommen kann.

4. Verkehrsgastronomie

Die Deutsche Bahn AG besitzt die **Bahnhofsgaststätten** in der Bundesrepublik Deutschland, die von unterschiedlichen Pächtern bewirtschaftet werden. Bahnhofsgaststätten unterliegen in Bezug auf die Konzession und Sperrzeit jetzt den Bestimmungen des *Bundes-Gaststättengesetzes*.

Autobahnraststätten sind im Unterschied zum **Autobahnrasthaus** (Beherbergungsbetrieb) Bewirtungsbetriebe. Ansonsten gelten die gleichen Anmerkungen wie beim Autobahnrasthaus (s. Vorseite).

Autohöfe bieten verschiedene Arten von Gastronomie an, z. B. Systemgastronomie, Individualservice und Automatengaststätten (s. Vorseite).

5. Fastfood-Restaurant

Durch die Umstrukturierung der Haushalte ist ein Bedürfnis nach **Schnellgaststätten (Snackbars)** entstanden. Ohne großen Zeitaufwand stehen volle Mahlzeiten zur Verfügung, überwiegend Selfservice. Die Gäste haben das erhaltene Essen am Ende eines Rundlaufs an der Kasse zu bezahlen. An speziellen Schaltern für Autofahrer werden die Produkte an Autofahrer verkauft (**Drive-ins**).

6. Imbisshallen

Darunter versteht man kleinere Betriebe ohne oder mit wenigen Sitzgelegenheiten sowie einer Küchengröße zwischen 8 und 15 m², in denen nur küchenfertig vorbereitete Einfachspeisen abgegeben werden dürfen, sodass man zu dem typischen Imbissangebot kommt (z. B. Pommes frites, Currywurst, Hähnchen, Frikadellen, Schnitzel). Meist kommen auch Getränke zum Ausschank.

7. Trinkhallen oder Kioske

Trinkhallen und Kioske bieten keinen Schankraum, keine oder wenige Sitzgelegenheiten mit einem begrenzten Sortiment an Getränken. Sie bieten ihren Gästen die Möglichkeit, ein Getränk zu sich zu nehmen, ohne länger zu verweilen. Speisen, die der Zubereitung bedürfen, werden hier nicht gereicht.

8. Eisdielen

Spezielle Bewirtungsbetriebe sind die Eisdielen, die in der Regel im Winter geschlossen sind. Sie bieten ihren Gästen Speiseeis, Eisspezialitäten, Kaltgetränke usw. in den von ihnen bewirtschafteten Räumen zum Verzehr an; gerade Eisdielen leben auch von dem sog. Außer-Haus-Verkauf.

9. Automatengaststätten

Sie sind vollautomatisch organisiert – Speisen und Getränke können gegen Münzeinwurf an Schränken/Theken entnommen werden (vornehmlich an Autobahnen oder Bahnhöfen).

10. Computergestützte Speiselokale

Eine Kombination zwischen konventioneller Gastronomie und einer Automatengaststätte sind die computergestützten Speiselokale. Hierbei erhält der Gast am Eingang des Speiselokals eine Karte mit einer Codenummer. Auf der Speisenkarte sind die Speisen und Getränke mit Nummern versehen. Der Gast bestellt beim Restaurantfachmann die Getränke und das gewünschte Gericht durch die Angabe der entsprechenden Nummern. Dabei übergibt der Gast die Codekarte. Der Restaurantfachmann „füttert" den Computer mit der Codenummer und den Nummern der Speisen und Getränke. Ein Bon wird ausgedruckt, mit dem der Restaurantfachmann am Büfett die Speisen und Getränke abholt. Beim Verlassen der Gaststätte legt der Gast die Codekarte zur Bezahlung an der Kasse vor. Aufgrund der Codekarte wird dem Gast eine vollständige Rechnung durch den Computer ausgedruckt.

Unterhaltungsbetriebe

Diese Betriebe werden von den Gästen hauptsächlich wegen der dort gebotenen zusätzlichen Unterhaltung unterschiedlicher Art aufgesucht. Der Verzehr von Speisen und Getränken stellt im Allgemeinen für den Gast lediglich eine Abrundung der jeweiligen Unterhaltung dar.

1. Bars

Bars sind Betriebsformen, die als selbstständige Unterhaltungsbetriebe geführt werden oder einem anderen Betrieb, z. B. Hotel, angeschlossen sind.
Eine Bar weist besondere Einrichtungen auf, d. h., neben einer Bartheke mit Barhockern finden sich im Allgemeinen kleine Sitzgruppen; die Bar verfügt in der Regel über eine gehobene Ausstattung. Es werden im Wesentlichen Mixgetränke, Schaumweine bzw. Sekt auf Barkarten angeboten. Die Ausgabe von Speisen beschränkt sich in Bars auf wenige Angebote, oft in Verbindung mit begleitendem Unterhaltungsprogramm.

2. Tanzbar/Diskothek

Eine besondere Form ist die **Tanzbar**, in der eine Tanzfläche zur Verfügung steht und Livemusik oder Musik von Tonträgern angeboten wird. Im Gegensatz zu Tanzbars will das Angebot der **Diskothek** überwiegend jüngere Gäste ansprechen. Aus diesem Grund haben Diskotheken eine sehr viel größere Tanzfläche, arbeiten mit Diskjockeys, einer erheblich höheren Lautstärke sowie Laser- und Lightshows. Das Getränkeangebot ist nicht so exklusiv wie in Bars, oft in Verbindung mit begleitendem Unterhaltungsprogramm.

3. Nachtlokale

Ebenfalls zum weiten Feld der Gastronomie gehören die Nachtlokale. Diese sogenannte nächtliche Erlebnisgastronomie bietet ihren Gästen häufig Stripteasedarstellungen bis hin zu gewagten Bühnenshows. Sie haben alle ein sehr hohes Preisniveau und eine betriebsartbedingte Sperrzeitverkürzung.

4. Kabaretts/Varietés

Weiterhin gehören zur Gastronomie die Kabaretts und Varietés. Während in **Varietés** akrobatische Darbietungen aufgeführt werden (z. B. Friedrichstadtpalast Berlin, GOP Hannover), geht es in **Kabaretts** hauptsächlich um den politischen Witz (z. B. Stachelschweine, Berlin; Lach- und Schießgesellschaft, München).

Gastgewerbliche Nebenbetriebe

Beispiel

Mehr Arbeitsplätze bei Caterern, Kantinen und SB-Restaurants
Unter den einzelnen Betriebsarten, für die Ergebnisse des Statistischen Bundesamts vorliegen, ist der Arbeitskräftebestand bei Caterern und Kantinen auf 203.000 angewachsen.

(Zahl aus dem DEHOGA-Jahrbuch 2013)

Eisdiele:
ice cream parlour

Automatengaststätte:
automat (restaurant)

Unterhaltungsbetrieb:
entertainment company

Tanzbar:
dance bar

Diskothek:
discotheque

Nachtlokal:
night club

Kabarett:
cabaret

Varieté:
variety show

Unter gastgewerblichen Nebenbetrieben versteht man
▶ gastgewerbliche Nebenbetriebe eines nicht gastgewerblichen Hauptbetriebes,
▶ Betriebe, die nicht zu Erwerbszwecken dienen, sondern sozialen oder religiösen Zwecken,
▶ Betriebe, die der Öffentlichkeit nicht zur Verfügung stehen.
Nur eines der genannten drei Kriterien muss erfüllt sein.

Beherbergungsbetriebe

Ferienheim:
holiday home

Gästehaus:
guest-house

Erholungs- oder Ferienheime sowie **Gästehäuser** sind meistens großen Industriefirmen angegliedert. In ihnen können die Arbeitnehmer der jeweiligen Firma kostenlos oder aber zumindest bezuschusst Urlaub oder Erholungsaufenthalt allein bzw. mit Familien verbringen. Erholungs- und Ferienheime grenzen sich von Gästehäusern in erster Linie dadurch ab, dass die **Gästehäuser** besonders dafür gedacht sind, Geschäftsfreunde von leitenden Angestellten bei mehrtägigen Verhandlungen unterzubringen. Sehr häufig werden derartige Gästehäuser nicht von den Industriebetrieben selbst bewirtschaftet, sondern sind Gaststättengesellschaften oder Brauereien zur Bewirtschaftung übertragen.
Eine Mittelstellung zwischen Hotels und Krankenhäusern nehmen **Sanatorien** ein. Sie beherbergen Gäste/Patienten, die Krankheiten behandeln lassen wollen. Sanatorien stehen unter ärztlicher Leitung und die Patienten erhalten eine ihrer Genesung förderliche Kost (Diät, Rohkost usw.).
Zu den Beherbergungsbetrieben im Sinne gastgewerblicher Nebenbetriebe zählt vor allem die gesamte **Parahotellerie**, die besondere Angebots- und Nachfragestrukturen aufweist.

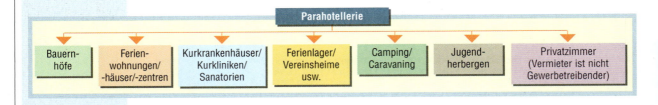

Ferienzentrum:
holiday centre

Eine Verbindung zwischen der klassischen Hotellerie und der Parahotellerie stellen die **Ferienzentren** dar, weil in diesen meistens beide Arten der Beherbergungsindustrie zu finden sind, also z. B. das Aparthotel und ein Campingplatz. Feriendörfer, Ferienparks u. Ä. verfügen über größere Angebotskomplexe mit komplettem Freizeitangebot in Gemeinschaftseinrichtungen.

Campingtourismus:
camping tourism

Sehr beliebt in Deutschland ist der **Campingtourismus**. Letzterer bedeutet Freizeitwohnen in beweglichen Unterkünften und Wohngelegenheiten überwiegend auf Campingplätzen. Bezogen auf den Standort und Aufenthalt differenziert man in
▶ Feriencamping in landschaftlich schöner Lage für ein bis drei Wochen,
▶ Tourismuscamping an verkehrsgünstigen Standorten zwischen ein und drei Tagen sowie
▶ Wochenendcamping in Naherholungsgebieten für regelmäßig zwei Tage.

Jugendherberge:
youth hostel

Eine besondere Zielgruppe von Touristen wird durch **Jugendherbergen** angesprochen.
Bei diesen steht nicht der Erwerbszweck im Vordergrund, sondern derartige Beherbergungsstätten sind meistens kostengünstiger als Hotels und bewirten nur die Hausgäste mit überwiegend einfachen Speisen und Getränken zu bestimmten Zeiten. Hier werden u. a. häufig Programme/Aktivitäten für zwanglose pädagogische oder der Erholung dienenden Zwecke angeboten. Jugendherbergen eignen sich als Jugendbildungsstätten, Schullandheime, kulturelle Begegnungsstätten usw. Träger der Jugendherbergen ist das deutsche Jugendherbergswerk.

Ferienwohnung:
holiday flat/vacation
apartment

Ferienwohnungen/-häuser sind abgeschlossene Unterkünfte, die überwiegend dem Familienurlaub dienen, und zwar auf der Basis der Selbstverpflegung. Diese haben einen eigenen Eingangs- und Sanitärbereich.

Bauernhöfe

sind landwirtschaftliche Erwerbsbetriebe – z. B. Grünland-, Viehzucht- und Winzerbetriebe. Sie verfügen im Voll- oder Nebenerwerb über Zimmer oder Ferienwohnungen und nehmen vorübergehend Gäste auf.

Bewirtungsbetriebe

Zu denken ist dabei an Nebenbetriebe, welche die Kundschaft mit relativ preisgünstigen Mahlzeiten und Getränken versorgen. Hier wären insbesondere die Erfrischungsräume bzw. **Cafeterias von Warenhäusern/Kaufhäusern** zu nennen. Sie fallen unter den Begriff gastgewerblicher Nebenbetrieb eines nicht gastgewerblichen Hauptbetriebes.

DB Services ermöglicht Reisenden, während der Bahnfahrt Speisen und Getränke zu sich zu nehmen. Dieser Dienstleister hat auch Fahrzeug- und Flughafendienste.

Ähnlich verhält es sich mit den **Schiffswirtschaften** der Schifffahrtsunternehmen, die ihren Passagieren Speisen und Getränke während der Fahrt anbieten.

Ebenso gibt es immer mehr Crossover zwischen artfremden Geschäften wie zum Beispiel zwischen Blumen- und Buchläden oder Fahrradläden, die auch ein Café sind.

In **Strauß-, Besen-** oder **Kranzwirtschaften** können Winzer ihre Erzeugnisse zeitlich befristet zum Verzehr an Ort und Stelle abgeben, ohne eine Konzession zu benötigen. Sie müssen allerdings am Ort des Weinbaubetriebes ausgeschenkt werden. Zusätzlich haben sie alkoholfreie Getränke anzubieten. Im Zusammenhang mit der Abgabe von Getränken dürfen auch zubereitete Speisen abgegeben werden.

Das Haus, in dem der Ausschank erfolgt, ist durch das Aushängen eines Straußes, Besens oder Kranzes zu kennzeichnen.

Selbstverständlich ist eine Schließung durch die Gewerbeaufsicht bzw. die Polizei jederzeit möglich, wenn derartige Straußwirtschaften gegen gesetzliche Gebote verstoßen.

Die meisten Großbetriebe in der Bundesrepublik Deutschland haben eigene **Kantinen**, in denen die Mitarbeiter preisgünstig (betriebliche Zuschüsse) beköstigt werden. Dabei ist in den letzten Jahren der Trend zu beobachten, dass die Betriebsversorgung ständig zunimmt. Aufgrund der durch den Betrieb gewährten Zuschüsse dürfen Betriebsfremde die Kantine nur aufsuchen, wenn sie von Betriebsangehörigen dazu eingeladen werden.

Ähnlich wie die Betriebskantinen sind in Behörden oder militärischen Anlagen die sog. **Kasinos** zu finden (z. B. Ärztekasino in Krankenhäusern, Offizierskasino) sowie an Universitäten die **Mensen**. Weiter gibt es Sport-, Büro- und Schulkantinen.

Die **betriebliche Gemeinschaftsverpflegung** ist heute keine reine Sozialleistung mehr, sondern ein gut funktionierender Dienstleistungsbetrieb. Diese Verpflegung wird immer mehr als Indikator (= Merkmal/Anzeichen) für die Wertschätzung der Mitarbeiter durch das Unternehmen gewertet. Neben der herkömmlichen Betriebsgastronomie in den Großbetrieben (ca. 8 Mio. Personen/Tag), in den Behörden der öffentlichen Hand, in Heimen und Kasernen (ca. 10 Mio. Personen/Tag) gewinnen die Dienstleistungen aus dem Catering ständig an Bedeutung. Immer mehr kleinere und mittlere Unternehmen nehmen die Angebote von Versorgungsdienstleistungsunternehmen oder Caterern in Anspruch.

Das Gesamtmarktvolumen im Rahmen der Gemeinschaftsverpflegung liegt jährlich bei ca. 15 Milliarden €.

Einrichtungen religiöser und sozialer Vereinigungen

Zu diesen Betrieben zählen Betriebsarten, bei denen nicht der Erwerbszweck im Vordergrund steht: **Jugendherbergen** und **Heime**, Vereins- und Obdachlosenheime, Kinderheime und Gesellenhäuser. Derartige Betriebe sind in erster Linie kostengünstige Beherbergungsstätten für einen bestimmten Personenkreis.

Bauernhöfe:
farms 🇬🇧

Cafeteria:
cafeteria 🇬🇧

Schiffswirtschaft:
ship's restaurant 🇬🇧

§ 14 GastG

Kasino:
mess 🇬🇧

Mensa:
refectory

Betriebliche Gemeinschaftsverpflegung:
staff feeding

Kap. 9.3

9.3 Systemgastronomie und Catering

Der Gegenbegriff zur „Individualgastronomie" ist „Systemgastronomie"

Die größten Unternehmen/Systeme der Gastronomie in Deutschland			Umsatz (o. MwSt.) Mio. €	Umsatz (o. MwSt.) Mio. €
Rg.	Vj.	Unternehmen	**2016**	2015
1	1	McDonald's Deutschland Inc., München	3.135,0*	3.080,0*
2	2	Burger King Deutschland GmbH, Hannover	900,0*	865,0*
3	3	LSG Lufthansa Service Holding AG, Neu-Isenburg[3]	802,0	824,0
4	4	Autobahn Tank & Rast GmbH, Bonn[4]	622,0*	621,0*
5	5	Nordsee GmbH, Bremerhaven	292,6	297,9
6	6	Yum! Brands Restaurants Int. Ltd. & Co. KG, Düsseldorf	284,5	267,8
7	7	Subway GmbH, Köln	230,0*	215,0*
8	9	Ikea Deutschland GmbH & Co. KG, Hofheim-Wallau	221,0	204,0
9	10	Edeka Zentrale AG & Co. KG, Hamburg	212,0	198,0
10	8	Aral AG (BP Europa SE), Bochum	209,9	212,1

* Schätzwert (Quelle: food-service)

Bei der Systemgastronomie handelt es sich um eine Spezialdisziplin innerhalb des Gastgewerbes, die ständig an Bedeutung gewinnt, vor allem die typischen Selbstbedienungsgaststätten in filialisierter Form.

Die Ansatzpunkte für Systemgastronomie bauen auf Problemfeldern der Individualgastronomie auf; dazu zählen:
▶ Ausbildung und Eingangsvoraussetzungen minimal (IHK-Unterweisung),
▶ Konzept liegt häufig allein im Individuum des Wirts,
▶ zu hohe Investitionen,
▶ fehlende strategische Planung,
▶ dünne Kapitaldecke,
▶ häufiger Betreiberwechsel.

Letztlich ist Systemgastronomie Gastronomie unter anderen organisatorischen Bedingungen. Sie hat sich mit den gleichen betriebswirtschaftlichen Faktoren auseinanderzusetzen wie jeder einzelne Gastronomiebetrieb: hoher Personaleinsatz, hoher Wareneinsatz, große Investitionen in das Gebäude, die Einrichtung und Ausstattung, große Abhängigkeit von Gästefrequenzen, Standort und Imagefaktoren.

Systemgastronomie betreibt,
▶ wer entgeltlich Getränke und/oder Speisen abgibt, die an Ort und Stelle verzehrt werden können, und
▶ über ein schmales, standardisiertes und multipliziertes (= mindestens drei Betriebsstätten) Konzept (Produktprogramm) verfügt, welches zentral gesteuert wird und auf den eiligen Gast zugeschnitten ist.

Da die Systemgastronomie vor allem den im Massengeschäft eintretenden Rationalisierungseffekt nutzen will, sucht diese Betriebsart ihren Standort vornehmlich in Citylage mit viel Laufkundschaft oder versorgt Reisende mit Speisen und Getränken (LSG, Tank & Rast usw.).

Über die gemeinsamen Bedingungen der Branche zeichnet sich Systemgastronomie besonders aus durch:

Systemgastronomie =

Gastronomie   +   Standardisierung **❶**
             +   Multiplikation (≥ 3 Betriebe) **❷**
             +   zentrale Steuerung **❸**

Innenansicht aus der Systemgastronomie: Filiale eines bekannten deutschen Unternehmens

❶ Dazu gehört, dass viele Abläufe im Betrieb durchdacht und in ihren Einzelbestandteilen
in Handbüchern niedergelegt sind. Dies ist dann eine Handlungsanweisung für die Mitarbeiter.

❷ Von Systemgastronomie wird erst gesprochen, wenn sich mindestens drei Betriebe erfolgreich am Markt durchgesetzt haben. Erst dann sind die Weichen für die Vorteile eines
einheitlichen Konzeptes an unterschiedlichen Orten gestellt.

❸ Drittes zentrales Kriterium für die Systemgastronomie ist, dass die Betriebe von einer
Stelle aus zentral gesteuert werden.
Es genügt nicht, mehrere unterschiedliche Betriebe in einer Eigentümerhand zu vereinen,
sie aber in der Geschäftsführung ganz unterschiedlich zu belassen. Kennzeichen von
Systemgastronomie ist das Bemühen um kontinuierliche Leistung gegenüber dem Gast,
d.h. um geplant und koordiniert laufende Anpassung und Weiterentwicklung. Dies bezeichnet man als zentrale Steuerung.

Aus der Situation wird ersichtlich, dass die Systemgastronomie verschiedene **Teilbranchen**
umfasst:

Beipiel

Serviceform		Sortimentsgestaltung		
Fastfood-System-gastronomie, z. B.	**Fullservice-System-gastronomie, z. B.**	**Produktorientierte Systemgastronomie**	**Speisen- und Getränke-sortiment-System-gastronomie**	**Getränkeorientierte Systemgastronomie**
▶ McDonald's ▶ Burger King ▶ Nordsee ▶ Shell: Café-Backshops ▶ Subway	▶ Mövenpick ▶ Marché ▶ Maredo ▶ KÄFER ▶ Block House	▶ Steaks (z.B. Maredo) ▶ Pizzas (z.B. Pizza Hut) ▶ Fisch (z.B. Nordsee)	▶ Mövenpick-Hotelrestaurant ▶ Käfer-Gastronomie ▶ T&R-Rastmärkte ▶ Dinea	▶ G&T & Lollipop, Discofun ▶ Mitchells & Butlers mit Alex, Alex Brasserie usw. ▶ Starbucks Coffee

Besondere Standorte			
Handelsgastronomie, z. B.	**Verkehrsgastronomie, z. B.**	**Messegastronomie, z. B.**	**Freizeiteinrichtungen, z. B.**
▶ Kaufland-Gaststätten ▶ Metro (Dinea, Axx usw.) ▶ Ikea-Gastronomie ▶ Globus	▶ LSG Lufthansa-Service ▶ Tank & Rast ▶ Stockheim ▶ Shell ▶ DB Services	▶ Stockheim Messegastro-nomie ▶ Hannover Messegastro-nomie ▶ Capital Catering Messe-gastronomie	▶ Europa-Park Rust ▶ Cinemaxx ▶ FC-Schalke 04 Event-Stadiongastronomie ▶ Stockheim

Wie die Praxis zeigt, gibt es neben der **Systemgastronomie** auch immer mehr **Systemhotellerie**. So platzieren sich viele Unternehmen mit maßgeschneiderten Konzeptionen für klar umrissene Gästegruppen am Markt, die über ein bestimmtes – auch eingeschränktes – Serviceangebot verfügen, z. B. Sleep Inns, Formule 1.

Inzwischen haben sich Unternehmen der Systemgastronomie zu einer Fachabteilung im Rahmen des DEHOGA-Bundesverbandes zusammengeschlossen, um dadurch ihre Ziele besser durchführen zu können. Auch ist u. a. ein eigenes Berufsbild für die Systemgastronomie **(Fachmann/-frau für Systemgastronomie)** in Kraft, wonach ausgebildet wird. Darüber hinaus gibt es für Fachkräfte im Gastgewerbe die spezielle Systemgastronomieausbildung.

Immer mehr Gastwirte und Hoteliers widmen sich intensiv einem vom Grundsatz lukrativen Geschäftszweig, dem **Catering**. Letzteres kann das Ausliefern der vorproduzierten Speisen und/oder Getränke einschließlich des Service umfassen. Beim Catering handelt es sich – wie bei der Systemgastronomie – um eine logisch systematisierte gastronomische Leistung.

Besonders in Krisenzeiten wird die Küche des jeweiligen Gastronomiebetriebes besser ausgelastet, was zur Sicherung der Existenz beiträgt. Großveranstaltungen, Familienereignisse oder Unternehmensfeiern sind ein nicht zu unterschätzender Umsatzfaktor. So ordern Firmen oftmals nicht nur Speisen und Getränke, sondern auch das Servicepersonal und/oder einen Mietkoch. Dabei sind es immer häufiger ausgefallene Orte, an die sich die Auftraggeber z. B. das Büffet bringen lassen, um ein bestimmtes Event zu feiern.

„Catering" ins Deutsche übersetzt heißt so viel wie **„Fernverpflegung"** oder **„Fremdverpflegung"** und umfasst im gastgewerblichen Bereich vornehmlich das Bereitstellen von Speisen und Getränken an dem vom Auftraggeber gewünschten Ort.

Die umsatzstärksten **Caterer** verzeichneten in den letzten Jahren ein Umsatzplus. Der Markt wächst am stärksten im Bereich Seniorenheim/Krankenhäuser (= „Care-Markt").

Die größten Contract Cateringunternehmen in Deutschland 2016

	Vj.	Unternehmen	Tätigkeitsfelder	Umsatz in Mio. € ohne MwSt. 2016	2015	Zahl der Verträge gesamt	Zahl der neuen Verträge	Mitarbeiter inkl. Teilzeit	Entwicklung im Vergleich zu 2015 in %
1	(1)	Compass Group Deutschland GmbH, Eschborn [2]	Betriebsrestaurants	484,8 [1]	480,0 [1]	689 [1]	29 [1]		
			Kliniken/Krankenhäuser	44,8 [1]	45,0 [1]	71 [1]	0 [1]		
			Seniorenheime	4,1 [1]	4,0 [1]	23 [1]	0 [1]		
			Schulen/Mensen/Kita	6,0 [1]	5,5 [1]	41 [1]	1 [1]		
			sonstige Märkte	126,3 [1]	126,5 [1]	13 [1]	k.A. [1]		
				666,0	661,0	837 [1]	30 [1]	15.000	0,8
2	(2)	Aramark Holdings GmbH & Co. KG, Neu-Isenburg [2]	Betriebsrestaurants	367,0 [1]	355,0 [1]	562 [1]	15 [1]		
			Kliniken/Krankenhäuser	24,0 [1]	21,0 [1]	36 [1]	5 [1]		
			Seniorenheime	8,0 [1]	8,0 [1]	19 [1]	2 [1]		
			Schulen/Mensen/Kita	3,0 [1]	2,5 [1]	18 [1]	1 [1]		
			sonstige Märkte	80,0 [1]	85,0 [1]	19 [1]	0 [1]		
				482,0 [1]	471,5 [1]	654 [1]	23 [1]	9.400	2,2
3	(3)	Sodexo Services GmbH, Rüsselsheim [2+3]	Betriebsrestaurants	160,8	159,7	192 [1]	5		
			Kliniken/Krankenhäuser	46,7	43,9	30 [1]	1		
			Seniorenheime	8,1	9,8	28 [1]	0		
			Schulen/Mensen/Kita	71,6	67,4	103 [1]	1		
			sonstige Märkte	16,8	18,8	6 [1]	0		
				304,0	299,6	359 [1]	7	4.731	1,5
4	(4)	Klüh Catering GmbH, Düsseldorf [4]	Betriebsrestaurants	50,5	44,8	88	6		
			Kliniken/Krankenhäuser	148,0	147,9	77	1		
			Seniorenheime	26,6	25,9	38	1		
			Schulen/Mensen/Kita	0,3	0,3	2	0		
			sonstige Märkte	11,9	3,6	14	0		
				237,3	222,5	219	8	4.980	6,7
5	(5)	apetito catering B.V. & Co. KG, Rheine [5]	Betriebsrestaurants	94,2	87,2	213	17		
			Kliniken/Krankenhäuser	18,6	17,9	55	1		
			Seniorenheime	92,2	80,5	168	6		
			Schulen/Mensen/Kita	21,1	20,4	184	19		
				226,1	206,0	620	43	4.725	9,8
6	(6)	Dussmann Service Deutschland GmbH, Berlin	Betriebsrestaurants	82,5 [1]	80,5 [1]	150 [1]	4 [1]		
			Kliniken/Krankenhäuser	32,0 [1]	32,0 [1]	30 [1]	1 [1]		
			Seniorenheime	61,0 [1]	60,0 [1]	137 [1]	2 [1]		
			Schulen/Mensen/Kita	8,0 [1]	8,0 [1]	140 [1]	3 [1]		
				183,5 [1]	180,5 [1]	457 [1]	10 [1]	5.200 [1]	1,7
7	(7)	SV (Deutschland) GmbH, Langenfeld	Betriebsrestaurants	71,7	69,0	126	7		
			Kliniken/Krankenhäuser	62,0 [1]	60,0 [1]	63 [1]	2		
			Seniorenheime	33,8 [1]	33,0 [1]	82 [1]	0		
			Schulen/Mensen/Kita	1,3	0,0	4	2		
			sonstige Märkte	8,0 [6]	15,5	1	0		
				176,8	177,5	276 [1]	11	3.000	-0,4
8	(8)	Wisag Catering Holding GmbH & Co. KG, Frankfurt am Main	Betriebsrestaurants	31,5 [1]	29,8	73 [1]	5 [1]		
			Kliniken/Krankenhäuser	55,7 [1]	53,0 [1]	53 [1]	5 [1]		
			Seniorenheime	15,7 [1]	15,0 [1]	31 [1]	3 [1]		
				102,9 [1]	97,8	157 [1]	13 [1]	1.580 [1]	5,2
9	(9)	Apleona Ahr Healthcare & Services GmbH, Oberhausen	Betriebsrestaurants	38,7	33,3	47 [1]	7 [1]		
			Kliniken/Krankenhäuser	30,0	24,5	32 [1]	5 [1]		
			Seniorenheime	2,2	2,1	5 [1]	0 [1]		
			sonstige Märkte	25,3	30,3	0 [1]	0 [1]		
				96,2	90,2	84 [1]	12 [1]	1.250 [1]	6,7
10	(11)	Primus Service GmbH, Bonn [7]	Betriebsrestaurants	12,3	12,9	48	4		
			Kliniken/Krankenhäuser	19,6	19,7	43	7		
			Seniorenheime	17,7	13,4	114	35		
			Schulen/Mensen/Kita	0,6	0,4	8	2		
			sonstige Märkte	31,0	7,9	68	30		
				81,2	54,3	281	78	1.041	49,5
		Zwischensumme Top 10		2.556,0	2.460,9	3.944	235	50.907	3,9

Quelle: gv-praxis 5/2017

Caterer verfügen zumeist über einen kaufmännisch organisierten Geschäftsbetrieb mit den Abteilungen Marketing, Produktion, Distribution usw., denn die Leistungspalette ist oftmals sehr weit gefächert und reicht von der Anlieferung vorproduzierter Speisen bis zum Betreiben eines Gastronomiebetriebes, z. B. auf einem Volksfest.

Caterer kann man nach den anzusprechenden Zielgruppen unterscheiden:
▶ Kleinhaushaltscatering, z. B. Partyservice
▶ Großhaushaltscatering, z. B. Versorgung von Pflegeheimen
▶ Alternativhaushaltscatering, z. B. Versorgung von Krankenhäusern, Verkehrsbetrieben
▶ Systemgastronomie, z. B. Belieferung von Messerestaurants, Freizeitzentren.

Alle Catering-Unternehmen streben an, ihren Gewinn über die mit der Kostendegression einhergehende Massenproduktion zu erzielen.

CATERING: Aufgaben	
Versorgungsleistungen	**Verpflegungsleistungen**
durch Betreiben von Dienstleistungsbetrieben in	durch Betreiben von Produktionsbetrieben für
▶ Betriebskantinen ▶ Kasinos ▶ Krankenhäusern ▶ Pflegeheimen ▶ Internaten usw.	▶ Fluggesellschaften ▶ Filmstudios ▶ Baustellen ▶ Formel 1 ▶ Schifffahrtslinien ▶ Zugrestaurants ▶ Partyservice ▶ Essen auf Rädern ▶ Großveranstaltungen usw.

Die Versorgung von Kantinen, Schulen und Mensen gehört einerseits zum Catering, andererseits kann diese auch als **Gemeinschaftsverpflegung** bezeichnet werden.

Gemeinschafts-verpflegung:
communal feeding

Eine besondere Form des Catering ist das Non-Food- bzw. **Equipment-Catering**. Dabei werden Ausstattungsgegenstände, die z. B. bei Events benötigt werden, vermietet. Zwar verfügen die meisten Caterer im gastgewerblichen Bereich über eigene/s Küchen, Küchengeräte, Gläser, Geschirr, Besteck usw., jedoch bieten nicht alle auch Tische, Stühle, Dekomaterialien, Tischwäsche, Elektroanlagen oder gar Kühlfahrzeuge an. Über Letzteres verfügen meist nur größere Caterer, ansonsten werden diese gemietet.

Nicht zu unterschätzen ist der „Zusatznutzen", der von einem qualifizierten Catering ausgeht. Durch bereits „gecaterte" Events ergibt sich hervorragende Mundpropaganda, was nicht nur neue Aufträge ins Haus bringt, sondern ein erfolgreiches Marketinginstrument für den Caterer – also z. B. den Hotelier/Gastwirt – abgibt. Schließlich werden Gäste, die mit einem Restaurant zufrieden sind, bei Bedarf weitere Cateringleistungen in Anspruch nehmen.

Da die Dienstleistungen sehr vielseitig sind, werden die Einzelheiten in einem Cateringvertrag zwischen Auftraggeber und Caterer festgehalten.

Checkliste für Cateringvertrag
Wichtige Punkte, die in einem Cateringvertrag geregelt sein sollten:

● Art und Umfang der Lieferung ● Evtl. Erstellung einer Speisen- oder Menükarte ● Evtl. Schwankungen der Lieferungsmenge nach Maßgabe des täglichen Bedarfs ● Qualität der Lieferung ● Verpackung der Lieferung ● Regelung der Kosten für den An- und Abtransport	● Anlieferungstermin und Anlieferungsort ● Regelung für den Fall von Lieferschwierigkeiten ● Regelung für Beanstandungen ● Rechnungslegung, Zahlungsart und Zahlungsfrist ● Kündigungsmöglichkeiten ● Schlussbestimmungen wie Gerichtsstand, Änderungsmöglichkeiten des Vertrages und Inkrafttreten

---

Fachabteilung
Catering

Die national wie international tätigen deutschen Caterer bündeln die Kräfte in ihrer Interessenvertretung: Die **Fachabteilung Catering im DEHOGA-Bundesverband** nimmt als Nachfolgerin des Verbandes der Internationalen Caterer in Deutschland seit 2012 die Interessen der deutschen Cateringbranche wahr und vertritt diese gegenüber der Öffentlichkeit und der Politik.

Besonders wichtige Themen sind aus Sicht der Mitglieder der Fachabteilung die Erreichung steuerlicher Gleichbehandlung in der Gastronomie, die neue Gebührenordnung der GEMA sowie die Erhöhung der Attraktivität der Arbeitgeber, nicht nur durch eine faire Vergütung.

1. Nennen Sie die charakteristischen Begriffsmerkmale eines Wirtschaftsbetriebes.
2. Wodurch ist ein Unternehmen gekennzeichnet?
3. Welche persönlichen Voraussetzungen sollte der Unternehmer erfüllen?
4. Welche Risiken geht der Betrieb in der Festlegung des Standortes ein?
5. Welche Bedeutung hat der Standort für die Leistungsfähigkeit eines Unternehmens?
6. Welchen Rat würden Sie einem jungen Gastronomen geben, wenn er sein bestehendes Unternehmen erweitern möchte, jedoch nicht über genügend Eigenkapital verfügt?
7. Nennen Sie fünf rechtliche Voraussetzungen, die für die Gründung eines Unternehmens erfüllt sein müssen.
8. Unterscheiden Sie den Begriff des Restaurants und der Gaststätte.
9. Die nachstehenden gastgewerblichen Betriebsarten sind in ein Schema einzuordnen:
   a) Gasthöfe
   b) Motels
   c) Caféhäuser
   d) Kabaretts
   e) Kurheime
   f) vegetarische Restaurants
   g) Erholungsheime
   h) Kasinos
   i) Jugendherbergen
10. Erläutern Sie kurz, was unter vegetarischen Restaurants zu verstehen ist.
11. Was verstehen Sie unter einer Automatengaststätte, und wo sind derartige Betriebe zu finden?
12. Erklären Sie den Begriff Hotel garni.
13. Herr Schneid betritt das Restaurant „Messer und Gabel". Er erkennt sofort, dass es sich hier um einen logisch systematisierten gastronomischen Bewirtungsbetrieb handelt. Woran kann der Gast dieses so schnell erkennen?
14. Ein Gastronom besitzt vier voneinander unabhängige Betriebe, die sich jeweils durch einen hohen Grad an Standardisierung auszeichnen. Erfüllt er bereits alle Kriterien, um als Systemgastronom bezeichnet zu werden? Falls nein, welches Kriterium ist nicht erfüllt?
15. Welche Vorteile bietet ein systematisiertes Einrichtungs- und Ausstattungskonzept für neue Standorte?
16. Welche Auswirkungen hat die Bündelung von mehreren Betrieben unter einem Dach auf die Personalplanung?
17. In welche Segmente lässt sich die Systemgastronomie in Deutschland einteilen?
18. Welche Gründe bedingen ein Zusammenrücken von System- und Individualgastronomie?
19. Arbeiten sie mit der Tabelle „Die größten Cateringunternehmen in Deutschland 2016":

a) Um wieviel % stieg bei den 10 umsatzstärksten Caterern in Deutschland das Gesamtgeschäft im Vergleich zu 2015?
b) Welchen Anteil an dieser Steigerung hatten die Top 5?
c) Wie hoch war das Gesatmvolumen der Top 10 Caterer im Jahr 2016?

20. Stellen Sie mithilfe von Fachliteratur und/oder dem Internet in einer Übersicht die Vor- und Nachteile des Outsourcing für einen gastgewerblichen Betrieb gegenüber.
21. Patrick Partyka hat die Geschäftsidee, nach dem Abschluss seiner Ausbildung in Berlin einen Eventgastromie-Betrieb zu eröffnen. Dabei sind nachstehende Fragen zu beantworten:
   - Lässt sich jederzeit eine Geschäftsidee im Gastgewerbe umsetzen?
   - Über welche Qualifikationen sollte Patrick verfügen, um Erfolg in der Branche zu haben?
   - Welche Gäste sind anzusprechen?
   - Verfügt diese Zielgruppe über genügend Geld?
   - Wie spricht Patrick die potenziellen Gäste am besten an?
   - Hat er einen Wettbewerbsvorteil gegenüber den Mitbewerbern?
   - Wo sollte der Betrieb angesiedelt werden und wie groß sollte er sein?
   - Welche Rechtsform ist am geeignetsten?
   - Wieviel Kapital benötigt Patrick?
   - Wo kann er Kapital beschaffen und zu welchen Konditionen?

   Fertigen Sie nun einen fallbezogenen Geschäftsplan an, indem Sie dabei die in der Praxis übliche Unterteilung verwenden.
22. Herr Schoer hat ein rentabel arbeitendes Catering-Unternehmen, und zwar einen Cocktailservice. Neben den grundlegenden Rohstoffen für die Getränke will er künftig auch den Non-Food-Bereich anbieten. Was sollte er nach Ihrer Meinung alles vorhalten?
23. Für ein von Ihnen auszurichtendes Event benötigen Sie Location, Gastronomie, Personal sowie auftretende Künstler. Finden Sie mithilfe des Internets heraus, was unter die genannten Begriffe alles fallen kann bzw. an wen Sie sich wenden können.
24. Sie wollen als Jungunternehmer einen Franchisebetrieb übernehmen.
   a) An wen würden Sie sich hinsichtlich der möglichst kostenneutralen Beantwortung der vielen offenen Fragen wenden?
   b) Welche Inhalte sollte eine Grundberatung zur Selbstständigkeit umfassen?
25. Entwerfen Sie die Gliederung für einen Businessplan, wenn die Geschäftsidee die Eröffnung eines Restaurants mit Hausmannskost ist.

Betriebsübergabe:
transfer of an
enterprise

Betriebsauflösung:
company liquidation

9.4 Betriebsübergabe und Betriebsauflösung

9.4.1 Inhaber- und Generationswechsel

Situation

Inhaberwechsel:
change in ownership

Verpachtung – Hotel, Gasthof, Café, Nähe Innsbruck, Ort mit zweifacher Saison, 100 Betten, sehr gute Auslastung, Lage Ortszentrum, Parkplatz vorhanden, Inventarablösesumme ca. 250 000,00 € (alles neuwertig), VB mtl. Pacht 5 000,00 €, Kaution 80 000,00 €, 10-Jahres-Vertrag möglich.

Verpachtung – Restaurant-Bar, Seefeld, Zentrum, komplett eingerichtet, ca. 100 Sitzplätze, mit Nachtbarkonzession. Näheres auf Anfrage – Superobjekt

Hotelbeteiligung – Abgabe, Seefeld, Zentrumslage, sehr gute Anlage (steuerlich interessant). Näheres auf Anfrage.

3-Sterne-Hotel Europa, Sportregion Salzburg, Seelage, Fußgängerzone, 85 Betten, Ia-Ausstattung, VB 5 Mio. € – zinsgünstiges Darlehen kann übernommen werden.

Commerz-Immobilien Beratungsgesellschaft mbH
A-6010 Innsbruck, Wilhelm-Greil-Str. 14/III. Stock, Dipl.-Kfm. J. Mair
Telefon (00 43 52 22) 3 75 53

Immer wieder finden wir in der Fachpresse ähnliche Anzeigen. Aus diversen Gründen verkaufen oder vererben Eigentümer ihre Hotels, Gaststätten usw.

Gründe für Verkauf und Verpachtung:
▶ Krankheit des Eigentümers
▶ Alter des Inhabers
▶ Kapitalbedarfsänderung
▶ Steuerliche Überlegungen
▶ Berufliche Neuorientierung des Unternehmers
▶ Konjunkturgründe
▶ Tod des Eigentümers usw.

Der **Abschluss eines Verkaufs- oder Pachtvertrages** bildet die Grundlage für den Übergang des Geschäftsbetriebes an einen Nachfolger. Der Verkäufer/Verpächter hat die Gaststätte den gesetzlichen Bestimmungen entsprechend zu übergeben. Das heißt, er muss den Nachfolger über die bauliche Beschaffenheit und über die von den zuständigen Behörden erteilten Auflagen (z. B. Küche, Toilette, Sicherheitsvorkehrungen) in Kenntnis setzen; macht er dies nicht, so ist Vorsicht geboten.

Öffentliche Lasten =
Grundsteuer,
Gewerbesteuer usw.

Ab dem Übergabedatum übernimmt der Käufer bzw. Pächter der Gaststätte alle privaten und öffentlichen Lasten sowie alle anderen vertraglich übernommenen Verpflichtungen. Günstig ist auch, wenn Erwerber und Vorbesitzer alle in Kenntnis zu setzenden Behörden unterrichten (z. B. Finanzamt, Amtsgericht, Gemeindeverwaltung).

Der Preis für das Kauf- oder Pachtobjekt hängt vor allem vom Gegenstand (Anzahl und Lage der Räume und Außenanlagen inkl. Inventar) ab. Wichtige Kriterien sind auch Umsätze und Gewinne der letzten Jahre, zu übernehmende Verpflichtungen (z. B. Kredite), die Gästestruktur sowie die geografische und verkehrstechnische Lage.

§ 22 HGB

Der Erwerber einer Gaststätte darf mit ausdrücklicher Zustimmung der bisherigen Geschäftsinhaber oder der Erben die bisherige **Firma** unverändert oder mit einem Nachfolgezusatz fortführen, z. B. „Sybille Kopf, Inhaber Kerstin Mayer". Bei der Verpachtung wird die **Geschäftsbezeichnung der Gaststätte** (z. B. Gasthof „Zum Wolf") mit verpachtet; allerdings kann der Pächter diese in Einverständnis mit dem Verpächter ändern.

Firma:
firm/company/business

Verkauf: sale

Der **Verkauf** ist außerdem eine Möglichkeit der Auflösung eines noch lebensfähigen Unternehmens. Da der Gesamtwert eines Unternehmens höher ist als die wertmäßige Summe der einzelnen Vermögensteile, ist die Gesamtveräußerung des Unternehmens günstiger.

Handelt es sich um eine **Firmenfortführung**, so hat der Käufer, aber auch der Erbe für die bei der Übergabe bestehenden Verbindlichkeiten des Unternehmens einzustehen; Ausnahme: Eine abweichende Vereinbarung ist im Handelsregister eingetragen und bekannt gegeben oder von dem Erwerber oder dem Veräußerer dem Gläubiger mitgeteilt worden.

§ 25 HGB

Die Gestaltung der **Unternehmensnachfolge** ist vor allem eine unternehmerische Aufgabe und sollte nie allein aus steuerlichen Gründen erfolgen. Allerdings darf eine rechtzeitige Planung auch nicht ohne Prüfung der steuerlichen Konsequenzen erfolgen. Mit fachlicher Beratung sollte eine steuerlich optimale Gestaltung der aus betriebswirtschaftlichen Gründen angestrebten Übertragung gesucht werden. Bei der Planung aus steuerlicher Sicht sind ertragssteuerliche sowie schenkungs- und erbschaftsteuerliche Aspekte zu beachten. Das Fundament jeder Nachfolgelösung ist eine gemeinsame Zielvereinbarung.

Auch ist zu prüfen, ob es zweckmäßig ist, die Rechtsform des Unternehmens zu Lebzeiten zu ändern oder bei Vorhandensein einer Gesellschaft den Gesellschaftsvertrag zweckentsprechend anzupassen. Beim **Generationswechsel** ist das Unternehmen auf jeden Fall zu analysieren, damit die Nachfolger nicht unnötigen Risiken ausgesetzt werden.
Bevor man sich an eine Betriebsübergabe macht, ist unbedingt ein möglichst genauer **Betriebsstatus** zu ermitteln. Dabei reicht es in der Regel nicht, nur die betriebswirtschaftlichen Auswertungen des Steuerberaters zur Hand zu nehmen. Der Zustand des Betriebes muss genau unter die Lupe genommen werden. Wichtige Punkte dabei sind:

Besonders bei den oberen drei Punkten sind nicht nur die aktuellen Werte von Interesse, sondern auch die Entwicklung in den vergangenen Jahren.

9.4.2   Unternehmenskrisen und Beendigung eines Unternehmens

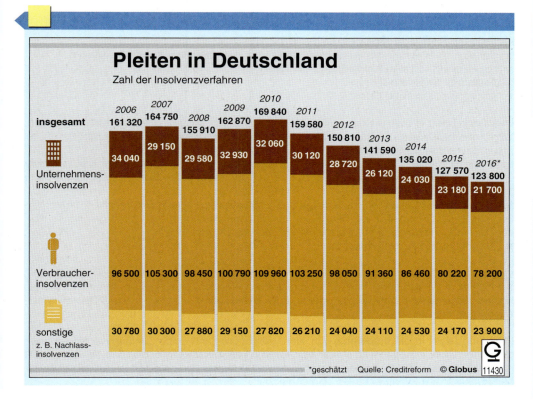

Unternehmens-nachfolge:
succession in company

§ 25 HGB

Situation

Unternehmenskrise:
enterprise's crisis

Beendigung eines Unternehmens:
cessation of an enterprise

Natürlich können in einem Unternehmen Krisen auftreten, die den geplanten Ablauf stören. Typische **Unternehmensstörungen** sind: Umsatzrückgang, der zu Gewinnrückgang und Verschuldung sowie Zahlungsschwierigkeiten führt. Die Ursachen dafür sind vielschichtig, z. B. Fehlentscheidungen, -investitionen, Qualitätsverschlechterungen, Kostensteigerungen, verschärfte Konkurrenz, rückläufige Konjunktur usw. Aus sozialen und wirtschaftlichen Gründen wird man versuchen, den Bestand des Unternehmens zu sichern.

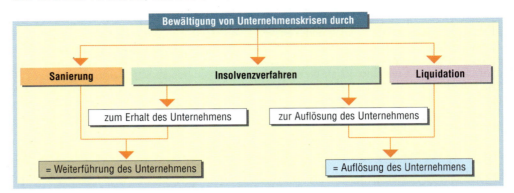

Nachstehend wird vornehmlich auf das Insolvenzverfahren eingegangen.

Sanierung

Vergleich

Jeder Unternehmer wird zunächst überlegen, wie er Krisensituationen überwinden kann. Dementsprechend werden die Eigentümer in Absprache mit den Arbeitnehmern versuchen, auf ihre Kosten das Unternehmen zu „gesunden". Reichen deren finanzielle Mittel nicht aus, so lässt sich das Unternehmen nur weiterführen, wenn auch die Gläubiger (z. B. Lieferanten) des Unternehmens auf Teile ihrer Forderungen verzichten, was zu einem Vergleich führt. Der Vergleich kann außergerichtlich (= Akkord) oder gerichtlich abgewickelt werden.

Sollten die einzelnen Maßnahmen nicht ausreichen, um die (finanziellen) Schwierigkeiten des Unternehmens zu überwinden und ein weiteres Verbleiben am Markt zu gewährleisten, so verbleibt nur das Unternehmen zu beenden/aufzulösen.

Gründe für die Beendigung des gastgewerblichen Unternehmens können sein:
- ▶ der Unternehmer/die Unternehmerin stirbt und Nachfolger sind nicht vorhanden
- ▶ die Gesellschaft wird aufgelöst – Liquidation
- ▶ finanzielle Schwierigkeiten
- ▶ sonstige persönliche Gründe.

Das Beendigen eines gastgewerblichen Unternehmens ist mit „Amtswegen" verbunden. Wenn das Hotel/die Gaststätte also nicht verkauft oder verpachtet wird, sind in der Regel folgende Schritte zu veranlassen:
- ▶ Unterrichten der Stelle, bei der das Unternehmen ursprünglich angemeldet war, und zwar darüber, dass die Gewerbeerlaubnis oder die Eintragung der Firma im Handelsregister gestrichen werden soll
- ▶ Entrichten der fälligen Sozialbeiträge und Erfüllung der steuerlichen Verpflichtungen
- ▶ Verkauf von Anlagen, Lagerbeständen und Büroausrüstung
- ▶ Begleichen etwaiger ausstehender Schulden des Unternehmens
- ▶ Abmelden von Arbeitnehmern.

Insolvenz: insolvency

Wenn finanzielle Schwierigkeiten den Grund für die Auflösung des Unternehmens bilden, sind diese nicht immer nur auf Versäumnisse des Gastronomen zurückzuführen. Ursachen können auch neue Wettbewerber, gekündigte Bankkredite, kurzfristig abwandernde Mitarbeiter usw. sein.

Insolvenzverfahren: insolvency proceedings

Dies führt leicht in die **Insolvenz**, d. h. der Gastronom kann seine Zahlungsverpflichtungen gegenüber den Gläubigern (z. B. Lieferanten, Banken, Getränkegroßhändler, Gehälter) nicht mehr erfüllen. Zu unterscheiden ist dabei zwischen akuter und drohender Zahlungsunfähigkeit (mangelnde Liquidität) sowie Überschuldung.

Das Anmelden der Insolvenz beim Amtsgericht kann ein **Insolvenzverfahren** nach sich ziehen. Es verfolgt das Ziel, entweder die Zahlungsfähigkeit wiederherzustellen oder das gastgewerbliche Unternehmen ordnungsgemäß aufzulösen; bei natürlichen Personen in Form der Restschuldbefreiung.

Nach der *Insolvenzordnung* können grundsätzlich alle Personen eine sogenannte **Restschuldbefreiung** erlangen. Hiermit soll redlichen Schuldnern, d. h. solchen, die unverschuldet in eine wirtschaftliche Notlage geraten und zahlungsunfähig geworden sind, die Möglichkeit gegeben werden, sich von ihren Schulden zu befreien und dadurch einen wirtschaftlichen Neuanfang zu machen.

InsO

Diese kann aber nur aufgrund eines gerichtlichen Verfahrens, eines Insolvenzverfahrens erlangt werden.

Im **Insolvenzverfahren** wird in der Regel zunächst das vorhandene Vermögen des Schuldners zugunsten der Gläubiger verwertet.

Es gibt zwei Arten von Insolvenzverfahren. Das normale Insolvenzverfahren ist vorgesehen für Unternehmen und für Kaufleute mit einem großen Gewerbebetrieb. Für alle anderen, d. h. für Verbraucher, Kleingewerbetreibende oder Selbstständige mit einem kleinen Betrieb, ist dieses Verfahren zu aufwendig und kompliziert. Deshalb gibt es für diesen Personenkreis ein einfacheres Verfahren, das sogenannte *Verbraucherinsolvenzverfahren*.

Unternehmerinsolvenz
§ 1 ff. InsO

Verbraucherinsolvenz
§§ 304 ff. InsO

Der **Antrag auf Eröffnung** eines Insolvenzverfahrens wird beim **Insolvenzgericht**, das ist das zuständige Amtsgericht, gestellt.

§§ 2, 3, 13 InsO

Der Antrag kann gestellt werden		
vom **Schuldner**	oder	von einem oder mehreren der **Gläubiger**: Nachweis der **Zahlungsunfähigkeit** des Schuldners, z. B. fruchtlose Pfändung, sowie bei **drohender Zahlungsunfähigkeit**

§ 14 InsO

§§ 17–19 InsO

Bei juristischen Personen ist auch die Überschuldung ein Eröffnungsgrund.

Mit dem Antrag kann das Insolvenzgericht **Sicherungsmaßnahmen** anordnen, um eine nachteilige Veränderung der Vermögenslage des Schuldners zu verhüten.

Vor der Entscheidung des Gerichts über eine Restschuldbefreiung muss deshalb in jedem Fall ein Insolvenzverfahren, entweder ein normales oder ein Verbraucherinsolvenzverfahren, durchgeführt werden.

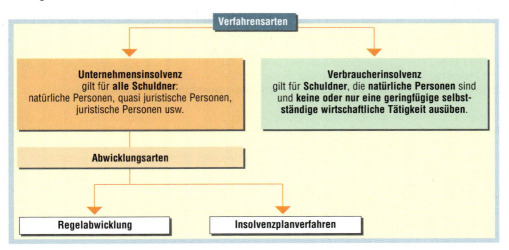

Mit dem **Verbraucherinsolvenzverfahren** („Privatinsolvenz") hat der Gesetzgeber ein Verfahren geschaffen, das einerseits eine übermäßige Belastung der Insolvenzgerichte verhindern soll. Andererseits soll es dem Schuldner einen – von Disziplin und ernsthaften eigenen Anstrengungen begleiteten – Weg zur Schuldenfreiheit aufzeigen. 2014 wurde das Verbraucherinsolvenzverfahren noch einmal reformiert und läuft wie folgt ab:

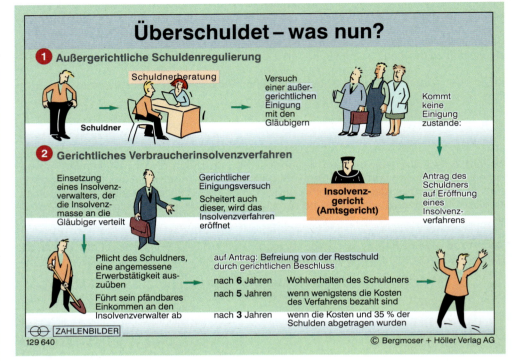

Wichtigste **Neuerungen** der seit Juli 2014 geltenden Reform der Verbraucherinsolvenz:
▶ Eine **Restschuldbefreiung** kann bereits **nach drei Jahren** erreicht werden, wenn mindestens 35 % der zum Verfahren angemeldeten Schulden und zusätzlich die gesamten Verfahrenskosten bis dahin bezahlt werden. Kritiker monieren allerdings, dass diese Chance nur Besserverdienenden offen stehen wird, da nur diese einen entsprechend hohen pfändbaren Einkommensanteil erwirtschaften. Achtung: Die Neuregelung gilt nur für ab dem 1. Juli 2014 gestellte Anträge.
▶ Auch Verbraucher können nun (wie zuvor bereits Unternehmen) außerhalb eines bereits eröffneten Insolvenzerfahrens einen **Insolvenzplan** (also eine Art „Sanierungsplan") aufstellen, der u. U. die Begleichung der Schulden bereits nach wenigen Monaten vorsieht. Allerdings müssen Schuldner und Insolvenzgericht dem Plan zustimmen.
▶ Für Gläubiger ist bedeutsam, dass Anträge auf Versagung der Restschuldbefreiung im laufenden Insolvenzverfahren jederzeit schriftlich gestellt werden können.

Jeder Bürger kann in eine Schuldenkrise geraten. Die Gründe dafür sind vielfältig. Meist führt allerdings nicht ein Grund allein in die „Schuldenfalle". Beim Vermeiden oder Bewältigen von Überschuldung nehmen **Schuldner- und Insolvenzberatung** eine Schlüsselrolle ein.

Dringend anzuraten zwecks Schuldenregulierung bzw. -vermeidung ist das Führen eines **Haushaltsbuches** (auch „Einnahmen-Ausgaben-Rechnung" genannt). Darin wird aufgelistet, was der Einzelne bzw. ein Haushalt (z. B. Eltern mit zwei Kindern) monatlich für Lebensmittel, Miete, Auto, Kreditraten, Hygieneartikel, Kleidung, Bildung, Freizeit usw. ausgibt.

Ein solcher **Haushaltsplan** führt klar vor Augen, wo das Geld jeden Monat bleibt. Er lässt sich mit einem Tabellenkalkulationsprogramm oder herkömmlich mit Stift und Papier erstellen und bearbeiten. Wer jeden Monat Einnahmen und Ausgaben erfassen will, sollte ein Haushaltsbuch führen.

überschuldet:
overindebted

Haushaltsplan:
budget

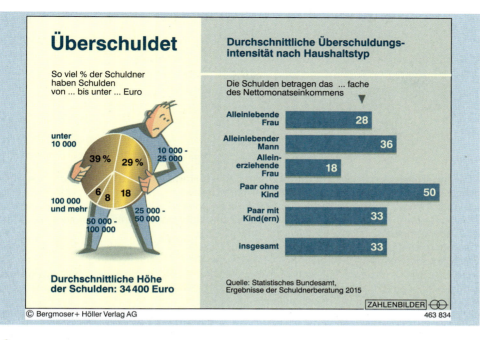

Überschuldet

So viel % der Schuldner haben Schulden von ... bis unter ... Euro

unter 10 000 — 39 %
10 000 - 25 000 — 29 %
25 000 - 50 000 — 18
50 000 - 100 000 — 8
100 000 und mehr — 6

Durchschnittliche Höhe der Schulden: 34 400 Euro

Durchschnittliche Überschuldungsintensität nach Haushaltstyp

Die Schulden betragen das ... fache des Nettomonatseinkommens

Haushaltstyp	Wert
Alleinlebende Frau	28
Alleinlebender Mann	36
Alleinerziehende Frau	18
Paar ohne Kind	50
Paar mit Kind(ern)	33
insgesamt	33

Quelle: Statistisches Bundesamt, Ergebnisse der Schuldnerberatung 2015

ZAHLENBILDER

463 834

© Bergmoser + Höller Verlag AG

Aufgaben

1. Nennen Sie Gründe für den Verkauf eines Gaststättenbetriebes.

2. Wer haftet beim Verkauf einer Gaststätte bzw. im Falle der Erbschaft für die Verbindlichkeiten des bisherigen Betriebsinhabers?

3. Was ist unter „Insolvenz" zu verstehen?

4. Welche Gründe führten im folgenden Fall zur Aufgabe?

   Silvia Heuke hat lange Jahre als erste Hausdame gearbeitet und eröffnet dann eine eigene Pension. Nach sechs Monaten bemerkt sie allerdings, dass die Einnahmen nicht ausreichen, um die laufenden Ausgaben zu decken.

5. Beim Sortieren der Eingangspost fällt Isabel ein Schreiben in die Hand, auf dessen Briefkopf zusätzlich zur Firmenbezeichnung der Vermerk „i. L." aufgestempelt worden ist. Was bedeutet dieser Zusatz?

6. Die Zahlungsunfähigkeit von Unternehmen kommt nicht aus heiterem Himmel. Was können Ursachen von Unternehmensstörungen sein?

7. A. Gilbert betreibt einen Partyservice in Lübeck. Nur gelegentlich setzt sie zur Aushilfe eine Hotelfachschülerin ein.

   Ihr Umsatz betrug 4.500,00 €. Sie hat zwei Gläubiger:

   Metzgerei Wurster GmbH und Bäckerei H. Sander, Bad Oldesloe.

   a) Wo muss sie einen Insolvenzantrag stellen (Lübeck hat ein Amts- und ein Landgericht)?

   b) Gelten für Frau Gilbert die Vorschriften der Unternehmensinsolvenz oder der Verbraucherinsolvenz?

   c) Könnte die Restschuldbefreiung versagt werden (siehe *§ 290 InsO*)?

8. In der Schuldenkrise ist es wichtig, selbst Maßnahmen zu ergreifen, die den Umgang mit Gläubigern erleichtern. Ist eine Schuldnerberatung auch online möglich?

9. Ein Haushaltsbuch soll Max und Eva helfen, alle Ein- und Ausgaben monatlich festzuhalten und jährlich Bilanz zu ziehen.

   a) Erläutern Sie, was zu den festen Einnahmen eines Haushalts zählt und womit sich diese vorherbestimmen lassen.

   b) Errechnen Sie den sich jährlich ergebenden Saldo zwischen Einnahmen und Ausgaben, wenn zu berücksichtigen sind:
   Einnahmen: Lohn Max 2.500,00 € (monatlich); Eva 800,00 € (monatlich); Kindergeld 184,00 € (monatlich); Urlaubsgeld Max im Juni 250,00 €; Weihnachtsgeld Max im November 1.500,00 €; Weihnachtsgeld Eva im Nov. 200,00 €; Steuerrückerstattung im Mai 290,00 €; Zinsen im Januar 220,00 €
   Ausgaben: Miete inkl. NK 680,00 € (monatlich); Strom 125,00 € alle 2 Monate; Rundfunk/TV 54,00 € vierteljährlich; Telekom 29,00 € monatlich; Hausratversicherung 150,00 € jährlich; KFZ-Steuer 120,00 € jährlich; KFZ-Versicherung 380,00 € jährlich; Sparen 200,00 € monatlich; LV Max 75,00 € monatlich; Kredit 250,00 € monatlich.

   c) Errechnen Sie das Budget für veränderliche Ausgaben im Monat Januar, wenn Ihr Haushaltsplan folgende veränderlichen Ausgaben aufweist: Getränke 43,00 €; Obst und Gemüse 36,00 €; Supermarkt 60,20 €; Bäcker 7,60 €; Rock 85,00 €; Monatskarte 80,00 €; Fleischer 22,80 €; Kurzwaren 14,00 €.

   d) Berücksichtigen Sie Ihre besonderen Ausgaben im Haushaltsbuch (Familienfeier 778,00 €; Urlaub 3.620,00 €; Auto-Kauf 20.770,00 €).

10 Marketing

Ziele
Strategien
Maßnahmen

**Marketing-
entscheidungsstufen**

Marktgerechtes und damit **marketingorientiertes Handeln** ist zu einem herausragenden **Grundsatz der Leitung gastgewerblicher Unternehmen** geworden, und zwar unabhängig von ihrer Größe. Während die Markenhotellerie beispielsweise auf ihre gleichbleibende, unverwechselbare Angebotspalette hinweist, setzen sich kleine Familienbetriebe u.a. durch besonders enge Kontakte zum Gast ab.

Marketing kann wahre **Gastfreundschaft** nicht ersetzen, aber es kann diese erfolgreich unterstützen. Gastfreundlich sein heißt Leistungen von Mensch zu Mensch erbringen. Der Hotelier oder Gastronom hat sich dementsprechend auf den Gast einzustellen und nicht umgekehrt. Somit steht der Gast im Zentrum gastgewerblicher Bemühungen, was jedoch nicht heißt, dass Marketing es allen Gästen recht machen soll. Nicht genormtes Denken und angelernte Verhaltensweisen bestimmen den Alltag in der Gastronomie, sondern Marketing, das von Herzen kommt.

10.1 Marketingtechnik im Gastgewerbe

Situation

Das Hotel „Frankenhof GmbH" hat überraschend Umsatzeinbußen hinnehmen müssen. Bisher war das Hotel über das Jahr immer zu 75 % ausgebucht und konkurrenzlos im Ort. In letzter Zeit hat sich die Lage geändert; die Bettenkapazität ist nur noch zu 45 % ausgelastet und die Einnahmen im Restaurationsbetrieb sind ebenfalls zurückgegangen.

Die Geschäftsführerin der GmbH ist bestürzt. Der Marketingleiter schlägt daher vor, dass man schnellstens die Lage des Hotelbetriebes analysieren sollte, um die Angebotspalette auf den Absatzmarkt abzustimmen. Welche Vorgehensweise ist hier angeraten?

Absatz = Menge der verkauften Güter in kg, Liter oder Stück

Umsatz = Menge der verkauften Güter x erzielter Preis

Absatz: sales

Umsatz: turnover

Damit die Hotel GmbH möglichst bald wieder die bisherigen Auslastungszahlen im Beherbergungs- und Bewirtungsbereich erreicht, gilt es, möglichst günstige Verkaufsbedingungen zu schaffen und marktgerecht zu handeln. Nur wenn ein Unternehmen seine Dienstleistungen mit Gewinn verkaufen kann, ist die Leistungserstellung auf Dauer sinnvoll. Dementsprechend hat auch die Hotel GmbH den Absatz ihrer Dienstleistungen genau vorzubereiten und zu planen.

Für das Gastgewerbe gilt es, rechtzeitig bestehende oder sich verändernde gesellschaftliche Rahmenbedingungen, wirtschaftliche, soziale und demografische Trends (z.B. Einkommenszuwächse, zunehmende Freizeit, erhöhtes Durchschnittsalter, verbesserter Lebensstandard) zu erkennen. Dementsprechend wird es für jeden Gastronomen/Hotelier immer wichtiger, seinen potenziellen (= möglichen) Markt und damit den Bedarf seiner Gäste zu analysieren. Das **Schlüsselwort** dafür heißt **Marketing**.

Versteht man Marketing als unternehmerische Haltung und praktische Tätigkeit gleichermaßen, so bildet es die Voraussetzung, um den gastronomischen Betrieb an die aktuellen Geschehnisse anzupassen. **Marketing soll helfen**,

▶ die Bedürfnisse des spezifischen Marktes zu ermitteln,
▶ das eigene Angebot mit den Bedürfnissen der Gäste in Einklang zu bringen,
▶ den Betrieb von den Mitbewerbern deutlich abzusetzen,
▶ mithilfe geeigneter Maßnahmen die Nachfrage der Gäste auszubauen,
▶ durch Kreativität und Flexibilität das unternehmerische Risiko auszugleichen und
▶ den Erfolg zu sichern.

Marketing wird heute überwiegend als Ausdruck für eine **umfassende Konzeption des Planens und Handelns** (= Planung, Koordination, Kontrolle) gesehen; bei der – aufgrund systematisch gewonnener Informationen – alle Aktivitäten eines Unternehmens konsequent auf die gegenwärtigen und künftigen Erfordernisse der Märkte ausgerichtet werden, und zwar mit dem Ziel, einerseits die Gästebedürfnisse zu befriedigen, andererseits die Unternehmensziele zu erfüllen.

Ausgangspunkt	Mittel			Ziele
Gästewünsche	Markt-forschung →	Marketing-planung →	Marketing-instrumente	Gewinnerzielung über die nachhaltige Befriedigung der Gästewünsche unter Berücksichtigung der ökonomischen und ökologischen Rahmenbedingungen
	direkter Bezug			

Setzt man diese **Definition des Marketings** in die Praxis um, so heißt das,
▶ die vom Gast gewünschte Dienstleistung am richtigen Ort und zum richtigen Zeitpunkt,
▶ zum marktgerechten Preis,
▶ auf günstigem Wege,
▶ durch wirksame Marketinginstrumente
▶ den nachfragenden Gästen anzubieten und
▶ dadurch den angestrebten Erfolg zu erreichen.

In der Hotellerie und Gastronomie ist diese umfassende Konzeption des Marketings nicht immer verwirklicht. Das Marketing mit seinen einzelnen Instrumenten kann zum Erfolg der einzelnen Betriebe entscheidend beitragen.
Gemeinsam ist allen Betrieben des Gastgewerbes, dass sie das Produkt „Dienstleistung" zu vermarkten haben.

Die **Philosophie einer Hotelgruppe** kann z. B. beinhalten:

1. Innovation, Professionalität, Teamgeist, Kompetenz und Umweltbewusstsein sollen die Repräsentanten und das Unternehmen prägen.

2. Im Umgang miteinander und mit Dritten soll dies jeder Mitarbeiter verwirklichen und verdeutlichen. Menschliche und fachliche Qualifikation sind die Voraussetzung erfolgreicher Zusammenarbeit.

3. Die **Grundlagen der Führung** sind:
   ▶ Kooperation   ▶ Information   ▶ Motivation

4. Das Produkt ist die Dienstleistung. Vielfältige und abwechslungsreiche Angebote geben jedem einzelnen Hotel seinen individuellen und unverwechselbaren Charakter.

5. Die vielfältigen und unterschiedlichen Angebote, die sich an den Wünschen und Erwartungen der Gäste orientieren, sind im Konzept des jeweiligen Hotels in größtmöglicher Harmonie vereinigt.

6. Gäste, Reiseveranstalter, Lieferanten, Kapitalgeber und Geschäftsfreunde müssen sich auf den Partner verlassen können. **Die Zufriedenheit (Begeisterung) der Gäste ist der Erfolg.** Um diesen Erfolg dauerhaft zu festigen, bedarf es eines permanenten positiven und innovativen Verblüffungseffekts. („Vorher wissen, was der Gast wünscht".)

7. Wann immer es möglich und wirtschaftlich sinnvoll ist, erwirbt das Unternehmen neue Hotels, beteiligt sich daran oder ist zumindest bei der Standortwahl und Konzeption sowie der architektonischen Gestaltung der betriebenen Häuser entscheidend tätig.

8. Neue Hotelobjekte sollen sich durch gute Standorte, wirtschaftliche Einstandspreise und erstklassige Projektpartner auszeichnen.

Erwartung an die Leistung

Gästezufriedenheit durch Vergleich

Erfahrung mit der Leistung

Hotel-philosophie

↓

Verkaufs-philosophie

Aus der vorgenannten Hotel-Philosophie leitet sich die **Verkaufsphilosophie** entsprechend ab.
Die Leitsätze sind:

1. Jeder Mitarbeiter/jede Mitarbeiterin ist ein Verkäufer/eine Verkäuferin.
(Der Verkauf ist über die Basis organisiert.) Der Hoteldirektor/die Hoteldirektorin ist der 1. Verkäufer/die 1. Verkäuferin.
Mitarbeiter denken und handeln unternehmerisch, haben großen Aktionsfreiraum und tragen damit große Verantwortung.

2. Regionalverkauf
Die Synergieeffekte der Hotelgruppe nutzen. Aus den Basisbedürfnissen dürfen sich bei relevanten wirtschaftlichen Gegebenheiten ohne Weiteres Regionalbüros bilden. Diese sollen in erster Linie die Basisbedürfnisse der Region abdecken und zusätzlich den Hotel-Gruppengedanken forcieren. Kommunikationsoffenheit und partnerschaftliches Handeln sind die Verbindungslinien zu jedem Hotel.

3. Netzwerk-Gedanke
Jeder einzelne Mitarbeiter ist aufgefordert, sich aktiv an diesem (Verkaufs-) Netzwerk zu beteiligen. Beziehungsmarketing, Kommunikationsoffenheit und partnerschaftliches Handeln sind das Netzwerk zu jedem Hotel und jedem Gast.

4. V & M – Zentrale Abteilung Verkauf und Marketing
Diese versteht sich als Service-Büro der einzelnen Hotels. Die einzelnen Tätigkeiten der Mitarbeiter sind allen Hotels per Organigramm bekannt.

Die **Aufbauorganisation** der Marketingabteilung eines Hotelkonzerns könnte wie folgt aussehen:

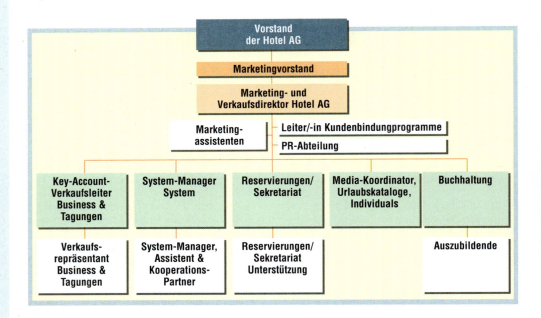

Alle Unternehmen denken und handeln mehr und mehr überregional bzw. international. Sie wollen Gewinn, Wachstum und langfristige Stabilität sowie Sicherheit für Mitarbeiter und Anteilseigner.

Im Mittelpunkt der Bemühungen von marktgerechtem Verhalten steht also der Gast.

Gast im Sinne des *Bundes-Gaststättengesetzes* **ist jede Person, die mit ausdrücklichem oder stillschweigendem Einverständnis des Betriebsinhabers zur Inanspruchnahme der dem Publikum gebotenen Leistungen des Betriebes in die Betriebsräume aufgenommen wird.** Dabei müssen nicht unbedingt Speisen oder Getränke verzehrt werden, sondern es reicht bereits die Inanspruchnahme der mit den Gasträumen verbundenen Bequemlichkeit. Diese Entscheidung eines Oberlandesgerichts verdrängt damit die bisher vertretene Meinung, dass solche Personen nicht zu den Gästen zählen, die in den Gaststätten ausschließlich im Interesse von Bediensteten verweilen, z.B. wenn ein Hotelkaufmann von seiner Frau nach Beendigung der Dienstzeit abgeholt wird.

Das Hotel bzw. die Gaststätte muss sich auf die **unterschiedlichen Gästetypen** einstellen, die Erwartungen der Gäste herausfinden und sie möglichst weitgehend erfüllen, um am Markt erfolgreich zu sein. Gäste lassen sich nach verschiedenen Kriterien einteilen. Gäste lassen sich nach verschiedenen Kriterien einteilen. Im Rahmen des Service lassen sich grob drei Gästetypen unterscheiden:

Grundsätzlich lassen sich die Gästecharaktere unterscheiden in die Gruppe der kontaktfreudigen Gäste sowie die zurückhaltenden. Jeder Gästetyp bzw. jede Gruppe ist unterschiedlich zu behandeln. Langjährige Berufserfahrung und „Fingerspitzengefühl" helfen dabei.

Eine Analyse des Marktes und der Bedarfsstruktur der Gäste ist notwendig, um jederzeit
▶ auf die Veränderungen am Markt situationsgerecht reagieren zu können und
▶ möglichst langfristig die Zukunft des gastgewerblichen Unternehmens zu sichern.

10.1.1   Marktforschung und Marketingplanung

Die Leistungsabgabe an den Markt ist durch den einzelnen gastgewerblichen Betrieb bzw. den Hotelkonzern genau vorzubereiten. Dazu gehören:
▶ **Marktforschung**,
▶ **Marketingplanung**.

Marktforschung

Damit die Risiken des Marktes kalkulierbarer werden, bedient man sich der Marktforschung, der planmäßigen, wissenschaftlichen Marktuntersuchung im Gegensatz zur unsystematischen Markterkundung. Die Marktforschung untersucht einen bestimmten Absatzmarkt systematisch und liefert dem Unternehmer Informationen darüber, wie die Produkte beim Gast ankommen bzw. wie der zukünftige Bedarf aussehen wird. Dadurch hilft die Marktforschung, zweckmäßige Entscheidungen im Unternehmen vorzubereiten, kann allerdings die Entscheidung selbst nicht vorwegnehmen.

GastG

Kap.
6.1

Gast:
guest

Gästetypen:
types of guests

Umfeld-
analyse

Markt-
analyse

Unternehmens-
analyse

Marktforschung:
market research

Instrumente der Marktforschung sind
▶ Marktbeobachtung (= zeitraumbezogene Marktuntersuchung)
▶ Marktanalyse (= zeitpunktbezogene Marktuntersuchung)

Diese Analysen beschäftigen sich mit dem Angebot gastgewerblicher Betriebe:
▶ materielle Leistungen (Zimmer, Essen, Trinken usw.) sowie
▶ immaterielle Leistungen (Service, Ambiente, Umfeld usw.),
▶ Dienstleistungserwartung,
▶ Preis.

Bei der Produkt- und Angebotsanalyse des Hotelbetriebes ist grundsätzlich zu berücksichtigen, dass der potenzielle Gast nicht immer allein wegen eines bestimmten Leistungsangebots den gastgewerblichen Betrieb aufsucht, sondern er meistens auch eine bestimmte Vorstellung von der Dienstleistung mitbringt, die es zu erfüllen gilt. Je besser der Anbieter diese Leistungserwartungen abdecken kann, umso größer wird insgesamt sein Erfolg sein.

Die Ergebnisse der Untersuchungen sind zu verarbeiten, um daraus eine **Marktprognose** zu erstellen. Diese hat die zukünftigen Marktverhältnisse als Grundlage für die Absatzplanung und den Einsatz der absatzpolitischen Instrumente abzuschätzen und vorauszuberechnen. Ziel ist es, dem Gast mehr zu bieten, als er für den zu zahlenden Preis erwartet.

Marketingplanung

Die Marketingplanung legt in den meisten Unternehmen die Umsatz-, Gewinn-, Marktanteils-, Image-, Qualitäts- und Saisonziele fest, aus denen sich die Vorgaben ableiten lassen. Außerdem wird es dadurch möglich, dem **Verkauf genaue Sollwerte vorzugeben,** die gleichzeitig eine wirkungsvolle Absatzkontrolle darstellen.

Bei der Aufstellung eines **Marketingplans** sind alle verfügbaren Vergangenheitsdaten (z. B. Menüstatistiken) sowie die Zukunftserwartungen, wie die betriebliche Leistungsfähigkeit, die finanziellen Mittel, die absatzpolitischen Mittel (z. B. Werbung), Branchenumsätze, allgemeine Wirtschaftsentwicklung usw., in die Planungsüberlegungen einzubeziehen. Anschließend sind sie mit den anderen betrieblichen Teilplänen, z. B. dem Beschaffungs-, Produktions und Finanzplan, abzustimmen. Die vorzunehmende Planung ist kurz-, mittel- und langfristig anzulegen.

Beim Erstellen eines Marketingplans ist zu berücksichtigen, dass er als präsentationsfähiges Dokument für interne und externe Zwecke verwendet wird: für die anderen Gesellschafter, die Hausbank, das Top-Management. Der Marketingplan sollte deshalb mit einer Zusammenfassung der im Plan enthaltenen Hauptziele, Erkenntnisse und Empfehlungen beginnen.

Marketingplanung:
marketing planning

**Stufen-
marketingplanung**

⬇

1. Situationsanalyse

⬇

**2. Marketingziele
festlegen**

⬇

**3. Strategien/
Aktionsprogramme**

⬇

**4. Vorhersage zur
Maßnahmenwirkung**

Marketingplan

1. Zusammenfassung der wichtigsten Ergebnisse

2. Beschreibung der Marktsituation
● Ausgangslage Gesamtmarkt/relevanter Teilmarkt
● Voraussichtliche Marktentwicklung
● Situation und Entwicklung der eigenen Branche
● Situation und Entwicklung der wichtigsten Kunden
● Situation und Entwicklung der wichtigsten Wettbewerber
● Stärken-/Schwächenprofil des eigenen Unternehmens
● Risiken und Bedrohungsfaktoren
● Chancen und Erfolgsfaktoren

3. Unternehmens- und Marketingziele
● Quantitative Ziele (Umsatz, Deckungsbeitrag, Marktanteile)

● Qualitative Ziele (Bekanntheitsgrad, Nischenpolitik, Image)

4. Marketingmaßnahmen, Aktionsprogramm
● Produktpolitik (Beschreibung des Produktmix)
● Kontrahierungspolitik (Preise, Zahlungsbedingungen)
● Kommunikationspolitik (Promotionmix)

5. Budget und Zeitplan
● Kosten aller Maßnahmen
● Externe Aufträge
● Termine und zeitliche Abhängigkeiten
● Verantwortung und Controlling
● Marketingrevision

(Auszug aus: Gastronomie, Beilage für die Berufsausbildung, S. 6)

Marketingkonzeption:
marketing concept

Kap.
10.1.2

Im Rahmen der sich anschließenden **Marketingkonzeption** sind die Marketinginstrumente aufeinander abgestimmt einzusetzen (= Marketingmix).

10.1.2 Marketinginstrumente im Überblick

Marketing-
instrumente:
marketing tools

Situation

„Marketing verleugnet nicht die gastgewerbliche Kultur, und es beschränkt weder die Kreativität von Küche noch Restaurant. Im Gegenteil: Alle Fähigkeiten sind gefordert, um die Zufriedenheit der Gäste und damit Umsatz und Gewinn zu steigern. Was bringt mehr Selbstbestätigung für den Gastronomen als zufriedene Gäste und wirtschaftlicher Erfolg?" (Vgl. Poggendorf: Gäste bewirten – Lebensgeister restaurieren, S. 44)

Aus nachstehender Übersicht zur **Marketingtechnik** am Beispiel eines Großhotels lassen sich die Grundsätze einer erfolgreichen Marketingpolitik im Gastgewerbe ableiten:

Marketingtechnik:
marketing technology

▶ Im Rahmen einer Gesamtmarketingkonzeption sind eindeutig formulierte Marketingziele festzulegen, die am Anfang jeder Marketingplanung stehen.
▶ Festlegen der absatzpolitischen Maßnahmen in einem Marketingplan (Maßnahmenkatalog).
▶ Genaue Abstimmung und Koordination des Einsatzes der einzelnen Marketinginstrumente im Marketingmix.

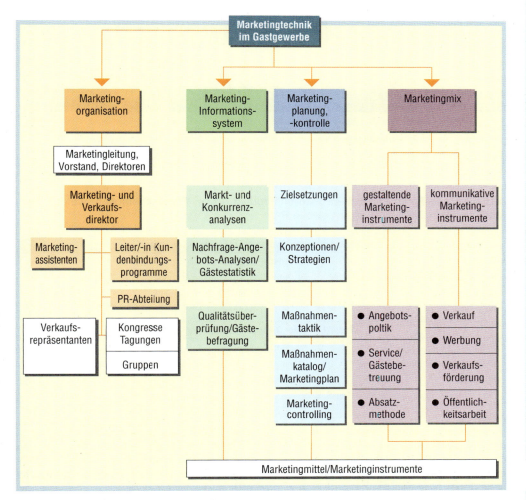

Marketingmittel:
marketing tools

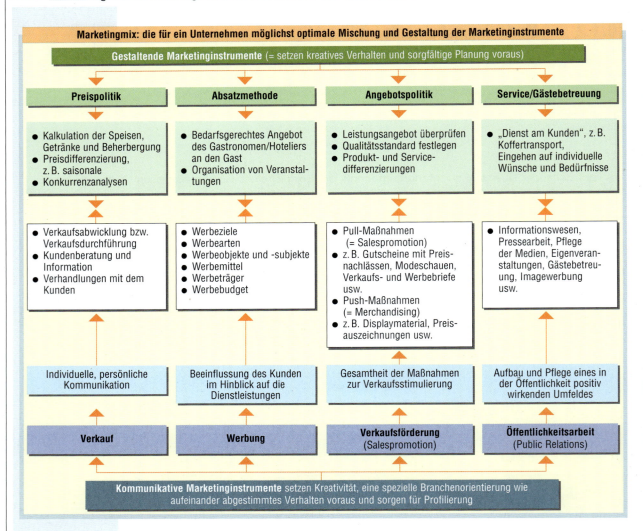

Aus den „vier **P**" im Englischen, nämlich Product, Price, Place, Promotion, werden beim Marketing von Dienstleistungen „sieben **P**".

Instrumente des Marketingmix für Dienstleistungen	
Product	Produkt-/Angebotspolitik
Price	Preis- bzw. Kontrahierungspolitik
Place	Standort- und Distributionspolitik
Promotion	Kommunikationspolitik
Zusätzlich beim Dienstleistungsmarketing:	
Person	Personalpolitik
Physical environment	Ausstattung und Ambiente des Beherbergungsbetriebes
Process	Dienstleistungsprozess
(Vgl. Kotler, Ph.: Grundlagen des Marketing, S. 590)	

In der Praxis versucht man, eine möglichst optimale Abstimmung aller Marketingfaktoren in einer Marketingkonzeption zu erreichen. Damit wird im **Marketingmix** eine Entscheidung darüber getroffen, welche Marketinginstrumente mit welcher Intensität eingesetzt werden, wobei mehrere optimale Kombinationen möglich sein können. Dies ist denkbar, da die verschiedenen Marketinginstrumente sich in ihrer Wirkung ergänzen.

Aufgaben

1. Formulieren Sie das Ziel der Marktuntersuchung.
2. Unterscheiden Sie die Begriffe Markterkundung und Marktuntersuchung.
3. Welche Unternehmen orientieren sich an dem modernen Marketingkonzept bzw. haben dies nicht unbedingt nötig?
4. Wie sollte die langfristige Marketingplanung aufgebaut sein?
5. Was ist die Aufgabe der Marketingplanung?
6. Das Hotel „Frankhof KG" will sein Angebot an fränkischen Spezialitäten ausweiten. Um sicher zu sein, dass eine Nachfrage für derartige Gerichte besteht, will der Restaurantbetrieb den Markt genauer untersuchen. Welche Informationen sollte ihm der Markt liefern?
7. Welche Möglichkeiten kennen Sie, um eine Befragung durchzuführen?
8. Wie werden sich künftig die Bedürfnisse der Zielgruppen für das Gastgewerbe verändern?
9. Als Mitarbeiter der Marketingabteilung eines Großhotels werden Sie gebeten, die Zusatzangebote auf ihre Angebotsform zu überprüfen. Beeinflusst die Angebotsform den Verkauf?
10. Im Hotel „Fuchsbau" erhält die junge Hotelfachfrau Karin den Auftrag herauszufinden, ob eine Gästebetreuung im Hotel erforderlich ist und wenn ja, in welcher Form. Helfen Sie Karin bei der Lösung dieser Frage.
11. Woran orientiert sich die Preispolitik eines Gastronomiebetriebes?
12. Geben Sie Beispiele für Pull-and-Push-Maßnahmen im Gastgewerbe.
13. Warum kann es im Einzelfall sinnvoll sein, Gäste im Hotel aufzunehmen, wenn die Übernachtungspreise jedoch lediglich die variablen Kosten decken?
14. Ein modernes Urlaubshotel verkauft weniger Küchenleistung, sondern Events. Finden Sie mithilfe des Internets heraus, wie sich Urlaubsgäste „einteilen" lassen, um besser auf ihre Wünsche eingehen zu können.

10.2 Kommunikative Marketinginstrumente im Gastgewerbe

Situation

900100 Nürnberg
Pillenreuther Straße 1
Eigentum u. Direktion:
Friedrich W. Loew

Telefon (09 11) 44 02 91
Telefax (0911) 44 02 92

Email: info@hotel-merkur.de
Web: www.hotel-merkur.de

370 Betten, 190 Komfort-Zimmer, alle mit Bad oder Dusche und WC, Telefon, Farb-TV mit Kabelanschluss, Radio und Minibar, reichhaltiges Frühstücksbüfett, Schwimmhalle mit Jetstream, Sauna, Solarium, Massage, gemütliches Restaurant, Café, Lobby-Bar „Mylord", Parkplatz, Garagen, 10 Räume für Festlichkeiten, Ausstellungen, Konferenzen und Seminare für 10 bis 170 Personen

Die **Kommunikationspolitik** umfasst den abgestimmten Einsatz der Marketinginstrumente, die eine Informationsfunktion (z.B. Anzeige von neuen Beherbergungsmöglichkeiten und Preisen) wahrnehmen, aber auch eine Funktion der Gästebeeinflussung beinhalten (z.B. sich abheben von Mitbewerbern). Zu diesen kommunikativen Instrumenten zählen der persönliche Verkauf, Werbung, Verkaufsförderung (Salespromotion = SP) und Öffentlichkeitsarbeit (Public Relations = PR).

Kommunikationspolitik

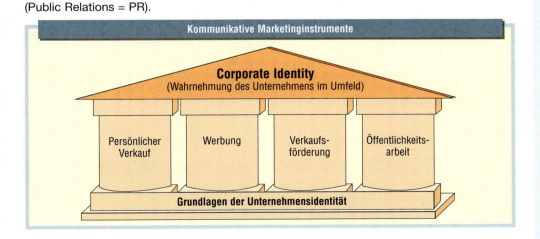

Besonders durch die kommunikativen Marketinginstrumente wird das Gesamtbild des Unternehmens in der Öffentlichkeit und gegenüber dem Gast geprägt. Sie helfen auch den Mitarbeitern, sich mit dem Unternehmen zu identifizieren. In diesem Zusammenhang spricht man im Marketing von der Corporate Identity. Die CI ist die durch Kommunikation, Verhalten und Erscheinungsbild nach innen und außen aufgebaute Unternehmenspersönlichkeit, sie spiegelt den Charakter des Unternehmens wider. Dabei wird in drei Bereiche unterschieden:

CI

CD ▶ **Corporate Design**

prägt das Erscheinungsbild des Unternehmens in der Öffentlichkeit (visuelle Identität). CD findet Anwendung bei der Gestaltung von (Firmen-)Zeichen, Arbeitskleidung (Uniformen), Formularen, ggf. der Architektur der Gebäude, Farbgebung usw. Zunehmend kommen sinnlich wahrnehmbare Merkmale, z. B. der akustische Auftritt, für das CD in Betracht.

Corporate Design
visuelles Erscheinungsbild

Corporate Identity
Unternehmens-persönlichkeit

Corporate Behaviour
Unternehmenskultur

Corporate Communications
Unternehmenskommunikation

CB ▶ **Corporate Behaviour**

umschreibt den Begriff der gelebten Kultur im Unternehmen. Dazu gehört einerseits das Verhalten der Mitarbeiter gegenüber Gästen, Lieferanten, Geschäftspartnern und in der Öffentlichkeit im Allgemeinen. Andererseits zeigt sich Corporate Behaviour auch im Umgangston aller Mitarbeiter untereinander, in der Mitarbeiterführung sowie in der Kritikfähigkeit.

CC ▶ **Corporate Communications**

schließt die gesamte Unternehmenskommunikation sowohl mit Innen- als auch mit Außenwirkung ein. CC findet Anwendung bei allen Werbemaßnahmen (Werbebotschaften, Printwerbung, TV-Spots usw.), aber auch bei unternehmensinterner Kommunikation (z. B. Intranet, betriebsinterne Zeitungen usw.). Ein einheitliches Erscheinungsbild wird somit gewährleistet und das damit verbundene Image verstärkt. Im Bereich der Printmedien findet sich ein relativ neuer Begriff, das **Corporate Publishing**, das für ein ganz besonders einheitliches Erscheinungsbild der angebotenen Printmedien, auch der immer wichtiger werdenden elektronischen Medien, sorgen soll.

In der Praxis sind die drei Bereiche nicht scharf voneinander zu trennen, da sich mannigfaltige Überschneidungen ergeben.

Die CI-Politik beeinflusst koordinierend und integrierend alle Maßnahmen und das Verhalten, z. B. der Markenhotellerie, um ein positives Bild des Unternehmens im Umfeld zu erzeugen. Dieses lässt sich u. a. erreichen durch eine übereinstimmende Gestaltung des Briefpapiers, eine Gästezeitung, unverkennbares Displaymaterial sowie das innere und äußere Erscheinungsbild der Markenhotellerie.

Verkaufsförderung/ Sales Promotion

Persönlicher Verkauf

Zur **Verkaufsförderung** zählt insbesondere der persönliche Verkauf, der den Mitarbeitern im Restaurant, in der Bankettabteilung ebenso wie an der Rezeption usw. obliegt. Der **persönliche Verkauf** stellt eine Beziehung zum Gast her, in der der Gast über das Angebot des gastgewerblichen Betriebes informiert und von dessen Vorzügen überzeugt werden soll. Ziel dabei ist natürlich, den Gast zum Konsum dieses Angebots anzuregen.

10.2.1 Persönlicher Verkauf

Situation

„Je anonymer die Verkaufsformen werden, desto intensiver entsteht aber bei Ihren Gästen der Wunsch nach mehr Betreuung, nach Gesprächen, Informationen und Beratung."
(SHV; SWV; DEHOGA; ÖHV (Hrsg.): Marketing der Gastfreundschaft, S. 181)

Hotellerie und Gastronomie leben von Emotionen, die der Gast während seines Aufenthalts wahrnimmt. In ganz besonderem Maß soll das Erlebnis des Gastes im Vordergrund stehen, nicht nur der Konsum einer Dienstleistung oder der Verzehr von Speisen und Getränken.

Hotellerie und Gastronomie als Erlebnis

Beim **Verkauf von Dienstleistungen** in der Gastronomie und Hotellerie handelt es sich um einen zwischenmenschlichen Prozess (= **persönlicher Verkauf**). Der Gast soll vom Personal des jeweiligen Betriebs nicht nur über ein Angebot informiert und beraten werden, um zu einem Vertragsabschluss (Bewirtungsvertrag, Beherbergungsvertrag) mit ihm zu gelangen, sondern auch auf das kommende Erlebnis eingestimmt werden.

Verkauf von Dienstleistungen: sale of services

Um einen Verkaufsabschluss zu erreichen, müssen die Mitarbeiter, z.B. im Food-and-Beverage-Bereich, über genaue Kenntnisse des Speisen- und Getränkesortiments verfügen. Zum anderen müssen sie danach streben, durch Zusatzverkauf (z.B. Aperitif, Digestiv, Kaffee) den Umsatz zu steigern.

Zu einem erfolgreichen Verkaufen gehört neben Produkt- und Sortimentskenntnissen auch das Beherrschen von **Verkaufstechniken**, wozu u.a. zählen:

Verkaufstechniken: sales technologies

▶ der richtige Gästeempfang,
▶ das taktvolle Beobachten des Gastes,
▶ Kenntnis der Gästetypen,
▶ das schnelle und zutreffende Reagieren auf seine Wünsche,
▶ die situationsgerechte Frage- und Angebotstechnik,
▶ das geschickte und überzeugende Verhalten bei Reklamationen.

Grundsätzlich sollten alle Mitarbeiter im Gastgewerbe die nachstehenden **Verkaufshinweise** beachten:

Verkaufshinweise

✔ Es sollte dem Gast niemals mehr versprochen werden, als das Haus halten kann – hier ist besonders an mögliche Wiederholungsgeschäfte zu denken.
✔ Den Gast niemals übervorteilen.
✔ Lieber **ein** überzeugendes Verkaufsargument vorbringen als viele Worte machen.
✔ Niemals die eigene Position in den Vordergrund rücken, allein der Gast ist wichtig.
✔ Den Gast beim Verkaufsgespräch nicht unterbrechen oder belehren.
✔ Sich mit dem Gast in kein Streitgespräch einlassen (lieber ein Geschäft als einen Gast verlieren).
✔ Nicht abfällig über die Mitbewerber sprechen, sondern mit treffenden Verkaufsargumenten punkten.
✔ Wenn dem Gast Speisen oder Getränke empfohlen werden, so ist dabei nicht zu übertreiben.
✔ Im Gespräch mit dem Gast keine negativen oder unpersönlichen Formulierungen verwenden.
✔ Den Gast durch herausragende Leistungen begeistern. Dadurch werden Gäste das jeweilige Haus weiterempfehlen.

Verkaufspersonal: sales staff

Zum kompetenten Auftreten des **Verkaufspersonals** gehört natürlich auch das richtige Maß an Höflichkeit und Freundlichkeit, ohne sich dem Gast anzubiedern oder aufdringlich zu wirken. Nur so wird der persönliche Verkauf zu einem Marketinginstrument, das die Qualität der Dienstleistung hebt und damit das positive Erscheinungsbild des gesamten Hauses im Sinne der Coporate Identity beeinflusst.

Kap. 10.2

Natürlich ist der Verkauf auch rein rechnerisch zu kontrollieren. Hier helfen z.B. elektronische Kassensysteme im Bereich des Restaurants, um zu überprüfen, ob die Mitarbeiter ihre Zielvorgabe erreicht haben. Dabei ist dieses nicht als Kontrolle, sondern als Motivation für jeden Einzelnen zu sehen, wenn die eigenen Leistungen mithilfe von Kennzahlen beurteilt werden.

Operatives Controlling

Auf die in enger Beziehung stehenden kommunikativen Marketinginstrumente Werbung, Verkaufsförderung und Öffentlichkeitsarbeit soll im nächsten Abschnitt eingegangen werden, da sie durch kreative Gestaltung in besonderem Maße zum Erfolg des Hotels oder Restaurants beitragen können.

10.2.2   Werbung

Situation

Werbung:
advertising

Aufgaben und Arten der Werbung

Die **Werbung** soll Bedürfnisse beim Verbraucher wecken; er ist bereit, einen immer größeren Teil seines Einkommens u. a. für das leibliche Wohl, die Gesundheit und Events auszugeben. Damit kommt der Werbung die Aufgabe zu, das Bedürfnis nach den betreffenden Erzeugnissen in dem infrage kommenden Käuferkreis hervorzurufen und zu echtem Bedarf zu machen.

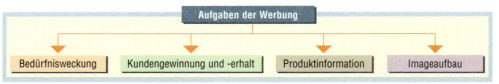

Aufgaben der Werbung			
Bedürfnisweckung	Kundengewinnung und -erhalt	Produktinformation	Imageaufbau

Werbeplan:
advertising plan

Werbeplanung:
advertising planning

Werbung lohnt sich für den gastronomischen Betrieb nur, wenn dieser dadurch höhere Erträge erwirtschaftet, als die Kosten für die Werbung ausmachen. Demzufolge hat die Werbeabteilung einen **Werbeplan** aufzustellen, der dem Grundsatz der „Wirksamkeit und Wirtschaftlichkeit" entspricht. Nachstehend ist dargestellt, was die Marketingabteilung bei der **Werbeplanung** zu bedenken hat.

Wer	Gastronom/Hotelier oder Werbeagentur
sagt was	Werbeinhalt
wann	Werbezeit (günstiger Zeitpunkt)
wem	umworbener Personenkreis (= Zielgruppe)
wo	z. B. Anzeigen des Hotels in der Tageszeitung oder im Internet
wie	Werbemitteleinsatz (einzeln oder kombiniert)
mit welchen Mitteln?	zur Verfügung stehendes Geld (= Werbebudget)

Zwar lässt sich der Erfolg der Werbung nur schwer kontrollieren, einige Maßnahmen lassen sich jedoch auf ihren Erfolg hin überprüfen, z. B. Anzeigen mit einem Coupon (Gutschein), der dem Gastronomen/Hotelier zugesandt wird, oder Werbebriefe, die beantwortet werden.

Die **Werbung ist eines der wichtigsten kommunikationspolitischen Instrumente**. In ihrem Rahmen haben die **Verkaufsförderung** sowie die **Öffentlichkeitsarbeit** an Bedeutung gewonnen, sind aber von der Werbung abzugrenzen. Die **Verkaufsförderung soll den Verkauf steigern**, und zwar mithilfe von Schulungen der Mitarbeiter, Displaymaterial (z. B. Aufsteller für Aktionswochen), Verkaufsaktionen, Preisausschreiben und anderem mehr. Im Gegensatz zur Werbung ist die Verkaufsförderung kurzfristig angelegt. Verkaufsförderung kann sich an die Endverbraucher sowie Absatzmittler (Reisebüros, Tourismusämter usw.) richten.

Durch PR versucht man, die Unternehmung bekannt zu machen und um Interesse, Verständnis, Ansehen und Vertrauen zu werben, sodass ein bestimmtes Image (Bild, das von einem Unternehmen in der Öffentlichkeit und innerbetrieblich existiert) geschaffen wird. PR richtet sich an die Öffentlichkeit (Gäste, Lieferanten, potenzielle Mitarbeiter, Behörden usw.). Überträgt sich das geschaffene Vertrauen auf die Leistungen des Hotels bzw. der Gaststätte, dann ist eine positive Meinungsbildung mittelbar absatzfördernd.

Die Werbung kann ihre Aufgaben nur erfüllen, wenn sie wirksam, wahr, klar, einheitlich, originell, aktuell und wirtschaftlich ist. Insgesamt ist bei der Gestaltung der Werbung zu beachten, dass sie zur Kaufhandlung (z. B. Verzehr im Gasthof) führen soll, sodass folgender Ablauf der Werbung nach der **AIDA-Formel** anzustreben ist:

A	Attention	Aufmerksamkeit des Umworbenen erregen
I	Interest	Interesse am Produkt beim möglichen Gast wecken
D	Desire	Den Wunsch nach Besitz oder Leistungsinanspruchnahme im Menschen fördern
A	Action	Die Kaufhandlung beim Gast auslösen

Werbung kann nach der Zahl der Werbenden (hier: Gastwirte, Hoteliers) unterschieden werden.

Die Werbearten im Gastgewerbe werden in der Praxis auch in **Außenwerbung** und **Innenwerbung** unterteilt. So zählen alle Maßnahmen, die der Werbende im Inneren des Hotels/der Gaststätte durchführt, um den Gast bei sich zu halten bzw. als indirekten Werber zu gewinnen (z. B. Streichhölzer), zur Innenwerbung, während Werbemittel wie die Leuchtwerbung an der Außenfront des Betriebes, Anzeigen/Inserate und Anschläge zur Außenwerbung gehören.

Marginalien:

Salespromotion auch: Sales Promotion

Public Relations

A
I
D
A

Werbeart: type of advertising

Außenwerbung
↑
Werbearten
↓
Innenwerbung

Werbung bedient sich u. a.

▶ der Überzeugungskraft des Wortes bzw. der Sprache,
▶ der optischen Wirkung des Bildes,
▶ der Anziehungskraft eines geschmackvoll dargestellten Produktes,
▶ einer in Aussicht gestellten Vergünstigung oder sonstigen Dienstleistung.

Die Wirkung der oben genannten **Werbefaktoren** lässt sich durch die **Werbeelemente** Farbe, Licht, Bewegung und Ton noch erhöhen.

**Außenwerbung:
outdoor advertising**

Außenwerbung für den gastgewerblichen Betrieb

Jede **Werbeaktion** soll vor allem

▶ den Bekanntheitsgrad des werbenden Hauses fördern (s. auch PR),
▶ das Geschäft/den Umsatz beleben.

Eine Werbung kann jedoch nur dann einen optimalen Erfolg verzeichnen, wenn sie gut organisiert ist und der richtige Zeitpunkt festgelegt wird (z. B. Karibikdrinks nicht im Winter).

Mithilfe der **Außenwerbung** will der gastgewerbliche Betrieb vor allem die potenziellen (möglichen) Gäste ansprechen, während die **Innenwerbung** den Gast, der sich bereits in den Gasträumen befindet, anregen soll.

Mittel der Außenwerbung

Prospekte

Werbeschrift auf Taxis

Zeitungsanzeigen (für F&B in regionalen Tageszeitungen)

Werbung im Internet durch eigene Websites, auf anderen Websites oder durch Links

Werbebriefe und Werbegeschenke (z. B. Brief des Küchenchefs an potenzielle Gäste)

Hauszeitschriften

Leuchtschriften, Werbetafeln, Hinweisschilder, Aufkleber, Kofferetiketten usw.

Schaufensterdekorationen, Aufsteller und Plakate

Werbereisen (z. B. Kontaktaufnahme mit Airlines und regionalen Unternehmen)

Korrespondenz mit Gästen

„Nichts ist beständiger als die Unbeständigkeit"; das gilt auch für die Werbemittel. Dennoch sind im Gastgewerbe **Prospekte und Zeitungsanzeigen wirksame Werbemittel** – abgesehen von der Mund-Propaganda.

Werbeprospekt:
promotional leaflet/
prospectus

Dementsprechend soll im Folgenden gezeigt werden, wie bei der **Werbung mit einem Prospekt** vorzugehen ist:

1. Zunächst wird überlegt, warum geworben wird (z. B. um sich von Mitbewerbern eindeutig abzusetzen).
2. Es ist festzuhalten, wie viel Geld für die gesamte Prospektwerbung zur Verfügung steht (Budget).
3. Der Empfängerkreis (Zielgruppe), an den die Prospekte gerichtet sind, muss ausgewählt und festgelegt werden.
4. Das Papier für den Druck des Prospektes, der Text sowie die einzubauenden Bilder sind auszuwählen und aufeinander abzustimmen.
5. Es ist zu unterscheiden, ob mit dem Prospekt für einzelne Leistungen (z. B. für das Wellnessangebot), ein bestimmtes Hotel oder eine Hotelkette geworben werden soll.
6. Das Hotel ist im Prospekt so zu beschreiben, dass alle den Gast interessierenden Fragen beantwortet und die besonderen Vorteile des Hotels herausgestellt werden, z. B. die Größe und Ausstattung der Hotelzimmer, die hervorragende Betreuung, die gute deutsche und internationale Küche, die Zweckmäßigkeit der Einrichtung und Ausstattung, der schnelle und zuverlässige Service (z. B. Telefon, Telefax, Waschen und Reinigen, Restauration, Reisebüro, Garage), die günstige Verkehrslage zu Flugplatz, Bahnhof bzw. Autobahn, die Konferenz- und Tagungsmöglichkeiten, Kindergarten usw.
7. Falls das Hotel in einem Kurort oder Urlaubsgebiet liegt, ist auf die entsprechenden Erholungsmöglichkeiten und die reizvolle Landschaft hinzuweisen.
8. Es ist festzulegen, wann die Prospekte versendet werden sollen.

Innenwerbung für den gastgewerblichen Betrieb

Innenwerbung:
indoor advertising

Innenwerbung oder hausinterne Werbung zielt ab auf das Bewerben der eigenen Gäste für weitere Angebote des Hauses. So werden beispielsweise Hotelgäste angesprochen, in dem angeschlossenen Restaurant zu speisen oder sie werden auf Events hingewiesen.

In dem Augenblick, wo ein Gast das Hotel betritt, soll die **Innenwerbung** auf ihn wirken, d. h., er soll zur Inanspruchnahme zusätzlicher Leistungen angeregt werden. Die Innenwerbung soll unaufdringlich, aber wirkungsvoll alle Leistungen unterstreichen, die ein gastgewerblicher Betrieb dem Gast bieten kann.

Die Innenwerbung kann bereits am Bahnhof des Urlaubsortes beginnen. So können beispielsweise dem Gast bei seiner Ankunft eine Transportmöglichkeit angeboten und weitere Informationen gegeben werden. Die Gestaltung des gesamten Empfangsbereiches kann ihn in eine „konsumfreudige Stimmung" versetzen. In den Aufzügen bietet es sich an, Tageskarten aufzuhängen, die zum Besuch des Restaurants animieren. Das Auslegen von Informationsbroschüren im Hotelzimmer erläutert, welche Leistungen wann und wo in Anspruch genommen werden können.

OSTER-BRUNCH

Die bildhafte Darstellung von Gerichten in Restaurants soll den Gast optisch motivieren, z.B. durch Abbildungen in der Speisen- oder Getränkekarte, sogenannte Mobiles, die von der Decke ins Lokal hängen, oder auch Tischdekorationen mit bildhafter Darstellung einzelner Speisen und/oder Getränke. Die Aufmachung der Speisenkarten im Restaurant sowie die Dekoration der Tische und Speisen beinhalten ebenfalls eine verkaufsfördernde Wirkung. Unterstützen können Flyer, die auf aktuelle Angebote aufmerksam machen und die z.B. an der Rezeption ausliegen oder vom Servicepersonal den Gästen überreicht werden, und zwar möglichst morgens, bevor die Gäste das Haus verlassen.

Alle genannten Werbe- bzw. Verkaufsförderungsmittel werden jedoch nur dann ihre volle Wirkung erzielen, wenn das Personal dem Gast zuvorkommend und freundlich begegnet, denn ein **geschultes Personal** ist das **wichtigste Mittel der Innenwerbung**.

Werbekontrolle:
tracking

Werbeplanung und Kontrolle

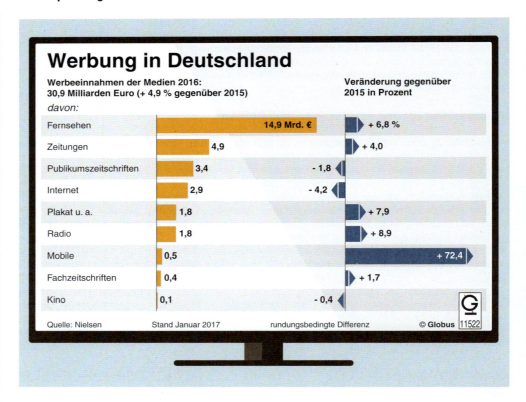

Werbung in Deutschland

Werbeeinnahmen der Medien 2016:
30,9 Milliarden Euro (+ 4,9 % gegenüber 2015)

Veränderung gegenüber 2015 in Prozent

davon:

Medium	Mrd. €	Veränderung
Fernsehen	14,9 Mrd. €	+ 6,8 %
Zeitungen	4,9	+ 4,0
Publikumszeitschriften	3,4	- 1,8
Internet	2,9	- 4,2
Plakat u. a.	1,8	+ 7,9
Radio	1,8	+ 8,9
Mobile	0,5	+ 72,4
Fachzeitschriften	0,4	+ 1,7
Kino	0,1	- 0,4

Quelle: Nielsen   Stand Januar 2017   rundungsbedingte Differenz   © Globus 11522

Werbeplanung:
Bestimmung der
Zielgruppe, Werbe-
mittel und -träger

Werbung kostet viel Geld. Dementsprechend müssen die Kosten der Werbeaktionen durch zusätzlich erzielte Erträge zumindest ausgeglichen werden; bei der **Werbeplanung** gilt es, sich am zu erwartenden Jahresumsatz zu orientieren. Oberster **Grundsatz jeder Werbeaktion** ist deshalb, dass sie **wirtschaftlich** und **wirksam** sein muss.

Werbeanalysen haben gezeigt, dass es gilt, die nachstehenden **Hauptfehler der Werbung** zu vermeiden (vgl. Zeitschrift Gastronomie):

1. Es wird gar nicht, zu wenig oder zu viel geworben. Das Verhältnis der Werbekosten zum Umsatz stimmt nicht.
2. Nach einem oder dem zweiten Misserfolg von Werbeaktionen lassen sich Wirte oft entmutigen und blasen das Ganze ab.
3. Es wird nur einmal für die gleiche Leistung geworben, die Menschen/Gäste vergessen aber so schnell.
4. In der Werbebotschaft vergessen die Wirte meistens das Betriebsgesicht und damit verbunden den Aha-Effekt.
5. Die Werbung macht nicht neugierig, obwohl alle Menschen neugierig sind.
6. Mit der Werbung bieten die Wirte sehr oft nichts Außergewöhnliches an, aber „Normal" gibt es schon.
7. Es werden keine konkreten Preis-Leistungs-Verhältnisse ausgewiesen.
8. Vielfach fehlt ein eingängiger Slogan, ein tolles Motto oder eine Aufmerksamkeit erweckende Überschrift.
9. Das Prinzip „Alles, was man bei mir an Werbung mitnimmt, braucht man nicht zu verschicken", wird oft missachtet. Dabei gilt: Kleine Geschenke erhalten die Freundschaft der Gäste.
10. Wirte machen häufig alles allein; und wenn sie sich helfen lassen (von der Familie, den Mitarbeitern, dem Copyshop oder Werbeagenturen), machen sie die vorstehenden Fehler einzeln oder komplett.
11. Beachtung der Unternehmensphilosophie in der Werbung: z.B. sollte eine Hotelkette nicht mit einem „Sparessen" werben.

Es ist für die Gastronomen schwierig festzustellen, inwieweit eine Umsatzsteigerung auf eine bestimmte Werbeaktion zurückzuführen ist; deshalb gilt für die Praxis: Nach der Planung und Durchführung einer Maßnahme folgt die Kontrolle.

Bekannte **Methoden der Werbeerfolgskontrolle** sind:
▶ Anzeigen in Zeitschriften, die der Gast ausschneiden und ausgefüllt an das werbende Unternehmen zurücksenden kann bzw. im Speiselokal abgibt.
▶ Werbeaktionen mit einem Preisausschreiben zu koppeln, um aufgrund der Teilnehmerzahl auf den Erfolg der Werbung zu schließen.
▶ Durch Mitarbeiter bei Anfragen oder Buchungen fragen lassen, wie die Person auf das Haus aufmerksam geworden ist.
▶ Rückmeldung mithilfe des Internets

Praxis

M 3

Ein neuer Systemgastronom gründet sich am deutschen Markt; er möchte mittels einer groß angelegten Anzeigenkampagne für sich werben. Entwickeln Sie selbst eine Werbeanzeige, die auf Plakattafeln in ganz Deutschland erscheinen soll. Das Unternehmen, sein Sortiment und sein Firmenlogo können Sie frei erfinden (bedenken Sie dabei, dass bereits Firmenname und -logo werbewirksam sein sollten). Präsentieren Sie das Ergebnis.

10.2.3 Verkaufsförderung/Öffentlichkeitsarbeit

Situation

Das Hotel „Frankenhof" verfügt über hervorragend ausgestattete Einzel- und Doppelzimmer und einen erstklassigen Service zu günstigen Preisen. Hat damit das Hotel genug für den Absatz seines Angebots getan?

Im harten Wettbewerb des Gastgewerbes reichen die in der Situation genannten Argumente nicht aus. Mithilfe einer kreativen Verkaufsförderung (Salespromotion) und Öffentlichkeitsarbeit (Public Relations) gilt es, die Verkaufsbemühungen zu unterstützen.

Verkaufsförderung gewinnt im Rahmen der Kommunikationspolitik immer mehr an Bedeutung und soll unmittelbar im Hotel oder Restaurant (dem Ort des Verkaufs) durch zusätzliche Maßnahmen oder Methoden den potenziellen Gast zum Kaufentscheid bringen. Gleichzeitig soll Salespromotion die Organisation des Dienstleistungsangebots im eigenen Haus unterstützen und dem Gast das Angebot an Speisen und Getränken fachgerecht präsentieren sowie ihn informieren und betreuen.

Verkaufsförderung (Salespromotion) und Öffentlichkeitsarbeit (Public Relations) im Spannungsfeld von Kommunikation und Marketing

Durch sogenannte **Verbraucherpromotions**, also besondere Dienste und Aktionen, soll dem Gast die Angebotspalette des Hauses nähergebracht und begehrenswert gemacht werden:

▶ Aufbauen von **Displays** an attraktiven Stellen im Hotel, z. B. Vitrine mit Meeresfrüchten auf Eis am Eingang zum Restaurant

▶ Für den Gast erkennbar unterschiedliche **Kleidung des Personals** mit Namensschildern (z. B. Rezeption, Restaurant, Etage)

▶ **Sonderpreisaktionen** (3 Nächte bleiben – 2 Nächte bezahlen)

▶ Z. B. österreichische Woche (Hotel und Restaurant werden entsprechend dekoriert und es gibt fast ausschließlich Speisen und Getränke aus den verschiedenen Landesteilen, angeboten von Personal in Landestracht)

▶ **Couponing** (Marketingaktion mit Rabatten, Gutscheinen oder Punkte sammeln)

▶ **Preisausschreiben**, an denen sich Hausgäste beteiligen können.

Sonderpreisaktion:
price campain

Preisausschreiben:
competition

> Alles muss
> von jemandem ins
> rechte Licht gerückt
> werden.
>
> Von allein
> geschieht nichts!

Durch diese **Gästepromotions** soll also der Kontakt zwischen dem Gast und dem Dienstleistungsangebot des Betriebes hergestellt bzw. verbessert und der zusätzliche Nutzengewinn dem Gast aufgezeigt werden.

Während sich die Verkaufsförderung vornehmlich auf das Produkt bezieht, will man mit **Public Relations (PR)** vor allem das **Image**, also den Ruf und das Ansehen des jeweiligen gastronomischen Unternehmens, im Sinne dessen Zielsetzung beeinflussen, z. B. dadurch, dass man bei den potenziellen Gästen versucht, eine positive Grundeinstellung und vertrauensvolle Haltung gegenüber dem eigenen Angebot zu erzielen.

Nicht nur die Zielsetzung der PR-Arbeit ist eine andere als die der Verkaufsförderung oder Werbung, sondern auch die Mittel und Methoden differieren (= weichen ab).

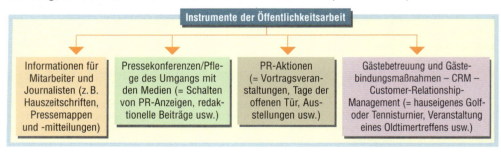

Medienkontakt:
contact to media

Medienkontakte

Der Kontakt mit Vertretern der Presse – dazu zählen auch Rundfunk- und Fernsehsender – wird oft als Kernstück der Pressearbeit bezeichnet. Meldungen und Berichte in den Medien müssen von allgemeinem Interesse, aktuell und glaubwürdig sein. Aus der Sicht des Unternehmens eignen sich besonders Themen, die

▶ die Stärken des Betriebes herausstellen,

▶ einen Wettbewerbsvorsprung aufzeigen.

Häufige Beispiele für Anlässe:

▶ Prominente Gäste mit originellem Foto darstellen, z. B. in der Küche

▶ Neu- oder Umbau des Objektes, z. B. neue Tagungsräume

▶ Maßnahmen im Umweltschutz, z. B. Energieeinsparmaßnahmen

▶ Neues Leistungsangebot, z. B. Partyservice, Biergarten mit Holzkohlengrill

▶ Besitzveränderungen, wichtiger Personalwechsel, Beitritt zu Kooperationen

▶ Saisonale Speisen- und Getränkeaktionen

▶ Gastronomische Auszeichnungen

▶ Maßnahmen der Öffentlichkeitsarbeit, z. B. Wohltätigkeitsveranstaltung, Sponsoring, Kultur, Mode

▶ Unternehmens- und Personaljubiläen

> „Im Gespräch
> bleiben, ohne ins
> Gerede zu kommen."

Möglichkeiten der Kontaktherstellung und -pflege:

Kontaktherstellung	Kontaktpflege
• Pressemitteilung	• Dämmer- oder Frühschoppen mit lokalen Journalisten
• Pressekonferenz/-empfang	• Gemeinsame Journalisten-Sportwettkämpfe
• Besuch der Redaktionen, um eine Kostprobe anlässlich einer Speisenaktion vorbeizubringen	• Betriebsführungen
	• Menügutscheine

Um dem Wunsch von Journalisten nach „etwas Schriftlichem" nachzukommen, kann es notwendig sein, eigene Pressetexte zu verfassen. Dabei gilt:

1. Eine gute Presseinformation steht auf einem A4-Blatt, das der Übersicht wegen nur einseitig beschrieben ist.

2. 1½-facher Zeilenabstand und ein breiter Rand sind ein Muss, da der Redakteur den Text sonst nicht bearbeiten kann.

3. Jede einzelne Seite eines Pressetextes muss genaue Absenderangaben mit Telefonnummer und Namen des zuständigen Sachbearbeiters enthalten.

4. Ein klassischer Pressetext gliedert sich in Titel, Lead, den eigentlichen Text und die Zusammenfassung.

5. Das Lead sollte den Leser über die wichtigsten Aussagen des nachfolgenden Textes informieren.

6. Ein Pressetext beantwortet die sechs W-Fragen: Wer? Was? Wo? Wann? Wie? Warum?

7. Je kürzer und prägnanter ein Pressetext ist, desto größer ist die Chance, dass er veröffentlicht wird.

8. Ein guter Pressetext sollte auch für Nichtfachleute verständlich sein.

9. Bilder, Angaben zur Zeilen- und Zeichenanzahl sowie Hinweis „Abdruck honorarfrei" runden die Pressemitteilung ab.

Neun goldene Regeln für professionelle Pressetexte

Die Presse als Hauptpartner im Mediengeschäft ist vielfach gegliedert. Dem jeweiligen Anlass entsprechend kommen für die Veröffentlichung Tageszeitungen (überregional, regional), Publikumszeitschriften, Wochen- und Sonntagszeitungen, Anzeigenblätter, Journale der Behörden (Verkehrsamt) oder auch Veröffentlichungen in der gastgewerblichen Fachpresse infrage. Letztere dienen vor allem der Profilierung in der Fachwelt.

Öffentlichkeitsarbeit ist Chefsache

Öffentlichkeitsarbeit lässt sich delegieren, sollte aber als klar definierte Position im Unternehmen der Geschäftsführung oder Direktion unmittelbar unterstellt sein. Für kleine und mittlere Unternehmen, in denen eine eigene Stelle unrentabel wäre, stehen drei Möglichkeiten offen, wirksame Öffentlichkeitsarbeit sicherzustellen:
▶ Sie teilen sich mit anderen Betrieben, mit denen sie nicht unmittelbar im Wettbewerb stehen, einen PR-Experten.
▶ Sie engagieren eine Person für alle vernetzten Kommunikationsaufgaben des Betriebes (Werbung, Verkaufsförderung, Öffentlichkeitsarbeit und Guest Relations).
▶ Sie beauftragen eine externe, spezialisierte Public-Relations-Agentur.

Öffentlichkeitsarbeit ist Bestandteil des unternehmerischen Konzeptes. Qualifizierte Öffentlichkeitsarbeit wird von Experten geleistet.

> **Wenn Sie einen Dollar in Ihr Unternehmen stecken wollen, so müssen Sie einen zweiten bereithalten, um das bekannt zu geben**
>
> Henry Ford

PR-Budget

Zwar kosten Veröffentlichungen im redaktionellen Teil der Medien kein Geld, trotzdem gibt es aber auch PR nicht zum Nulltarif. Ausgaben entstehen unter anderem für

▶ Personal, Raum und Verwaltung	▶ Aktionen
▶ Geräte (PC, Telefax, Telefon)	▶ Produktion (Pressebögen, Pressemappen, Vervielfältigung/Druck)
▶ Zeitungen, Zeitschriften	▶ Fremdkosten (Beratung, Texterstellung, Fotografieren)
▶ Porto	▶ Dokumentation (Ausschnittdienste)
▶ Reisen, Spesen und Bewirtung	

Ungeplante PR-Arbeit kann zu einem Fass ohne Boden werden. Ein Jahresbudget für PR trägt dazu bei, unkontrollierte Ausgaben zu vermeiden. Nach einer Faustregel können für Öffentlichkeitsarbeit bis zu 0,5 Prozent vom Umsatz ausgegeben werden.

Während **die Werbung** mit ihren Aktionen und Instrumenten auf eine genau festgelegte Zielgruppe/Zielpersonen abstellt, spricht die **Public Relations** die gesamte Öffentlichkeit oder Teile davon an. Allein Werbung reicht also nicht aus, um am Hotel-/Gastronomiemarkt die Position des Unternehmens zu behaupten.

Beispiel

> „Wenn ein junger Mann ein Mädchen kennengelernt hat und ihr sagt,
> was für ein großartiger Kerl er ist, so ist das Reklame.
> Wenn er ihr sagt, wie reizend sie aussieht, so ist das Werbung.
> Aber wenn das Mädchen sich für ihn entscheidet, weil sie von anderen gehört hat,
> was für ein feiner Kerl er wäre, dann ist das Public Relations.“
>
> Alwin Münchmeyer

Auch die zur PR zählende sorgfältige und systematische Zusammenarbeit mit der Presse spielt eine immer gewichtigere Rolle; funktioniert diese, so lässt sich die Einstellung der Öffentlichkeit gegenüber dem eigenen Unternehmen im Allgemeinen positiv beeinflussen.

10.2.4 Erlebnismarketing/Eventmarketing

Bevor auf die Thematik näher eingegangen wird, soll hier eine praxisgerechte Abgrenzung zwischen den tragenden Begriffen dieses Kapitels vorgenommen werden.

Erlebnisgastronomie: Inszenierte Gastronomie, deren Inszenierung außerhalb der Kernkompetenz Food & Beverage liegt, auch Themengastronomie. Anlass des Besuches ist in der Mehrzahl das Bedürfnis nach einem Erlebnis außerhalb des Alltags (Essen und Trinkens).

Erlebnismarketing: Marketing auf der Basis der Konsumbedürfnisse nach einem Erlebnis, d. h. Unterscheidung vom Alltag, vom gewohnten emotionalen Set.

Events der Gastronomie und Hotellerie: Veranstaltungen, Aktionen, Programme zur Gästebindung mit herausragendem Charakter und zeitlicher Begrenzung; selten Wiederholung. Anlass ist das Bedürfnis „dabei zu sein". Diese Ereignisse sprechen den Menschen emotional oder körperlich an und aktivieren ihn.

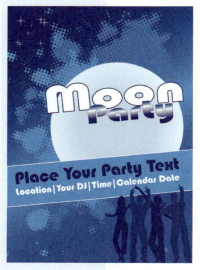

Eventmarketing: Zielgerichtete erlebnisorientierte Kommunikation und Präsentation eines Betriebes oder gastgewerblicher Leistungen, und zwar auf Basis des Bedürfnisses nach kollektiven Erlebnissen, die zeitlich begrenzt sind („Dabei sein ist alles" – „dabei gewesen sein" definiert eine Zugehörigkeit zu einer Gruppe oder einem Milieu). Somit zählt Eventmarketing zu den Kommunikationsinstrumenten, die der erlebnisorientierten Umsetzung von Marketingzielen eines Unternehmens dienen.

Am gastgewerblichen Markt erfolgreich sein bedeutet heute auch, neue, zukunftsträchtige Wege im Rahmen der Pflege und Gewinnung von Gästen zu gehen, denn deren Bedürfnisse haben sich geändert. Die Antwort darauf bietet u.a. die erlebnisorientierte Kommunikation. Der erlebnisorientierte Gast sucht nicht nur Genuss, nein, er will einen Teil Lebensfreude im Restaurant oder Hotel, er möchte Spaß haben, mit anderen gesellig zusammensitzen, ein abwechslungsreiches Programm mit Überraschungen erleben usw.; andererseits kann aber auch Ruhe verkaufswirksam vermarktet werden.

Selbst wenn immer noch Leistungen aus Küche und Keller sowie das Bereitstellen von Hotelzimmern in gastgewerblichen Betrieben vorherrschend sind, erst das Darbieten dieses Angebots verbunden mit einer stimmigen Inszenierung lässt es zum gastgewerblichen Event werden.

Events	Zielgruppen im Gastgewerbe	Veranstaltungen, Ereignisse (Beispiele)
im Hause	● Manager ● Mitarbeiter aller Ebenen	● Konferenz der Regionaldirektoren ● Gesellschafterversammlung ● Tag der offenen Tür ● 10-jähriges Betriebsjubiläum
außer Haus	● Gäste ● Großkunden ● Öffentlichkeit ● Medien	● Tagungen, Kongresse, Messen, Sportveranstaltungen, Auftritte von Künstlern, Vorträge, Kleinkunst regionaler Künstler

Arten von Events

Durch die verschiedenen Events soll erreicht werden,
▶ den jeweiligen gastgewerblichen Betrieb bzw. die Kette in der Öffentlichkeit bekannter zu machen,
▶ ein gewünschtes Image aufzubauen,
▶ den potenziellen Gast anzusprechen und ggf. mit ihm ins Gespräch zu kommen und
▶ unverwechselbare Erlebnisse zu schaffen.

Nachdem die jeweilige Unternehmenssituation analysiert und die Eventmarketingziele festgelegt worden sind, gilt es, eine Eventmarketingstrategie zu erstellen, die sich mithilfe der bekannten sechs Fragewörter erarbeiten lässt:

Eventmarketingstrategie

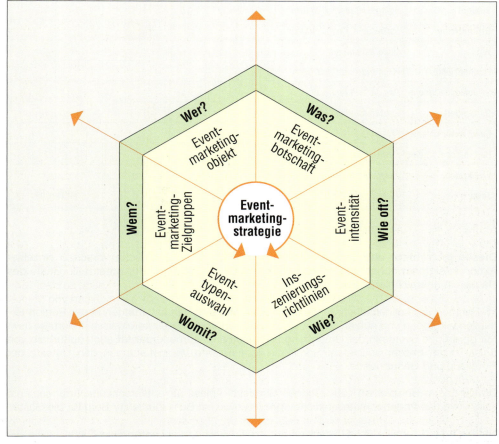

(Vgl. Bruhn, Kommunikationspolitik, S. 801)

Allerdings ist das Event fast immer kombiniert mit weiteren Gästebedürfnissen zu sehen. Der Gast möchte nicht nur das spektakuläre Erlebnis, die Animation, das Abenteuer, die Kommunikation, sondern er wünscht häufig den Alltag als Event, z.B. Frühstücken bei … oder den außergewöhnlichen Restaurantbesuch.

Praxis

M 2

Fragen Sie Ihren Ausbilder, welche Bedeutung Events für das Tagesgeschäft haben und in welchem Umfang für das kommende Jahr Events geplant sind. Diskutieren Sie die Ergebnisse in der Klasse.

Erlebnismarketing im Gastgewerbe ist also die Weiterentwicklung des herkömmlichen Marketings und hat eine neue Ära eingeleitet, wozu i.w.S. Bereiche gehören wie Erlebnispackages, das Incentive-Marketing oder der erlebnisorientierte Partyservice.

Diese neuen Aktionsfelder geben dem jeweiligen Betrieb die Chance, neue Imagewerte aufzubauen, denn die Gäste erfahren stimulierende (anregende) Erlebnisse bzw. finden die gesuchte Abwechslung, was sicher positive Rückwirkungen hat.

Erlebnisgastronomie kann organisatorisch auf verschiedene Art und Weise in den Betriebsablauf integriert werden, z.B. auf der Basis eines kulinarischen Kalenders.

Jahresterminplan „Kulinarische Aktion"

Aktion	Motto	Jan.	Febr.	März	Apr.	Mai	Juni	Juli	Aug.	Sept.	Okt.	Nov.	Dez.
Sonntagsbrunch	*Stark für die Woche*	◄──►
Spargel	*Spargel ist einfach Spitze!*					■	■						
Grillgerichte	*Barbecue & Countrymusic*							■					
Wild	*Hubertus lädt ein*											■	
Fischgerichte	*Fisch frisch auf den Tisch!*	■											
Griechische Woche	*Das ist bei uns Ouzo*												■
Salatbüfett	*Zur Vitamintankstelle*							■					
Bayerische Woche	*O'zapft is*									■			
Italienische Woche	*Pasta und basta!*				■								
Frankreich	*Essen wie Gott in Frankreich*								■				
Tatar	*Total durchgedreht*										◄── mittwochs ──►

Dieses Instrument der Salespromotion ermöglicht eine terminliche Vorschau einzelner Aktionen/Aktionswochen unter akquisitorischen Gesichtspunkten für potenzielle Gäste des Hauses in übersichtlicher Form.

Im Rahmen der kulinarischen Jahresplanung lassen sich Veranstaltungen in der Region terminlich verbinden und nutzen, z.B. Altstadtfeste, Sport- und Kulturereignisse, Feiertage usw. Mit derartigen Events in der Umgebung lässt sich die Zimmerkapazität auch außerhalb von Saisonzeiten besser auslasten. Somit steigern externe Veranstaltungen den Umsatz der Hotellerie und Gastronomie.

Da kann zum Beispiel ein „500-jähriges Burgfest" Anlass für entsprechende Arrangements sein, etwa das Angebot mittelalterlicher Menüs sowie ein Bus-Shuttle zur Burg für die Gäste.

Natürlich sind mithilfe der Gästedatei rechtzeitig Mailings an potenzielle Gäste sowie die Presse zu versenden.

Romantik Hotel und Restaurant Am Wald

Familie
Jürgen Kröppelin
Am Rollenberg 37
38667 Bad Harzburg

Wilhelm-Straße 8
D-38700 Braunlage/Harz

Postfach 2360
D-38693 Braunlage/Harz

Telefon 0 55 20-83 16 07
Telefax 0 55 20-48 92

E-Mail: am-Wald@romantik.de
http://www.romantikhotels.com/braunlage/

Volksbank Braunlage
BLZ 278 933 59
Konto 207 656 70

Sehr geehrte Frau Kröppelin,
sehr geehrter Herr Kröppelin,

in der Vorweihnachtszeit wollen wir Ihnen ein wenig Abwechslung und Ruhe vom Tages-
geschehen bieten.
Lassen Sie sich von unserer Küche verwöhnen und genießen Sie den musikalisch umrahmten Abend.

Adventsstimmung
„Am Wald"

Freitag, den 1. Dezember 20.. um 19:30 Uhr zu

„Christmas & Gospel"
by Tangermann Jazz
weihnachtliche Jazzmusik vom Feinsten
kulinarisch begleitet

Apéritif
Big Apple
geriebener Apfel und Calvados

20..er Château Haut Pougnan
Entre-Deux-Mers, A.C., trocken
ein weißer Bordeaux,
Sauvigon, Schlossabzug
20..er Peperino, vino da Tavola rosso,
I.G.T.
E.A. Terruzzi&Puthod, San Gimignano

Winterliche Blattsalate
mit gebratenen Pfifferlingen,
und hausgebeiztem Lachs

Fasanenessenz mit pochierten Wachteln

Mit Pistazien gefüllte Perlhuhnroulade
auf Rosmarinsauce, dazu Speckwirsing
und Kartoffelschnee

Mandelflammeri
auf Schattenmorellen mit Akazienhonig

Adventspaket von 60,00 € p/P

Informationen über „kulinarische Highlights" und Events zum Jahresende entnehmen Sie bitte der beigefügten
kalendarischen Übersicht. Bei Interesse bitten wir Sie, sich einen Tisch bis zum 29.11.20.. reservieren zu lassen.
Vielen Dank!

Familie Winter und Ihr „Waldteam" freuen sich auf Ihren Besuch.
Ihr Romantik Hotel und Restaurant „Am Wald"

10.3 Marketingrecht

Situation

> Das Unternehmen U wirbt für seine eigens herge-
> stellten Kondome, indem U ein vollkommen nackt
> dargestelltes, den Geschlechtsakt vollziehendes
> junges Pärchen auf einem Werbeplakat abbilden
> lässt und dabei die eigenen Kondome mit denen
> des Konkurrenten K vergleicht. Bei diesem darge-
> stellten Vergleich der Produkte des K mit denen des
> U werden die von K hergestellten Kondome wahr-
> heitswidrig als unbrauchbar – porös bzw. von An-
> fang an undicht sowie nicht gefühlsecht – darge-
> stellt und es wird von einem Kauf der Kondome K
> sogar ausdrücklich abgeraten; die eigenen Kon-
> dome werden demgegenüber in höchsten Tönen
> lobend angepriesen.

Marketingmaßnahmen unterliegen wie alle Handlungsweisen von natürlichen oder juristischen Personen bestimmten rechtlichen Vorschriften. Wenn ein Mitbewerber sich nicht an
bestehende Gesetze oder Vorschriften hält, also einen Rechtsbruch begeht, kann er dadurch
gesetzestreue Wettbewerber benachteiligen und sich selbst einen unlauteren Wettbewerbsvorteil verschaffen. Für den Marketer sind insbesondere das **Kartellrecht**, das *Gesetz gegen unlauteren Wettbewerb* und das *Bundesdatenschutzgesetz* von entscheidender
Bedeutung.

UWG
BDSG

GWB

Mit der Novellierung des *Gesetzes gegen Wettbewerbsbeschränkungen* wurde das deutsche Kartellrecht an die geltenden europäischen Vorschriften angepasst – ein wichtiger Beitrag zur Harmonisierung des Wettbewerbsrechts, für das überall im europäischen Binnenmarkt gleiche Maßstäbe gelten sollen. In Anlehnung an Art. 81 des EG-Vertrags formuliert
§ 1 des *GWB* ein grundsätzliches **Verbot wettbewerbsbeschränkender Vereinbarungen.**

§ 1 GWB

Kartellrecht:
anti-trust law/cartel law

Grundregel:

- Vereinbarungen zwischen Unternehmen,
- Beschlüsse von Unternehmensvereinigungen und
- abgestimmte Verhaltensweisen,

die den Wettbewerb einschränken,

sind **verboten**

Kartellrecht:
Vorrang für den Wettbewerb

Sie können ausnahmsweise dennoch **zulässig** sein, wenn ihre Vorteile die wettbewerbswidrigen Nachteile überwiegen

(z.B. durch höhere Produktqualität, technische Neuerungen, niedrigere Verbraucherpreise).

Vom Verbot **freigestellt** sind deshalb u.a.

Forschungs- und Entwicklungs-, Spezialisierungs-, Technologietransfer-vereinbarungen, Vertriebsvereinbarungen und einzelne Branchen (durch EU-Gruppen-freistellungsverordnungen)

Mittelstandskartelle (nach deutschem Recht)

Im Übrigen müssen die beteiligten Unternehmen selbst beurteilen, ob ihre Absprachen zulässig sind. Sie unterliegen der **Wettbewerbskontrolle** durch die Kartellbehörden und müssen bei Verstößen gegen das Kartellverbot mit Geldbußen und mit Schadensersatzforderungen benachteiligter Konkurrenten oder Abnehmer rechnen.

ZAHLENBILDER
200 295

© Bergmoser + Höller Verlag AG

Gesetz gegen den unlauteren Wettbewerb (UWG)

Der verschärfte Konkurrenzkampf hat in den letzten Jahren dazu geführt, dass das Wettbewerbsrecht eine immer größere Rolle spielt. Der Gesetzgeber hat dem Rechnung getragen und
im *Gesetz gegen den unlauteren Wettbewerb* Vorschriften erlassen, die in der Preispolitik
und Werbung – speziell mit Sonderpreisen – zu beachten sind.

UWG

Wer also im Geschäftsleben aus Wettbewerbsgründen Handlungen vornimmt, die z. B. gegen die guten Sitten verstoßen, kann auf Unterlassung und Schadensersatz in Anspruch genommen werden.

§§ 8, 9 UWG

Dem Staat ist mithilfe des **UWG** ein Hilfsmittel an die Hand gegeben, das alle geschäftlichen Maßnahmen verbietet, die der Auffassung eines ordentlichen Kaufmanns widersprechen und den Wettbewerb verfälschen.

Das Wettbewerbsrecht gilt sowohl für den Umgang mit Gästen/Kunden als auch für die Zusammenarbeit z. B. mit Herstellern, Lieferanten und Großhändlern.

Zweck des Gesetzes: Gewährleistung eines fairen Wettbewerbs	
▶ Schutz der Mitbewerber	bei konkretem Wettbewerbsverhältnis.
▶ Schutz der Verbraucher	Nur ein fairer Wettbewerb stellt die Entscheidungsfreiheit der Verbraucher für oder gegen bestimmte Produkte oder Dienstleistungen sicher.
▶ Schutz der sonstigen Marktteilnehmer	d. h. neben Mitbewerbern und Verbrauchern alle Personen, die als Anbieter oder Nachfrager von Waren oder Dienstleistungen tätig sind.
▶ Schutz der Allgemeinheit	Die Allgemeinheit hat ein Interesse an einem unverfälschten Wettbewerb.

Das **Gesetz gegen unlauteren Wettbewerb** will alle Marktteilnehmer (Mitbewerber, Verbraucher sowie die sonstigen Marktteilnehmer) vor Aktivitäten schützen, die unlauter sind; es soll außerdem das Interesse der Allgemeinheit an einem unverfälschten Wettbewerb schützen.

§§ 1 ff. UWG

§ 3 UWG

Um mit allgemein gehaltenen Formulierungen möglichst viele Tatbestände und Eventualitäten des jeweiligen Einzelfalls zu erfassen, enthält das UWG Generalklauseln.

Als **unlauterer Wettbewerb** gelten:

§§ 3 ff. UWG

▶ irreführende oder verwirrende Angaben über das Unternehmen, seine Größe, seine geschäftliche Lage, über Art, Beschaffenheit und Menge der Angebote, die eigentlichen geschäftlichen Verhältnisse (z. B. kann ein Bild auf dem Briefkopf eine vollkommen falsche Vorstellung von der Größe des Hotels vermitteln).

▶ irreführende Werbung, z. B. das Anlocken von Kunden mit unzulässigen Werbemitteln durch Verkauf von Zubehörwaren bzw. von Restaurantessen zu Schleuderpreisen, falsche Qualitätsangaben usw.

▶ gegen die guten Sitten im Wettbewerb verstoßende Werbe- oder Verkaufsförderungsmaßnahmen, z. B. wenn ein Brombeerlikör als „Busengrapscher" vertrieben wird. Es verstößt gegen die grundgesetzlich geschützte Menschenwürde, wenn Frauen aus kommerziellem Interesse heraus diskriminiert und zu Lustobjekten erniedrigt werden.

Bundesgerichtshof, Az.: ZR 91/93

▶ unangemessene Preise, die niedriger liegen als ursprünglich kalkuliert, also nicht einmal die Selbstkosten oder den Einstandspreis decken. Man spricht in dem Zusammenhang auch von „Preisschleuderei", wenn durch niedrigere Preise die Konkurrenz unterboten werden soll, um sie „aus dem Felde zu schlagen".

▶ der Ausschank unter dem Füllstrich: Wenn ein Wirt von vornherein nicht gewillt ist, Schankgefäße bis zum Füllstrich zu füllen, um dadurch den eigenen Wettbewerb gegenüber Mitbewerbern zu fördern und die Gäste durch täuschende Angaben irrezuführen, verhält er sich wettbewerbswidrig. Minderausschank gilt allerdings nur dann als Wettbewerbsverstoß, wenn der Wirt bzw. sein Personal sich weigern, bis zum Füllstrich nachzuschenken. Das bloße Schlechteinschenken führt allein nicht zum Wettbewerbsverstoß.

▶ „Anschwärzen" von Konkurrenten.

▶ Verraten von Unternehmensgeheimnissen.

▶ Benutzen fremder Firmen- und Markenzeichen ohne Genehmigung.

▶ Unzumutbare Belästigung eines Marktteilnehmers, z. B. durch telefonische Werbung gegenüber Verbrauchern ohne deren Einwilligung.

S

In unserer Eingangssituation hat U zweifelsohne gegen das *UWG* verstoßen. Er hat die Ware des K nicht nur herabgesetzt, er hat auch vergleichend geworben, wobei er seine Produkte (Kondome) denen des K wahrheitswidrig gegenübergestellt hat. Letztlich verstößt seine „unverblümte" Darstellung auf Plakaten – trotz aller Lockerung im Umgang mit der Sexualität in der Öffentlichkeit und den Medien – gegen die guten Sitten bzw. das Anstandsgefühl aller billig und gerecht Denkenden sowie den Schutz der Jugend. Eine derartige Abbildung ist geeignet, die Entwicklung der Kinder und Jugendlichen zu beeinträchtigen.

Im Gegensatz zur bisherigen Rechtsprechung ist die umstrittene **vergleichende Werbung** in allen Staaten der Europäischen Union zulässig.

Die für Verbraucherfragen zuständigen Minister der EU billigten die Richtlinie 97/55 EG, die Spielregeln für diese Art der Werbung aufstellt. Unter anderem soll sichergestellt werden, dass die Werbung warheitsgetreu, nicht herabsetzend und nicht irreführend ist. Zudem dürfen nur nachprüfbare und typische Eigenschaften miteinander verglichen werden:

> **Vergleichende Werbung zulässig**
> Unternehmen und Geschäfte können noch aggressiver Konkurrenzprodukte nennen und mit in ihre Werbung einbeziehen. Im Hinblick auf die Richtlinie der EU (97/55/EG) sieht der Bundesgerichtshof in einer vergleichenden Werbung keinen Wettbewerbsverstoß, soweit die Richtlinie der EU eingehalten wird.

> Nach dieser ist eine vergleichende Werbung im Grundsatz zulässig, allerdings darf der Vergleich mit anderen Produkten nicht irreführend sein. Zudem dürfen nur nachprüfbare und typische Eigenschaften miteinander verglichen werden. Eine Herabsetzung oder Verunglimpfung des Mitbewerbers muss zudem ausgeschlossen sein.

Außerdem dürfen eingetragene Marken nicht geschädigt werden. Ein isolierter, direkter Preisvergleich ist aber möglich.

§ 6 UWG

Die wichtigsten Regelungen zur vergleichenden Werbung finden sich im *UWG*.

Vergleichende Werbung ist jede Werbung, die unmittelbar oder mittelbar einen Mitbewerber oder die von einem Mitbewerber angebotenen Waren oder Dienstleistungen erkennbar macht.

§§ 8, 9, 12, 16 ff. UWG

Verstöße gegen die wettbewerbsrechtlichen Regelungen können unterschiedliche Rechtsfolgen nach sich ziehen, z.B. Unterlassungsanspruch, Anspruch auf Schadensersatz, strafrechtliche Verfolgung.

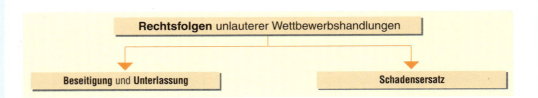

Bei allen Ansprüchen (zivilrechtlicher Art), die das *UWG* als Grundlage haben, sind die Landgerichte ausschließlich sachlich zuständig und die örtliche Zuständigkeit richtet sich nach der gewerblichen oder selbstständigen beruflichen Niederlassung des Beklagten; Einigungsstellen werden seitens des jeweiligen Bundeslandes bei den Industrie- und Handelskammern errichtet.

§ 11 UWG

Die Ansprüche verjähren innerhalb von sechs Monaten, wobei die Verjährung beginnt, wenn der Anspruch entstanden ist und der Gläubiger von den anspruchbegründenden Umständen und der Person des Schuldners Kenntnis erlangt oder ohne grobe Fahrlässigkeit erlangen müsste.

Die Strafvorschriften des *UWG* sehen für „strafbare Werbung" bzw. den „Verrat von Geschäfts- und Betriebsgeheimnissen" im Extremfall sogar Freiheitsstrafen vor.

Kap. 6.7

PAngV

Ein weiteres Recht, das bei preisbezogenen Marketingmaßnahmen berücksichtigt werden muss, ist die *Preisangabenverordnung*.

Warenunterschiebung

Herr Reischel nimmt an der Theke der Gaststätte „Schwarzer Bär" Platz und bestellt ein Mittelwalder-Hell. Dem Wirt ist diese Biersorte gerade ausgegangen, sodass er dem Gast ein helles Bier von der Konkurrenzbrauerei in ein Dekorglas der Brauerei Mittelwald einschenkt und Herrn Reischel vorsetzt. Ist diese Handlung des Wirtes zulässig?

Wenn anstelle der bestellten Ware einer bestimmten Marke bzw. Qualität eine andere Ware anderer Qualität oder Marke vom Wirt geliefert wird, so liegt auf jeden Fall eine **Warenunterschiebung** vor; es kann sich dabei sogar um Betrug handeln.

Bei der Warenunterschiebung sind verschiedene Formen zu unterscheiden:

Zu 1 Erkennbare oder offene Warenunterschiebung

Der Gast bestellt ein Mineralwasser einer bestimmten Marke; der Wirt bringt ihm jedoch ein Wasser einer anderen Marke. Zwar erkennt der Gast die Abweichung von seiner Bestellung, trotzdem verstößt ein solches Verhalten gegen *§ 3 UWG*, denn der Wirt verlässt sich darauf, dass der Gast die andere Marke nicht erkennt bzw. sich nicht gegenteilig äußert.

Zu 2 Versteckte Warenunterschiebung

Der Gast bestellt einen bestimmten Weinbrand, erhält jedoch einen anderen in einem neutralen Glas serviert, sodass die Täuschung für ihn nicht ohne Weiteres erkennbar ist, es sei denn, er ist ein Kenner. Auch hier handelt es sich um eine unzulässige Warenunterschiebung nach *§ 3 UWG*, und zwar unabhängig von der Qualität des servierten Weinbrands.

Zu 3 Betrügerische Warenunterschiebung

Der Gast bestellt einen Doppelkorn; der Wirt schenkt ihm aber einen Einfachkorn ein, berechnet jedoch den Preis des Doppelkorns. Wenn also der Wirt eine minderwertige Qualität zum höheren Preis ausschenkt, handelt es sich um eine betrügerische Warenunterschiebung.

Der Wirt ist nicht nur für die eigene Warenunterschiebung verantwortlich, sondern auch für die seines Personals. Jede Warenunterschiebung ist unzulässig, sie verstößt gegen *§ 1 UWG* und kann im Einzelfall als Betrug geahndet werden, was auch zum Entzug der Konzession führen kann.

Deckt der Gast eine Warenunterschiebung auf, kann er nicht nur den Wirt anzeigen, sondern auch Schadensersatz verlangen. Merkt der Gast die Warenunterschiebung sofort, so steht ihm das Recht der Zahlungsverweigerung zu.

Aufgaben

1. Überprüfen und begründen Sie, ob sich der Gastwirt in den folgenden Fällen unerlaubter Hilfsmittel bedient hat, und geben Sie die Folgen an:
   a) Eine Hotelkette gibt auf dem Etikett der Sektflasche „Hausmarke" ein falsches Erzeugergebiet an.
   b) Ein Restaurantbesitzer kündigt in einer Aktion an, dass er Schnitzel weit unter dem Einkaufspreis anbiete.
   c) Eine gute Bekannte des Hoteliers lässt sich unter falschem Namen als Chefsekretärin im Konkurrenzhotel einstellen, um dadurch Geschäftsgeheimnisse zu erfahren.
   d) Ein Hotelier gibt seinem Gast einen Rasierapparat kostenlos, wenn dieser eine Woche in seinem Hotel Quartier nimmt.
   e) Xaver B., Hotelier im Nachbarort, behauptet in einer Sitzung des Skivereins, es lohne sich nicht, beim Hotelier am Ort Betten für die Meisterschaft zu reservieren, da er mit seinem Hotel sowieso bald Insolvenz anmelden müsse. Nach der bewussten Skisaison existierte das Hotel jedoch immer noch.

2. Karin Bingenheimer bestellt im Hotel „Vierjahreszeiten" ein Mineralwasser. Der Ober serviert ihr ein Tafelwasser. Handelt es sich dabei um eine strafbare Warenunterschiebung?

3. Peter Zierden ist auf der Durchreise und möchte eine Erfrischung in Form eines „Cinzano on the rocks" zu sich nehmen. Da dem Gastwirt Cinzano ausgegangen ist, serviert er einen „Martini on the rocks". Peter Zierden verweigert daraufhin die Bezahlung. Ist er im Recht?

4. Auf dem Gebiet der Hotelanlage „Altes Schloss" hat sich im Rahmen des Geschäftsablaufs Folgendes ergeben:
   a) Durch Lautsprecheransage wird verkündet, dass die Übernachtungs- und Restaurantpreise günstiger sind als im Hotel „Goldener Schwan".
   b) Neben dem Eingang zum Hotel ist ein Schaukasten aufgestellt, in dem zu lesen ist: „Pullover 50,00 €" sowie „Alle Hemden jetzt 10 % billiger".
   c) Zur Feier des 10-jährigen Jubiläums hat das Hotel in der Presse angekündigt, dass alle Speisen und Getränke im Restaurant sowie die Übernachtungen für einen Monat um 40 % gesenkt werden. Ist dies zulässig?

5. Familie Finck betritt das Restaurant des Hotels „Im Stillen Winkel", um sich nach einer anstrengenden Autofahrt verwöhnen zu lassen. Die Bedienung Uta kommt sofort auf die neuen Gäste zu und fragt nach ihren Wünschen. Als Frau Finck nach der Speisenkarte fragt, weist die Bedienung gleich darauf hin, dass es heute sicher richtig wäre, das Hirschgulasch zu wählen; es sei auf jeden Fall besser als im nahe gelegenen Hotel „Ein Schönes Plätzchen". Als Herr Finck fragt, ob das Hotel auch eine Auswahl rumänischer Weine habe, meint Uta, dass man in dieser Hinsicht eine umfassende Auswahl anzubieten habe; sie könne das bestens beurteilen. Finden Sie heraus, ob die Bedienung in der vorstehenden Situation die richtige Verkaufstechnik angewendet hat.

6. Ein bekannter Hotelier hat einmal gesagt: „Gib den Gästen Qualität und du wirst mehr Gäste dafür bekommen!" Erläutern Sie, was der Hotelier mit seinem Ausspruch meint.

7. Wofür steht die Coporate Identity in einem Hotelbetrieb?

8. Was verstehen Sie unter Werbung?

9. Nennen Sie Mittel der Innen- und Außenwerbung.

10. Welche Punkte sind bei der Planung einer Werbeaktion festzulegen?

11. Die Beurteilung von Werbemitteln, z. B. eines Prospektes, erfolgt nach den Prinzipien (Grundsätzen) der Werbung. Nennen Sie diese Prinzipien.

12. Das Hotel „König Ludwig" hat darüber zu entscheiden, an welcher Bezugsgröße der Werbeetat des Hotels auszurichten ist. Dem Hoteldirektor sind von seinen Mitarbeitern folgende Vorschläge unterbreitet worden:
   - Ausrichtung des Werbeetats im Verhältnis der Personalkosten zum Wareneinsatz
   - Ausrichtung am durchschnittlichen Lagerbestand
   - Orientierung am zu erwartenden Jahresumsatz
   Welche Bezugsgröße ist nach Ihrer Meinung die geeignetste?

13. Als Werbemittel des Gastwirts gelten vor allen Dingen das Wort, die Sprache, das Bild usw.
   Warum greift der Gastwirt gern auf die bildhafte Darstellung zurück?

14. Eine Hotelkette plant eine groß angelegte Aktion der kommunikativen Marketinginstrumente, um ihre Unternehmensidentität zu erhöhen.
   a) Was ist grundsätzlich beim Instrumenteneinsatz zu beachten?
   b) Welche Möglichkeiten, die dem potenziellen Gast sofort auffallen, hat die Hotelkette, um die Unternehmensidentität zu verbessern?

15. Während einer Betriebsschulung bittet der Ausbilder die angehende Hotelfachfrau Karin, ihm doch den Unterschied zwischen Werbung und Public Relations während der nächsten Schulung zu erklären, und zwar durch Gegenüberstellen der Ziele, Mittel und Zielgruppen. Erarbeiten Sie für Karin eine solche Gegenüberstellung.

16. Bei einer Konferenz, an der Hoteldirektion und Abteilungsleiter teilnehmen, macht man sich darüber Gedanken, wie der momentan stagnierende Umsatz mithilfe der Verkaufsförderung gesteigert und gleichzeitig die Qualität der Angebotspalette gesichert werden kann. Geben Sie Anregungen, wie sich die gesetzten Ziele verwirklichen lassen.

17. Stellen Sie am Beispiel eines Großhotels die Aufgaben der PR-Arbeit heraus.

18. Patrick Partyka ist Mitarbeiter der Marketingabteilung des Hotels „Am Wald". Die Geschäftsleitung überträgt ihm den Auftrag, die Erlebnis-Gastronomie im eigenen Hause zu verwirklichen.
   a) Er soll zum einen mehrere Vorschläge machen, welche Erlebnisveranstaltungen/Events sich für Restaurant und Hotel anbieten.
   b) Patrick soll weiterhin für ein/e Frühlingsevent/Frühlingsveranstaltung im Hause einen Flyer erstellen, der an den in der Gästedatei erfassten Personenkreis zu versenden ist.

19. Nennen Sie mindestens zwei gesetzliche Regelungen (Verordnung/Gesetz), welche die Preisgestaltung beeinflussen.

20. Der Wettbewerb zwingt unter Umständen Hoteliers, sich mit anderen Unternehmern zu freiwilligen Kooperationsgemeinschaften zusammenzuschließen. Welche der nachfolgenden Absprachen ist laut Kartellrecht nicht erlaubt:
   a) eine Absprache über ein einheitliches Kassensystem,
   b) eine Absprache über gemeinsame Werbestrategien,
   c) eine Absprache über einheitliche Verkaufspreise,
   d) eine Absprache über einheitliche Qualitätsmerkmale,
   e) eine Absprache über eine gemeinsame Einkaufszentrale?

11 Umweltschutz und Ökonomie

Jeder gewerbliche Einzelbetrieb trägt zu einer weitaus größeren Umweltbelastung bei als ein Privathaushalt. Eine umweltorientierte Betriebsführung und die Übernahme von Eigenverantwortung decken ökologische wie auch ökonomische Schwachstellen auf, die nach einer Analyse durch entsprechende Maßnahmen abgestellt werden können.

Die **Vorteile einer umweltorientierten Betriebsführung** sind:
▶ Schutz der Umwelt und damit der Existenzgrundlage des Gastgewerbes und der Touristik,
▶ Vorteile für die betriebswirtschaftliche Gesamtrechnung (Einsparungspotenziale in Verbrauch und Beschaffung),
▶ Imageprofilierung des Betriebes und der Branche an sich und
▶ Umweltschutz als Marketinginstrument.

11.1 Umweltpolitische Zielsetzungen und Unternehmensführung

Situation

**Umwelt-
freundliches
Frühstücks-
büfett**

Deuten Sie die Aussageabsicht dieser Karikatur.

M 7

Das Gastgewerbe muss sich heute mehr denn je der Umweltfrage stellen, und zwar als Verursacher und Opfer der Umweltbeeinflussungen. Der Gastronom bzw. Hotelier und die Gäste müssen sich bewusst sein, dass sie nur mit der Umwelt leben und arbeiten können und jeder für ihren Erhalt bzw. die Verbesserung verantwortlich ist.

Das Wissen um die **Mitverantwortung des Gastronomen/Hoteliers** für eine gesunde Umwelt wird zu einem Entscheidungskriterium für die gastgewerbliche Unternehmenstätigkeit. Hierbei geht es nicht darum, Umweltschäden zu reparieren, sondern zu vermeiden – und zwar heute wie in Zukunft.

Der Konsument wünscht umweltfreundliche Produkte, weniger Verpackungsaufwand, Nahrungsmittel aus kontrolliertem ökologischen Anbau und mehr Rücksicht auf die Umwelt in allen Produktions- und Dienstleistungsbereichen. Die ständig wachsende Zahl gastgewerblicher Betriebe, die eine ganzheitliche, umweltorientierte Unternehmenspolitik betreiben, mag als Hinweis gelten, dass der Markt auch in diesem Bereich funktioniert.

Die Nachfrage nach umweltfreundlichen Anbietern in Hotellerie und Gastronomie ist größer geworden. **„Ökologische Nachhaltigkeit"** ist für viele Kunden ein Kriterium für die Auswahl eines Hotels, eines Restaurants oder eines Caterers. Dies hat den Bedarf nach einem Instrument geweckt, mit dem das Engagement des Betriebes im Umweltschutz auch nach außen dokumentiert werden kann.

Seit 2012 steht den Betrieben deshalb der u. a. auch vom Bundesministerium für Umwelt unterstützte **DEHOGA Umweltcheck** zur Verfügung, bei dem sich Betriebe im Hinblick auf ihre Umweltverträglichkeit überprüfen lassen können. Am Ende steht ein Zertifikat, das bei Erfüllung der Kriterien in drei Kategorien (Gold, Silber und Bronze) an teilnehmende Betriebe vergeben wird.

Der DEHOGA Umweltcheck soll die Lücke zwischen dem Einstieg in das betriebliche Umweltengagement (z.B. Energiekampagne Gastgewerbe) und anspruchsvolleren, teuren Auszeichnungen oder Umweltmanagementsystemen schließen. Teilnehmen kann jeder Betrieb aus Gastronomie und Hotellerie. Als Basisbetrag werden von Mitgliedern des DEHOGA 250,00 € erhoben. Weitere Kosten richten sich nach der Zahl der Zimmer (Hotel) bzw. der Sitzplätze.

Bewerber erhalten einen Erhebungsbogen, füllen diesen – ggf. unter telefonischer Zuhilfenahme der Auswertungsstelle – aus und senden ihn mit entsprechenden Belegen (z.B. Jahresabrechnung für Strom- und Wasserverbrauch) ein. Die detaillierte Auswertung der Ergebnisse wird von anerkannten Fachorganisationen wie adelphi und Viabono vorgenommen. Der Kriterienkatalog zur Einordnung des Betriebes in die drei Kategorien richtet sich nach den folgenden Punkten, wobei sich die Werte jeweils an den **Medianen** (Durchschnittswerten vergleichbarer Betriebe) orientieren:

1. Energieverbrauch
2. Wasserverbrauch
3. Abfallaufkommen
4. Einsatz von Lebensmitteln: regionale Produkte, fair gehandelte Produkte, Produkte in Bio-Qualität.

DEHOGA Umweltcheck: Kategorien und ihre Kriterien						
	Energie-verbrauch	**Wasser-verbrauch**	**Abfallauf-kommen**	**Einkauf/Verwen-dung von Produkten aus der Region/aus Eigenproduktion**	**Einkauf/Verwen-dung von fair gehandelten Produkten**	**Biozertifizierung oder CO2-Fußabdruck des Betriebes**
Gold	mind. 30 % geringer als der Median	mind. 30 % geringer als der Median	mind. 30 % geringer als der Median	5 Produkte/Produkt-gruppen	1 fair gehandel-tes Produkt	erforderlich; alternativ 10 Produkte/Produkt-gruppen aus Region/ eigener Produktion
Silber	mind. 20 % geringer als der Median	mind. 20 % geringer als der Median	mind. 20 % geringer als der Median	4 Produkte/Produkt-gruppen	1 fair gehandel-tes Produkt	–
Bronze	geringer als der Median	geringer als der Median	geringer als der Median	3 Produkte/Produkt-gruppen	–	–

Ist der DEHOGA Umweltcheck „bestanden", erhält der teilnehmende Betrieb eine entsprechende Auszeichnung bzw. Urkunde mit dem Logo des Bundesumweltministeriums und eine detaillierte Auswertung der Ergebnisse. Letztere kann ihm wichtige Hinweise auf seine Stellung am Markt geben. Zudem erhält der Teilnehmer Hilfestellung bei der Präsentation der Auszeichnungen auf seiner Homepage, dem Entwurf eines Pressetextes und der weiteren Verbesserung seiner nachhaltigen Unternehmensführung. Er wird schließlich auf den entsprechenden Internetseiten des DEHOGA aufgeführt.

Wasserverbrauch:
water consumption

Energieverbrauch:
energy consumption

Abfallaufkommen:
(amount of) waste
produced

Lebensmittel:
groceries

Praxis

M 5

Sammeln Sie in Ihrem Betrieb Sondermüll, den dieser „immer schon mal loswerden wollte". Organisieren Sie mit Ihrer Klasse einen Ausflug zum örtlichen Recyclinghof. Bei dieser Gelegenheit können Sie einen der Mitarbeiter zum Thema Müll befragen. Nutzen Sie dabei die Erkenntnisse aus Ihrer „Sammelaktion".

Umweltmanagement

▶ dient dem Schutz der Umwelt und somit der Sicherung der Existenzgrundlage des Tourismus und des eigenen Unternehmens;
▶ bringt betriebswirtschaftliche Vorteile (Einsparung in Verbrauch, Beschaffung und Entsorgung);
▶ bietet Möglichkeiten zur Profilierung des Unternehmens und der Branche.

Umwelt-
management:
environmental
management

Der Übergang zur **umweltorientierten Unternehmensführung** hat kontinuierlich zu erfolgen. Sogenannte „Hauruck-Aktionen" beeinflussen das umweltbewusste Verhalten der Mitarbeiter und Gäste negativ.

Die umweltorientierte Unternehmensführung im Gastgewerbe wird von Erfolg gekrönt, wenn man den folgenden Ablauf sinnvoll realisiert:

Sieben Schritte zu einer umweltorientierten Unternehmensführung	
Ökologische Bestandsaufnahme	systematische Überprüfung der einzelnen Betriebsbereiche mithilfe von Checklisten
Attraktive Maßnahmen	z. B. Kosteneinsparungen, die von den Mitarbeitern akzeptiert werden und positive Gästereaktionen erwarten lassen
Mitarbeiter sensibilisieren	z. B. Qualitätszirkel zu Umweltmaßnahmen einführen
Gästen umweltbewusstes Verhalten zutrauen	Akzeptanz durch Ökoideen
Kooperation statt Alleingang	Zusammenarbeit mit Bezugsgruppen (vernetztes Denken)
Umweltgedanken konkretisieren	realisierte Maßnahmen vorstellen, z. B. ökologische Innovationen als PR-Thema
Umweltschutz als Managementaufgabe	Umweltziele als strategische Ziele, z. B. regelmäßige Mitarbeitergespräche und Weiterbildung

(Dettmer/Hausmann [Hrsg.]: Betriebswirtschaftslehre für das Gastgewerbe, Hamburg 2016, S. 414)

Beim Einkauf bzw. bei der Produktauswahl sollte der Gastronom auf die **Umweltzeichen** achten. Eines der wichtigsten Umweltzeichen für Produkte ist der **„Blaue Engel"**. Dieses Umweltschutzzeichen wird für Produkte vergeben, die umweltfreundlichere Alternativen zu vergleichbaren anderen Produkten darstellen. Erscheinungsformen des Blauen Engels sind zum Beispiel …

Produkte aus **Altpapier**: Büro- oder Hygienepapier (z. B. Papierhandtücher, Toilettenpapier, Servietten), die dieses Kennzeichen tragen, müssen zu 100 % aus Altpapier – also aus Papieren oder Pappen, die nach Gebrauch oder Verarbeitung erfassbar anfallen – bestehen. Vorteile für die Umwelt sind geringer Ressourcenverbrauch, Senkung des Abfallaufkommens und Vermeidung von Umweltbelastungen bei der Zellstofferzeugung aus Frischfasern.

Produkte, die besonders **emissionsarm** sind: Wandfarben, Polstermöbel, Bodenbeläge, Reinigungsprozesse – Produkte, die mit diesem Zeichen versehen sind, zeichnet aus, dass sie von der Produktion an über die gesamte Nutzungsdauer und bis hin zur Verwertung und Entsorgung geringere Umwelt- und Gesundheitsbelastungen verursachen als vergleichbare Produkte ohne das Umweltzeichen.

Weitere wichtige Umwelt-Gütesiegel:

Mit diesem Umweltgütezeichen der EU dürfen nur solche Produkte gekennzeichnet werden, die in ihrer Gesamtheit umweltverträglich und biologisch abbaubar sind. Diese Produkte müssen energiearm hergestellt werden und es dürfen keine gefährlichen Abwasser oder Abgase entstehen.

Verpackungen, die durch die Gesellschaft „Duales System in Deutschland, Gesellschaft für Abfallvermeidung und Sekundärrohstoffgewinnung mbH" „haushaltsnah" gesammelt, sortiert und entsorgt werden, sind mit dem **„Grünen Punkt"** gekennzeichnet.

▶ **Deutsche Gesellschaft für Umwelterziehung e. V.**
Wird als Umweltzeichen (**Blaue Flagge**) für jeweils ein Jahr an vorbildliche Urlaubsorte und Sportboothäfen verliehen. Alle ausgezeichneten Orte und Sportboothäfen müssen vorbildliche Arbeit im Umweltschutz und bei Umweltinformationen nachweisen, z. B. Einhaltung mikrobiologischer Richtwerte der EU-Badegewässer-Richtlinie, umweltbezogene Veranstaltungen.

▶ **Verein Ökologischer Tourismus in Europa e. V. (Ö.T.E.)**
Wird an Tourismusorte (**Grüner Koffer**) unter Berücksichtigung von Umweltanforderungen (Erhebungs- und Fragebogen) vergeben:
▷ „Kommunales Öko-Audit": Offenlegung aller Umweltmaßnahmen der Kommune
▷ „Status-quo-Analyse": Bewertung des Zustandes von Luft, Wasser, Boden, Lärmbelästigung
▷ Besondere Maßnahmen der Verkehrsberuhigung, Abfallreduzierung und Wasserversorgung

www.viabono.de
E-Mail:
info@viabono.de

▶ **Deutsches Gütesiegel für Ökotourismus**
Die Dachmarke **„Viabono"** soll umweltfreundlichen Urlaub attraktiver machen. Viabono ist das derzeit meistgenutzte Gütesiegel Deutschlands. Die Viabono-Kriterien bauen auf den Erfahrungen der Umwelt- und Verbraucherverbände ebenso wie auf denen der kommunalen Spitzenverbände auf. Sie sind in der Praxis erprobt und decken ein breites Themenspektrum ab:
▷ Ressourcenschonung; Abfall, Energie, Klima, Wasser
▷ Natur- und Landschaftsschutz
▷ Information
▷ Management
25 Fragen führen die Unternehmen zur Möglichkeit, die Marke „Viabono" zu nutzen.

Praxis

M 4

Viele Organisationen (z. B. Rotes Kreuz, Caritas) nehmen Kleiderspenden entgegen, um diese an bedürftige Menschen weiterzuleiten. Unbrauchbare Stoffreste daraus werden von der Industrie weiterverwendet – auch eine Form der Müllvermeidung!
Organisieren Sie doch einmal eine Altkleidersammlung in der Klasse oder in der Schule. Gleichzeitig können Sie die Schüler nach ihrem Umweltverhalten befragen.

11.2 Möglichkeiten, Maßnahmen und Programme zum Umweltschutz

Die Möglichkeiten bzw. Maßnahmen im Rahmen des Umweltmanagements im Gastgewerbe sind vielfältig. Nachfolgend wird eine Auswahl – auf die einzelnen Hotelbereiche bezogen – dargestellt.

Möglichkeiten und Maßnahmen des Umweltmanagements im Gastgewerbe

Schulungen aller Mitarbeiter über die Belange des Umweltschutzes im Unternehmen	Auswertungen über den Stand der Durchsetzung von betrieblichen Umweltmaßnahmen in den einzelnen Bereichen des gastgewerblichen Unternehmens

Verwaltung

- Bereitstellung von Gästeinformationen über Umweltmaßnahmen im Unternehmen
- Wiederbefüllbare Toner-Kassetten für Kopierer verwenden
- Rückgabe von Transport- und Umverpackungen
- Einführung eines Dreifach-Trennsystems für Schreibpapier, Pappe und Grüne-Punkt-Abfälle
- Verzicht auf umweltschädliche Arbeitsmaterialien
- Planung und Durchführung von Investitionen unter ökologischen Gesichtspunkten
- Gewährung von Fahrtkostenzuschuss für das Personal bei Benutzung von öffentlichen Verkehrsmitteln
- Erarbeitung von Umweltschutzkennziffern für die einzelnen Unternehmensbereiche
- Einsatz von Kraftfahrzeugen mit geringem Kraftstoffverbrauch und Vermeidung von Leerfahrten
- Einkauf beim Produzenten stellt einen Beitrag zur Müllvermeidung dar, wenn Ware offen gekauft und geliefert werden kann
- Die Abfalltrennung in Altglas, Altpapier, Altmetalle und Kunststoff ist für den Betrieb zu gewährleisten
- Bei sämtlichen Werbemitteln wie Hotelprospekten, Mailings, Angebotskarten und -mitteilungen, Tischkartenaufstellern wird Umweltschutzpapier oder sauerstoffgebleichtes Papier verwendet, was auch für Visitenkarten, Kopierpapier und Kuverts gilt

Servicebereich

- Verzicht auf Einweggeschirr, Einwegtischdecken, Dosengetränke und Kleinstflaschen
- Papierservietten sind, wo immer möglich, durch solche aus Stoff zu ersetzen
- Weg vom „Plastik-Frühstücksbüfett": Portionsverpackungen aller Art (Butter, Konfitüre, Knäckebrot, Zucker, Sahne, Milch etc.) werden vermieden, Frühstückszutaten sind täglich attraktiv in entsprechenden Behältern lose anzubieten (z. B. kann Marmelade mithilfe von Pumpsystemen portioniert und Cornflakes in Leinensäcken angeboten werden)
- Getränke werden, wenn möglich, in Großbehältern bzw. im Mehrwegsystem eingekauft, z. B. Erfrischungsgetränke in Dispensern
- Getränke, vornehmlich Bier und Wasser, sollten bei Brauereien bzw. Getränkegroßhändlern aus der Region bezogen werden, um die Anlieferungswege zu verkürzen.
- Für Tischdekorationen sollten keine Plastikblumen verwendet werden
- Mülltrennung am Getränkebüfett
- Für alle Speisekarten ist Recyclingpapier zu verwenden
- Auf Papieruntersetzer und -manschetten bei Kaffee bzw. Bier ist zu verzichten, um den Abfall zu verringern
- Der Restaurations- wie Tagungsbereich sollte so konzipiert sein, dass er möglichst lichtdurchflutet ist, um Energie zu sparen

Fortsetzung

Etage/Haustechnik

- Variabler Wäschewechsel
- Verzicht auf Kochwäsche und gegebenenfalls auf Vorwaschgang
- Einbau von getrennten Wasser-, Gas- und Stromzählern einzelner Bereiche
- Einsatz von Energiesparlampen
- Zentrale Warmwasserversorgung
- Einbau von Thermostaten an allen Heizkörpern
- Regelmäßige Überprüfung des Wirkungsgrades der Heizungsanlage
- Kontinuierliche Überprüfung der Wasserhähne, des Schwimmerventils der Spülkästen
- Einbau von Spülkästen mit Spartaste (Stopptaste)
- Einsatz von Durchflussbegrenzern in den Handwaschbecken und Duschen
- Installation von Stromlastbegrenzern
- Ermittlung der betrieblichen Wasserqualität
- Im Badezimmer steht ein Hinweis bezüglich der Benutzung der Hand- und Badetücher:

> Bitte entscheiden Sie!
> Handtücher auf dem Boden heißt: „Bitte austauschen."
> Handtücher zurück auf den Halter bedeutet:
> „Ich benutze sie ein weiteres Mal – der Umwelt zuliebe."

- Umweltschonende Waschmittel verwenden
- Auf Kochwäsche und Vorwaschgang verzichten
- Toilettenpapier ist aus weichem Recyclingpapier
- Die Entsorgung von Neonröhren, Glüh- und Sparlampen erfolgt direkt an den Händler
- Um Verstopfungen vorzubeugen, werden in Gästezimmer entsprechende Eimer und Beutel mit Hinweisen für Produkte der Damenhygiene und andere Abfälle aufgestellt
- Grundsätzlich werden nur biologisch abbaubare Reinigungsmittel eingesetzt

- Auf Duftspender zum Einhängen in die WC-Schüssel oder Spülkästen wird verzichtet
- Einsatz von elektrischen Händetrocknern prüfen
- Der Verzicht auf verpackte Einwegkosmetik in den Gästezimmern ist umweltfreundlicher
- Auf Desinfektionsmittel sollte verzichtet werden
- Keine Portionspackungen für Badeartikel
- „Betthupferl" in Kleinpackungen einsparen
- Einwegzahnputzbecher sind überflüssig
- Verwendung von Zeitschaltuhren und Münz-TV sind in Erwägung zu ziehen
- Bei der Verwendung von Zellstoffartikeln ist auf chlorfrei gebleichte Produkte zu achten
- Es werden keine Spraydosen mit Treibgas (FCKW) verwendet
- Die Einrichtung von Nichtraucheretagen und -bereichen kommt vielen Gästen entgegen und sorgt auch für bessere Luft
- Im gesamten Hotel wird regelmäßig für eine ausreichende natürliche Belüftung und relative Luftfeuchtigkeit (45 bis 55 %) gesorgt
- Speiseessig zum Entkalken von Armaturen im Bad ersetzt oft hoch konzentrierte und schädliche Entkalkungsmittel
- Auf Sanitär- und Rohrreiniger verzichten
- Verzicht auf Weichspüler
- Für Balkone und Gartenanlagen werden keine chemischen Pflanzenschutzmittel verwendet
- Äußerst sparsamer Einsatz von Insektenvertilgungsmitteln ist eine Notlösung; peinliche Sauberkeit im Hotelbetrieb beugt vor
- Pflege und Ausbau von Außen- und Gartenanlagen unter ökologischen Gesichtspunkten

Küche

- Einkauf unter dem Gesichtspunkt der Pfandbehälter
- Anlieferung von Fleisch-, Wurstwaren und Frischgemüse in Rücklaufbehältern
- Angebot von Vollwertgerichten
- Installation von Sackständern mit Deckel für gelbe Säcke
- Umstellung der Reinigungs-/Pflegemittel auf nachfüllbare Behältnisse
- Anschluss der Spülmaschinen an die hauseigene Wasserversorgung
- Verwendung von Frischprodukten aus der Region
- Getrennte Entsorgung von Fetten und Ölen über spezielle Verwertungsfirmen
- In allen Küchen sind Fettabscheider zu installieren, kein Öl darf in den Wasserabfluss gelangen
- Wo immer möglich wird versucht, ohne aggressive Chemie auszukommen, z. B. bei der Schmutzentfernung im Backraum im noch warmen Zustand mit mildem Neutralreiniger

- Küchenrollen und Papierhandtücher aus umweltfreundlichem Material werden verwendet
- Bei Geschirr- und Gläserspülmaschinen werden phosphatfreie bzw. phosphatarme Spülmittel bevorzugt
- Geschirr- und Gläserspülmaschinen sollten nur bei voller Kapazitätsauslastung in Betrieb genommen werden
- Kochherde werden ohne Einsatz aggressiver Chemie regelmäßig gereinigt – verschmutzte Herdplatten und Brenner kosten Energie
- Tiefgefrorene Lebensmittel sind aufzutauen, bevor sie im Topf oder in der Pfanne verwendet werden; die Bodenflächen jeglichen Geschirrs auf dem Herd entsprechen der Größe der Flamme beim Gasherd; Kochgeschirr mit gebogenem Boden wird aussortiert
- Warme Speisen werden nicht im Kühlschrank abgekühlt; verschmutzte Kühlsysteme verbrauchen mehr Energie; regelmäßiges Abtauen und Reinigen wird mithilfe von Checklisten überprüft

Die Übersicht zeigt, dass die **Anforderungen im Umweltschutz** zunehmen. Sie steigen ebenso wie die Nachfrage nach umweltorientiert geführten gastronomischen Betrieben durch die Gäste. Dementsprechend sind **Investitionen** notwendig, um die Anforderungen des Umweltschutzes, der Umweltschutzgesetze und -vorschriften sowie die der Gäste zu erfüllen. Um Investitionen im Umweltschutzbereich zu erleichtern, unterstützen Bund und Länder vor allem Klein- und Mittelbetriebe durch staatliche Förderprogramme. **Umweltschutzprogramme** werden durch Kredite gefördert, die Ausschreibung erfolgt durch:

▶ die European Recovery Programme (ERP),
▶ die Kreditanstalt für Wiederaufbau (KfW).

Praxis

> Wie ließe sich in der Schule/an Ihrem Arbeitsplatz Energie sparen? Erarbeiten Sie Vorschläge und präsentieren Sie das Ergebnis in Ihrer Lerngruppe.
> **Tipp:** Sprechen Sie auch Ihren Ausbilder darauf an. Denn für geldsparende Hinweise der Mitarbeiter gibt es oft eine Prämie!

M 3

Die **Förderprogramme** werden von Unternehmen des Gastgewerbes immer stärker genutzt. Der Gastronom muss vor Beginn der Realisierung seiner Umweltschutzmaßnahmen einen Antrag auf Förderung stellen. Anlaufstellen sind dabei die Hausbanken.

11.3 Grenzen des Umweltschutzes

Grenzen des Umweltschutzes: limits of environmental protection

Trotz aller Bemühungen um einen weitgehenden Umweltschutz in Gastronomie- und Hotelleriebetrieben stößt man immer wieder an die Grenzen der Machbarkeit

Grenzen des Umweltmanagements im Gastgewerbe

Wirtschaftlichkeit
- Kostenbelastung führt zu Gewinnschmälerung
- Amortisation der Investitionen in Umweltschutzmaßnahmen in überschaubarem Zeitraum (ca. 2 Jahre)
- Preis/Leistung: Das Angebot des Hotels muss im Verhältnis zu Konkurrenzpreisen bestehen können

Industrie/Lieferanten
- Technik, z. B. Solartechnik, noch zu teuer
- Preis/Leistung: Umweltfreundliche Dienstleistungen/Produkte dürfen in der Qualität nicht nachstehen
- Einkaufskriterien: Rücknahme der Verpackung durch Lieferanten, Lieferung in Großgebinden, Mehrwegflaschen usw.

Staat/Gesetzgebung/Ethik
- Kontrollen müssen durch die unteren Behörden durchgeführt werden, z. B. bei Mülltrennung
- Gesetze/Verordnungen, weil z. B. die *Verpackungsverordnung* nur die Rücknahmepflicht festschreibt, jedoch nicht die Rückholpflicht
- Wertewandel: Der Konsument wünscht mehr und mehr umweltfreundliche Produkte bzw. Dienstleistungen, z. B. weniger Verpackung

Verpächter
- Bereitschaft zu Investitionen in Umweltschutzmaßnahmen

Fortsetzung

Unternehmensleitung
- Aufgeschlossenheit: Engagement für Umweltschutzmaßnahmen muss überzeugend sein,
- Organisatorische Umgestaltung nötig
- Selbstverständnis: Führungsstil (kooperativ, Teamwork)
- Kosten: finanzielle Mittel

Mitarbeiter
- Stresssituationen wegen Änderung gewohnter Verhaltensweisen
- Flexibilität/Anpassung an geänderte Bedingungen, z.B. auf der Etage
- Vorhandenes Wissen: Einsicht in die Notwendigkeit bzw. Akzeptanz der Veränderungen

Gäste
- Akzeptanz/Mithilfe: Umweltschutzmaßnahmen müssen angenommen werden, z.B. Sortieren von Müll im Zimmer oder Spartaste der Toilette
- Information: Nur soweit diese vorhanden ist, lassen sich Maßnahmen/Möglichkeiten realisieren,
- z.B. Wäschewechsel

Umweltschutzmöglichkeiten – aber auch ihre Grenzen – im eigenen Hause zu erkennen kann ein Ansporn sein, etwaige Hindernisse zu überwinden.

Praxis

M 4

Gehen Sie in ein Hotel und schreiben Sie auf, welche verpackten Waren auch unverpackt zum Frühstück angeboten werden könnten. Begründen Sie Ihre Feststellungen. Führen Sie in diesem Hotel eine Umfrage unter der Gästen durch, welche Angebote sie bevorzugen (Hygienevorschriften vorausgesetzt).

Aufgaben

1. Gastronom Wolfgang Schulze entschießt sich, an dem Wettbewerb „Wir führen einen umweltorientierten Betrieb" teilzunehmen. Welche Gründe könnten den Gastronomen dazu bewegt haben? Nennen Sie einige.
2. Welche Ziele werden mit dem DEHOGA Umweltcheck verfolgt?
3. Besteht Ihrer Meinung nach ein Umweltkonflikt zwischen umweltgerechter Gastronomie sowie Hotellerie und den Wünschen des Gastes?
4. Mitteilung in einer Zeitung:

Trinkwasser wird ab Juli teurer
Die Wasser und Abwasser GmbH (Gutes Wasser) erhöht vom 1. Juli an den Grundpreis für Trinkwasser. Begründung: Die Erhöhung wurde nötig, da einerseits die Kosten gewachsen sind und anhaltend hohe Investitionen nötig wurden, andererseits ein ständig zurückgehender Wasserverbrauch zu verzeichnen ist.

Ist es sinnvoll, wenn gewerbliche Unternehmen und die privaten Haushalte den Trinkwasserverbrauch zum Schutz der Umwelt reduzieren und als „Belohnung" dafür ständig höhere Trink- und Abwassergebühren zahlen müssen? Begründen Sie Ihre Antwort.
5. Welche Programme kennen Sie zur Förderung von Umweltschutzmaßnahmen für Klein- und Mittelbetriebe?
6. Klaus Hering, Inhaber des Hotels „Stadtwald", gibt an seine Abteilungsleiter (Empfangsdirektor, 1. Hausdame, Küchenchef und Maître d'hôtel) Empfehlungen zum aktiven Umweltschutz weiter. Nennen Sie für jeden Bereich zwei Beispiele, die unbedingt in diesen Empfehlungen enthalten sein sollten.
7. Umweltmanagement kann nur Erfolg haben, wenn die Umweltmaßnahmen vom Gast angenommen werden und er bereit ist, diese zu unterstützen. Dafür ist eine umfassende Information des Gastes notwendig. Entwerfen Sie eine Information, die den Gästen bei ihrer Ankunft im Hotel überreicht wird und über die Maßnahmen des Hotels zum Umweltschutz informiert.
8. Erstellen Sie mithilfe der Internetseite von DEHOGA zur Energie-Kampagne ein Energiesparprogramm für Ihren Ausbildungsbetrieb.

12 Kommunikation und Ökonomie

Kommunikation: 🇬🇧
communication

communication 🇬🇧
and economy

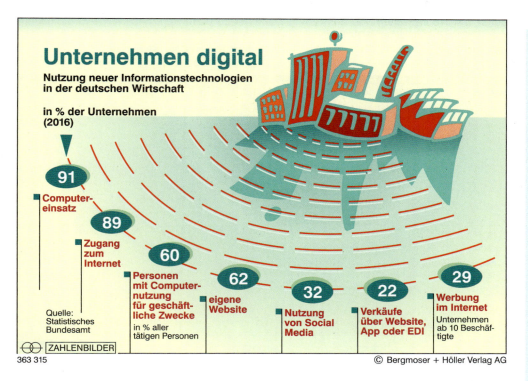

Unternehmen digital

Nutzung neuer Informationstechnologien
in der deutschen Wirtschaft

in % der Unternehmen
(2016)

91
■ Computer-
einsatz

89
■ Zugang
zum
Internet

60
■ Personen
mit Computer-
nutzung
für geschäft-
liche Zwecke
in % aller
tätigen Personen

62
■ eigene
Website

32
■ Nutzung
von Social
Media

22
■ Verkäufe
über Website,
App oder EDI

29
■ Werbung
im Internet
Unternehmen
ab 10 Beschäf-
tigte

Quelle:
Statistisches
Bundesamt

⊕ ZAHLENBILDER

363 315

© Bergmoser + Höller Verlag AG

Moderne **Informations- und Kommunikationstechnologien (IKT)** sind für Unternehmen im Gastgewerbe unumgängliche Arbeitsmittel geworden. Die Produktivität gastgewerblicher Unternehmen lässt sich durch IKT steigern und die Wettbewerbsfähigkeit ausbauen. Geschäftsprozesse werden durch IKT beschleunigt. Umgekehrt liefert IKT der Hotellerie und Gastronomie Entscheidungsgrundlagen für nahezu alle Bereiche, z.B. das Marketing, die Preisgestaltung, usw.

Zunehmende Bedeutung gewinnt der Einsatz von Software zur Kundenpflege: So lässt bereits fast jedes Unternehmen die in speziellen Datenbanken gesammelten Gästedaten für Werbezwecke oder individuell zugeschnittene Produkt- bzw. Dienstleistungsangebote auswerten.

**Kundenpflege
CRM**

Auch vor dem Gastgewerbe macht der Wettbewerbsdruck nicht halt, so dass Kostensenkung im Betriebsablauf ein wichtiges Ziel ist. Um dieses zu erreichen, bietet sich der Einsatz moderner Technologien in allen Betriebsbereichen an.

Kundenpflege: 🇬🇧
customer care

In der Nutzung dieser modernen Technologien liegt auch der Grund für die verstärkte Tendenz zur Zusammenarbeit zwischen einzelnen Hotels, z.B. bei Reservierungsverfahren, Gemeinschaftswerbung und Einkaufsgemeinschaften. Besonders die Mitarbeiter an der Rezeption haben eine Flut von Informationen zu bewältigen, z.B. Zimmerbestellungen anzunehmen bzw. zu bestätigen, Verkaufsgespräche zu führen, Rechnungen zu schreiben, statistische Angaben auszuwerten usw.

Da die Preise für IT-Produkte bei steigender Leistungsfähigkeit ständig sinken, ist IKT für die Hotellerie und Gastronomie nicht nur sachlich notwendig, sondern auch für kleinere gastgewerbliche Betriebe sinnvoll; dies betrifft mittlerweile die FiBu (Finanzbuchhaltung) bis hin zum Bestellwesen.

Waren es zunächst die weltweit operierenden Hotelkonzerne, die die neuen Vertriebschancen von IT-gestützten Systemen erkannten, sind es nun in zunehmendem Maße Individual-Hotels, die das Internet sowie andere neue elektronische Medien u.a. als innovative Marketinginstrumente einsetzen. So stellt heute Vertriebskompetenz unter Berücksichtigung EDV-gestützter Systeme ein Fundament der Arbeit im Gastgewerbe dar.

Die Vielzahl der zu erfassenden Daten im gastgewerblichen Betrieb lassen sich nur noch durch die IKT verwalten und auswerten. Dabei ist zu bedenken, dass keine Einzellösung, sondern ein **integriertes EDV-System** zu installieren ist. Dadurch soll über das rein mengenmäßige Erfassen hinaus der gesamte Informationsstand verbessert werden.

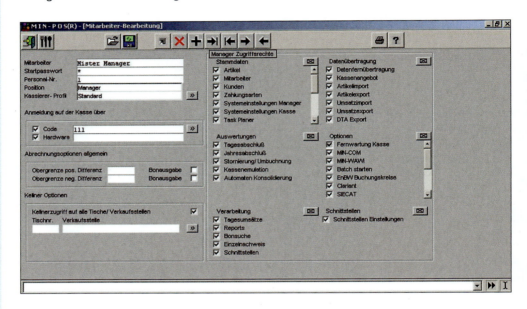

Alle zu erfassenden Daten werden in **Stamm- und Bewegungsdaten** unterschieden.

Unter Stammdaten werden nie oder sich nur selten ändernde Daten bezeichnet. Bewegungsdaten hingegen verändern sich ständig, z.B. Lieferantenpreise und -konditionen, Umsatzzahlen, Lagerbestände. Da man in der IKT sehr viel mit Bewegungsdaten arbeitet, ist eine ständige Pflege der Datensysteme notwendig, um aktuell zu bleiben. So ist es zwingend notwendig, eine regelmäßige **Datensicherung** (sämtlicher Daten) auf externen Datenträgern vorzunehmen (Sicherungskopie). Die Zukunft liegt in sogenannten „Cloud-Lösungen".

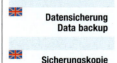
Datensicherung
Data backup

Sicherungskopie
back-up

12.1 Einsatzmöglichkeiten der Informationstechnologie

Situation

Im Tourismus der Kurverwaltung Garmisch-Partenkirchen ist eine IT-Anlage im Einsatz. Die vernetzten Computer wurden angeschafft, um Gästen rasch Auskunft geben zu können, z.B. über Preise der Bergbahnen, über Bergwanderungen, Öffnungszeiten von Kirchen, Museen usw. Die aktuellen Daten können abgerufen und dem Kunden mitgegeben oder zugesandt werden. Auch der Hotelführer im Sinne eines Zimmerreservierungssystems hilft, die Zimmernachfragen optimal bearbeiten zu können. Mithilfe der IT-Anlage erhalten Anfragende schnell Auskunft über freie Beherbergungskapazitäten und aktuelle Zimmerraten.

Die neu eingestellte Managerin des Hotels „Zugspitze", Frau Jochum, hat den Auftrag, sich im Tourismusamt über den IT-Einsatz zu informieren. Sie ist außerdem gefordert, einen Einsatzplan für IT-gestützte Arbeitsvorgänge für das Hotel zu erarbeiten.

Die **Einsatzmöglichkeiten der Informationstechnologie** im Gastgewerbe – vor allem in der Hotellerie – sind vielfältig:

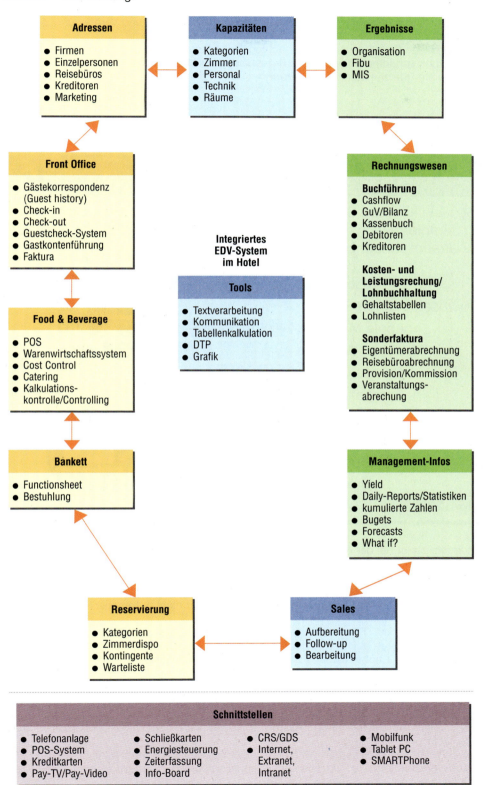

Adressen
- Firmen
- Einzelpersonen
- Reisebüros
- Kreditoren
- Marketing

Kapazitäten
- Kategorien
- Zimmer
- Personal
- Technik
- Räume

Ergebnisse
- Organisation
- Fibu
- MIS

Front Office
- Gästekorrespondenz (Guest history)
- Check-in
- Check-out
- Guestcheck-System
- Gastkontenführung
- Faktura

Integriertes EDV-System im Hotel

Tools
- Textverarbeitung
- Kommunikation
- Tabellenkalkulation
- DTP
- Grafik

Rechnungswesen

Buchführung
- Cashflow
- GuV/Bilanz
- Kassenbuch
- Debitoren
- Kreditoren

Kosten- und Leistungsrechung/ Lohnbuchhaltung
- Gehaltstabellen
- Lohnlisten

Sonderfaktura
- Eigentümerabrechnung
- Reisebüroabrechnung
- Provision/Kommission
- Veranstaltungsabrechnung

Food & Beverage
- POS
- Warenwirtschaftssystem
- Cost Control
- Catering
- Kalkulationskontrolle/Controlling

Bankett
- Functionsheet
- Bestuhlung

Management-Infos
- Yield
- Daily-Reports/Statistiken
- kumulierte Zahlen
- Bugets
- Forecasts
- What if?

Reservierung
- Kategorien
- Zimmerdispo
- Kontingente
- Warteliste

Sales
- Aufbereitung
- Follow-up
- Bearbeitung

Schnittstellen
- Telefonanlage
- POS-System
- Kreditkarten
- Pay-TV/Pay-Video
- Schließkarten
- Energiesteuerung
- Zeiterfassung
- Info-Board
- CRS/GDS
- Internet, Extranet, Intranet
- Mobilfunk
- Tablet PC
- SMARTPhone

Vorteile des Informations- systems

Vorteile des Informationssystems (IKT) im Unternehmen:
- ▶ Datenerfassung der Informationen
- ▶ Abruf von Vergleichswerten zum Vorjahr
- ▶ rechtzeitiges Erkennen von Kapazitäten im Beherbergungs- und Verpflegungsbereich
- ▶ Materialdispositionen
- ▶ kurzfristiges Erstellen und Auswerten von Statistiken
- ▶ Ausdruck von Informationen, z. B. Personaleinsatzlisten
- ▶ Weltweite Präsenz durch das Internet

12.2 Auswahl von IT-Systemen

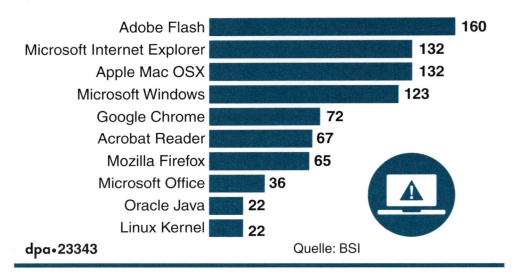

Software-Schwachstellen

So viele kritische Schwachstellen hat das Bundesamt für Sicherheit in der Informationstechnik (BSI) für diese Softwareprodukte erfasst: *(Zeitraum Januar bis September 2015)*

Software	Anzahl
Adobe Flash	160
Microsoft Internet Explorer	132
Apple Mac OSX	132
Microsoft Windows	123
Google Chrome	72
Acrobat Reader	67
Mozilla Firefox	65
Microsoft Office	36
Oracle Java	22
Linux Kernel	22

dpa•23343　　　　　　Quelle: BSI

Auswahl von IT- Systemen

Grundsätzlich ist bei der Auswahl von IT-Systemen Folgendes zu beachten:
- ▶ Zunächst ist ein Anforderungsprofil zu erstellen.
- ▶ Die Zahl der Referenzbetriebe zeigt die Marktstärke des Programms (Make or Buy-Decision; Anpassen von Standardsoftware ist teuer – „hausbezogene" Software ggf. die kaufmännisch sinnvollere Lösung; der Marktanteil ist nicht automatisch ein Indikator für Qualität).

🇬🇧 **Kundendienst- Service customer service**

- ▶ Die Kosten für ein IT-System liegen nicht nur in der Hard- und Software, sondern auch in den Nebenkosten (z. B. 40 % der Investitionskosten gelten als Kosten für die Schulung des Personals + hohe Kosten durch Softwareanpassung an die Anforderungen des jeweiligen Betriebes).

🇬🇧 **Warenwirtschafts- programm merchandise manage- ment programme**

- ▶ Der Kundendienst des Softwareanbieters ist von entscheidender Bedeutung (24 Stunden-Service).
- ▶ Die Software sollte kompatibel zum bestehenden System sein.
- ▶ Auch ein **Warenwirtschaftsprogramm** sollte mit den Frontoffice-Programmen verknüpfbar sein.
- ▶ IKT-Systeme sollen für die Mitarbeiter leicht verständlich und bedienbar sein. **ERP-Software** sollte den individuellen Ansprüchen entsprechen, um eine reibungslose Einbindung in bestehende Strukturen und Prozesse zu gewährleisten.

Die Frage, vor der der Gastronom oder Hotelier steht, ist überwiegend nicht, ob ein IT-System einzusetzen ist, sondern in welchen Arbeitsbereichen eine Softwareunterstützung sinnvoll ist. Die Auswahl einer bestimmten **Hardware (Geräteausstattung)** ist zunächst einmal zweitrangig, denn es kommt in erster Linie darauf an, die Einsatzmöglichkeiten der Software-Angebote auf die hauseigene Problemlösung zu analysieren bzw. herauszufinden, welche Arbeitsabläufe sich dadurch optimieren lassen. Hierbei ist besonders die Betriebsgröße von Bedeutung.

Wie bei jeder anderen Anschaffung auch, handelt es sich beim Beschaffen eines IT-Systems um eine Investition, die einer **Kosten-Nutzen-Analyse** bedarf.

Der Nutzen eines **IT-Systems** ergibt sich insbesondere durch die Rationalisierung von Arbeitsabläufen (z.B. das Suchen einer bestimmten Gast-Anschrift unter Tausenden von Adressen) und die Entlastung der Mitarbeiter bei Routineaufgaben (z.B. das Auswerten von Umsatzzahlen).
Der Nutzen liegt also in einer schnelleren Arbeitsabwicklung und Entlastung des Unternehmers und seines Teams.

Die **Kosten von Hard- und Software** werden nicht nur durch die Anschaffungskosten bestimmt. Zusätzlich fallen Kosten für das Schulen der Mitarbeiter, Wartung und Reparatur der Anlage an.

Für welchen Anbieter man sich entscheidet, obliegt einer genauen Analyse des Unternehmens (IT-Struktur und Arbeitsprozesse). Diese Arbeit kann durch unabhängige Berater unterstützt werden.

**Kosten-Nutzen-Analyse:
cost-benefit-analysis**

12.3   Datenschutz und Datensicherung

Situation

Familie Thomale verbringt eine Woche im Hotel „Zur Sonne", das Mitglied einer Hotelkooperation ist. Bei ihrer Ankunft werden die persönlichen Daten von einer Mitarbeiterin der Rezeption direkt in den Computer geschrieben. Da es sich um ein voll integriertes System handelt, können jetzt die Daten in allen Abteilungen der Markenhotellerie verwendet werden.
Auf Nachfrage von Frau Thomale, was denn nach ihrer Abreise mit den Daten geschehe, antwortet die Empfangssekretärin, dass die Daten gespeichert blieben, um ggf. wieder abrufbar zu sein. Damit ist Frau Thomale nicht einverstanden. Zu Recht?

Aufgrund des wachsenden Datenverkehrs kommt dem Umgang mit personenbezogenen Daten und deren Schutz eine immer größere Bedeutung zu.

Unter **Datenschutz** ist in erster Linie der Schutz personenbezogener Daten zu verstehen. Ziel des Datenschutzes ist es, dass das im Grundgesetz verankerte Persönlichkeitsrecht des Einzelnen nicht durch missbräuchlichen Umgang mit personenbezogenen Daten beeinträchtigt wird. Jeder Einzelne soll frei entscheiden können, wem er welche personenbezogenen Daten überlassen möchte.

**Datenschutz:
data protection**

In den unterschiedlichsten Fällen, vor allem natürlich beim Check-in des Gastes wie in der vorangegangenen Situation, nimmt das Hotel Daten auf, die in eine elektronische Gästekarte eingehen: Geburtsort und -zeit, Wohnort, um nur einige zu nennen. Damit hat das Hotel personenbezogene Daten erhoben, bei denen der Datenschutz zu beachten ist.

Im Hotel ist eine vorbereitete Einwilligungserklärung ratsam, die der Gast beim Check-in vorgelegt bekommt und sofort zu unterschreiben hat. Andernfalls sieht sich der Hotelier dem Risiko ausgesetzt, rechtswidrig zu handeln, wenn er die Daten weiter verwendet.

**Einwilligungserklärung:
declaration of consent,
declaration of
agreement**

Nach dem *Bundesdatenschutzgesetz (BDSG)* besteht die Aufgabe des Datenschutzes in der Sicherung schutzwürdiger Belange der Betroffenen durch den Schutz personenbezogener Daten vor Missbrauch ihrer Verarbeitung. Letztere umfasst die Speicherung, Nutzung, Veränderung und Löschung von Daten.

§§ 27 ff. BDSG

▶ Alle Daten personenbezogener Art (z. B. Namen, Titel, Anschrift, Telefonnummer, Berufe, Branchen- oder Geschäftsbezeichnung) sind geschützt, soweit sie nicht als „öffentlich" deklariert werden; die betroffene Person hat ihrer Weitergabe ausdrücklich zuzustimmen, z. B. im Rahmen eines Interviews.

§§ 6, 33 ff. BDSG
§§ 4, 38 BDSG

▶ Der betroffene Bürger verfügt über verschiedene Rechte, z. B. das Auskunftsrecht, Berichtigungsrecht, Sperrungs- und Löschungsrecht.

Datenschutz-beauftragter
privacy officer

▶ Die öffentliche Verwaltung bestellt **Datenschutzbeauftragte**, die über die Einhaltung der gesetzlichen Vorschriften zu wachen haben. Datenschutzbeauftragte können von jedem Bürger angerufen werden, der sich in seinen Rechten beeinträchtigt sieht.

▶ In Unternehmen ab einer bestimmten Größe müssen Betriebsbeauftragte für den Datenschutz eingesetzt werden, die die Einhaltung der Vorschriften des *Datenschutzgesetzes* gewährleisten sollen.

§§ 7, 43, 44 BDSG

▶ Verstöße gegen die Vorschriften des *BDSG* werden mit Geld- oder Freiheitsstrafen geahndet

§ 32 BDSG

Dies gilt auch im Hinblick auf den Umgang mit personenbezogenen Daten von Mitarbeitern, die in gastgewerblichen Unternehmen beschäftigt werden: Die diesbezüglich angelegten und geführten (elektronischen) Mitarbeiterkarteien/Personalakten unterliegen ebenfalls dem Datenschutz.

Über den eigentlichen Datenschutz hinaus enthält das *BDSG* Regelungen zur **Datensicherheit**, d. h. bei der Auswahl und Gestaltung der Datenverarbeitungssysteme ist darauf zu achten, dass diese danach ausgerichtet sind, dass keine oder möglichst wenig personenbezogene Daten erhoben oder genutzt werden. Jeder Datenverarbeiter hat die technischen und organisatorischen Maßnahmen zu treffen, die dazu dienen, den Zweck des Gesetzes zu erreichen. Zur **Datensicherung** zählen alle Maßnahmen, die gegen Verlust und Verfälschung von Daten durch technische Ursachen, menschliches Versagen und unberechtigte Eingriffe sowie gegen Aneignung von Daten sichern sollen.

Datensicherheit
data security

Datensicherung
data back-up

Cyberkriminalität in Deutschland

Im Jahr 2015 wurden 45 793 Straftaten im Bereich Cybercrime erfasst. Davon:

Entwicklung im Vergleich zu 2014 in Prozent:

Computerbetrug Missbrauch von gestohlenen Daten (z. B. beim Online-Banking)	23 562	↑ + 5,6 %
Ausspähen/Abfangen von Daten Diebstahl digitaler Zugangsdaten und Identitäten (z. B. durch Phishing)	9 629	↓ – 19,0
Fälschung urkundlicher Daten, Täuschung im Rechtsverkehr Vortäuschen einer Person bzw. Firma, um an Daten oder Geld zu gelangen	7 187	↓ – 10,3
Datenveränderung, Computersabotage Verbreitung von Schadsoftware (Trojaner, Viren und Würmer)	3 537	↓ – 37,6
Betrug mit Zugangsberechtigungen Manipulation v. Telekommunikationsanlagen (z. B. teure Auslandstelefonverbindungen durch Zugriff auf Router)	1 878	↓ – 8,6

Quelle: Bundeskriminalamt (2016)

© Globus
11172

Die **Probleme der Datensicherung** liegen in den Bereichen der Hardware (z. B. Sicherung gegen Umwelteinflüsse, Diebstahl, Doppelspeicherung usw.) und der Software (Informationssicherung). Durch den ständig steigenden Einsatz von EDV und IT wird Datensicherung eine immer wichtigere Einrichtung. Den Missbrauch von Daten können aber nicht allein die Gesetze verhindern, auch die Bürger müssen für die möglichen Gefahren sensibilisiert werden. Aufgrund der Sensibilität der Daten ist der „Datenerfasser" dafür verantwortlich, diese Daten vor Fremdzugriffen zu schützen, z. B. durch Virenprogramme.

Die Ursachen für Fremdzugriffe, Datenverluste resp. -gefährdungen liegen oft in folgenden EDV-typischen Erscheinungen:

Trojanische Pferde

Eigenständige Computerprogramme, die u. a. das Ziel haben, Zugangscodes oder Rollen von Berechtigten in einem Datenverarbeitungssystem (Netzwerk) unberechtigten Dritten zu übertragen.

Würmer

Eigenständige Computerprogramme, die in andere bereits vorhandene Programme einfallen, sich vermehren und dadurch den gesamten Speicherplatz belegen und im Extremfall das gesamte EDV-System funktionell zu Fall bringen können; dabei werden in der Regel sämtliche Server sowie Datenverbindungen durch unkontrollierte Verbindungstätigkeiten lahmgelegt.

Viren

Eigenständige Computerprogramme, die Informationen zerstören, das EDV-System beschädigen und/oder vollständig zum Erliegen bringen; sie „nisten" sich in anderen, bereits bestehenden Programmen ein und werden auf andere übertragen (Viren werden insbesondere über das Anfertigen von Raubkopien und das Internet übertragen).

Spyware (dt. „Spionagesoftware")

Genauso wie viele der modernen Viren bzw. Würmer soll auch Spyware keinen direkten Schaden auf dem „infizierten" Rechner anrichten. Spyware, umgangssprachlich auch „Schnüffelprogramm" genannt, ist Software – allerdings meist keine eigenständige, sondern Teil einer anderen („Wirtprogramm") –, die Informationen über den Rechner, die installierten Programme, die Surfgewohnheiten und Vorlieben des Users etc. unbemerkt an einen Dritten ins Internet sendet.

In großen Datenbanken kann man so umfassende Informationen über die User ausspionieren, für Werbezwecke missbrauchen oder sensible Daten sammeln (z. B. Kontonummern) und sich dieser in verbotener Weise bedienen.

Hacker

Hacker im hier verwendeten Sinn hat im technischen Bereich mehrere Bedeutungen. Als Hacker ist jemand zu bezeichnen, der sich von außen auf ein fremdes Netzwerk über das eigene Netzwerk unerlaubten Zugang verschafft. Hintergrund des sog. Hackerangriffs ist meist das Entwenden fremder Daten (z. B. Kreditkarteninformationen).

Trojanische Pferde
trojan horse

Würmer
worms

Viren
viruses

Spionagesoftware
spyware

Hacker
hacker

Angriffe aus dem Internet

So können schädliche Computerprogramme Nutzer ausspionieren oder ganze Webseiten abstürzen lassen:

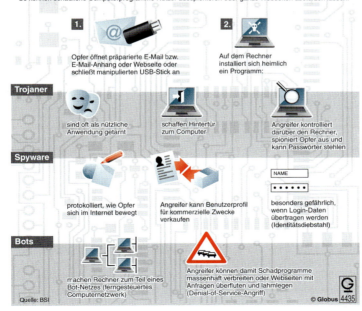

1. Opfer öffnet präparierte E-Mail bzw. E-Mail-Anhang oder Webseite oder schließt manipulierten USB-Stick an

2. Auf dem Rechner installiert sich heimlich ein Programm:

Trojaner
- sind oft als nützliche Anwendung getarnt
- schaffen Hintertür zum Computer
- Angreifer kontrolliert darüber den Rechner, spioniert Opfer aus und kann Passwörter stehlen

Spyware
- protokolliert, wie Opfer sich im Internet bewegt
- Angreifer kann Benutzerprofil für kommerzielle Zwecke verkaufen
- besonders gefährlich, wenn Login-Daten übertragen werden (Identitätsdiebstahl)

Bots
- machen Rechner zum Teil eines Bot-Netzes (ferngesteuertes Computernetzwerk)
- Angreifer können damit Schadprogramme massenhaft verbreiten oder Webseiten mit Anfragen überfluten und lahmlegen (Denial-of-Service-Angriff)

Quelle: BSI

© Globus 4435

Auf der einen Seite ist Datenschutz (notwendigerweise) ein Thema, von dem mehr und mehr Menschen Notiz nehmen. Auf der anderen Seite setzen sich viele Internetnutzer sehenden Auges den Risiken aus, die die Präsentation von eigenen persönlichen Daten im World Wide Web (www) mit sich bringt:

Persönliche Daten im Netz

So viel Prozent der Internetnutzer in Deutschland haben in jüngerer Zeit* folgende Online-Dienste genutzt, bei denen man persönliche Daten wie Name, Anschrift oder Geburtsdatum angeben muss:

92 % E-Mail-Dienste

78 Online-Shops

69 Soziale Netzwerke

69 Online-Banking

51 Online-Spiele

39 Cloud-Speicher-Dienste

34 Buchung kostenpflichtiger Dienste im Internet

*in den 12 Monaten vor der Befragung

Repräsentative Umfrage unter 1 013 Internetnutzern ab 14 Jahren im Januar 2015

Quelle: Bitkom

© Globus 11389

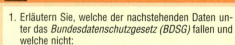

Aufgaben

1. Erläutern Sie, welche der nachstehenden Daten unter das *Bundesdatenschutzgesetz (BDSG)* fallen und welche nicht:

   a) Anschrift des Gastes;
   b) Mitarbeiterzahl;
   c) Zahlungsweise des Gastes;
   d) Familienstand des Gastes;
   e) Personalnummer;
   f) Telefonnummer des Gastes;
   g) Ergebnisse eines Warentests;
   h) Prüfungsergebnisse.

2. Neue Medien eröffnen neue Chancen und Risiken. Welche Fragen sind insbesondere von Bedeutung für die zukünftige Entwicklung multimedialer Technologien als Absatzinstrument?

Methodenseiten

1 Rollenspiele

Rollenspiele haben den Sinn, Verhaltensweisen in bestimmten Situationen aufzuzeigen und zu verbessern. Durch die Übernahme verschiedener Rollen in einem simulierten geschäftlichen Vorgang muss sich die Teilnehmerin/der Teilnehmer in die jeweilige Position der Person hineinversetzen.

Die Verhaltensweisen und Entscheidungen in dieser Rolle werden von den übrigen Teilnehmern beobachtet und anschließend in einem gemeinsamen Gespräch analysiert und kritisiert. Eine wertvolle Unterstützung kann durch den Einsatz von Aufzeichnungsgeräten – z.B. einer Videokamera – erfolgen, da der Teilnehmerin/dem Teilnehmer so das Verhalten in der Rolle und seine Wirkung auf andere konkret vor Augen geführt werden kann.

Nachgestellte Erlebnisse können außerdem Situationen vergegenwärtigen und somit zur Diskussion zu wichtigen Szenen anregen. Weiterhin wird den Teilnehmern über das Hineinversetzen in verschiedene Rollen das Verständnis für unterschiedliche Meinungen erleichtert. Ein zusätzlicher Pluspunkt von Rollenspielen ist die Förderung der Kreativität aller Teilnehmer.

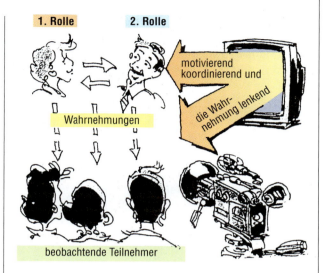

Rollenspiele können allgemeine Situationen und/oder Entscheidungssituationen des betrieblichen Alltags beinhalten und sollten nach folgendem Ablauf umgesetzt werden:

Durchführen und Auswerten von Rollenspielen
1. Der Trainer (bei der Methode des Rollenspiels könnte er auch als „Regisseur" bezeichnet werden) wählt eine Situation aus, die für ein Rollenspiel infrage kommt, z.B. eine Einkaufsverhandlung oder ein Mitarbeitergespräch. Die ausgewählte Situation wird mit den Teilnehmern besprochen.
2. Der Trainer plant in den Grundlagen, wie die Szenen aufgebaut werden sollen, und legt eine Rahmenstruktur fest, z.B. • zu verteilende Rollen, • wirklichkeitsnahes Handeln, • Gestaltung der Kulisse (= Anpassung an die Szenen, z.B. durch kleinere Anpassungen der Räumlichkeit). Ein „Drehbuch" mit festgelegten Texten darf nicht vorgegeben werden, denn Spontanität ist gefragt. Der Leiter sollte den Teilnehmern zum Ziel setzen, ihren „Gegnern" im Rollenspiel die passenden Antworten und Lösungen zu präsentieren.
3. Der Trainer stellt fest, wer bereit ist, eine bestimmte Rolle zu übernehmen, und verteilt die Rollen.
4. Den Teilnehmern ist vor Beginn des Rollenspiels noch etwas Zeit zu gewähren, um überlegen zu können, wie sie in zu erwartenden Szenen reagieren werden.
5. Die erforderlichen Vorbereitungen für das Rollenspiel sind damit getroffen. Der Trainer und die an der direkten Durchführung des Rollenspiels nicht beteiligten Mitarbeiter schreiben sich während des Rollenspiels auf, was ihnen am Verhalten und an den Aussagen der „Schauspieler" auffällt.
6. Nach Beendigung des Rollenspiels ist der Leiter Moderator bei der gemeinsamen Besprechung des Spielgeschehens. Die Notizen (s. Schritt 5) und Eindrücke der Rolleninhaber dienen dabei als Besprechungsgrundlage.
7. Das Rollenspiel wird mit einer neuen Besetzung wiederholt (Schritte 3 bis 5).
8. Auch nach dem zweiten Rollenspiel ist das Spielgeschehen zu besprechen. Auf direkte Vergleiche zum ersten Rollenspiel sollte dabei zunächst verzichtet werden.
9. Zuletzt ist das Rollenspiel insgesamt zusammen mit den Teilnehmern auszuwerten, d.h., auch das unterschiedliche Geschehen während der verschiedenen Rollenspiele sollte verglichen werden.

2 Diskussion

Die Pro-und-Kontra-Diskussion ist eine hervorragende Möglichkeit, Themen von allen Seiten zu „durchleuchten". Das gilt sowohl für die Bearbeitung als auch im Rahmen von Beratungen/Konferenzen am Arbeitsplatz.

Eine Diskussion setzt sich aus den Redebeiträgen mehrerer Personen zusammen, wobei ein gut strukturierter Redebeitrag drei Teile enthält (= Argumentationskette):

These ➡ Argument ➡ Beleg

oder auch

Belege ➡ Forderung ➡ Argument

▶ Ebenso gibt es drei Möglichkeiten eines Diskussionsteilnehmers, an einen vorangegangenen Beitrag anzuknüpfen:
  a) Zustimmung mit Weiterführung
  b) Zustimmung mit Einschränkung
  c) Ablehnung mit Gegenargument(en)

▶ Weiterhin können in eine Diskussion Fragen einfließen, deren Art sich wie folgt unterscheiden kann:
  a) Informationsfragen
  b) Rhetorische Fragen, d. h. durch geschickte Formulierung der Frage die gewünschte Antwort schon vorzugeben
  c) Entscheidungsfragen

Bei der Gestaltung einer Diskussion gibt es bestimmte Regeln, die eingehalten werden müssen, um eine wirkungsvolle Diskussion führen zu können.

Gestaltungsregeln

Bestimmen eines Diskussionsleiters (bei Diskussionsrunden ab ca. fünf Personen) und ggf. eines Protokollführers.

Konzentriertes Zuhören und Mitdenken.

Ggf. Mitschrift, um Beiträge besser behalten zu können und auf diese dementsprechend besser eingehen zu können.

Anderen nicht ins Wort fallen, sondern erst reden, wenn die Diskussionsleitung die Gelegenheit dazu signalisiert.

Nicht zu ausführlich werden/abschweifen.

Sachlich bleiben/persönliche Angriffe auf Diskussionspartner vermeiden.

Verzicht auf einen eigenen Beitrag, falls sich die Diskussion bereits weiterbewegt hat.

Der Diskussionsleiter nimmt im Wesentlichen folgende Funktionen wahr:

Diskussionsleiteraufgaben

Er führt in die Diskussion ein, z. B. durch ein Kurzreferat oder ein Beispiel zum Thema.

Er eröffnet die Diskussion mit der Eingangsfrage.

Er führt ggf. eine Rednerliste (bei größeren Diskussionskreisen), um die Diskussionsteilnehmer nach der Reihenfolge der Wortmeldung (meist durch Handzeichen) aufzurufen.

Er fasst Zwischenergebnisse der Diskussion zusammen.

Er begrenzt zu lange Redezeiten und verhindert Abschweifungen.

Er stellt am Ende der Diskussion die erzielten Ergebnisse wiederholend/zusammenfassend kurz dar.

3 Präsentationstechnik

Im Berufsleben ist es wichtig, die im Verantwortungs-gebiet erbrachten Leistungen, z. B. Ideen, zu präsentieren. Dadurch wird den Zuhörern – z. B. Direktoren, Mitarbeiter anderer Abteilungen – das Erfassen der Zusammenhänge wesentlich erleichtert. Außerdem stoßen gut präsentierte Ergebnisse bei den Zuhörern in der Regel eher auf Akzeptanz. Eine erfolgreiche Präsentation lässt sich mittels folgender Hinweise umsetzen:

Zu diesen grundlegenden Hinweisen ist das mündliche (= verbale) und das nonverbale Verhalten der Präsentatoren von entscheidender Bedeutung für den Erfolg einer Präsentation. Daher sollten Sie auch die nachstehenden Tipps beachten.

Präsentationsgrundlagen

1. Komplexe Inhalte lassen sich besser nachvollziehen, wenn sie gut gegliedert und mittels kleiner Absätze mit Überschriften vermittelt werden.

2. Fachbegriffe sollten immer übersetzt oder erläutert werden, damit sie allgemein verständlich sind.

3. Schaubilder ziehen meist mehr Aufmerksamkeit auf sich als reiner Text. Zum besseren Verständnis sollte Text in geringem Umfang jedoch eingesetzt werden.

4. Bei Verwendung von Schaubildern sollte deren Qualität natürlich den multimedialen Möglichkeiten angepasst sein.

5. Texte und Schaubilder müssen auch auf größere Entfernung gut erkennbar sein.

6. Der Präsentierende sollte sich bemühen, die Zuhörer mit in die Ergebnispräsentation einzubeziehen, z. B. mittels Fragen.

Zum mündlichen (verbalen) Verhalten

1. Frei sprechen

2. Klare und deutliche Aussprache

3. Kurze Sätze

4. Straffe, aber treffende Aussagen

5. Teilnehmerbezogene Formulierungen und Sprache (Ich-Vermeidung)

6. Anschauliche und verständliche Darstellung

7. Nutzen für Teilnehmer betonen

8. Logischer Aufbau

9. Wichtige Passagen (Einstieg/Schluss) wörtlich vorbereiten

Zum nonverbalen Verhalten

1. Blickkontakt mit den Zuhörern

2. Freundlich und offen wirken, z. B. durch Lächeln und Vermeidung von Verschränkungen

3. Durch Gesten Aussagen gezielt unterstützen

4. Hände sollten stets sichtbar sein

5. Hektik und Verkrampfung vermeiden

6. Engagiert wirken

7. Pausen einlegen

(Vgl. Mandel, Steve: Präsentationen erfolgreich gestalten, S. 76)

4 Umfrage mittels Fragebogen

Vorteile

„Wer nicht fragt, bleibt dumm." – Diese Volksweisheit zeigt, wie bedeutsam es ist, Fragen zu stellen (s. auch Expertenbefragung).

Eine einfache und wirkungsvolle Methode ist die Umfrage mittels Fragebogen. So lässt sich beispielsweise kostengünstig feststellen:

► der Erfolg einer Werbemaßnahme oder Aktion bei den Gästen,
► positive Ergebnisse einer Eintragung in einem Hotelführer oder in ein Gastgeberverzeichnis.

Diese Methode ist so wirkungsvoll und kostengünstig, da sich

► durch gut strukturierte Fragen ein Informationsverlust vermeiden lässt, denn die Qualität der Antworten wird positiv beeinflusst,
► auf dem Ergebnis der Auswertung gezielte Maßnahmen aufbauen lassen.

Inhalt

Eine Umfrage mittels Fragebogen umfasst zwei Punkte:

► Eine bestimmte Qualität im Untersuchungsbereich soll erkennbar werden, z.B. bewusstes Verhalten in der Küche.
► Anhaltspunkte für Reaktionen sollen deutlich werden, z.B. durch bestimmte Maßnahmen Verhaltensänderungen bewirken.

Ablauf/Vorgehen

Der grundlegende Ablauf einer Umfrage mittels Fragebogen stellt sich in drei Schritten dar:

1. Fragebogen erstellen
2. Umfrage durchführen
3. Fragebogen auswerten

Zu den einzelnen Schritten gehört jedoch ein gezieltes Vorgehen.

zu 1. „Fragebogen erstellen"

Formulieren Sie das Thema der Befragung, z.B. Gästezufriedenheit, Image eines bestimmten Hotels in der Öffentlichkeit.

Setzen Sie das genaue Ziel der Umfrage fest.

Leiten Sie aus dem festgesetzten Ziel den Personenkreis ab, den Sie befragen wollen (z.B. Gäste in einem Restaurant, andere Schüler, Hotelgäste).

Bestimmen Sie Sprache und Form der Befragung; berücksichtigen Sie dabei den ausgewählten Personenkreis.

a) Entscheiden Sie, ob Sie diese Personen schriftlich oder persönlich befragen wollen.
b) Berücksichtigen Sie, dass kurze Befragungen in der Regel eher akzeptiert werden als umfangreiche.
c) Formulieren Sie die Fragen verständlich und eindeutig (siehe Beispiele auf nächster Seite).
  ● Vermeiden Sie es, in eine Frage die gewünschte Antwort mit hineinzuformulieren (= Suggestivfragen).
  ● Stellen Sie die Fragen so, dass man erkennen kann, ob der Befragte ablehnt oder zustimmt.
  ● Bevorzugen Sie geschlossene Fragen, die mögliche Antworten vorgeben (Gegensatz: offene Fragen, die jede Antwort zulassen).

Beispiele

statt:
Die Speisenauswahl in diesem Restaurant ist reichhaltig.
☐ ja   ☐ nein

besser:
Die Auswahl an Speisen in diesem Restaurant ist
1 = sehr gut
6 = ungenügend
1	2	3	4	5	6

statt:
Wie beurteilen Sie die Ausstattung dieses Restaurants?

besser:
Die Ausstattung dieses Restaurants gefällt mir
1 = sehr gut
6 = überhaupt nicht
1	2	3	4	5	6

Wie beurteilen Sie die Qualität der hier angebotenen Speisen?
☐ sehr gut   ☐ gut   ☐ befriedigend   ☐ unbefriedigend

zu 2. „Umfrage durchführen"

Überlegen Sie, welche Hilfsmittel Sie benötigen, z.B. Kugelschreiber, Schreibunterlage, Tonaufnahmegerät.

Teilen Sie die einzelnen Aufgaben ein, z.B. wer befragt, wer füllt den Fragebogen aus.

Wählen Sie den Ort der Befragungen nach den festgelegten Zielpersonen aus, z.B. Privathaushalt, Schulhof, Einkaufsstraße.

Wählen Sie die einzelne Person, die Sie befragen wollen, nach Berücksichtigung der jeweiligen Situation aus.

Rechnen Sie mit Schwierigkeiten beim Durchführen der Befragung, z.B. durch Zeitnot und mangelndes Interesse der Befragten.

Verhalten Sie sich höflich, unaufdringlich und ruhig.

Leiten Sie die Befragung mit einer kurzen Begründung ein.
Beispiel: Entschuldigen Sie bitte, wir führen eine Umfrage für unsere Schule durch. Dürfen wir eine Minute Ihrer Zeit zu einem interessanten Thema in Anspruch nehmen?

Verfassen Sie am Ende eines Fragebogens eine offene Frage, damit in der Erhebung unberücksichtigte Aspekte vom befragten Gast (Proband) geändert werden können. (Bsp.: „Welche weiteren Hinweise könnten Sie uns geben?")

zu 3. „Fragebogen auswerten"

Die Auswertung der Fragebögen ist nun die Phase, in der Sie Ergebnisse festhalten und daraus Schlussfolgerungen ziehen können:

Auch hier ist eine Arbeitsteilung wieder zweckmäßig. Teilen Sie z.B. die ausgefüllten Fragebögen gleichmäßig in Ihrer Klasse bzw. in Ihrer Arbeitsgruppe auf.

Stellen Sie sich ein Auswertungsschema auf. Eine einfache und zweckmäßige Methode ist es, einen unausgefüllten Fragebogen als Grundlage für eine Strichliste zu nutzen. Voraussetzung ist natürlich, dass Sie geschlossene Fragen gestellt haben.

Jeder sollte nun seinen Anteil der Fragebögen auswerten.

Methode 1: Jeder einzelne Fragebogen wird von der ersten bis zur letzten Frage ausgewertet. Erst wenn der erste Fragebogen vollständig ausgewertet wurde, geht man zum nächsten Fragebogen über.

Methode 2: Aus allen Fragebögen wird zunächst jeweils die erste Frage ausgewertet, dann die zweite Frage usw.

Wenn alle Fragebögen ausgewertet sind, sollten Sie die Ergebnisse anschaulich dokumentieren (= festhalten). Nutzen Sie dabei die folgenden Fragen als Anregung:
● Wie viele Antworten gab es zu jeder einzelnen Antwortmöglichkeit?
● Wurden einzelne Fragen nicht beantwortet bzw. gab es ungültige Antworten?
● Ist es zweckmäßig, die Einzelergebnisse in Prozent umzurechnen?
● Wird das Ergebnis übersichtlicher, wenn Sie es in einem Diagramm (= Schaubild) darstellen?

Ziehen Sie aus dem Ergebnis Ihre persönlichen Schlussfolgerungen und diskutieren Sie Ihre Meinungen. Vor Beginn der Diskussion lesen Sie bitte Methode 2.

5 Erkundung

Die Durchführung einer Erkundung stellt eine gute Möglichkeit dar, einzelne Institutionen näher kennenzulernen und Gespräche mit fachkundigen Personen direkt vor Ort zu führen.

Im Verlauf einer Erkundung lassen sich oftmals mehr Informationen sammeln als nur mithilfe des Schulbuches oder einer Broschüre.
Ein Ziel für eine Erkundung könnte ein Garni-Hotel oder ein Catering-Unternehmen sein.

Vorgehen
▶ Überlegen Sie, wie sich die Erkundung mit dem schulischen Ablauf in Einklang bringen lässt (Gespräche mit dem Klassenlehrer oder evtl. mit der Schulleitung).
▶ Entscheiden Sie, wie Sie die Erkundung gestalten wollen:
a) im gesamten Klassenverband,
b) in Gruppen.
Bei großen Betrieben bietet sich eine Erkundung in Gruppen an. Jede Gruppe kann einen anderen Erkundungsschwerpunkt vorbereiten.
▶ Überlegen Sie sich, mit wem Sie vor Ort sprechen wollen. Eine erste telefonische oder schriftliche Kontaktaufnahme ist wichtig, evtl. muss ein Erkundungstermin mit der zu besuchenden Institution vereinbart werden.
▶ Machen Sie sich Gedanken darüber, was Sie genau wissen oder sehen wollen. Erstellen Sie sich einen Fragenkatalog, dann können Sie nichts vergessen.
▶ Dokumentieren Sie Ihre Ergebnisse gleich bei der Befragung.

Empfehlungen
▶ Haben Sie in Gruppen gearbeitet, muss jede Gruppe ihre Erkundungsergebnisse vorstellen.
▶ Gestalten Sie Ihre Ergebnisse anschaulich (vgl. Methode 3).
▶ Haben Sie Informationsmaterial gesammelt, machen Sie einen Infotisch, an dem sich jeder alles in Ruhe anschauen kann.

6 Gruppenarbeit

Gruppenarbeit im Schulunterricht hat viele gute Seiten, denn der Lehrer muss nicht pausenlos reden und der Schüler nicht nur zuhören. In der Gruppe arbeiten Schüler unter sich. Team- und Konfliktfähigkeiten werden dabei gefördert.

Vorgehen
▶ Eine Gruppe muss optisch auch als solche erkennbar sein, d. h., eine Sitzordnung rund um einen Tisch oder im Stuhlkreis ist sinnvoll.
▶ Die Gruppen sollten nicht größer als maximal fünf Personen sein.
▶ Wichtig ist, dass nicht immer nur diejenigen zusammenarbeiten, die sich gut kennen oder besonders gut verstehen, sondern auch mal die Personen, die sonst wenig miteinander zu tun haben.
▶ Damit es keinen Streit bei der Gruppeneinteilung gibt und es schneller geht, können kleine Kärtchen mit bunten Punkten oder Buchstaben darauf gezogen werden. Alle gleichen Farben oder Buchstaben bilden dann eine Gruppe.

1. Eröffnungsphase:
▶ Lesen Sie den Arbeitsauftrag genau.
▶ Beachten Sie die Zeitangabe.
▶ Legen Sie eine Möglichkeit der Präsentation der Ergebnisse gemeinsam fest, falls dies nicht bereits vom Lehrer vorgegeben wurde (Vgl. Methode 3).
▶ Bestimmen Sie einen Gruppensprecher, der die Ergebnisse vorstellt.

2. Arbeitsphase:
▶ Lösen Sie gemeinsam die Aufgaben. Jeder sollte dabei etwas zu tun haben und sich beteiligen.
▶ Treten Uneinigkeiten auf, besprechen Sie die Probleme in der Gruppe.
▶ Nutzen Sie alle Arbeitsmittel, die Ihnen zur Verfügung stehen (z. B. Broschüren, Infotexte).
▶ Notieren Sie alle Ergebnisse.

3. Präsentationsphase:
▶ Der ausgewählte Gruppensprecher stellt die erarbeiteten Ergebnisse der Klasse vor.
▶ Beantworten Sie die Rückfragen der Mitschüler. Daran kann sich natürlich die gesamte Gruppe beteiligen.

4. Nachbereitungsphase:
▶ Vielleicht müssen die Ergebnisse in der Klasse diskutiert werden. Nehmen Sie sich dafür genügend Zeit (vgl. Methode 2).
▶ Bei Bedarf können Sie jetzt auch die Gruppenergebnisse korrigieren oder ergänzen.

7 Karikatur lesen

Karikaturen spiegeln die Zeitgeschichte wider. Überwiegend kritische, häufig amüsante Darstellungen von Personen und Begebenheiten „bringen auf den Punkt", was zu sagen ist – vielfach ohne viele Worte. Eine Karikatur ist oftmals mehr als nur Unterhaltung.

Vorgehen

Damit man eine Karikatur wirklich versteht, müssen drei Schritte befolgt werden:

> Karikatur genau ansehen

> Karikatur hinterfragen

> Ergebnisse vergleichen und diskutieren

Zur Bearbeitung der Karikatur in der Klasse ist es sinnvoll, sich in Gruppen mit maximal vier Personen einzuteilen (vgl. Methode 6).

Jedes Gruppenmitglied muss sich die Karikatur in Ruhe ansehen. Anschließend werden in der Gruppe folgende Fragen gemeinsam beantwortet:

▶ Was sieht man? (Beschreibung aller Einzelheiten, auf die es ankommt)
▶ Gibt es eine Bildunterschrift oder Texte in der Karikatur?

▶ Was müssen wir wissen, um die Karikatur zu verstehen?
▶ Welches Problem wird dargestellt?
▶ Wer oder was wird angegriffen?
▶ Welche versteckten Aussagen sind in der Karikatur enthalten?
▶ Was will der Karikaturist bewirken?

Jede Gruppe stellt ihre Ergebnisse vor. Hat jeder die Karikatur gleich interpretiert? Falls nicht, kann jetzt mit der gesamten Klasse darüber diskutiert werden.

(Vgl. Methode 2)

8 Lesen von Schaubildern

Beim Lesen von Lehr- und Fachbüchern, Tageszeitungen, Zeitschriften sowie bei Fernsehsendungen sehen Sie oft Schaubilder. Diese vermitteln vielfältige Informationen.

Schaubilder sollen die Zusammenhänge von Sachverhalten oder Zahlenbeispielen verdeutlichen, die oft mit Text zusätzlich erläutert werden.

Die Schaubilder sind bildlich so gestaltet, dass der Betrachter auf den ersten Blick erkennen kann, welches Thema behandelt wird oder welche Informationen vermittelt werden. Ein Schaubild dient zugleich als Blickfang auf einer Buch- oder Zeitungsseite, um den Betrachter zum Lesen des dazugehörigen Textabschnitts zu veranlassen.

Nach der Gestaltung und Aussagekraft sind Schaubilder zu unterscheiden in:
▶ Schaubilder mit Zahlenmaterial und
▶ Schaubilder mit Sachtext.

		Die größten Unternehmen/Systeme der Gastronomie in Deutschland	Umsatz (o. MwSt.) Mio. €	Umsatz (o. MwSt.) Mio. €
Rg.	**Vj.**	**Unternehmen**	**2016**	**2015**
1	1	McDonald's Deutschland Inc., München	3.135,0*	3.080,0*
2	2	Burger King Deutschland GmbH, Hannover	900,0*	865,0*
3	3	LSG Lufthansa Service Holding AG, Neu-Isenburg[3)]	802,0	824,0
4	4	Autobahn Tank & Rast GmbH, Bonn[4)]	622,0*	621,0*
5	5	Nordsee GmbH, Bremerhaven	292,6	297,9
6	6	Yum! Brands Restaurants Int. Ltd. & Co. KG, Düsseldorf	284,5	267,8
7	7	Subway GmbH, Köln	230,0*	215,0*
8	9	Ikea Deutschland GmbH & Co. KG, Hofheim-Wallau	221,0	204,0
9	10	Edeka Zentrale AG & Co. KG, Hamburg	212,0	198,0
10	8	Aral AG (BP Europa SE), Bochum	209,9	212,1

a) Schaubild mit Zahlenmaterial

b) Schaubild mit Sachtext

Durch die richtigen Fragen lassen sich Inhalt und Aussageabsicht erschließen:
▶ Welches Bild von der Wirklichkeit wird durch dieses Schaubild vermittelt?

- Welche Einzelheiten der grafischen Darstellung sind für die Schaubildaussage wichtig?
- Was will uns die Schaubildüber-/unterschrift bzw. der andere Text sagen?
- Was soll die bildnerische Darstellung bzw. Karikatur im Schaubild vermitteln?
- Welcher Personenkreis wird angesprochen?
- Welche Sachverhalte sind dargestellt?
- Was können wir für Schlussfolgerungen aus dem Schaubild ziehen?
- Enthält das Schaubild neben der bildnerischen Gestaltung
  a) Zahlenwerte,
  b) Sachtexte oder
  c) eine Kombination von Zahlenwerten und Sachtext?

a) Zahlenwerte
- Woher stammt das Zahlenmaterial:
  - offizielles, statistisches Material,
  - vom Verfasser erstelltes Zahlenmaterial,
  - aus Meinungsumfragen verschiedener Organisationen?
- Aus welchem Jahr stammen die Zahlenwerte? Treffen diese Werte noch heute zu?
- Sind die Zahlenwerte grafisch in einem richtigen Verhältnis dargestellt oder sind bestimmte Werte künstlich vergrößert gegenüber den anderen Werten dargestellt?
- Sind die Zahlenwerte mit Einheiten (Euro, Tonnen, Kilometer, Personen u. a.) versehen?
- Sind die Zahlenangaben in Prozentwerten angegeben? Auf welcher Basis wurden die Prozentwerte ermittelt?
- Wie wurden die Zahlenwerte grafisch dargestellt (u. a. Kreise, Balken, Linien, unterschiedliche Größe von Personen oder Gegenständen)?

b) Sachtexte
- Welche Sachverhalte sind dargestellt?
- Wird eine Entwicklung nur eines oder mehrerer Sachverhalte dargestellt?
- Erfolgt eine Gegenüberstellung von Sachverhalten?
- Werden unter anderem positive oder negative Verhaltensweisen, Meinungen dargestellt oder hervorgehoben?
- Was vermittelt uns der Sachtext?
- Auf welchen Informationsquellen beruhen die dargestellten Sachverhalte?
- Welche Wirkung soll das Schaubild auf den Betrachter erzielen?
- In welchem Jahr wurde das Schaubild erstellt? Ist der Inhalt noch heute aktuell?
- Sind diese Informationen für mich neu und wichtig?
- Welche Schlussfolgerungen lassen sich ziehen?
- Sind diese Informationen auch auf andere Sachverhalte übertragbar?

c) Kombination aus Sach- und Zahleninformation
Bei einer Kombination aus beiden soll der Sachtext durch Zahlenwerte verdeutlicht werden. Es gelten die Fragen von a) und b).

9 Expertenbefragung

Es gibt viele Möglichkeiten, das bereits vorhandene Wissen zu erweitern. Die Lehrer in Ihrer Klasse vermitteln vor allem Grundlagenwissen. Auf Probleme können sie im Rahmen der zur Verfügung stehenden Zeit nicht immer eingehen. Sie können sich zusätzlich Wissen aneignen, unter anderem aus:

- Büchern,
- Fachzeitschriften und
- Fernsehsendungen.

Trotz der vielfältigen Informationsmöglichkeiten bleibt zu bestimmten Themen oft eine Reihe von Fragen offen. Eine Lösung ist, zu diesen Themen eine Expertenbefragung durchzuführen. Ein Expertengespräch sollte gut vorbereitet und mit einem kompetenten Gesprächspartner durchgeführt werden.

Vorgehen
- Vorüberlegungen
  - Was wissen Sie bereits?
  - Welche Fragen sind ungeklärt?
  - Welche Experten kommen infrage und wo arbeiten sie?
  - Geht eine kleine Gruppe zum Gesprächspartner oder besteht die Möglichkeit, den Gesprächspartner in die Klasse einzuladen?

Wann ergibt sich ein geeigneter Termin?
- Stimmen Sie das Vorhaben mit der Schul- und Klassenleitung ab. Lassen Sie sich von der Schulleitung eine schriftliche Bestätigung geben, dass Sie im Rahmen der Ausbildung Informationen sammeln und ein Expertengespräch vor Ort oder in der Klasse durchführen dürfen.
- Erklärt sich der Gesprächspartner bereit, das Gespräch in der Klasse durchzuführen, so lassen Sie sich die Einladung von einem Vertreter der Schulleitung bestätigen.
- Schlagen Sie Ihrem Gesprächspartner einen Idealtermin, ein bis zwei Ausweichtermine, die Gesprächsdauer und den zu besprechenden Themenbereich vor.
- Erarbeiten Sie in der Klasse einen Themen- und Fragenkatalog. Üben Sie eine Expertenbefragung, bevor Sie Ihren Gast einladen.
- Nehmen Sie ersten Kontakt mit Ihrem Gesprächspartner auf und klären Sie, ob der/die Gesprächspartner/in bereit ist, im Büro oder in der Klasse Ihre Fragen zu beantworten.

▶ Lassen Sie sich die genaue Büroanschrift geben und senden Sie dann folgende Unterlagen zu:

➡ von der Schulleitung bestätigten Auftrag bzw. Einladung,

➡ genaue Anschrift der Schule, Telefonnummer und Name des Ansprechpartners,

➡ gegebenenfalls einen Stadtplan mit Angabe von Anfahrtmöglichkeiten,

➡ Kurzüberblick über den Wissensstand der Klasse und

➡ gegebenenfalls eine Liste von ausformulierten Fragen bzw. Themenkatalog.

▶ Bitten Sie Ihren Gesprächspartner um Bereitstellung von Informationsmaterialien.

1. Gesprächsführung im Büro

▶ Nehmen Sie eine kleine Aufmerksamkeit (Blumen oder Pralinen) mit.

▶ Schreiben Sie Ihre Fragen, soweit dies nicht bereits geschehen ist, und die Antworten Ihres Gesprächspartners auf. Stellen Sie Zwischenfragen, wenn Sie etwas nicht verstanden haben.

2. Gesprächsführung in der Klasse

▶ Bereiten Sie für Ihren Gast Kaffee, kalte Getränke, Gebäck o. Ä. vor.

▶ Bestimmen Sie vorher eine Mitschülerin oder einen Mitschüler für die Begrüßung des Gastes und für die Gesprächsführung.

▶ Für die Mitschrift der Fragen und Antworten bestimmen Sie zwei bis drei Mitschülerinnen bzw. Mitschüler.

▶ Bitten Sie Ihren Gast um Zustimmung zum Fotografieren.

▶ Vergessen Sie nicht, am Schluss des Gespräches Ihrem Gast für seine Gesprächsbereitschaft zu danken.

Empfehlungen

Gestalten Sie z.B. eine Wandzeitung über das behandelte Thema (vgl. Methode 3).

Zur Gestaltung können Sie Aufsätze, Fragen und Antworten, Schaubilder und Schlussfolgerungen verwenden.

Fotografieren Sie die Wandzeitung und schicken Sie diese – und eventuell auch Fotos vom Expertengespräch – mit einem Dankschreiben an Ihren Gesprächspartner.

10 Besuch einer Gerichtsverhandlung

Verhandlungen vor Arbeitsgerichten einschließlich der Beweisaufnahme und der Verkündung der Entscheidung sind öffentlich, es sei denn, das Gericht schließt die Öffentlichkeit aus zwingenden Gründen ausdrücklich aus *(vgl. § 52 ArbGG)*.

Vorgehen

1. Stimmen Sie ab, aus welchem Bereich die Verhandlung sein soll, die Sie besuchen wollen. Es gibt

   a) die Güteverhandlung: Um eine Güteverhandlung handelt es sich bei einem Arbeitsgerichtsverfahren der ersten Instanz. Hier erfolgt die Urteilsfindung auf der Grundlage von Tatsachen und Beweisen (vorgebracht durch die Parteien);

   b) die Kammerverhandlung: Viele Streitigkeiten aus dem Arbeitsrecht können in einer Güteverhandlung durch einen Vergleich beigelegt werden. Scheitert ein solcher Vergleichsversuch, kommt es zu einer Kammerverhandlung.

2. Verteilen Sie die organisatorischen Aufgaben im Zusammenhang mit dem Ausflug (vgl. Methode 5).

3. Nehmen Sie Kontakt zum nächstgelegenen Arbeitsgericht auf. Beschreiben Sie Ihr Anliegen. Äußern Sie einen Terminwunsch für Ihren Ausflug.

   Bei Gericht wird man sicher versuchen, Ihnen eine Verhandlung für Ihren Besuch zu empfehlen, die interessant zu werden verspricht.

Empfehlungen

▶ Verfolgen Sie die Verhandlung genau und führen Sie dabei Ihr persönliches Verhandlungsprotokoll.

▶ Versuchen Sie später in der Klasse, die Entscheidungen des Gerichts anhand von Literatur und Gesetzen nachzuvollziehen.

   Diskutieren Sie dabei Ihre Eindrücke (vgl. Methode 2).

11 Analyse einer Werbeanzeige

Was war zuerst da: die Henne oder das Ei? Wenn Sie in die Medien schauen, könnte die Frage heißen: „Was ist zuerst da: die Werbung, das Bedürfnis nach einem Produkt oder der Konsum?"

Die Werbung ist ein wichtiges Mittel, auf unser Konsumverhalten Einfluss zu nehmen. Eine Werbeanzeige ist ein Appell an den Konsumenten, ein bestimmtes Produkt zu kaufen.

▶ Wie soll eine Werbeanzeige gestaltet sein?
Zu beachten:
➡ Text/Werbeslogan (kurz, informativ, einprägsam, Aufmerksamkeit erzeugend)
➡ Farbgestaltung (z.B. rot: aktiv, auffallend; grün: frisch, kühl, naturverbunden)
➡ Größe/Umfang (nicht zu viel Text, optisch angenehme Größe)
➡ unterstützende Motive (einzelne Personen, Sonne, Darstellung einer „grünen Landschaft")

▶ Wann und wie lange soll die Werbemaßnahme durchgeführt und eventuell wiederholt werden?
(Einführung eines neuen Produkts, Sonderaktion mit Niedrigpreisen zu bestimmten Jahreszeiten)

▶ Kosten der Werbemaßnahme (Werbeetat)?
Die Kosten der Werbemaßnahme dürfen auf Dauer die damit erzielten neuen Erträge nicht übersteigen.

▶ Wo soll geworben werden?
Zu bedenken: Soll eine Werbeanzeige in einer Zeitung oder einer Zeischrift erscheinen?

▶ Wer soll durch die Werbeanzeige angesprochen werden bzw. an wen richtet sich der Appell?
Zu überlegen: Alter des Personenkreises, Einkommensstruktur, Geschlecht, Lebensgewohnheiten, Lebensumgebung.

▶ Wie groß ist der Personenkreis, der angesprochen werden soll, und wo befindet sich dieser?
Zu bedenken: regionale Zeitung, große Tageszeitung, Zeitschrift, Rundfunk, Fernsehen

Vorgehen
Damit eine Werbemaßnahme erfolgreich durchgeführt wird, sind zunächst folgende Vorüberlegungen zu machen:

▶ Wer wirbt für ein bestimmtes Produkt?
Möglichkeiten: Unternehmen (z.B. Hotel, Gaststätte), Staat, gemeinnützige Einrichtungen

▶ Worauf soll die Werbemaßnahme hinweisen?
Möglichkeiten: Erholungsgedanke, Dienstleistungen

▶ Welche Eigenschaften des Produkts sollen in der Werbung hervorgehoben werden, welche sollen überhaupt nicht erscheinen?
Möglichkeiten: technische Neuerungen (Innovationen), besondere Qualität, spezielle Events, Preis

Empfehlungen
Teilen Sie Ihre Klasse in Gruppen mit jeweils vier Personen auf. Jede Gruppe soll nun für ein selbst gewähltes Produkt oder eine Dienstleistung (z.B. für ein Wellness-Wochenende) eine Werbeanzeige entwickeln, die in einer Fernsehzeitschrift erscheinen könnte (vgl. Methode 8).

Fachvokabular von A–Z (Deutsch – Englisch)

Abfallaufkommen	waste accumulation, waste generation		Bedürfnis	needs/requirement
Absatz	sale(s)		Befrister Arbeitsvertrag	fixed-term (employment) contract
Abschlussprüfung	final examination		Beglaubigung	certification/legalization
Aktien	shares		Beherbergungsbetrieb	accommodation facility
Aktiengesellschaft	stock corporation/public limited company (plc)		Beherbergungsvertrag	contract of accommodation
Aktionär	shareholder, stockholder		Beiträge	financial contributions
Alkoholfreies Restaurant	teetotal restaurant		Beleidigung	insult
Allgemeine Geschäfts-bedingungen	general terms and conditions		Berufsausbildungsvertrag	indenture /contract of vocational training
Altersvorsorge	retirement provision		Berufswahl	career choice
Anfrage	query/enquiry/inquiry		Beschaffung	procurement
Angebot	offer		Besitz	possession
Angestellter	employee		Bestellung	order/reservation/booking
Annahmeverzug	delay in acceptance		Betrieb	firm/company/business
Aparthotel	apartment hotel		Betriebliche Gemeinschafts-verpflegung	staff feeding
Arbeit	work/job		Betriebsart	type of business
Arbeiter	worker		Betriebsauflösung	company liquidation
Arbeitgeber	employer		Betriebsrat	employees' works council
Arbeitgeberverband	employers' association		Betriebsübergabe	transfer of an enterprise
Arbeitnehmer	employee, employed person		Betriebsvereinbarung	works council agreement
Arbeitsgericht	industrial tribunal/labo(u)r court		Betriebsversammlung	staff meeting/works meeting
Arbeitskampf	employment dispute/industrial action		Betrug	fraud/deception
Arbeitsleistung	man power		Beurkundung	authentication/record of acknowledgement
Arbeitslosengeld	unemployment benefit		Bewerbung	application
Arbeitsplatzsicherheit	job security		Bewerbungsgespräch	job interview
Arbeitsrecht	labo(u)r law, industrial law		Bewerbungsunterlagen	application documents
Arbeitsverhältnis	employment relationship		Bewirtungsbetrieb	hospitality company
Arbeitsvertrag	contract of employment		Bewirtungsvertrag	catering contract
Aufsichtsrat	(supervisory) board of directors		Bildung	education/training
Auftragsgastromie	contract-catering		Bio-Produkte	organic food/product
Aufwendung	expense		Boom	boom
Aufwendungen und Erträge	income and expense		Börse	stock market
Ausbildungsberuf	job that requires training		Brauerei	brewery
Außengastronomie	outdoor/open-air gastronomy		Bruttolohn	gross wage
Außenwerbung	outdoor advertising		Bürgschaft	guarantee
Außer-Haus-Verkauf	take-away-sales/take-away		Büropersonal	office staff
Aussperrung	lockout		Bundesrepublik Deutschland	Federal Republic of Germany
Auszubildender	trainee/apprentice		BWL	business studies
Autobahnrasthaus	freeway motel		Café	coffee bar/coffeehouse
Autobahnraststätte	motorway service area (MSA)		Cafeteria	cafeteria
Autohof	truck stop		Campingtourismus	camping tourism
Automat	automat		Checkliste	checklist
Automatengaststätte	automat (restaurant)		Chipkarte	chip/smart card
Bahnhofsgaststätte	station restaurant		Computer-Reservierungssys-teme (CRS)	Global distribution systems (GDS)
Bank	bank		Darlehensvertrag	loan contract/agreement
Bankterminal	terminal		Dateianhang	attachment
Bargeldlose Zahlung	cashless payment/payment by money transfer		Datenschutz	data protection
Barkeeper	bartender		Datenschutzbeauftragter	data security engineer/security administrator
Barmixer	bartender/barman		Datensicherheit	data security
Barzahlung	cash payment		Datensicherung	data back-up
Bauernhof	farm			
Bedarf	need/requirement			

Dauerauftrag	standing order	Fund	trove/find/discovery
Deflation	deflation	Fundsachen	lost property
Depression	depression	Garderobenhaftung	liability for cloakroom, cloakroom liability
Devisen	foreign exchange/currency		
Diätassistentin	dietician	Garderobenpersonal	cloakroom staff
Diätkoch	special diet cook	Gartenrestaurant	open-air restaurant
Dienst- und Organisations-plan	roster and organization chart	Gärtner	gardener
		Gast	customer/guest (Hotel)
Dienstleistung	service	Gästehaus	guest-house
Dienstvertrag	contract of employment/ contract of service	Gästetypen	types of guests
		Gastgewerbe	hotel and restaurant industry
Diskothek	discotheque	Gasthof	inn/guesthouse/bed&breakfast
Dividende	dividend	Gaststättenerlaubnis	public house licence/liquor licence (für Ausschank alkoholischer Getränke)
Eigentum	property/ownership		
Eigentümer	owner		
Eingebrachte Sache	brought-in property	Gaststättenrecht	restaurant law
Einigungsstelle	conciliation board	Gastwirt	landlord/innkeeper/publican
Einkommensteuer	income tax	Gebühren	fees
Einkünfte	earnings/income	Gehalt	salary
Einzelunternehmen	sole proprietorship/one-man business	Geld	money
		Geldanlage	financial investment
Eisdiele	ice cream parlour	Geldausgabeautomat	cash dispenser/automatic teller machine (ATM)
Elektronische Datenver-arbeitung (EDV)	electronic data processing		
Elektronischer Zahlungs-verkehr	electronic funds transfer (EFT)	Gemeinschaftsverpflegung	communal feeding
		Gentechnik	genetic engeneering
Empfangschef	front office manager	Gentechnik-Produkte	GM-food
Empfangsdame	receptionist/hostess	Gerichtliches Mahnverfahren	summary proceeding
Energieverbrauch	energy consumption	Gerichtsvollzieher	bailiff
Ergonomie	ergonomics	geschäftsfähig	legally capable/competent, competent to contract
Erlaubnis	licence		
Ertrag	income	Geschäftsführer	managing director/executive
Etagenpersonal	room staff	geschäftsunfähig	legally incapable/incapable of contracting
EU-Binnenmarkt	Single (European) Market		
Europäische Sozialcharta	European Social Charter	Gesellschafterversammlung	shareholders' meeting/stockholders' meeting
Europäische Wirtschaftliche Interessenvertretung (EWIV)	European Economic Interest Grouping (EEIG)		
		Gesellschaftsunternehmen	partnership
Europäische Zentralbank (EZB)	European Central Bank	Gesellschaftsvertrag	partnership agreement/company agreement/articles of association
Europäisches Handelsregister	European Business Register (EBR)	Getränkelieferungsvertrag	contract of beverage delivery
Europass	Europass	Getränkeschankanlage	beverage dispenser
Europass Mobilität	Europass Mobility	Gewerbe	business/trade
Existenzgründung	business start-up	Gewerbesteuer	trade tax
Expansion	expansion	Gewerkschaft	trade union
Falschmeldung	false report	Gläubiger	creditor
Ferienheim	holiday home	Globalisierung	globalization
Ferienwohnung	holiday flat/vacation apartment	Glücksspiel	gambling/game of chance
Ferienzentrum	holiday centre	Grenzen des Umweltschutzes	limits of environmental protection
Fernabsatzvertrag	E-contract	Grundgesetz	Basic Constitutional Law
Finanzwirtschaft	financial management	Grundrechte	fundamental/basic rights
Finder	finder	Gründung	start-up/setting up/formation of a company
Firma	company/firm/concern/business		
Formvorschriften	formal requirements	Güter	goods/commodities
Fortbildung	advanced vocational training	Haftpflichtversicherung	indemnity/liability insurance
Franchise-Geber	franchisor	Haftung	liability
Franchise-Nehmer	franchisee	Handelsbrief	business letter
Franchise-Vertrag	franchise contract	Handelskauf	commercial transaction/mercantile sale
Füllstrich	measure mark	Handelsname	brand name
		Handelsrecht	Commercial law/trade law
		Handelsregister	commercial register/company register

Deutsch	Englisch
Handlungsbevollmächtigter	authorized agent/proxy
Handwerker	workman
Hauptversammlung	general meeting/shareholders' meeting/stockholders' meeting
Hausdame	executive housekeeper/housekeeping manager
Hausdamen-Abteilung	housekeeping
Haushaltsplan	budget
Haustürgeschäft	door-to-door sale
Hotel	hotel
Hotel garni	hotel garni
Hotelgutschein	hotel voucher
Hotelkette	hotel chain
Hotelmeldepflicht	hotel registration procedure
Hygiene	hygiene
Imbisshalle	snack bar
Incoming Tourismus	incoming tourism
Individualversicherung	individual insurance
Industrie- und Handels-kammer	Chamber of Commerce and Industry
Inflation	inflation
Inflationsrate	rate of inflation, inflation rate
Informationstechnologie (IT)	information technology
Inhaberwechsel	change in ownership
Innenwerbung	indoor advertising
Innerbetriebliche Kennzahlen	key data/management ratios
Insolvenz	insolvency
Insolvenzverfahren	insolvency proceedings
Interessengemeinschaft	community of interests/syndicate
Interessenverband	pressure group
Irrtum	error
Jugendherberge	youth hostel
Jugendliche	young persons
Jugendschutzgesetz	(German) law for the Protection of the Youth
Jungkellner	junior waiter/assistant waiter
Kabarett	cabaret
Kantine	canteen
Kapital	capital (stock)
Kapitalgesellschaften	joint stock companies/corporations
Kapitalismus	capitalism
Kartell	cartel/pool
Kartellrecht	anti-trust law/cartel law
Kasino	mess
Käufer	buyer/purchaser
Kaufkraft (Finanzkraft)	spending power
Kaufkraft (Wert)	buying/purchasing power
Kaufmann	trader/merchant
Kaufvertrag	sales contract/bill of sale
Kellermeister	cellarman
Kenntlichmachen von Lebensmitteln	food labelling
Kennzahl	ratio
Kennzeichnungspflicht	obligation of labelling
Kind(er)	child(ren)
Kiosk	kiosk
Knebelvertrag	gagging / oppressive contract
Kommunikation	communication
Konjunkturverlauf	economic/business cycle
Konto	account
Kontoauszug	bank statement/statement of account
Kontrollpflicht	duty of control
Konzentration	concentration
Konzern	concern/group
Konzession	concession
Kooperation	cooperation
Körperschaftsteuer	corporation tax
Kost und Logis	board and lodging
Kosten	costs
Krankenversicherung	health insurance
Kredit	credit/loan
Kreditkarte	credit card
Küchenchef	chef/head cook
Kundendienst	after-sales service, customer service
Kundenpflege	customer care
Kündigung (durch Arbeit-geber)	dismissal
Kündigung (durch Arbeit-nehmer)	notice
Kurheim	guesthouse in a spa
Kurhotel	health resort
Kurtaxe	health resort tax
LAN	local area network
Lastschriftverfahren	direct debiting system
Leasinggeber	lessor
Leasingnehmer	lessee
Leasingrate	lease instalment
Leasingvertrag	hire purchase contract/leasing agreement
Lebenslanges Lernen	lifelong learning
Lebensmittel	groceries
Leistungserstellung	production
Leitender Angestellter	manager/executive
Leitzins	prime rate
Lieferverzug	default/delay in delivery
Lieferzeit	period of delivery
Lizenz	licence/license
Lohn	wage
Lohnsteuer	income tax
Magazinverwalter	stock keeper
Mahnbescheid	default summons/summary notice to pay
Mahnung	demand notice
Mangel	deficiency/lack
Mängelrüge	notice of defect/notification of defects
Marketinginstrumente	marketing tools
Marketingkonzeption	marketing concept
Marketingmittel	marketing tools
Marketingplanung	marketing planning
Marketingtechnik	marketing technology
Markt	market
Marktabschottung	sealing off the market
Marktarten	types of market/market types
Markterweiterung	market extension/expansion

Marktforschung	market research
Marktwirtschaft	market economy
Masseur	masseur
Medienkontakt	contact to media
Mehrwertsteuer	value-added tax (VAT)
Meldeschein	registration form/card
Mensa	refectory
Miete	rent
Mietvertrag (bewegliche Sachen)	hire agreement
Mietvertrag (unbewegl. Sachen)	rental agreement
Milchbar	milk bar
Mitbestimmung	codetermination
Mobilität	mobility
Motel	motel
Mülltrennung	waste separation
Müllvermeidung	waste prevention
Nachfrage	demand
Nachfrist	extended deadline/grace period
Nachtlokal	night club
Natur	nature
Nettolohn	net wage/take-home pay
Nominallohn	money wage
Oberkellner	head waiter
Ökonomie	economy
Online-Buchung	online-booking
Organisation	organization
Organisationssystem	organization systems
Pacht	lease
Pachtvertrag	lease agreement/contract
Partnergesellschaft	partnership
Pension	guesthouse/boarding house
Personal	personnel/staff
Personengesellschaft	partnership
Pfand	pledge/security
Pfandrecht	lien
Pfändung	distraint
Pflichten	obligations
Pflichten des Gastes	customer's/guest's obligations
Pflichtenheft	requirement specification
Planung	planning
Planwirtschaft	(centrally-)planned/(state-)controlled economy
Police	policy
Portier	porter/doorman
Präsentationstechniken	presentation techniques
Preis	price
Preisausschreiben	competition
Preisauszeichnung	price labelling
Preisberechnung	costing
Preisbildung	pricing
Preisniveau	price level
Preisspiel	prize game
Privatrecht	civil law
Probezeit	trial/probationary period
Produktion	production

Produktivität	productivity/productive capacity
Prokura	procuration
Provision	commission
Qualitätsmanagement	quality management
Quittung	receipt
Rabatt	rebate/discount/(price) reduction
Ratenkauf	instalment purchase
Ratenkredit	instalment loan
Reallohn	real wage
Rechnung	bill
Recht	law/legal systems
Rechte	rights/claims/interests
Rechtsgeschäfte	legal transactions
Reisescheck	traveller's cheque/check
Rendite	return, yield
Rentabilität	profitability
Rente	pension
Restaurantdirektor	restaurant manager
Rezeptionsbereich, Verwaltungsbereich eines Unternehmens mit Kundenkontakt	front-office
Rezession	recession
Rundschreiben	newsletter
Sachen	tangible objects/assets
Sammelüberweisung	collective transfer
Schadensersatz	compensation/damages
Schankgefäße	drinking vessels
Schankwirtschaft	tavern/pub
Scheck	check/cheque
Scheckeinlösung	cheque cashing
Schiffswirtschaft	ship's restaurant
Schnellimbiss	snack bar/fast food restaurant
Schulden	debts
Selbstständiger Unternehmer	independent businessman
Sonderpreisaktion	price campaign
Soziale Marktwirtschaft	social market economy
Sozialgericht	social security court
Sozialismus	socialism
Sozialpartner	social partners
Sozialversicherung	social insurance
Sparbuch	savings book
Spareinlage	savings deposit
Sparer	saver
Speisewirtschaft	restaurant
Sperrzeit	closing time
Sperrzeitbeginn	last order
Spielautomat	gambling machine
Staat	state
Stammgast	regular (guest)
Standort	location
Standortfaktoren	locational factors
Stationskellner	station waiter
Steuer	tax
Steuerbescheid	tax assessment note/tax bill
Steuererklärung	tax return
Steuersatz	tax rate
Störungen des Kaufvertrags	disturbances of sales contract

Deutsch	Englisch
Streik	strike
Suchmaschine	search engine
Supranationale Gesellschaftsformen der EU	European supranational corporate structures
Systemanalyse	systems analysis
Tanzbar	dance bar
Tarifvertrag	collective (wage) agreement
Teilzeitarbeit	part-time job
Textverarbeitung	word processing
Tombola	raffle
Tourismus	tourism
Tourismusgebiet	destination
Tourist	tourist
Trinkgeld	tip
Trinkhalle	refreshment stand
Trust	trust
überschuldet	overindebted
Überweisung	transfer
Umsatz	turnover
Umsatzsteuer	value added tax (VAT)/turnover tax/sales tax
Umweltschutz	environmental protection
Unterhaltungsbetrieb	entertainment company
Unternehmen	firm/company/enterprise
Unternehmensbeendigung	cessation of an enterprise
Unternehmensberater	management consultant
Unternehmensberatung	management consultancy
Unternehmensform	type of business organization/form of enterprise
Unternehmenskrise	enterprise's crisis
Unternehmensnachfolge	succession in company
Unternehmensverflechtungen	affiliated enterprises
Unternehmenszusammenschluss	merger/consolidation of companies/amalgamation of companies
Unternehmer	entrepreneur/businessman
Urheberrecht bei musikalischen Veranstaltungen	copyright at musical events
Urlaub	holiday/vacation/leave
Urlaubsanspruch	holiday entitlement
Varieté	variety show
Vegetarisches Restaurant	vegetarian restaurant
Veranstaltung	event
Verbraucher	consumer/user
Verbraucherschutz	consumer protection
Verbrauchervertrag	consumer contract
vergleichende Werbung	comparative/discriminatory advertising
Verjährung	statute of limitations/limitation of action
Verjährungsfrist	absolute statutory period of limitation
Verkauf	sale
Verkauf von Dienstleistungen	sale of services
Verkäufer	seller/vendor
Verkaufsautomat	automatic vending machine
Verkaufspersonal	sales staff
Verkaufstechniken	sales technologies
Versicherungsvertrag	insurance agreement/contract
Versteigerung	auction/public sale
Vertragsfreiheit	freedom of contract
Verwahrung	safekeeping
Verwahrungsvertrag	bailment agreement
Verwaltung und Bewirtschaftung von Gebäuden	facility-management
Viren	viruses (computer viruses)
Virenschutz	protection against computer viruses/virus protection
Vollmacht	authority/power of attorney (POA)
Vorstand	management board/executive board
Vorsteuer	input tax
VWL	economics/economic theory
Währung	currency
Warenautomat	automatic vending machine
Wäschereipersonal	laundry staff
Wasser	water
Wasserverbrauch	water consumption
Wechselkurs	exchange rate
Weinkellner	sommelier/wine waiter
Werbeart	type of advertising
Werbekontrolle	tracking/advertising tracking
Werbeplan	advertising plan
Werbeplanung	advertising planning
Werbeprospekt	advertising leaflet/prospectus
Werbung	advertising
Werktag	working day
Werkvertrag	contract for work and services
Wertpapiere	securities, bonds
Wertschöpfung (Brutto-)	(gross) value added
Willenserklärung	declaration of intent/expression of will
Wirtschaftlichkeit	efficiency/profitability
Wirtschaftlichkeitsprinzip	economic principle/efficiency rule
Wirtschaftsabteilung (F&B)	food & beverage
Wirtschaftskreislauf	business/economic cycle
Wirtschaftsordnung	economic system
Wirtschaftspolitik	economic policy
Wirtschaftswachstum	economic growth
Wirtshaus	inn/tavern/pub
Würmer	worms
Zahlungsart	payment method/mode of payment
Zahlungsbedingungen	terms of payment
Zahlungsmittel	means of payment
Zahlungsverkehr	monetary transactions/payment transactions
Zahlungsverzug	default in payment
Zechpreller	walk out /bilker
Zechprellerei	bilking
Zentralbank	central bank
Zentrale Verwaltung eines Unternehmens ohne Kundenkontakt	back-office
Zinsen	interests
Zollfreiheit	exemption from customs duty
Zubehörware	accessory product/good
Zugangsschutzsystem	firewall
Zusatzstoffe	additives
Zuschuss	subsidy
Zwangsvollstreckung	enforcement/execution

Fachvokabular von A–Z (Englisch – Deutsch)

absolute statutory period of limitation	Verjährungsfrist	capital (stock)	Kapital
accessory product/good	Zubehörware	capitalism	Kapitalismus
accommodation facility	Beherbergungsbetrieb	career choice	Berufswahl
account	Konto	cartel/pool	Kartell
additives	Zusatzstoffe	cash dispenser/automatic teller machine (ATM)	Geldausgabeautomat
advanced vocational training	Fortbildung	cash payment	Barzahlung
advertising	Werbung	cashless payment/payment by money transfer	Bargeldlose Zahlung
advertising leaflet/prospectus	Werbeprospekt	catering contract	Bewirtungsvertrag
advertising plan	Werbeplan	cellarman	Kellermeister
advertising planning	Werbeplanung	central bank	Zentralbank
affiliated enterprises	Unternehmensverflechtungen	(centrally-)planned/(state-)controlled economy	Planwirtschaft
anti-trust law/cartel law	Kartellrecht	certification/legalization	Beglaubigung
apartment hotel	Aparthotel	cessation of an enterprise	Unternehmensbeendigung
application	Bewerbung	Chamber of Commerce and Industry	Industrie- und Handelskammer
application documents	Bewerbungsunterlagen	change in ownership	Inhaberwechsel
attachment	Dateianhang	check/cheque	Scheck
auction/public sale	Versteigerung	checklist	Checkliste
authentication/record of acknowledgement	Beurkundung	chef/head cook	Küchenchef
authority/power of attorney (POA)	Vollmacht	cheque cashing	Scheckeinlösung
authorized agent/proxy	Handlungsbevollmächtigter	child(ren)	Kind(er)
automat	Automat	chip/smart card	Chipkarte
automat (restaurant)	Automatengaststätte	civil law	Privatrecht
automatic vending machine	Verkaufsautomat, Warenautomat	cloakroom staff	Garderobenpersonal
back-office	Zentrale Verwaltung eines Unternehmens ohne Kundenkontakt	closing time	Sperrzeit
		codetermination	Mitbestimmung
bailiff	Gerichtsvollzieher	coffee bar/coffeehouse	Café
bailment agreement	Verwahrungsvertrag	collective (wage) agreement	Tarifvertrag
bank	Bank	collective transfer	Sammelüberweisung
bank statement/statement of account	Kontoauszug	commercial power of attorney	Handlungsvollmacht
bartender	Barkeeper	commercial register/company register	Handelsregister
bartender/barman	Barmixer	commercial transaction/mercantile sale	Handelskauf
Basic Constitutional Law	Grundgesetz	commercial law/trade law	Handelsrecht
beverage dispenser	Getränkeschankanlage	commission	Provision
bilking	Zechprellerei	communal feeding	Gemeinschaftsverpflegung
bill	Rechnung	communication	Kommunikation
board and lodging	Kost und Logis	community of interests/syndicate	Interessengemeinschaft
boom	Boom	company liquidation	Betriebsauflösung
brand name	Handelsname	company/firm/concern/business	Firma
brewery	Brauerei	comparative/discriminatory advertising	vergleichende Werbung
brought-in property	Eingebrachte Sachen	compensation/damages	Schadensersatz
budget	Haushaltsplan	competition	Preisausschreiben
business letter	Handelsbrief	concentration	Konzentration
business start-up	Existenzgründung	concern/group	Konzern
business studies	BWL	concession	Konzession
business/economic cycle	Wirtschaftskreislauf	conciliation board	Einigungsstelle
business/trade	Gewerbe	consumer contract	Verbrauchervertrag
buyer/purchaser	Käufer	consumer protection	Verbraucherschutz
buying/purchasing power	Kaufkraft (Wert)	consumer/user	Verbraucher
cabaret	Kabarett	contact to media	Medienkontakt
cafeteria	Cafeteria	contract for work and services	Werkvertrag
camping tourism	Campingtourismus	contract of accommodation	Beherbergungsvertrag
canteen	Kantine		

contract of beverage delivery	Getränkelieferungsvertrag
contract of employment	Arbeitsvertrag
contract of employment/contract of service	Dienstvertrag
contract-catering	Auftragsgastromie
cooperation	Kooperation
copyright at musical events	Urheberrecht bei musikalischen Veranstaltungen
corporation tax	Körperschaftsteuer
costing	Preisberechnung
costs	Kosten
credit card	Kreditkarte
credit/loan	Kredit
creditor	Gläubiger
currency	Währung
customer/guest (Hotel)	Gast
customer's/guest's obligations	Pflichten des Gastes
damage/compensation	Schadensersatz
dance bar	Tanzbar
data back-up	Datensicherung
data protection	Datenschutz
data security	Datensicherheit
data security engineer/security administrator	Datenschutzbeauftragter
debts	Schulden
declaration of intent/expression of will	Willenserklärung
default in payment	Zahlungsverzug
default summons/summary notice to pay	Mahnbescheid
default/delay in delivery	Lieferverzug
deficiency/lack	Mangel
deflation	Deflation
delay in acceptance	Annahmeverzug
demand	Nachfrage
demand notice	Mahnung
depression	Depression
destination	Tourismusgebiet
dietician	Diätassistentin
direct debiting system	Lastschriftverfahren
discotheque	Diskothek
dismissal	Kündigung (durch Arbeitgeber)
distraint	Pfändung
disturbances of sales contract	Störungen des Kaufvertrags
dividend	Dividende
door-to-door sale	Haustürgeschäft
drinking vessels	Schankgefäße
duty of control	Kontrollpflicht
earnings/income	Einkünfte
economic growth	Wirtschaftswachstum
economic policy	Wirtschaftspolitik
economic principle/efficiency rule	Wirtschaftlichkeitsprinzip
economic system	Wirtschaftsordnung
economic/business cycle	Konjunkturverlauf
economics/economic theory	VWL
economy	Ökonomie
E-contract	Fernabsatzvertrag
education/training	Bildung

efficiency/profitability	Wirtschaftlichkeit
effluents/waste water	Abwasser
electronic data processing	Elektronische Datenverarbeitung (EDV)
electronic funds transfer (EFT)	Elektronischer Zahlungsverkehr
employee	Angestellter
employee, employed person	Arbeitnehmer
employees' works council	Betriebsrat
employer	Arbeitgeber
employers' association	Arbeitgeberverband
employment dispute/industrial action	Arbeitskampf
employment relationship	Arbeitsverhältnis
energy consumption	Energieverbrauch
enforcement/execution	Zwangsvollstreckung
enterprise's crisis	Unternehmenskrise
entertainment company	Unterhaltungsbetrieb
entrepreneur/businessman	Unternehmer
environmental protection	Umweltschutz
ergonomics	Ergonomie
error	Irrtum
Europass	Europass
Europass Mobility	Europass Mobilität
European Business Register (EBR)	Europäisches Handelsregister
European Central Bank	Europäische Zentralbank (EZB)
European Economic Interest Grouping (EEIG)	Europäische Wirtschaftliche Interessenvertretung (EWIV)
European Social Charter	Europäische Sozialcharta
European supranational corporate structures	Supranationale Gesellschaftsformen der EU
event	Veranstaltung
exchange rate	Wechselkurs
executive housekeeper/housekeeping manager	Hausdame
exemption from customs duty	Zollfreiheit
expansion	Expansion
expense	Aufwendung
extended deadline/grace period	Nachfrist
facility-management	Verwaltung und Bewirtschaftung von Gebäuden
false report	Falschmeldung
farm	Bauernhof
fast food restaurant/snack bar	Schnellimbiss
Federal Republic of Germany	Bundesrepublik Deutschland
fees	Gebühren
final examination	Abschlussprüfung
financial contributions	Beiträge
financial investment	Geldanlage
financial management	Finanzwirtschaft
finder	Finder
firewall	Zugangsschutzsystem
firm/company/business	Betrieb
firm/company/enterprise	Unternehmen
fixed-term (employment) contract	befrister Arbeitsvertrag
food & beverage	Wirtschaftsabteilung (F&B)
food labelling	Kenntlichmachen von Lebensmitteln

foreign exchange/currency	Devisen
formal requirements	Formvorschriften
franchise contract	Franchise-Vertrag
franchisee	Franchise-Nehmer
franchisor	Franchise-Geber
fraud/deception	Betrug
freedom of contract	Vertragsfreiheit
freeway motel	Autobahnrasthaus
front-office	Rezeptionsbereich, Verwaltungsbereich eines Unternehmens mit Kundenkontakt
front office manager	Empfangschef
fundamental/basic rights	Grundrechte
gagging/oppressive contract	Knebelvertrag
gambling machine	Spielautomat
gambling/game of chance	Glücksspiel
gardener	Gärtner
general meeting/shareholders' meeting/stockholders' meeting	Hauptversammlung
general terms and conditions	Allgemeine Geschäftsbedingungen
genetic engeneering	Gentechnik
(German) law for the Protection of the Youth	Jugendschutzgesetz
Global distribution systems (GDS)	Computer-Reservierungssysteme (CRS)
globalization	Globalisierung
GM-food	Gentechnik-Produkte
goods/commodities	Güter
groceries	Lebensmittel
(gross) value added	Wertschöpfung (Brutto-)
gross wage	Bruttolohn
guarantee	Bürgschaft
guest-house	Gästehaus
guesthouse in a spa	Kurheim
guesthouse/boarding house	Pension
head waiter	Oberkellner
health insurance	Krankenversicherung
health resort	Kurhotel
health resort tax	Kurtaxe
hire agreement	Mietvertrag (bewegliche Sachen)
hire purchase contract/leasing agreement	Leasingvertrag
holiday centre	Ferienzentrum
holiday entitlement	Urlaubsanspruch
holiday flat/vacation apartment	Ferienwohnung
holiday home	Ferienheim
holiday, vacation, leave	Urlaub
hospitality company	Bewirtungsbetrieb
hotel	Hotel
hotel and restaurant industry	Gastgewerbe
hotel chain	Hotelkette
hotel garni	Hotel garni
hotel registration procedure	Hotelmeldepflicht
hotel voucher	Hotelgutschein
housekeeping	Hausdamen-Abteilung
hygiene	Hygiene
ice cream parlour	Eisdiele

income	Ertrag
income and expense	Aufwendungen und Erträge
income tax	Einkommensteuer, Lohnsteuer
incoming tourism	Incoming Tourismus
indemnity/liability insurance	Haftpflichtversicherung
indenture/contract of vocational training	Berufsausbildungsvertrag
independent businessman	Selbstständiger Unternehmer
individual insurance	Individualversicherung
indoor advertising	Innenwerbung
industrial tribunal/labo(u)r court	Arbeitsgericht
inflation	Inflation
information technology	Informationstechnologie (IT)
inn/guesthouse/bed&breakfast	Gasthof
inn/tavern/pub	Wirtshaus
innkeeper/landlord/publican	Gastwirt
input tax	Vorsteuer
insolvency	Insolvenz
insolvency proceedings	Insolvenzverfahren
instalment loan	Ratenkredit
instalment purchase	Ratenkauf
insult	Beleidigung
insurance agreement/contract	Versicherungsvertrag
interests	Zinsen
job interview	Bewerbungsgespräch
job security	Arbeitsplatzsicherheit
job that requires training	Ausbildungsberuf
joint stock companies/corporations	Kapitalgesellschaften
joint venture	Interessengemeinschaft
junior waiter/assistant waiter	Jungkellner
key data/management ratios	Innerbetriebliche Kennzahlen
kiosk	Kiosk
labo(u)r law, industrial law	Arbeitsrecht
last order	Sperrzeitbeginn
laundry staff	Wäschereipersonal
law/legal systems	Recht
lease	Pacht
lease agreement/contract	Pachtvertrag
lease instalment	Leasingrate
legal transactions	Rechtsgeschäfte
legally capable/competent, competent to contract	geschäftsfähig
legally incapable/incapable of contracting	geschäftsunfähig
lessee	Leasingnehmer
lessor	Leasinggeber
liability	Haftung
liability for cloakroom, cloakroom liability	Garderobenhaftung
licence	Erlaubnis
licence/license	Lizenz
lien	Pfandrecht
lifelong learning	Lebenslanges Lernen
limits of environmental protection	Grenzen des Umweltschutzes
loan contract/agreement	Darlehensvertrag
local area network	LAN
location	Standort
locational factors	Standortfaktoren

lockout	Aussperrung	part-time job	Teilzeitarbeit
lost property	Fundsachen	payment method/mode of payment	Zahlungsart
man power	Arbeitsleistung	pension	Rente
management board/executive board	Vorstand	period of delivery	Lieferzeit
management consultancy	Unternehmensberatung	personnel/staff	Personal
management consultant	Unternehmensberater	planning	Planung
manager/executive	Leitender Angestellter	pledge/security	Pfand
managing director/executive	Geschäftsführer	policy	Police
market	Markt	porter/doorman	Portier
market economy	Marktwirtschaft	possession	Besitz
market extension/expansion	Markterweiterung	presentation techniques	Präsentationstechniken
market research	Marktforschung	pressure group	Interessenverband
marketing concept	Marketingkonzeption	price	Preis
marketing planning	Marketingplanung	price campaign	Sonderpreisaktion
marketing technology	Marketingtechnik	price labelling	Preisauszeichnung
marketing tools	Marketinginstrumente, Marketingmittel	price level	Preisniveau
		pricing	Preisbildung
masseur	Masseur	prime rate	Leitzins
means of payment	Zahlungsmittel	prize game	Preisspiel
measure mark	Füllstrich	procuration	Prokura
merger/consolidation of companies/ amalgamation of companies	Unternehmenszusammen-schluss	procurement	Beschaffung
		production	Leistungserstellung, Produktion
mess	Kasino		
milk bar	Milchbar	productivity/productive capacity	Produktivität
mobility	Mobilität	profitability	Rentabilität
monetary transactions/payment transactions	Zahlungsverkehr	property/ownership	Eigentum
		protection against computer viruses/ virus protection	Virenschutz
money	Geld		
money wage	Nominallohn	public house licence/liquor licence (für Ausschank alkoholischer Getränke)	Gaststättenerlaubnis
motel	Motel		
motorway service area (MSA)	Autobahnraststätte	quality management	Qualitätsmanagement
nature	Natur	query/enquiry/inquiry	Anfrage
need/requirement	Bedarf	raffle	Tombola
needs/requirement	Bedürfnis	rate of inflation, inflation rate	Inflationsrate
net wage/take-home pay	Nettolohn	ratio	Kennzahl
newsletter	Rundschreiben	real wage	Reallohn
night club	Nachtlokal	rebate/discount/(price) reduction	Rabatt
notice	Kündigung (durch Arbeit-nehmer)	receipt	Quittung
		receptionist/hostess	Empfangsdame
notice of defect/notification of defects	Mängelrüge	recession	Rezession
obligation of labelling	Kennzeichnungspflicht	refectory	Mensa
obligations	Pflichten	refreshment stand	Trinkhalle
offer	Angebot	registration form/card	Meldeschein
office staff	Büropersonal	regular (guest)	Stammgast
online-booking	Online-Buchung	rent	Miete
open-air restaurant	Gartenrestaurant	rental agreement	Mietvertrag (unbewegl. Sachen)
order/reservation/booking	Bestellung		
organic food/product	Bio-Produkte	requirement specification	Pflichtenheft
organization	Organisation	restaurant	Speisewirtschaft
organization systems	Organisationssystem	restaurant law	Gaststättenrecht
outdoor advertising	Außenwerbung	restaurant manager	Restaurantdirektor
outdoor/open-air gastronomy	Außengastronomie	retirement provision	Altersvorsorge
overindebted	überschuldet	return, yield	Rendite
owner	Eigentümer	rights/claims/interests	Rechte
partnership	Gesellschaftsunternehmen, Partnergesellschaft, Personengesellschaft	room staff	Etagenpersonal
		roster and organization chart	Dienst- und Organisations-plan
partnership agreement/company agreement/articles of association	Gesellschaftsvertrag	safekeeping	Verwahrung

salary	Gehalt	tax return	Steuererklärung
sale	Verkauf	teetotal restaurant	Alkoholfreies Restaurant
sale of services	Verkauf von Dienstleistungen	terminal	Bankterminal
sale(s)	Absatz	terms of payment	Zahlungsbedingungen
sales contract/bill of sale	Kaufvertrag	tip	Trinkgeld
sales staff	Verkaufspersonal	tourism	Tourismus
sales technologies	Verkaufstechniken	tourist	Tourist
saver	Sparer	tracking/advertising tracking	Werbekontrolle
savings book	Sparbuch	trade tax	Gewerbesteuer
savings deposit	Spareinlage	trade union	Gewerkschaft
sealing-off the market	Marktabschottung	trader/merchant	Kaufmann
search engine	Suchmaschine	trainee/apprentice	Auszubildender
securities, bonds	Wertpapiere	transfer	Überweisung
seller/vendor	Verkäufer	transfer of an enterprise	Betriebsübergabe
service	Dienstleistung	traveller's cheque/check	Reisescheck
shareholder, stockholder	Aktionär	trial/probationary period	Probezeit
shareholders' meeting/stockholders' meeting	Gesellschafterversammlung	trove/find/discovery	Fund
shares	Aktien	truck stop	Autohof
ship's restaurant	Schiffswirtschaft	trust	Trust
Single (European) Market	EU-Binnenmarkt	turnover	Umsatz
snack bar	Imbisshalle	type of advertising	Werbeart
social insurance	Sozialversicherung	type of business	Betriebsart
social market economy	Soziale Marktwirtschaft	type of business organization/form of enterprise	Unternehmensform
social partners	Sozialpartner	types of guests	Gästetypen
social security court	Sozialgericht	types of market/market types	Marktarten
socialism	Sozialismus	unemployment benefit	Arbeitslosengeld
sole proprietorship/one-man business	Einzelunternehmen	value added tax (VAT)/turnover tax/ sales tax	Umsatzsteuer
sommelier/wine waiter	Weinkellner	value-added tax (VAT)	Mehrwertsteuer
special diet cook	Diätkoch	variety show	Varieté
spending power	Kaufkraft (Finanzkraft)	vegetarian restaurant	Vegetarisches Restaurant
staff feeding	Betriebliche Gemeinschafts- verpflegung	viruses (computer viruses)	Viren
staff meeting/works meeting	Betriebsversammlung	wage	Lohn
standing order	Dauerauftrag	walk out/bilker	Zechpreller
start-up/setting up/formation of a company	Gründung	waste accumulation, waste generation	Abfallaufkommen
state	Staat, Zustand	waste prevention	Müllvermeidung
station restaurant	Bahnhofsgaststätte	waste separation	Mülltrennung
station waiter	Stationskellner	water	Wasser
statute of limitations/limitation of action	Verjährung	water consumption	Wasserverbrauch
stock corporation/public limited company (plc)	Aktiengesellschaft	word processing	Textverarbeitung
stock keeper	Magazinverwalter	work/job	Arbeit
stock market	Börse	worker	Arbeiter
strike	Streik	working day	Werktag
subsidy	Zuschuss	workman	Handwerker
succession in company	Unternehmensnachfolge	works council agreement	Betriebsvereinbarung
summary proceeding	Gerichtliches Mahnverfahren	worms	Würmer
(supervisory) board of directors	Aufsichtsrat	young persons	Jugendliche
systems analysis	Systemanalyse	youth hostel	Jugendherberge
take-away-sales/take-away	Außer-Haus-Verkauf		
tangible objects/assets	Sachen		
tavern/pub	Schankwirtschaft		
tax	Steuer		
tax assessment note/tax bill	Steuerbescheid		
tax rate	Steuersatz		

Auszug aus dem Berufsbildungsgesetz (BBiG)

§ 1 Ziele und Begriffe der Berufsbildung
(1) Berufsbildung im Sinne dieses Gesetzes sind die Berufsausbildungsvorbereitung, die Berufsausbildung, die berufliche Fortbildung und die berufliche Umschulung.
(...) (3) Die Berufsausbildung hat die für die Ausübung einer qualifizierten beruflichen Tätigkeit in einer sich wandelnden Arbeitswelt notwendigen beruflichen Fertigkeiten, Kenntnisse und Fähigkeiten (berufliche Handlungsfähigkeit) in einem geordneten Ausbildungsgang zu vermitteln. Sie hat ferner den Erwerb der erforderlichen Berufserfahrungen zu ermöglichen.
(...)

§ 2 Lernorte der Berufsbildung
(1) Berufsbildung wird durchgeführt
1. in Betrieben der Wirtschaft, in vergleichbaren Einrichtungen außerhalb der Wirtschaft, insbesondere des öffentlichen Dienstes, der Angehörigen freier Berufe und in Haushalten (betriebliche Berufsbildung),
2. in berufsbildenden Schulen (schulische Berufsbildung) und
3. in sonstigen Berufsbildungseinrichtungen außerhalb der schulischen und betrieblichen Berufsbildung (außerbetriebliche Berufsbildung).
(...)
(3) Teile der Berufsausbildung können im Ausland durchgeführt werden, wenn dies dem Ausbildungsziel dient. Ihre Gesamtdauer soll ein Viertel der in der Ausbildungsordnung festgelegten Ausbildungsdauer nicht überschreiten.

§ 10 Vertrag
(1) Wer andere Personen zur Berufsausbildung einstellt (Ausbildende), hat mit den Auszubildenden einen Berufsausbildungsvertrag zu schließen.
(2) Auf den Berufsausbildungsvertrag sind, soweit sich aus seinem Wesen und Zweck und aus diesem Gesetz nichts anderes ergibt, die für den Arbeitsvertrag geltenden Rechtsvorschriften und Rechtsgrundsätze anzuwenden.
(...)

§ 11 Vertragsniederschrift
(1) Ausbildende haben unverzüglich nach Abschluss des Berufsausbildungsvertrages, spätestens vor Beginn der Berufsausbildung, den wesentlichen Inhalt des Vertrages gemäß Satz 2 schriftlich niederzulegen; die elektronische Form ist ausgeschlossen. In die Niederschrift sind mindestens aufzunehmen
1. Art, sachliche und zeitliche Gliederung sowie Ziel der Berufsausbildung, insbesondere die Berufstätigkeit, für die ausgebildet werden soll,
2. Beginn und Dauer der Berufsausbildung,
3. Ausbildungsmaßnahmen außerhalb der Ausbildungsstätte,
4. Dauer der regelmäßigen täglichen Ausbildungszeit,
5. Dauer der Probezeit,
6. Zahlung und Höhe der Vergütung,
7. Dauer des Urlaubs,
8. Voraussetzungen, unter denen der Berufsausbildungsvertrag gekündigt werden kann,
9. ein in allgemeiner Form gehaltener Hinweis auf die Tarifverträge, Betriebs- oder Dienstvereinbarungen, die auf das Berufsausbildungsverhältnis anzuwenden sind.
(...)

§ 13 Verhalten während der Berufsausbildung
Auszubildende haben sich zu bemühen, die berufliche Handlungsfähigkeit zu erwerben, die zum Erreichen des Ausbildungsziels erforderlich ist. Sie sind insbesondere verpflichtet,
1. die ihnen im Rahmen ihrer Berufsausbildung aufgetragenen Aufgaben sorgfältig auszuführen,
2. an Ausbildungsmaßnahmen teilzunehmen, für die sie nach § 15 freigestellt werden,
3. den Weisungen zu folgen, die ihnen im Rahmen der Berufsausbildung von Ausbildenden, von Ausbildern oder Ausbilderinnen oder von anderen weisungsberechtigten Personen erteilt werden,
4. die für die Ausbildungsstätte geltende Ordnung zu beachten,
5. Werkzeug, Maschinen und sonstige Einrichtungen pfleglich zu behandeln,
6. über Betriebs- und Geschäftsgeheimnisse Stillschweigen zu wahren.

§ 14 Berufsausbildung
(1) Ausbildende haben
1. dafür zu sorgen, dass den Auszubildenden die berufliche Handlungsfähigkeit vermittelt wird, die zum Erreichen des Ausbildungsziels erforderlich ist, und

die Berufsausbildung in einer durch ihren Zweck gebotenen Form planmäßig zeitlich und sachlich gegliedert so durchzuführen, dass das Ausbildungsziel in der vorgesehenen Ausbildungszeit erreicht werden kann,
2. selbst auszubilden oder einen Ausbilder oder eine Ausbilderin ausdrücklich damit zu beauftragen,
3. Auszubildenden kostenlos die Ausbildungsmittel, insbesondere Werkzeuge und Werkstoffe zur Verfügung zu stellen, die zur Berufsausbildung und zum Ablegen von Zwischen- und Abschlussprüfungen, auch soweit solche nach Beendigung des Berufsausbildungsverhältnisses stattfinden, erforderlich sind,
4. Auszubildende zum Besuch der Berufsschule sowie zum Führen von schriftlichen Ausbildungsnachweisen anzuhalten, soweit solche im Rahmen der Berufsausbildung verlangt werden, und diese durchzusehen,
5. dafür zu sorgen, dass Auszubildende charakterlich gefördert sowie sittlich und körperlich nicht gefährdet werden.
(...)
(3) Auszubildenden dürfen nur Aufgaben übertragen werden, die dem Ausbildungszweck dienen und ihren körperlichen Kräften angemessen sind.

§ 16 Zeugnis
(1) Ausbildende haben den Auszubildenden bei Beendigung des Berufsausbildungsverhältnisses ein schriftliches Zeugnis auszustellen. (...)
(2) Das Zeugnis muss Angaben enthalten über Art, Dauer und Ziel der Berufsausbildung sowie über die erworbenen beruflichen Fertigkeiten, Kenntnisse und Fähigkeiten der Auszubildenden. Auf Verlangen Auszubildender sind auch Angaben über Verhalten und Leistung aufzunehmen.

§ 17 Vergütungsanspruch
(1) Ausbildende haben Auszubildenden eine angemessene Vergütung zu gewähren. Sie ist nach dem Lebensalter der Auszubildenden so zu bemessen, dass sie mit fortschreitender Berufsausbildung, mindestens jährlich, ansteigt.
(...)

§ 20 Probezeit
Das Berufsausbildungsverhältnis beginnt mit der Probezeit. Sie muss mindestens einen Monat und darf höchstens vier Monate betragen.

§ 21 Beendigung
(1) Das Berufsausbildungsverhältnis endet mit dem Ablauf der Ausbildungszeit. (...)
(2) Bestehen Auszubildende vor Ablauf der Ausbildungszeit die Abschlussprüfung, so endet das Berufsausbildungsverhältnis mit Bekanntgabe des Ergebnisses durch den Prüfungsausschuss.
(3) Bestehen Auszubildende die Abschlussprüfung nicht, so verlängert sich das Berufsausbildungsverhältnis auf ihr Verlangen bis zur nächstmöglichen Wiederholungsprüfung, höchstens um ein Jahr.

§ 22 Kündigung
(1) Während der Probezeit kann das Berufsausbildungsverhältnis jederzeit ohne Einhalten einer Kündigungsfrist gekündigt werden.
(2) Nach der Probezeit kann das Berufsausbildungsverhältnis nur gekündigt werden.
1. aus einem wichtigen Grund ohne Einhalten einer Kündigungsfrist,
2. von Auszubildenden mit einer Kündigungsfrist von vier Wochen, wenn sie die Berufsausbildung aufgeben oder sich für eine andere Berufstätigkeit ausbilden lassen wollen.
(3) Die Kündigung muss schriftlich und in den Fällen des Absatzes 2 unter Angabe der Kündigungsgründe erfolgen.
(...)

§ 37 Abschlussprüfung
(1) In den anerkannten Ausbildungsberufen sind Abschlussprüfungen durchzuführen. Die Abschlussprüfung kann im Falle des Nichtbestehens zweimal wiederholt werden. (...)
(2) Dem Prüfling ist ein Zeugnis auszustellen. (...)
(...)

§ 48 Zwischenprüfungen
(1) Während der Berufsausbildung ist zur Ermittlung des Ausbildungsstandes eine Zwischenprüfung entsprechend der Ausbildungsordnung durchzuführen. (...)
(...)

Sachwortverzeichnis

Bildquellenverzeichnis

akg-images GmbH, Archiv für Kunst und Geschichte, Berlin: S. 8; 92
AOK-Mediendienst, Berlin: S. 59
Beitragskommunikation ARD, ZDF, Deutschlandradio, Köln: S. 202
Bergmoser + Höller Verlag AG, Aachen: S. 2/3; 3/2; 8; 11; 12; 16; 29; 41; 43; 44; 49; 50/1; 53; 54; 56; 57; 63; 66; 125; 126; 135; 137; 165; 212; 219; 249; 278; 279; 302; 315; 328/3
Bundesinstitut für Berufsbildung, Bonn: S. 31; 32
Bundeszentrale für politische Bildung, Bonn: S. 61
DEHOGA Bundesverband (Deutscher Hotel- und Gaststättenverband e.V.) & Hotelverband Deutschland (IHA), Berlin: S. 20; 21; 240; 308
DER Deutsches Reisebüro GmbH & Co. OHG, Frankfurt/Main: S. 222/3
Deutsche Gesellschaft für Umwelterziehung, Schwerin: S. 310/3
Deutscher Fachverlag GmbH, Frankfurt/Main: S. 268; 271
Deutscher Sparkassen Verlag GmbH, Stuttgart: S. 217; 225
dpa Picture-Alliance GmbH, Frankfurt/Main: S. 15; 22; 24; 25; 30; 52/1; 62; 65; 67; 69; 91; 93; 127; 221/1 (chromorange); 275; 294; 318; 320; 321; 322

Department X, Friedrichsdorf: S. 221/3
Escher, Thomas, Hamburg: S. 67/1
Fotolia Deutschland, Berlin, © www.fotolia.de: S. 1(Kudryashk); 2/1(YESHUA); 2/2, 5/1(kentoh); 5/3(gcpics); 5/4(thomas.andri); 7/1(YESHUA); 7/3(kentoh); 66/1(sk-Design); 134(Torbz); 138(mapoli-photo); 153(SamShapiro); 234(Torbz); 235(WoGi); 290(Daniel Ernst); 292(PhotographyByMK); 293/2(racamani); 294(treenabeena); 296(Doc RaBe); 298(creativ); 303(keko64)
GEMA Kommunikation, München: S. 199; 201
Gewerkschaft Nahrung-Genuss-Gaststätten, Berlin: S. 20/1
Hotelverband Deutschland (IHA), Berlin: S. 240; 253
IMU-Infografik GmbH, Essen: S. 28; 38
Joss products & services GmbH, Horstmar: S. 197/2
KfW Bankengruppe, Frankfurt/Main: S. 313/2
KOHLHAMMER W.; Deutscher Gemeindeverlag, Stuttgart: S. 186
Linux New Media AG, München: S. 203
Neese, Anika, Fotodesign, Berlin: S. 267
PayPal (Europe), Luxemburg: S. 222/3
Postbank Zentrale, Bonn: S. 214; 220

RAL Deutsches Institut für Gütesicherung und Kennzeichnung e. V., Sankt Augustin: S. 17
Raiffeisen Spar+Kreditbank eG, Lauf: S. 221/4
Stiftung Haus der Geschichte, Bonn: S. 313/1
Thomas Cook AG, Oberursel: S. 218
Tourist-Information Grainau, Grainau: S. 231
Umweltbundesamt, Dessau: S. 309
Vapiano International Marketing GmbH, Bonn: S. 269
Verlag Handwerk und Technik GmbH, Hamburg: S. 197/1,3; 207; 208; 293/1
ZEFA, Hamburg: S. 269
www.slowfood.de: S. 267

Titelbilder:	Hotel „Die Wutzschleife", Rötz-Willstedt (1), Fotolia Deutschland, Berlin, © www.fotolia.de Laurent Hamels (2), dpa Picture-Alliance GmbH, Frankfurt/Main, ZB-Fotoreport (3)
Umschlaggestaltung: **Grafiken:**	Harro Wolter, Hamburg Boris Kaip, München

Internet-Adressen

WiS – Das Tor zur Weiterbildung, www.wis.ihk.de
www.dehoga-bundesverband.de
www.ngg.net
http://wis.ihk.de/informationen/ihkonline-
akademie.html

www.gastropate.de
www.dihk.de
www.safety1st.de
www.sozialpolitik.com
www.bpb.de

Internet-Quellen

www.handelsregister.de
www.dejure.org
www.gesetze-im-internet.de

Zeitschriften

24 Stunden Gastlichkeit
Allgemeine Hotel- und Gastronomie-Zeitung
first class – Management-Magazin für Hotel und
Restaurant

FIZZZ – das innovative Trend-Magazin für die
Szenen-Gastronomie.
Gastgewerbe Magazin – Das Branchenmagazin
Gastronomie Report

KÜCHE – das Magazin für kreatives
Küchenmanagement
Top hotel

Quellen und weiterführende Literatur

Barth/Theis: Hotel-Marketing, Wiesbaden 1998
Baßeler u. a.: Grundlagen und Probleme der Volks-
wirtschaft, Stuttgart 2006
Beresheim u. a.: Grundlagen der Volkswirtschafts-
lehre, Köln 1998
Bleeken: Lernfeld Magazin, Stuttgart 2003
Brenneis: EDV-Einsatz in Hotel- und Gastonomie-
betrieben – (Hrsg. Edgar E. Schaetzing), Stutt-
gart 1996
Bruhn: Kommunikationspolitik, München 2010
Bühner: Betriebswirtschaftliche Organisationslehre,
München/Wien 2004
Crone/Kühn: Wirtschaft heute – praktisch, Ham-
burg 2011
DEHOGA/Schweizer Hotelierverein: Marketing der
Gastfreundschaft, Bonn 1992
DEHOGA-Jahresberichte/-bücher,   Bonn/Berlin
1984–2013
Dettmer (Hrsg.): Gastgewerbliche Berufe in Theo-
rie und Praxis, Hamburg 2008
Dettmer (Hrsg.): Have a nice stay, English for the
hotel trade, Hamburg 2006
Dettmer (Hrsg.): Kochen als Beruf, Hamburg 2000
Dettmer (Hrsg.): Systemgastronomie in Theorie
und Praxis, Hamburg 2009
Dettmer/Hausmann (Hrsg.): Organisations-/Perso-
nalmanagement und Arbeitsrecht in Hotellerie
und Gastronomie, Hamburg 2012
Dettmer (Hrsg.): Tourismus 1 – Tourismuswirt-
schaft, Köln 1998
Dettmer (Hrsg.): Tourismus 2 – Hotellerie/Gastro-
nomie, Köln 2000
Dettmer (Hrsg.): Tourismus 3 – Reiseindustrie,
Stuttgart 2001
Dettmer/Hausmann (Hrsg.): Arbeits- und Sozial-
recht für das Gastgewerbe, Hamburg 2004
Dettmer/Hausmann (Hrsg.): Betriebswirtschaftsleh-
re für das Gastgewerbe, Hamburg 2011
Dettmer/Hausmann (Hrsg.): Verwaltungsbetriebs-
wirtschaft, Troisdorf 2009
Dettmer/Kloss/Hausmann/Meisl/Weithöner/Degott:
Tourismus-Marketing-Management,   München/
Wien 1999
Droll/Droll: Insolvenzrecht, Haan-Gruiten 2005
Freistaat Sachsen (Hrsg.): Der umweltbewusste
Hotel- und Gaststättenbetrieb o. J.
Freyer: Tourismus, München 2011

Fuchs/Müller/Rachfahl/Wolf: Meister im Gastge-
werbe, Hamburg 2004
Führich: Recht im Gastgewerbe, München 2004
Gewald (Hrsg.): Handbuch des Touristik- und Ho-
telmanagement, München/Wien 2007
Göckel: Korrespondenz im Hotel, Haan-Gruiten 2002
Golas/Stern/Voß: Betriebswirtschaftslehre für die
Aus- und Weiterbildung in Schule und Beruf,
Rinteln 2003
Grill/Perczinski u. a.: Wirtschaftslehre des Kredit-
wesens, Troisdorf 2014
Grill/Reip u. a.: Einführung in das Arbeits- und So-
zialrecht, Troisdorf 2014
Grothues: Erlebnismarketing für Hotellerie und
Gastronomie, Dortmund 2001
Grothues: Marketing im Hotel- und Gaststätten-
gewerbe, Bd. 1 u. 2, Dortmund 2006
Härter/Speth: Wichtige Änderungen im „Allgemei-
nen Teil" (Buch 1) und „Recht der Schuldver-
hältnisse" (Buch 2) des Bürgerlichen Gesetz-
buches, Rinteln 2002
Hartmann/Herter: Allgemeine   Wirtschaftslehre,
Rinteln 2005
Hausmann (Hrsg.): Fachrechnen in Hotel, Restau-
rant und Küche, Haan-Gruiten 2010
Hausmann (Hrsg.): Rechnungswesen/Controlling
in Hotellerie und Gastronomie, Hamburg 2011
Heintzmann/Heintzmann: Leitfaden zur Schuld-
rechtsmodernisierung und Zivilprozessreform,
Heidelberg 2002
Hentze u. a.: Personalwirtschaftslehre 1, Stuttgart
2001
Hentze u. a.: Personalwirtschaftslehre 2, Stuttgart
2005
Hüfter: Gesellschaftsrecht, München 2003
Kaub Consult (Hrsg.): Gastronomie der Zukunft,
Frankfurt 2000
Koch: Grundzüge des Rechts, Köln 2013
Kotler: Grundlagen des Marketing, München 2006
Krämer/Trenkler: Lexikon der populären Irrtümer
– 500 kapitale Missverständnisse, Vorurteile
und Denkfehler von Abendrot bis Zeppelin,
München 1998
Lorenz/Riehm: Lehrbuch zum neuen Schuldrecht,
München 2002
Müller/Rachfahl: Das große Lexikon der Gastrono-
mie, Hamburg 2004

Nuding/Haller: Wirtschaftskunde, Leipzig 2014
Olfert/Rahn: Einführung in die Betriebswirtschafts-
lehre, Ludwigshafen 2008
Olfert: Personalwirtschaft, Ludwigshafen 2012
Olzen/Wank: Die Schuldrechtsreform, München
2002
Pfleger: Housekeeping Management im Hotel, Linz
2003
Poggendorf: Gäste bewirten – Lebensgeister restau-
rieren, Hamburg 1995
Reip: Volkswirtschaftslehre als Grundbildung,
Troisdorf 2000
Reip: Volkswirtschaftslehre in Problemen, Trois-
dorf 2005
Schaetzing: Qualitätsorientierte Marketingpraxis in
Hotellerie und Gastronomie, Stuttgart 2004
Schaetzing: Management in Hotellerie und Gastro-
nomie, Frankfurt 2008
Schaetzing: Entwicklung des Marketing der Zu-
kunft für Hotellerie und Gastronomie, in: Hotel-
und Restaurant-Management, Heft 12, Stuttgart
2002
Schönfelder: Deutsche Gesetze (Loseblattsamm-
lung), München 2014
Seidel/Temmen: Grundlagen der Betriebswirt-
schafts ehre, Troisdorf 2012
Seidel/Temmen: Grundlagen der Volkswirtschafts-
lehre, Troisdorf 2012
Seitter: Rechtsbuch des Hoteliers und Gastwirts,
Stuttgart 2000
Selk, Robert: Datenschutz wird oft vernachlässigt,
in AGHZ, Nr. 16 v. 19.04.08, S. 17
Sire/Payne/Payne: Bon Séjour, Le français de la
restauration et de l'hôtellerie, Hamburg 2002
Steinbuch: Betriebliche Informatik, Ludwigshafen
2001
Steinbuch: Organisation, Ludwigshafen 2006
Swillms: Controlling im Gastgewerbe, Haan-
Gruiten 2002
Weil: Umweltorientiertes Management in Hotellerie
und Gastronomie, Stuttgart 2002
Weis: Marketing, Ludwigshafen 2009
Witt: Grundriss des bürgerlichen Rechts, Band 1,
Rinteln 2003
Wöhe/Döring: Einführung in die Allgemeine Be-
triebswirtschaftslehre, München 2013

Unterstützende Firmen

EDV-Service Schaupp GmbH, Gansäcker 25,
74321 Bietigheim-Bissingen
Micros-Fidelio Software Deutschland GmbH, Euro-
padamm 2–6, 41460 Neuss

protel hotelsoftware GmbH, Europaplatz 8,
44269 Dortmund
Microsoft GmbH, Konrad-Zuse-Straße 1, 85716
Unterschleißheim
Hotel Bareiss im Schwarzwald, Gärtenbühlweg 14,
72270 Baiersbronn

Romantik-Hotel Sonne, Familie Peter Schneider,
Marktstraße 15, 87541 Bad Hindelang
Radisson Blu Hotel Dresden Radebeul, Nizzastraße
55, 01445 Dresden-Radebeul

Branchen-Adressen

 DEHOGA Bundesverband
Am Weidendamm 1A
10117 Berlin
Tel. (0 30) 7 26 25 2-0
E-Mail: info@dehoga.de

 **Hotelverband
Deutschland (IHA)**
Am Weidendamm 1A
10117 Berlin
Tel. (0 30) 5 90 09 96 90
E-Mail: office@hotellerie.de

 **Internationale
Hotelier Vereinigung**
König-Ludwig-Str. 12
82487 Oberammergau
Tel. (0 88 22) 80 85 50
E-Mail: service@i-hv.de

 **Hoteldirektorenvereinigung
Deutschland e. V.**
Gosheimer Weg 17
70619 Stuttgart
Tel. (07 11) 88 27 99 57
info@hdvnet.de

 **Hospitality
Sales & Marketing
Association e. V.**
Im Wenigerbachtal 8–25
56170 Bendorf
Tel. (0 26 22) 90 73 8-0
E-Mail: info@hsma.de

 **Gastronomische Akademie
Deutschlands e. V.**
Burgstraße 35
59755 Arnsberg
Tel. (0 29 32) 8 94 53 55
E-Mail: info@gastronomische-
akademie.de

 **Sommelier-Union
Deutschland e. V.**
Hammermühlstr. 15
92272 Freudenberg
Tel. (0 96 27) 92 46 42
E-Mail: info@sommelier-union.de

Deutsche Barkeeper Union e. V.
Kottwitzstraße 11
20253 Hamburg
Tel. (0 40) 4 20 97 55
E-Mail: info@dbuev.de

 **Food + Beverage Manage-
ment Association e. V.**
Domring 2
59581 Warstein
Tel. (0 29 02) 88 11 40
information@fbma.de

 **Meistervereinigung Gastronom
Baden-Württemberg e. V.**
Drei-Kreuz-Straße 3
89584 Ehingen-Dächingen
Tel. (0 73 95) 3 31
E-Mail: info@meistervereinigung.de

 Eurotoques – Stiftung
Winnender Str. 12
73667 Kaisersbach-Ebni
Tel.: (0 71 84) 2 91 81 29
E-Mail: info@eurotoques-stiftung.de

 **Verband der Serviermeister,
Restaurant- und Hotel-
fachkräfte e. V.**
Kufsteiner Str. 63
83022 Rosenheim
Tel.: (0 80 31) 4 09 36 00
E-Mail: info@vsr-online.de

 **Verband der
Köche Deutschlands**
Steinlestraße 32
60596 Frankfurt
Tel. (0 69) 6 30 00 6-0
E-Mail: koeche@vkd.com

 **Partyservice-Bund
Deutschland e. V.**
Sandbeckstr. 16
27711 Osterholz-Scharmbeck
Tel. (0 47 91) 9 82 97 7-0
E-Mail: info@partyservicebund.de

 **Gewerkschaft
Nahrung-Genuss-Gaststätten**
Haubachstr. 76
22765 Hamburg
Tel. (0 40) 3 80 13-0
E-Mail: hauptverwaltung@ngg.net

 **Int. Küchen- und
Serviermeister-Vereinigung (IKSV)**
Rolf Maninger
Im Stadtfeld 1
31655 Stadthagen
Tel. (0 57 21) 9 98 40 05
rm.maninger@iksv.de

 **Die Goldenen Schlüssel Deutsch-
land e. V.**
Hochstraße 21
81669 München-Haidhausen
Tel. (0 89) 4 80 13 81
E-Mail: buero@clefsdor.de